유마경의소
(維摩經義疏)

장안 홍법사 사문 길장
長安 弘法寺 沙門吉藏

김호귀 번역

● 목 차 ●

유마경의소 제일권
Ⅰ. 淺深을 결정하다 · 06
Ⅱ. 題를 해석하다 · 20
Ⅲ. 종지를 변별하다 · 96
Ⅳ. 會와 處를 해석하다 · 103
　– 제일 불국품 · 117

유마경의소 제이권
　– 제일 불국품 · 184
　– 제이 방편품 · 266

유마경의소 제삼권
　– 제삼 제자품 · 313

유마경의소 제사권
　– 제사 보살품 · 468
　– 제오 문수사리문질품 · 538
　– 제육 부사의품 · 618

유마경의소 제오권
　– 제칠 관중생품 · 652
　– 제팔 불도품 · 723
　– 제구 입불이법문품 · 776

유마경의소 제육권
　– 제십 향적불품 · 810
　– 제십일 보살행품 · 856
　– 제십이 견아촉불품 · 902
　– 제십삼 법공양품 · 940
　– 제십사 촉루품 · 961

해제 · 972

維摩經義疏卷第一[1)]
유마경의소 제일권

長安 弘法寺 沙門吉藏 撰
장안 홍법사의 사문 길장이 찬술하다

玄義開爲四門. 一定淺深. 二釋名題. 三辨宗旨. 四論會處[2)]

『유마경』의 玄義를 열어보면 四門이 된다.
 Ⅰ. 첫째는 淺深을 결정한다.
 Ⅱ. 둘째는 名題를 해석한다.
 Ⅲ. 셋째는 宗旨를 변별한다.
 Ⅳ. 넷째는 會處를 논한다.

---

1)【原】弘安七年(1284) 東大寺 沙門 聖然 加點 龍谷大學藏寫本(大正新脩大藏經 제38권 수록),【甲】大日本續藏經,【乙】明和五年(1768)刊 大谷大學藏本 維摩經遊意
2) (玄義…處)二十二字(夫至…也)百七十五字【乙】

Ⅰ. 定淺深第一
제일・淺深을 결정하다[3]

夫至趣無言玄藉[4]彌布. 法身無像物感[5]則形. 故知無言而無不言. 無像而無不像. 以無言而無不言故. 張大教網. 亘生死流.[6] 以無像而無不像. 則住如幻智. 遊戲六道. 是故斯經人法雙擧. 言其人者. 所謂淨名. 以淨德內充. 嘉聲外滿. 天下藉甚. 故曰淨名. 豈止降魔勞怨. 制諸外道. 亦五百聲聞自稱不敢. 八千菩薩失對當時. 所言法者. 謂不思議解脫也.[7] 內無功用. 不假思量. 外化幽微. 物莫能測. 謂不思議也. 縱任自在. 塵累不拘. 道貫[8]雙流. 二慧常並. 謂解脫也. 余以夫開皇之末. 因於身疾. 自著玄章. 仁壽之終. 奉命撰於文疏. 辭有闊略. 致二本不同. 但斯經. 是衆聖之靈府. 方等之中心. 究竟之玄宗. 無餘之極說. 故諸佛之所諮嗟. 弟子之所曉[9]者也. 但至趣沖邃. 妙[10]契其門. 遂使妄執五時謂理猶未滿. 或虛談四教稱之爲半字.

대저 지극한 趣旨는 언설이 없지만 현묘한 책들이 널리 퍼져 있고, 법신

---

3) 역자가 보입함.
4) 藉=籍【甲】【乙】＊［＊1］
5) 物感=感物【原】【乙】
6) 流=海【乙】
7) (玄義…處)二十二字(夫至…也)百七十五字【乙】
8) 貫=觀【乙】
9) 曉=扼腕【甲】【乙】
10) 妙=尠【乙】

은 형상이 없지만 미혹한 중생은 곧 형체가 있다고 말한다. 때문에 언설이 없지만 언설로 말하지 않을 수가 없고, 형상이 없지만 형상으로 나타내지 않을 수가 없다. 언설이 없지만 언설로 말하지 않을 수가 없기 때문에 장대한 교망이 생사의 바다에 펼쳐져 있고, 형상이 없지만 형상으로 나타내지 않을 수가 없은 즉 如幻智(일체의 유위법이 幻과 같은 줄 이해하는 지혜)에 머물면서 육도를 유희한다. 이런 까닭에 이 『유마경』에 대하여 人과 法의 두 가지로 들어보면 다음과 같다.

그 人이라는 말은 소위 淨名이다. 청정한 덕성이 안으로 충만하고 아름다운 명성이 밖으로 충만하여 천하에 널리 가득하므로 정명이라 말한다. 어찌 번뇌의 怨賊을 항복시키는 것에 그치겠는가. 모든 외도를 제어하고, 또한 오백의 성문이 스스로 不敏하다고 말하며, 팔천의 보살이 상대하지 못하도록 만들어버렸다.

말한 바 法은 소위 不思議解脫이다. 안으로는 功用이 없어서 사량에 의거하지 않고, 밖으로 교화가 幽微하여 사람들이 헤아릴 수가 없으므로 부사의라고 말한다. 자재하게 노닐면서도 塵累에 구속되지 않고, 말씀과 관찰이 함께 어울려서 心과 慧의 두 가지 지혜가 항상 병립하므로 해탈이라 말한다.

나 길장은 대저 開皇 연간(581-600) 말기에 몸에 병이 생겼지만 스스로 『玄章(淨名玄論)』을 지었다. 그리고 仁壽 연간(601-605)의 종말에 명을 받들어 『文疏(維摩經義疏)』를 찬술하였는데, 언사가 거칠어 二本(淨名玄論과 維摩經義疏)이 동일하지 않았다. 무릇 이 『유마경』은 衆聖의 靈府이고 方等의 中心이며 究竟의 玄宗이고 無餘의 極說이기 때문에 제불이 탄식하였고 제자들이 손목을 불끈 쥐었다. 무릇 지극한 취지가 오묘하고 그 법문이 심묘하였지만, 或者는 끝내 五時에 妄執하여 이치가 未滿인 것처럼 말하기도 하고, 혹 四敎를 虛談하여 그것을 半字라 일컫기도 하였다.

致令無擇起于[11]胸衿不救出自脣吻. 般若信毀之文. 法華譬喩之說. 盛陳報應. 實可塞[12]心. 吉藏案.[13] 成實論師. 開善智藏. 執於五時. 謂此經爲第三時抑揚敎也. 招提慧琰. 用四時[14]敎. 謂此經是第二時三乘通敎攝也[15]. 雖執三二階[16]差別. 同謂此經明果猶是無常無常[17]辨因未得盡理. 故義非極滿. 敎爲半字耳也.

  가르침을 전하는 데에는 흉금에서도 擇起할 수가 없고, 脣吻에서도 구출할 수가 없다. 『반야경』은 信과 毀의 文이고, 『법화경』은 譬와 喩의 說인데, 그에 대한 저술[報應]이 많이 진술되어 있어서 실로 기가 막힐 정도이다.
  나 길장이 살펴보니, 성실논사인 開善寺 智藏은 오시에 집착하여 이 『유마경』을 제삼시 억양교로 간주하고 있다. 招提寺 慧琰은 사시교를 활용하여 이 『유마경』을 제이시 삼승의 통교에 섭수된다고 말한다. 비록 三時와 二時에 집착하여 차별함으로써 두사람 모두가 이 『유마경』의 경우 果에 대해서는 무상을 설하였고, 因에 대해서는 모든 이치를 터득하지 못한 것이라고 변별했다고 말하였다. 그 때문에 義는 極滿이 아니고 敎는 반자일 뿐이라는 것이다.

---

11) 于=乎【乙】* [* 1]
12) 塞=寒ィ【原】, =寒【甲】【乙】
13) 〔吉藏案〕-【乙】
14) 〔時〕-【甲】
15) 〔也〕-【甲】
16) 〔階〕-【甲】
17) 〔無常〕-【甲】

吉藏. 謹案誠文. 考其得失. 宜癈五四之穿鑿. 立一極之玄宗也. 此經方便品云. 諸仁者是身無常甚可患厭. 當樂佛身. 佛身者卽法身也. 蓋毀生死無常. 讚法身常住. 令厭茲生死. 欣彼法身. 則逼[18]引之教成. 欣厭之觀立. 若生死無常法身復起滅者. 則同可厭棄. 何所欣哉. 又說生死無常. 以破常見. 明法身常住. 斥於斷滅[19]. 令遠難<裏?>二邊. 顯[*]于中道. 若生死與法身同無常者. 則但斥於常. 未破無常. 則洗病不周. 顯理由[20]未足.

나 길장이 삼가 誠文을 살펴서 그 득실을 고찰해보니, 마땅히 五時 및 四時에 천착하는 것을 폐지하고 일극의 玄宗을 내세워야 할 것이다.

(첫째로) 이 『유마경』의 [방편품]에서는 '그대들이여. 이 몸은 無常하여 심히 患厭할 것이다.'고 말한다. 그러므로 반드시 佛身을 누려야 한다. 불신은 곧 법신이다. 무릇 생사의 무상을 비방[毀]하고 법신의 상주를 찬탄하여 이 생사를 멀리하고 저 법신을 기뻐한 즉 通別의 敎를 성취하고 欣厭의 觀을 내세워야 한다. 만약 생사가 무상하고 법신이 다시 기멸한 것이라면 곧 모두 厭棄해야 할 것인데, 무엇을 기뻐할 것인가.

또한 생사의 무상을 설함으로써 상견을 타파하고 법신의 상주를 설명함으로써 단멸을 배척하여 二邊을 원리하고 중도를 드러내야 한다. 만약 생사와 법신이 모두 무상한 즉 무릇 常을 배척해야 한다. 아직 무상을 타파하지 못한 즉 병을 씻어냄이 고루 미치지 못하고 理를 드러냄이 충족되지 못한다.

---

18) 逼引=通別【乙】
19) 滅令=見【乙】
20) 〔由〕-【乙】

又說生死無常. 破凡夫保常之迷. 明法身常住. 斥二乘計斷之執. 故非凡夫行. 非賢聖行. 是菩薩行. 若生死與法身同起滅者. 則但超凡. 猶未越[21]聖. 以此詳之. 故知常矣<斷?>二者. 弟子品云. 佛身無漏. 諸漏已盡. 佛身無爲. 不墮諸數. 無漏則五住因傾. 無爲則二死果盡. 蓋辨法身常也. 出五濁世. 現行斯法. 度脫衆生. 云病須乳. 此明應迹無常. 所以開本迹者. 以淺識之流. 取信耳目. 於如來身. 起輕劣想. 故彰阿難不達. 同彼愚迷. 淨名高呵. 以開[22]法身之喝[23]. 使悟妙本無爲. 迹有生滅. 若謂法身猶是無常. 則同淺識之昏曚. 受[24]淨名之詰責矣.

　또한 생사의 무상을 설하여 범부가 常이라고 고수하는[保] 미혹을 타파하고 법신의 상주를 설명하여 이승이 計斷하는 집착을 배척하였다. 때문에 범부행도 아니고 현성행도 아닌 것으로 곧 보살행이다. 만약 생사와 법신이 모두 기멸한다면 곧 무릇 범부는 초월하였지만 아직 聖을 일으키지는 못한 상태이다. 이로써 그것이 상세하게 되었기 때문에 常과 斷의 둘을 알 수가 있다.
　(둘째로) [제자품]에서 말한다. '佛身은 무루이다. 모든 유루가 이미 다하였기 때문에 불신의 무위는 諸數에 떨어지지 않는다.'
　무루인 즉 五住의 因으로 기울고, 무위인 즉 二死의 果가 다하여 무릇 법신의 常을 변별한다. 오탁악세를 벗어나서 이 법을 현행시켜서 중생을 도탈시켜주는데 病이라면 모름지기 우유가 필요하다. 이것은 應迹이 무상함을

---

21) 越=起【甲】
22) 開=聞【乙】
23) 喝=唱【甲】【乙】
24) 受=取【乙】

설명한 것이다. 때문에 本迹을 開하는 것은 淺識의 부류가 이목의 믿음에 집착하는 것으로 여래신에서 輕劣想을 일으키는 것이다. 때문에 아난이 통달하지 못함이야말로 저 우미함과 동일함을 드러낸[彰] 것이므로 정명이 高呵함으로써 법신의 唱을 열어주었다. 그럼으로써 오묘는 본래 무위이고 迹에는 생멸이 있다. 만약 법신에 대하여 무상이라고 말한다면 곧 淺識의 昏矇과 같아서 정명의 힐책을 받게 되는 것이다.

又若未被呵. 謂佛無常. 則迷同淺識. 旣已聞高責. 猶執封起滅. 則過甚遇25)矇三者. 阿閦佛品. 明法身非有爲非無爲. 卽是非常非無常. 體絶百非. 形備萬德. 乃爲究竟法身. 常與無常. 皆是對治之用. 若謂無常. 則未達其遍用. 何由鑒其圓本. 以三處計26)之. 則人常義顯四者. 觀衆生品天女章云. 但以文字故曰三世. 非謂菩提有去來今菩提旣超27)三世. 則無相無爲. 所以常住. 尋如來爲能證之人. 菩提爲所證之法. 人法旣常. 則理爲究竟. 便驗半是虛談. 滿爲實說. 尋味之徒. 宜改舊轍也.

또한 만약 가책받지 않았다면 부처님의 무상은 곧 미혹하여 천식과 같았다고 말할 것이다. 그러나 이미 高責을 받은 것은 마치 기멸을 대신한 것과 같은 즉 허물이 愚矇을 능가한다.

셋째로 [견아촉불품]에서는 법신이 非有爲非無爲임을 설명한다. 곧 이것은

---

25) 遇=愚【甲】【乙】
26) 計=詳【甲】
27) 超=越【乙】

常도 아니고 無常도 아니어서 體는 百非를 단절하고 形은 萬德을 갖추고 있다. 이에 구경법신은 상과 무상이 모두 대치의 작용을 한다. 그래서 만약 무상이라 말한다면 곧 그 遍用에 통달하지 못한 것인데 어찌 그 圓本의 鑑을 말미암을 수 있겠는가.

이 세 가지 도리로써 그것을 헤아린다면 곧 人은 常의 뜻으로서 네 가지를 드러낸다. [관중생품]의 천녀장에서는 무릇 문자로써 삼세라 말하는 것이지 보리에 거래가 있다고 말하는 것이 아니다.[28] 지금 보리가 이미 삼세를 초월한 즉 無相이고 無爲이기 때문에 상주이다. 여래를 찾는 것은 능증의 人이고 보리는 소증의 法이다. 人과 法이 이미 常인 즉 理가 究竟인데, 半은 곧 虛談이고 滿은 곧 實說임을 증험한 것이다. 그러므로 尋味의 무리들은 반드시 舊轍을 바꿔야 한다.

救曰. 尋夫立義宗者. 取淨名室內之說. 以爲正也. 前三之[29]文. 乃爲由序. 次之一句. 復是流通. 未足證常. 不應輒引. 故舊轍須依. 新宗宜棄.(開善招提同作此救)答. 上所引文. 則斯經四會. 方便品謂毘耶初集. 弟子章卽菴薗始會. 天女說謂方丈重集. 阿閦佛品卽菴薗再會. 二在室內所談. 兩居方丈外說. 何得謂[30]前爲[31]序分後是流通也.

---

28) "모두 세속의 문자와 숫자로써 따져서 삼세가 있다고 설하지만 보리에는 과거·현재·미래가 있다고 말할 수 없습니다. 皆以世俗文字數故, 說有三世, 非謂菩提有去來今"
29) 三之＝二之【甲】, ＝之三【乙】
30) 〔謂〕－【甲】
31) 〔爲〕－【甲】

이에 대해 반대하는 의견은 다음과 같다[救曰] : 대저 立義한 종지를 살펴보면 정명실 內의 설명을 취함으로써 正을 삼아야 한다. 위의 세 경문은 이에 由序가 된다. 그 다음의 일구는 또한 곧 유통으로서 아직 常을 증명하는데 충분하지 않아서 마땅히 輒引해서는 안되기 때문에 舊轍에 반드시 의거해야 하고 新宗은 반드시 버려야 한다. (開善과 招提는 모두 이와 같이 반대의견을 내세운다)

답한다 : 위에서 인용한 경문 곧 『유마경』의 네 차례 법회[四會]에서 [방편품]은 비야리의 初集이고, [제자품]장은 곧 암라원의 처음 법회[始會]이며, 천녀의 설법은 방장에서 했던 重集이고, [아촉불국품]은 곧 암라원의 再會이다. 둘은 실내에서 所談한 것이고, 둘은 방장 외에 居하여 설한 것이다. 그런데 어찌 前을 서분으로 삼고 後를 유통으로 삼을 수 있겠는가.

又設序明常住. 正說³²⁾起滅. 則正淺序深³³⁾. 義成顛倒. 又法身常住不可思議. 如其起滅. 何名莫測. 又若是常住. 即教圓理滿. 宜³⁴⁾持之者. 則重法尊人. 若是無常. 便非了義. 稟教之流. 起輕劣想. 進無弘法之功. 退有誤物之累. 以文義往推. 故知圓極.

---

32) 說=談【乙】
33) 深=淺【甲】
34) 宜=宣【甲】【乙】

또한 서분을 시설하여 거기에서 상주를 설명하고 정종분에서 기멸을 설한 즉, 정종분이 淺이고 서분이 深이 되어 義가 전도되고 만다.

또한 법신은 상주하여 불가사의한데 그것이 기멸과 같다면 어찌 莫測이라고 말했겠는가.

또한 만약 그것이 상주라면 곧 敎圓이고 理滿으로서 그것을 宣持한 사람은 곧 法을 존중하고 人을 존중하는 것이다. 만약 그것이 무상이라면 곧 요의가 아니어서 稟敎의 무리가 劣想을 일으키는 것으로서 나아가더라도[進] 홍법의 공이 없고 물러나면[退] 중생을 잘못 인도하는[誤物] 허물[累]이 되어 경문의 뜻에 往推가 있게 된다. 그러므로 圓極임을 알 것이다.

問. 旣斥五時之敎³⁵⁾. 復呵四宗之說. 云何判於佛敎. 答. 夫四生³⁶⁾擾擾. 爲失虛懷. 六趣紛紛. 寔由封滯. 則知迴流苦海. 用取相爲源. 超然彼岸. 以無著爲本. 但累根匪一. 故蕩惑多門. 統其要歸. 凡有二轍. 一隨小志稱曰小乘³⁷⁾. 二順大機名爲大敎. 但一化終始. 開爲四門. 一者顯敎菩薩不密化聲聞. 卽華嚴敎也. 大機已熟. 故顯敎之小志未堪不宜密化. 故羅列珍玩. 正爲宗親. 窮子躄地. 未堪授寶. 二者顯敎聲聞不密化菩薩. 卽三藏³⁸⁾敎也. 故誘引將順正爲二乘. 更遣餘人不化菩薩. 三者³⁹⁾顯敎菩薩密化聲聞.

---

35) 敎=談【乙】
36) 生=大【甲】【乙】
37) 乘=敎【甲】【乙】
38) 藏=乘【乙】
39) 〔者〕-【乙】

卽般若等敎[40]. 嚴土[41]化人正敎大士. 付財命說密化小志. 四者顯敎菩薩
顯敎二乘. 卽法華敎也. 以大士疑除故正敎菩薩. 羅漢作佛卽顯化聲聞.
此之四門. 始自寂滅道場. 終乎吉祥福地. 明一化始終次第之說. 理無不
統[42]. 敎無不攝. 但四門之內. 三屬菩薩藏收. 顯敎聲聞不密化菩薩. 爲聲
聞藏攝.

묻는다 : 이미 오시교를 배척하였는데 다시 사종설을 가책하면 무엇으로써
　　　　불교를 판별하는 것입니까.
답한다 : 대저 사대가 혼란한 것은 텅 빈 마음[虛懷]을 상실한 까닭이고, 육
　　　　취가 분분한 것은 진실로 집착[封滯]을 말미암은 것이다. 그런즉 고
　　　　해에 迴流하면 取相을 활용하여 근원으로 삼지만 피안을 초월하면
　　　　무착을 근본으로 삼는 줄 알 것이다. 무릇 허물[累]의 뿌리는 하나
　　　　가 아니다. 때문에 미혹을 소탕하는데 多門이 있지만 그 要歸를 통
　　　　합해보면 무릇 二轍이 있다.

첫째는 小志를 따르는 것을 小敎라 일컫는다.
둘째는 大機를 따르는 것을 大敎라 말한다.
무릇 하나로써 시종 교화하지만 그것을 열어보면 사문이 된다.
첫째, 顯敎菩薩不密化聲聞인데 곧 화엄교이다. 대기가 이미 성숙하였기
때문에 현교의 小志는 감당하지 못하여 결코 밀화될 수가 없다. 때문에 나

---

40) 敎+(也)カ【乙】
41) 土=立【甲】
42) 統=該【乙】

열된 보배[珍玩]은 바로 종친을 위한 것인데도 궁자는 땅에 주저앉아 주어진 보배를 감당하지 못한다.

둘째, 顯敎聲聞不密化菩薩인데 곧 삼승교이다. 때문에 유인하여 바로 이승을 위한 것임을 따르게 하지만, 다시 그 밖의 사람을 파견해도 不化菩薩이다.

셋째, 顯敎菩薩密化聲聞인데 곧 般若 등의 敎이다. 장엄으로 化人을 내세운 것으로 正敎大士인데, 재명을 부촉하여 밀화의 소지를 설한다.

넷째, 顯敎菩薩顯敎二乘인데 곧 법화교이다. 대사는 의심을 제거하는 까닭에 正敎菩薩인데 나한이 작불한 즉 顯化聲聞한다.

이 사문은 처음 적멸도량으로부터 마지막 길상복지에 이르기까지 하나로써 시종 교화하는 차제설임을 설명한 것이다. 그래서 理는 該하지 못한 것이 없고 敎는 섭수하지 못한 것이 없다. 무릇 사문 가운데 첫째와 셋째와 넷째의 셋은 보살장의 수렴에 속하고, 나머지 하나인 둘째의 顯敎聲聞不密化菩薩은 성문장에 섭수된다.

問. 若佛初成道. 但顯敎菩薩不密化聲聞者. 何故華嚴敎門亦有明[43]小乘法. 如賢首品云. 或說聲聞小乘門. 或示緣覺中[44]乘門. 或說無上大乘門耶. 答. 一化之敎. 復有傍正四門. 一者. 正顯眞實. 傍開方便. 卽華嚴敎. 正爲菩薩. 說於大因. 令趣大果. 謂正顯眞實. 亦傍令大士識二乘是權誨餘小行. 故傍開方便. 二者. 正隱眞實. 正<傍?>開方便. 卽鹿苑敎門. 說

---

43) 〔明〕-【甲】
44) 中=次【乙】

三乘究竟. 正隱一乘眞實. 不明小是權說. 故正開⁴⁵⁾方便門. 三者正顯眞實. 傍閉⁴⁶⁾方便. 卽般若等敎. 以歎大乘究竟. 故正顯眞實. 未明三是權化. 故傍[*]閉方便.

묻는다 : 만약 부처님이 처음 성도했을 때에는 단지 顯敎菩薩不密化聲聞 뿐이었는데 무슨 까닭에 화엄교문에 또한 소승법이 있는 것입니까. 저 [현수품]에서 말하는 것처럼 혹 성문소승문을 설하고, 혹 연각중승문을 보이며, 혹 무상대승문을 설한 것입니까.
답한다 : 평등한 교화[一化]의 가르침에도 다시 傍과 正의 四門이 있다.

첫째, 正으로 眞實을 드러내고 傍으로 방편을 여는 것인데 곧 화엄교이다. 이것은 바로 보살을 위한 것으로 大因을 설하여 大果에 나아가도록 하는 것은 소위 正으로 眞實을 드러내는 것이다. 또한 傍은 대사로 하여금 이승을 알도록 하는데 이 방편으로 그 밖의 小行을 가르친다. 때문에 傍으로 방편을 여는 것이다.

둘째, 正은 眞實을 숨기는 것이고 傍은 방편을 여는 것인데 곧 녹원교문이다. 이것은 삼승인 구경임을 설한다. 正은 一乘眞實을 숨기고 小가 곧 권설임을 설명하지 않는다. 때문에 正은 방편문을 폐한다.

셋째, 正은 眞實을 드러내고, 傍은 方便을 여는 것인데 곧 반야 등의 敎이다. 이것은 곧 대승이 구경임을 찬탄한다. 때문에 正은 眞實을 드러내고 삼승이 權化임을 설명하지 않는다. 때문에 傍은 方便을 여는 것이다.

---

45) 開=閉【乙】* [* 1]
46) 閉=開【甲】* [* 1]

問. 以何文證般若等敎已顯眞實. 答. 法華信[47]解品云. 一切諸佛所有祕藏. 但爲菩薩演其實事. 而不爲我說斯眞要. 此指般若時事. 故知大品已明眞實.

묻는다 : 어떤 경문으로써 般若 등의 가르침이 이미 진실을 드러낸 것이라고 증명하는 것입니까.
답한다 :『법화경』에서 '일체체제불이 지니고 있는 비장은 무릇 보살을 위하여 그 實事를 펼친 것이지 우리를 위하여 그 眞要를 설한 것이 아니다.'고 말한다. 이것은 반야시의 事를 가리킨 것이다. 때문에『대품』에서 이미 眞實을 설했음을 알 수가 있다.

問. 般若淨名旣未開三乘是方便. 云何已顯一乘爲眞實. 答. 顯佛乘眞實. 凡有二門. 若是法華. 對三乘方便. 顯一乘眞實. 若是般若淨名. 毁小乘爲劣. 讚大乘爲勝. 故大乘眞實也.

묻는다 :『반야경』및『정명경』에서는 아직 삼승이 방편임을 열지 않았었는데 어떻게 이미 일승이 진실임을 드러낸 것입니까.
답한다 : 불승이 진심임을 드러내는 데에는 무릇 이문이 있다. 만약『법화경』의 경우라면 삼승방편에 상대하여 일실이 진실임을 드러낸 것이고, 만약『반야경』및『정명경』의 경우라면 소승이 하열함[劣]을 비방[毁]하고 대승이 뛰어남[勝]을 찬탄[讚]한다. 때문에 대승이

---

47)〔信解品〕-【甲】

진실이다.

四者. 正⁴⁸⁾顯一乘眞實. 正<傍?>開三乘方便. 卽法華敎.故法師品云. 此經開方便門示眞實相. 卽其事也. 四門之義. 三屬菩薩藏收. 正隱眞實. 正<傍?>開方便. 聲聞藏攝. 若照此二種四門. 具⁴⁹⁾識三世諸佛敎意也.

넷째, 正은 一乘眞實을 드러내고, 傍은 三乘方便을 여는데, 곧 법화교이다. 때문에 [법사품]에서 '이 경전은 방편문을 열어서 진실상을 보여준다.'고 말하는 것이 곧 그것이다.

사문의 뜻 가운데 셋은 보살장의 수렴에 속하는 것으로 正은 진실을 숨기는 것이고, 傍은 方便을 여는 것으로 성문장에 섭수된다. 만약 이 2종의 4문을 비추어보면 곧 모두 삼세제불이 가르침 뜻임을 알 수가 있을 것이다.

---

48) 〔正〕－【甲】
49) (則)＋具【乙】

Ⅱ. 釋名第二
제이·題를 해석하다

凡有二門. 一明[50]名本. 二解本名. 名本爲六. 一攝總爲三. 二會三爲二. 三會[51]二歸一. 四泯一歸無. 五分大小. 六考同異. 維摩詰不思議解脫本者. 謂不二[52]門也. 由體不二之道故. 有無二之智. 由[53]無二之智故. 能適化無方. 是以經云. 文殊法常爾. 法王唯[54]一法. 一切無礙人. 一道出生死. 故以不二爲衆聖之源. 夫欲敍其末. 要先尋其本. 是以建篇論乎不二法.

무릇 二門이 있다.
　첫째는 제명의 근본[名本]을 설명한다.
　둘째는 근본의 명칭[本名]을 해석한다.
　첫째로 제명의 근본[名本]에는 여섯 가지가 있다.
　첫째는 총섭하면 셋이 된다.
　둘째는 총섭의 셋을 모으면 둘이 된다.
　셋째는 그 둘을 모으면 하나로 돌아간다.
　넷째는 그 하나를 부정하면 無로 돌아간다.
　다섯째는 大小로 나눈다.

---

50) 明=釋【甲】
51) 會=合【甲】【乙】
52) 二+(法)【甲】【乙】
53) 由=有【甲】
54) 唯=准【乙】

여섯째는 同異를 고찰한다.

유마힐이 말한 부사의해탈의 근본은 말하자면 불이법문이다. 體가 不二함을 말미암은 道이기 때문에 有無 둘의 智이고, 有無 둘의 智이기 때문에 교화하면서도 방편이 없다. 이로써 『화엄경』에서는 다음과 같이 말한다.
'문수의 설법은 항상 그러했고
법왕은 오직 일법 뿐이었다네
일체에 걸림이 없는 사람이면
일도에 생과 사를 벗어난다네'[55]
때문에 不二로써 衆聖의 근원을 삼는다. 대저 그 末을 서술하고자 하면 요컨대 먼저 그 本을 찾아야 한다. 이로써 建篇을 논하자면 불이법이다.

問. 不二法門旣爲理本. 請聞其要. 答. 一道淸淨故名不二. 眞極可軌所以云法. 至妙虛通故稱爲門. 蓋是總衆敎之旨歸. 統群聖之靈府. 淨名現病之本意. 文殊問疾之所由. 旣欲聞之. 今當略說. 大明不二. 凡有三階. 一衆人言於不二. 未明不二無[56]言. 所謂下也. 文殊雖明不二無言. 而猶言於無言. 所謂次也. 淨名鑒不二無言. 而能無言於不二. 所謂上也. 良以道超四句. 故至聖以之沖默. 不二爲極. 意在於斯.

묻는다 : 불이법문으로 이미 理本을 삼았는데, 불이법문의 要旨에 대하여 들어볼 수 있겠습니까.

---

55) 『大方廣佛華嚴經』 卷5, (大正新脩大藏經9, p.429中)
56) 無＝不【甲】

답한다 : 一道가 청정하기 때문에 不二라 말한다. 眞極으로 통하는 궤도이기 때문에 法이라 말하고, 지극히 오묘하여 허공까지 통하기 때문에 門이라 칭한다. 무릇 이것은 總衆教의 旨歸이고 統群聖의 靈府이다. 정명은 병의 본의를 드러냈고, 무수는 병의 연유를 물었다. 이미 그것에 대하여 듣고자 하니, 이제 장차 약설하겠다.

大明은 不二이지만 무릇 세 단계가 있다.

첫째는 衆人이 不二라 말하지만 不二가 無言인 줄을 모르는 것으로 소위 下의 단계이다. 문수는 비록 不二가 無言인 줄 알았지만 無言이라는 말이 남아 있는 것으로 소위 中의 단계이다. 정명은 不二가 無言인 줄 비추어보아 不二라는 말조차도 없는 것으로 소위 上의 단계이다. 진실로 깨침[道]은 四句를 초월한 까닭에 至聖은 그것을 가지고 沖默한다. 不二로 眞極을 삼는다는 뜻이 바로 여기에 있다.

問. 夫法身無像. 物感則形. 至趣無言. 而玄[*]藉彌布. 則是像於無像. 是[57)]言於無言. 乃見[58)]文殊之言深. 淨名之默淺. 三階之論. 意所未詳. 答. 三階之說. 爲明理深淺. 未辨應物垂教. 以末難本. 豈諸[59)]玄宗. 今當爲爾重舒其意. 夫不二理者. 謂不思議本也. 應物垂教. 謂不思議迹也. 非本無以垂迹. 故因理以設教. 非迹無以顯本. 故藉教以通理. 若然者. 要須體理

---

57) 〔是〕-【甲】
58) 見=是【甲】
59) 諸=詣【乙】

無言. 然後乃得應物有言耳. 衆人雖言於理. 未明至理無言. 則未詣於理也. 文殊卽唱理無言. 而猶言於至理. 亦未稱理. 淨名鑒理無言. 而能無言於理. 始詣理也. 以如理無言故. 能無言而言. 稱理無像故. 能無像而像. 衆人未能如理無言. 安能無言而言. 未能如理無像. 安能無像而像. 故文殊之言淺. 淨名之默深. 三階之論. 意彰於此.

묻는다 : 대저 법신에는 형상이 없지만 미혹한 중생은 즉 형체가 있고, 지극한 趣늡는 언설이 없지만 현묘한 책들이 널리 퍼져 있다고 말했습니다. 그렇다면 그 형상에는 형상이 없고 그 언설에는 언설이 없는데, 이에 문수의 언설은 심오하고 정명의 침묵은 얕다고 세 단계로 논하였는데 그 뜻을 자세히 알 수가 없습니다.

답한다 : 세 단계의 설명은 이치의 심천을 설명한 것이지 중생에 대응하는 가르침을 변별한 것이 아니다. 末로써 本을 삼기 어려운데 어찌 그 윽한 종지에 나아갈 수 있겠는가. 이제 장차 그대를 위해서 거듭 그 뜻을 서술하겠다.

대저 不二의 이치는 말하자면 부사의의 本門이고, 중생에 대응하는 가르침은 말하자면 부사의의 迹門이다. 본문이 없으면 적문을 垂함이 있을 수가 없기 때문에 이치를 인하여 敎를 시설한 것이다. 그리고 迹門이 없으면 本門을 드러낼 수가 없기 때문에 교에 의거하여 이치에 통하는 것이다. 문수는 곧 이치를 설했지만 언설이 없었기에 그 언설은 지극한 이치이건만 또한 이치라 칭할 수가 없고, 정명은 이치를 비추어보았지만 언설이 없었기에 그 이치에는 언설이 없어서 비로소 이치에 나아갈 수가 있었다. 이치에 계합된 무언이기 때문에 無言으로 말할 수가 있었고, 이치에 칭합된 형상이기 때문에 無像으로 형상을 드러낼 수가 있었다. 衆人은 이치에 계합된 無言이 불가능한데 어찌 無言으로 말할 수가 있겠으며, 이치에 계합된 無像이 불가능한데 어찌 無像으로 형상을 드러낼 수가 있겠는가. 때문에 문수의 언설은 얕고 정명의 침묵은 심오하다는 세 단계로 논한 뜻이 여기에 있다.

難曰. 三階之說若成. 不二之言卽壞. 何者. 旣稱不二. 寧有三耶. 如其有三. 何名不二. 卽事相違. 義如鉾楯. 答. 蓋是以敎惑理. 故謂相違. 若識理一敎三. 則有如符契. 何者. 衆人以言遣法. 未息遣法之言. 文殊欲息遣法之言. 故借言以止言. 斯二雖殊. 同未免於言. 故以言爲敎. 淨名欲息文殊之借言. 故默顯於無言. 則用無言表理. 是以敎有三階. 而理無二轍.

따져서 말한다 : 만약 세 단계의 설명이 성취된다면 不二라는 말은 곧 무너질 것입니다. 왜냐하면 이미 不二라고 칭했는데 어찌 셋이 있겠습니까. 그리고 거기에 셋이 있다면 어째서 不二라 말하는 것입니까. 곧 事도 어긋나고 義도 모순과 같습니다.
답한다 : 무릇 그것은 敎만 취하고 理에 미혹한 것이다. 때문에 어긋난 것이다. 만약 理는 하나이지만 敎는 셋이라는 것을 안다면 곧 符契와 같을 것이다. 왜냐하면 衆人은 言을 취하고 法을 버리기 때문이다. 법을 버리고 言으로 나아가는 것을 그치지 못하므로 문수가 法을 버리고 言으로 나아가는 것을 그치려는 까닭에 言에 의지하여[借言] 言을 그치는 것이다. 이 (法과 言의) 둘은 비록 다르지만 言을 벗어나지 못한다는 점에서는 동일하다. 때문에 言으로써 敎를 취한다.

그러나 정명은 문수가 言에 의지함[借言]을 그치려는 까닭에 침묵으로 無言을 顯한 것이다. 곧 무언을 활용하여 이치를 表한 것이다. 이로써 敎에 세 단계가 있지만 이치는 無二의 軌轍이다.

問. 至理無言. 而文殊言於無言. 可得以言爲敎. 淨名鑒[60]理無言. 而能無言於理. 云何亦稱爲敎. 答. 蓋未妙尋其旨. 故有斯疑. 若審察之. 則前通已顯. 何者. 淨名寄默然之相. 以顯無言之理. 所詮無言. 則爲是理. 能表之相. 稱之爲敎. 是以敎有三門. 而理無二矣.

묻는다 : 문수는 至理는 無言이라는 입장에서 무언으로 말을 하여 言으로써 敎를 삼을 수가 있었습니다. 그러나 정명은 理를 살펴서 無言이라는 입장에서 무언으로써 理를 삼았는데, 어째서 또한 敎라고 칭합니까.
답한다 : 무릇 그 뜻[旨]을 잘 이해하지[妙尋] 못한 까닭에 그와 같은 의심이 있다. 만약 그것을 자세히 살펴보면 곧 앞의 경우처럼 이미 드러나 있다. 왜냐하면 정명은 묵연한 모습에 의탁하여 무언의 이치를 드러내어 所詮의 무언이 곧 그 理를 삼았고 能表의 모습을 敎라고 칭하였기 때문이다. 이로써 敎에는 三門이 있지만 이치는 無二이다.

問. 至理無言. 而文殊言於無言. 猶未極者. 亦至理無相. 而淨名相於無

---

60) 鑒+(於)【乙】

相. 豈詣至理耶. 答. 文殊旣言於無言. 亦相於無相. 淨名旣體理無言. 故
能無言於無言. 亦體理無相. 則無相於無相. 故名相並遣. 乃妙窮不二.

묻는다 : 至理는 無言이라는 입장에서 문수는 무언으로 말을 하였지만 그것
은 未極이었고, 또한 至理는 無相이라는 입장에서 정명은 無相으
로 형상을 드러내었는데, 그것이 어찌 至理에 나아간 것이 됩니까.
답한다 : 문수가 이미 무언으로 말을 한 것은 또한 無相으로 형상을 드러낸
것이었다. 정명은 이미 이치가 무언임을 체득하였기 때문에 무언
으로서 말이 없었고, 또한 이치가 無相임을 체득한즉 無相으로서
형상이 없었다. 때문에 名과 相을 모두 떠나서 이에 不二를 妙窮하
였다.

問. 淨名旣體理無相. 何故相於無相. 答. 若不相於無相. 何由得止於言.
爲欲止於言. 故相[61]無相耳.

묻는다 : 정명은 이미 이치가 무상임을 체득하였는데 무슨 까닭에 무상에서
형상을 드러냈습니까.
답한다 : 만약 무상에서 형상을 드러내지 않는다면 어떻게 言을 그칠 수
가 있겠는가. 言을 그치려는 까닭에 무상에서 형상을 드러냈을
뿐이다.

---

61) 相+(於)【乙】

問. 若爾者. 在言雖止. 而相復在. 其猶逃峯趣壑. 俱不免患. 答曰. 言猶名也. 故名則爲妙. 相猶形也. 在形則麁. 旣悟理無名言. 卽領道非形相. 故峯壑俱逃. 患難都免.

묻는다 : 만약 그렇다면 비록 言은 그친다고 할지라도 다시 형상이 남아있을 것입니다. 그것은 마치 봉우리를 벗어났지만 골짜기에 들어간 것으로서 모두 재난을 벗어날 수 없을 것입니다.
답한다 : 言은 名과 같다. 때문에 名은 곧 妙이다. 相은 形과 같다. 形에 있은즉 麁이다. 이미 이치에 名言이 없음을 깨치면 곧 道에 形相이 없음을 알게 된다. 때문에 봉우리와 골짜기를 모두 벗어나서 患難을 모두 면하게 된다.

問. 若爾者. 則衆人之言未極. 淨名之默始詣. 何不直顯無言. 而迂迴三轍. 答. 仲尼之遇伯雪. 可目擊而道存. 妙德之對淨名. 亦二[62]默而相領. 但玄悟之賓旣冥[63]. 級[64]引之教須明. 故開此二[65]門. 以通入不二.

묻는다 : 만약 그렇다면 곧 衆人의 말이 未極이더라도 정명의 침묵에 근원적으로 나아가게 되는 것입니다. 그런데도 어찌 곧장 무언을 드러내지 않고 三轍로 우회하는 것입니까.

---

62) 二＝一【甲】
63) 冥＝寘【甲】
64) 級＝汲力【乙】
65) 二＝三【甲】* [* 1]

답한다 : 공자[仲尼]가 伯雪을 만났는데 가히 눈이 마주치는 것만으로도 道가 있었다. 문수[妙德]가 정명을 상대한 것도 또한 한번 침묵하였지만 서로 이해하였다. 무릇 깊은 깨달음을 추구하는 사람[玄悟之賓]은 이미 적더라도 이끌어주는 가르침[汲引之敎]은 모름지기 밝혀야 한다. 때문에 여기에서 三門을 열어 그것으로써 不二에 온전히 들어가는 것이다.

問. 玄悟之賓旣冥. [＊]級引之敎塵沙. 何故. 唯敵[＊]二門. 而不曠[66)]開階位. 答. 初門以言泯法. 次則借言止言. 後門假默除借言. 斯乃理無不備. 敎無不周. 故但明三矣.

묻는다 : 깊은 깨달음을 추구하는 사람은 이미 적더라도 이끌어주는 가르침은 모름지기 밝혀야 한다면서 어째서 오직 一門만 드러내고 계위를 널리 열어두지 않는 것입니까.
답한다 : 初門은 언설을 취하고 법을 부정한다. 次門은 言에 의지하여 言을 그친다. 後門은 침묵에 의지하여 借言을 없앤다. 이와 같이 하면 이에 理가 갖추어지지 않음이 없고 敎가 고르게 미치지 않음이 없는 까닭에 무릇 세 단계를 밝혀두는 것이다.

---

66) 曠=廣【乙】

問. 淨名旣爲一經之主. 不二復是衆經⁶⁷⁾之宗. 何不自談. 而命衆共談⁶⁸⁾.
答. 蓋欲寄人優劣. 以彰敎有淺深. 衆人止爲翼從. 示⁶⁹⁾道根尙劣. 但能以
言泯法. 未能息泯法之言. 文殊旣銜高命. 而親對擊揚. 則神機爲次. 旣
能⁷⁰⁾借言泯法. 復能假言止言. 淨名當今敎主. 則悟入最深. 故寄默然. 顯
理都絶.

묻는다 : 淨名은 이미『유마경』의 主이고, 不二는 또한 이 많은 가르침 가운
데 종지입니다. 그런데 어찌 自談하지 않고 대중에게 共談하도록
명한 것입니까.
답한다 : 무릇 사람들의 우열에 의거함으로써 敎에 淺深이 있음을 펼치려는
것이다. 衆人이 머무는 것은 따라다니는 것[翼從]이 되는데, 그것은
道根의 尙劣을 보여준 것이다. 무릇 言을 취하고 法을 없애는 것은
법을 부정한다는 말을 그칠 수가 없다. 문수는 이미 高命을 받들어
친히 擊揚을 상대한 즉 神機는 次가 된다.

問. 唯就敎主. 亦約悟緣. 答. 所以託迹三人. 本爲引物. 下根悟淺. 但詣初
門. 次機小深. 漸階第二. 上人徹理. 鬱登玄堂⁷¹⁾. 合三爲二門第二復⁷²⁾三

---

67) 經＝敎【乙】
68) 談＝說【甲】
69) 示＝爾【甲】
70) 〔能〕－【甲】
71) 堂＝室【甲】
72) 復＋(有)【甲】【乙】

雙. 初以語默二攝於三門佛勅弟子. 常行二事. 一聖說法. 二聖默然. 說實相法. 名聖說法. 觀實相理. 名聖默然. 從實相觀. 說實相法. 說[73]實相法. 還入實相觀. 故動靜四儀. 皆合實相. 答言[74]若默. 並應般若. 今此三門. 還依聖旨. 衆人以言泯法. 文殊借言止言. 同就言明不二. 謂聖說法. 淨名無言明不二. 謂聖默然. 若爾者. 要由衆人之說. 故顯淨名之[75]默. 因淨名之默. 以顯衆人之說. 命衆共談. 意在於此. 次就絶名體二以攝三門總收萬化. 凡有二種. 一者物體. 二者物名. 此二是生累之所由. 起患之根本. 故善吉問云. 衆生在何處行. 如來答曰. 一切衆生皆在名相内行. 名謂名言. 相謂法體. 衆人以言. 歷泯諸二. 明無物體. 文殊借言止言. 淨名寄默以息借言. 同辨無名無相. 無名無相. 則紛累斯寂. 故門雖有三. 唯攝[76]此二. 次就假名相二以攝三門. 經云. 無名相法. 強名相說. 欲令因此名相悟無名相. 蓋是垂教之大宗. 群聖之本[77]意. 若爾[78]者. 衆人之與文殊. 寄名以辨不二. 維摩默然. 借[79]相以明一道. 故雖有三門. 唯名相二迹. 以因名相之[80]迹. 顯無名相之本. 次會二歸一第三.

묻는다 : 오직 교주에 대해서만 또한 깨침의 인연에 의거한 것입니까.
답한다 : 그 때문에 자취를 삼종인에 의탁한 것은 본래 중생을 이끌어주기

---

73) 〔說實相法〕-【乙】
74) 言=語【乙】
75) 之=人【甲】
76) 唯攝=攝唯【甲】【乙】
77) 本=大【甲】
78) 爾=然【甲】
79) 借=假【乙】
80) 之=言【乙】

위한 것이다. 하근기는 깨침이 淺하므로 단지 초문에만 나아가고, 다음의 근기[중근기]는 약간 深하므로 점차 제이문에 오르며, 상인[상근기]은 이치에 훤하므로 온전히 玄堂에 오른다. 셋을 합치면 이 문이 된다.

중근기의 제이문에는 다시 세 쌍이 있다.

우선 첫째는 語와 默의 둘로써 삼문에서 불칙제자를 섭수하는데, 항상 二事를 행한다. 하나는 聖說法이고, 둘은 聖默然이다. 실상의 法을 설하는 것을 聖說法이라 말하고, 실상의 理를 설하는 것을 聖默然이라 말한다. 실상의 관으로부터 실상의 법을 설하는데 실상의 법을 설하여 다시 실상의 관으로 들어간다. 때문에 動靜의 四儀가 모두 실상에 계합한다. 답으로 말한 默의 경우는 모두 반야에 상응한다. 지금 이 삼문은 다시 聖旨에 의거하므로 衆人이 言으로써 法을 부정한다. 문수가 言을 빌려서 言을 그친 것은 마찬가지로 言에 나아가서 (곧 言을 가지고) 불이를 설명한 것이므로 말하자면 聖說法이다. 그리고 정명이 무언으로 불이를 설명한 것은 말하자면 聖默然이다. 만약 그렇다면 요컨대 衆人의 설을 말미암을 필요가 있기 때문에 정명이 침묵을 드러낸 것이다. 정명의 침묵을 인하여 중인의 설이 드러난 것이다. 대중에게 共談하도록 명한 뜻이 여기에 있다.

다음으로 둘째는 名과 體의 둘의 단절에 나아감으로써 삼문을 섭수하여 萬化를 總收한다. 여기에 무릇 2종이 있다. 하나는 物體이고, 둘은 物名이다. 이 둘은 곧 生累의 所由이기 때문에 선길이 '중생은 어느 곳으로 가는 것입니까.'라고 묻는다. 이에 대하여 여래는 '일체중생은 모두 名과 相의 안으로 간다.'고 답한다.

名은 名言을 말하고, 相은 法體를 말한다. 중인이 言으로써 차례로 모든 분별[諸二]을 민절하여 物體가 없음을 설명한다. 그러나 문수는 言을 빌려서 言을 그치고, 정명은 침묵에 의지하여 借言을 그치는데, 모두 無名과 無相임을 변별한 것이다. 무명과 무상은 곧 紛累가 여기에서 고요해진 것이다. 때문에 門에 비록 셋이 있지만 오직 이 둘만 섭수한 것이다.

다음으로 셋째는 名과 相이 둘을 의지함에 나아가서 삼문을 섭수한다. 경문의 말에서 名과 相의 法이 없지만 억지로 名과 相을 설한 것은 그 名과 相을 인하여 名과 相이 없음을 깨치도록 하려는 것이었다. 무릇 이것이야말로 垂敎의 大宗이고 群聖의 大意이다. 만약 그렇다면 중인이 문수와 더불어 名에 의지함으로써 불이를 변별한 것이고, 유마의 묵연은 相을 빌려서 一道를 설명한 것이다. 때문에 비록 삼문이 있지만 오직 名과 相의 二迹 뿐이다. 名과 相의 자취를 인함으로써 名과 相의 本이 없음을 드러낸 것이다.

다음은 二를 會하여 一로 돌아가는 것이 셋째에 해당한다.

問曰. 初建三門. 後明二徹. 觀其文釋[81]. 似如究[82] 麗. 考其大旨. 則不二未成. 何者. 若明不二之理無言. 應物之敎有言. 則無言之理不可有言. 有言之敎不可無言. 則[83] 理敎天乖. 何名不二. 答曰. 斯乃曉不二無言. 而未悟

---

81) 釋=彩【甲】【乙】
82) 究=宛【甲】
83) 則=卽【甲】* [* 1 2]

言卽不二. 故敎滿大千[84]而不言. 形充八極而不像. 故無言而言. 雖言不言. 無像而像. 雖像不像. 乃爲一致. 何謂天乖.

묻는다 : 먼저 三門을 건립하고 나중에 二轍을 설명합니다. 그 문채를 관찰해보면 마치 宛麗와 같습니다. 그 大旨를 고찰해보면 곧 불이가 성취되지 못하였습니다. 왜냐하면 만약 불이의 理를 무언이라 설명한다면 應物의 敎는 유언으로서 곧 무언의 理는 유언일 수가 없고 유언의 敎는 무언일 수가 없어서 理와 敎가 저절로 어긋나기 때문입니다. 그런데 어찌 불이라고 말할 수 있겠습니까.

답한다 : 그것은 이에 불이가 무언인 줄 알지만 깨치지 못하면 言이 곧 불이이다. 때문에 敎가 대천천계에 가득해도 말할 수가 없고, 形이 팔극에 충만해도 형상을 그릴 수가 없다. 때문에 무언이지만 言이므로 言이지만 不言이고, 무상이지만 像이므로 상이지만 무상으로서 이에 일치가 되는데, 어찌 저절로 어긋난다고 말하는가.

難曰. 若言卽不二. [*]則文殊之言常默. 若不二卽言. [*]則淨名之默常言. 三階之論渾然. 二轍之宗便喪. 答. 三階之說. 寄迹淺深. 二轍之言. 提引末[85]悟. 如其窮達. 卽不二常言. 言常不二. 未始不二. 未始不言. 故莫二之道始成. 得一之宗便建.

---

84) 大千＝天下【乙】
85) 末＝未【甲】【乙】

따져 묻는다 : 만약 言이 그대로 불이라면 곧 문수의 言은 항상 默이어야 할 것이고, 만약 불이가 그대로 言이라면 곧 정명의 默은 항상 言이어야 할 것입니다. 그래서 三階의 論은 혼연할 것이고 二徹의 宗은 곧 상실될 것입니다.

답한다 : 三階의 說은 迹의 淺深에 의지한 것이고, 二轍의 言은 迷悟를 끌어들인 것이다. 그것을 窮達한 즉 불이가 항상 言이고 言이 항상 불이인 것이지, 처음으로 불이가 된 것이 아니고 처음으로 불언이 된 것이 아니다. 때문에 二의 道가 처음으로 성취된 것이 아니지만 一의 宗은 곧 건립된 것이다.

次泯一句歸絶門第四. 論曰. 夫有無相生. 高下相傾. 有有故有無. 無有卽無無. 因二故不二. 若無二卽無不二. 是以經云. 不著不二法. 以無一二故. 斯卽非語非默. 不俗不眞. 絶觀絶緣. 何二不二.

다음으로 일구를 부정하고 絶門으로 歸하는 넷째이다.
논하여 말한다.
대저 有無가 相生하고 高下가 相傾하는데, 유가 있기 때문에 무가 있고 유가 없은 즉 무도 없다. 二를 인하기 때문에 불이이다. 만약 二가 없은 즉 불이도 없다. 이로써 경문에서 '불이법에 집착하지 않는 것은 一과 二가 없기 때문이다.'고 말한다. 이것은 곧 非語이고 非默이며 不俗이고 不眞이며 絶觀이고 絶緣인데 어찌 二가 되고 不二가 되겠는가.

問. 若非眞非俗. 無二不二. 今以何因得辨不二. 答. 無名相法假名相說. 不知何以目之. 故强名不二.

묻는다 : 만약 非眞이고 非俗이며 無二이고 不二라면 지금 어떤 것을 인하여 불이를 변별할 수 있겠습니까.
답한다 : 名과 相의 法이 없고 名과 相의 說도 없어서 그것을 무엇이라 지목해야 할지 모른다. 때문에 억지로 不二라 말한다.

難曰. 旣非二不二. 何不强名爲二[86]. 答. 失道之流. 多滯二見. 爲泯斯二故. 强名不二. 不强名二.

따져 묻는다 : 그것이 이미 非二이고 不二인데 어찌 억지로 二라고 말한 것이 아니겠습니까.
답한다 : 도를 상실한 무리가 대부분 이견에 막혀 있는 것은 이 二[非二와 不二]를 부정하기 때문이다. 그래서 억지로 不二라 말한 것이지 억지로 二라고 말한 것이 아니다.

問. 斥何二見. 强名不二. 答. 二病紛紜[87]. 略明三種. 一凡夫愛見. 二小乘

---

86) 二+(而强名不二)五字【乙】
87) 紜=綸【甲】【乙】

煩惱. 三菩薩勞累. 此經. 坦[88]平等之大道. 開不二之洪門. 無累不夷. 無人不化. 故方便品破彼凡夫. 弟子品斥於小道. 菩薩章呵於大見. 然後收[89]此三[90]. 問[91]歸一道. 令悟不凡不聖非大非小. 等釋迦之掩室. 同淨名之默然. 適[92]化無方. 從緣小大. 原夫能小大者. 豈小大之所能. 良由非小非大. 故能大能小[93]也[94]. 分小大門第五.

묻는다 : 어떤 二見을 배척하여 억지로 不二라 말하는 것입니까.
답한다 : 二病이 많고 어수선하지만[紛綸] 간략하게 3종으로 설명한다. 첫째는 범부의 애견이고, 둘째는 소승의 번뇌이며, 셋째는 보살의 勞累이다. 이 경전은 坦坦平等한 대도로서 불이의 큰 문을 연 것으로 無累이고 不夷로서 교화되지 않은 사람이 없다. 때문에 [방편품]에서는 저 범부를 타파하였고, [제자품]에서는 소도를 배척하였으며, [보살장]에서는 大見을 가책하였다. 연후에 이 삼문을 섭수하여 일도로 되돌려서 不凡不聖非大非小함을 깨치도록 한 것은 석가가 방문을 걸어잠근 것과 같고 정명이 묵연한 것과 같다. 그렇지만 교화에 임해서는 정해진 원칙[方]이 없이 인연의 小大를 따랐다. 본래부터 대저 小大에 능통한 사람에게 어찌 소대의 능소가 있겠는가. 진실로 非小非大를 말미암은 까닭에 能小能大일 뿐이다.

---

88) 坦+(坦)【乙】
89) 收=攝【乙】
90) 三+(人)【乙】
91) 問=門力【原】, =同【甲】【乙】
92) (而)+適【乙】
93) 大能小=小能大【乙】
94) 也=耳【乙】

小大를 나누는 문으로 다섯째에 해당한다.

問. 淨名不二法門. 與龍樹正觀. 有何等異. 答. 不二待二以得名. 正觀對邪以受稱. 約義不同. 義[95]體無異也.

묻는다 : 정명의 불이법문은 용수의 正觀과 어떤 차이가 있습니까.
답한다 : 不二는 二에 상대하여 명칭을 삼은 것이다. 정관은 사관을 상대하여 명칭을 받은 것이다. 그래서 義에 의거해보면 동일하지 않을 뿐이지 體가 다른 것은 아니다.

問. 若不二卽是正觀. 此經呵凡斥聖. 排大破小. 盛談不二. 於義旣周. 龍樹三論. 更何所辨. 答. 佛世根利. 尋經自通. 末俗庸淺. 待論方悟. 則知淨名破之於前. 龍樹申之於後. 不應聞經起信聽論生疑.

묻는다 : 만약 불이인 즉 곧 정관입니다. 이 『유마경』은 범부를 꾸짖고 성인을 배척하며, 대승을 물리치고 소승을 타파함으로써 盛談이 不二이고 義에 대해서는 이미 골고루 미칩니다. 그렇다면 용수의 삼론과 또 어떻게 분별됩니까.
답한다 : 부처님 재세시에는 근기가 뛰어나서 경전을 보면 저절로 통하였다. 그러나 말법의 속세에서는 근기가 庸淺하여 논을 待해서야 바야흐

---
95) 〔義〕-【乙】

로 깨친다. 그런즉 정명이 먼저 그것을 타파하였고 연후에 용수가 나중에 그것을 펼친 것이다. 그러므로 응당 경문을 듣고 믿음을 일으키지 않으면 논을 들어도 의심이 발생한다.

問. 成實毘曇有不二義不. 答曰無也. 何以知然. 智度論云. 聲聞法內. 不說生死卽是涅槃. 此經辨生死卽涅槃. 名爲不二. 而成論十六卷文不說生死卽涅槃. 以此推之. 知無不二.

묻는다 : 『성실론』과 『아비담론』에도 불이의 뜻이 있습니까.
답한다 : 없다. 그것을 어떻게 아는가 하면 다음과 같다. 『대지도론』에서는 성문법 안에서는 생사가 곧 열반이라고 설하지 않는다고 말한다. 그러나 이『유마경』에서는 생사가 곧 열반이라고 변별하여 그것을 불이라고 말한다. 『성실론』16卷의 論文에서는 생사가 곧 열반이라고 설하지 않는다. 이것으로써 그것을 미루어보면 불이가 없는 줄 알 것이다.

問. 考尋成實. 盛辨法空. 空理忘言. 則是不二. 何得云無. 答. 龍樹論云. 空有二種. 一者小乘折法空[96]. 二者大乘明本法[97]空. 而此經云非色滅空. 色性自空. 名爲不二. 尋成實論二百二品. 但明以實折假用空過實. 不言非色滅空色性自空. 以此推之. 知無不二.

---

96) (辨)+空【乙】
97) 法=性【甲】【乙】

묻는다 : 『성실론』을 살펴보면 법공에 대하여 盛辨하여 空理가 忘言인 즉 곧 불이라고 한다. 그런데 어째서 '無'라고 말하는 것입니까.

답한다 : 용수는 『논』에서 공유 2종에 대하여, 첫째는 소승에서 분석한 법공에 대하여 말하고, 둘째는 대승에서 해명한 법공을 말한다. 그러나 이 『유마경』에서는 색이 소멸하여 공이 되는 것이 아니라 색의 자성이 그대로 공인 것을 불이라고 말한다. 『성실론』의 202품을 살펴보면 단지 實로써 假를 분석하여 空만 작용하고 實를 간과할 뿐이지 색이 소멸하여 공이 되는 것이 아니라 색의 자성이 그대로 공인 것에 대해서는 해명하지 않는다. 이것으로써 그것을 미루어보면 거기에는 불이가 없는 줄을 알 것이다.

問. 何故小乘不明相卽. 答[98]. 若有相卽. 便有竝觀[99]. 則非聲聞. 是故小乘不明相卽.

묻는다 : 무슨 까닭에 소승에서는 相卽을 해명하지 않는 것입니까.

답한다 : 만약 相卽이 있다면 곧 竝觀이 있을 것이다. 만약 竝觀이 있다면 곧 성문이 아니다. 이런 까닭에 소승에서는 相卽을 해명하지 않는다.

---

98) 答+(曰)【甲】【乙】
99) 觀+(若有竝觀)【甲】

問. 聲聞何故無竝觀耶. 答曰. 大士利根. 照空卽遊[100]有. 鑒有卽知空. 故道貫雙流. 二慧能竝. 小乘智劣. 入空卽失有. 出有卽捨空. 旣取捨行心. 故無眞俗竝觀.

묻는다 : 성문에는 무슨 까닭에 竝觀이 없는 것입니까.
답한다 : 大士는 利根으로서 空을 照하여 곧 有에 통달한다. 有를 鑒하면 곧 空을 안다. 때문에 道가 雙流를 관통하여 二慧를 竝할 수가 있다. 그러나 小乘의 智는 하열하여 空에 들어간 즉 有를 상실하고[失有], 有에서 나온 즉 空을 부정한다[捨空]. 이처럼 이미 취사행의 마음이기 때문에 眞俗의 竝觀이 없다.

問. 毘曇保小. 遂折[101]於大. 三論守大. 破斥於小. 斯卽大小杜絶. 諍論交興. 成實探[102]大釋小. 融會二敎. 令小有入大之功<空?>. 大有接小之義. 則小大兼明. 諍論便息. 不應偏謂但弘小乘. 無有不二. 答曰. 夫立論序者. 蓋標一部之大宗也. 十二門序云. 今當略解摩訶衍義. 此摽<標?>大乘之旨歸也. 成實論序云. 故我正論三藏實義. 此標小乘之宗致也. 跋摩自云. 正弘小敎. 未曾宣唱兼辨大乘. 故論旨須依. 人<入?>通宜棄.

묻는다 : 『아비담론』에서는 小를 지키고 大를 물리칩니다. 『삼론』에서는

---

100) 遊=達【乙】
101) 遂折=還拒【乙】
102) 探=探【乙】* [* 1 2]

大를 守하고 小를 斥합니다. 이런즉 대소가 두절되어 쟁론이 번갈아 일어납니다.『성실론』에서는 大를 채택하여 小를 해석하여 이교를 융회하여 小의 有로 하여금 大의 空으로 들어가도록 하므로 大의 有를 小에 붙인다는 뜻입니다. 그런즉 소와 대가 아울러 해명되어 쟁론이 곧 그칩니다. 그래서 단지 소승만 홍포하여 불이가 없다는 편벽된 말은 옳지 않습니다.

답한다 : 대저 어떤 論의 序에서 내세운 것이야말로 무릇 一部의 大宗을 標한다.『십이문론』의 序에서는 '장차 마하연의 뜻을 간략하게 해석한다.'고 말하는데, 이것은 대승의 旨歸를 標한 것이다. 그리고『성실론』의 序에서는 '때문에 나는 삼장의 실의에 대하여 正論한다.'고 말하는데 이것은 소승의 宗致를 標한다. (成實論의 저자인) 訶梨跋摩는 스스로 '小敎를 正弘한다. 일찍이 대승을 아울러 변별한 적이 없었다.'고 말한다. 때문에 論旨는 모름지기 의거하되 入通해서는 마땅히 버려야 한다.

問. 安知三藏唯是小乘. 答曰. 法華經云. 亦不親近小乘三藏學者. 智度論云. 佛法有二. 一小乘三藏. 如牛跡水. 二摩訶衍藏. 譬彼大[103]池. 故知三藏定爲小矣.

묻는다 : 삼장은 오직 소승일 뿐임을 어떻게 아는 것입니까.
답한다 :『법화경』에서는 '또한 소승의 삼장학자를 친근해서는 안된다.'고

---

103) 大=天【乙】

말한다. 『대지도론』에서는 '불법에 둘이 있다. 첫째는 소승의 삼장인
데, 소의 발자국에 고인 물과 같다. 둘째는 마하연장인데 비유하면
큰 연못과 같다.'고 말한다. 때문에 삼장은 定히 소승임을 알 것이다.

問曰. 尋訶梨之序. 乃正標三藏. 而[*]探<採?>取般若無相. 以釋小乘.
故小大兼明. 煥104)然可領. 答曰. 雖有此道105). 已漏前責. 尋三藏之內. 自
辨法空. 小乘之宗. 卽有無相. 豈假[*]探大而釋小乎. 必106)苟存之. 請重
研究. 爲是大論兼釋於小. 爲是小論兼釋大耶. 若是大論兼釋小者. 建首
應標. 故我正論大乘實義. 不得初107)釋三藏也. 若是小論兼釋大者. 無有
是108)處. 所以然者. 智度論云. 大能包小. 故大兼釋小. 小不舍109)大. 故小
不釋大. 進退徵之. [*]卽知專是小乘. 不兼大矣. 又羅什親翻成實. 非110)
明大乘. 以此詳之. 卽可知矣.

묻는다 : 訶梨跋摩의 序를 살펴보면 이에 삼장을 正標하여 반야의 무상을 채
취함으로써 소승을 해석한 것입니다. 때문에 小大를 아울러 해명
한 것임을 분명하게 알 수 있는 것 아닙니까.
답한다 : 비록 그럴 수도 있겠지만 이미 그 허물에 대해서는 앞서 책망하였

---

104) 煥=炳【乙】
105) 道=通【甲】【乙】
106) 必=心力【乙】
107) 初+(云)【乙】
108) 是=此【甲】【乙】
109) 舍=容【乙】
110) 非明=明非【乙】

다. 삼장 안에서 찾아보면 저절로 법공이 변별되어 소승의 종지는 유무의 상에 즉해 있는데 어찌 대승을 채택하여 소승을 해석할 수 있겠는가. 마음에다 진실로 그것을 담아두고 곧 대승의 論이 소승의 해석을 겸하는지 소승의 論이 대승의 해석과 겸하는지 거듭 연구해보기를 바란다.

만약 대승의 론이 소승의 해석을 겸하는 것이라면 첫머리에서 응당 標를 내세웠을 것이다. 때문에 나는 대승의 實義를 가장 먼저 논한 것이지 처음부터 삼장을 해석할 수는 없다. 그러나 만약 소승의 論이 대승의 해석과 겸하는 것이라면 그런 법은 없다. 왜냐하면 『대지도론』에서 '大는 小를 포함할 수 있기 때문에 대가 소를 겸하는 것이다. 그러나 소는 대를 포함하지 못하기 때문에 소가 대를 해석할 수가 없다.'고 말한다. 앞뒤로 그것을 따져보면 곧 오직 소승뿐임을 알 수가 있을 것이다.

또한 나집이 친히 번역한 『성실론』은 대승이 아님을 해명한 것인데, 이것으로써 그것을 상세하게 해보면 곧 알 수가 있을 것이다.

問. 若成實爲小. 何故世所盛傳. 答曰. 淺法符情. 物皆易受. 正言似反. 誰肯信之.

묻는다 : 만약 『성실론』이 소승이라면 무슨 까닭에 세간에서 왕성하게 전승된 것입니까.

답한다 : 淺法으로 情에 符하면 중생은 모두 쉽게 받아들여서 正言이 뒤바뀐 것과 비슷한데, 누가 그것을 수긍하겠는가.

問. 成實若小. 梁武崇大. 何猶稟學. 答. 梁武初雖學之. 後遂彈斥. 著大品
經序. 呵成實師云. 若執五時之說. 謂般若淨名未圓極者. 無異窮子反走
於宅中. 獨姥掩自[111]於道上. 法水所以大悲. 形[112]山所以流慟. 梁武初學
成實毘曇. 聞攝山栖霞寺高麗朗法師. 從北[113]山來. 善解三論. 妙達大乘.
遣智寂等十人. 就山學之. 而傳授梁武. 因此遂改小從大. 又齊司徒敬[114]
陵天[115]宣王. 博涉內外. 經律兼通. 常慮慧日沈輝. 每欲綱維正法. 爲時學
人專弘成實. 遂翳障大乘. 仍刪改成實. 凡有九卷. 以助通經文. 衆事推
之. 必非兼弘之說也

묻는다 : 만약『성실론』이 소승이라면 양 무제는 대승을 숭상했는데 어떻게 그것을 공부할 수 있었겠습니까.

답한다 : 양 무제가 처음에는 비록『성실론』을 공부했을지라도 나중에는 마침내 그것을 배척하였다. 그리하여 그가 지은『대품경』의 序에서 성실론사를 가책하여 '만약 오시설에 집착한다면 소위 반야경과 정명경은 원극한 것이 아니다. 궁자가 도리어 집안으로 달려가고, 홀로 된 노파가 道上에서 눈을 감은 것과 다르지 않다.'고 말한다. 때문에 法水에서 크게 슬퍼하였고 형산에서 서럽게 눈물을 흘렸다. 양 무제가 처음에『성실론』과『아비담론』을 공부하였지만 섭산 서하사에 있는 고구려의 승랑법사가 북산으로부터 와서 三論을 잘 이

---

111) 自=目【甲】【乙】
112) 形=荊【乙】
113) 北山=土【乙】
114) 敬=竟【甲】【乙】
115) 天=文【甲】【乙】

해하고 대승에 오묘하게 통달했다는 말을 듣고 智寂 등 10명을 파견하자 산으로 올라가서 그것을 공부하여 양 무제한테 전수해주었다. 이를 인하여 마침내 소승을 바꾸어 대승을 추종하였다.

또한 齊의 司徒인 竟陵과 문선왕이 널리 내외전을 섭렵하여 경율을 兼通하였는데, 항상 慧日이 沈輝하는 것을 염려하여 매번 綱維와 正法을 기대하여 당시의 학인들에게 오로지 『성실론』만 홍포하여 마침내 대승이 숨어들게 되었는데, 거듭해서 『성실론』을 刪改(잘못된 글귀를 지우고 고쳐서 바로잡음)하여 무릇 9권이 되었다. 이로써 경문을 助通하고 衆事로 그것을 받들었기 때문에 반드시 겸하여 홍포했다는 설만 있었던 것은 아니었다.

問. 若成實爲小. 三論是大. 則二敎分流. 何俟相斥. 答. 原佛興世. 本爲大乘. 但根性未堪. 故推[116]示小敎. 雖復說小. 意在詮大. 而保實之徒. 遂守指忘月. 保小拒大. 如五百部. 聞畢竟空. 如刀傷心. 是以. 龍樹破彼小迷. 令趣大道. 若不呵責. 便違本誓. 譬如稚子. 未有所知. 取枯骨木[117]枝. 以內於口. 父母見之[118]已. 恐爲其患. 故左手捉頭. 右手挑出. 假使血流. 終不捨置. 四依破病. 其義類然. 又諸方等敎. 盛毀聲聞. 以執小乘. 多好謗大. 如其謗大[119]. 則永沒無間. 故涅槃經云. 菩薩從初發心. 起大誓願. 令

---

116) 推=權【甲】【乙】
117) 木=枯【乙】
118) 〔之〕-【乙】
119) 〔如其謗大〕-【乙】

我怖畏二乘道果. 如借[120]命者怖畏捨身. 法華經明. 豪貴長者譬大乘人. 除糞窮子譬[121]學小教[122]者. 大品經云. 譬如癡大[123]. 不從大家求食. 而反就作務者索[124]. 龍樹釋云. 大家者大乘教也. 癡[*]大者學小乘人也. 作務者所謂奴[125]. 客喻小乘教也. 不從大家求[126]者. 不學大乘求佛道. 反就奴客[127]求食者. 喻學小乘佛法欲證法[128]身也. 如斯等教親自盛呵. 四依出世. 造大乘論. 申明佛旨. 還復排斥. 何所疑哉. 同異門第六.

묻는다 : 만약『성실론』은 소승이고,『삼론』은 대승이라면 곧 이교로 분류된 것일 터인데, 어떻게 서로 기다려서 배척할 수 있겠습니까.

답한다 : 원래 부처님이 세간에 출현했을 때는 본래 대승이었다. 그러나 무릇 중생의 근성이 그것을 감당하지 못한 까닭에 방편으로 소승을 내보였다. 그래서 비록 다시 소승을 설할지라도 뜻은 대승을 해명하는 데에 있다. 그러나 實을 보수하는 무리들은 마침내 손가락을 지키고 달을 잊어서 소승을 보수하고 대승을 거부하여 저 오백부가 필경에 공임을 듣고는 마치 칼로 심장을 도려내는 것처럼 간주하였다. 이로써 용수가 그들 소승의 미혹을 타파하고 대도로 나아

---

120) 借=惜【甲】【乙】
121) 譬=喩【乙】
122) 教=乘【乙】
123) 大=犬【甲】【乙】* [* 1]
124) (容)+索【乙】
125) 奴客=奴也容索【乙】
126) 求+(食)【乙】
127) 客=容【乙】
128) 法=佛イ【原】

가도록 하였다. 그래서 만약 가책하지 않으면 곧 本誓를 위반하고 말 것이다.

비유하면 마치 어린아이가 지식이 없어서 마른 뼈와 마른 나뭇가지를 취하여 입에 집어넣자 부모가 그것을 보고 염려하여 그것을 근심하는 것과 같다. 때문에 왼손으로 머리를 잡고 오른손으로 그것을 꺼내주는데 가사 피가 나더라도 끝내 그만두지 않는다. 四依[129]로써 병을 타파하는 것도 그 뜻은 그와 같다.

또한 모든 방등교가 왕성하게 성문을 물리치자 소승에 집착하는 사람들은 대부분 즐겨 대승을 비방하였다. 저 대승을 비방한 즉 영원히 무간지옥에 빠진다. 때문에 『열반경』에서 '보살은 초발심으로부터 대서원을 일으켜서 우리들로 하여금 이승의 도과를 멀리하도록 한다. 마치 목숨을 아끼는 사람이 捨身을 두려워하는 것과 같다.'고 말한다.

『법화경』에서는 豪貴長者를 대승인에 비유하고 똥치는 궁자는 소승교를 공부하는 사람이 비유한다. 『대품』에서는 '비유하면 저 어리석은 개가 大家로부터 음식을 구하지 않고 도리어 作務하는 사람에 나아가서 음식을 찾는 것과 같다.'고 말한다. 용수는 그것을 해석하여 '大家는 대승교이고 어리석은 개는 소승을 공부하는 사람이며, 작무하는 사람은 소위 노비이다. 客은 소승교를 비유하고, 대가를 따라서 구하지 않는 사람은 대승을 공부하지 않고 불도를 추구하는 사람이며, 도리어 奴客한테 나아가서 음식을 구하는 사람은 소

---

129) 『大寶積經』卷82, (大正新脩大藏經11, p.478上) "依義不依語, 依智不依識, 依法不依人, 依了義經不依不了義經"

승의 불법을 공부하여 법신을 증득하려는 것을 비유한다.'고 말한다. 이와 같은 가르침은 친히 왕성하게 가책하고 四依로써 出世하는 것이다. 대승의 논을 짓고 佛旨를 펼쳐서 해명한다면 어찌 다시 배척하고 어찌 의심하겠는가. 동이문으로서 제육에 해당한다.

問曰. 義宗已盛談不二. 未詳不二是何等法. 答有人言. 不二法門. 卽眞諦理也(此成實論師所用也). 有人言. 不二法門. 謂實相般若(實相是眞諦理)＜有人言+?＞. 能生般若故名般若. (此智度論師之所立也). 有人言. 不二法門[130]. 阿梨耶識(此云無沒議. 此舊十地論師之所用也). 有人言. 不二法門. 卽阿摩羅識(此云無垢識. 攝大乘論師眞諦三藏之所用也). 四宗之內. 初二約境. 後兩據心. 雖識境義殊. 而同超四句. 故釋迦掩室於摩竭. 淨名杜口於毘耶. 斯皆理爲神御. 故口以之而默. 豈曰無辨. 辨所不能言也. 今先總問四宗. 次別開十句[131]. 衆師旣云理不可言. 爲有不可言之理. 爲無此理乎. 若有斯理. 卽是有門. 何名絶四. 若無此理. 則[132]智無所會. 凡不可隔[133]. 聖何由成. 極[134]臆[135]論壞[136]. 二門之內. 謂[137]有理也. 又終有此理. 而不說其有無. 犢[138]子

---

130) 門+(卽)【甲】【乙】
131) 句＝問カ【原】
132) 則＝卽【乙】
133) 隔+(聖)【乙】
134) 極＝撫【甲】,【乙】
135) 臆＝噫ヵ【原】
136) 壞＝懷【乙】
137) 謂＝終【乙】
138) (與)+犢【乙】

計我有理存焉. 竟復何異. (注犢子計我存[139]第五[140]不可說五藏者三世爲三. 無爲是四. 第五非有爲非無爲) 又若眞不可說. 俗諦則有言. 有言之俗不可無言. 無說之眞不可令說. 卽[141]成兩執. 何名不二. 救曰. 蓋是未悉義宗. 故興斯問耳. 今明俗雖可說. 卽眞不可說. 眞雖不可說. 卽俗之可說. 故相卽義成. 不二便立(此成實衆師同作此釋[142]).

묻는다 : 義와 宗으로 이미 불이에 대하여 盛談하였는데 아직도 불이가 어떤 법인지 자세하지 않습니다.

답한다 : 어떤 사람은 말한다. '불이법문은 곧 진제의 이치이다.(이것은 성실논사가 의용하는 것이다)'

어떤 사람은 말한다. '불이법문은 말하자면 실상반야이다.(실상은 진제의 이치이다.)

어떤 사람은 말한다. '반야를 발생하기 때문에 반야라 말한다.(이것은 지도론사가 내세운 것이다)'

어떤 사람은 말한다. '불이법문은 곧 아리야식이다.(번역하면 無沒議이다. 이것은 舊十地論師가 의용하는 것이다)'

이들 四宗 가운데서 앞의 둘은 境에 의거한 것이고, 뒤의 둘은 心에 의거한 것이다. 비록 境의 뜻이 다름을 알지라도 모두 사구를 초월한다. 때문에 석가모니는 마갈타에서 방문을 걸어잠겄고, 정명은

---

139) 存=在【甲】【乙】
140) 五+(法)【乙】
141) 卽=則【乙】* [* 1 2 3 4 5 6 7 8 9 10 11 12 13 14 15 16 17 18 19 20 21 22 23 24 25 26 27]
142) 釋=救也【乙】

비야리에서 입을 다물었다. 이것은 모든 이치가 정신을 어거하기 위한 것이다. 때문에 입으로 침묵하였다. 그런데 어찌 無辨이라 말하겠는가. 辨이라고도 言할 수가 없다.

묻는다 지금은 먼저 총체적으로 四宗에 대하여 묻고, 그 다음에 개별적으로 十問을 엽니다. 여러 논사들이 이미 이치는 言할 수 없다고 말한 것은 불가언의 이치가 있다는 것입니까 아니면 그 이치가 없다는 것입니까. 만약 그 이치가 있다면 곧 그것은 有의 門인데 어찌 四宗을 단절했다(絶四)고 말하는 것입니까. 만약 그 이치가 없다면 곧 智로도 알 수가 없습니다. 凡이 聖과 不可隔이라면 聖은 무엇을 말미암아 極을 성취한 것입니까.

噫라. 懷를 논하자면 二門 가운데는 결국 이치가 있습니다. 또한 결국 그 이치가 있지만 그 有無를 설하지는 않습니다. 독자부에서 我가 有이고 理가 存하다는 경우와 결국 무엇이 다르겠습니까.(注 : 독자부에서는 我가 존재한다고 계탁한다. 第五法은 불가설이다. 五藏者는 삼세를 第三으로 삼고, 무위를 곧 第四로 삼는데, 第五는 非有爲非無爲이다) 또한 만약 진제는 불가설이고 속제는 곧 有言이라면 有言의 속제는 無言일 수가 없습니다. 無說의 진제는 說하게 할 수가 없는 즉 兩執이 되고 맙니다. 그런데 어찌 불이라 말하는 것입니까.

답하여 말한다(救曰) : 무릇 이것은 悉義宗이 아니다. 때문에 이와 같은 질문이 일어난 것이다. 지금 설명하는 속제는 비록 가설이지만 곧 진제는 불가설이다. 진제에 즉해서는 비록 불가설일지라도 속제에 즉해서는 可說이다. 때문에 相卽의 뜻이 성립되고, 불이가 곧 성립된다.(이것은 성실종의 여러 논사들이 동일하게 이와 같은 해석을 짓는다)

難曰. 請問相卽. 爲是一體. 爲二體耳143) 如其一體. 卽眞俗互同. 以俗卽眞. 眞絕俗亦絕. 以眞卽俗. 俗言眞亦言. 若眞絕俗不絕. [＊]卽俗不卽於眞. 若俗言眞不言. [＊]卽眞不卽於俗. 以二難互徵. [＊]卽進退皆屈. 斯一體義壞. 若眞俗異體. 便不相卽. 如其相卽. 則異體不成. 斯乃二路並窮. 辭理俱喪. 以此詳之. 眞俗不立. 眞俗不立. 則一切義崩(吉藏謹依龍樹提婆二大士之難. 末學謂非深責者. 謗四依人也)次別開十門. 以辨得失. 義匠144)並云. 道超145)四句. 故至聖以之沖默. 今宜就絕四. 詳其是非第一天竺外道九十六師. 略而言之. 不出四種. 第一迦毘羅執有. 第二富蘭那計無. 第三迦羅鳩馱明亦有亦無. 第四長爪梵志立非有非無. (迦毘羅翻爲金頭仙人. 富蘭那是六師之初首. 迦羅鳩馱六師之第五. 長爪梵志是舍利弗舅以勤學不暇剪爪. 時人以此目之也)若爾者. 並墮四門. 無絕四之義. 故無不二之道. 二佛滅度後. 五百論師. 諸部異宗. 亦不出四句. 如犢子146)計有我有法. 名爲有見. 方廣執無我無法. 名爲無見. 薩婆多謂無我有法. 卽亦有亦無. 訶梨云此147)俗諦有我有法. 故非無. 眞諦無我無法. 故非有. 如此諸部. 皆墮四門. 無絕四之義. 故無不二之道. 旣無不二之道. 亦無有二. 理148)敎俱失(外國名波羆富羅此云犢子. 佛滅149)三百年出. 執有人法義. 薩婆多翻爲一切有. 執三四150)是有. 所以爲名也. 又方廣是大乘經名. 以學大乘. 從法爲名也). 又薩婆多部. 不得

---

143) 耳=耶【甲】
144) 〔匠〕-【乙】
145) 超=絕【乙】
146) 子+(部)【乙】
147) 此=世【乙】
148) (則)+理【乙】
149) 滅+(後)【甲】【乙】
150) 四=世【甲】

法空. 計有塵有識. 二方廣道人. 執邪無之義. 明無識無塵[151] 三心無之論. 計有塵無識(肇公不眞空論辨之云. 心無者. 無心於萬物. 萬物尙[152]無. 肇詳[153]之曰. 此得在於神靜. 而失在<於+?>物虛也). 四唯識之義. 執無塵有識. 如斯等說. 亦墮四門. 故無有不二.

따져 묻는다 : 청문한 상즉은 一體입니까 二體입니까. 그것이 일체라면 곧 진속이 서로 동일하여 속제로써 진제에 즉하여 진제가 단절되면 속제도 또한 단절될 것이고, 진제로써 속제에 즉하여 속제도 언설이고 진제도 또한 언설일 것입니다. 만약 진제가 단절되어도 속제가 단절되지 않으면 속제에는 즉하고 진제에는 즉하지 않게 될 것입니다. 그러나 만약 속제가 언설이지만 진제가 언설이 아니라면 진제에 즉하고 속제에는 즉하지 않을 것입니다. 이로써 二難이 서로 따져서[互徵] 곧 진퇴가 모두 부정되어[屈] 이 一體의 뜻이 붕괴되고 맙니다. 만약 진제와 속제가 異體라면 곧 상즉이 아닐 것입니다. 저 상즉은 곧 異體로는 성립되지 않습니다. 이것이야말로 이에 二路가 並窮하고 辭理가 俱喪할 것입니다. 이로써 그것을 상세하게 해보면 진속의 불립입니다. 진속이 불립인즉 一切의 義가 붕괴되고 맙니다.(나 길장은 삼가 용수와 제바의 두 대사가 힐난한 것에 의거한다. 그러나 末學은 소위 非深責者로서 四依를 비방하는 사람이다)

---

151) 塵+(也)【甲】【乙】
152) 尙=未嘗【乙】
153) 詳=訝【乙】

답한다 : 다음은 개별적으로 십문을 열어서 득실을 변별한다.

義匠은 아울러 '道는 사구를 떠나 있다'고 말한다. 때문에 聖에 이르면 그것이 沖默하다. 이제 마땅히 사구의 단절[絶四]에 대하여 그 시비를 상세하게 말하겠다.

제일, 천축의 외도 96師에 대하여 그것을 간략하게 말하면 4종을 벗어나지 않는다.

첫째는 迦毘羅로서 有에 집착한다.

둘째는 富蘭那로서 無를 계탁한다.

셋째는 迦羅鳩馱로서 亦有亦無를 설명한다.

넷째는 長爪梵志로서 非有非無를 내세운다. (迦毘羅는 번역하면 金頭仙人이다. 富蘭那는 六師의 初首이다. 迦羅鳩馱는 六師의 第五이다. 長爪梵志는 舍利弗의 삼촌인데 勤學하느라고 손톱을 자를 여가가 없었기 때문에 당시 사람들이 그렇게 호칭하였다)

만약 그렇다면 모두 四門에 떨어져서 絶四의 뜻이 없다. 때문에 不二의 道가 없다.

제이, 불멸도 후에 오백논사의 諸部가 종지를 달리하였는데 또한 사구를 벗어나지 않는다.

독자부에서는 有我有法을 계탁하여 有見이라 명칭하였다.

방광부에서는 無我無法에 집착하여 無見이라 명칭하였다.

살바다부에서는 無我有法라 말하였는데 곧 亦有亦無이다.

訶梨跋摩는 세속제의 有我有法이기 때문에 非無이고 진제의 無我無法이기 때문에 非有이다고 말한다. 이들 諸部는 모두 四門에 떨어져서 絶四의 뜻이 없다. 때문에 不二의 道가 아니다. 이미 불이의 도가 없고 또한 二도 없은 즉 理와 教가 모두 없다.[失](외국명 波

麁富羅는 번역하면 犢子이다. 불멸 이후 삼백 년에 출현하여 有人有法의 뜻에 집착하였다. 薩婆多는 번역하면 一切有인데 三世에 대하여 有라고 집착한 까닭에 그런 명칭이 붙었다. 또한 方廣은 곧 대승경의 명칭인데 이로써 대승을 공부하므로 그 법을 따라서 명칭이 붙은 것이다)

또한 살바다부에서는 法空이 없고 有塵有識을 계탁한다.

다음[二]으로 방광도인은 邪無의 뜻에 집착하여 無識無塵을 설명한다.

그 다음[三]으로 心無의 論에서는 有塵無識을 계탁한다.(肇公의 不眞空論에서 그것을 변별하여 말한다. '心無는 만물에 무심한 것이다. 그러나 만물도 일찍이 無가 아니다.'

肇公이 비평하여 말한다. '이것은 마음이 고요한 상황[神靜]에서는 옳지만 사물이 텅빈 곳에서는 그르다.')

또 그 다음[四]으로 유식의 뜻에서는 無塵有識에 집착한다.

이와 같은 여러 가지 설도 또한 四門에 떨어진다. 때문에 不二가 없다.

問. 有塵有識. 是毘曇執有之見. 無塵無識. 方廣邪無之說. 無識有塵. 人師自心不經聖口. 然此三可得彈呵. 唯識之義者. 蓋是方等之宏宗. 折<絶?>徵[154]之淵致. 詎[155]可非之. 答. 考天親唯識之意者. 蓋是借心以忘境. 境忘

---

154) 徵=微【乙】
155) 詎=誰【乙】

不存心. 蕭然無寄. 理自玄會. 非謂塵爲橫計心是實有. 末學不達[156]其旨. 須斥之. 故咎在門人. 非天親之過矣. 次復論四句. 一者有有有無. 名之爲有. 二者無有無無. 目之爲無. 三者亦有有無亦無有無. 爲亦有亦無. 四者非有有有無非無有無無. 名非有非無. 次明重複四句. 總上複[157]明四句皆名爲有. 所以然者. 有此四句. 故悉名爲有. 次無此四句. 名之爲無. 亦有四句亦無四句. 爲亦有亦無. 非有四句非無四句. 爲非有非無. 次明竪深四句. 初階絶單四句. 次門絶複四句. 第三絶重複四句. 雖復次第漸深. 而惑者終謂窈冥之内有妙理存焉. 則名爲有. 若無此妙理. 則名爲無. 亦有此理亦無此理. 名爲亦有亦無. 非此理非無此理. 爲非有非無. 若然者. 猶墮四門之内. 何有絶四之宗. 故知生心動念卽便是魔. 若壞[158]無所寄方爲法爾[159]. 所以經云. 是法不可示. 言辭相寂滅. 淨名所以杜言. 釋迦所以掩室者在斯一門. 次明絶四句句[160]. 絶四句[*]句者. 非理超[161]四句名絶四句. 乃明雖復洞絶而宛然四句. 故名絶四句矣.

묻는다 : 有塵有識은 비담부에서 그것을 有라고 집착하는 견해이고, 방광부의 邪無라는 설은 無識有塵으로서 人師의 自心이 聖口를 거치지 않은 것입니다. 그러나 이들 셋은 가히 彈呵를 받을 만합니다. 유식의 뜻은 무릇 방등의 宏宗으로서 絶微한 이치를 궁구한 것[淵致]인

---

156) 達=體【乙】
157) 複明=明複力【乙】
158) 壞=懷【甲】【乙】
159) 爾=印【乙】
160) 〔句〕ㅓ-【原】*,〔句〕-【甲】【乙】* [* 1]
161) 超+(於)【乙】

데 누가 그것을 그르다 하겠습니까.

답한다 : 천친이 말한 유식의 의미를 고찰해보면, 무릇 그것은 心에 의거함으로써 境을 잊는 것이다. 境을 잊어서 心을 남겨놓지 않게 되면 蕭然하여 의지할 것이 없어져 이치가 저절로 깊이 이해되는데 이것은 번뇌[塵]가 橫計하여 心이 實有라고 말하는 것이 아니다. 그러나 末學은 그 旨에 통달하지 못하고 응당 그것을 배척한다. 때문에 허물은 문인에게 있는 것이지 천친의 허물이 아니다.

다음으로[第二] 다시 사구를 논한다.

첫째는 有도 있고 無도 있다[有有有無]는 것인데 그것을 有라고 명칭한다.

둘째는 有도 없고 無도 없다[無有無無]는 것인데 그것을 지목하여 無라고 명칭한다.

셋째는 또한 有도 있고 無도 있고 또한 有도 없고 無도 없다[亦有有無亦無有無無]는 것인데 亦有亦無라고 명칭한다.

넷째는 有도 있고 無도 있는 것이 아니고 유도 없고 무도 없는 것이 아니다[非有有無 非無有無無]는 것인데 非有非無라고 명칭한다.

그 다음으로[第三] 거듭하여 다시 사구를 설명한다. 총체적으로 위에서 설명한 複四句는 모두 有라 명칭한다. 그 이유는 有此四句이므로 모두 有라고 명칭하기 때문이다.

다음으로 無此四句에 대한 것인데 그것을 無라고 명칭한다. 또한 역유의 사구와 역무의 사구[亦有四句亦無四句]는 亦有亦無가 되고, 유사구도 없고 무사구도 없는[非有四句非無四句]은 非有非無가 된다.

다음으로 竪深四句에 대한 것이다.

첫째는 階絶單四句이다.

둘째는 門絕複四句이다.

셋째는 絕重複四句이다.

비록 다시 次第와 漸深이지만 그것을 아는[感] 사람은 끝내 窈冥 안에 妙理가 남아 있다고 말한 즉 그것을 有라고 명칭한다. 만약 이 妙理가 없다면 곧 無라고 명칭한다. 亦有此理亦無此理는 亦有亦無라고 명칭하고, 非有此理非無此理는 非有非無가 된다.

묻는다 : 만약 그렇다면 四門 안에 떨어지는 것인데 어찌 絕四의 宗이 있겠습니까.

답한다 : 때문에 生心하거나 動念하면 곧 그것은 魔임을 알 것이다. 만약 마음[懷]에 의지할 것이 없다면 바야흐로 法爾가 된다. 때문에 『유마경』에서 '이 법은 내보일 수가 없다.'고 말한 것은 언사의 相이 적멸한 것이다. 정명이 杜言한 까닭과 석가모니가 방문을 걸어잠근 까닭이 바로 이 一門에 있다.

다음으로 絕四句에 대하여 설명한다. 절사구는 이치로서 사구를 초월한다는 것이 아니라 명칭으로서 사구를 단절한다는 것이다. 이에 비록 다시 洞絕을 설명하지만 사구가 완연하다. 때문에 절사구라 명칭한다.

問. 何故明此義耶. 答. 稟教之徒. 聞上理超四句. 便謂窈冥洞絕同癡法外道. 是故. 今明至道[162]雖復妙絕. 而四句宛然. 所以經云. 不動眞際而建立諸法. 豈可妙絕不能言耶. 次明四句絕. 前明理雖洞絕而宛然四句. 今明

---

162) 道=理【乙】

雖說四句而常是絶言. 如天女之詰身子. 汝乃知解脫無言. 而未悟言即解脫. 故敎滿十方. 即是[163]常絶. 次明一句四絶. 如一假有絶於四句. 所以然者. 假有不可定有. 假有不可定無. 假有不可定亦有亦無. 假有不可定非有非無. 故此假有. 絶於四句.

묻는다 : 무슨 까닭에 이런 뜻을 설명하는 것입니까.
답한다 : 가르침을 받은 사람이 위에서 이치로 사구를 초월한다는 말을 듣고서 곧 窈冥은 洞絶하여 癡法의 外道와 같다고 말한다. 이런 까닭에 지금 至理는 비록 다시 妙絶이지만 사구는 완연하다는 것을 설명한다. 때문에 경문에서 진제를 움직이지 않고 제법을 건립한다고 말한다. 그러니 어찌 妙絶이라고 말하지 못하겠는가.
다음으로 四句絶에 대하여 설명한다.
위에서는 (至)理는 비록 다시 妙絶이지만 사구는 완연하다고 설명하였는데, 지금은 비록 사구를 설하지만 항상 그것은 絶言임을 설명한다. 마치 천녀가 사리불을 힐난한 것과 같다. 그대도 이에 해탈이 무언임을 알지만 언이 곧 해탈임을 깨닫지 못하기 때문에 敎가 시방에 충만해도 그것은 곧 사구가 항상 단절되어 있다.
다음으로 一句四絶을 설명한다.
마치 하나의 假有가 四句를 단절해있는 것과 같다. 그 까닭은 假有는 정해진 有도 아니고 정해진 無도 아니며 假有는 정해진 亦有亦無도 아니고 假有는 정해진 非有非無도 아니다. 때문에 이 假有는 사구를 단절해 있다.

---

163) 是+(四句)【乙】

問. 何故明此義耶. 答. 或[164]者聞眞常[165]無言可得絶四[166]. 未知卽一假有便具四[167]絶. 故次明之. 第十絶一假有. 依玄論可明也.

묻는다 : 무슨 까닭에 이런 뜻을 설명하는 것입니까.
답한다 : 미혹한 사람은 진제는 무언으로서 사구를 단절해 있다는 말을 듣고도 곧 하나의 假有가 사구를 단절했음을 모른다. 때문에 다음으로 그것을 설명한다. 열 번째의 단절인 하나의 가유에 대해서는 『현론』에 의거하면 분명해진다.

第二次釋本名. 由體不二之理故. 起[168]無二之智. 由無二之智故. 能適化無方. 以[169]適化無方故. 施敎非一. 施敎非一故. 稱謂不同. 則知不二之理爲立名之本. 前[170]釋其名本. 今次論其本名[171]不同. 略明二種. 一總釋衆敎. 二別解此經. 總釋衆敎. 凡有五門.

둘째는 다음으로 근본의 명칭[本名]을 해석한다. 體가 不二한 이치를 말미암아 無二의 智를 일으키고, 무이의 智를 말미암은 까닭에 適化가 無方하

---

164) 或=惑力【乙】
165) 常=諦【甲】【乙】
166) 四+(句)【乙】
167) 具四=四句【乙】
168) 起=有【乙】
169) 〔以〕-【乙】
170) 前+(旣)【乙】
171) 名+(本名)【甲】【乙】

며, 적화가 무방하기 때문에 교를 베푸는 것이 하나가 아니다. 교를 베푸는 것이 하나가 아니기 때문에 不同이라 일컫는다. 곧 지리의 이치를 아는 것이 立名의 本이다.

위에서는 그 名의 本에 대하여 해석하였다. 이제 다음으로 그 本名 및 本名의 不同에 대하여 논한다. 간략하게 설명하면 두 가지가 있다.

첫째는 총체적으로 衆敎를 해석한다.

둘째는 개별적으로 이 경전을 해석한다.

총체적으로 衆敎를 해석하는 것에 무릇 五門이 있다.

立名不同門<第十>一. 切[172]衆聖敷敎說[173]經. 凡有二種. 一者宜[174]說不別立名. 如大品等. 九十章內. 無有侍者問名如來答題. 良以一部明波若事顯. 卽知是波若經. 不繁別立. 二者說經亦立名字. 如云此經名爲大般涅槃. 良由名義未彰. 故[175]須別立. 此立名不立名一雙也.

첫째로 立名不同門이다. 衆聖이 펼친 敎에는 무릇 두 가지가 있다.

첫째는 직설하고 별도로 입명하지 않는 경우이다. 저 『대품』 등은 19장 內에 시자가 질문한 名과 여래가 답변한 題가 없다. 진실로 一部로써 波若의 事顯을 설명한 즉 그것이 『波若經』임을 알기 때문에 번거롭게 별도로 (名을) 내세우지 않는다.

---

172) 〔切〕-【甲】【乙】
173) 〔說經〕-【乙】
174) 宜=直【甲】【乙】
175) 故=若【甲】【乙】

둘째는 경도 설하고 또한 명자도 내세우는 경우이다. 마치 이 경전의 명칭을 『대반열반』이라 한다면 진실로 名의 뜻이 드러나지 않는 것과 같다. 만약 모름지기 별도로 내세워야 한다면 이것은 立名과 不立名이 一雙이어야 한다.

就立¹⁷⁶⁾名之內. 復有二種. 一佛自立. 如云爲諸聲聞說大乘經. 名妙法蓮華. 二待問方立. 如金剛般若待善吉問名如來始答. 此謂自他一雙也. 就自立名內. 復有二種. 一序品已立. 如金光明之流. 二正說方立. 衆經多爾. 此序正一雙也. 待問立名. 復有二種. 一說經未竟. 隨一義說. 卽立名字. 如¹⁷⁷⁾小般若等. 二說經究竟方始立名. 卽此經是也. 謂前後一雙也.

自立名의 內에도 다시 두 가지가 있다.

첫째는 부처님이 스스로 내세운 것이다. 마치 모든 성문을 위하여 대승경을 설하고 『묘법연화』라고 이름하는 경우이다.

둘째는 질문을 받고서 바야흐로 내세우는 것이다. 마치 『금강반야』에서 선길의 名에 대한 질문을 기다려서 여래가 답변한 경우이다. 이것을 自他一雙이라 말한다.

自立名 내에 대하여 다시 두 가지가 있다.

첫째는 서품에서 이미 내세운 것이다. 마치 『금광명경』의 부류와 같은 경우이다.

---

176) (自)+立【乙】
177) (亦)+如【乙】

둘째는 정설분에서 바야흐로 내세운 것이다. 衆經이 대부분 그렇다. 이 경우는 서분과 정설분이 一雙이다.

질문을 받고서 내세우는[待問立名] 것에도 다시 두 가지가 있다.

첫째는 설경이 끝나기 전에 一義를 따라서 곧 立名의 글자를 설하는 경우이다. 마치『소반야』등과 같다.

둘째는 설경을 마치고 바야흐로 처음 입명하는 경우이다. 곧 이『유마경』이 그것이다.

就說經竟立名. 復有二種. 一者但立一名. 衆經多爾. 二者立於多稱. 淨[178] 名之流. 故云一名維摩詰經二名不思議解脫. 此一多一雙也. 衆經雖曠<廣?>. 立名[179]略有十種.

설경을 마치고 입명하는 것에도 다시 두 가지가 있다.

첫째는 단지 하나의 명칭만 내세운다. 衆經의 대부분이 그렇다.

둘째는 여러 가지 명칭을 내세운다. 곧『정명경』의 부류이다.

때문에 첫째의 명칭은『유마힐경』이고, 둘째의 명칭은『부사의해탈경』이다. 이것은 一과 多가 一雙이다. 衆經에 비록 광대하게 있지만 입명의 所由는 간략하게 열 가지가 있다.

---

178) (卽)+淨【乙】
179) 名+(所由)【乙】

問. 華嚴一部. 何故文無立名. 答. 此經凡十萬偈. 傳譯未盡. 立名當在後也. 于闐國有龍樹傳云. 華嚴凡有三本. 大本有三千大千世界微塵偈一四天下微塵品. 次本有四十九萬八千八百偈一千二百品. 此二品[180]並在龍宮. 龍樹不誦出也. 唯誦下本十萬偈三十六品. 此世[181]唯有三萬六千偈三十四品. 故知華嚴名在後分矣. 菩提流支云. 佛滅度[182]六百年. 龍樹從海宮將名[183]也.

묻는다 : 『화엄경』이라는 한 경전은 무슨 까닭에 경문에 입명이 없는 것입니까.

답한다 : 『화엄경』은 무릇 십만 게송이어서 다 傳譯되지 않았다. 입명은 반드시 말미에 있을 것이다. 우전국에 있는 『용수전』에서 말한다.

'화엄에 무릇 三本이 있다. 大本에는 삼천대천세계의 미진만큼의 게송이 있고 일사천하의 미진만큼의 품이 있다. 중본[次本]에는 사십구만 팔천 팔백의 게송이 있고 천 이백의 품이 있다. (대본과 중본의) 이 둘은 모두 용궁에 있는데 용수가 송출하지 않았다. 오직 송출해낸 것은 십만 게송의 삼십육 품뿐이었다. 그리고 이 땅(우전국)에는 오직 삼만 육천 게송 삼십사품만 있다.'

때문에 『화엄경』의 명칭은 끝에 후분에 있다.

보리유지는 '불멸도 이후 육백 년에 용수가 海宮에서 가져왔다.'고 말한다.

---

180) 品=本【甲】【乙】
181) 世=土【甲】【乙】
182) 度+(後)【乙】
183) 名=來カ【原】, =出【甲】【乙】

立名轉不轉門<第+>二. 三世佛經立名有二. 一名字不轉. 二隨佛世異. 如過去二萬日月燈明佛說大乘經名妙法蓮華經. 現在釋迦同有斯名. 此理[184] 名字不轉. 二者隨佛出世立名不同. 如十二部內伊帝曰[185]多伽經.拘留秦佛出世之時. 名甘露鼓. 拘那含牟尼佛名爲法鏡. 迦葉佛時名分別空. 釋迦興世稱爲界[186]經. 蓋是適緣不同. 故隨時異[187]也(通名旣轉. 別名應然. 互相類也)

 둘째로 立名轉不轉門이다.『삼세불경』의 입명에는 두 가지가 있다.
 첫째는 名字가 不轉하는 경우이다. 둘째는 부처님의 출세에 따라서 달라지는 경우이다. 마치 과거에 이만 명의 일월등명불이 대승경을 설하여『묘법연화경』이라 명칭하였고, 현재 석가모니도 마찬가지로 그 명칭을 붙인 것과 같다. 이것을 소위 名字不轉이라 말한다.
 둘째는 부처님의 출세에 따라서 立名이 不同한 경우이다. 마치 십이부경 내에『伊帝目多伽經』은 拘留秦佛이 출세할 때는『甘露鼓』라는 명칭이었고, 拘那含牟尼佛이 출세할 때는『法鏡』이라는 명칭이었으며, 迦葉佛 시대에는 『分別空』이었고, 釋迦의 興世 때에는『戒經』이라 명칭하는 것과 같다. 무릇 이것은 緣에 따라 不同하기 때문에 시대에 따라 달라진 경우이다.(通名은 旣轉이고 別名은 應然인데 서로 같은 것이다)

釋首題門<第+>三. 天竺經題在後. 而初皆云悉曇. 悉曇者. 此云成就. 亦

---

184) 理=謂【甲】【乙】
185) 曰=目【甲】【乙】
186) 界=戒カ〔原〕
187) 異+(名)【乙】

名舌[188]法. 而迴後置初. 譯經人之所立也.

셋째로 釋首題門이다. 천축에서는 경제를 뒤에 둔다. 그런데 처음에는 모두 실담으로 말하였다. 실담은 번역하면 成就라 말하고 또한 吉法이라고 말한다. 그러나 뒤에 있는 것을 돌려서 최초에 둔 것은 역경한 사람이 내세운 것이다.

問. 衆經何故首題名字. 答. 欲令因名知法. 因法起行. 得[189]解脫果. 又根欲不同. 說教非一. 若不別立名題. 則諸部不分. 爲令衆部分別故. 別立名題. 又諸佛說法. 有略有閭. 閭[＊]卽一部之文. 略卽一經之題. 攝閭爲略. 爲受持故. 開略爲閭. 爲解義故. 又攝閭爲略. 爲利根人. 若聞經名. 卽解其義. 如龍樹等入於海宮. 但看經題. 具鑒文理. 開略爲閭. 爲鈍根人. 聞名未悟. 尋文乃解. 是故衆經首題名字.

묻는다 : 그렇다면 衆經에서는 무슨 까닭에 제명의 글자를 앞에 두는 것입니까.
답한다 : 명칭을 인하여 법을 알도록 하려는 것이다. 법을 인하여 수행을 일으키고 因行으로 해탈의 과를 얻는다. 또한 根欲이 不同하여 教를 설한 것에도 동일하지 않다. 그래서 만약 (경전의) 名題를 별도로 내세우지 않으면 곧 諸部를 분별할 수가 없으므로 衆部를 분별하기

---
188) 舌＝吉【甲】【乙】
189) (因行)＋得【乙】

위한 까닭에 별도로 (경전의) 명제를 내세운다.

또한 제불의 설법에는 略이 있고 闊이 있다. 闊인 즉 일부의 경문이 그것이고, 略인 즉 일경의 제목이 그것이다. 闊을 거두어 略으로 삼는 것은 수지하는 까닭이고, 略을 펼쳐서 闊로 삼는 것은 뜻을 이해하기 위함이다.

또한 闊을 거두어 略으로 삼는 것은 이근인을 위한 것이다. 만약 경명을 들으면 곧 그 뜻을 이해하게 된다. 마치 용수 등이 海宮에 들어가서 단지 경제만 보고도 경문의 이치를 모두 열람한 경우와 같다. 그리고 略을 펼쳐서 闊로 삼는 것은 둔근인을 위한 것이다. 명칭만 들으면 깨치지 못하므로 경문을 살펴보고 이에 이해한다. 이런 까닭에 衆經에서는 題名이 글자를 앞에 내놓는다.

具義多小門〈第+〉四. 自有一義立名. 或但從人. 或但因法. 或但[190]就譬. 次二義立名. 或人法雙擧. 或法譬兩題[191]. 或因果合說. 次三義立名. 如勝鬘爲人. 師子吼爲譬. 一乘大方便爲法. 華嚴亦爾. 大方等[192]爲法. 佛卽是人. 華嚴爲譬.

넷째로 具義多小門이다. 먼저 한 가지 뜻으로 명칭을 내세우는 경우가 있다. 단지 사람으로부터 온 것이 있는가 하면, 단지 법을 인하여 오는 것이 있으며, 단지 비유에서만 온 것이 있다. 다음으로 두 가지 뜻으로 명칭을 내

---

190) 但=單【乙】
191) 題=稱【甲】【乙】
192) 等=廣力【原】

세우는 경우가 있다. 人과 法을 雙擧하여 오는 것이 있고, 法과 譬를 兩稱하여 오는 것이 있으며, 因과 果의 合說로부터 온 것이 있다. 그 다음으로 세 가지 뜻으로 명칭을 내세우는 경우가 있다. 마치 승만은 人이고, 사자후는 譬이며, 일승대방편은 法이다.『화엄경』의 경우도 또한 그렇다. 대방등은 法이고, 佛은 곧 人이며, 화엄은 喩이다.

問. 衆經皆是佛說. 何故華嚴獨標佛耶. 答. 華嚴偏題佛者. 此是佛初成道說之. 故題於佛. 自爾之前. 未有佛說. 從此已後. 不須標師[193]. 是故斯經獨標佛矣. 又華嚴七處八會. 是佛入華嚴三昧. 說[194]此法門. 故須標佛也. 又華嚴七處八會. 加菩薩說. 容謂是菩薩經. 非是佛說. 是故. 釋云諸菩薩等承佛神力. 在佛前說. 卽是佛說. 故佛[195]題也.

묻는다 : 衆經은 모두 불설입니다. 그런데 무슨 까닭에『화엄경』에서만 유독 佛을 標하는 것입니까.
답한다 :『화엄경』에서만 치우쳐 佛을 제목으로 내세우는데, 이것은 곧 부처님이 처음에 성도하여 그것을 설하였기 때문에 佛을 제목으로 내세운 것이다. 그 이전에는 佛說이 없었다. 그리고 그 이후에는 佛을 標할 필요가 없었다. 이런 까닭에 이『화엄경』만 유독 佛을 標한다. 또한『화엄경』의 칠처팔회는 곧 부처님이 화엄삼매에 들어가서 그

---

193) 師=佛【甲】【乙】
194) 說=現【甲】【乙】
195) 佛題=題佛【甲】【乙】

법문을 설하였다. 때문에 반드시 佛을 標한다.
또한『화엄경』의 칠처팔회는 菩薩說이 가해졌기 때문에 그것을『보살경』이지 불설이 아니라고 말하는 것도 용인된다. 이런 까닭에 해석하여 말하자면 제보살 등이 부처님의 위신력을 이어서 불전에서 설한 즉 그것은 불설이다. 때문에 佛이라는 제목을 붙인 것이다.

人法差別門第五. 衆經從人立名. 凡有四說[196]. 一從能說人立名. 如維摩等. 二從所爲人受稱. 如提謂經等. 三從能問人立名. 如文殊師利所問經等. 四從所說人受稱. 如無量壽佛經等. 以說無量壽佛之事. 故以標名. 就能說人. 復有五種. 一者佛口自說. 二者弟子說. 三者諸天說. 四者仙人說. 五者化人說. 此[197]卽弟子說也. 但弟子所說. 多從人得名. 如來所說. 多從法受稱. 所以然者. 佛說[198]無量. 若皆云佛經. 則諸部無別. 今欲分諸部各別故. 從法受稱. 弟子若從法立名. [*]卽師資相濫. 如直云不可思議解脫經. 不題淨名者. 容謂此經卽是佛說. 今欲簡師子[199]不同. 故從人受稱. 故佛經不從人. 爲欲別法. 弟子不從法. 爲欲簡人.

다섯째로 人法差別門이다. 衆經에서 사람을 따라서 명칭을 내세운 것에는 무릇 네 가지가 있다.
첫째는 능설인으로부터 내세운 것이다.『유마경』등과 같다.

---

196) 說＝種【甲】
197) 此＋(經)【乙】
198) 說＋(經)【乙】
199) 子＝資カ【原】, ＝資【甲】【乙】

둘째는 所爲人이 받은 명칭으로부터 내세운 것이다.『提謂經』등과 같다.

셋째는 能問人으로부터 내세운 것이다.『문수사리소문경』등과 같다.

넷째는 所說人이 받은 명칭으로부터 내세운 것이다.『무량수불경』등과 같다. 무량수불이 설한 事를 가지고 그것으로써 명칭을 標한 것이다.

能說人에 대해서도 또 5종이 있다.

첫째는 佛口自說이다.

둘째는 弟子說이다.

셋째는 諸天說이다.

넷째는 仙人說이다.

다섯째는 化人說이다.

이『유마경』은 곧 제자설이다. 다만 제자의 所說은 대부분 人으로부터 내세운 명칭이다. 여래소설은 대부분 法으로부터 받은 명칭이다. 왜냐하면 부처님이 설한 경전은 무량한데 만약 모두 불경이라고 말한다면 곧 諸部에 분별이 없기 때문이다. 그래서 諸部를 각각 차별하여 분별해주려는 까닭에서 법으로부터 명칭을 받는다. 제자가 만약 법으로부터 명칭을 내세운 즉 師資가 서로 넘쳐난다. 그래서 곧장『불가사의해탈경』이라고 말했지 정명이라고 제명하지 않은 것은 이 경전을 곧 불설이라고 말해도 용납된다는 것이다.

지금은 간략하게 師資가 不同함을 간별하려는 까닭에 人으로부터 명칭을 받은 것이다. 때문에 불경은 사람으로부터 온 것이 아니라는 것은 法을 구별하기 위함이고, 제자가 법으로부터 온 것이 아니라는 것은 人을 간별하기 위함이다.

問. 人法雙擧. 凡有幾種. 答. 略有二種. 一者人法雙題. 合爲一若[200]. 如仁王般若等. 二者人法兩擧. 開爲二名者. 謂人爲一名. 卽維摩詰所說經. 法爲一名. 謂不可思議解脫.

묻는다 : 人과 法을 쌍거하는 데에는 몇 가지가 있습니까.
답한다 : 간략하게 두 가지가 있다.
　　첫째는 人과 法을 雙題한 것인데, 合하면 一名이 되는 경우이다. 저 『인왕반야경』 등이 그것이다.
　　둘째는 人과 法을 兩擧한 것인데, 開하면 二名이 되는 경우이다. 말하자면 人이 一名이 되는데 곧 『유마힐소설경』이고, 法이 一名이 되는데 말하자면 『불가사의해탈』이다.

次釋[201] 此經. 前總論人法. 次別解釋人. 此經人法雙題. 凡有五義. 一者. 法[202]不孤運. 弘之由人. 故如來命文殊於異方. 召維摩於他土. 爰集毘耶. 共弘斯敎. 題淨名. 標說敎之主. 辨不思議. 明所弘之法也. 二者. 題淨名. 尊其人也. 標不思議. 重其法也. 以淨德内充. 嘉聲外滿. 聞其名者. 孰不尊敬. 重其法者[203]. 旣云不可思議解脫. 稟其道者. 誰不重哉. 三者欲互相顯釋. 故人法雙題. 所以稱爲淨名者. 以有不可思議解脫之德. 此[*]卽以

---

200) 若＝名【甲】【乙】
201) (別)＋釋【甲】
202) 法＝道₁【原】．＝道【乙】
203) 〔重其法者〕－カ【乙】

法釋人也. 次標不思議. 擧經之宗旨. 題淨名. 辨[204]法起之所由. 故擧人以成法也. 四者. 欲明通別兩義. 標淨名. [*]卽爲明人別. 題不思議. 辨其法通. 所以然者. 此經凡兩化主. 一者佛說. 二者淨名說. 若但題淨名之人. 無不思議法者. 但得淨名之說. 便不該佛說. 若明不思議. 則具含二敎. 故人法雙題. 五者. 此經立題. 具足三業不可思議. 標維摩詰者. 擧能說之人. 辨意業也. 次云所說經者. 明其口業也. 次明不[205]思議解脫者. 序其身業也. 此之三業. 卽是次第者[206]. 前明意業察[207]機. 次口業說法. 後則身現神通.

다음은 이 경전에 대한 별석이다. 위에서는 人法을 총체적으로 논하였는데, 다음은 人을 개별적으로 해석한다.

이 경전은 人과 法의 雙題인데 무릇 다섯 가지 뜻이 있다.

첫째는 道는 혼자 저절로 운용되지 않고 사람을 말미암아 홍포된다. 때문에 여래는 異方에서 문수에게 명하였고 타국토에서 유마를 불렀다. 이에 비야리에 모여서 함께 그 가르침을 홍포하고 정명이라 제명하여 說敎의 主를 標하며 부사의를 변별하여 홍포된 법을 설명하였다.

둘째는 정명이라 제명한 것은 그 人을 존중한 것이다. 부사의라 標한 것은 그 法을 존중한 것이다. 청정한 덕이 안에 충만하고 아름다운 명성이 밖에 충만하니 그 이름을 들은 사람이라면 누가 존경하지 않겠는가. 그 법을 존중한 사람이라면 이미 불가사의해탈이라고 말한 것이야말로 그 도를 품한 사람인데 누가 그를 존중하지 않겠는가.

---

204) 辨+(其)【乙】
205) 不+(可)【乙】
206) 〔者〕-【乙】
207) 察=鑒₁【甲】

셋째는 서로 해석을 나타내려는 것이다. 때문에 人과 法을 雙題한다. 그래서 정명이라 일컬은 것은 불가사의해탈의 덕이 있는데 그것은 곧 法으로써 人을 해석한 것이다. 다음으로 부사의라 標한 것은 경전의 종지를 든 것이고, 정명이라 제명한 것은 그 법이 일어난 所由를 변별한 것이다. 때문에 人을 들어서 法을 성취한 것이다.

넷째는 通과 別의 두 가지 뜻으로 설명하려는 것이다. 정명이라 標한 것은 곧 人別을 설명한 것이고, 부사의라 제명한 것은 그 法通을 변별한 것이다. 왜냐하면 이 경전은 무릇 化主가 둘이기 때문이다.

첫째는 불설이다.

둘째는 정명설이다.

만약 단지 정명이라는 人만 가지고 제명한다면 부사의법이 없고, 단지 정명의 설만 얻으면 곧 불설을 갖추지[該] 못하기 때문이다. 그러나 만약 不思議라고 설명한다면 곧 二敎가 모두 포함되는 까닭에 人과 法을 雙題한 것이다.

다섯째는 이 경전이 내세우고 있는 제목에는 삼업이 불가사의함이 구족되어 있다.

'유마힐'이라고 標한 것은 능설인을 든 것으로 의업을 변별한 것이다.

다음으로 '소설경'이라 말한 것은 그 구업을 설명한 것이다.

다음으로 '불가사의해탈'이라 설명한 것은 그 신업을 序한 것이다. 이들 삼업은 곧 차제인데, 위에서 의업으로 근기를 살펴봄을 설명하고, 다음 구업으로 설법을 하며, 그 다음 신업으로 신통을 드러내었다.

問. 何故身業獨云不可[208]思議. 答以後貫初. 則三業皆類. 又身現神通. 不思議事顯. 故偏說之. 別釋人凡三門. 初翻名. 外國稱毘摩羅詰. 羅什僧肇翻爲淨名也[209]. 道生曇詵[210]. 云無垢稱. 眞諦三藏云. 具存梵本. 應言毘摩羅詰利帝. 毘稱爲滅. 摩羅爲[211]垢. 吉[212]帝爲鳴. 合而言之. 謂滅垢鳴. 初從所得爲名. 次從所離爲目. 滅垢猶是所離. 以聲聞天下. 故稱爲鳴. 鳴亦[213] 名義耳. 言雖闊略. 而意無異也.

묻는다 : 무슨 까닭에 신업에 대해서만 유독 불가사의라고 말한 것입니까.
답한다 : 後로써 初를 관통한 즉 삼업이 모두 비슷하다.[類] 또한 몸으로 드러낸 신통은 부사의한 事를 나타낸 까닭에 널리 그것을 설한다.
개별적으로 人을 해석한 것에 무릇 삼문이 있다.
첫째는 이름을 번역하는 문이다.
외국어로 일컬은 비마라힐에 대하여 (첫째는) 羅什과 僧肇는 淨名이라고 번역하였다.
(둘째는) 道生과 曇影은 無垢稱이라고 번역하였다.
(셋째는) 진제삼장은 '완전한 범본대로라면 마땅히 毘摩羅詰利帝라고 말해야 한다. 毘는 일컫자면 滅이 되고, 摩羅는 垢가 되며, 吉(詰=)利帝는 鳴이 되어 이들을 합쳐서 말하면 소위 滅垢鳴이다.'

---

208) 〔可〕-【乙】
209) 〔也〕-【乙】
210) 詵=影ィ【原】【甲】
211) 爲=云【乙】
212) 吉+(利)ィ【原】, (利)【甲】【乙】
213) 亦=猶【乙】

고 말한다.

(나집과 승조의 경우처럼) 첫째는 所得을 따라서 이름으로 삼은 것이다.

다음으로 (도생과 담영의 경우처럼) 둘째는 所離를 따라서 제목을 삼는다. 滅垢는 곧 所離와 같은데 명성이 천하에 소문나기 때문에 일컫자면 鳴이 된다. 鳴도 또한 名의 뜻이다. 言에 비록 闊과 略이 있지만 意에는 차이가 없다.

因無因門二. 總論立名. 凡有二種. 一有因緣. 二無因緣. 有因緣者. 在[214] 名旣多. 則因緣非一. 略有[215]四種. 一從生處立名. 如[216]天趣故名爲天. 餘道亦爾. 二從相貌受稱. 如有黑白長短等相. 卽以爲目. 三從過失得名. 如賊盜之流. 四從德行爲目. 如法師之類也. 無因緣立名者. 涅槃經云. 低羅婆夷. 名爲食油. 實不食油. 是爲無因强立名字. 河西道朗云. 低羅婆夷. 此云鸐雀. 維摩立名. 具有二義. 一者據法身而言. 體絶百非. 形超四句. 故名相斯絶但爲出處. <二者+?> 衆生强立名字. 故是無因緣强立名也.

둘째로 因과 無因의 門이다. 이것은 총론으로 입명한 것인데, 무릇 두 가지가 있다.

첫째는 有因緣門이다.

---

214) 在=立力【乙】
215) 有=明【乙】
216) 如+(生)【乙】

둘째는 無因緣門이다.

첫째, 유인연으로 입명한 경우이다.

입명이 이미 많은 즉 그 인연이 하나가 아니다. 간략하게 네 가지로 설명한다.

첫째는 生處로부터 立名한 것이다. 天趣에서 태어난 까닭에 名이 天인데, 그 밖의 五道[道]에서도 또한 그렇다.

둘째는 相貌로부터 受稱한 것이다. 흑백 및 장단 등의 相이 있는 것에 즉하여 제목한 것이다.

셋째는 過失로부터 得名한 것이다. 盜賊의 부류와 같다.

넷째는 德行으로부터 題目한 것이다. 法師의 부류와 같다.

둘째, 무인연으로 임명한 경우이다.

『열반경』에서 '低羅婆夷는 名하면 食油인데 실제로는 먹을 수 있는 油가 아니다.'고 말한다. 이것은 無因이지만 억지로 내세운 名字이다. 河西의 道朗은 '低羅婆夷는 번역하면 鶡雀이다.'고 말한다.

維摩라는 立名에는 두 가지 뜻을 갖추고 있다.

첫째는 법신에 의거하여 말한 것이다. 體는 百非를 단절해 있고, 形은 四句를 초월해 있다. 때문에 名과 相이 여기에 단절되어 있지만 무릇 출처로 삼은 것이다.

둘째는 중생이 억지로 내세운 명자이다. 때문에 이것은 무인연으로 억지로 입명한 것이다.

問. 法身絶名. 物惑[217]有字. 即是因緣. 何名強立. 答. 法身不可名. 而爲法身立名. 故是無因緣强立名耳. 若就物[*]惑立名. 名因[*]惑立. [*]即是有於因緣. 故一名之内含二義也. 次明有因緣立名者. 若無因立名. 此據法身. 有因立名. 就於應迹. 維摩既託質毘耶. 現從父母. 必有名字. 以其生時具有淨德. 依德立名. 故號淨名. 次[*]即如來印嘆. 兼世人嗟美. 以有二[218]義故立淨名.

묻는다 : 법신은 명칭을 단절해 있는데도 중생이 미혹하여 명자가 있은 즉 그것은 인연입니다. 그런데 어찌 명칭을 억지로 내세운 것입니까.
답한다 : 법신은 명칭을 붙일 수 없지만 법신이라고 입명하였다. 때문에 그것은 무인연으로서 억지로 입명한 것일 뿐이다. 만약 중생이 미혹하여 입명한 것에 대한 것이라면 명칭이 미혹을 인하여 성립된 즉 그것은 인연이 있는 것이다. 때문에 하나이 명칭 안에 두 가지 뜻이 포함되어 있다. 다음으로 유인연으로 입명한 것을 설명한다. 만약 무인연으로 입명했다면 그것은 법신에 의거한 것으로 有因의 입명으로서 應迹에 따른 것이다. 유마는 이미 비야리에 몸을 의탁하여 부모로부터 현현하였기 때문에 반드시 명자가 있다. 이것은 그 生時에 淨德이 갖추어져 있어서 덕에 의거한 입명이다. 그런즉 여래가 印嘆하였고 아울러 世人이 嗟美하였다. 이 두 가지 뜻이 있는 까닭에 淨名이라 입명되었다.

---

217) 惑=感【甲】【乙】* [* 1 2]
218) 二=三【乙】

問. 一切菩薩皆有淨德. 何故維摩獨受其名. 答. 如諸大士雖皆有慈. 彌勒
卽以慈德爲稱. 今亦然矣. 又此是在家菩薩. 示同塵俗. 而心栖累表. 世所
希有. 故偏受斯名. 舊傳云. 佛喩經說.

묻는다 : 일체보살은 모두 淨德이 있는데 무슨 까닭에 유마의 경우만 유독
그 명칭을 받았다는 것입니까.
답한다 : 諸大士가 비록 모두 慈를 갖추고 있을 지라도 미륵이 곧 慈德으로
명칭을 삼았다. 지금도 또한 그와 같다. 또한 이것은 재가의 보살
로서 塵俗에 和同함을 보여서 마음을 累表에 두었기 때문에 세간
에서 希有한 바가 되었다. 때문에 널리 그런 명칭을 받은 것이다.
舊傳에서는 '부처님은 경을 설하는데 비유를 활용한다.'고 말한다.

淨名姓王[219]氏. 別傳云. 姓雷[220]氏. 祖名大仙. 父曰娜[221]提. 此云智慕[222].
母姓釋氏字喜[223]. 年十九嫁. 父年二十三婚. 至二十七. 於提婆羅城內生
淨名. 淨名有子. 字曰善思. 甚有父風. 如來授記未來作佛. 吉藏未得彼經
文也[224].

---

219) 王=玉ィ【原】. =玉【乙】
220) 雷=雪ィ【原】
221) 娜=那ィ【原】. =那【乙】
222) 慕=纂ィ【原】. =纂【乙】
223) 喜=憙ィ【原】. 喜+(心)【乙】
224) 也+(別有維摩子經一卷可尋之)十一字【乙】

정명의 성은 王(玉)씨이다. 별전에서는 성을 雷(雪)씨라고 말한다. 조부의 명칭은 大仙이고, 父는 娜(那)提인데 번역하면 智慕(纂)이며, 어머니의 성씨는 釋씨이다. 字는 喜(憙)로서 19세 때 결혼하였다. 그때 아버지의 나이는 23세였는데, 27세 때 提婆羅城에서 정명을 낳았다. 정명에게는 아들이 있는데, 字가 善思로서 그 아버지의 풍모를 많이 닮았다. 여래가 미래에 작불할 것이라는 수기를 주었다. 그러나 나 길장은 그 경문을 찾아볼 수가 없다.

論德位門三. 問. 是淨名是何位人. 能眞俗並觀. 答. 方便品云. 淨名得無生忍. 不判淺深. 但釋無生竝觀. 凡有三說. 有人言. 初地得無生忍. 卽能眞俗竝觀. 此江尙[225]靈味寺少亮法師之所說也. 有人言. 七地無生. 眞俗始竝. 此關內什肇等之所說也. 有人言. 七地雖復竝觀. 未能常竝. 至於八地. 始得全竝. 淨名卽是八地已上人也. 此江左河右諸師之所同釋也. 有人言. 文殊師利. 本是龍種上尊佛. 淨名卽是金栗[226]如來. 相傳云. 金[*]栗如來出思惟三昧經. 今未見本. 吉藏謂. 從初發心. 卽學無生. 習於竝現[227]. 故涅槃經云. 發心畢竟二不別.

셋째로 德位를 논하는 문이다.
묻는다 : 여기 정명은 어떤 位의 사람이기에 진과 속을 並觀하는 것입니까.
답한다 : [방편품]에서 정명은 무생인을 터득하여 淺深을 판별하지 않는다

---

225) 尙=南【甲】【乙】
226) 栗=粟【甲】【乙】* [* 1 2]
227) 現=觀力【原】*, =觀【甲】【乙】* [* 1 2 3]

고 말한다. 다만 無生의 竝觀을 해석하는 것에 무릇 세 가지 설이 있다.

첫째는 어떤 사람은 초지에서 무생법인을 터득하여 眞俗으로 竝觀한다고 말한다. 이것은 강남 영미사 소량법사의 설이다.

둘째는 어떤 사람은 제칠지에서 무생을 眞俗으로 竝觀한다고 말한다. 이것은 관내의 나집 및 승조 등의 설이다.

셋째는 어떤 사람은 비록 제칠지에서 다시 竝觀할지라도 아직 항상 竝觀하는 것이 아니라 제팔지에 이르러야 비로소 온전하게 竝觀하는데 정명은 곧 제팔지 이상의 사람이라고 말한다. 이것은 江左 및 河右의 諸師의 공통적인 해석이다.

어떤 사람은 문수사리는 본래 龍種上尊佛이고 정명은 곧 金粟如來라고 말한다. 相傳에서는 금속여래에 대해서는 『사유삼매경』에 나온다고 말한다. 그러나 지금은 그 경전을 볼 수가 없다.

나 길장이 말하자면, 초발심으로부터 곧 무생을 닦아서[學] 竝觀을 익히기 때문에 『열반경』에서 發心과 畢竟의 둘은 다르지 않다고 말한 것이다.

如是二心先心難. 但寄位淺深. 開四重階級. 一者對地前凡位. 但名順忍. 未有無生. 亦未能竝觀. 初地稱聖. 始得無生. 二觀方竝也. 仁王瓔珞攝大乘論. 並有斯文.

이와 같은 (초발심과 필경심) 이심 가운데 초발심[先心]이 어려운데, 그것은 무릇 地位의 深淺에 의거하여 열어보면 四重의 階級이 있다.

첫째는 地前의 범부위를 배대하는 것이다. 무릇 順忍이라 명칭하는데 아직 무생이 없고 또한 竝觀도 하지 못한다. 초지부터 聖이라 칭하고 처음으로 무생을 얻어서 (진속의) 二觀이 바야흐로 병행된다.『인왕경』『영락경』『섭대승론』에는 모두 이와 같은 글[文]이 있다.

二者. 初地以上六地已還. 無生猶²²⁸⁾淺. 竝義未彰. 與順忍之名. 至於七地. 稱等定慧地. 始是無生. 名爲竝觀. 智度論云. 前三地慧多定少. 後三地定多慧少. 故定慧不等. 至於七地. 慧定²²⁹⁾均平. 云²³⁰⁾等定慧地. 此說²³¹⁾般若靜鑒爲定. 方便動照爲慧. 大²³²⁾地妙於靜[＊]現. 拙於涉動. 故定慧未均平. 至乎²³³⁾七地. 二²³⁴⁾用俱巧. 名等定慧地.

둘째는 초지 이상의 제육지 이후에야 무생이 겨우 淺하게 되는데 (진속의) 竝義가 아직 드러나지는 않지만 順忍이라는 명칭은 부여된다. 제칠지에 이르러서 定과 慧가 평등한 지위[等定慧地]라 일컬어지는데 비로소 이것이 무생으로서 竝觀이라 말한다.『대지도론』에서 '前三地는 慧가 많고 定이 적지만 後三地는 定이 많고 慧가 적다.'고 말한다. 때문에 定慧不等이다. 제칠지에 이르러서 慧定이 균평하여 等定慧地라 말한다. 이것은 般若의 靜鑒을

---

228) 猶＝尙【乙】
229) 慧定＝定慧【甲】【乙】
230) (故)＋云【乙】
231) 〔說〕-【乙】
232) 大＝六【甲】【乙】
233) 乎＝於【乙】
234) (則)＋二【乙】

定으로 삼고 方便의 動照를 慧로 삼은 것이다. 초지부터 제육지에 이르는 육지에서는 靜觀이 미묘하지만 涉動에 서투르기 때문에 정혜가 균평하지 못하다. 제칠지에 이르러서야 정과 혜의 작용이 巧를 갖추므로 等定慧地라 말한다.

問. 定慧旣等. 何故名無生耶. 答. 諸法實相本性無生. 至於七地. 得實相慧. 從境受名. 故云無生. 如大論云. 七地菩薩了人[235]法皆悉無生. 名無生忍. 又不偏著有. 有心不生. 不偏著[236]空. 空心不起. 故慧常方便[237]. 常慧. 空有雙遊. 無所偏著. 故云無生.

묻는다 : 정혜가 이미 평등하다면 무슨 까닭에 무생이라 말하는 것입니까.
답한다 : 제법의 실상은 본성이 무생이다. 제칠지에 이르러서 實相慧를 터득하여 그 경지로부터 명칭을 받기 때문에 무생이라 말한다. 저 『대론』에서 '제칠지보살이 人과 法이 모두 무생임을 요해하는 것을 무생인이라 말한다.'고 말한다. 또한 有에 偏著하지 않아 유심이 발생하지 않고 공에 偏著하지 않아 공심이 일어나지 않기 때문에 慧常方便이다. 方便慧常(慧常方便)은 공과 有가 雙遊하여 偏著하는 바가 없기 때문에 무생이라 말한다.

---

235) 人+(及)【乙】
236) 著=滯【乙】
237) 便+(方便)【甲】【乙】

三者. 七地雖得無生己能竝觀. 但猶有功用. 八地於功用心永不復生. 名曰無生.

셋째는 비록 제칠지에서 무생을 터득하여 竝觀하지만 그것은 무릇 아직은 공용이 남아 있고, 제팔지에서 바로 공용심이 영원히 다시는 발생하지 않는 것을 무생이라 말한다.

四者. 八地雖無功用[238]. 猶未究竟. 究竟無生. 在於法[239]位. 方便品云. 久於佛道心已純熟. 當知是佛地無生. 金[*]粟如來. [*]卽斯文已顯無生. 具在四處. 衆師偏執一位. 故失其旨也.

넷째는 비록 제팔지에서 무공용이지만 아직은 구경이 아니다. 구경의 무생은 佛位에 있다. [방편품]에서 '오랫동안 불도에 대하여 마음이 이미 순수하고 맑다.'고 말한다. 불지의 무생은 곧 금속여래임을 반드시 알아야 한다.
　본 『유마경의소』에서 이미 무생임을 나타낸 것은 모두 네 군데가 있다. 그러나 衆師는 一位에 偏執하기 때문에 그 뜻[旨]을 상실하고 있다.

問. 何故從發[240]心乃至佛地. 皆嘆無生. 答. 夫心若有生. [*]卽有所著.

---

238) 用+(地)【乙】
239) 法=佛力【原】, =佛【甲】【乙】
240) (初)+發【乙】

若有所著. [＊]卽有所縛. 便不得離生老病死憂悲苦惱. 心旣無生. [＊]卽
壞²⁴¹⁾無所寄. 衆累以之而傾. 法身由斯而建. 是以龍樹命²⁴²⁾宗標於八不.
建首卽論無生. 意在於此也.

묻는다 : 무슨 까닭에 발심으로부터 불지에 이르기까지 모두 무생을 찬탄하
는 것입니까.

답한다 : 대저 마음이 만약 유생이라면 곧 집착이 있다. 만약 집착이 있으면
곧 속박이 있어서 결코 生老病死憂悲苦惱를 벗어나지 못한다. 그
러나 마음이 이미 무생이면 곧 마음에 집착이 없어서[無所寄] 그로
써 衆累가 사라지고 그로부터 법신이 건립된다. 이로써 용수는 八
不을 宗標라고 명명하여 맨 처음에 내세워서 무생을 논한 의도가
바로 여기에 있다.

問. 舊說亦云淨名得無生忍. 與今何異. 答. 有所得人. 俱²⁴³⁾云後身²⁴⁴⁾是淨
名. 初心非淨名. 經云發心畢竟二不別. 後心淨諸見. 旣稱淨名. 初心淨諸
見. 亦是淨名. 故此經方便品破凡夫. 弟子品斥小道. 菩薩章呵大見. 今從
初發心淨此三見. 卽是淨名.

묻는다 : 舊說에서도 또한 정명이 무생법인을 터득했다고 말하는데, 지금의

---

241) 壞=懷【甲】.〔壞〕-【乙】
242) 命=今【乙】
243) 俱=但【乙】
244) 身=心【乙】

경우와 어떻게 다른 것입니까.

답한다 : 有所得人은 단지 後心만 정명이고 初心은 정명이 아니라고 말한다. 『열반경』에서는 發心과 畢竟의 둘은 다르지 않다고 말한다. 후심은 제견이 청정해져서 이미 정명이라 일컫는 것이고, 초심도 제견이 청정해져서 또한 곧 정명이기 때문에 이 경전의 [방편품]에서는 범부를 타파하고, [제자품]에서는 小道를 배척하며, [보살장]에서는 大見을 가책한다. 지금 초발심으로부터 이 (凡夫見小道見大見 등) 三見이 청정해졌기 때문에 곧 그것이 정명이다.

問. 初心後心皆淨三見. 初後何別. 答. 初心淨見則245)明. 是故爲異.

묻는다 : 초심과 후심에서 모두 삼견을 청정케 했다면 초심과 후심은 어떻게 다른 것입니까.
답한다 : 초심의 淨見은 곧 昧이고 후심의 淨見은 곧 明이다. 이런 까닭에 다르다.

問. 若前心起三見爲有. 後念破三見爲無. 旣是有無. 還爲垢染. 何名爲淨246). 答. 不言前起三見爲有後淨三見爲無. 但了前三見本自不有. 今亦不無. 故名爲淨.

---

245) 則+(昧後心淨見則)六字【甲】【乙】
246) 淨+(耶)【乙】

묻는다 : 만약 前心에서 삼견을 일으키면 有이고 후념에서 삼견을 타파하면 無입니다. 이미 그것은 有와 無로서 다시 번뇌에 물드는[垢染] 것인데 어째서 淨이라 말하는 것입니까.
답한다 : 前에 三見을 일으키면 有가 되고 後에 삼견을 청정케 하면 無가 된다고 말한 것이 아니다. 무릇 前의 三見은 본래부터 不有이고 지금[後]도 또한 不無이기 때문에 淨이라 말한 것이다.

難曰. 夫有有有無. 名之爲有. 無有無無. 斯卽是無. 還墮有無. 何不名染. 答. 智度論云. 破二不著一247) 乃名爲法忍. 今若能退忘兩是. 進泯二非. 蕭然無寄. 乃名爲淨.

따져 묻는다 : 대저 有가 있고 無가 있으면 그것을 有라 말하고, 有가 없고 無가 없으면 이것은 곧 無로서 다시 有無에 떨어지고 맙니다. 그런데 어찌 染이라고 말하지 않는 것입니까.
답한다 : 『대지도론』에서 '二를 타파하고 一에도 집착하지 않는 것을 법인이라 말한다.'고 말한다. 지금 만약 (二와 一의) 물러나서 兩을 잊으면 옳음[是]이지만 나아가서 二를 부정하면 그름[非]이다. 蕭然하여 의지함[寄]이 없어야 이에 淨이라 말한다.

難曰. 若遣是忘非. 乃名淨者. 夫有是有非. 斯義[*]卽非. 無是無非. 乃名

---

247) 一乃=二通ィ【甲】

爲是. 猶滯是非. 何名爲淨. 答. 本以退忘兩是進息二非冀[248]. 玄悟之賓. 懷無所寄. 今遂循環名數. 遂墮相[249]心. [＊]卽取悟無日[250]. 若內息情想. 無心於內. 外夷名相. 無數於外. 無數於外. [＊]卽緣盡於[＊]現. 無心於內. [＊]卽[＊]現盡於緣. 緣盡於觀[＊]卽無緣. 觀盡於緣卽無觀. 無觀無緣. 紛[251]累都寂. 乃曰[252]爲淨. 寧滯是非.

따져 묻는다 : 만약 是를 버리고 非를 잊는 것을 이에 淨이라고 말한다면, 대저 是가 있고 非가 있다는 그 뜻은 곧 非이고, 是가 없고 非가 없다면 이에 是라고 말하는 것이 되어 아직 是와 非에 막히는 것인데 어찌 淨이라 말하는 것입니까.

답한다 : 본래 물러나서 兩을 잊으면 是이고 나아가서 二를 그치면 非이다. 도를 깨친[玄悟]한 사람[賓]에게는 마음에 집착[所寄]이 없다. 지금 반복[循環]된 名과 數에 이르러서 想과 心이 다른 즉 깨달음을 얻을 날이 없다.

만약 안으로 情과 想을 그치면 안으로는 心이 없고, 밖으로 名과 相에 편안해지면 밖으로 數가 없다. 밖으로 數가 없은 즉 緣이 觀에서 다하고, 안으로 心이 없은 즉 觀이 緣을 다한다. 緣이 觀에서 다한즉 無緣이고, 觀이 緣에서 다한즉 無觀이다. 無觀하고 無緣하면 곧 紛累가 모두 고요해져서 이에 淨이라 말하는데 어찌 是非에 막

---

248) 〔冀〕-【乙】
249) 遂墮相=隨逐相イ【原】, =隨逐想【乙】
250) 日=日イ【原】, =日【甲】【乙】
251) (則)+紛【乙】
252) 日=名【乙】

히겠는가.

問. 若緣觀俱寂. 豈非滅智灰身. 問答並遣. 便同瘂[253)]法外道. 答. 天親龍樹. 盛許[254)]噁[255)]言. 故云汝證我法時. 汝爾時自噁. 但恐猶未達. 今[256)]陳之. 夫論噁者. 言而常噁. 辨其言者. 噁而常言. 言而不噁. 所謂凡夫噁而不言. 名二乘觀. 故云至人緣觀俱寂. 而境智宛然. 故應<境?>踰[257)]動神[*]踰靜. 智[*]踰寂照[*]踰明. 寧以噁法目聖心. 灰斷謗[258)]玄道.

묻는다 : 만약 緣과 觀이 모두 고요하다면 그것은 어찌 滅智灰身이 아니겠습니까. 問과 答이 모두 사라지면 곧 瘂法外道와 같아질 것입니다.
답한다 : 천친과 용수는 왕성하게 噁言에 대하여 계탁하였다. 때문에 '그대가 我와 法을 증득했을 때'라고 말한다. 그대가 그때 엉겁결에 아![噁]라고 말한 것은 무릇 공포가 도달한 것이 아니다. 지금은 그것에 대한 설명은 생략한다.
대저 '아![噁]'에 대하여 논하자면 통상적으로는 噁라고 말한다. 그 말을 변별하자면, 噁라고 통상적으로 말하는데 엄밀하게 말하자면 噁가 아니다. 소위 범부로서 噁라고 말하지 않는다면 그것을 二乘

---

253) 瘂=噁ィ【原】. =啞【甲】【乙】
254) 許=計【乙】
255) 噁=啞【甲】【乙】
256) 今+(略)【乙】
257) 踰=愈力【乙】
258) 謗=榜ィ【原】. =榜【乙】

觀이라고 명칭한다. 때문에 '至人은 緣과 觀이 모두 고요하지만 境과 智가 宛然하다.'고 말한다. 때문에 境이 愈動하면 觀도 愈靜해지고, 智가 愈寂하면 照도 愈明해진다. 그런데 어찌 噁法을 가지고 聖心이라 지목[目]하고, 灰斷을 가지고 玄道라 매질하는가[榜].

次釋所說經. 淨名妙德內克[259]. 託疾興教.故稱爲說. 經者. 梵本名修多羅. 凡具五義. 一曰涌泉. 義味無盡. 二曰顯示. 顯示法人. 三曰出生. 出[260]生諸義. 四曰繩墨. 裁邪取正. 五曰結鬘. 貫穿諸法. 此土往翻目之爲綖. 綖能持物. 教能詮理. 又翻爲經. 經者訓法訓常. 正釋由義. 體可模[261]楷爲法. 物不能改爲常. 由文悟理. 故稱由也.

다음으로 '所說經'의 용어를 해석한다. 정명은 묘덕이 안으로 충만하여 병에 의탁하여 教를 일으킨다. 때문에 '說'이라 일컫는다.
'經'은 범본의 명칭에서는 '修多羅'인데, 무릇 다섯 가지 뜻이 있다.
첫째는 涌泉인데 義와 味가 무진하다.
둘째는 顯示인데 法과 人을 현시한다.
셋째는 出生인데 모든 뜻을 생출한다.
넷째는 繩墨인데 邪를 잘라내고 正을 취한다.
다섯째는 結鬘인데 제법을 貫穿한다.

---

259) 克=充【甲】【乙】
260) 出生=生出【甲】
261) 模楷=楷模【乙】

이 땅에서는 옛날 번역에서 그것을 가리켜서 '綖'이라 하였다. 실[綖]은 사물을 能持하고 敎는 이치를 能詮한다.

또한 번역하면 '經'이다. 經은 法을 가르치고 常道를 가르친다. 그래서 제대로 그 뜻을 말미암아 해석하자면 몸은 법으로써 모범을 삼고, 사물은 개변되지 않는 것을 常이라 한다.

글을 말미암아 이치를 깨치기 때문에 '由'라 일컫는다.

次釋不思議解脫. 不思議解脫名. 略有三義. 一者不二法門. 蓋是實相之理. 心行旣斷. 意不能思. 言語亦滅. [＊]卽口不能議. 名不思議. 旣慮絶言忘262). [＊]卽繫縛斯263)淨. 名爲解脫. 十四章經. 正爲聞264)於不二. 故知不二是不思議解脫之本. 二者. 由體不二理. 故有無二之智. 由無二之智. 故能適化無方. 旣道貫265)雙流. [＊]卽心無功用. 故能不思而現形. 不議而演敎. 名不思議. 縱任無礙. 不爲功用所拘. 稱爲解脫. 三者. 內有權實之本266). 示形言之迹. 並非下位菩薩二乘凡夫所能測量. 名不思議. 於內外自在解脫於礙. 稱爲解脫. 不思議體. 但有理. 智與敎. 依體立名. 亦唯此三矣.

다음으로 '부사의해탈'을 해석한다.

---

262) 忘＝亡ィ【原】
263) 斯＝斷カ【原】
264) 聞＝開【甲】【乙】
265) 貫＝觀ィ【甲】
266) 本＋(外)ィ【原】, ＝外【甲】【乙】

부사의해탈이라는 명칭에는 간략하게 세 가지 뜻이 있다.

첫째는 불이법문이다. 무릇 이것은 실상의 이치이다. 마음의 작용[心行]이 이미 단제되고 생각[意]으로도 사유[思]할 수가 없으며, 언설[言]도 또한 단멸된 즉 입으로 논의[議]할 수가 없는 것을 부사의라고 말한다. 이미 생각할 수가 없고[慮絶] 말할 수가 없은[言亡] 즉 계박이 단절된 청정[淨]을 해탈이라 말한다. 『십사장경』에서는 먼저 不二를 열어 설명한다. 때문에 불이야말로 곧 부사의해탈의 근본임을 알아야 한다.

둘째는 體가 불이의 이치를 말미암기 때문에 無二의 智가 있다. 無二의 智를 말미암기 때문에 適化에 無方할 수가 있다. 이미 道와 觀이 雙流한 즉 마음에 무공용이기 때문에 不思이면서 形을 드러낼 수가 있고 不議이면서 교를 연설하는 것을 부사의라고 말하고, 縱任해도 걸림이 없고 功用해도 구속됨이 없는 것을 해탈이라 일컫는다.

셋째는 안으로는 權實의 本이 있고 밖으로는 形言의 迹을 내보이며, 또한 하위보살과 이승과 범부가 측량할 수 없는 것을 부사의라고 말한다. 안팎으로[內外] 礙에 대하여 자재하고 해탈하는 것을 해탈이라고 일컫는다. 不思議의 體에는 단지 理만 있지만, 智와 敎는 體에 의거하여 立名한 것이다.

(立名에는) 또한 오직 이들 세 가지(不二法門 · 無二之智 · 內有權實之本外示形言之迹) 뿐이다.

不思議同異門二. 不可思議. 名教以[267]多. 略陳樞要. 凡有五種. 一聞不聞不思議. 二大小不思議. 三通別不思議. 四者本迹不思議. 五者內外不思議.

---

267) 以＝巨ィ【原】. ＝己カ【甲】. ＝巨【乙】.

不思議의 동이문 가운데 둘째인 불가사의에는 名과 敎가 이미 많다. 그러나 간략하게 그 樞要를 진술하면 무릇 다섯 가지가 있다.

첫째는 聞不聞不思議이다.

둘째는 大小不思議이다.

셋째는 通別不思議이다.

넷째는 本迹不思議이다.

다섯째는 內外不思議이다.

聞不聞不思議者. 大品經云. 諸聲聞等. 聞與不聞. 皆欲得聞. 當學般若. 龍樹釋云. 佛說不可思議解脫經. 聲聞在座. 並皆不聞. 唯菩薩得聞. 淨名等經. 辨不思議. 大小俱聞. 故云聞不聞不思議也. 有人言. 釋論所引不思議解脫. 是淨名經. 吉藏撿釋論前後. 是華嚴經. 淨名大小俱聞. 故知非也.

첫째는 聞不聞不思議이다.『대품경』에서 '제성문 등이 聞과 不聞한 것까지도 모두 듣고자 하거든 반드시 반야바라밀을 닦아야 한다.'[268]고 말한다. 이에 대하여 용수는 해석하여 '불설불가사의해탈경은 성문의 자리에서는 모두 듣지 못한다. 오직 보살만 듣는다.'고 해석한다. 그런『정명경』등에서는 부사의를 大와 小가 모두 듣는다고 변별하기 때문에 聞不聞不思議라고 말한다.

어떤 사람은『석론』에 인용된 부사의해탈은 곧『정명경』이라고 말한다. 나 길장이『석론』의 전후를 살펴보니 그것은『화엄경』이었다.『정명경』에서는

---

268)『摩訶般若波羅蜜經』卷1, (大正新脩大藏經8, p.220中)

대소가 모두 듣기 때문에 그 말이 잘못인 줄을 알 수가 있다.

第二大小不思議者. 智度論云. 小乘法門. 有五不思議[269]. 一衆生業行不思宜[270]. 二世間不思[＊]宜. 三龍神力. 四坐禪人力. 五佛力. 大乘法内明. 六十劫[271]說法華經. 衆謂如食頌[272]. 小乘敎門. 無有此事. 謂大小不思[＊]宜也.

둘째는 大小不思議이다. 『대지도론』에서 소승의 법문에는 다섯 가지 부사의가 있는데, 첫째는 중생업행부사의이고, 둘째는 세간부사의이며, 셋째는 용신력부사의이고, 넷째는 좌선인력부사의이며, 다섯째는 불력부사의라고 말한다.
대승법 안에서는 육십소겁 동안 『법화경』을 설했다고 설명하는데, 많은 사람들은 食頃이었다고 말한다. 소승교문에는 이런 것이 없는데, 이것이 소위 大小不思議이다.

第三通別不思議者. 然論[273]大乘經. 通皆是不思[＊]宜. 如肇公云. 始自

---

269) 議=宜ィ【原】
270) 宜=議【甲】【乙】＊ [＊ 1 2 3]
271) (小)+劫【乙】
272) 頌=頃【甲】【乙】
273) 論=諸【甲】【乙】

佛²⁷⁴⁾國. 終訖法供養. 其文雖殊. 不思議一也. 若²⁷⁵⁾境若智. 若聲若形. 皆是諸佛菩薩無礙法門. 凡夫二乘有所得人. 不能測度. 故是通不思議也. 別不思議者. 雖通唱不思議. 或²⁷⁶⁾者謂但有其言而無其事. 故示巨細相容而無增減. 據事而觀. 淵不可思測. 假令二乘窮劫思之. 而不能得解. 況復能作因²⁷⁷⁾見斯事. 便信諸佛菩薩有深妙道. 非二乘所知. 故稍²⁷⁸⁾鄙小心. 欣慕大法. 亦令未發心者發菩提心. 已發心者增進深入. 故明別不思議.

셋째는 通別不思議이다. 모든 대승경은 공통적으로 다 부사의이다. 肇公은 '처음 정불국품으로부터 마지막 법공양품에 이르기까지 비록 그 경문은 다르지만 부사의라는 점은 동일하다.'고 말한다. 그러므로 境이건 智이건 聲이건 形이건 모두 제불보살의 무애법문이다. 이것은 범부와 이승의 유소득인으로서는 測度할 수가 있다. 때문에 이것은 通不思議이다.

別不思議는 비록 공통적으로 부사의를 주창할지라도 미혹한 사람은 단지 그 言만 있지 그 事는 없다고 말한다. 때문에 별도로 巨와 細가 相容하지만 增과 減이 없음을 내보인다. 事에 의거하여 관찰해보면 깊어서 헤아릴 수가 없다. 가령 이승은 궁겁토록 그것을 사유해도 이해할 수가 없다. 하물며 다시 因을 지어서 이러한 事를 보고서 곧 제불보살에게 있는 深妙한 道는 이승이 알 수 있는 것이 아님을 믿는 것이겠는가. 때문에 소승심을 저속하게

---

274) 佛=淨【乙】
275) (故)+若【乙】
276) 或=惑力【乙】
277) 因=自【乙】
278) 稍=消【甲】

여기고 대승법을 흔모하고 또한 아직 발심하지 못한 자에게는 보리심을 일으키도록 해주고, 이미 발심한 자에게는 增進하여 深入토록 해주기 때문에 別不思議를 설명한다.

問. 何以知有通別義耶. 答. 題稱不思議經. [＊]卽一部皆不思議. 謂通義也. 別不思議者. 別有不思議品. 示不思議事. 謂別也.

묻는다 : 어째서 通과 別의 뜻이 있는 것입니까.
답한다 : 제명을 『부사의경』이라고 일컬은 즉 一部(유마경 전체)가 모두 부사의라는 것이 通의 뜻이고, 별도로 [不思議品]을 두어 不思議事를 내보인 것이 말하자면 別이다.

第四示279)本迹不思議者. 肇公云. 統萬行以權智爲主. 樹德本以六度爲根. 濟朦惑以慈悲爲首. 語宗極以不二爲言. 此不思議本也. 至如借座燈王. 請飯香土. 室抱280)乾像. 手接大千. 不思議亦281)也. 詳肇公此意. 以理能發智. [＊]卽理爲智本. 智能說敎. [＊]卽智爲敎本. 若以理智對敎. [＊]卽理智爲本. 敎爲其迹. 由理發智. 故外282)吐於敎. 謂以本垂迹. 藉敎通理. 謂以迹顯本. 故名本迹不思議也.

---

279) 示＝明【乙】
280) 抱＝包亻【甲】
281) 亦＝迹【甲】【乙】
282) 〔外〕－【乙】

넷째는 本迹不思議를 설명한다. 肇公은 다음과 같이 말한다. '萬行을 통어하는 데에는 權智를 主로 삼고, 德本을 세우는 데에는 六度로 根을 삼으며, 朦惑을 건져주는 慈悲로 首를 삼고, 宗極을 말하는 데에는 不二로 言을 삼는데 이것이 부사의의 本이다. 수미등왕여래로부터 사자좌를 빌리고 향적국토의 음식을 청하며 방 안에 형상을 세우고 손으로 대천세계를 만지는 데에 이르기까지 그것이 부사의의 자취이다.'[283]

肇公의 뜻을 자세하게 하자면 理로써 智를 일으킨 즉 理는 智의 本이고, 智가 敎를 설한 즉 智는 敎의 本이다. 만약 理와 智로써 敎를 상대시킨 즉 理와 智가 本이고 敎가 그 迹이다. 理를 말미암아 智를 일으키기 때문에 밖으로 敎를 吐하는데 말하자면 本으로써 迹을 드리운 것이고, 敎에 의지하여 理에 통하는데 말하자면 迹으로써 本을 나타낸 것이다. 때문에 本迹不思議라고 말한다.

第五內外不思議者. 如前釋之. 內無功用. 不假思量. 外化幽微. 物莫能測. 故名內外不思議也.

다섯째는 內外不思議이다. 이것은 위에서 그것을 해석하였다. 안으로 공용이 없어서 사량할 여지가 없고, 밖으로 幽微하게 교화하지만 중생은 헤아릴 수가 없다. 때문에 內外不思議라고 말한다.

---

283) 『注維摩詰經』卷1, (大正新脩大藏經38, p.327上-中).

Ⅲ. 辨宗旨第三
제삼 · 종지를 변별하다

已知名題. 宜識旨歸. 故次明宗致. 宗致不同. 凡有四說. 有人言. 此經名 不思議解脫. 卽²⁸⁴⁾不思議解脫爲宗. 如般若敎卽以般若爲宗. 涅槃之流. 萬類皆爾. 有人言. 此經用二行爲宗. 言二行者. 一成就衆生. 二淨佛國土. 此經初明淨佛國土. 後辨成就衆生. 一部始終. 皆明斯二. 故以二行爲宗. 有人言. 此經以因果爲宗. 但因果有二. 一者淨土因果. 二法身因果. 如佛 國品. 明淨土因果. 如方便品等. 辨法身因果. 一致²⁸⁵⁾始終. 盛談斯法. 故 以因果爲宗. 吉藏謂. 非無上來諸義. 但師資相承. 用權實二智. 爲此經 宗. 如法供養品. 天帝白佛. 我雖從佛及文殊師利聞百千經. 而未曾聞是 不可思議自在神通決定實相經典. 照實相名爲實慧. 觀²⁸⁶⁾神通謂方便慧. 故用二慧. 爲此經宗. 問. 何故但明實相及以神通. 答. 實相爲入道之本. 神通²⁸⁷⁾化物之宗. 不動實相. 而能現通. 雖現神通. 不乖實相. 故動寂不 二. 權實宛然. 斯二旣要. 用爲宗旨釋. 僧肇云. 統萬行[*]卽以權智爲主. 權卽方便. 智謂實智. 此旣關內舊義. 故述而無作. 別釋二智. 成實論師. 總收二智. 凡有五時. 一小乘敎. 以照四諦之理爲實智. 鑒事上方²⁸⁸⁾法²⁸⁹⁾

---

284) 卽+(用)【乙】
285) 致=部力【原】 =敎【甲】【乙】
286) 觀=現力【原】 =現【甲】【乙】
287) (爲)カ+化【原】 (爲)+化【乙】
288) 方=萬【甲】【乙】
289) 法=品【乙】

爲權智. 二大品敎. 照眞諦空爲實智. 鑒俗諦有爲權智. 三淨名經. 以知病識藥爲實智. 應病授藥爲權智. 四法華敎. 照一乘之理爲實智. 鑒三乘方便爲權智. 五涅槃敎. 照常住爲實智. 鑒無常爲權智. 吉藏謂. 五時之說.[290] 無文傷義. 上已呵之. 初敎二智. 略不須辨. 尋般若經. 具五二智. 大品云. 般若備說三乘之敎及護持菩薩之法. 旣云具說三乘. [*]卽知亦有小乘二智也. 智度論釋畢定品. 明須菩提聞法華經時. 明一切衆生並皆作佛. 又聞波若經說菩薩有退. 是故. 今問[291]是菩薩爲畢定. 爲不畢定. 佛答云. 初心後心一切菩薩並皆畢定. 詳此文意. 旣云畢定. 則皆成佛. 無攝[292]二乘. 此與法華. 更無復異. 故知亦有三一二智也. 法尙品云. 諸佛色身有去來. 法身無去來. 照色身有去來. 卽是無常. 名爲權智. 鑒法身無去來. 故是常住. 稱爲實智. 卽知大品具五種二智. 不應言但辨空有二智也. 淨名經亦具五種二智. 如身子答天女. 以無所得而得. 卽是會理之心名小乘實智. 那律天眼事上知見. 謂聲聞權智. 智度菩薩母. 方便以爲又.[293] 謂空有二智. 明不二法門. 無復聲聞心及菩薩心. 尋不二之理. 卽是一乘實智. 開大乘爲三乘[294] 權智. 佛身無爲不墮諸數. 爲常住實智. 現處五濁無常名爲權智. 故知淨名亦具五智. 法華具五[295]者. 初嘆小乘人德. 卽三藏二智. 安樂行品明菩薩觀一切法空. 又知因緣有. 卽空有二智. 壽量品依法華論具明法報化三身. 卽是常無常二智. 涅槃具五. 不俟明之. 則[296]諸經皆是五

---

290) 說=敎ィ【甲】, =敎【乙】
291) 間=問【甲】【乙】
292) 攝=復【甲】【乙】
293) 又=父【甲】【乙】
294) 乘+(卽是)【乙】
295) 五+(智)【乙】
296) 則+(知)【乙】

二²⁹⁷⁾智. 不如成實論師之所判也. 問. 若衆經皆具五. [＊]二智. 乃爲一敎. 何名多部. 若.²⁹⁸⁾ 衆經雖皆具五. 不無傍正. 大品正明空有. 餘義爲傍. 淨名動靜爲端. 餘皆汎說. 法華照三一爲主. 涅槃以常無常爲宗. 傍論餘義. 故諸敎爲異也.

이미 名題를 알았으므로 이제는 반드시 旨歸를 알아야 한다. 때문에 다음으로 宗致를 설명한다.

종치에는 무릇 네 가지 설이 있다.

첫째, 어떤 사람은 말한다. 이 경전을 '부사의해탈'이라고 말한 것은 곧 부사의해탈을 가지고 종치로 삼기 때문이다. 그것은 마치 반야교학에서는 반야로써 종치를 삼고, 열반의 부류에서는 萬類를 다 그렇게 삼은 경우와 같다.

둘째, 어떤 사람은 말한다. 이 경전은 二行을 가지고 종치로 삼는다. 二行이란 첫째는 성취중생이고, 둘째는 정불국토이다. 이 경전은 처음에 정불국토에 대하여 설명하고, 나중에 성취중생에 대하여 변별한다. 이 경전[一部]은 처음부터 끝까지 모두 이 二行에 대하여 설명한다. 때문에 二行으로써 종치를 삼는다.

셋째, 어떤 사람은 말한다. 이 경전은 因果로써 종치를 삼는다. 무릇 인과에는 두 가지가 있다. 첫째는 정토인과이고, 둘째는 법신인과이다. 저 [불국품]에서는 정토인과를 설명하고, 저 [방편품] 등에서는 법신인과를 변별한다. 이 경전은 처음부터 끝까지 이 인과법에 대하여 왕성하게 담론한다. 때문에

---

297) 〔二〕-【乙】＊ [＊ 1]
298) 若=答力【原】. =答【甲】【乙】

인과로써 종치를 삼는다.

넷째, 나 길장은 말한다. 上來의 諸義는 그러한 주장이 없는 것은 아니지만 다만 사자상승일 뿐이다. 權實의 二智를 가지고 이 경전의 종치를 삼는다. 저 [법공양품]에서 '天帝가 부처님께 사뢰어 말씀드렸다. 저는 비록 부처님과 문수사리로부터 백천 가지 경전을 들었지만 일찍이 이처럼 불가사의하고 자재하게 신통하며 결정적인 실상의 경전을 들어본 적이 없습니다.'라고 말했다. 여기에서 실상이라는 명칭에 비추어보면 實慧이고, 신통을 드러낸 것은 方便慧라 말할 수가 있다. 때문에 二慧를 가지고 이 경전의 종치를 삼는다.

묻는다 : 무슨 까닭에 단지 실상과 신통만 가지고 설명하는 것입니까.
답한다 : 실상은 깨침에 들어가는 本이고, 신통은 중생을 교화하는 宗이기 때문이다. 부동의 실상이어야만 신통을 드러낼 수가 있다. 비록 신통을 드러낼지라도 실상에서 벗어나지 않는다. 때문에 움직임과 고요함[動寂]이 不二이고 방편과 진실[權實]이 宛然하다. 이 두 가지를 종요로 간주하여 그것으로써 종지의 해석을 삼는다.

승조는 '만행을 통합한 즉 權智로써 主를 삼는다.'[299]고 말한다. 權은 곧 方便이고, 智는 實智를 말한다. 이것은 이미 장안(關內)에서는 舊義로 통하기 때문에 述而無作하겠다. 특별히 二智에 대해서만 해석한다.
성실론사들은 총체적으로 二智로써 정리하는데, 무릇 五時가 있다.
첫째, 소승교에서는 사성제의 이치를 비추어 實智로 삼고, 事上의 만법을

---

299) 『注維摩詰經』 卷1, (大正新脩大藏經38, p.327上) "此經所明統萬行則以權智爲主"

비추어 권지로 삼는다.

둘째, 대품교에서는 眞諦인 空을 비추어 실지로 삼고, 속제인 有를 비추어 권지로 삼는다.

셋째, 『정명경』에서는 병을 알고 약을 아는 것으로써 실지를 삼고, 병에 따라 약을 주는 것으로써 권지를 삼는다.

넷째, 법화교에서는 일승의 이치를 비추어 실지로 삼고, 삼승의 방편을 비추어 권지로 삼는다.

다섯째, 열반교에서는 상주를 비추어 실지로 삼고, 무상을 비추어 권지로 삼는다.

그러나 나 길장은 말한다.

오시설은 無文傷義로서 예로부터 비판을 받았다. 소승교[初敎]의 이지에 대해서는 생략하고 변별하지 않겠다. 『반야경』을 살펴보면 다섯 가지의 二智가 갖추어져 있다. 『대품』에서는 반야에서는 삼승의 敎를 갖추어 설하고 또한 보살의 法을 호지한다[300]고 말한다. 이미 삼승에 대해서는 자세하게 말했기에 또한 소승에도 二智가 있음은 알 것이다. 『大智度論釋』[畢定品]에서는 수보리가 『법화경』에 대하여 들었을 때에 대하여 설명한다. 곧 일체중생이 모두 작불했음을 설명한다.[301] 또한 『반야경[波若經]』에서 보살에게 물러남이 있다는 것[302]에 대해서도 들었다. 이런 까닭에 당시에 질문한 보살은 畢定인가 不畢定가에 대하여 부처님께서는 '초심과 후심의 일체보살은 모두 畢定이다.'고 답변하셨다. 자세한 것은 경문의 뜻과 같다. 이미 畢定이라

---

300) 『摩訶般若波羅蜜經』 卷8, (大正新脩大藏經8, p.276下)
"般若波羅蜜中廣說三乘之敎及護持菩薩之敎" 참조.
301) 『大智度論』 卷93, [畢定品]. (大正新脩大藏經25, pp.713下-714上)
302) 『大智度論』 卷93, [畢定品] (大正新脩大藏經25, p.714中)

고 말한 것은 곧 모두 성불한다는 것으로서 다시는 이승이 없다. 이것은 저 『법화경』과 더불어 결코 또한 차이가 없다. 때문에 또한 삼승과 일승에도 二 智가 있음을 알 수가 있다.

[法尙品]에서는 제불의 색신에는 거래가 있지만 법신에는 거래가 없다고 말한다.[303] 색신에 비추어보면 거래가 있는데 그것을 權智라 말하고, 법신에 비추어보면 거래가 없기 때문에 곧 常住인데 이것을 實智라 일컫는다. 곧 『대품』에는 5종의 二智가 갖추어져 있음을 알 수가 있다. 그러므로 결코 단지 空有의 二智에 대해서만 변별한다고 말해서는 안된다.

그런데 『정명경』에도 또한 5종의 二智가 갖추어져 있다.

첫째, 사리불[身子]이 천녀에게 답변한 것처럼 무소득으로써 터득한 것[304]은 곧 이치를 이해하는 마음으로서 소승의 實智라고 말한다.

둘째, 아나율이 천안으로 事上에서 知見하는 것[305]을 성문의 權智라고 말한다.

셋째, "智度는 보살의 어머니이고, 방편으로써 아버지를 삼는다."[306]는 것은 空有의 二智를 말한 것이다.

넷째, 불이법문을 설명하자면 다시는 성문심과 보살심이 없는데, 불이의 이치를 찾는다면 그것은 곧 일승의 實智이고, 대승을 여는 것은 삼승의 權智이다.

---

303) 『摩訶般若波羅蜜經』 卷27, [法尙品] (大正新脩大藏經8, p.421中) 이하 참조.
304) "무소득인 까닭에 터득한 것입니다. 無所得故而得"는 대목에 해당한다.
305) "저는 이 석가모니의 삼천대천세계를 보는데 마치 손바닥 안의 아마륵과를 관찰하는 것과 같습니다. 吾見此釋迦牟尼佛土三千大千世界, 如觀掌中菴摩勒果"는 대목에 해당한다.
306) "반야바라밀은 곧 보살의 어머니이고, 방편바라밀로 곧 아버지를 삼았으니, 智度菩薩母, 方便以爲父"라는 대목에 해당한다.

다섯째, 佛身은 無爲로서 諸數에 떨어지지 않는 것은 常住의 實智이고, 現處가 오탁으로서 무상하다는 것을 權智라고 말한다.

때문에 『정명경』에도 또한 5종의 智가 갖추어져 있음을 알 수가 있다. 그리고 『법화경』에도 5종의 智가 갖추어져 있다.

첫째, 먼저 소승인의 덕을 찬탄하는 곳은 곧 三藏의 二智이다.

둘째, [안락행품]에서는 보살이 관찰하는 일체법공에 대하여 설명한다.

셋째, 또한 인연이 有임을 아는 것은 곧 空有의 二智이다.

넷째, [수량품] 및 다섯째, 『법화론』에서 법신과 보신과 화신의 삼신을 자세하게 설명하는 것은 곧 常과 無常의 二智이다.

『열반경』에도 5종의 智가 갖추어져 있다.

곧 諸經에서 모두 5종의 智가 있음을 알 수가 있다. 그래서 성실논사들이 판별하는 것과 같지 않다.

묻는다 : 만약 衆經이 모두 5종의 二智를 갖추고 있다면 이에 동일한 가르침일 터인데, 어째서 多部라고 말하는 것입니까.

답한다 : 衆經에서는 비록 모두가 5종의 智를 갖추고 있지만 傍과 正이 없지는 않다. 『대품』만이 으뜸[正]의 空有를 설명하고, 그 밖의 경전에서 말하는 뜻은 傍이다. 『정명경』에서는 動靜으로 올바름[端]을 삼고 기타는 모두 汎說이다. 『법화경』에서는 三과 一에 비추어보는 것을 主로 삼는다. 『열반경』에서는 常과 無常으로써 종치를 삼는다. 그 밖의 뜻은 傍論이다. 때문에 諸敎가 다르다.

Ⅳ. 釋會處第四
제사 · 會와 處를 해석하다

有人言. 經無大小. 類問[307]三分. 謂序正流通. 此經品凡十四. 亦裁三別. 初有四品. 在室外說. 目之爲序. 次有六品. 居室內說. 稱爲正說.[308] 後之四品. 還歸室外. 謂流通分. 所以然者. 淨名託疾方丈. 念待擊揚. 前之四品. 但明如來說法述德命人. 爲問疾由致. 故稱爲序. 次有六品. 在於室內. 賓主交言. 盛談妙道. 因[309]之爲正. 後之四品. 說利旣周. 出於室外. 來至佛所. 印定成經. 遠被來[310]葉. 故稱流通. 此成實師科經文也. 有人言. 此經凡有三會. 始自佛國. 竟菩薩品. 謂菴園初會. 問疾品去至于香積. 謂方丈次會. 從菩薩[311]品竟於一經. 謂菴園重集. 此十地論師之所解也. 吉藏總用一文. 雙徵二釋. 方便一品. 旣在室內說之. 何[312]謂前四品並居室[313]外. 又室內說法凡有二時. 方便一品. 是其初集. 略說法門. 問疾以後. 毘耶重集. 具宣妙道. 何得以前說爲序. 後談爲正. 此斥初解也. 若謂此經何[314]有三會. 是亦不然. 旣重集菴園爲二會者. 亦再聚方丈. 寧非屬[315]集. 又

---

307) 問＝開【甲】【乙】
308) 說＝經【乙】
309) 因＝目【甲】【乙】
310) 來＝末【乙】
311) 薩＋(行)【乙】
312) 何＋(得)【乙】
313) 室＝空【甲】
314) 何＝但【甲】【乙】
315) 屬＝兩办【原】, ＝兩【甲】【乙】

佛國品明淨土因宗³¹⁶⁾旣爲會者. 方便品辨法身因果. 寧非會耶. 以此詳之. 後通亦謬.

　첫째, 어떤 사람은 말한다. 경전에는 대승과 소승에 상관없이 그 분류에 대하여 삼분으로 열었는데 말하자면 서분과 정설분과 유통분이다. 이『정명경』은 무릇 14품인데 또한 잘라보면 셋으로 분별된다. 처음에 있는 4품은 室外에 있으면서 설하였는데 그것을 지목하여 서분으로 삼는다. 다음에 있는 6품은 室內에 있으면서 설하였는데 그것을 칭하여 정설분으로 삼는다. 나중의 4품은 실외로 환귀하여 (설한 것인데) 말하자면 유통분이다. 왜냐하면 정명이 병에 의탁하여 방장에서 念하면서 擊揚을 기다린 것이기 때문이다.
　앞의 4품은 무릇 여래의 설법으로 덕을 서술하여 사람들에게 명한 것을 설명함으로써 問疾을 유치하였기 때문에 서분이라 칭한다. 다음에 있는 6품은 실내에서 손님과 주인으로 交言하면서 묘도를 왕성하게 담론하였는데 그것을 지목하여 정설분으로 삼은 것이다. 나중의 4품은 이익이 이미 周邊함을 설하여 실외에 나가서 부처님 처소를 찾아가서 印定成經하여 멀리 말엽이 되었기 때문에 유통분이라 칭한 것이다. 이것은 성실론사들이 경문을 과목지은 것이다.
　둘째, 어떤 사람은 말한다. 이 경전에는 무릇 3회의 설법이 있다. 처음 [불국품]으로부터 마지막 [보살품]에 이르기까지는 말하자면 菴園初會이다. [문질품]부터 [향적불품]에 이르기까지는 말하자면 方丈次會이다. [보살행품]부터 이 경전의 끝까지는 말하자면 菴園重集이다. 이것은 십지론사들이 이해한 것이다.

---

316) 宗=果【甲】【乙】

셋째, 나 길장은 총체적으로 一文을 활용하여 쌍으로 위의 두 가지 해석을 따져보겠다.

[방편품]의 1품은 이미 실내에 있으면서 그것을 설하였는데 어찌 앞의 4품을 아울러 실외에 머문다고 말할 수 있겠는가.

또한 실내의 설법에 二時가 있다.

첫째는 [방편품]의 1품은 곧 그 初集으로서 법문을 약설한 것이고, 둘째는 [문질품] 이후는 비야리성의 重集으로서 모두 妙道를 폈다. 그런데 어찌 前說을 序分로 삼고 後談을 正宗分으로 삼을 수 있겠는가.

이것은 처음의 해석[성실론사의 견해]에 대한 것이다.

만약 이 경전에 단지 三會만 있다고 말한다면 그 또한 그렇지 않다. 이미 암라원에 重集한 것만 해도 二會가 되고, 또한 방장에 再聚하기도 했는데 어찌 兩集이 아니겠는가.

또한 [불국품]에서 청정국토의 인과를 설명한 것도 이미 법회이고, [방편품]에서 법신의 인과를 변별한 것도 어찌 법회가 아니겠는가.

이로써 법회를 자세하게 하자면 後通[십지론사의 견해]도 또한 오류이다.

今所釋者. 華嚴一部. 凡有七處八會. 此經始終. 而有二處四集.[317] 言二處者. 一菴園處. 二方丈處. 菴薗是佛所住處. 方丈爲菩薩住處. 又菴薗出家所栖. 方丈俗人居止. 又菴羅女以薗施佛. 造立精舍. 謂他業所起. 八未曾有室. 蓋是淨名自會搆興. 菴羅薗在城外. 方丈在城内. 法顯傳云. 相去三

---

317) 集＝會【乙】

里. 在城南也. 所言四會者. 一菴羅[318]會. 二方丈會. 三重集方丈. 四再會菴薗. 以此詳文. 應爲元[319]諸[320].

이제 해석하자면 화엄의 일부에는 무릇 7처8회가 있듯이, 이『유마경』의 시종은 2처4집이 있다.

2처라고 말한 것은 다음과 같다.

첫째는 암라원처이고, 둘째는 방장처이다.

암라원은 곧 부처님의 소주처이고, 방장은 보살의 주처이다.

또한 암라원은 출가자가 머무는 곳이고, 방장은 재가인이 머무는 곳이다.

또한 암라녀가 동산을 부처님에게 보시하여 정사를 건립한 것은 他業으로 일어난 것이라고 말하고, 팔미증유실은 무릇 정명 자신이 법회를 엮어 일으킨 것이다.

암라원은 성 밖에 있고, 방장은 성 안에 있다.

『법현전』에서는 그 거리가 3리인데 성의 남쪽에 있다고 말한다.

4회라고 말한 것은 첫째는 암라원회이고, 둘째는 방장회이며, 셋째는 방장에 重集한 것이고, 넷째는 암라원에 再會한 것이다. 이처럼 경문을 자세하게 살펴보면 응당 진실에 나아갈 수가 있다.

問. 華嚴不起寂滅道場. 現身七處八會. 此經可得然乎. 答. 彼經明不起.

---

318) 羅=園【甲】【乙】
319) 元=允【甲】【乙】
320) 諸=詣【乙】

此經明起. 起與不起. 皆不思議. 故華嚴名不可思議經. 此經亦存斯稱.

묻는다 : 『화엄경』에서는 적멸도량에서 일어나지 않고 몸을 드러내어 7처8회하였는데, 이『유마경』에서도 그것이 가능한 것입니까.
답한다 :『화엄경』에서는 일어나지 않음을 설명하였는데, 이『유마경』에서는 일어남을 설명한다. 일어남과 일어나지 않음이 모두 부사의이다. 때문에『화엄경』을『불가사의경』이라고 말하고, 이『유마경』또한 그러한 명칭이 있다.

問. 不起而往. 不可思議. 自此至彼. 何名莫測. 答. 雖有去來. 竟不住反. 故淨名歎曰. 善來文殊. 不來相而來. 雖來而不至. 亦不去相而去. 雖去而不動. 則宛然從就. 未始往來. 故是難思. 可以華嚴爲類.

묻는다 : 일어나지 않고 간다는 것은 불가사의입니다. 여기로부터 저기에 이른 것을 어찌 헤아릴 수 없다[莫測]고 말하는 것입니까.
답한다 : 비록 去來가 있을지라도 구경에는 往反이 없기 때문에 정명이 찬탄하여 '잘 오셨습니다. 문수사리여. 오는 모습이 없이 오셨습니다.'라고 말했다. 비록 왔지만 이르지 않았고 또한 가는 모습이 없이 갔으며, 비록 갔지만 움직임이 없은 즉 완연한 從就이다. 처음부터 왕래가 없기 때문에 그것이 難思인데, 가히『화엄경』에 견줄 만하다.

問. 此之四會. 前後云何. 答. 詳其終始. 凡有二種. 一時事次第. 二集法前後. 時事次第者. 一方丈初會. 二菴蘿次會. 第三重集方丈. 第四再會菴蘿.

묻는다 : 이 4회의 전후관계는 어떤 것입니까.
답한다 : 그 시종을 자세하게 말하자면 무릇 두 가지가 있다.
　　첫째는 時와 事의 차제이다.
　　둘째는 集法의 前後이다.
　　(첫째로) 時와 事의 차제란 첫째는 방장의 초회이고, 둘째는 암라원의 차회이며, 셋째는 방장에서 重集한 것이고, 넷째는 암라원에서 再會한 것이다.

問. 何以知然. 答. 五百長者願行相符. 爲法城等[321]侶. 訪道參玄. 無時不集. 而寶積已至. 淨名不至.[322] 當知有疾. 以其疾故. 國內近衆. 皆來問之. 因以身疾. 略爲說法. 與[323]數千人. 皆發道心. 卽方便品. 故知前有毘耶之會. 但初集之時. 人天衆少. 利益未多. 猶不足暢其神慧其[324]稱現疾之懷. 但佛與淨名. 旣同爲化物. 兩心[325]相鑒. 居士旣託疾方丈. 佛在菴蘿說法. 爲之集衆. 故遣使問疾. 聲聞菩薩皆靜[326]不堪. 故次有菴蘿之會. 仍命文

---

321) 〔等〕-【乙】
322) 至＝來【乙】
323) 與＝無【甲】【乙】
324) 〔其〕-【乙】
325) 兩心＝故兩聖【乙】
326) 靜＝辭【甲】【乙】

殊. 擊揚淨名. 具宣大法. 故有毘耶重集. 但化事旣周. 同到佛所. 如來印讚. 復談妙道. 故有菴薗再會. 以時事摧327)之. 必如此也.

묻는다 : 어떻게 그런 줄을 아는 것입니까.
답한다 : 오백 명 장자의 願과 行이 相符가 법성의 반려가 되어 訪道하고 參玄하여 무시로 법회 때마다 모이지 않은 적이 없었다. 보적은 이르렀는데 정명은 이르지 않은 것은 병에 걸린 줄을 알 것이다. 그 병 때문에 국내의 가까운 대중이 모두 찾아와서 정명을 문병하였다. 몸의 병으로 인하여 간략하게 설법하였는데 無數千人이 모두 도심을 일으켰는데 그것이 [방편품]이다. 때문에 이전에 비야리의 법회가 있었음을 알 것이다.

다만 初集 때에 인천의 대중이 적은 것은 아직은 이익이 많지 않았다. 병을 드러낸 마음만으로는 그 神慧와 그 칭송을 현창하는 데에 아직 부족하다. 무릇 부처님과 정명은 이미 똑같이 중생의 교화를 위한다. 때문에 두 성인의 마음이 相鑒하자면, 거사는 이미 방장에서 병에 의거하고 부처님은 암라원에서 설법하였는데 그것은 대중을 모으기 위한 것이었다. 그런 까닭에 사람을 파견하여 문병토록 하였는데 성문과 보살이 모두 감당하지 못하겠다고 사양하였다. 그 때문에 이어서 암라원의 집회에서 이에 문수에게 명하여 정명을 격양해서 대법을 갖추어 펼치도록 하려는 까닭에 비야리에서 重集하였다. 무릇 교화의 인연[化事]을 이미 갖추고 함께 부처님 처소에 이르자 여래가 印讚하고, 다시 妙道를 말씀하였기 때문에 암라원의

---

327) 摧=推力【原】. =推【甲】【乙】

재회가 있었다. 時와 事를 그것을 미루어보면 반드시 이와 같다.

二集法前後者. 夫欲結集成經. 必須先明如是我聞一時佛在處與大衆俱. 若發軫卽序淨名時處者. 則不得成經. 勝鬘之流. 事亦如是. 故先明菴蘿會也. 菴蘿之集旣竟. 將發遣使. 問疾之端.[328] 宜追序方丈初會.[329] 歎淨名之德. 令生時衆尊仰之誠. 序其有疾. 發如來慰問由致. 故[330]有方便一品毘耶會也.[331] 後之二集不異[332]前. 通開此經. 雖有四會. 唯[333]例華嚴. 亦開三分. 第一從初會[334]寶積偈已來. 明於序說. 次從偈後長行至阿閦佛品. 辨於正宗. 三從法供養品竟經. 明於流通.

둘째로 集法의 前後이다. 대저 결집하여 경전을 성취하려는 데에는 반드시 먼저 '如是我聞一時佛在處與大衆俱'을 설명해야 한다. 만약 발진에서 정명과 時와 處가 序에 卽하게 되면 곧 경전으로 성취될 수가 없다. 승만과 같은 부류의 事가 또한 그와 같다. 때문에 먼저 암라회를 설명한다.
　암라원의 집회를 이미 마치고 장차 사람을 파견하여 병문안의 단초를 일으킨다. 때문에 마땅히 序를 이어서 방장의 初集에서 정명의 덕을 찬탄하여 시회대중으로 하여금 존앙의 마음[誠]을 발생토록 한다. 거기에서 병을 펼침

---

328) (故)+宜【乙】
329) 會=集【乙】
330) 故+(次)【乙】
331) 也=已【乙】
332) 異+(於)【乙】
333) 唯=準【乙】
334) 會=竟【乙】

[序]으로써 여래가 문병[慰問]하는 유치를 발생한다. 때문에 이어서 [방편품]의 일품이 비야리법회에 들어있다. 그 이후의 二集은 이전과 다르지 않다.

이 경전을 전체적으로 열어보면 비록 4회가 있지만 『화엄경』의 일례에 따르자면 또한 삼분으로 열수가 있다.

첫째는 초회에서 보적의 게송 이하는 序說을 설명한 것이다.

둘째는 게송 이후 장행으로부터 [견아촉불품]에 이르기까지는 정종분을 변별한 것이다.

셋째는 [법공양품]부터 경전의 끝까지는 유통분을 설명한 것이다.

問. 通別二序. 但屬初會. 云何是序分耶. 答. 通別二序. 宜兩望之. 四集往[335]分. 則屬初會. 爲成一經. 宜稱序說. 後之二品[336]. 其義亦然. 以法集分之. 則屬後會. 若望一經. 稱流通分也.

묻는다 : 通과 別의 二序는 무릇 초회에 속하는데, 어떻게 그것이 서분이 되는 것입니까.

답한다 : 通과 別의 二序는 마땅히 그것을 둘로 나누어 보아야 한다. 네 가지의 集과 法으로 나누자면 즉 初會에 속하여 一經을 성취하므로 마땅히 서설이라고 일컬어야 한다. 이후의 두 품도 그 뜻은 또한 그러하여 법회의 모임[法集]으로 그것을 나누자면 즉 後會에 속하는데, 만약 一經의 입장에서 바라보면 유통분이라고 일컬어야 한다.

---

335) 往=法ィ【原】, =法【乙】
336) 二品=三品流通【乙】

就序及流通. 各開爲二. 正說分三. 序開二者. 如是六事. 謂遺敎證信序.
寶積奉蓋. 發起正宗. 名發起序. 流通二者. 法供養品. 謂讚談337)流通. 囑
累一品. 明付囑流通. 正說三者. 第一從寶積問至佛道品. 明二法門. 次不
二法門品. 明不二法門. 三從香積竟阿閦佛品. 還明二門. 所以開此三者.
至理無二. 爲衆生故强說二. 故初開. 二338)門. 欲令受化之徒因二敎門悟
不二理. 故明不二法門. 旣識二表不二. 復須從不二起二. 故重明二門. 又
雖有四會. 不出三時. 第一從初竟不二法門品. 明食前說法. 第二者339)香
積一品. 食時演敎. 三從菩薩行品竟阿閦佛品. 謂食後敷經. 又雖有四會.
約處但有三章. 第一從初竟菩薩品. 謂室外說法. 次從問疾已去訖香積佛
品. 室內敷經. 三從菩薩行品已去. 還歸室外說法.

서분과 유통분에 대하여 각각 열어보면 두 부분이 있고, 정설분의 경우는 세 부분이 있다.

서분을 열어보면 두 부분이라는 것은 여시 등 六事인데 소위 遺敎序와 證信序이다. 보적이 일산을 바치고 正宗을 발기하는 것을 發起序라고 말한다.

유통분의 두 부분이라는 것은 [법공양품]인데 소위 찬탄의 유통이고, [촉루품]의 일품은 부촉의 유통을 설명한 것이다.

정설분의 세 부분이란 다음과 같다.

첫째로 보적의 질문으로부터 [불도품]에 이르기까지는 二法門을 설명한다.

둘째로 [불이법문품]은 不二法門을 설명한다.

---

337) 談＝歎【乙】
338) 二＝三【乙】
339) 〔者〕－カ【原】

셋째로 [향적불품]부터 [견아촉불품]의 끝까지는 다시 二法門을 설명한다.

때문에 정설분을 삼문으로 열어둔 것은 至理는 無二이지만 중생을 위한 까닭에 억지로 二라고 설한다. 때문에 먼저 二門으로 열어서 교화를 받는 무리들에게 二敎門을 인하여 불이의 도리를 깨치도록 하려는 것이다. 때문에 불이법문을 설명한다.

이미 二를 알기에 不二를 드러낸다.[表] 그리고 다시 不二로부터 二를 일으키는 까닭에 거듭하여 二門을 설명한다.

또한 비록 四會가 있지만 三時를 벗어나지 않는다.

첫째는 처음부터 [불이법문품]의 끝까지 食前의 설법을 설명한다.

둘째는 [향적불품]의 일품은 食時의 演敎이다.

셋째는 [보살행품]부터 [견아촉불품] 끝까지는 소위 食後의 敷經이다.

또한 비록 四會가 있지만 處에 의거하면 무릇 三章이 있다.

첫째는 처음부터 [보살품] 끝까지 소위 실외의 설법이다.

둘째는 [문수사리문질품] 이후 [향적불품]에 이르기까지 실내의 敷經이다.

셋째는 [보살행품]부터 이후에 다시 실외의 설법으로 돌아간다.

問. 若爾還因[340]舊說. 以何[341]非之. 答[342]. 依時事次第. 則二處四會. 若集法前後. 但有[343]三. 故不同舊說. 又約修行次第. 亦開爲三. 第一從初竟菩

---

340) 因=同【甲】【乙】
341) 以何=何以【甲】【乙】
342) 答+(若)【甲】【乙】
343) 但有=則但有其【乙】

薩品. 謂破三病門. 第二從問疾[344)]說[345)]香積佛品. 明修行門. 第三從菩薩行品去. 辨[346)]行成德立門. 三病坊[347)]菩薩道. 宜先破之. 在[348)]病已除. 方得修行. 復有第二門. 旣修妙行. 行成德滿. 故有第三門. 就此三門. 各開三別. 初門三者. 初二品破凡夫病. 次弟子品破二乘病. 第三菩薩品破菩薩病也.

묻는다 : 만약 그렇다면 다시 舊說과 같은데 어찌 그것을 그르다고[非] 하는 것입니까.

답한다 : 時와 事의 차제에 의한 즉 2처4회이다. 만약 集과 法의 전후에 의하면 무릇 세 가지가 있기 때문에 舊說과 같지 않다.

또한 수행의 차제에 의거해도 또한 열어보면 세 가지가 있다.

첫째는 처음부터 [보살품] 끝까지는 소위 세 가지 병을 타파하는 문 [破三病門]이다.

둘째는 [문수사리문질품]부터 [향적불품] 끝까지는 수행문을 설명한다.

셋째는 [보살행품] 이후는 수행을 성취하여 덕을 건립하는 문[行成德立門]이다.

(첫째의 문에서) 세 가지 병[三病]은 보살도를 방해하므로 마땅히 먼저 그것을 타파한다. 그리하여 병이 이미 제거되면 (둘째의 문처럼) 바야흐로 수행할 수가 있다.

---

344) 疾+(品)【乙】
345) 說=訖カ【原】, =訖【甲】【乙】
346) 〔辨〕-【乙】
347) 坊=妨カ【原】, =妨【甲】【乙】
348) 在=若カ【乙】

다시 둘째의 문에서 이미 묘행을 닦고나면 수행이 성취되어 덕이 원만해지기 때문에 셋째의 문이 있다.

이들 삼문에 대하여 각각 열어보면 세 가지 차별이 있다.

첫째 문[破三病門]의 삼단은 다음과 같다.

첫째로 처음 (불국품과 방편품)의 두 품은 범부의 병을 타파한다.

둘째로 [제자품]은 이승의 병을 타파한다.

셋째로 [보살품]은 보살의 병을 타파한다.

問. 初品明淨土因果. 方便品明法身因果. 云何偏破凡夫. 答. 初雖通爲三人. 但後旣[349]有斥小乘與菩薩. 故初二品破凡夫也.

묻는다 : 초품에서는 청정국토의 인과를 설명하고, [방편품]에서는 법신의 인과를 설명하는데, 어찌 범부에 대해서만 치우쳐 타파한다는 것입니까.

답한다 : 첫째의 경우 비록 三人(범부와 이승과 보살)에 통하지만, 다만 뒤에서 별도로 소승과 보살을 타파하기 때문에 처음의 이품은 범부를 타파한다.

第二修行門三段者. 從問疾品至佛道品. 正明菩薩實慧方便二行. 次不二法門品. 明二慧由不二理成. 第三香積品. 辨從不二起於二用也.

---

349) 旣+(別)【乙】

둘째 수행문의 삼단은 다음과 같다.

첫째로 [문수사리문질품]부터 [불도품]에 이르기까지는 바로 보살의 실혜와 방편의 二行을 설명한다.

둘째로 [불이법문품]에서는 二慧(실혜와 방편혜)가 不二의 이치를 말미암아 성취됨을 설명한다.

셋째로 [향적불품]에서는 불二로부터 두 가지 작용[二用]을 일으킴을 변별한다.

第三³⁵⁰⁾得³⁵¹⁾成德立. 開爲三者. 菩薩行品. 初明佛事不同. 辨無礙行成. 次從不盡不住. 明善巧行立. 第三阿閦佛品³⁵²⁾本迹二身. 謂果德究竟也.

셋째 수행을 성취하여 덕을 건립하는 문을 열어보면 삼단이 있다는 것은 다음과 같다.

첫째로 [보살행품]은 佛事가 같지 않음을 설명하고, 무애행이 성취됨을 변별한다.

둘째로 不盡의 不住부터는 선교행의 성립에 대하여 설명한다.

셋째로 [견아촉불품]에서는 本과 迹의 二身을 설명하는데 소위 과덕의 구경이다.

---

350) 三+(文)【乙】
351) 得=行力【原】, =行【甲】【乙】
352) 品+(明)【乙】

佛國品第一
제일 불국품[353]

此品受名. 凡具二義. 第一長者獻蓋. 如來示土. 從神通所現立名. 故云佛國品. 二者寶積問淨土之行. 如來答佛國因果. 從所說受稱. 以目品名.

이 품명이 '불국품'이라 불린 것에는 무릇 두 가지 뜻이 있다.
첫째는 장자가 바친 일산을 여래가 국토에 내보였다. 이와 같은 신통이 드러난 것으로부터 명칭을 내세웠기 때문에 불국품이라고 말했다.
둘째는 보적이 청정국토로 가는 수행을 묻자, 여래가 불국의 인과에 대하여 답변하였는데 설법한 것으로부터 칭명을 받음으로써 품명의 제목을 삼았다.

問. 衆經之首. 皆云序品. 此教建章. 何故題爲佛國. 答. 衆經初品. 純明序義. 設有正說. 正短序長. 宜稱爲序. 此品不純明序. 又序短正長. 故以佛國爲稱.

묻는다 : 모든 경전의 첫머리에 대하여 모두 서품이라 말하는데, 이 경전에서 내세운 장은 무슨 까닭에 '불국'으로 제목을 삼은 것입니까.

---
353) 여기서부터는 경문의 본문에 대한 해석에 해당한다.

답한다 : 모든 경전의 초품은 序의 뜻을 착실하게 설명[純明]한다. 설령 正說 부분이 있다고 해도 正이 짧고 序가 길면 마땅히 序라고 칭해야 한다. 그런데 불국품은 序를 착실하게 설명[純明]하지 않았기 때문에 '불국'이라고 명칭된 것이다.

問. 正有多門. 何故初明佛國. 答. 適化名宜. 不應致問. 但淨佛國土成就衆生. 蓋是菩薩要行. 此經明大士法門. 是故. 初集辨於淨土. 次會已去明成就衆生. 是以建篇標於佛國. 又下經文云. 欲得淨土. 當淨其心. 心爲萬行之主. 故佛國貫354)衆品之初.

묻는다 : 正說分에는 여러 문이 있는데 무슨 까닭에 처음을 '불국'이라 설명한 것입니까.
답한다 : 最適化된 명칭으로 마땅하여 질문할 것이 못된다. 다만 정불국토와 성취중생에 대해서는 무릇 보살의 수행이 필요하다. 이『유마경』은 大士의 법문을 설명한다. 이런 까닭에 처음의 법회에서 청정국토를 변별하였고, 다음의 법회 이후에서 성취중생을 설명한다. 이로써 품명[篇名]을 내세워 '불국'이라 標하였다.
또한 이하의 경문에서 "청정국토를 획득하고자 하면 반드시 其心을 청정하게 해야 한다. 마음이 만행의 主이다."고 말한다. 때문에 '불국'을 모든 품의 첫머리에 내놓았다.

---

354) 貫=冠ィ【原】

如是者. 若望一經. 具足二序. 一證信序. 二發起序. 立如是六事. 證傳經可信. 爲證信序. 合蓋現土. 發起正宗. 名發起序. 證信利於未來. 發起益于現在. 化洎兩世. 故雙明二序.

'여시'란 만약 경전 전체를 보면 두 가지 序가 있다.
첫째는 증신서이다.
둘째는 발기서이다.
如是 등 六事[六成就]를 내세워서 전승된 경전에 대하여 믿을 수 있음을 증명하기 때문에 증신서라고 한다.
오백 개의 일산을 합하여 現土를 덮음으로써 정종을 발기하기 때문에 발기서라 말한다.
증신은 미래에 이익이 되므로 발기하여 현재에 이익을 준다. 그리하여 교화가 현재와 미래의 兩世에 미치기 때문에 二序를 쌍으로 설명한다.

問. 何因緣故. 有六事耶. 答. 佛將涅槃. 爾時阿難. 凡發四問. 一佛滅度後. 依何行道. 此問正解. 二者如來去世. 以誰爲師. 斯問正行. 三者惡口車匿. 云何共住. 此問明[355]妨解行之緣. 四者經初安何等語. 此問[*]明解行之敎. 佛答云. 當觀念處破除煩惱. 依此行道. 受戒律訓誨[356]. 可以爲師. 惡口之人宜須默擯. 心自調伏. 佛經初首. 宜稱如是我聞乃至與大衆俱. 蓋是遺旨之言.

---

355) 明=循ㄱ【原】* [* 1]
356) 訓誨=懺悔ㄱ【原】

묻는다 : 무슨 인연으로 육사가 있는 것입니까.
답한다 : 부처님이 장차 열반하려고 하자 그때 아난이 무릇 네 가지 질문을 하였다.

첫째는 부처님의 멸도 이후에 무엇에 의지하여 행도해야 합니까. 이 질문은 올바른 이해에 대한 것이다.

둘째는 여래가 세상을 떠나면 누구를 스승으로 삼아야 합니까. 이 질문은 올바른 수행에 대한 것이다.

셋째는 惡口를 하는 車匿과 어떻게 共住해야 합니까. 이 질문은 解와 行에 방해되는 인연을 설명한 것이다.

넷째는 경전의 처음 부분에 어떤 말들을 내놓아야 합니까. 이 질문은 解와 行의 가르침을 설명한 것이다.

이들 네 가지 질문에 대하여 부처님께서 답했다.

(첫째) 반드시 破除를 관찰하여 번뇌를 破除하라. 이 행도에 의지하라.

(둘째) 계율을 수지하여 訓誨로써 스승을 삼아라.

(셋째) 악구하는 사람에게는 반드시 묵빈대처하라. 그러면 마음이 저절로 조복된다.

(넷째) 불경의 첫머리에는 반드시 '如是我聞 내지 與大衆俱'이라고 칭하여라. 무릇 이것이 遺旨의 말씀이다.

侍者所問. 故有六事. 六事者. 一如是. 二我聞. 三一時. 四教主. 五住處. 六同聞衆. 問. 衆經之初. 何建言如是. 答. 佛法大海. 信爲能入. 智爲能度. 以信故則言此事如是. 若不信則言此事不如是. 故知如是則是信也.

아난[侍者]이 질문한 것으로 예로부터 육사가 있다. 육사는 첫째는 如是이
고, 둘째는 我聞이며, 셋째는 一時이고, 넷째는 敎主이며, 다섯째는 住處이
고, 여섯째는 同聞衆이다.

묻는다 : 모든 경전의 첫머리에 어째서 如是라는 말을 내세우는 것입니까.
답한다 : 불법의 대해는 信으로 능입하고, 智로써 능도한다. 信으로써 가능
　　　　한 까닭에 곧 이것을 如是라고 말한 것이다. 만약 不信한즉 이것은
　　　　不如是라 말한다. 때문에 알아야 한다. 如是는 곧 信이다.

問. 如是. 爲目信體. 爲據信相. 答. 信體卽是內心. 外言如是. 則表內心誠
信. 故如是之言. 爲信相也.

묻는다 : 如是는 信體를 지목하는 것입니까, 信相에 의지하는 것입니까.
답한다 : 信體는 곧 內心이고 外言으로는 如是이다. 그런즉 內心은 誠信을
　　　　표한다. 때문에 如是라는 말로 信相을 삼는다.

問. 如是爲目通信. 爲主別信. 答. 若信佛法爲正. 卽不信外道之耶. 名爲
通信. 但佛經有大乘小乘權敎實敎. 信大之信. 非小信之信. 名爲別信. 則
具含通別.

묻는다 : '여시'는 통신을 지목한 것입니까, 별신을 주로 삼은 것입니까.
답한다 : 만약 불법을 믿는 것을 正이라고 한다면 곧 외도법을 믿지 않는 것
　　　　인데 이것을 이름하여 통신이라 한다. 무릇 불교경전에는 대승과

소승과 권교와 실교가 있다. 대승을 믿는 믿음은 소승을 믿는 믿음이 아닌데 이것을 이름하여 별신이라 한다. 그래서 곧 모두 通과 別에 포함된다.

問. 如是爲目能信. 爲明所信. 答. 具含能所. 如有信之人. 則云此事如是. 此事則屬於所信. 如是名爲能信. 取所信之義. 則云我聞如是. 明能信之義. 如是我聞. 故集法藏人. 經初兩出.

묻는다 : '여시'는 能信을 지목한 것입니까, 所信을 설명한 것입니까.
답한다 : 모두 능과 소에 포함된다. 마치 믿음을 지닌 사람을 곧 此事如是라고 말하는 경우와 같다. 此事는 곧 所信에 속하고, 如是는 곧 이름하여 能信이다. 소신의 뜻을 취하면 곧 '아문여시'라 말하는데, 능신의 뜻을 취하면 곧 '여시아문'이다. 때문에 법장을 결집한 사람이 경전의 초두에 '여시'와 '아문'을 두었다.

問. 如是稱信. 爲明阿難信心. 爲明餘人信. 答. 通辨一切群生有信心者. 則入佛法. 故智度論云. 如人有手至於寶山. 隨意所取. 若其無手. 則空無所得. 有信心人. 入佛法寶山. 得諸道果. 若無信心. 雖解文義. 空無所得也. 我聞. 明阿難親承音旨無傳聞之謬也.

묻는다 : '여시'는 믿음을 가리키는데 아난의 신심을 설명한 것입니까, 그 밖의 사람의 믿음을 설명한 것입니까.

답한다 : 일체군생으로서 신심을 지닌 사람 곧 불법에 들어간 것을 통체적으로 변별한 것이다. 때문에 『대지도론』에서 말한다. 손을 지닌 어떤 사람이 寶山에 이르면 마음대로 보배를 취할 수 있는 것과 같다. 만약 그 사람에게 손이 없다면 곧 아무것도 얻을 수가 없을 것이다. 신심을 지닌 사람이 불법의 寶山에 들어가면 모든 道果를 얻는다. 그러나 만약 신심이 없으면 비록 文義를 이해하더라도 아무것도 얻을 수가 없다.

'아문'은 아난이 몸소 음旨를 이어서 傳聞에 오류가 없음을 설명한 것이다.

問. 阿難是佛得道夜生. 年二十五. 方乃事釋伽. 五十年說法. 唯聞其半. 何以一代之敎. 皆稱我聞. 答. 智度論明. 阿難登高坐. 答大迦葉云. 佛初說法時. 我爾時不見. 如是展轉聞. 乃至波羅捺. 展轉聞者. 報恩經云. 阿難請求四願. 一不受如來故衣. 二不受別請. 三出入無時. 四所未聞經. 請佛爲說. 是以. 衆經皆稱我聞.

묻는다 : 아난은 부처님이 득도한 날 밤에 태어나서 25세의 나이에 바야흐로 석가를 섬겼기 때문에 50년 동안의 설법 가운데 오직 그 절반만 들었습니다. 그런데 어째서 일대의 가르침을 모두 '아문'이라고 일컫는 것입니까.

답한다 : 『대지도론』에서는 아난이 높은 곳에 올라가 앉아서 대가섭에게 답하여 말했다. '부처님이 처음 설법할 때 나(아난)는 그때는 보지 못하였습니다. 그러나 이와 같이 展轉하여 들었고, 내지 바라나에서

展轉하여 들었습니다.'
『보은경』에서 말한다. '아난이 네 가지 소원을 請求하였다. 첫째는 여래의 故衣를 받지 않는 것이다. 둘째는 별청을 받지 않는 것이다. 셋째는 아무 때나 출입하는 것이다. 넷째는 아직까지 듣지 못한 경전을 부처님께 설해달라고 청하는 것이다.'
이로써 일체의 경전에서 모두 '아문'이라 일컬었다.

問. 阿難以何力故. 能傳佛敎. 答. 釋道安云. 十二部357)經. 阿難得佛意三昧之所傳也. 金剛華三時358)經云. 得法性覺三昧. 能宣傳衆敎. 聞. 阿難何故稱我聞耶. 答. 一欲息諍競之心. 二生物信受. 阿難是三乘之小乘. 四果之下果. 若不稱聞. 則物情不信. 諍競便起.

묻는다 : 아난은 어떤 능력 때문에 佛敎를 전승할 수 있었던 것입니까.
답한다 : 석도안이 말한다.
'십이부경에 대하여 아난은 佛意를 터득하여 삼매에서 그것을 전승한 것이다.'
『금강화삼매경』에서 말한다.
'아난은 곧 삼승 가운데 소승이고, 四果 가운데 下果였다. 그래서 만약 들었다고 말하지 않았다면 곧 중생의 마음에는 그것을 믿지 못하여 諍競이 다투어 일어났을 것이다.'

---

357) 部=遊力【原】. =遊ㅓ【甲】
358) 時=昧？

問. 有幾阿難耶. 答. 集法藏經云. 凡有三種. 一阿難. 此云飮[359]喜. 持聲聞藏. 二阿難跋陀. 此云歡喜賢. 持緣覺藏. 三阿難伽羅. 此云歡喜海. 持菩薩藏. 吉藏謂. 但是一人. 隨德立稱. 方便示三. 故法華云. 我與阿難. 於空王佛所. 同時發心. 故知是大權. 隨物異見.

묻는다 : 어떤 아난을 가리키는 것입니까.
답한다 :『집법장경』에서 말한다.
> '무릇 세 명의 아난이 있다. 첫째는 아난인데 번역하면 歡喜로서 성문장을 지녔다. 둘째는 아난발타인데 번역하면 歡喜賢으로서 연각장을 지녔다. 셋째는 아난가라인데 번역하면 歡喜海로서 보살장을 지녔다.'

길장 내가 말한다.
> '단지 한 사람일 뿐인데도 덕을 따라서 명칭을 내세워 방편으로 세 명을 나타낸 것이다. 때문에『법화경』에서 말한다. 〈나(여래)와 아난은 공왕불 처소에서 동시에 발심하였다.〉 때문에 이것이야말로 대방편으로서 중생의 異見에 따른 것인 줄 알아야 한다.'

問. 聞實是耳. 何故稱我聞. 答. 涅槃云. 阿難聞法. 如瀉水之異器[360]. 有三種. 一者不覆. 謂無散亂心. 二者不漏. 謂無忘失. 三者不臭. 謂無顚倒心. 以三德自在. 故云我也.

---

359) 飮＝歡【甲】
360) 器＋(器)【甲】

묻는다 : '聞'은 실제로 곧 귀[耳]입니다. 그런데 무슨 까닭에 '아문'이라 일컫는 것입니까.
답한다 :『열반경』에서 말한다.
'아난은 설법을 듣고 마치 다른 그릇에다 물을 쏟는 것과 같았다.'
여기에 3종이 있다.
첫째는 엎어지지 않는다. 말하자면 산란심이 없다.
둘째는 새지 않는다. 말하자면 망실하지 않는다.
셋째는 냄새가 나지 않는다. 말하자면 전도심이 없다.
이처럼 삼덕이 자재하기 때문에 '我'라고 말한다.

又阿難從佛聞法. 莫361)生三慧. 則自在稱我.

또한 아난은 부처님을 따라 설법을 듣고 三慧[聞思修]를 발생한 즉 자재하여 我라고 일컬었다.

問. 佛法無我. 何得稱我. 答. 說我有三. 一邪見心說. 如凡夫外道. 二慢心說. 如諸學人. 三名字說. 如諸羅漢. 阿難了知實相非我非無我. 隨世俗故. 稱之爲我. 卽無我而我. 不聞而聞. 稱爲我聞. 一時. 如是謂所聞之法. 我聞爲能傳之人. 一時以下. 證傳法可信. 智度論云. 說時方人. 令生信故. 說若無時. 則聞不可信. 故須明時.

---

361) 莫=眞【甲】

묻는다 : 불법은 무아인데 어찌 我라고 일컬을 수 있는 것입니까.
답한다 : 我를 설하는데 3종이 있다.

첫째는 사견심으로 설하는 것이다. 저 범부외도의 경우와 같다.
둘째는 慢心으로 설하는 것이다. 저 모든 학인의 경우와 같다.
셋째는 名字로 설하는 것이다. 저 모든 나한의 경우와 같다.
아난은 실상이 아도 아니고 무아도 아님을 요지하고 있다. 그러나 세속을 따른 까닭에 그것을 일컬어 '我'라고 한 것이므로 곧 무아이면서 아이다. 불문이면서 문이므로 그것을 일컬어서 我聞一時라고 하였다. '여시'는 소위 所聞의 법이고, '아문'은 소위 能傳의 사람이다. '일시' 이하는 전승된 설법은 믿을 수 있음을 증명한다.
『대지도론』에서 말한다.
'설법을 할 時는 바야흐로 사람들로 하여금 믿음을 발생토록 하기 때문이다. 설법에 만약 時가 없다면 곧 들어도 믿을 수가 없기 때문에 반드시 時를 설명해야 한다.'

問. 但應言時. 何故稱一. 答. 一謂一部之經. 蓋是說一部經時. 故云一時. 又是眾生心行可定之時. 稱爲一時. 又是機教符會. 無差異時. 稱爲一時. 此皆雖[362]釋兩字. 若合解者. 卽目[363]時爲一. 如云一日一歲. 離[364]於時別有一耶. 佛在. 明說教之主也. 佛法有五人說. 一佛自說. 二弟子說. 三諸

---

362) 雖＝離【甲】
363) 目＝因ィ【甲】
364) (豈)力＋離【甲】

天說. 四仙人說. 五化人說. 此經乃是淨名所說. 不題淨名. 非佛所說. 而題佛者. 若標淨名. 則不成經. 今欲成經. 故題佛也. 又標佛者. 明阿難親從佛聞. 不從外道天魔邊聞. 故標於佛. 梵音稱佛陀. 此云覺者. 一曰自覺. 異彼凡夫. 二者覺他. 簡非小道. 者覺道窮極. 簡非菩薩. 又天竺名佛以爲天鼓. 賊若應來. 天鼓則鳴. 賊若去時. 天鼓亦鳴. 天鼓鳴時. 諸天心勇. 天鼓鳴時. 修羅攝怖. 諸佛亦爾. 衆生煩惱應來. 佛說法令不來. 惑累將滅. 佛說法令滅. 佛說法時. 弟子心勇. 佛說法時. 衆魔懾怖. 是故名佛爲天鼓也. 所言在者. 卽是住也. 但住有二種. 一者內住. 二者外住. 內住有四. 一者天住. 謂住布施持戒. 二者梵住. 住四無量心. 三者聖住. 住空無相無作三昧. 四者佛住. 住諸法實相. 外住亦四. 一化處住. 如釋伽牟尼住娑婆國土. 二異俗住. 三世諸佛不住俗人舍. 皆栖止伽藍. 三未捨壽分住. 佛壽無窮. 爲魔王啓請. 而捨無量壽. 唯留八十. 四者威儀住. 謂行住坐臥. 皆名住也. 今內栖實相. 外住菴薗. 蓋是無住而住. 住無所住. 故云住也. 毘耶離菴羅樹園. 此明住處. 說若無所. 則物不信受. 故次明之. 處有二種. 一者通處. 卽毘耶離城. 二者別處. 謂菴羅樹園. 亦誼靜雙擧. 道俗兼明. 然至人形無定方. 寧有適處. 但爲生物信故. 委具題之. 毘耶離者. 毘云好稻. 謂多出粳糧. 耶離翻爲博嚴. 卽平博嚴淨. 但天竺小國. 卽國爲城. 大國則城爲365)國別稱. 毘耶離者. 卽小國也. 吉藏案善見毘婆娑. 昔波羅捺王夫人懷任. 忽生一片肉. 形如赤槿葉. 夫人以器盛之. 流於江水. 江水邊有一道士. 依放366)牛入住. 見器接之還家. 經半月. 一片忽成二片. 又經半月. 二片各生五胞. 却後半月. 一片成女. 女白銀色. 一片成男. 男如

---

365) 爲＝與力【原】【甲】
366) 放＝牧ィ【原】【甲】

黃金色. 道士念之. 以慈力故. 兩手出乳養之. 道士因以二兒與367)牧牛人.
語之云. 可以二兒爲夫妻. 覓平博地. 安處之. 二兒年十六. 牧牛人見平博
地. 縱闊一由旬. 爲起立宮舍. 因合爲夫婦. 生一男一女. 如是十六迴生
兒. 牧牛人見其子多. 更爲開闊造舍. 凡造十六宅. 如是三過. 開闊此處.
故自368)此地. 以爲博嚴. 菴羅樹菌者. 什公云. 似桃而非桃. 舊翻爲捺. 蓋
失經旨369). 有一女. 從菴羅樹生. 容貌美麗. 世所絶倫. 人欲見者. 輸三金
錢. 菴羅樹女. 捨菌爲佛立精舍. 如祇陀之類. 以施主標色370)也. 與大比丘
衆. 此第六序同聞衆. 序同聞衆. 凡有二義. 一者大衆圍遶. 則佛德益尊.
旣尊其人. 則受其道. 二者爲成信義. 若侍者獨聞. 未足可信. 與衆共聽.
則所傳爲實. 總該371)大衆. 凡有四人. 一影響衆. 在座默然. 二發敎衆. 卽
擊揚問道. 三當機衆. 聞敎領悟. 四結緣衆. 未來遠益. 就序衆文. 人372)科
爲二. 初明衆集. 次辨佛說經. 衆集又兩. 前明聖衆. 次辨凡衆. 聖主373)之
內. 初明聲聞. 後序菩薩.

묻는다 : 무릇 다만 時라고만 말하면 되는데 무슨 까닭에 一時라고 일컫는
　　　　것입니까.
답한다 : 一은 일부의 경과를 말한다. 대개 이것은 일부가 경과된 時를 설한
　　　　것이기 때문에 一時라고 말한다.

---

367) 與＝乞ィ【原】【甲】
368) 自＝目【甲】
369) 旨＋(曾)【甲】
370) 色＝名【甲】
371) 該＝談ィ【原】
372) 人＝大【甲】
373) 主＝衆力【原】, ＝衆【甲】

또한 이것은 중생의 심행으로 정해둔 時로서 一時라고 일컬은 것이다.

또한 이것은 근기와 가르침이 符會되어 차이가 없는 時로서 一時라고 일컬은 것이다.

이것들은 모두 비록 一時라는 두 글자를 해석한 것일지라도 만약 해석에 계합한 사람이라면 곧 時를 인하여 一이 된 것이다. 마치 一日 내지 一歲라고 말한다고 해서 어찌 時를 떠나서 달리 一이 있겠는가.

'佛在'는 설교의 主임을 설명한 것이다. 불법에는 五人說이 있다.

첫째는 부처님의 自說이다.

둘째는 제자설이다.

셋째는 제천설이다.

넷째는 선인설이다.

다섯째는 화인설이다.

이 경전(유마경)은 이에 곧 정명이 설법한 것인데도 정명이라고 제명하지 않고, 佛所說이 아니지만 제명에 佛을 붙인 것이다. 만약 정명이라고 標題하면 곧 경전이 성립되지 않는다. 지금은 경전을 성립시키고자 하는 까닭에 佛이라 제명한 것이다.

또한 佛을 표제한 것은 아난이 몸소 부처님으로부터 들은 것이지 외도나 천마의 주변으로부터 들은 것이 아니다. 때문에 佛이라고 표제한 것이다. 범음으로 佛陀라고 일컬은 것은 번역하면 覺이다.

첫째는 自覺인데 저 범부와는 다르다.

둘째는 覺他인데 非小道임을 간별한다.

셋째는 覺道窮極인데 非菩薩임을 간별한다.

또한 천축에서는 名佛로써 天鼓를 삼는다. 만약 도적이 응당 찾아와도 천고가 곧 울린다. 만약 도적이 사라지는 때에도 천고가 또한 울린다. 천고가 울릴 때면 제천은 마음이 용맹스러워지고, 천고가 울릴 때면 수라는 두려워하는데, 제불도 또한 그렇다. 중생에게는 번뇌가 마땅히 오기 때문에 부처님은 설법하여 번뇌가 오지 못하게끔 하여 쌓인 번뇌를 장차 소멸시키려고 한다. 부처님 설법할 때에 제자에게는 마음이 용맹스러워지고, 부처님이 설법할 때에 온갖 魔는 두려워한다. 이런 까닭에 名佛로 천고를 삼는다.

말한 바 '在'라는 것은 곧 住이다. 무릇 住에는 두 종류가 있다.

첫째는 內住이다.

둘째는 外住이다.

내주에는 네 가지가 있다.

첫째는 天住인다. 소위 보시와 지계에 住하는 것이다.

둘째는 梵住이다. 사무량심에 주하는 것이다.

셋째는 聖住이다. 공삼매와 무상삼매와 무작삼매에 주하는 것이다.

넷째는 佛住이다. 제법의 실상에 주하는 것이다.

외주에도 또한 네 가지가 있다.

첫째는 化處住이다. 석가모니가 사바국토에 주하는 경우와 같다.

둘째는 異俗住이다. 삼세제불이 세속인의 집에 주하지 않고 모두 가람에 栖止한다.

셋째는 未捨壽分住이다. 佛壽는 무궁하여 마왕의 啓請을 받아도 무량수를 버리지 않고 오직 팔십 겁 동안 머문다.

넷째는 威儀住이다. 소위 행주좌와를 모두 住라 말한다.

지금은 안으로는 실상에 栖하고, 밖으로는 菴薗에 주한다. 무릇 이것이 무주이면서 주이고 주이면서 무주이기 때문에 住라고 말한다.

'毘耶離의 菴羅樹園'은 주처를 설명한다. 만약 처소가 없으면 곧 중생은 信受하지 못하기 때문이다. 그래서 이어서 그것을 설명한다.

處에 두 종류가 있다.

첫째는 通處인데, 곧 비야리성이다.

둘째는 別處인데, 소위 암라수원이다.

또한 誼과 靜을 쌍으로 언급하고 道와 俗을 함께 설명한다. 그러나 至人에게는 형체가 정해진 방소[定方]가 없거늘 어찌 이르는 곳[適處]이 있겠는가. 무릇 중생을 위하는 까닭에 자세하고 구체적으로 그렇게 제목을 붙인 것이다.

'비야리'에서 '毘'는 말하자면 好稻이다. 소위 粳糧이 많이 산출되는 것이다. '耶離'는 번역하면 博嚴인데 곧 平博하고 嚴淨이다. 무릇 천축은 小國이므로 그 國은 곧 城이다. 그러나 大國에서는 곧 城과 國을 다르게 부른다. '毘耶離'는 곧 소국이다.

나 길장이 『善見毘婆娑』를 살펴보니 다음과 같았다.

'옛적에 바라나왕의 부인이 회임을 하였는데 홀연히 한 조각 고기를 낳았다. 형체가 붉은 무궁화꽃잎과 같았다. 부인이 그릇에다 그것을 담아서 강물에 흘려보냈다. 강변에 어떤 도사가 있었는데 목우인에 의지하여 入住하고 있었다. 그릇을 발견하고는 그것을 가지고 집으로 돌아왔다. 보름이 지나자 한 조각이 홀연히 두 조각이 되었다. 다시 보름이 지나자 두 조각에 각각 五胞가 생겨났다. 그 후로 보름이 지나자 한 조각은 여자가 되었는데 여자는 은색처럼 하얀 색이었다. 다른 한 조각은 남자가 되었는데 남자는 황금색과 같았다. 도사가 그들을 호념하였는데, 慈力으로 하였기 때문에 양손에서 우유가 흘러나왔는데 그것을 가지고 그들을 길렀다. 도사는 두 아이들 문제로 목우인에게 상의하여 말하였다.〈두 아이를 부부로 맺어주려면 平博地를 찾아서 그곳에 살도록 해주는 것이 어떻습니까.〉두 아이의 나이가 16세 되었을 때 목우인이 平博地를 찾았는데 너비가 1유순으로 거기에 宮舍를 지어주었다. 이로써 부부가 되어 1남 1녀를 낳았다. 이와 같이 하여

16회에 걸쳐 아이를 낳자, 목우인이 그 아들이 많은 것을 보고는 다시 開闊地에 집을 지었는데 무릇 16채의 집이 만들어졌다. 이와 같은 일이 3회에 걸쳐 이루어져 이곳이 開闊되었다. 때문에 이 비야리의 땅을 지목하여 널리 장엄으로 삼은 것이다.'

'菴羅樹薗'에 대해서는 나집공이 말했다.

'복숭아나무와 비슷하지만 복숭아나무는 아니다. 구역에서는 捺이라 번역하였는데, 대개 경전에서 어떤 뜻인지 알 수가 없다. 일찍이 한 여인이 있었는데, 菴羅樹에서 태어났다. 용모가 미려하여 세간에서는 絶倫이었다. 사람들이 그 여인을 보려면 석 냥의 돈[三金]을 내야 했다. 암라수녀는 암라수원을 희사하여 부처님을 위해 정사를 지었는데, 기타태자의 경우와 마찬가지로 시주한 사람을 가지고 명칭을 標한 것이다.'

'與大比丘衆'은 第六으로서 序의 聞衆과 동일하다. 序의 聞衆과 동일하다는 것에는 무릇 두 가지 뜻이 있다.

첫째는 대중이 圍遶한다는 뜻이다. 곧 부처님의 德은 무척 높아서 이미 그 사람을 존중한 즉 그 道를 받아들인다는 것이다.

둘째는 믿음이 성취된다는 뜻이다. 만약 시자가 홀로 들었다면 그것을 다른 사람이 믿을 수가 없을 것이다. 그러나 대중과 함께 들었기 때문에 전승된 것이 진실하다.

총체적으로 대중에 대하여 말하자면 무릇 네 종류의 사람이 있다.

첫째는 影響衆인데, 자리에 묵연히 있다.

둘째는 發敎衆인데, 問道를 擊揚한다.

셋째는 當機衆인데, 교설을 듣고 領悟한다.

넷째는 結緣衆인데, 먼 미래에 이익을 받는다.

크게 科分하면 두 가지가 있다.

첫째는 대중의 모임을 설명한다.

둘째는 부처님이 설한 경전을 설명한다.

대중의 모임에도 두 가지가 있다.

첫째는 聖衆을 설명한다.

둘째는 凡衆을 변별한다.

聖衆 안에서도 먼저 성문을 설명하고, 나중에 보살에 대하여 설명한다.

問. 何故先明聲聞. 後序菩薩. 答. 凡論衆集. 皆就顯示敎門. 以爲次第. 聲聞形備法義[374]. 心具智斷. 以其兩勝. 故初序之. 菩薩心雖會道. 而形無定方. 故居其次. 凡夫心形俱劣. 宜最居後. 但須此釋. 不假餘通. 聲聞衆內. 須科二文. 初標其名. 次唱其數. 所言大者. 智度論云. 一切諸衆最勝故. 天王等大人恭敬故. 大障礙斷故. 名名[375]之爲大. 比丘者. 蓋是出家之總號因果之通名隨言往翻. 凡有三義. 一者破惡. 謂除身口七非. 二者怖魔. 必斷三界煩惱. 則使魔驚怖. 三者乞士. 謂從俗人乞食以資身. 從如來乞法以練神. 兼退無積蓄之累. 進有福物之功. 有斯大利. 故名乞士.

묻는다 : 무슨 까닭에 먼저 성문에 대하여 설명하고 나중에 보살에 대하여 설명하는 것입니까.

답한다 : 무릇 모인 대중을 논하는 것은 모두 교문을 현시하는 것으로써 차제를 삼는다. 성문의 외형은 法儀가 갖추어져 있고 마음에는 智

---

374) 義=儀ㄲ【甲】
375) 〔名〕-【甲】

斷이 갖추어져 있다. 이 두 가지가 모두 뛰어나기 때문에 먼저 그것을 설명한다. 보살의 경우 마음은 비록 道에 契會되지만 외형은 定方이 없기 때문에 그 다음에 설명한다. 범부는 마음과 외형이 모두 하열하므로 마땅히 가장 나중에 내놓는다. 다만 이러한 해석은 다른 것에는 통하지 않는다. 성문중의 안에 대해서도 반드시 두 경문으로 분과해야 한다.

첫째는 그 명칭을 標한다.[標其名]

둘째는 그 수를 일컫는다.[唱其數]

말한 바 '大'에 대해서는 『대지도론』에서 말한다.

'일체제중 가운데 가장 뛰어나기 때문이다. 천왕 등의 大人이 공경하기 때문이다. 大障礙를 단제했기 때문이다. 그래서 大라고 말한다.'

'比丘'에 대해서는 무릇 출가에 대한 總號이고 인과에 대한 通名이다. 言往言來에 따라 번역되는데 무릇 세 가지 뜻이 있다.

첫째는 破惡이다. 이를테면 몸과 입의 7가지 잘못을 제거하기 때문이다.

둘째는 怖魔이다. 삼계의 번뇌를 단제하면 곧 악마가 驚怖하기 때문이다.

셋째는 乞士이다. 이를테면 세속인으로부터 음식을 구걸하여 몸을 자양하고, 여래로부터 법을 구걸하여 정신을 단련하기 때문이다. 아울러 積蓄이 없는 累로 물러나고 福物이 있는 功으로 나아가기 때문이다. 이와 같은 큰 이익이 있는 까닭에 걸사라 말한다.

問. 餘經俱歎二衆. 此敎何故不歎小乘. 答. 聲聞常衆無會不集. 更無異人. 故有時不歎. 菩薩多有新衆. 又德量深遠. 衆經離³⁷⁶⁾歎. 歎不可盡. 故常須美之. 又聲聞形備法儀. 心具智斷. 遠近皆識. 故不須歎. 菩薩迹示同物. 反常會道. 淺識不達. 謂是凡夫. 所以須歎.

묻는다 : 다른 經에서는 모두 (소승과 대승의) 二衆을 찬탄하는데, 이 敎에서는 무슨 까닭에 소승을 찬탄하지 않는 것입니까.
답한다 : 성문은 常隨衆으로서 법회가 없으면 모이지 않고 또한 異人도 없다. 때문에 어떤 때는 찬탄하지 않는다. 그러나 보살은 대부분 新衆이 있기 때문이다. 또한 德量이 深遠하여 衆經에서 찬탄할지라도 그 찬탄이 끝이 없기 때문에 항상 그것을 찬미한다. 또한 성문은 외형에 法儀를 갖추고 마음에 智斷을 갖추고 있어서 원근에서 모두 알아보기 때문에 굳이 찬탄할 필요가 없다. 그러나 보살은 행적[迹]이 중생과 동일하게 보이지만 反常會道하여 淺識者들이 그것을 몰라보고 범부라고 말하는 까닭에 반드시 찬탄하는 것이다.

問. 若唯歎菩薩. 不美聲聞. 亦應但詰聲聞. 不呵菩薩. 答. 有得大小宜並雙呵. 無依二衆理應俱歎. 但終爲歸大莫³⁷⁷⁾捨小心. 故猶³⁷⁸⁾美菩薩也. 菩薩摩訶薩. 第二序菩薩衆. 科爲五門. 一標號. 二唱數. 三歎德. 四序名. 五

---

376) 離=雖【甲】
377) 莫=歎【甲】, =勸ィ【甲】
378) 猶=獨ィ【甲】

總結. 具足梵音云菩提薩埵摩訶薩埵. 但爲存略. 如向所標. 菩提爲道心. 薩埵云衆生. 謂道心衆生. 摩訶爲大. 謂大衆生也. 以具足[379]慧故名爲菩薩. 具方便慧云摩訶薩. 具智慧故名爲菩薩. 具福德故名爲摩訶薩. 又具般若故云菩薩. 具大悲故名摩訶薩.

묻는다 : 만약 오직 보살만 찬탄하고 성문은 찬미하지 않는다면, 또한 마땅히 성문만 힐난하고 보살은 가책하지 않는다는 것입니까.

답한다 : 大小의 분별이 있으면 마땅히 둘 다 가책하고, 대승과 소승에 의거함이 없으면 이치적으로 마땅히 모두 찬탄해야 한다. 무릇 종극에 대승으로 돌아가게 하는 것이지 소승심을 버리라는 것은 아니다. 때문에 유독 보살만 찬미한다.

'보살마하살'은 第二의 序로서 보살중이다. 科分하면 5문이 된다. 첫째는 標號이고, 둘째는 唱數이며, 셋째는 歎德이고, 넷째는 序名이며, 다섯째는 總結이다. 범음으로 갖추어 말하면 菩提薩埵摩訶薩埵인데 무릇 存略한 것이다.

이상에서 標한 (보리살타에서) 보리는 道心이고 살타는 衆生으로서 말하자면 도심중생이다. 그리고 (마하살타에서) 마하는 大이므로 말하자면 대중생이다. 實慧를 갖춘 까닭에 보살이라 말하고, 方便慧를 갖춘 까닭에 마하살이라 말한다. 지혜를 갖춘 까닭에 보살이라 말하고, 복덕을 갖춘 까닭에 마하살이라 말한다. 또한 반야를 갖춘 까닭에 보살이라 말하고, 대비를 갖춘 까닭에 마하살이라 말한다.

---

379) 足=實【甲】

問. 何故聲聞緣覺但有一名. 菩薩之人具存二號. 答. 小乘但異凡夫. 唯有一稱. 大人雙異道俗. 故有兩名.

묻는다 : 무슨 까닭에 성문과 연각은 단지 한 가지 이름만 남겨두고 보살인
    은 두 가지 호칭을 남겨둔 것입니까.
답한다 : 소승은 단지 범부와 다를 뿐이므로 오직 한 가지 명칭만 있지만, 대
    승인은 도속의 둘과 다르기 때문에 두 가지 명칭이 있다.

言菩薩者. 異彼凡夫. 凡夫不求菩提. 不名菩薩.

 '보살'이라고 말한 것은 저 범부와 다르다. 범부는 보리를 추구하지 않으므로 보살이라 말하지 않는다.

摩訶薩者. 爲簡二乘. 二乘但求小道. 無摩訶之號.

 '마하살'은 이승과 간별된다. 이승은 단지 小道만 추구하므로 마하라는 호칭이 붙지 않는다.

三萬二千. 第二唱數也.

 '삼만 이천'은 둘째의 수를 일컬은 것이다.[唱數]

衆所知識. 第三歎德[380]. 爲二. 初歷別歎. 次總結之.

'衆所知識'은 셋째의 덕을 찬탄한 것인데, [歎德] 여기에 두 부분이 있다.
첫째는 경력이 특별함을 찬탄한 대목이다.
둘째는 그것을 총결한 대목이다.

歷別歎者. 經師穿鑿. 强生階位. 今但依句釋之. 則煥然可領.

'경력이 특별하다'는 것은 경사들이 천착한 것으로 억지로 계위를 발생시킨 것이다. 지금 여기에서는 단지 句에 의거해서 그것을 해석할 뿐으로 곧 분명하여 알 수 있을 것이다.

衆所知識者. 大士處世. 以慈惠益物. 如日月昇天. 感益之徒. 誰不知識. 又遠衆則知而不識. 近衆亦識亦知. 知其內德. 識其外形. 又知義則深. 識義則淺. 成實論云. 可知法者. 第一義諦[381]也. 可識法者世諦法也.

'衆所知識'은 大士가 處世하면서 慈惠로써 중생을 이롭게 해준 것인데, 마치 해와 달이 하늘에 떠 있는 것과 같아서 그 이익을 감응하는 무리일지라도 어느 누구도 알지 못한다. 또한 멀리 있는 대중은 知이나 不識이고 近

---

380) 德+(歎德)【甲】
381) 〔諦〕-【甲】

衆은 亦識이기도 하고 知이기도 한다. '知'는 그 내덕을 아는 것이고 '識'은 그 외형을 아는 것이다. 또한 義를 知한 즉 深이고 義를 識한 즉 淺이다. 『성실론』에서는 '법을 知하는 사람은 제일의제이고, 법을 識하는 사람은 세제법이다.'고 말한다.

大智本行皆悉成就. 前明外所識. 今美內行成就. 大智者. 謂如來一切種智也. 本行者. 六度十地. 是大智家之本行.

'大智와 本行을 모두 다 성취하였다.'는 것에 대하여 앞에서는 밖으로 識한 바를 설명하였다. 지금 여기에서는 안으로 行이 성취되었음을 찬미한 것이다. '大智'는 소위 여래의 일체종지이고, '本行'은 육바라밀과 십지인데, 이것은 大智家의 本行이다.

三萬二千. 因位已窮. 故本行成就諸佛威神之所建立. 衆所知識. 由本行成就. 本行成就. 由佛威神建立. 始起爲建. 終成爲立. 又外爲諸佛威神所建. 而菩薩內德成立. 建立有二. 一暫建立. 謂一時加與令具辨慧. 二從初發心至成佛道. 常護念位³⁸²⁾助. 令道根成就.

'삼만 이천'은 因位가 이미 다한 까닭에 본행이 성취된 것이다. 이것은 제불의 위신력으로 건립된 것이다. 衆所知識은 본행을 말미암아 성취된 것이

---

382) 位=佐【甲】

고, 본행의 성취는 불의 위신력을 말미암아 건립된 것이다. 처음에 일어난[起] 것이 建이고 마지막에 성취[成]된 것이 立이다. 또한 밖으로는 제불의 위신력으로 건립되어야만 보살의 내덕이 성립된다. 건립에 두 가지가 있다.

첫째는 임시로 건립된 것으로서 소위 일시에 가하여 辨慧를 갖추도록 하는 것이다.

둘째는 초발심부터 성불도에 이르기까지 항상 호념하고 佐助하여 도근을 성취하도록 하는 것이다.

問. 諸佛平等. 普應護念. 何故獨建立菩薩. 答. 天澤無私. 不闊枯木. 佛見雖普. 不立無根. 爲護法城. 上明德由佛建.

묻는다 : 제불은 평등하여 널리 호념으로 대응하는데 무슨 까닭에 유독 보살만 건립하는 것입니까.

답한다 : 하늘은 사심이 없이 베풀어주되 고목에게는 통하지 않는다. 佛見이 비록 넓지만 뿌리가 없는 곳에는 건립하지 않는 것은 法城을 보호하려는 것이다.

이상에서 덕은 부처님의 건립을 말미암는다는 것을 설명하였다.

今欲報恩. 所以護法大士. 外防邪難. 内宣正道. 則興[383]法爲城. 受持正法. 外有護法之功. 内有受持之固. 始則領受在心. 終則秉持不忘. 能師子

---

383) 興=與【甲】

吼名聞十方. 內秉妙法在心. 外能師子震吼. 夫心有依著. 處衆便畏. 懷無所寄. 則宣道綽然. 旣能師子吼. 則德音遠震. 故名聞十方.

이제 지금은 보은하려는 까닭에 '호법'하는 대사가 밖으로는 邪難을 방지하고 안으로는 正道를 펼친즉 법을 일으켜서 城을 삼고, 정법을 '수지'하여 밖으로는 호법의 功이 있고 안으로는 수지의 固가 있어서 처음에는 領受하여 마음에 담아두고 종극에는 秉持하여 잊지 않게 되며, '사자후'를 시방에 들려주어 안으로는 묘법을 잡아서 마음에 담아두고 밖으로는 사자후를 떨칠 수가 있다. 대저 마음에 집착이 있으면 대중에 처하여 곧 두려움을 느끼지만 마음에 기대는 것이 없으면 곧 도를 널리 펼칠 수가 있고, 사자후를 하게 되면 곧 덕음을 멀리 떨치기 때문에 '명성이 시방에 퍼진다.'

問. 前已云衆所知識. 今何故復稱名聞十方. 答. 上正[384]一國逾揚. 今則十方讚仰衆人不請友而安之. 前擧名歎德. 此將德顯名. 眞友不待請. 如慈母之赴嬰兒.

묻는다 : 이상에서 이미 '衆所知識'에 대하여 말했는데, 지금은 무슨 까닭에 다시 '명성이 시방에 퍼진다.'는 것에 대하여 말하는 것입니까.
답한다 : 이상에서는 일국을 넘어 오르는[逾揚] 것에 그쳤지만 지금은 곧 시방에서 찬양하는 衆人이 벗을 초청하지 않았는데도 그곳에 와서 安住하였고, 이상에서는 名을 들어서 덕을 찬탄하였지만 여기에서는 덕을 가지고

---

384) 正＝止【甲】

名을 드러냈기 때문이다. 진실한 벗은 초청을 기다리지 않는데 마치 자모가 영아에게 다가가는 것과 같다.

但不請二. 一者未有善法. 誘引令生. 二者過去雖有道機. 現在無有欲樂. 而方便起發. 始則安之以善根. 終則寧之以佛道. 紹隆三寶使不斷絕. 不請明乎[385]下化. 紹隆辨於上弘. 華嚴經明法品. 三番釋之. 初令衆生發菩提心. 故佛寶不斷. 爲物宣說十二部經. 故法寶不斷. 受持一切威儀行法. 故僧寶不斷. 次云讚大願故佛寶不斷. 分別演說十二因緣甚深之義. 故法寶不斷. 修六和敬. 故僧寶不斷. 次云下佛種子於衆生田. 生正覺芽. 故佛寶不斷. 護持正法. 不惜身命. 故法寶不斷. 善御大衆. 心無憂悔. 故僧寶不斷. 又直釋云. 菩薩說法化於衆生. 衆生得成於佛. 復化衆生. 所化衆生. 復得成佛.

'무릇 초청하지 않는 것'에 두 가지가 있다.

첫째는 아직 선법이 없기 때문에 이후로 점차 유인하여 선법을 발생토록 하려는 것이다.

둘째는 비록 과거에 道機가 있었을지라도 현재는 欲樂이 없으므로 방편으로 기발하려는 것이다.

그래서 처음에는 곧 그들을 안주시키는 것으로써 선근을 향하게 하고, 종극에는 그들을 편안케 하는 것으로써 불도를 향하게 하여 '삼보를 紹隆하여 단절되지 않도록 한다.'는 것이다. 이리하여 '不請'은 下化를 설명한 것이고,

---

385) 乎＝于【甲】

'紹隆'은 上弘을 변별한 것이다.

『화엄경』의 [명법품]에서는 세 번에 걸쳐서 그것을 해석하고 있다.

첫째는 중생으로 하여금 발보리심토록 한다. 때문에 불보가 단절되지 않는다. 중생을 위하여 널리 십이부경을 설한다. 때문에 법보가 단절되지 않는다. 일체의 위의행법을 수지한다. 때문에 승보가 단절되지 않는다.

둘째는 大願을 찬탄한다. 때문에 불보가 단절되지 않는다. 십이인연의 심심한 뜻을 분별하고 연설한다. 때문에 법보가 단절되지 않는다. 六和敬을 닦는다. 때문에 승보가 단절되지 않는다.

셋째는 중생의 밭에 불종자를 심어서 정각의 싹을 발생시킨다. 때문에 불보가 단절되지 않는다. 정법을 호지하는데 신명을 아끼지 않는다. 때문에 법보가 단절되지 않는다. 대중을 잘 어거하여 마음에 憂悔가 없다. 때문에 승보가 단절되지 않는다.[386]

또한 직접 풀어서 말하자면, 보살이 설법하여 중생을 교화하면 중생이 성불한다. (성불한 중생이) 다시 중생을 교화하면 교화된 중생이 또다시 성불한다.

如是衆生不盡. 三寶不絶降伏魔怨制諸外道. 紹隆明於顯正. 降制辨乎權[387]耶[388]. 外國稱爲魔羅. 此云殺者. 以能害慧命. 故稱爲怨. 但說魔不同. 凡有二種. 一者四魔. 二者八魔. 四魔者. 一煩惱魔. 爲生死因. 二天魔. 爲生死緣. 陰死二魔. 是生死果. 陰爲其通. 死爲其別. 故因有內外. 果

---

386) 『大方廣佛華嚴經』卷10, (大正新脩大藏經9, p.461)
387) 權＝摧【甲】
388) 耶＝邪【甲】

有通別. 故立四也. 言八魔者. 四同上說. 復有無常無我無樂無淨. 破佛果四德. 故名爲魔. 小乘不以爲患. 故不說之. 依大乘義. 入煩惱魔攝. 言降伏者. 小乘見四諦降煩惱魔. 入無餘涅槃. 降於死陰. 以神通呪術. 伏彼天魔. 大乘降伏者. 得無生忍. 降煩惱魔. 得法身故. 降於陰魔. 得無生忍及法身. 故降死魔. 得無動三昧. 降於天魔. 降八魔者. 若知如來常樂我淨. 故除四倒. 名降四魔. 降陰等四. 不異前釋. 吉藏謂. 義論則具含四八. 就文但降天魔. 大士德過三界無敵. 降天魔. 則天無敵矣. 制外道. 則人無敵矣. 怖之以威爲降. 屈之以辨稱制. 人天尚其無敵. 四趣何故足論. 悉以清淨永離蓋纏. 降制則外離[389]衆部[390]. 永離則內除結縛. 有所得心覆於正觀. 稱之爲蓋. 繫縛行者. 目之爲纏. 大士懷無所依. 故云悉以清淨. 又云. 蓋卽五蓋. 謂貪欲瞋恚睡眠掉悔及疑. 纏者十纏. 謂無慚無愧忿覆慳嫉睡眠掉悔. 小乘但明十纏. 智度論明五百纏. 蓋亦應有無量蓋也. 心常安住無閡解脫. 前歎離行. 今美得[391]行. 無閡[392]解脫. 卽是此經不思議解脫也. 不二正觀. 恒現在前. 謂心常安住. 虛通自在. 名爲無閡. 塵累蕭然. 故稱解脫.

이와 같은 중생이 끝이 없으면 '삼보가 단절되지 않고 魔怨을 항복시키고 제외도를 제어하게' 된다.

'紹隆'은 정법을 드러냄[顯正]을 설명한 것이고, '降伏魔怨制'는 방편을 변별한 것이다. 외국에서 일컫는 魔羅는 번역하면 殺者이다. 혜명을 해꼬지하

---

389) 離=摧【甲】
390) 部=邪力【原】, =邪ィ【甲】
391) 得=德ィ【甲】
392) 閡=礙ィ【原】【甲】

기 때문에 '怨'이라 일컫는다.

　무릇 '魔'라고만 설하는 것과는 같지 않은데, 여기에 두 가지가 있다.

　첫째는 四魔이다.

　둘째는 八魔이다.

　사마는 첫째로 번뇌마는 생사의 因이 된다.

　둘째로 천마는 생사의 緣이 된다.

　셋째의 陰 및 넷째의 死의 二魔는 곧 생사의 果이다. 陰은 그 通이고 死는 그 別이다.

　때문에 因에는 內外가 있고, 果에는 通別이 있어서 四가 된다.

　八魔는 넷은 위의 四魔의 설명과 같고, 여기에 다시 無常과 無我와 無樂과 無淨의 넷이 있다. 불과의 사덕을 파괴하기 때문에 魔라고 말한다. 소승에서는 患으로 삼지 않기 때문에 그것(無常과 無我와 無樂과 無淨)을 설하지 않는다. 대승의 뜻에 의거하면 煩惱魔攝에 들어간다. 降伏이라고 말한 것은 小乘見인 사제로써 번뇌마를 항복시키고, 무여열반에 들어감으로써 死陰을 항복시키며, 신통주술로써 저 천마를 항복시킨다. 대승의 항복에서는 무생인을 터득하여 번뇌마를 항복시키고, 법신을 터득하여 음마를 항복시키며, 무생법인과 법신을 터득하기 때문에 死魔를 항복시키고, 무동삼매를 터득하여 천마를 항복시킨다.

　八魔를 항복시키는 것에 대해서는, 만약 여래의 常·樂·我·淨을 알게 되면 四倒가 제거되는데 그것을 降四魔라고 말한다. 오음을 항복시키는 등 네 가지는 앞의 해석과 다르다. 그래서 나 길장이 말한다. 뜻으로 논하자면 곧 사마와 팔마가 모두 포함되는데, 경문을 보면 단지 천마의 항복에 대한 것뿐이다. 大士의 덕은 삼계를 초월하여 적수가 없고, 천마를 항복시켜서 곧 천상에도 적수가 없으며, 외도를 제어하여 곧 인간에 적수가 없다. 위의로써 그들을 두려움에 떨게 하는 것을 降이라 하고 辨才로써 그들을 굴복시키는 것을 制라 일컫는다. 인간과 천상에서 그 無敵함을 숭상하는데 그 밖의 (수라, 지옥, 아귀, 축생의) 四趣에 대해서 어찌 논의할 필요가 있겠는가. 모두 청정으로써 영원히 蓋纏을 벗어나고, 降制인즉 밖으로 衆邪를 최파하고, 永離인즉 안으로 결박을 단제한다. 소득심이 있으면 正觀을 뒤덮는데 그것을 蓋라고 일컫고, 繫縛行을 지목하여 纏이라 한다. 大士는 마음에 所依가 없기 때문에 모두 淸淨이라고 말한다.

또 말하자면, '蓋'는 곧 五蓋인데, 소위 貪欲·瞋恚·睡眠·掉悔·疑이다. 纏은 十纏인데, 소위 無慚·無愧·忿·覆·慳·嫉·睡·眠·掉·悔이다. 소승에서는 단지 十纏에 대해서만 설명한다. 그러나『대지도론』에서는 五百纏에 대하여 설명한다. 그러므로 蓋에 대해서도 또한 마땅히 無量蓋가 있을 것이다.

마음이 항상 안주하면 해탈에 걸림이 없다. 이에 대하여 이상에서는 離行을 찬탄하였는데 지금 여기에서는 得行을 찬미한다. 해탈에 걸림이 없다는 것은 곧 이『유마경』의 부사의해탈로서 正觀과 둘이 아니다. 항상 앞에 현재한다는 것은 소위 마음이 항상 안주하여 虛通自在한 것을 걸림이 없다[無閡]고 말하고, 塵累가 蕭然하기 때문에 해탈이라 일컫는다.

念定總持辨才不斷. 旣常安正觀. 則無德不圓. 念不斷則慧逾明. 定不斷則心常一. 持不斷則憶識强. 辨不斷則化無礙. 備此四門. 則萬行自在.

'念과 定과 總持와 辨才가 단절됨이 없다.'는 것은 이미 항상 正觀에 안주한 즉 덕이 원만하지 않음이 없고, 念이 단절되지 않은 즉 慧가 더욱더 밝아지며, 定이 단절되지 않은 즉 마음이 항상 여일하고, 持가 단절되지 않은 즉 憶識이 강화되며, 辨이 단절되지 않은 즉 교화에 걸림이 없다. 이 四門을 갖춘 즉 만행이 자재하다.

通稱不斷者. 凡夫功德. 經胎則失. 二乘更不復生. 故不名不斷. 菩薩經身不失. 歷劫逾明. 故云不斷.

　通稱 '不斷'이란 것은 범부에게 있어서 공덕이 胎를 경유한 즉 상실해버리고, 이승에게는 다시는 발생되지 않기 때문에 '不斷'이라 말할 수가 없다. 그러나 보살은 몸을 경유해도 상실되지 않고 역겁토록 더욱더 밝아지기 때문에 不斷이라 말한다.

布施持戒忍辱精進禪定智慧及方便力無不具足. 上美四德. 今歎十行. 諸波羅蜜. 具橫竪二門. 竪則配於十地. 橫則一位具十. 初地始得正觀. 初離凡夫. 於身命財. 不生貪著. 故能棄之. 配於檀度. 又檀爲行首. 喜是地初. 所以相配. 二地內心離惡. 修行十善. 故配持戒. 三地信忍位滿. 能忍於辱. 故忍在三地. 四地修習道品. 懃策衆行. 故以精進配於四地. 五地觀乎四諦. 學於五明. 非定不發. 故以禪爲五地. 六地順忍位滿. 能觀十二因緣. 宜用般若. 居在六地. 七地卽空爲有. 善巧義彰. 故以方便起[393]於七地. 八地更從諸佛. 受異法門. 具起諸願. 故居八地. 九地入法師位. 具四無礙

---

393) 起＝配【甲】

辨. 於境有强用. 故力在九地. 十地因位已滿. 決定無疑. 故智爲十地. 此文從布施至方便爲七. 力爲名[394]八. 無不具足卽願與智. 故備於十矣. 若橫論者. 卽一正觀. 具足十門. 不慳[395]之義. 名曰檀那. 決[396]了無疑. 稱之爲智. 吉藏謂. 十度橫竪. 義乃有之. 如詳文意. 但以七法. 如肇公云. 法身大士. 得無生忍. 以心無爲. <故+?>德無<無德?>不爲. 故施極於施. 而未嘗施. 戒極於戒. 而未嘗戒. 以施極於施. 故不證無爲. 而未嘗施. 不滯於有. 不證於無. 名曰漚和. 不滯於有. 稱爲般若. 故於一一門. 皆備二慧. 名爲具足. 不言具足配九地十地也.

이에 '布施·持戒·忍辱·精進·禪定·智慧 및 便力을 구족하지 않음이 없다.'는 것은 이상에서 四德에 대하여 찬미하였는데 지금 여기에서는 십행의 모든 바라밀을 찬탄하는데 橫門과 竪門의 이문을 갖추고 있다.

竪門은 곧 십지에 배대한 것이고, 橫門은 곧 竪門의 각 一位마다 열 가지를 갖추고 있다.

(竪門으로 논하자면) 초지에서 처음으로 정관을 얻어 처음에 범부를 떠난다. 이에 身命財에서 탐착이 발생하지 않는 까닭에 신명을 버릴 수가 있어서 단바라밀에 배대한다. 또한 단나바라밀을 십행의 머리로 삼는데 흠는 곧 초지이기 때문에 서로 배대된다.

二地는 내심에서 악을 떠난 것인데, 십선을 수행하기 때문에 지계에 배대한다.

---

394) 爲名=名爲力【甲】
395) 慳=悋ィ【原】
396) (乃至)カ+決【原】【甲】

三地는 信忍位가 충만하여 辱을 能忍하기 때문에 忍을 三地에 배대한다.

四地는 修習道品으로서 衆行을 勤策하기 때문에 정진으로써 四地에 배대한다.

五地는 사제를 관찰하고 五明을 수행하여 定이 발생하지 않음이 없기 때문에 禪으로써 五地에 배대한다.

六地는 順忍位가 충만하여 십이인연을 能觀하여 마땅히 반야를 사용하므로 六池에 居在한다.

七地는 공에 즉하여 有로 삼는데 선교의 뜻이 드러나기 때문에 方便을 칠지에 배대한다.

八地는 다시 제불로부터 특이한 법문[異法門]을 받아서 모든 願을 갖추어 일으키기 때문에 팔지에 居한다.

九地는 法師位에 들어가서 四無礙辨을 갖추고 경계에서 일부러 작용을 일으키기 때문에 力을 구지에 둔다.

十地는 因位가 이미 충만하여 결정적으로 의심이 없기 때문에 智로써 십지를 삼는다.

이 경문은 보시로부터 방편에 이르기까지 칠지로 삼고, 力을 팔지로 삼으며, 구족하지 않음이 없어서 願에 즉하여 智가 주어지기 때문에 十이 갖추어진다.

만약 橫門으로 논하자면 곧 一門에 즉하여 正觀하면 십문이 구족된다. 不慳의 뜻을 제일의 檀那라고 말한다. 내지 끝내 의심이 없는 것을 제십의 智라고 일컫는다.

나 길장은 말한다.

十度에 대한 횡문과 수문의 뜻이 여기에 있는데 자세한 것은 경문과 같지만 다만 칠법으로 삼았을 뿐이다.

肇公은 다음과 같이 말한다.

'법신대사는 무생인을 터득하였다. 心은 無爲이므로 德이 없으면 할 수가 없다.[不爲] 때문에 보시로써 보시를 極하였지만 일찍이 보시한 적이 없고, 지계로써 지계를 極하였지만 일찍이 지계한 적이 없다.'[397]

보시로써 보시를 極하였기 때문에 無爲를 증득함이 없이는 일찍이 보시한 적이 없어서 有에 滯함도 없다. 그래서 無를 증득함이 없는 것을 방편[漚和]이라고 말하고, 有에 滯함이 없는 것을 반야라고 일컫는다. 때문에 낱낱의 門에서 다 방편과 반야의 二慧를 갖춘 것을 具足이라 말하지 구지와 십지에 배대하는 것을 구족이라고 말한 것은 아니다.

逮無所得不起法忍. 上無不具足. 歎其行遠. 逮無所得. 敍其位高. 大士所以具衆行者. 以位在無生忍故. 擧位以釋於行. 逮之言及. 如人不逮稱之不及. 無所得. 卽無依無受不著不住之義也. 動念生心. 畢竟寂然. 稱爲不起. 安耐實相. 不悔不疑. 故稱爲忍. 已能隨順轉不退輪. 上美自悟. 今歎化他. 一順實相. 二順機緣. 三順佛旨. 故言隨順. 又佛爲眞轉. 菩薩未及. 但隨順轉. 自我之[398]彼故名爲轉. 一得不失. 稱爲不退. 但不退有三. 一位不退. 謂不退爲二乘. 或云外凡七心. 或云十住七心. 二行不退. 所修衆行. 不可傾動. 位居七地以下. 三念不退. 八地菩薩. 念念法流. 心心寂滅. 今所歎者. 正據第三念不退也.

---

397) 『注維摩詰經』 卷1, (大正新脩大藏經38, p.329中) 참조.
398) 之＝至 ᅥ【原】【甲】

'무소득을 터득하여 법인을 일으킴도 없다.'는 것은 이상에서는 구족하지 않음이 없기에 그 行의 遠을 찬탄하고 무소득을 체득하였기에 그 位가 高함을 서술하였는데, 大士는 衆行을 갖춘 사람이기 때문이다. 位가 무생법인에 해당하기 때문에 位를 들어서 行을 해석한다. 그것을 체득한 것을 '及'이라 말한다. 마치 사람이 체득하지 못하면 그것을 不及이라 일컫는다. 무소득인 즉 無依이고 無受여서 不著하고 不住한다는 뜻이다. 念이 발동하고 心이 발생하더라도 필경에 적연하면 그것을 '不起'라고 일컫는다. 安耐實相하여 不悔하고 不疑하기 때문에 '忍'이라 일컫는다. 이미 수순하여 不退輪을 굴려서 이상에서는 自悟를 찬미하였지만 지금은 化他를 찬탄한다.

첫째는 實相을 수순하고, 둘째는 機緣을 수순하며, 셋째는 佛旨를 수순한다. 때문에 '隨順'이라 말한다. 또한 부처님은 眞轉이지만, 보살은 未及하여 단지 隨順하여 轉할 뿐으로 自我만 거기에 이르기 때문에 轉이라 말한다. 일단 不失의 경지를 터득하면 不退라고 일컫는다. 무릇 不退에 세 가지가 있다.

첫째는 位不退이다. 말하자면 불퇴는 이승인데, 外凡七心이라고도 하고, 十住七心이라고도 한다.

둘째는 行不退이다. 닦는 수행이 傾動되지 않는데, 그 位는 칠지 이하에 居한다.

셋째는 念不退이다. 팔지보살이 염념에 法流하고 心心에 寂滅하는 것이다.

지금 찬탄하는 것은 바로 셋째의 念不退에 의거한 것이다.

無生法忍. 流演圓通. 不繫于一人. 是輪義也. 善解法相知衆生根. 以善解

法相. 知眾生根. 故能轉不退轉[399]輪. 又上明自悟無生爲物演說. 謂一相門. 名爲實慧. 今識法知機. 謂無量相門. 名方便慧. 蓋諸大衆. 旣識法知機. 則智德過物. 故映蓋大衆. 得無畏力[400]. 旣能蓋衆. 故處衆無畏. 失[401]畏生乎不定[402]. 大士旣無不足. 故無可畏. 大論云. 菩薩自有四無所畏. 一得總持. 二知根欲. 三不見難己不能答者. 四有問能答. 善決衆疑. 功德智慧以修其心相好嚴身色像第一. 以具此諸德. 故在衆無畏. 心以智慧爲嚴. 身以相好爲飾. 嚴心可以進道. 飾形可以靡俗. 捨諸世間所有飾好. 大士修於淨業. 感身相已圓不仮世間所有外飾. 又菩薩爲尊形者. 故云嚴身耳. 豈以俗飾而在心哉.

'무생법인'은 流演이 圓通하여 어떤 사람에게도 계박되지 않는데 이것이 곧 輪義이다. 法相을 잘 이해하고 중생의 근기를 아는 것인데, 법상을 잘 이해하는 것으로써 중생의 근기를 알기 때문에 불퇴법륜을 굴린다. 또한 이상에서 설명한 것으로 무생을 自悟하여 중생을 위해 연설한다는 것은 소위 一相門으로서 實慧라고 말한다. 지금은 법을 識하고 근기를 知하는 것인데 소위 無量相門으로 方便慧라고 말한다.

무릇 모든 대중이 이미 법을 識하고 근기를 知한 즉 智와 德이 중생을 능가하기 때문에 대중을 映蓋하고 無所畏를 터득한다. 이미 대중을 映蓋하기 때문에 대중에 처해도 無所畏이다. 대저 所畏는 不足에서 발생한다. 大士는 이미 不足이 없기 때문에 無可畏이다. 『대지도론』에서는 보살에게는 처음부

---

399) 轉=法力【原】
400) 畏力=所畏ィ【原】【甲】
401) 失=夫【甲】
402) 定=足【甲】

터 사무소외가 있음을 말한다.

곧 첫째는 總持를 터득하는 것이다.

둘째는 근기와 하고자 하는 것을 아는 것이다.

셋째는 누구든지 자기를 힐난하는 사람을 보고 답변하지 못할 것이 없는 것이다.

넷째는 어떤 질문에 대해서도 답변할 수 있는 것이다.

잘 衆疑를 해결해주고 공덕과 지혜로써 그 마음을 닦고, 상호와 엄신의 색상이 제일로써 그 모든 덕을 갖춘다. 때문에 대중 가운데 있어도 무외이다. 그래서 마음은 지혜로써 嚴을 삼고 몸은 상호로써 飾을 삼는다. 嚴의 心으로써 가히 도에 나아가고 飾의 形[身]으로써 가히 세속을 복종시킨다. 모든 세간에 존재하는 飾好를 버리고서, 대사가 淨業을 닦아 身相[삼십이상팔십종호]을 원만하게 감득하여 세간에 존재하는 外飾에 의거하지 않는다. 또한 보살은 形을 존중하기 때문에 嚴身이라 말하는데, 어찌 세속의 장식을 마음에 담아두겠는가.

名稱高遠踰於須弥. 內嚴福慧. 故外名高遠. 自在[403]高而不遠. 遠而不高. 上名聞十方取其遠. 今踰於須弥明其高.

'명칭이 고원하여 수미를 능가하고'는 안으로 福과 慧를 장엄하기 때문에 밖으로 高遠하다. 高이지만 不遠이고 遠이지만 不高이다. 이상에서는 그 명성이 시방까지 들린다는 것으로써 그 遠을 취하였는데, 지금 여기에서는

---

403) 在＝有 ㅓ【甲】

'수미산을 능가한다.'는 것으로써 그 高를 설명하였다.

深信堅固猶[404]若金剛. 所以德樹名流. 由深信罕固. 信有二種. 一者聞信. 如聞藥能治病. 二者証信. 如服藥病愈. 驗藥爲良. 今所歎是後信也. 物不能壞. 由若金剛.

'深信이 堅固함은 마치 금강과 같기' 때문에 德樹라는 명칭이 흐르고, 深信을 말미암아 더욱더 견고해진다. 信에 두 가지가 있다.
 첫째는 聞信인데 약에 대하여 듣고 치병하는 경우와 같다.
 둘째는 証信인데 약을 먹고 병을 치유하여 약이 좋은 줄을 체험하는 경우와 같다.
 지금 여기에서 찬탄하는 것은 둘째의 証信에 해당한다. 물질로써는 파괴할 수 없는 것이 마치 금강을 말미암은 것과 같다.

法宝普照而雨耳<甘?>露. 深信喩若金剛. 明解譬同神宝. 如海生妙宝. 能放光明. 而雨甘露. 雨[405]如意珠也. 法宝亦爾. 能放意[406]光. 雨法甘露. 於衆言音微妙第一. 上美形心. 今歎口業. 豈止隨類普同. 而復微妙第一. 深入緣起斷諸邪見有無二邊無復余習. 上歎三業德圓. 今美結習已離.

---

404) 猶=由【甲】
405) 雨=卽【甲】
406) 意=慧【甲】

'법보가 普照하여 감로를 비내리는 것'에서 深信은 금강과 같음을 비유하고, 明解는 神宝와 같음을 비유하며, 마치 바다에서 妙宝가 발생하는 것과 같고, 광명을 내어서 '감로를 비내리는 것'이 곧 여의주와 같다. 법보도 또한 그러하여 慧光을 내고 법의 감로를 비내리는데 갖가지 言音의 微妙함이 제일이다.

　이상에서는 形과 心[몸과 마음]을 찬미하였는데, 지금 여기에서는 구업을 찬탄한다. 그러니 어찌 부류가 널리 동일함을 따르는 것에 그치겠는가. 나아가서 다시 그 미묘함이 제일이다. 연기에 깊이 들어가서 모든 사견 및 유무의 이변을 단제하여 다시는 余習이 없다.

　이상에서는 삼업의 덕이 원만함을 찬미하였지만 지금 여기에서는 結習을 이미 벗어났음을 찬미한다.

問. 上已明永離蓋纏. 与今何異. 答. 上明無結. 今辨無習也. 了達十二緣起畢竟無生. 如八不等. 明其悟正. 斷諸邪見. 歎離於邪. 但離邪有二. 一者. 斷諸邪見. 所謂超凡. <二者+?>. 有無二邊無復余習. 卽是超聖.

묻는다 : 이상에서 이미 蓋纏을 영원히 벗어났음을 설명한 것은 지금의 경우와 어떻게 다른 것입니까.
답한다 : 이상에서는 無結을 설명하였는데, 지금 여기에서는 無習을 변별한 것이다. 십이연기는 필경에 무생으로서 마치 八不과 같음을 요달한 것이다. 그래서 그 悟가 正임을 설명하여 모든 사견을 단제하고 사견을 벗어났음을 찬탄한 것이다. 다만 사견을 벗어나는 것에 두 가지가 있다.

첫째는 모든 사견을 단제한 것인데 소위 凡을 초월한 것이다.
둘째는 유무의 이변을 초월하여 다시는 여습이 없는 것인데 곧 이것은 聖을 초월한 것이다.

問. 大論云. 爲菩薩時斷煩惱. 得佛時斷習氣. 若無余習. 与佛何異. 答. 習有麁細. 今但斷麁. 無能[407]習. 所以云無. 猶有染法細習. 故与佛爲異. 依地持論. 明十地菩薩斷煩惱障習已盡. 至佛除智障始窮. 此経明盡. 據煩惱障習. 智度論云. 不盡約智障未傾. 演法無畏猶師子吼. 夫畏生乎結習. 結習內傾. 故外說無畏.

묻는다 : 『대론』에서 말하고 있듯이 보살이었을 때 번뇌를 단제하고 佛을 만났을 때 습기를 단제합니다. 그렇다면 만약 여습이 없어졌다면 佛과 무엇이 다른 것입니까.

답한다 : 習에는 麁習과 細習이 있다. 지금은 단지 추습만 단제했을 뿐으로 추습이 없다. 대문에 無라고 말하지만 染法의 細習은 남아 있다. 때문에 佛과 더불어 다르다. 『지지론』에 의하자면 십지보살이 번뇌장을 단제하여 習이 다하였고[盡] 佛地에 이르러 智障을 제거해야만 비로소 궁극임을 설명하고 있다. 이 『유마경』에서 설명한 盡은 번뇌장습에 의거한 것이다. 그러나 『대지도론』에서는 不盡은 智障이 소멸되지 않음[未傾]에 의거한 것이다. 법을 연설함에 두려움 없음[無畏]이 마치 사자후와 같다. 대저 두려움[畏]은 번뇌가 익어서 발

---

407) 能=麁【甲】

생하는데 번뇌가 익어가는 것은 안으로 기울어가기[傾] 때문에 밖으로 두려움 없음[無畏]을 설한다.

問. 上明得無所畏能師子吼. 今何故重說. 答. 前明一切處無畏. 今約演法一事無畏. 又上明能令他畏. 今辨不畏於他. 其所講說乃如雷震. 正智流潤如雨. 辨音發響如雷. 自有慧而無辨. 辨而無慧. 旣歎大士無畏. 則具兼二也. 雷喩有五. 一慈雲普覆. 二慧雨流澤. 三法音遠聞. 四驚無明昏寢. 五生長善根. 無有量已過量. 上明斷諸邪見. 歎因累已傾. 今辨以能過量. 明果患盡. 又三界分⁴⁰⁸⁾段果報名爲有量. 法身菩薩入無畏境. 形不可以像取. 心不可以智求. 故云[已>己]過量也. 集衆法宝如海導師. 上歎法身自德. 此美応迹化他. 引導衆人. 入大乘海. 採衆法宝. 必獲無難. 了達諸法深妙之義. 善知衆生往來所趣及心所行. 大士德旣無窮. 則歎不可盡. 略以二慧. 結其大歸. 了達諸法深妙之義. 卽是實慧. 善知衆生往來所趣. 謂方便慧. 雖知諸法畢竟空. 而能了衆生心行. 雖了衆生心行. 而常畢竟空. 是以. 菩薩得無二觀也. 住謂過去. 來是未來. 及心所行現在也.

묻는다 : 이상에서 무소외를 터득하여 사자후를 한다고 설명하였습니다. 그런데 지금은 무슨 까닭에 거듭 설하는 것입니까.

답한다 : 이상에서는 일체처의 무외에 대하여 설명하였다. 지금은 演法이라는 一事의 무외에 대해서만 설명한다. 또한 이상에서는 타인들로 하여금 畏하도록 설명하였다. 지금은 타인에 대하여 不畏임을 변

---

408) 分+(別)【甲】

별한 것이다. 그래서 그 강설은 이에 雷震과 같고 正智로 流潤함은 비내리는 것과 같으며 변음과 발향은 우레와 같아서 자고로 慧가 있으면 辨이 없고 辨이 있으면 慧가 없는 법인데, 이미 찬탄했듯이 大士의 경우에 무외로서 慧와 辨을 둘의 모두 갖추고 있다.
우레의 비유에는 다섯 가지가 있다.
첫째는 자운으로 넓게 덮는다.
둘째는 지혜의 비가 흐르면서 적신다.
셋째는 법음이 멀리까지 들린다.
넷째는 무명의 혼침을 일깨운다.
다섯째는 선근을 생장시키는데 헤아릴 수가 없고 이미 과량하였다.
이상에서는 모든 사견을 단제하여 因累가 傾했음을 찬탄하였다. 지금은 辨이 已過量함으로써 果患이 다했음을 설명한다. 또한 삼계의 분단과보는 유량이지만, 법신보살은 무외의 경지에 들어가서 몸[形]은 像으로 취할 수가 없고 心은 智로 추구할 수도 없다. 때문에 已過量이라고 말한다. 그래서 '모든 법보를 수집함은 마치 항해를 안내하는 선장과 같다.'는 것이다.

이상에서는 법신의 自德을 찬탄하였지만, 여기에서는 応迹으로 남을 교화함을 찬탄한다. 衆人을 인도하여 대승의 바다로 들어가 온갖 보배를 채취하되 반드시 無難을 획득하고, 제법의 심묘한 뜻을 요달하며, 중생이 왕래하는 所趣와 마음이 가는 곳을 잘 안다. 대사의 덕이 이미 무궁한 즉 不可盡임을 찬탄하는데, 간략하게 두 가지 지혜를 가지고 그 大歸를 맺는다.
첫째로 제법이 심묘한 뜻을 요달한 즉 그것은 實慧이다.
둘째로 중생이 왕래하는 소취를 잘 아는 것은 말하자면 方便慧이다.

비록 제법이 필경공임을 알지라도 중생의 심행을 요해하고, 비록 중생의 심행을 요해할지라도 항상 필경공이다. 이로써 보살은 無二觀을 터득한다. 住는 과거이고, 來는 미래이며, 그리고 심소행은 현재이다.

又知心所行. 卽知因. 往來所趣. 謂照果.

또한 '심소행을 아는 것'은 곧 因을 아는 것이고, '왕래하며 나아가는 곳'은 果를 비추어보는 것을 말한다.

近無等等佛自在慧十力無畏十八不共. 上結歎菩薩二慧已. 今所美者. 隣乎極果. 故云近也. 無等等者. 卽所近果名. 論[409] 佛無等. 唯佛与佛等. 是故号佛爲無等等也. 又實相無等. 唯佛与實相等. 名無等等.

'무등등한 부처님의 자재한 지혜와 십력과 무외와 십팔불공법을 친근하고, 일체의 제악취문을 닫아버리고 오도에 태어남으로써 그 몸을 나타내며'에 대해서 이상에서는 보살의 二慧를 찬탄하는 것으로 결론을 맺었지만, 지금 찬미하는 것은 극과에 이웃하는 것이기 때문에 친근[近]이라 말한다. '무등등'은 곧 친근한 果의 명칭으로서 諸佛無等은 唯佛与佛等이다. 이런 까닭에 불을 호칭하여 무등등이라 한다. 또한 實相無等은 唯佛与實相等이므로 無等等이라 말한다.

---

409) 論=諸【甲】

佛自在慧. 以下出所近. 果德照盡. 空有名自在慧.

'부처님의 자재한 지혜' 이하는 친근한 것[所近]에서 나온다. 곧 과덕이 空과 有를 모두 비추므로 '자재한 지혜'라 말한다.

十力降天魔. 無畏制外道. 十八不共簡異二乘. 三科旣是要門. 是以別說.

'십력'은 천마를 항복시키는 것이고, '무외'는 외도를 제어하는 것이며, '십팔불공'은 이승과 분명하게 다르다는 것인데, 이상의 삼과는 이미 要門이기 때문에 별도로 설한 것이다.

關閉一切諸要[410]趣門而生五道以現其身. 前歎仰隣極果. 此美府[411]順群生. 夫法身無生. 而無處不生. 以無生故諸趣門閉. 無處不生. 而生五道.

'일체의 제악취문을 닫아버리고 오도에 태어남으로써 그 몸을 나타내며' 하는 것은 이상에서는 극과에 이웃하기 때문에 歎仰하였지만 여기에서는 群生을 符順함을 찬미한 것이다. 대저 법신은 무생이지만 처소가 없으면 태어나지 않는다. 무생이기 때문에 제악취문을 닫아버리고, 처소가 없으면 발생하지 않지만 오도에 태어난다.

---

410) 要=惡【甲】
411) 府=符力【甲】

爲大医王善療衆病応病与藥令得服行. 上歎現生五道. 此明受生意爲治煩
惱疾. 智度論云. 老病死苦及貪瞋痴. 自有生死已來. 無人能治. 唯有大士.
善解救療. 無量功德皆成就. 上來第一謂歷別歎. 德旣無窮. 述不可盡. 故
以四門. 總而結之.

'대의왕이 되어 모든 병을 잘 치료해서 병에 상응하여 약을 주어 服行하도
록 해주고'에 대하여 이상에서는 오도에 현생함을 찬탄하였지만 여기에서
는 생을 받은 뜻[受生意]이 번뇌의 질병을 치유해주기 위함임을 설명한다.
『대지도론』에서는 '노병사의 苦와 탐진치는 생사 이래로 능치하는 사람이
없었다.'고 말한다.
그러나 오직 大士만이 잘 이해하고 救療하여 무량한 공덕이 모두 성취되
었다.
이상에서는 첫째로 말했던 歷別歎은 덕이 이미 무궁하여 不可盡임을 서
술한 것이다. 때문에 四門으로써 총체적으로 그것을 결론지었다.

無量功德. 結正果德. 無量佛土皆嚴淨. 結依果行滿.

'무량한 공덕'은 正果의 德을 결론지은 것이고, '무량한 불국토가 모두 엄
정되었다'는 것은 依果의 行滿을 결론지은 것이다.

其見聞者無不蒙益. 歎形聲益物.

'그것을 見聞한 사람은 이익을 받지 않는 사람이 없다.'는 것은 形과 聲으로 중생을 이롭게 해준다는 것을 찬탄한 것이다.

諸有所作亦不唐捐. 美三業利世.

'제유의 소작도 또한 헛됨이 없다.'는 것은 삼업으로 세간을 이롭게 한다는 것을 찬미한 것이다.

如是一切無量功德皆悉成就<具足?>. 總結四門. 前別歎.

'이와 같은 일체의 공덕을 모두 다 구족하였다.'는 것은 四門을 총결한 것이다.

其名曰等觀菩薩不等觀菩薩等不等觀菩薩. 第四序名. 上雖總歎德. 今宜出別名. 以四等觀衆生. 爲等觀. 以智慧分別諸法. 名不等觀. 具此二義. 名等不等觀. 又實慧觀一相門. 爲等觀. 方便慧觀差別門. 名不等觀. 具此二義. 爲等不等觀.

'그 이름이 等觀菩薩 · 不等觀菩薩 · 等不等觀菩薩'에서 이것은 넷째로 명칭을 나열한 것[序名]이다. 이상에서는 비록 총체적으로 덕을 찬탄하였는데, 지금은 마땅히 개별적인 명칭을 내기 때문에 四等으로써 중생을 관찰하여

등관이라 하고, 지혜로 제법을 분별함으로써 不等觀이라고 말한다. 이 두 가지 뜻을 갖추는 것을 等不等觀이라고 말한다.

定自在王菩薩者. 於諸定門. 入住出自在無碍也.

'정자재왕보살'은 모든 선정문에서 入과 住와 出이 자재무애한 것이다.

法自在＜王+?＞菩薩者. 以智慧門說法自在.

'법자재왕보살'은 지혜문으로써 설법이 자재한 것이다.

法相菩薩者. 功德法相現於身也.

'법상보살'은 공덕의 법상을 몸에 나타낸 것이다.

光相菩薩者. 光明之相. 現於身也.

'광상보살'은 광명의 형상을 몸에 나타낸 것이다.

光嚴菩薩者. 以光明莊嚴身也.

'광엄보살'은 광명으로써 몸을 장엄한 것이다.

脫[412]大嚴菩薩釋.

'대엄보살'에 대한 해석은 탈락되어 있다.

宝積菩薩者. 積聚智慧宝也.

'보적보살'은 지혜의 보배가 적취되어 있는 것이다.

辨積菩薩. 積聚四辨也.

'변적보살'은 사변이 적취된 것이다.

宝手菩薩者. 手內出無量宝也.

---

412) 脫大嚴菩薩釋六字續藏作冠註

'보수보살'은 손 안에서 무량한 보배를 내는 것이다.

宝印手菩薩者. 手有宝印. 又解印者云相. 手有云[413]宝之相也.

'보인수보살'은 손에 수인이 있는 것이다. 또한 印을 해석하면 相인데, 손에서 보배의 相을 내기 때문이다.

常擧手菩薩者. 上示涅槃. 令物樂也.

'상거수보살'은 위로 열반을 내보여 중생을 즐겁게 해준다.

常下手菩薩者. 下示生死過患. 使物厭之也.

'상하수보살'은 아래로 생사의 과환을 내보여 중생에게 그것을 싫어하도록 해준다.

常慘菩薩者. 衆生苦輪轉[414]恒轉. 大士悲心常切也.

---

413) 云＝出【甲】
414) 〔轉〕－力【原】【甲】

'상참보살'은 중생이 苦輪을 항상 굴리기 때문에 대사가 비심으로 항상 단절시켜준다.

喜根菩薩者. 於實相內生喜也.

'희근보살'은 실상에 대하여 안으로 喜를 발생한다.

喜王菩薩者. 喜有二種. 一不淨. 二淸淨. 今是淨喜. 故名爲王也.

'희왕보살'은 喜에 두 가지가 있다.
첫째는 부정이다.
둘째는 청정이다.
지금은 청정이기 때문에 王이라고 말한다.

辨音菩薩者. 於四辨內從辭辨得名也.

'변음보살'은 사변에 대하여 안으로 辭로부터 변득한 명칭이다.

虛空藏菩薩者. 實相慧藏如虛空也.

'허공장보살'은 실상의 지혜를 藏한 것이 허공과 같다.

執宝[415]炬菩薩者. 執慧宝炬. 除衆闇冥也.

'집보거보살'은 慧宝의 炬를 잡고 모든 어둠을 제거한다.

宝勇菩薩者. 勇於德宝亦得宝. 故能勇也.

'보용보살'은 덕보를 날쌔게 활용하여 또한 보배를 얻는다.

宝見菩薩者. 以慧宝見諸法也.

'보견보살'은 혜보로써 모든 법을 본다.

帝網菩薩者. 幻術経名帝網. 此大士神変自在. 猶如幻化. 故借帝網. 以名之也.

'제망보살'은 『환술경』에서 제망이라 말하는데 이것은 대사의 신통변화가 자재하여 마치 환화와 같기 때문에 제망을 빌려서 그것을 명칭으로 삼은 것이다.

---

415) 宝=實【甲】

明網菩薩者. 手有縵網. 放光明也.

'명망보살'은 손에 縵網을 가지고 광명을 낸다.

無緣觀菩薩者. 觀實相時. 內外並冥. 緣觀俱寂也.

'무연관보살'은 실상을 관찰할 때 안팎이 모두 어두워 緣과 觀이 모두 고요하다.

慧積菩薩者. 積聚智慧也.

'혜적보살'은 지혜를 적취한 것이다.

宝勝菩薩者. 功德之宝. 超勝世間也.

'보승보살'은 공덕의 보배가 세간을 초승한다.

天王菩薩者. 天有四種. 一仮名天. 人王是也. 二生天. 從四天王至非想天是也. 三淨天. 諸余賢聖是也. 四第一義天. 十地菩薩是也. 今是第四. 故云天王也.

'천왕보살'은 天에 네 가지가 있다.
첫째는 仮名天인데 人王이 그것이다.
둘째는 生天인데 사천왕으로부터 비상천에 이르는 것이 그것이다.
셋째는 淨天인데 그 밖의 모든 현성이 그것이다.
넷째는 第一義天인데 십지보살이 그것이다.
지금 여기에서는 넷째에 해당하기 때문에 천왕이라 말한다.

壞魔菩薩者. 行壞魔道也.

'괴마보살'은 魔道를 行壞한다.

雷<雷-?>電得<德?>菩薩者. 因雷電光而得悟道. 從事得名也.

'전덕보살'은 雷電光을 인하여 도를 터득하였기 때문에 그로부터 명칭을 얻은 것이다.

自在王菩薩. 功德相嚴菩薩. 師子吼菩薩. 此三菩薩. 義可解也.

'자재왕보살'과 '공덕상엄보살'과 '사자후보살'의 세 보살에 대한 뜻을 알 수가 있을 것이다.

雷音菩薩. 山相擊音菩薩. 以大法音. 消伏强剛. 音聲震擊. 若二山之相搏.
兩雷相搏也.

'뇌음보살'과 '산상격음보살'은 대법음으로써 强剛을 消伏시키고 음성으로
震擊하는 것이다. 만약 두 산이 相搏할 때면 두 우레가 相搏한다.

香象菩薩者. 青香象也. 身出香風. 菩薩身出香風亦如是也.

'향상보살'은 푸른 香象[큰 코끼리]이다. 몸에서 향기바람을 내는데 보살의
몸에서 나오는 향기바람도 또한 그와 같다.

白香象菩薩. 其香最勝. 大士身香亦如是也.

'백향상보살'은 그 향기가 최승인데 대사의 몸에서 나오는 향기도 또한 그
와 같다.

常精進菩薩. 始終不退.

'상정진보살'은 처음부터 끝까지 물러남이 없다.

不休息菩薩者. 上從得⁴¹⁶⁾以受称. 此因離過以爲名也.

'불휴식보살'은 이상에서는 德으로부터 호칭을 받은 것이었지만, 여기에서는 허물을 벗어난 것을 인하여 명칭된 것이다.

妙生菩薩者. 生時有妙瑞也.

'묘생보살'은 태어날 때 미묘한 상서가 있었다.

華嚴菩薩者. 以三昧力. 能現衆華. 遍滿虛空大莊嚴也.

'화엄보살'은 삼매력으로써 온갖 꽃을 드러내어 허공 가득히 대장엄을 한다.

觀世音菩薩者. 此菩薩凡有四名. 一觀衆生口業令得解脫. 名觀世音. 二者觀身業. 名觀世身⁴¹⁷⁾也. 三者觀意業. 名觀世音⁴¹⁸⁾. 四者名觀世自在. 總鑒三業也.

'관세음보살'은 이 보살에게 무릇 네 가지 명칭이 있다.

---

416) 得+(益)力【原】. 得=德力【甲】
417) 身=音力【原】. =音ㅓ【甲】
418) 音=意【甲】

첫째는 중생의 구업을 관찰하여 해탈시켜주므로 관세음이라 말한다.
둘째는 신업을 관찰하므로 관세신이라 말한다.
셋째는 의업을 관찰하므로 관세의라고 말한다.
넷째는 관세자재라 말하는데 삼업을 總鑒한다.

得大勢菩薩者. 有大勢力. 以大神力. 飛到十方. 所至之國. 六反震動. 惡趣休息也.

'득대세보살'은 대세력이 있어서 대신력으로써 시방을 날아다니는데 도착한 국토에서 여섯 가지로 震動시켜 악취를 그치게 한다.

梵網菩薩者. 梵謂四梵行. 網言其多也.

'범망보살'은 범은 四梵行이고 망은 그것이 많음을 말한다.

宝杖菩薩者. 憑杖法宝. 故云宝杖也.

'보장보살'은 의지하는 지팡이가 법보이기 때문에 보장이라 말한다.

無勝菩薩. 嚴土菩薩. 金髻菩薩. 閻浮檀金在髻. 珠髻菩薩. 如意宝珠在其

髻內. 悉見十方世界及衆生行業果報因緣也.

'무승보살'과 '엄토보살'과 '금계보살'은 閻浮檀金이 상투에 있고, '주계보살'은 여의보주가 그 상투 안에 있어서 시방세계 및 중생의 행업과 과보와 인연을 모두 본다.

弥勒菩薩. 此翻爲慈. 是其姓也. 字阿逸多. 南天竺婆羅門子.

'미륵보살'은 번역하면 慈인데 이것은 그 姓이고, 자는 아일다이며, 남천축 바라문의 아들이다.

文殊師利法王子菩薩. 此言妙德. 羅什云. 從小至大. 故二人在後. 又云. 二人在此方爲大. 余方爲小[419]. 亦[420]応在後.

'문수사리법왕자보살'은 번역하면 묘덕이다. 나집은 小로부터 大에 이르기 때문에 (미륵과 문수의) 두 사람은 뒤에 등장시켰다고 말한다. 또 두 사람은 此方에서는 大이지만 他方에서는 小이므로 또한 마땅히 뒤에 등장시켜야 한다고 말한다.

---

419) 小+(亦)力【甲】
420) 〔亦〕-【甲】

吉藏謂. 三万二千. 不可具載. 故以二人攝之. 弥勒菩薩. 此云[421]大士. 文殊他方菩薩. 又彌勒當成正覺. 文殊以曾作佛. 又彌勒受於佛位. 文殊不受佛位. 故曰王子. 以此三雙. 總收一切也.

나 길장은 말한다.
'삼만 이천 명의 보살을 다 수록할 수는 없다. 때문에 미륵과 문수의 두 사람으로써 그것을 섭수한다. 미륵보살은 此土의 대사이고 문수보살은 他方의 보살이다. 또한 미륵은 장차 정각을 성취할 것이고, 문수는 일찍이 부처가 되었다. 또한 미륵은 佛位를 받고, 문수는 佛位를 받지 않기 때문에 王子라 말한다. 이 세 가지[三雙]로써 일체를 總收한다.'

如是等三万二千人. 第五總結也.

'이와 같은 사람들이 삼만 이천 명이었다'는 것은 다섯째로 總結이다.

復有万梵天王尸棄等從余四天下來詣佛所而聽法. 自上已來. 明於聖衆. 從此以後序凡衆. 聖[422]有二. 一者聲聞. 二者菩薩. 凡衆亦二. 初明幽衆. 次序顯衆.

---

421) 云＝土【甲】
422) 聖＋(衆)カ【甲】

'다시 만 명의 범천왕 및 시기 등이 있는데 그 밖의 사천하로부터 부처님 처소에 찾아와서 청법을 한다.'에서 이상은 聖衆을 설명하였고, 이하부터는 후서로서 凡衆에 해당한다.

성중에 둘이 있다.

첫째는 성문이다.

둘째는 보살이다.

범중에도 또한 둘이 있다.

첫째는 幽衆을 설명한다.

둘째는 顯衆을 나열한다.

梵翻爲淨. 謂色界初天. 尸棄譯爲頂髻. 又翻爲火.

梵은 번역하면 淨이다. 말하자면 색계의 초선이다. 시기는 번역하면 頂髻인데, 또한 火라고도 번역한다.

吉藏謂. 頂有炎如火光[423]. 在頂如髻. 義旣兼兩. 故譯人互翻. 法華経云. 三千大千世界主梵天王名尸棄. 則知但有一天. 而言万數者. 從余四天下來也. 釋僧肇云. 或從他方佛土來也.

나 길장은 말한다.

---

423) 光+(炎)【甲】

'정수리에 炎이 있는데 火炎과 같다. 정수리에 상투와 같은 것이 있다. 이 두 가지 뜻을 겸하고 있다. 때문에 번역하는 사람마다 互翻하기도 한다.'

『법화경』에서 삼천대천세계의 主인 범천왕의 이름을 시기라고 말한 것에서 곧 단지 一天만 있지만 万數라고 말한 것임을 알 수가 있다.

석승조는 혹 타방불국토에서 온 것이라고 말한다.

復有万二千天帝亦從余四天下來在會座. 梵爲色界之主[424]. 釋是欲有之初. 又梵爲空住. 釋是地居. 又梵得那含. 釋証初果. 自勝之劣. 以爲次第.

'또한 만 이천 명의 천제도 역시 그 밖의 사천하로부터 이 법회의 자리에 찾아왔다.'에서 梵은 색계의 首이고, 釋은 欲有의 첫째이다. 또한 梵은 허공에 머물고[空住], 釋은 다른 곳에 머문다.[他居] 또한 梵은 那含를 터득하고, 釋은 初果를 증득한다. 勝으로부터 劣로 향해가는 것으로 차제를 삼는다.

幷余大威力諸天龍神夜叉乾闥婆阿修羅迦樓羅等悉來會座. 上序二天. 今明八部.

'아울러 그밖에 대위력을 지닌 제천과 용 · 신 · 야차 · 건달바 · 아수라 · 가루라(긴나라 · 마후라가) 등이 모두 이 법회의 자리에 찾아왔다.'에서 위의 序에서는 二天이 있었는데 지금 여기에서는 팔부(용 · 신 · 야차 · 건달바 · 아수

---

424) 主=首 ₁【甲】

라·가루라·긴나라·마후라가)에 대하여 설명한다.

大威力者. 除梵釋以外. 取諸余天也. 龍有二種. 一地住. 二空住. 龍是畜生. 就道而言. 不及鬼神. 次在天者. 一果報勢力最大故. 有五不思議. 而龍力爲一. 二者梵王爲千佛請主. 龍王護千佛經藏. 三龍興雲注雨. 調適陰陽. 於物有益. 故次天也. 神者. 羅什云. 受善惡雜報. 似人天而非人天也. 夜叉. 此云輕捷. 又亦翻爲貴人. 凡有三種. 一在居地. 二空住. 三在天上. 佛初轉法輪. 地夜叉唱告. 空夜叉聞. 空夜叉唱. 天夜叉聞. 如是展轉. 至於梵世. 所以有此三品. 初但施余物. 故不能飛行. 次施牛車[425]. 故能遊空. 有次修因轉勝. 与天同住. 守城池宮舍. 乾闥婆. 此云香陰. 謂以香爲食. 及身出香. 是諸天樂神. 住在香山. 諸天心念須作樂者. 其身異相. 卽飛上天而奏樂也. 阿修羅. 此云無酒神. 凡有二說. 一過去持不飲酒戒. 感得此神. 二現世採華釀海爲酒. 而遂不成酒. 海變爲苦醎. 故称無酒. 毘婆沙翻爲不端正. 男醜而女妍也. 迦樓羅. 此云金翅鳥. 亦翻爲鳳皇. 具有四生. 食四生龍. 卵生金翅但食卵生. 胎生食二生龍. 濕生者噉三生龍. 不能食化生. 化生鳥具能食四生龍也. 緊那羅. 翻爲疑神. 頭有一角. 面似人. 見者疑云. 爲人耶. 爲不人耶. 故爲疑神. 亦是諸天樂神. 与乾闥婆. 番次上下. 而小劣於香陰也. 摩睺羅伽. 此云地龍. 又[426]大蟒蛇. 亦云腹行. 此八部並変爲人形. 來在座聽法也.

---

425) 牛車＝車牛【甲】
426) 又＋(云)力【甲】

'대위력'은 梵天과 釋天을 제외한 그 밖의 모든 天을 취한 것이다.

'용'에 두 가지가 있다.

첫째는 地住의 용이다.

둘째는 空住의 용이다.

地住의 용은 축생인데, 道에 대하여 말하자면 귀신에 미치지 못한다.

다음으로 天住의 용은 다음과 같다.

첫째, 과보의 세력이 최대이기 때문에 다섯 가지 부사의가 있는데, 龍力이 제일이다.

둘째, 범왕이 千佛의 請主가 되었을 때 용왕이 千佛의 經藏을 수호한다.

셋째, 용이 구름을 일으켜 비를 내리고 음양을 적절하게 조절하여 중생에게 이익을 주기 때문에 다음으로 天에 있는 용을 내세웠다.

'神'에 대하여 나집은 '선악의 잡보를 받아서 人天과 비슷하지만 人天은 아니다.'고 말한다.

'야차'는 번역하면 輕捷인데, 또한 貴人이라고도 번역한다. 야차에는 무릇 세 가지가 있다.

첫째는 在居地이다.

둘째는 空住이다.

셋째는 在天上이다.

부처님이 초전법륜 때에 地夜叉가 唱하여 고하자 空夜叉가 들었다. 空夜叉가 唱하자 天夜叉가 들었다. 이와 같이 展轉하여 梵世에 이르렀다. 때문에 이 삼품이 있다. 처음에는 단지 余物만 보시하였기 때문에 비행할 수가 없었다. 다음으로 牛車를 보시하였기 때문에 허공을 유행할 수 있었다. 그 다음의 수행이 점차 뛰어남을 인하여 天과 同住하면서 城·池·宮舍 등을 수호하였다.

'건달바'는 번역하면 香陰인데 말하자면 향기로써 음식을 삼고, 내지 몸에서 향기를 내는데 이들은 제천의 樂神이다. 향산에 머물면서 제천의 心念을 모름지기 즐겁게 해주는데 그 몸이 특이한 相으로서 곧 하늘을 飛上하면서 奏樂을 한다.

'아수라'는 번역하면 無酒神인데, 무릇 두 가지 설이 있다.

첫째는 과거에 불음주계를 수지하였기에 이 神을 얻었다고 한다.

둘째는 현세에 꽃을 채취하여 釀海로 술을 빚었지만 끝내 술이 되지 않아서 바다가 변하여 苦醎이 되었다고 한다. 때문에 無酒라고 일컫는다.

『대비바사론』에서는 不端正이라고 번역하는데, 남자 아수라는 추하지만 여자 아수라는 예쁘다고 한다.

'가루라'는 번역하면 金翅鳥인데, 鳳皇이라고도 번역한다.

四生을 갖추고 있어서 식사할 때 四生의 용을 먹는다.

난생의 금시조는 단지 난생의 용만 먹는다.

태생의 금시조는 난생과 태생의 龍을 먹는다.

습생의 금시조는 난생과 태생과 습생의 龍을 씹어먹지만 화생의 용은 먹지 못한다.

화생의 금시조는 난생과 태생과 습생과 화생의 용을 모두 먹는다.

'마후라가'는 번역하면 地龍인데, 大蟒蛇라고도 하고 또한 腹行이라고도 한다.

이들 팔부는 모두 사람의 모습으로 변하여 이 법회자리에 찾아와서 청법한다.

諸比丘比丘尼優婆塞優婆夷俱來會座. 上序幽衆. 今明顯衆. 比丘猶是乞

士. 尼翻爲女. 優婆塞云淸信士人[427]. 優婆夷爲淸信女. 尼夷雖異. 同目女. 但欲分道俗異. 故譯経者兩出.

'모든 비구 · 비구니 · 우바새 · 우바이들도 모두 법회에 와서 앉았다.'는 것은 이상에서는 幽衆을 나열하였지만 지금부터는 顯衆에 대하여 설명한다.
'비구'는 걸사이고, '尼'는 여성이다.
'우바새'는 청신사이고, '우바이'는 청신녀이다. 비구니와 우바이가 비록 다르지만 모두 여성이다. 다만 道와 俗의 다름으로 나누었기 때문에 역경자가 둘로 내놓은 것이다.

彼時佛与無量之衆恭敬囲繞而爲說法. 上來第一明衆集. 此第二序佛爲說法. 文有三句. 謂法譬合.

'그때 부처님이 무량한 백천의 대중에게 공경하게 위요되어 설법을 하였다.'는 이상에서는 첫째로 衆集에 대하여 설명하였는데, 지금은 둘째로 序로서 부처님이 설법한 것을 가리킨다.
경문에는 삼구가 있다. 말하자면 法과 譬와 合이다.

問. 何故明佛說法. 答. 佛与淨名. 二心相鑒. 淨名託疾方丈. 如來菴薗說

---

427) 人＝又【甲】. ＝人 ｲ【甲】

法. 爲之集衆. 然後始得遣便[428]慰之.

묻는다 : 무슨 까닭에 부처님의 설법에 대하여 설명한 것입니까.
답한다 : 부처님과 정명은 二心으로 相鑒한 것이다. 정명이 병환에 의탁하여 방장에 있으니 여래가 菴薗에서 설법하였는데 정명을 위하여 대중을 모은 연후에 비로소 사람을 보내서 정명을 위로하였다.

問. 說何等法耶. 答. 相伝云說普集経. 譬如須弥山王顯于大海. 第二譬說歎佛也. 須弥爲妙高山. 亦云安明山. 出水三百三十六万里. 入海亦然. 安處衆宝師子之座蔽於一切諸來大衆. 第三合譬歎也.

묻는다 : 어떤 법을 설한 것입니까.
답한다 : 相伝에서는 『보집경』을 설했다고 말한다.
　　　　'비유하면 마치 수미산왕이 대해에 나타난 것과 같다.'는 것은 둘째로 비유설법으로서 부처님을 찬탄한 것이다. 수미는 妙高山인데 또한 安明山이라고도 말한다. 그로부터 흘러나오는 물이 삼백삼십 육만 리인데 바다로 흘러들어간 것도 또한 그렇다.
　　　　'갖가지 보배의 사자좌에 安處하자 찾아온 일체의 모든 대중을 압도하였다.'는 것은 셋째로 비유로 찬탄한 것에 합치된 것이다.

維摩経義疏卷第一

---

428) 便=便【甲】

유마경의소 제일권
弘安七年十一月六日 於禪院加点了定謬多矣
東大寺大沙門 聖然

홍안 7년(1284) 11월 6일 선원에서 加点하였는데 오류를 교정한 부분이 많 았다.
동대사 대사문 성연

維摩經義疏卷第二
胡吉藏 撰
유마경의소 제이권
호길장이 찬술하다

佛國品末 方便品
불국품 후반부 및 방편품

爾時毘耶離城有長者子名曰寶積與五百長者子俱持七寶蓋來詣佛所頭面禮足各以其蓋共供養佛.

'그때 비야리성에 장자의 아들이 있었는데 이름이 寶積이었다. 다른 장자의 아들 오백 명과 더불어 모두 칠보로 꾸민 일산을 가지고 부처님 처소에 찾아와서 頭面禮足하고 각자 그 일산을 다 부처님께 공양하였다.'

序分爲二章. 證信已竟. 今是發起序也. 證信亦名通序. 通是同義. 如是六事. 衆經大同. 故名通. 發起序. 亦名別序. 衆經各別. 如勝鬘則父母遣書. 此經明長者獻蓋. 由斯各異. 故名別序. 又名通序. 亦名經後序. 當說經

時. 猶未安之. 將入涅槃. 方後⁴²⁹⁾始立. 別序. 亦名經前序. 將說經前. 有斯由致. 名經前序. 又經後序. 亦名未來序. 爲令未來⁴³⁰⁾經生信. 經前序. 亦名現在序. 爲利現在故. 動地雨華. 然實含四義. 但隨寄一名也. 別序之內. 開爲三章. 一長者獻蓋. 二如來納受. 三時衆喜敬.

서분은 二章으로 되어 있다. 증신서에 대해서는 이미 마쳤다. 지금 이 대목은 발기서이다. 증신서는 또한 통서라고도 말한다. 通은 곧 동일하다는 뜻이다. 如是 등 六事는 衆經이 大同하기 때문에 通이라고 말한다. 발기서는 또한 별서라고도 말한다. 衆經이 각각 다른데 저 『승만경』의 경우는 부모가 보낸 편지가 발기서가 되지만, 이 『유마경』에서는 장자 아들의 獻蓋가 발기서가 된다. 이를 말미암아 각각 다르기 때문에 별서라고 말한다. 또 통서라고 말한 것은 經後序라고도 말한다. 당시 경을 설할 때는 아직 통서를 안배하지 않았지만 장차 열반에 들어가려는 즈음에 바야흐로 다시 나중에 비로소 성립되었기 때문이다.

그리고 별서는 經前序라고도 말한다. 장차 경을 설하기 전에 그에 대한 由致가 있었기 때문에 經前序라고 말한다. 또 경후서는 미래서라고도 말한다. 미래에 경전을 통해서 믿음을 발생토록 하기 때문이다. 경전서는 현재서라고도 말한다. 현재의 이익을 위하기 때문이다. 그래서 땅이 진동하고 꽃이 비내리면서 실로 四義를 포함하는데 단지 一名에만 따라 의지한다.

별서 가운데는 그것을 열어보면 삼장으로 되어 있다.

첫째는 장자의 헌개이다.

---

429) 後=復イ【原】【甲】
430) 來+(於)カ【原】, 來+(聞)カ【甲】

둘째는 여래의 납수이다.
셋째는 시회대중이 기뻐하고 공경하는 것이다.

問何故. 餘衆遠而先來. 寶積近而後至. 答. 大士進止. 必利有緣. 故將[431] 都集. 然後方至. 又寶積. 實以先來. 但聞法歡喜. 奉蓋供養. 兼欲起發淨土. 故序之. 二意之中. 後意爲正. 何以知之. 前已列寶積菩薩竟. 故知前已來也. 但聞法喜悟. 設供開宗. 故後序之耳. 而奉蓋者. 彼國貴人. 持寶蓋而行故. 卽捨所珍. 以供養佛. 又因此獻財. 發淨土之法. 則福慧具足. 自他兼利. 佛之威神下. 第二如來納受. 神通有四. 一如意通. 轉變自身. 大音遍至. 二如幻通. 改變外物. 三法智通. 通達諸法. 四聖如意通. 能於六塵自在. 不隨緣變. 今之威神. 卽前二也. 令諸寶蓋合成一蓋遍覆三千大千世界. 羅什云. 現此神變. 其旨有二. 一者現神變無量. 顯智慧必深. 二者寶積. 獻其所珍. 必獲可重之報. 明因小而果大矣. 吉藏謂. 合蓋爲一. 有五因緣. 一卽事受用. 如合四鉢成於一鉢[432]故也. 二者合成一蓋. 現諸佛國. 因此得說淨土法門. 三者欲開不思議宗. 蓋不闊而覆大千. 土不狹而現其內. 釋迦略闡於前. 淨名廣敷於後. 利[433]成之道旣彰[434]. 信解之心彌固. 四者. 欲明諸法無決定相. 多非定多. 多可爲一. 一非定一. 一可爲多. 令悟實相. 未曾多一. 第五表諸長者現在同悟無生. 未來同成一法身果. 如蓋之普覆. 而此世界廣長之相悉於中現. 上明蓋覆大千. 此辨土

---

431) 將=待ィ【甲】
432) 鉢=思【甲】
433) 利=相【甲】
434) 彰+(彰)【甲】

現其內.

묻는다 : 무슨 까닭에 餘衆은 멀리에서도 먼저 도래하였는데, 보적은 가까이에서도 나중에 도착한 것입니까.
답한다 : 대사의 진지에는 必利로서 인연이 있다. 때문에 모두 모이기를 기다렸다가 연후에 바야흐로 이른다.

또한 보적은 실로 먼저 도래하였다. 그래서 무릇 법을 듣고 환희하여 蓋를 바쳐서 아울러 청정국토를 起發하려고 하였다. 때문에 그것이 序인데 두 가지 뜻(환희헌개와 기발정토) 가운데 나중의 뜻이 正이다. 무엇으로써 그런 줄 알겠는가. 앞에서 이미 보적보살 등을 나열하여 마쳤다. 때문에 이전에 이미 도래했음을 알 수가 있다. 무릇 법을 듣고 기뻐하고 깨달은 것은 공양을 시설하여 종지를 연 것이다. 때문에 그것은 후서에 해당한다. 그런데 蓋를 바친 사람은 그 나라의 귀인이다.[435] 보개를 가지고 행하기 때문이다. 곧 보배를 희사함으로써 부처님에게 공양한 것이다.

또 이처럼 (첫째로 장자가) 재물의 헌납을 인하여 청정국토의 법을 일으킨 즉 복혜가 구족하고 자타가 兼利하여 부처님의 위신을 내려받는다.[436]

둘째로 여래의 수납이다.

신통에 네 가지가 있다.

하나는 여의통이다. 자신이 전변하고, 대음이 두루 이르는 것이다.

---

435) 이것은 첫째로서 長者의 獻蓋에 해당한다.
436) "부처님은 위신력으로 모든 보배 일산을 합쳐서 하나의 일산으로 만들어 삼천대천세계를 두루 덮으니 이 세계의 廣長의 모습이 온통 그 가운데 나타나고,"의 대목이 이에 해당한다.

둘은 여환통이다. 외물을 개변한다.
셋은 법지통이다. 제법에 통달한다.
넷은 성여의통이다. 육진에서 자재하고 緣變을 따르지 않는다.
 지금의 위신은 곧 앞의 하나와 둘에 해당한다. 모든 보개로 하여금 합성시켜 하나의 蓋를 만들어 널리 삼천대천세계를 덮는다.
 나집은 다음과 같이 말한다.
 '곧 이러한 신변을 드러내는 것에 그 뜻이 두 가지가 있다. 하나는 신변이 무량함을 드러내어 지혜가 반드시 깊음을 나타낸다. 둘은 보적이 그 보배를 헌납하여 반드시 可重의 과보를 받는다. 인은 작아도 과가 크다는 것을 설명한 것이다.'
 나 길장은 말한다.
 '蓋가 합쳐져 하나가 되는 것에는 다섯 가지 인연이 있다. 하나는 事에 즉하여 수용하는 것이다. 네 발우를 합쳐서 하나의 발우가 되는 것과 같기 때문이다. 둘은 합쳐서 하나의 蓋를 성립시킨 것이다. 모든 불국토를 드러내어 그로 인하여 청정국토의 법문을 설할 수가 있는 것이다. 셋은 不思議宗을 열어주려는 것이다. 蓋는 넓지 않지만 대천세계를 덮는데, 국토가 좁지 않는데도 그 안에 다 드러난다. 석가모니는 간략하게 먼저 천명하고 정명은 자세하게 나중에 펼친다. 相成의 도가 이미 드러나자 신해의 마음이 오랫동안 굳건해진다. 넷은 諸法의 無決定相을 설명하려는 것이다. 多는 多로 정해지지 않아서 多는 一이 될 수가 있고, 一은 一로 정해지지 않아서 一은 多가 될 수가 있다. 실상을 슈悟하면 일찍이 多와 一이 없다. 다섯은 모든 장자가 현재 다같이 무생을 깨달았음을 表한다. 미래에 다같이 일법신과를 성취하는 것이 마치 蓋가 널리 덮는 것과 같다. 그래서 이 세계의 廣長한 모습이 다 그 가운데 드러난다. 이상 蓋가 대천세계를 덮는 것에 대하여 설명

하였다. 이것은 청정국토가 그 안에 드러남을 변별한 것이다.'

又此三千大千世界諸須彌山雪山目眞隣陀山摩訶目眞隣陀山香山寶山金山黑山鐵圍山大鐵圍山[437]此[438]明世界諸山. 現於寶蓋. 大山有十. 須彌最高. 處在其間. 餘九漸小. 圍遶之.

'또한 이 삼천대천세계에 있는 모든 수미산·설산·목진린타산·마하목진린다산·향산·보산·금산·흑산·철위산·대철위산' 등 이것은 세계의 모든 산을 설명한 것이다. 보개 안에 드러낸 大山에 열 가지가 있다. 수미산은 가장 높아서 그들 사이에 처해 있다. 나머지 아홉 산은 점차 작아진 것인데 수미산을 둘러싸고 있다.

大海江河川流泉源. 泉岳旣是仁智[439]所欣. 故次山序水.

'大海·江·河·川·流·泉·源'에서 泉과 岳 등은 이미 그대들이 기뻐하는 것이다. 때문에 山 다음으로 水를 차례로 나열하였다.

---

437) 〔大鐵圍山〕-【甲】
438) (大鐵圍山)カ+此【甲】
439) 智=者ィ【原】, =者【甲】, =智ィ【甲】

及日月星辰天宮龍宮諸尊神宮悉現於寶蓋中. 山水明其地處. 此文次序天宮. 日月星辰. 所謂三光. 諸尊神宮. 八部住處.

'그리고 해·달·별·천궁·용궁·모든 尊神宮이 전부 보배일산 가운데 나타나며'에서 山과 水는 그 지역의 처소를 설명한 것이다. 이 경문은 '천궁'에 이어서 배열된다. '해·달·별'은 소위 三光이고, '제존의 신궁'은 팔부의 주처이다.

又十方諸佛諸天[440]說法亦現於寶蓋中. 自上已來. 但序娑婆一界[441]. 從此已下. 普現十方佛土. 諸長者子. 雖發道心. 而未修淨土. 欲說[442]供養之情. 啓淨國之志. 故因其蓋. 普現十方淨穢佛土. 令捨穢心而修淨土行也. 三千爲一世界. 如是數至恒沙. 爲一世界. 恒沙一世界. 爲一世界海. 恒沙世界海. 爲一世界種. 恒沙世界種. 爲一佛世[443].

'또한 시방의 제불과 제불의 설법도 역시 보배일산 가운데 나타났다.'는 대목에 대하여 이상은 娑婆一界에 대해서만 차례로 나열하였지만, 이로부터 이하는 널리 시방의 불국토를 드러낸다. 모든 장자의 아들이 비록 도심을 일으켰지만 아직 청정국토를 닦지 못하였다. 따라서 기쁘게 공양하려는 마음과 청정국토를 열려는 뜻을 원하였다. 때문에 그 蓋를 인하여 널리 시

---

440) 天=佛【甲】
441) 娑婆一界=一娑婆一界【甲】
442) 說=悅【甲】. =說ㅣ【甲】
443) 世+(界)カ【原】. =異カ【甲】

방의 淨穢佛土를 드러내어서 穢心을 버리고 청정국토행을 닦도록 하기 위한 것이다.

삼천대천세계가 一世界이다. 이와 같이 헤아려서 항사에 이르면 一世界가 된다. 恒沙一世界가 一世界海가 된다. 恒沙世界海가 一世界種이 된다. 恒沙世界種이 一佛世界가 된다.

爾時一切大衆覩佛神力嘆未曾有合掌禮佛瞻仰尊顏目不暫捨. 此下第三時[444] 衆喜嘆. 以信樂之誠發內. 故瞻嘆之相現於外也.

'그때 일체대중이 부처님의 신력을 보고서 미증유의 일이라고 찬탄하고 합장하여 부처님께 예배하며 부처님의 존안을 우러러보고 눈길을 잠시도 돌리지 않았다.'는 이하는 셋째로 시회대중이 기쁘게 찬탄(공경)한 것이다. 信樂의 誠을 안으로 일으켰다. 때문에 瞻嘆의 모습을 밖으로 드러냈다.

長者子寶積卽於佛前以偈頌曰. 上通序大衆歡喜. 此別明寶積稱嘆而說偈. 凡有二意. 一以略言攝佛衆德. 二令辭巧聞者悅心. 莫問言數少多. 要備四句. 方乃成偈. 偈是梵音. 頌是[445] 此說. 兩合明也. 所以偈嘆者. 有四因緣. 一者奉蓋. 爲明財供. 說偈讚嘆. 辨法供也. 二者上以身業恭敬. 今以口業供養. 三者前明形敬. 不足以寫心. 今以心思妙言. 詠之於口. 則具

---

444) 〔時〕-【甲】
445) 是＝爲【甲】, ＝是ｲ【甲】

三業. 四者如來說法現通. 大衆雖復喜敬交集. 而未達其所由. 故說偈讚釋446). 令時會領悟. 偈有五章. 一嘆本德. 二美迹用. 三重嘆本. 四重美迹. 五總結嘆.

'이에 장자의 아들인 보적이 부처님 앞에서 게송으로 설하여 말하였다.'에서 이상은 통서로서 대중이 환희한 것이었다. 이 대목부터는 별도로 보적이 稱嘆하여 설한 게송을 설명한 것인데, 무릇 두 가지 뜻이 있다.

첫째는 간략한 언설로써 부처님의 衆德을 섭수한다.

둘째는 언사의 교묘함을 들은 자로 하여금 기쁜 마음을 갖도록 한다.

질문하는 언설의 수의 많고 적음을 막론하고 요컨대 사구를 갖추어야 바야흐로 게송이 성립된다.

게는 곧 범음이고, 송은 중국의 말인데 둘을 합쳐서 설명한 것이다. 때문에 게로써 찬탄한 것에는 네 가지 인연이 있다.

첫째는 蓋를 바친 것인데 재물공양을 설명한 것이다. 게를 설하여 찬탄한 것은 법공양을 변별한 것이다.

둘째는 위에서는 신업으로 공경하였는데, 지금은 구업으로 공양한 것이다.

셋째는 앞에서 설명한 몸의 공경[形敬]으로는 부족하기에 마음으로 옮겨가서[寫心] 지금은 心思 및 妙言을 입으로써 영탄한 것이므로 즉 삼업을 갖추었다.

넷째는 여래에게 법을 설하고 신통력을 드러내주시기를 바라는 것이다. 대중이 비록 喜敬하며 모였지만 그 所由에 대해서는 통달하지 못하였다. 때

---

446) 釋=嘆力【甲】

문에 게송을 설하여 찬탄함으로써 時會의 대중을 領悟시켜달라는 것이다.
　偈에는 五章이 있다.
　첫째는 本德을 찬탄하는 대목이다.
　둘째는 迹用을 찬미하는 대목이다.
　셋째는 거듭 본덕을 찬탄하는 대목이다.
　넷째는 거듭 적용을 찬미하는 대목이다.
　다섯째는 총결하여 찬탄하는 대목이다.

目淨修廣如靑蓮. 此句嘆佛形也. 形有五相[447]. 目爲其首. 就初而嘆. 又世俗常云. 七尺之身. 不如一尺之面. 一尺之面. 不如一寸之眼. 故頭爲一身之最. 目爲一面之標. 就勝而嘆. 又佛以慈眼. 等視衆生. 慈爲德本. 故就本而嘆. 又寶積瞻顔作頌. 故嘆眼也. 智度論云. 陸生須曼爲最. 水生靑蓮第一. 天竺有靑蓮花. 其葉脩而曠<廣?>. 靑白分明. 有大人眼相. 故借以喩焉.

　'맑은 눈은 길고 넓기 푸른 연꽃과 같고'라는 이 구절은 佛形을 찬탄한 것이다. 形에는 五根이 있다. 目은 그 으뜸이 되므로 처음에 내놓아 찬탄하였다. 또한 세속에서는 항상 7척의 몸 가운데 1척의 面만한 것이 없고, 1척의 얼굴은 1촌의 眼만한 것이 없다고 말한다. 때문에 頭는 一身에서 가장 높은데, 目이 一面의 標이므로 勝에 나아가서 찬탄한 것이다.
　또한 부처님은 慈眼으로써 중생을 평등하게 본다. 慈는 德의 근본이기 때

---

447) 相＝根 ʃ【原】【甲】

문에 근본에 나아가서 찬탄한 것이다.

또한 보적은 瞻顔하며 頌을 지었기 때문에 眼을 찬탄한 것이다.

『대지도론』에서 '육지에서 나는 것으로는 須曼이 최고이고, 물에서 나는 것으로는 靑蓮이 제일이다.'고 말한다.[448]

천축에 청련화가 있는데 그 잎은 두껍고 넓고 청백이 분명하며 대인의 눈과 같은 모습이 있기 때문에 그것을 빌려서 비유를 삼은 것이다.

心淨已度諸禪定. 目淨所以嘆形. 心淨所以嘆德. 目爲五情之初. 心爲萬德之本. 故嘆心也. 又心淨則目明. 擧心以證目. 禪定深曠<廣?>. 喩如大海. 唯佛淨心. 乃窮其岸.

'청정한 마음은 모든 선정 초월하였으며'라는 구절은 目이 청정한 까닭으로써 形을 찬탄한 것이고 心이 청정한 까닭으로써 德을 찬탄한 것이다. 目은 五情의 처음이고, 心은 萬德의 근본이기 때문에 心을 찬탄한 것이다.

또한 心이 청정한 즉 目이 밝으므로 心을 들어서 그것으로써 目을 증명한 것이다. 선정이 깊고 넓은 것은 대해와 같음을 비유하였다. 오직 부처님의 청정한 마음만이 이에 그 언덕을 窮할 수가 있다.

故稱爲度久積淨業稱無量. 形德所以俱妙者. 必由久淨三業. 此擧因行. 釋果德也. 因果旣妙. 則十號外聞. 故云稱無量也.

---

[448] 『大智度論』 卷27, (大正新脩大藏經25, p.260上) 참조.

때문에 '오랫동안 쌓은 청정한 행위는 무량하고'라고 칭탄한 것이다. 形과 德이 모두 미묘한 것은 반드시 오랫동안 쌓은 청정한 삼업을 말미암은 것이다. 이것은 인행을 들어서 과덕을 해석한 것이다. 그래서 이미 因果가 미묘하면 곧 십호가 밖으로 소문이 난다. 때문에 무량하다고 칭탄한 것이다.

導衆以寂故稽首. 以德樹名流. 故能導物. 導⁴⁴⁹⁾衆之法. 謂寂滅無爲. 如法華云. 究竟涅槃. 常寂滅相. 蓋是諸法實體. 故偏說之. 此一嘆訖. 所以稽首. 又上口業. 今身業敬也. 此偈始終. 合有五對. 謂形心. 因果. 德名. 自他. 讚敬也.

'중생을 적멸로 이끄는 분께 계수합니다'는 구절은 德樹의 명칭으로부터 나온 것이다. 중생을 인도하는 법은 말하자면 적멸무위이다. 『법화경』에서 '구경의 열반은 항상 적멸상이다.'고 말한다. 무릇 이것은 제법의 실체이기 때문에 널리 그렇게 설한 것이다. 이것은 一嘆을 마치는 것이므로 계수라고 하였다. 또한 이상에서는 구업이었지만 지금은 신업으로 공경하는 것이다.
　이 게송의 시종을 합치면 五對가 있는데, 말하자면 形心 · 因果 · 德名 · 自他 · 讚敬이다.

旣見大聖以神變普現十方無量土其中諸佛演說法於是一切悉見聞. 此第二歎迹. 以形德爲本. 神通之用爲迹. 故初歎德本. 今美迹用. 正觀論云.

---

449) 導=道【甲】

聖有三種. 一外道五通. 二羅漢緣覺. 三法身大士. 佛於三聖獨尊. 故稱爲大. 不測爲神. 改質稱變. 旣見合蓋之神變. 而復現十方國土. 及以諸佛等[450] 演敎門. 此三爲應. 衆會見聞. 卽是感也.

'대성인께서는 신통한 변화를 잘 부려서/ 널리 시방의 무량국토에 드러냄을 보고/ 그런 가운데서 제불께서 연설하신 법을/ 이에 일체중생이 모두 보고 들었습니다'는 것은 둘째로 迹本을 찬탄한 것이다. 신통의 작용을 迹으로 삼은 것이다. 때문에 처음에는 德本을 찬탄하였지만 지금은 迹用을 찬미한 것이다.

『정관론(中論)』에서 "聖에 삼종이 있다. 첫째는 외도로서 五通한 사람이고, 둘째는 나한과 연각이며, 셋째는 법신대사이다. 부처님은 삼성 가운데 독존이기 때문에 大라 칭한다"[451]고 말한다.

헤아릴 수 없기 때문에 神이라 하는데 質을 改하는 것을 變이라 칭한다. 이미 蓋가 합쳐지는 신변을 보았는데, 다시 시방국토를 드러내었고, 또한 제불 등이 敎門을 연설하였다. 이들 세 가지는 應이고, 衆會가 見聞한 것은 感이다.

法王法力超群生常以法財施一切. 此第三重嘆本德. 就此文內. 凡有五嘆. 一法王嘆. 二法海嘆. 三山王嘆. 四虛空嘆. 五人寶嘆. 法王嘆者. 前嘆神

---

450) 等＝幷【甲】 ＝等ィ【甲】
451) 『法華義疏』卷2, (大正新脩大藏經34, p.473上) 참조.

通. 今美說法. 神通令物殖福. 說法使⁴⁵²⁾其生慧. 又神通發其信心. 說法生其<其生?>慧解. 俗王以俗力勝民. 故能澤及一國. 法王以法力超衆. 故能道濟無疆.

'법왕이 설법하는 능력은 군생을 초월해/ 항상 법재로 일체의 중생에게 보시하고'라는 대목은 셋째로 거듭 본덕을 찬탄한 것이다. 이 경문의 안을 보면 무릇 五嘆이 있다. 첫째는 法王을 찬탄한 것이고, 둘째는 法海를 찬탄한 것이며, 셋째는 山王을 찬탄한 것이고, 넷째는 虛空을 찬탄한 것이며, 다섯째는 人寶를 찬탄한 것이다.

법왕을 찬탄한 것에서 앞에서는 신통을 찬탄하였는데 지금은 설법을 찬미한 것이다. 신통은 중생으로 하여금 복덕을 생장시켜주고, 설법은 곧 중생으로 하여금 지혜를 발생시켜준다. 또한 신통은 중생으로 하여금 신심을 발생시켜주고, 설법은 중생으로 하여금 慧解를 발생시켜준다. 세속의 왕은 세속의 권력으로써 백성을 勝하기 때문에 그 은혜를 일국에 미칠 수가 있지만, 법왕은 법력으로써 중생을 超하기 때문에 道로써 경계가 없이 제도해준다.

能善分別諸法相於第一義而不動. 上標法王. 今釋之也. 法乃無窮. 而不離二諦. 故就二諦. 以釋法王. 善分別俗. 而不違眞. 稱爲不動.

'일체법이 존재하는 모습을 잘 분별해도/ 저 제일의제는 전혀 움직이지 않습니다'라는 대목은 위에서는 법왕을 標하였지만 지금은 그것을 해석한 것이

---

452) 使=便【甲】

다. 법은 이에 무궁하지만 二諦를 벗어나지 않는다. 때문에 이제에 나아가서 그것으로써 법왕을 해석한 것이다. 속제를 잘 분별하여 진제에 어긋나지 않기 때문에 부동이라 한다.

已於諸法得自在是故稽首此法王. 嘆法王三門. 初標次釋. 今是結也. 俗王則自在於民. 法王則自在於法. 以法無定相. 隨物辨之. 而普順理應機. 故稱自在. 又卽上說俗不動眞. 談⁴⁵³⁾眞不乖俗. 卽是自在也⁴⁵⁴⁾. 二句嘆訖. 所以稽首.

'이미 제법에 대하여 자재함을 얻었기에/ 이런 까닭에 그 대법왕에게 계수합니다'는 대목은 법왕을 삼문으로 찬탄한 것이다. 첫째는 標하고, 둘째는 해석하였는데, 지금 셋째는 그것을 결론짓는다. 세속왕은 곧 백성에 대하여 자재하고, 법왕은 곧 법에 대하여 자재하다. 법에는 定相이 없으므로 중생을 따라서 그것을 변별하고, 널리 이치를 따라서 근기에 상응하기 때문에 자재라 칭한다.
　또한 곧 위에서는 속제를 설하면서도 진제에 부동하였지만, 지금은 진제를 談하면서도 속제에 어긋나지 않는데 곧 이것이 자재이다. 이구로 찬탄을 마치는 까닭에 계수한 것이다.

---

453) (今)カ+談【甲】
454) 也+(此)ィ【原】, (此)【甲】

說法不有亦不無. 前嘆說俗不違眞. 此明言會中道[455]. 有三. 一卽上二諦.
合爲中道. 以俗諦故. 不可爲無. 眞諦故. 不可爲有. 如來立二諦. 爲破有
無二見. 故論主. 釋大品. 菩薩住二諦中. 爲衆生說法. 爲著有者說無. 爲
著無者說有. 卽其事也. 二者以有無二諦. 爲明非有無中道. 如華嚴(五卷)
云一切有無法了達非有無也. 三者單就二諦. 各明中道. 俗諦是因緣假有.
假有不可定有. 假無不可定無. 非有非無. 卽是中道. 眞諦亦爾. 假有不可
定有. 假無不可定無. 卽是中道. 今言說法不有亦不無. 含此諸意也. 釋僧
肇云. 欲言其有. 有不自<眞?>生. 欲言其無. 緣會則形. 會形非謂無. 非
無非謂有. 故云說法不有亦不無. 肇公又云. 且有有故有無. 無有何所無.
有無故有有. 若無無何所有. 然則自有則不有. 自無則不無. 此法王之正
說也. 詳肇其[456]意. 前就二諦. 明非有無. 後之一通. 雙泯眞俗.

'존재도 아니고 또한 무존재도 아니므로'의 대목은 위에서는 속제를 설하면서도 진제에 어긋나지 않음을 찬탄하였는데, 여기에서는 언설이 중도에 계합됨[言會中道](석승조는 단지 中道라고만 하였다)을 설명하였다. 여기에 세 가지가 있다.

첫째는 위에서 말한 二諦는 합으로 中道를 삼았는데, 속제이기 때문에 無가 될 수가 없고 진제이기 때문에 有가 될 수가 없다. 여래는 이제를 내세워서 유무의 이견을 타파하였기 때문에 논주가 『대품』을 해석하여 '보살은 이제 가운데 주하면서 중생을 위해 설법하는데, 유에 집착하는 자를 위해서는 무를 설하고 무에 집착하는 자를 위해서는 유를 설한다.'는 것이 곧 그것

---

455) 道+(釋僧肇出但中道)《原》. (釋僧肇云但中道)《甲》
456) 其=公カ《甲》

이다.

둘째는 유무이제로써 유무중도가 아님을 설명하였다.

저『화엄경』(제5권)에서 '일체의 유무법에 요달하면 유무가 없다.'[457]고 말한다.

셋째는 단지 이제에 나아가서 각각 중도를 설명한다. 속제는 곧 가유를 인연한 것이다. 가유는 有로 정해진 것이 아니고, 가무는 無로 정해진 것이 아니므로 비유비무로서 곧 그것이 중도이다. 진제도 또한 그와 같다. 가유는 有로 정해진 것이 아니고, 가무는 또한 無로 정해진 것이 아니므로 곧 그것이 중도이다. 지금 말하고 있는 설법은 不有이고 또한 不無이므로 이 모든 뜻을 포함하고 있다.

석승조는 '속제로써 그 有를 말하는데 유는 眞生이 아니다. 속제로써 無를 말하는데 緣이 모이면 곧 形이고 形이 모이면 無라고 말할 수가 없다.'[458]고 말한다. 그러므로 '설법은 불유이고 또한 불무이다.'고 말한다.

조공은 또한 '마땅히 유가 있기 때문에 무가 있다. 그런데 유가 없는데 어찌 無가 되겠는가. 무가 있기 때문에 유가 있다.'고 말한다.

만약 무가 없다면 어찌 有가 되겠는가. 그런즉 본래 유인 즉 유가 아니고, 본래 무가 아닌 즉 무가 아니다. 이것은 법왕의 正說이다. 조공의 뜻을 자세하게 살펴보면 앞에서 이제에 대하여 유무가 아님을 설명하였다. 마지막 하나(넷째의 경우를 가리킨다)에 통하면 진제와 속제가 모두 사라진다.

---

457)『大方廣佛華嚴經』卷5, (大正新脩大藏經9, p.426下)
458)『肇論』, (大正新脩大藏經45, p.152下) "欲言其有 有非眞生 欲言其無 事象旣形 象形不卽無 非眞非實有" 참조.

吉藏謂. 若據斥病. 通此文者. 僧佉執因內定有果. 衛世執[459]因內[460]無果. 毘曇明三世實有. 成論辨三世實無. 如此內外. 並非正說. 如來所演. 離斯有無. 故云說法不有亦不無.

나 길장은 말한다.
'만약 병을 배척한 것에 의거하여 이 경문에 통하는 사람으로는 僧佉에서 因 안의 定有果에 집착하는 경우와 衛世에서 因 안에 定無果에 집착하는 경우와 毘曇에서 三世實有를 설명하는 경우와 成論에서 三世實無를 변별하는 경우 등이다. 이와 같은 內外의 설은 모두 正說이 아니다. 여래가 연설한 것은 그와 같은 유무를 벗어나 있다. 때문에 설법에는 유도 없고 또한 무도 없다고 말한다.'

以因緣故諸法生. 旣離定有無. 卽是因緣生也. 離定有無. 所謂破邪. 因緣所生. 名爲顯正. 文約義周.

'인연으로 말미암아 또 제법이 발생하며'에서 이미 정해진 有無를 벗어나 있는데 곧 그것이 인연생이다. 정해진 유무를 벗어나 있는 것이 소위 破邪이다. 인연소생을 顯正이라고 말한다. 경문에 의거해보면 뜻이 골고루 미친다.

---

459) 〔執〕-【甲】
460) 〔內〕-【甲】, 內+(定)力【原】, 內+(定)ㅓ【甲】

無我無造無受者善惡之業亦不亡. 前單就法. 明非有非無. 此合就人法.
辨非有[461]無也. 以無我人. 是故非有. 而不失因果. 所以非無.

'무아이므로 업을 지음도 받음도 없지만/ 선악업은 역시 없지 않다고 설해주시네'에서 앞에서는 單으로 법에 대해서만 비유비무를 설명하였다. 그러나 여기에서는 合으로 人과 法에 대해서 비유비무를 변별하였다. 我와 人이 없는 까닭에 非有이고, 인과를 상실하지 않은 까닭에 非無이다.

問. 若無眞我人. 亦無定性因果. 旣有因緣因果. 亦有假名我人. 有則俱有. 無則雙無. 今何故無人而有於法. 答. 實如來問. 但今爲破斷常. 顯示中道. 故明無人而有於法. 所以然者. 以無人故. 破其定常. 以有法故. 非是斷滅. 故遠離二邊. 稱爲中道也.

묻는다 : 만약 진정으로 我와 人이 없다면 또한 定性因果도 없을 것입니다. 이미 因緣因果가 있으므로 또한 假名의 我와 人도 있을 것입니다. 有인즉 모두 有이고 無인즉 모두 無입니다. 그런데 지금은 무슨 까닭에 人은 無이면서 法은 有라는 것입니까.
답한다 : 그것은 실로 여래의 물음이기도 하다. 다만 지금은 단상을 타파하기 위하여 중도를 현시했을 뿐이다. 때문에 人은 無이지만 法은 有라고 설명하였다. 왜냐하면 無人으로써 그 定常을 타파하고 有法으로써 그 단멸이 없다. 때문에 이변을 멀리 떠나므로 중도라 칭한다.

---

461) 有+(非)力【原】

問. 我造受者. 此三何異. 答. 我爲眞宰之主. 此爲體也. 能造善惡之因. 受
禍福之報. 此二爲用. 是故異也.

묻는다 : 我가 지어서 받는 것과 이 세 가지는 어떻게 다른 것입니까.
답한다 : 我는 진정으로 주재하는 주인공인데 이것이 體이다. 그리고 선악
의 인을 지어서 화복의 과를 받는데 이 둘이 用이다. 이런 까닭에
다르다.

始在佛樹力降魔. 此第二就法海嘆. 自上以來. 嘆佛在菴薗演於大法. 從
此已下. 追序往昔說小乘敎. 若次第而言. 應前序小. 後述於大. 但據卽事
而嘆. 故初大次小.

'처음에는 佛樹에서 힘써 마를 다스려서'는 대목은 둘째로 법해에 대하여
찬탄한 것이다. 이상에서는 부처님이 암라원에서 연설한 대법을 찬탄하였
는데, 이하에서는 往昔의 차례를 따라서 소승교를 설한다. 만약 차제대로
말하자면 마땅히 먼저 소승교를 나열[序]해야 하고 나중에 대승교를 서술해
야 한다. 그러나 단지 卽事에 의거하여 찬탄하는 까닭에 먼저 대승교를 설
하고 나중에 소승교를 설한 것이다.

問. 何故嘆小耶. 答. 欲明道門. 未曾大小. 如來趣[462]大小緣. 故有大小方

---

462) 趣=起 ィ【原】

便也. 二者此文未必是小. 但實積是始終遍嘆. 故有此章來也. 道力之所
制. 非魔兵之能敵. 故言始在佛樹力降魔也.

묻는다 : 무슨 까닭에 소승교를 찬탄하는 것입니까.
답한다 : (먼저 첫째로) 道門을 설명하려는 것에는 일찍이 대승과 소승의 구별
이 없었다. 여래가 대소의 인연을 일으켰기 때문에 대소의 방편이
있다.
둘째로 이 경문이 반드시 소승이라고만 할 것은 아니다. 무릇 보적
이 이것을 시종 널리 찬탄하는 까닭에 이 章이 여기에 온 것이다.
도력의 所制는 魔兵이 대적할 수가 없다. 때문에 '처음에는 佛樹에
서 힘써 마를 다스려서'라고 말한 것이다.

得甘露滅覺道成. 前明降魔. 此辨成佛. 寂滅之法. 喩如甘露. 得斯法故.
大覺道成.

'감로와 열반을 얻어 깨달음을 성취하여'는 위에서는 항마에 대하여 설명
하였는데 이 대목은 성불을 변별한 것이다. 적멸법은 감로와 같음을 비유한
것이다. 그 법을 터득한 까닭에 대각이 도를 성취하였다.

已無心意無受行而悉摧伏諸外道. 吉藏曾見. 僧叡義疏. 述什公意云. 此
句應在降魔之前. 初出家時. 受學外道. 行衆苦行. 爾時無悕<希?>道之
心受學之意. 欲示難行能伏諸外道. 故言以無心意無受行. 然後降衆魔.

成正覺. 轉法輪. 現三寶. 是爲次第. 而在後列者. 但成佛已後. 正悟旣彰. 則示前苦行. 伏邪義顯也.

'이미 心과 意가 없고 受와 行도 없어져/ 모든 외도를 남김없이 꺾어 다스립니다'는 것에 대하여 나 길장이 일찍이 살펴보니, 僧叡가 『義疏』에서 나집공의 뜻을 서술하여 '이 구절은 마땅히 降魔의 앞에 두어야 한다.'고 말했다. 처음 출가했을 때 외도에게 수학하였고 온갖 고행을 행하였다. 그때는 希道의 心과 受學의 意가 없었기 때문에 난행으로 제외도를 항복시킨 것을 보여주려는 까닭에 無心意와 無受行이라 말했다. 연후에 衆魔를 항복받고 正覺을 성취하여 法輪을 굴리고 三寶를 드러내었는데 이것이 次第이다.

그런데 이 대목을 뒤에다 나열한 것은 무릇 성불한 이후에 正悟가 이미 드러난 즉 이전의 고행을 보여서 邪를 항복받은 뜻을 드러낸 것이다.

有人言. 無心者. 無識陰也. 無受行者. 無受想行三心也. 以無心而伏故. 無不伏.

어떤 사람은 '無心이란 識陰이 없는 것이다. 無受行이란 受想行의 三心이 없는 것이다.'고 말한다. 무심으로써 항복받기 때문에 항복되지 않는 것이 없다.

三轉法輪於大千. 言三轉者. 一示轉. 謂此是苦. 此是集. 此是滅. 此是道. 二勸轉. 苦應知. 集應斷. 滅應證. 道應修. 三證轉. 苦我已知. 不復更知.

集我已斷. 不復更斷. 滅我已證. 不復更證. 道我已修. 不復更修. 一轉生眼知[463]明覺四心. 三轉生十二心. 名十二行法輪也. 依毘曇義. 約三根人故. 有十二行. 依成論師. 初轉生聞慧. 次轉生思慧. 三轉生修慧.

'중생계에 사성제를 세 차례 전법륜하니'에서 '세 차례 전법륜한다'는 것은 다음과 같다.

첫째는 示轉인데, 소위 이것은 곧 苦이고 이것은 곧 集이며 이것은 곳 滅이고 이것은 곧 道이다.

둘째는 勸轉인데, 苦는 마땅히 알아야 할 것이고, 集은 마땅히 단절해야 할 것이며, 滅은 마땅히 증득해야 할 것이고, 道는 마땅히 닦아야 할 것이다.

셋째는 證轉인데, 苦我는 이미 안 것으로서 다시는 더 알 것이 없는 것이고, 集我는 이미 단제한 것으로서 다시는 더 단제할 것이 없는 것이며, 滅我는 이미 증득한 것으로서 다시는 더 증득할 것이 없는 것이고, 道我는 이미 닦은 것으로서 다시는 더 닦을 것이 없는 것이다.

一轉하여 발생한 眼智로써 四心을 明覺한다. 그래서 三轉하여 발생한 十二心을 十二行法輪이라 말한다. 阿毘曇의 뜻에 의거하면 三根人에 의거한 것이기 때문에 十二行이 있다는 것이다. 그리고 성론에 의거하면 초전으로 문혜가 발생하고, 次轉으로 思慧가 발생하며, 三轉으로 修慧가 발생한다는 것이다.

---

463) 知＝智 ィ【甲】

其輪木[464]來常淸淨. 初在鹿苑. 雖復三轉. 而實無所轉. 故云常[465]淨. 叡公云. 法論[466]無漏無相. 體無增損. 有佛則轉. 無佛則癈. 用捨在人. 而性相不異.

'그 법륜은 본래부터 청정한 것이었는데'에서 처음에 녹야원에서 비록 거듭해서 三轉했지만 실로 轉한 것이 없었다. 때문에 '본래부터 청정한[常淨]'이라고 말한다. 叡公은 '법륜은 無漏이고 無相이다.'고 말한다. 體는 일찍이 增損이 없지만 有佛 즉 轉이고 無佛 즉 癈이다. 그 用과 捨는 사람에게 달려 있을 뿐 性과 相은 달라지는 것이 없다[不異]

天人得道此爲證. 天謂炎魔天子. 八萬天也. 人卽陳如五人. 聞轉法輪. 證初道也. 吉藏依毘婆娑. 五人之內. 但陳如一人. 得初道. 餘四人. 爾時住四善根. 至夏初. 方乃得道.

'천상 인간의 득도를 이것으로 증명하니'에서 '天'은 염마천자로서 팔만의 天이고, '人'은 곧 陳如 등 5人인데 전법륜을 듣고 初道를 증득한 것이다.
 나 길장이 『비바사』에 의거해보니. 5인 가운데 단지 陳如 한 사람만 初道를 터득하였고 나머지 4인은 그때 四善根[467]에 주하였다가 夏初에 이르러

---

464) 木＝本【甲】
465) 常淨＝淨輪【甲】, ＝常淨ィ【甲】
466) 論＝輪力【原】, ＝輪【甲】
467) 四善根은 見道 이전의 단계로서 煖法의 明得定, 頂法의 明增定, 忍法의 印順定, 世第一法의 無間定을 가리킨다.

서 바야흐로 이에 得道하였다.

三寶於是現世間. 覺道旣成. 佛寶也. 法輪旣轉法寶也. 五人出家得道. 僧寶也. 於是言其始也.

'이에 삼보가 중생의 세간에 드러났다네'에서 覺道가 이미 성취된 것이 불보이고, 법륜이 이미 轉된 것이 법보이며, 5인이 출가하여 得道한 것이 승보이다. 이것은 삼보의 시작을 말한 것이다.

以斯妙法濟群生一受不退常寂然. 前辨天人成聖. 此句簡異外道. 九十六種. 道之上者. 亦能斷結. 生無色天. 但其道不眞. 要還墮三塗. 佛以四諦妙法. 濟三乘衆生. 無有旣受而還墮生死者. 故曰一受不退. 永畢無爲. 常寂然也.

'그 오묘한 법으로 군생을 제도해주시니/ 일단 수용하면 불퇴로써 항상 적연하여'는 앞에서는 천상과 인간이 聖道를 성취하였다고 변별하였는데, 이 구절에서는 이교 및 외도[異外道]를 간별하였다.
  96종은 道의 上者들이고 또한 번뇌를 단절하여[斷結] 무색천에 태어났다. 다만 그 도가 眞이 아니어서 요컨대 다시 三塗에 떨어진다. 부처님이 사제의 묘법으로써 삼승의 군생을 제도하였지만 그것을 수용하지 않아서 다시 생사에 떨어진 자들이다. 때문에 '일단 수용하면 불퇴로써 항상 적연하다'고 말한다.

度老病死大醫王. 老病死淵. 深曠468)難越. 唯佛能令彼我皆度. 稱大醫王.

'늙음 병듦 죽음을 제도하는 대의왕에게'에서 老·病·死의 연못은 깊고 넓어서 건너가기 어렵다. 오직 부처님만이 彼와 我를 모두 건너가도록 해주기 때문에 대의왕이라 칭한다.

當禮法海德無邊. 法輪淵曠<廣?>. 喩之如海. 流潤無崖. 謂德無邊. 此一嘆訖. 故復稱禮.

'法海 공덕의 무변에 마땅히 예배합니다'에서 법륜의 연못은 넓은데 그것을 바다와 같다고 비유하였다. 흘러서 끝없이 적셔주는 것을 덕이 무변하다고 말한다. 여기에서 일단 찬탄을 마치기 때문에 다시 '禮'라고 칭한다.

毀譽不動如須彌. 此第三山王嘆也. 旣處世說法. 必有八風. 故按469)前文. 生此嘆也. 利衰毀譽稱譏苦樂八法之風. 不動於佛. 猶如四風之吹須彌莫能傾搖. 利衰約財也. 榮潤已爲利. 侵奪已爲衰. 毀譽稱譏. 此四約口. 罵辱爲毀. 過分讚嘆爲譽. 當善導善爲稱. 當惡導惡爲譏也. 苦樂就身. 損身命爲苦. 益身命爲樂. 然利等四. 能生貪心. 衰等四. 能生瞋心. 旣有貪瞋. 必有癡使. 佛三毒已斷. 故八風不搖.

---

468) 曠=廣【甲】
469) 按=接ィ【甲】

'비방과 찬탄에 수미산처럼 흔들림 없이'에서 이 부분은 셋째로 산왕을 찬탄한 것이다. 이미 세간에 처한 설법에는 반드시 팔풍이 있다. 앞의 경문을 이어서 이 찬탄이 발생한 것이다. 利・衰・毁・譽・稱・譏・苦・樂의 팔법의 바람도 부처님을 요동시키지 못한다. 마치 四風이 불어와도 수미산을 무너뜨리지 못하는 것과 같다.

利와 衰는 재물[財]에 의거한 것이다. 榮潤해주는 것은 利이고, 侵奪하는 衰이다.

毁・譽・稱・譏의 네 가지는 口에 의거한 것이다. 罵辱은 毁이고, 과분한 찬탄은 譽이며, 善을 당하여 善으로 인도해주는 것은 稱이고, 악을 당하여 惡으로 이끌어주는 것은 譏이다.

苦와 樂은 身에 대한 것이다. 身命을 훼손하는 것은 苦이고, 身命에 도움을 주는 것은 樂이다.

그러나 利 등의 넷은 貪心을 발생하고, 衰 등의 넷은 瞋心을 발생한다. 이미 貪과 瞋이 있으면 반드시 癡使가 뒤따른다. 그러나 부처님은 이미 삼독을 단제하였기 때문에 팔풍에 흔들림이 없다.

於善不善等以慈. 截手不慼. 捧足不欣. 善惡自彼. 慈覆不二.

'선과 불선에 평등하게 자비를 베푸시어'에서 손이 잘려도 슬퍼하지 않고, 발을 붙여줘도 기뻐하지 않으며, 선악과 自彼에 대하여 자비가 불이를 감싸 주고 있다.

心行平等如虛空. 第四虛空歎. 所以善惡不動者. 由心行如空. 釋上義也. 夫有心則有封. 有封則不普. 以聖心非[470]心. 故平若虛空.

'마음의 씀씀이 평등하여 허공과 같으니'는 넷째로 허공을 찬탄한 것이다. 때문에 선악에 부동한 사람은 마음 씀씀이가 허공과 같기 때문이다. 이상의 뜻을 해석하자면 대저 有心인 즉 봉쇄[有封]이고 봉쇄[有封]인 즉 보편하지 못하다.[不普] 그러나 부처님의 마음은 무심이기 때문에 공평한 것이 허공과 같다.

孰聞人寶不敬承. 此第五人寶歎也. 以心行如空. 則越於人外. 故爲人之寶. 在天爲天寶. 在人爲人寶. 寶於天人者. 豈天人之所能. 故物莫不敬.

'人寶를 듣고 누군들 경승하지 않으리요'에서 이것은 다섯째로 人寶를 찬탄한 것이다. 마음 씀씀이가 허공과 같은 즉 人外에 초월하기 때문에 人의 寶가 된다. 天上에 있으면 天寶이고, 人에 있으면 人寶이다. 천상과 인간에서 보배인데 어찌 천상과 인간이 所能이겠는가. 때문에 중생으로서 공경하지 않을 수가 없다.

今奉世尊此微蓋於此[471]現我三千界諸天龍神所居宮乾闥婆等及夜叉悉

---

470) 非＝無ㄱ【甲】
471) 此＝中ㄱ【甲】

見世間諸所有十力哀現是化變衆觀[472]希有皆嘆佛今我稽首三界尊. 此第
四重嘆迹用. 就文爲兩. 初嘆恩深難報. 次美三密難思. 前有四句. 初自陳
所奉至微. 次辨所現至大. 三明慈哀所現. 四稱嘆稽首.

'지금 세존에게 미미한 보배일산 드리니/ 거기에 삼천대천세계를 드러내
보이시어/ 모든 하늘의 용 및 신들이 사는 궁전과/ 건달바 아수라 마후라가
기타 야차들은/ 모두 세간의 일체존재가 드러난 것인데/ 십력으로 자비롭
게 化變해 보인 것이네/ 대중이 보고 희유하다고 모두 歎佛하니/ 지금 저희
도 삼계의 세존께 계수합니다'에서 이것은 넷째로 거듭 迹用을 찬탄한 대목
이다.

경문은 두 부분이 있다.
첫째는 은혜가 깊어서 보답하기 어려움을 찬탄한 것이다.
둘째는 三密이 難思함을 찬탄한 것이다.
앞부분에 있는 4구 가운데서 제일구는 스스로 받든 것이 지극히 미묘함을
진술한 것이고, 제이구는 드러난 것이 지극히 위대함을 변별한 것이며, 제
삼구는 자애가 드러남을 설명한 것이고, 제사구는 계수하여 칭탄한 것이다.

大聖法王衆所歸淨心觀佛靡不欣各見世尊在其前斯則神力不共法. 此第
二嘆三密難思. 初嘆身密. 次嘆口密. 依智度論. 身密有二. 一者止現一身.
遠近之衆. 各見於佛對面在前. 如一月昇天. 影現百水. 二者如來隨現一
身. 能令萬類各見己佛. 如天見佛爲天. 人則覩佛爲人.

---

472) 觀=覩ィ【甲】

'대성인 법왕은 중생이 귀의할 곳이오니/ 정심으로 觀佛하면 기쁘지 않음이 없어/ 각자 바로 앞에서 세존을 친견하였으니/ 이것은 곧 세존 신통력으로 불공법이네'에서 이것은 둘째로 三密이 難思함을 찬탄한 것이다.

첫째는 신밀을 찬탄한 것이다.

둘째는 구밀을 찬탄한 것이다.

『대지도론』에 의하면 신밀에 두 가지가 있다.

첫째는 제자리에서 몸을 드러내는 것인데[止現一身] 원근의 대중이 각각 바로 앞에서 부처님을 대면하듯이 친견하는 것이다. 마치 하나의 달이 하늘에 솟으며 그 영상이 온갖 물에 드러나는 것과 같다.

둘째는 여래가 다르면서 중생을 몸을 드러내는 것인데[隨現一身] 만류로 하여금 각각 己佛을 친견토록 하는 것이다. 마치 天이 부처님을 친견하면 천상이 되고 인간이 부처님을 친견하면 인간이 되는 것과 같다.

佛以一音演說法衆生隨類各得解皆謂世尊同其語斯則神力不共法. 此嘆口密. 就文爲三. 初明隨吐一音. 萬類異解. 次辨止說一法. 而隨義普行. 後明說事是同. 而欣憂兼發.

'부처님께서 일음으로 법을 펴서 설하면/ 중생들은 분수에 따라서 각자 이해해도/ 모두 세존의 그 말씀 한 가지라 말하니/ 이것은 곧 세존 신통력으로 불공법이네'에서 이것은 구밀을 찬탄한 것이다.

경문은 세 부분이 있다.

첫째는 중생을 따르면서 일음을 토해내더라도 만류가 각각 다르게 이해하는 것을 설명하는 것이다.

둘째는 제자리에서 일음을 설하더라도 뜻에 따라서 널리 실천하는 것을 변별하는 것이다.

셋째는 동일하게 事를 설하더라도 기뻐함과 근심이 함께 발생함을 설명하는 것이다.

問. 以何爲一音. 答. 有人言. 一法身也. 以法身不二. 故名爲一. 從一法身出音. 名爲一音. 有人言. 一時之中. 竝出衆音. 各不相知. 故云一音. 有人言. 五音之中. 隨吐一音. 而萬類各解. 毘婆娑云. 佛身爲天竺之身. 音爲天竺之音. 故初轉法輪. 依天竺語. 說於四諦. 人則聞於人語. 天則聞於天語. 異類亦然. 今用此釋. 而稱不共者. 二乘但能以一音爲一. 多音爲多. 不能隨吐一言萬類同解. 故稱不共.

묻는다 : 어째서 일음이라 하는 것입니까.

답한다 : 어떤 사람은 일법신이라고도 말한다. 법신과 불이이기 때문에 一이라 말한다. 일법신으로부터 나온 音이므로 일음이라 말한다.

어떤 사람은 '일시에 여러 가지 音이 함께 나오면 각각 서로 알지 못하기 때문에 일음이라 말한다.'고 말한다.

어떤 사람은 '五音 가운데 내뱉는 일음을 따르면 만류가 각각 이해한다.'고 말한다.

『비바사론』에서는 '佛身은 천축의 身이고 音은 천축의 音이다. 때문에 초전법륜은 天竺語에 의해서 사제를 설하자 人은 곧 人語로 듣고 天은 곧 天語로 듣는데, 異類도 또한 그러하다.'고 말한다.

지금은 이 해석에 의용한다. 그런데 '不共'이라 칭한 것은 이승은 무릇 일음으로써 一을 삼고 다음으로써 多를 삼을 뿐이지, 내뱉는 일언을 따라서 만류가 함께 이해하는 것이 불가능하기 때문에 불공이라 말한다.

佛以一音演說法衆生各各隨所解普得受行獲其利斯則神力不共法. 此明止說一法. 隨義普行. 而好施者聞施. 好戒者聞戒. 各蒙利益.

'부처님께서 일음으로 법을 펴서 설하면/ 중생들은 제각각 능력을 따라 이해해도/ 널리 수용하고 실천하여 이익을 얻으니/ 이것은 곧 세존 신통력으로 불공법이네'에서 이것은 제자리에서 일음을 설하더라도 뜻에 따라서 널리 실천하는 것을 설명한 것이다. 그래서 보시를 좋아하는 사람은 보시의 의미로 듣게 하고 지계를 좋아하는 사람은 지계의 의미로 듣게 하여 각각 이익을 준다.

佛以一音演說法或有恐畏或歡喜或生厭離或斷疑斯則神力不共法. 此明說事是同. 欣憂兼發. 叡公云. 如說一苦法. 生四種心. 有人聞苦. 生怖畏. 有人聞苦. 識苦爲苦. 則生歡喜. 有人聞苦. 厭患生死. 有人聞苦. 知實是苦. 斷疑網心. 有人言. 聞於異法. 生四種心. 聞三塗苦則怖畏. 聞人天妙樂則歡喜. 聞不淨則厭離. 聞因果則斷疑.

'부처님께서 일음으로 법을 펴서 설하면/ 혹자는 두려워하고 또 혹자는 환희하며/ 혹자는 싫어하고 혹자는 의심을 끊으니'[473]/ 이것은 곧 세존 신통력으로 불공법이네'에서 이것은 동일하게 事를 설하더라도 기뻐함과 근심이 함께 발생함을 설명한 것이다.

叡公은 '동일한 苦法을 설하는데 사종심이 발생한다.'고 말한다.

어떤 사람은 苦에 대한 설법을 듣고 怖畏를 발생한다고 말하고, 어떤 사람은 苦에 대한 설법을 듣고 苦는 苦가 된다는 것을 알아차린 즉 환희를 발생한다고 말하며, 어떤 사람은 苦에 대한 설법을 듣고 생사를 厭患한다고 말하고, 어떤 사람은 苦에 대한 설법을 듣고 실로 그것이 苦임을 알아차려 疑網心을 단제한다고 말한다.

어떤 사람은 '異法을 듣고 사종심을 발생한다.'고 말한다.

三塗苦를 들은 즉 怖畏하고, 인천의 묘락을 들은 즉 환희를 발생하며, 不淨을 들은 즉 염리하고, 인과를 들은 즉 斷疑한다.

稽首十力大精進稽首已得無所畏稽首住於不共法稽首一切大導師. 此第五總嘆. 望前身口. 卽是意密. 就文爲二. 初得離門歎. 次就空有門嘆. 此就所得嘆也. 嘆所得事二句. 初嘆自德. 大導師下. 歎化他. 原令出三界. 謂小導師. 令絶出三界內外. 至於佛道. 大導師也.

'십력과 대정진을 갖춘 분께 계수합니다/ 이미 사무소외를 갖춘 분께 계

---

473) 여기에서 두려워하는 恐畏는 무서워서 두려운 것이 아니라 부처님의 위대함에 경외하는 마음이고, 싫어하는 厭離는 더러워서 벗어나려는 것이 아니라 번뇌 등의 마음을 멀리 여의려는 마음이다.

수합니다/ 불공법을 모두 갖추신 분께 계수합니다/ 일체의 大導師가 되는 분께 계수합니다'에서 이것은 다섯째 총체적으로 찬탄한 것이다. 앞에서는 身密과 口密을 살펴보았는데, 곧 이것은 意密이다.

경문은 두 부분이 있다.

첫째는 離門의 터득을 찬탄한 것이다.

둘째는 空有門에 나아감을 찬탄한 것이다.

이것은 소득에 대한 찬탄이다. 所得事를 찬탄한 것에도 二句가 있다.

첫째는 自德을 찬탄한 것이다.

(둘째는) '대도사' 이하는 化他를 찬탄한 것이다.

대저 삼계를 벗어나도록 한 것은 小導師라 말하고, 삼계의 내외를 벗어남을 단절하여 불도에 이르는 것은 대도사이다.

稽首能斷衆結縛稽首已到於彼岸稽首能度諸世間稽首永離生死道. 此嘆所離也. 歎所離中亦二. 一歎自離. 能度諸世間[474]. 歎能令他離. 他離中. 離果患. 自離. 總離因果也.

'모든 번뇌를 단제하신 분께 계수합니다/ 이미 피안에 도달하신 분께 계수합니다/ 모든 세간을 건져주신 분께 계수합니다/ 영원히 생사도를 벗긴 분께 계수합니다'에서 이것은 (삼계를) 벗어남을 찬탄한 것이다. 벗어남을 찬탄한 가운데도 또한 둘이 있다.

첫째는 自離를 찬탄한 것으로서 '모든 세간'을 제도하는 것이다.

---

474) 間+(下)カ【原】

(둘째는) 타인으로 하여금 벗어나도록 하는 것을 찬탄한 것이다.

타인을 벗어나도록 하는 가운데에서는 果의 患을 벗어나는 것이고, 스스로 벗어나는 가운데에서는 총체적으로 因의 患과 果의 患을 모두 벗어나는 것이다.

悉知衆生去來相. 就相就⁴⁷⁵⁾空有門嘆. 初據有門. 衆生業行. 往來於六趣. 心馳騁於是非. 悉知之也.

'중생이 윤회로 오고 가는 모습 다 알고'는 공유문에 대하여 찬탄한 것이다. 처음은 유문에 의거한 것이다. 중생이 업행으로 육취에 왕래하면서 마음이 시비가 치달리는데 모두 그것을 아는 것이다.

善於諸法得解脫. 我染諸法故. 諸法縛我. 我心無染. 則萬縛斯解. 以衆生往來. 故是繫縛. 悟來體畢竟無所來. 故得解脫. 如中論縛解品. 常無常門. 求往來不得. 五求門. 不見⁴⁷⁶⁾衆生不得. 故無可往來. 有常無常. 求往來不得. 故無復往來. 卽縛解脫.

'제법에 대해 여법하게 해탈토록 해주며'에서 我가 제법에 염오되기 때문에 제법이 아를 계박하지만, 我心이 염오되지 않은 즉 萬縛이 이로부터 벗

---

475) 〔相就〕-【甲】
476) 不見＝覓ㅓ【甲】

어난다. 중생이 왕래하기 때문에 그것이 계박이지만 體를 깨치고보면 필경에 온[來] 것이 없기 때문에 해탈을 터득한다.

저『중론』[계박품]을 보면, 常無常門에서는 '왕래를 추구하지만 그것이 없고'라고 말하고, 五求門에서는 '중생을 찾아보아도 그것이 없기 때문에 왕래가 없다.'고 말한다.

유상과 무상은 왕래를 찾아보아도 그것이 없기 때문에 다시 왕래할 것이 없은 즉 곧 계박으로부터 벗어나 있다.

不著世間如蓮華下. 第二就空門嘆也.

'세간의 오염에 집착하지 않는 연꽃처럼'은 둘째로 공문에 나아가서 찬탄한 것이다.

常善入於空寂行者. 釋不著世間也. 以善入空寂然棄其心. 故於世間[477]不著. 又雖在世間. 常入空寂. 故不著世間也. 而言善入. 邪見人亦入空. 謂無因果. 二乘入空. 卽便取證. 又菩薩功用心入空. 此有三種. 能非善入. 與此相違. 善入空義也. 出入自在. 而不乖寂. 故云常善也.

'항상 공적한 행위에 여법하게 들어가며'는 세간에 집착하지 않음을 찬탄한 것이다. 공적에 잘 들어간 연후에는 그 마음을 버린다. 때문에 세간에 집

---

477) 間=門【甲】

착하지 않는다.

또한 비록 세간에 있더라도 항상 공적에 들어있기 때문에 세간에 집착하지 않는다. 그래서 '여법하게 들어가며[善入]'라고 말한다. 邪見人도 또한 공에 들어가는데 그들은 인과가 없다고 말하고, 이승이 공에 들어간 즉 곧 證에 집착하며, 또한 보살도 功用心으로 공에 들어간다. 이들 3종은 善入이 아니므로 이 게송의 내용과 더불어 相違한다. 출입이 자재하지만 寂에 어긋나지 않기 때문에 常善이라 말한다.

達諸法相無量⁴⁷⁸⁾礙者. 雖有常空. 雖空常有. 故無礙也.

'모든 법상에 통달하여 걸림이 없으시니'에서 비록 유이지만 항상 공이고 비록 공이지만 항상 유이기 때문에 無礙이다.

稽首如空無所依者. 心境⁴⁷⁹⁾無寄. 如空無依也. 此就空門嘆也.

'허공처럼 所依가 없는 분께 계수합니다'에서 心과 境에 의지함이 없는데 마치 허공이 의지함이 없는 것과 같다. 이것은 공문에 대하여 찬탄한 것이다.

---

478) 量=罣【甲】
479) 境=竟【甲】, =境ィ【甲】

爾時長者子寶積說此偈已白佛言世尊是五百長者子皆已發阿耨多羅三
藐三菩提心. 序分竟前. 今是正說. 文開四章. 一長者發問. 次如來誡許.
三受旨一心. 四正酬其問. 前章爲二. 初自敍發心. 次問佛淨土. 所以明斯
二者. 大士要先發心. 而後修行. 故善財云. 我已發菩提心. 而未知何修菩
薩行. 今亦然也. 阿耨多羅. 此言無上. 三藐三. 云正遍知. 菩提言道. 謂
其道眞正. 無法不知. 正遍知也.

'그때 장자의 아들 보적이 이 게송을 설하고나서 부처님께 아뢰어 말했다. 세존이시여. 저희 오백 명 장자의 아들은 모두 이미 아뇩다라삼먁삼보리심을 일으켰으니'에서 서분은 앞에서 마쳤고, 지금부터는 곧 정설이다.

경문을 열면 四章이다.

첫째는 장자가 發問한 것이다.

둘째는 여래가 誡許한 것이다.

셋째는 일심으로 受旨하는 것이다.

넷째는 본격적으로 그 질문에 답변하는 것이다.

앞의 장에는 두 부분이 있었다.

첫째는 스스로 발심을 서술한 것이다.

둘째는 부처님의 청정국토에 대하여 질문한 것이다. 때문에 이 두 가지를 설명하였다. 대사는 요컨대 먼저 발심하고 나중에 수행한다. 때문에 선재가 '저는 이미 발보리심하였습니다. 그러나 어떻게 보살행을 닦아야 하는지 모르겠습니다.'라고 말했다. 지금도 또한 그와 같다.

'아뇩다라'는 번역하면 無上이고, '삼먁삼'은 번역하면 正遍知이며, '보리'는 번역하면 道이다. 말하자면 그 道는 眞正하여 모르는 법이 없어서 正遍知이다.

願聞得佛國土淸淨唯願世尊說諸菩薩淨土之行. 此下第二正發問[480]也.
前旣發菩提心. 今次問菩薩行. 菩薩要行. 凡有二種. 一成就衆生. 二淨佛
國土. 不問成就衆生. 偏問淨佛土者. 由寶積獻蓋. 如來現土. 故偏問之.
就問爲二. 初問淨土果. 故云願聞[481]得佛國土淸淨. 得佛土淸淨者. 卽是
佛所得淨土果也. 唯願世尊說諸菩薩淨土之行. 此問淨土因也. 夫土所以
淨者. 必由於行. 故請說行也. 凡行必存[482]學人. 故云菩薩. 此問乃是如來
現蓋之所由. 寶積俱詣之本意也.

'바라건대 불국토의 청정을 얻은 것에 대하여 듣고자 합니다. 바라건대 세존께서는 제보살이 청정국토로 가는 수행에 대하여 설해 주십시오.'에서 이하는 둘째로서 본격적으로 발문한 것이다. 앞에서 이미 발보리심하였고, 지금은 그 다음으로 보살행에 대하여 묻는다.

보살이 필요로 하는 행에는 무릇 두 가지가 있다.

첫째는 중생을 성취하는 것이다.

둘째는 불국토를 청정케 하는 것이다. 중생의 성취에 대해서는 질문하지 않고, 불국토를 청정케 하는 것에 대하여 널리 질문한다.

보적이 헌납한 蓋를 말미암아 여래가 국토를 드러내기 때문에 그것에 대하여 널리 질문을 한다.

질문에는 둘이 있다.

첫째는 청정국토의 果에 대하여 묻는다. 때문에 '바라건대 불국토의 청정

---

480) 問=門【甲】
481) 聞=問【甲】
482) 存=在ィ【甲】

을 얻는 것에 대하여 듣고자 합니다.'고 말한다.

(둘째는) '불국토의 청정을 얻은 것'이란 곧 부처님이 얻은 청정국토의 果이고, '바라건대 세존께서는 제보살이 청정국토로 가는 수행에 대하여 설해 주십시오.'라는 질문은 청정불국토의 因이다. 대저 국토가 청정한 까닭은 반드시 보살행을 말미암은 것이다. 때문에 보살행에 대하여 설해줄 것을 청한 것이다. 무릇 보살행에는 반드시 학인에게 있기 때문에 보살이라 망한다. 이 질문은 이에 여래가 蓋를 드러낸 것을 말미암은 것인데, 보적이 (대중과) 함께 나아간 本意이다.

佛言善哉寶積乃能爲諸菩薩問於如來淨土之行諦聽諦聽善思念之當爲汝說. 第二嘆問誡聽許說. 問旣會理應機. 所以須嘆. 再言諦聽者. 令其注心聞法. 生三慧也. 諦聽爲聞慧. 善思爲思慧. 念之爲修慧. 當爲汝說. 此許說也.

'부처님께서 말씀하셨다. 훌륭하구나, 보적이여. 이에 제보살을 위하여 여래의 청정국토로 가는 수행에 대하여 물었구나. 자세히 듣고 자세히 듣거라. 그것에 대하여 잘 생각하고 그것을 유념하라. 반드시 그대를 위해 설해주겠다.'는 것은 둘째로 질문에 대하여 찬탄하고 설법을 허락하고 들을 것을 훈계한 것이다.

질문이 이미 이치에 계합되고 근기에 상응하기 때문에 모름지기 찬탄한 것이다.

'諦聽諦聽'이라고 諦聽을 거듭 말한 것은 그들에게 마음을 기울여서 설법을 듣고 三慧를 발생시키라는 것이다. '諦聽'은 문혜이고, '善思'는 사혜이며, 그것을 념하는 것은 수혜이다. '반드시 그대를 위해 설해주겠다'는 것은 설법을 허락한다는 것이다.

3於是寶積及五百長者子受教而聽. 第三受旨一心.

'이에 보적과 오백 명 장자의 아들이 그 가르침을 받들어 귀를 기울였다.' 는 것은 셋째로서 일심으로 受旨한다는 것이다.

佛言寶積衆生之類是菩薩佛土. 第四正酬其問. 總談佛土. 凡有五種. 一淨. 二不淨. 三不淨淨. 四淨不淨. 五雜土. 所言淨者. 菩薩以善法化衆生. 衆生具受善法. 同搆善緣. 得純淨土. 言不淨者. 若衆生造惡緣. 感穢土也. 淨不淨者. 初是淨土. 此衆緣盡. 後惡衆來. 則土變成不淨也. 不淨淨者. 不淨緣盡. 後淨衆來. 則土變成淨. 如彌勒興之也. 言雜土者. 衆生具起善惡二業. 故感淨穢雜土. 此五皆是衆生自業所起. 應名衆生土. 但佛有生483)化之功. 故名佛土. 然報土旣五. 應土亦然. 報據衆生業感. 應就如來所現. 故合有十土. 就淨土中. 更開四位. 一凡聖同居土. 如彌勒出時. 凡聖共在淨土內住. 亦西方九品往生爲凡. 復有三乘賢聖也. 二大小同住土. 謂羅漢辟支. 及大力菩薩. 捨三界分段身. 生界外淨土中也. 三獨菩薩所住土. 謂菩薩. 道過二乘. 居土亦異. 如香積世界. 無二乘名. 亦如七寶世界. 純諸菩薩. 四諸佛獨居土. 如仁王云. 三賢十聖住果報. 唯佛一人居

---

483) 生＝王【甲】. ＝生ィ【甲】

淨土. 諸淨土住. 不出此四. 卽是從劣至勝. 爲次第. 並有文證也.

'부처님께서 말씀하셨다. 보적이여. 중생의 부류가 곧 보살의 불국토이다.'에서 이것은 넷째로서 본격적으로 그 질문에 답변한 대목이다. 총체적으로 불국토에는 무릇 5종이 있다. 첫째는 淨이고, 둘째는 不淨이며, 셋째는 不淨淨이고, 넷째는 淨不淨이며, 다섯째는 雜土이다.

말한 바 '淨'이란 보살이 선법으로 중생을 교화하고 중생이 선법을 具受하여 함께 善緣을 구축하여 純淨土를 터득하였다.

'不淨'이란 말은 만약 중생이 악연을 지으면 예토를 받는 것이다.

'淨不淨'이란 처음에는 곧 정토였지만 그 衆緣이 다하고나면 후에 惡이 衆來한 즉 국토가 변하여 不淨이 성취된다.

'不淨淨'이란 不淨의 연이 다하고나면 이후에 淨이 衆來한 즉 국토가 변하여 淨이 성취되는데, 미륵이 그것을 일으킨 것과 같다.

'雜土'란 중생이 다같이 선악의 이업을 일으키기 때문에 淨穢의 雜土를 받는다.

이들 5종은 모두 중생의 자업에서 일어난 것이므로 마땅히 중생국토라 말해야 한다. 다만 부처에게는 중생을 교화한 功이 있기 때문에 불국토라 말할 뿐이다. 그러나 報土가 이미 5종이라면 應土도 또한 그럴 것이다. 報는 중생의 업감에 의거한 것이고, 應은 여래가 드러낸 것이다. 때문에 합치면 10국토가 있다.

정토에 대해서도 다시 열어보면 四位가 된다.

첫째는 凡聖同居土이다. 저 미륵이 출세하는 시대에는 범성이 함께 정토 안에 거주하는데, 또한 서방의 구품에 왕생하는 것은 凡이 된다. 다시 三乘의 賢聖이 있다.

둘째는 大小同住土이다. 말하자면 羅漢과 辟支 및 大力菩薩이 삼계의 분단신을 버리고 삼계 밖의 정토에 태어나는 것이다.

셋째는 獨菩薩所住土이다. 말하자면 보살은 도가 이승을 능가하므로 거주하는 국토도 또한 다르다. 향적세계에는 이승이라는 명칭이 없는 것과 같고, 또한 저 칠보세계의 純諸菩薩과 같다.

넷째는 諸佛獨居土이다. 저『인왕경』에서 '삼현과 십성은 果報에 거주하고, 오직 佛 한 사람만이 정토에 거주한다.'고 말한다.

모든 정토의 거주는 이 넷을 벗어나지 않는다. 곧 이것은 하열한 것으로부터 수승한 것에 이르는 것을 차제로 삼는다. 모두 文證이 있다.

問. 以何爲土體. 答. 土體有三. 一橫論. 其體有五. 謂化處淨. 化主淨. 敎門淨. 徒衆淨. 時節淨. 無力[484]兵等. 二若就三世間作明. 國土世間. 則以七珍爲體. 三者竪論義. 望道而言. 土以不土爲體. 要由不二. 方得有土. 卽是以有空義故一切法得成也. 就文爲二. 初明修淨土意. 次正答淨土因果. 所以開此二者. 夫有所說. 必須前序來意. 然後方得誂其問耳. 來意有二. 初明取報土意. 次明取應土意. 取土之意. 唯此二也.

묻는다 : 무엇으로 국토의 체를 삼는 것입니까.

답한다 : 국토의 체에 세 가지가 있다.

    첫째는 橫論인데 국토의 체에 다섯 가지가 있다. 말하자면 化處淨 · 化主淨 · 敎門淨 · 徒衆淨 · 時節淨 · 無刀兵 등이다.

---

484) 力＝刀【甲】

둘째는 만약 삼세간에 나아가서 설명하자면 국토세간인데 곧 七珍으로 체를 삼는다.

셋째는 竪論의 뜻에서 도를 보고 말하자면 국토는 국토가 없음으로써 체를 삼는다. 요컨대 불이를 말미암아서 바야흐로 有土를 얻는다. 곧 이것은 有空의 뜻이기 때문에 일체법이 성취된다.

경문은 두 부분이 있다.

첫째는 청정국토를 닦는 뜻을 설명한다.

둘째는 청정국토의 인과에 대하여 본격적으로 답변한다. 때문에 이처럼 둘로 나눈 것이다.

대저 설법이 있으면 반드시 먼저 序가 來意를 말해야 한다. 연후에 바야흐로 그 질문에 답할 수가 있다.

來意에 두 가지가 있다.

첫째는 보토를 취한 뜻을 설명한다.

둘째는 응토를 취한 뜻을 설명한다.

국토를 취한 뜻은 오직 이 둘 뿐이다.

衆生之類是菩薩佛土者. 此標取土[485]意也. 菩薩取土. 由大悲起. 大悲由衆生起. 衆生是取土之緣. 緣中說果. 故言衆生之類是菩薩佛土. 緣中說果者. 如人言食金. 金不可食. 因金得食. 故言食金. 又衆生是菩薩佛土者. 下佛自釋之.

---

485) 土+(之)【甲】

'중생의 부류가 곧 보살의 불국토이다.'는 이것은 국토를 취한 뜻을 標한 것이다. 보살이 국토를 취한 것은 대비를 말미암아 일어나고, 대비는 중생을 말미암아 일어난다. 그래서 중생이 곧 국토를 취한 인연이므로 연 가운데 과가 있다. 때문에 '중생의 부류가 곧 보살의 불국토이다.'고 말한다.

緣 가운데서 果를 설하는 것은 마치 사람이 금을 먹는다고 말하지만 금은 먹을 수 없는 것과 같다. 그러나 금을 인하여 금을 얻기 때문에 금을 먹는다고 말한다.

또한 '중생이 곧 보살불국토이다.'는 것은 이하에서 부처님이 스스로 그것을 해석한다.

所以者何菩薩隨所化眾生而取佛土. 釋上義也. 疑者云. 土是已報. 云何乃說他眾生類. 爲我佛土. 是故釋云. 菩薩取土. 本爲眾生. 因眾生故. 諸眾生以爲佛土. 隨所化眾生而取佛土者. 此明生善義也. 隨以何法. 化於眾生. 若施. 若戒. 各隨彼所行. 來生其國. 若因持戒. 則其地平生[486]. 若因行施. 則七珍具足. 略擧二法. 餘皆類然. 又云. 隨所化眾生之多少. 取佛土是闊狹也是以. 佛土或如[487]四天下. 或以三千. 或以恒沙爲一國也. 什公. 亦有此意. 今謂. 具含二義. 一隨生善之淺深. 二隨人之多少也.

'왜냐하면 보살은 교화하는 중생을 따라서 불국토를 취하고'는 위의 뜻을 해석한 것이다. 의문을 제기하는 사람은 '국토가 곧 이미 報인데 어째서 이

---

486) 生=正【甲】
487) 如=以 ㇁【甲】

에 다른 중생류를 우리 불국토라고 설하는가.'라고 말한다. 이런 까닭에 해석하여 '보살이 국토를 취하는데 그 근본은 중생이다. 중생을 인한 까닭에 중생을 가지고 불국토를 삼는다고 말한다.'고 말한다.

'교화하는 중생을 따라서 불국토를 취한다'는 이것은 善義를 발생하는 것에 대하여 설명한 것이다. 어떤 법을 따라서 중생을 교화하는가. 施라든가 戒라든가 각각 그들의 행위를 따라서 그 국토에 來生한다. 만약 지계를 인한 즉 그 땅이 平正하고, 만약 行施를 인한 즉 七珍이 구족된다. 간략하게 (보시와 지계의) 二法을 들어보았는데 기타 모두 비슷하다.

또 교화하는 중생의 다소에 대하여 말하자면, 불국토를 취하는데 곧 闊狹이 그 이유이다. 불국토는 혹 사천하로써, 혹 삼천대천세계로써, 혹 항사로써 일국토를 삼는다. 나집공에게도 또한 이와 같은 뜻이 있다. 여기에서 지금 말하자면 모두 두 가지 뜻을 포함하고 있다. 첫째는 선을 발생하는 淺深에 따르는 것이고, 둘째는 사람의 多少를 따르는 것이다.

隨所調伏衆生而取佛土. 前句明生善之淺深. 此文[488]滅惡之多少. 故取佛土之精麁也.

'조복하는 중생을 따라서 불국토를 취하며'에서 前句는 선을 발생하는 심천을 설명한 것이고, 이 경문은 악을 소멸하는 다소를 설명한 것이다. 때문에 불국토의 精麁를 취한다.

---

488) 文+(明)カ【原】【甲】

隨諸衆生應以何國入佛智慧而取佛土隨諸衆生應以何國起菩薩根而取佛土. 前之兩句. 明取報土意. 今亦二句. 明取應土意. 應以何國者. 若應見淨土以得悟故. 示之以寶玉. 若應見穢國以受道故. 現之以土沙. 入佛慧者. 依肇公. 七地所得無生慧也. 故大品云. 七地名佛眼地. 起菩薩根者. 六住已下菩提心也. 有[489]人言. 初地得於眞解. 生在佛家. 爲入佛慧. 此[490]心乃至十信. 爲菩薩根. 有人言. 隨所化衆生. 化外凡夫. 令生信解. 隨所調伏. 敎內凡夫令修起衆行. 此二句. 化地前人. 取佛土也. 今文二句. 化登地已上. 入佛智慧. 謂入佛果. 起菩薩根. 正辨修因. 此之四句. 攝所爲之緣. 始自外凡. 終起佛果. 但明取佛土意. 不判報應不同也.

'모든 중생이 반드시 어떤 국토로써 불지혜에 들어갈 것인지에 따라서 불국토를 취하고, 모든 중생이 반드시 어떤 국토로써 보살의 근기를 일으킬 것인지에 따라서 불국토를 취하기 때문이다.'에서 앞의 兩句는 보토를 취한 뜻에 대하여 설명하였는데, 여기의 二句 또한 응토를 취한 뜻에 대하여 설명한다.

응토는 어떤 국토인가. 만약에 응당 청정국토를 봄으로써 깨침을 터득한 까닭에 그것으로 寶玉을 보여줄 것이고, 만약에 응당 穢國을 봄으로써 道를 받았다면 그것으로 土沙를 드러낼 것이다.

'불지혜에 들어간다'는 것은 肇公에 의하면 칠지에서 터득한 무생지혜이다. 때문에 『대품』에서 '칠지는 불안지이다.'고 말한다.

'보살의 근기를 일으킨다'는 것은 육주 이하의 보리심이다.

---

489) 有+(彭城略疏)傍註【原】【甲】
490) 此=三十*【甲】

어떤 사람은 '초지에서 眞解를 얻어 불가에 태어나 불혜에 들어가고, 三十心 내지 십신에 이르기까지는 보살근기이다.'고 말한다.

어떤 사람은 '교화받는 중생에 따른 것은 외도와 범부를 교화하여 신해를 발생토록 하는 것이고, 조복받는 것을 따른 것은 敎內의 범부로 하여금 衆行을 일으켜 닦도록 하는 것이다.'고 말한다.

이 二句는 地前人을 교화하여 불국토를 취한 것이다. 지금 이 경문의 二句는 등지 이상을 교화하여 불지혜에 들어가게 하는 것인데 소위 불과에 들어가는 것이다.

'보살근을 일으킨다'는 것은 본격적으로 수행의 인을 변별한 것이다.

이들 四句는 섭수되는 것으로 그 연을 삼은 것이다. 처음 외도와 범부로부터 마지막 불과를 일으키기까지 무릇 불국토를 취하는 뜻을 설명한 것인데, 보토와 응토가 같지 않은 것에 대해서는 판별하지 않았다.

所以者何菩薩取於淨國皆爲饒益諸衆生故. 釋上取土意. 就文爲三. 謂法譬合. 此法說也. 應有問發起云. 菩薩成佛. 得土自安. 何故偏言爲衆生耶. 所以者何. 卽答問也. 夫法身無像. 豈有土耶. 而今取淨國者. 皆爲益物耳.

'왜냐하면, 보살이 청정한 국토를 취하는 것은 모두 모든 중생을 요익하려는 까닭이기 때문이다.'에서 이상에서 국토를 취하는 뜻을 해석하였다.

경문은 세 부분이 있는데 말하자면 法과 譬와 合이다. 지금 이 대목은 법설이다.

(묻는다 :) 응당 '보살이 성불하면 얻은 국토가 저절로 안립될 것입니다. 그런데 무슨 까닭에 치우쳐 중생을 위한 것뿐인가.'라는 질문이 발기될

것입니다.

(답한다:) '왜냐하면'은 곧 문답이다. 대저 법신은 無相인데 어찌 국토가 있겠는가. 그러나 지금청정국토를 취한 것은 모두 중생의 이익을 위함일 뿐이다.

譬如有人欲於空地造立宮室隨意無礙若於虛空終不能成. 此譬說也. 應有疑云. 觀空之慧. 能治感[491]染. 可得淨土. 爲衆生是取有之心. 云何能得淨土. 是故擧譬之. 夫造立宮室. 要須二. 一者虛空. 二者依地. 宮室始成. 菩薩空心. 依衆生地. 方得淨土. 若但空. 無有地者. 室終[492]不成. 二乘但修空觀. 不爲衆生. 故無淨土.

'비유하면 어떤 사람이 공터에다 궁실을 짓는 것은 마음대로 걸림이 없겠지만, 만약 허공에다는 끝내 성취할 수 없는 경우와 같다.'는 이것은 喻說이다. 응당 '공을 관찰하는 지혜는 惑染을 다스릴 수가 있어서 청정국토를 얻을 수 있을 것이다. 중생을 위하여 그것을 취하는 것은 有의 마음이다. 그런데 어찌 청정국토를 얻을 수 있겠는가.'라는 의심이 있을 것이다. 이런 까닭에 그것을 비유로 든 것이다. 대저 궁실을 짓는 데에는 모름지기 두 가지가 필요하다.

첫째는 허공이다.

둘째는 의지할 땅이다.

---

491) 感=惑【甲】
492) 室終=空於【甲】, =室終ィ【甲】

궁실이 처음 성취되려면 보살이 허공과 같은 마음으로 중생의 땅을 의지해야 바야흐로 청정국토를 얻게 된다. 만약 허공만 있고 땅이 없으면 궁실은 끝내 성취될 수가 없다. 그런데 이승은 단지 공관만 닦을 뿐이지 중생을 위하지 않는 까닭에 청정국토가 없다.

菩薩如是爲成就衆生故願取佛國願取佛國者非於空也. 此合譬也.

'보살도 그와 같이 중생을 성취시키려고 불국토를 취하고자 한다. 불국토를 취하고자 원한다면 허공으로는 불가능하다.'는 이것은 合說과 譬說이다.

寶積當知直心是菩薩淨土. 自上已來. 明取土意竟. 從此已後. 正答淨土因果問也.

'보적이여. 반드시 알아야 한다. 直心이 곧 보살의 청정국토이니'에서 이상으로 국토를 취하는 뜻의 설명은 마친다.
이후로는 청정국토의 인과에 대한 질문에 본격적으로 답변한다.

又上明菩薩爲衆生取佛土. 是大悲門. 今明淨土因果. 是修行門也. 又上願門. 今是行門. 願門者. 故文云願取佛土. 今正明修行. 又上明衆生是佛

土. 緣中說果. 今直心是佛土. 因中說果. 凡有七章. 如去[493]章中釋之. 就文爲二. 初正明淨土因果. 第二釋疑. 前章又兩. 初明行體. 初<次?>辨修行次第. 初有十七句文. 一一句内. 具誡因果二問. 前擧因答其因問. 次擧果誡其果問. 前明衆生之類是菩薩佛土. 就緣說果名. 直心是淨土因. 卽因說果名. 所以就因之與緣明淨土者.

또한 위에서 보살이 중생을 위하여 불국토를 취한다고 설명한 것은 곧 대비문이었는데, 지금의 이 대목은 청정국토의 인과를 설명한 것으로 이것은 수행문이다.

또한 위의 것은 願門이었는데 지금 이 대목은 行門이다. 원문이기 때문에 경문에서 '불국토를 취하고자 한다'고 말했는데, 지금 이 대목은 수행에 대하여 본격적으로 설명한다.

또한 위의 것은 중생이 곧 불국토임을 설명하여 연 가운데서 과를 설한 것[緣中說果]이었는데, 지금 이 대목은 직심이 곧 불국토로서 인 가운데서 과를 설한 것[因中說果]이다. 무릇 여기에 7장이 있다. 저 章中을 따라가면서[去] 그것을 해석한다.

경문에 두 부분이 있다.

첫째는 청정국토의 인과에 대하여 본격적으로 설명한다.

둘째는 의심을 해석한다.

前章[494]에도 또한 두 부분이 있다.

첫째는 수행의 체를 설명한다.

---

493) 去=玄【甲】
494) '첫째는 청정국토의 인과에 대하여 본격적으로 설명한다'는 대목을 가리킨다.

둘째는 수행의 차제를 변별한다.

첫째에 17句文이 있는데 낱낱의 句內에 인과의 二問에 대한 답변이 갖추어져 있다. 먼저 因을 들고 그 因問에 대하여 답변하고, 다음에 果를 들고 그 果問에 대하여 답변한다. 위에서는 중생의 부류가 곧 보살의 불국토임을 설명하였는데, 그것은 緣에 나아가서 果名을 설한 것이었다. 직심은 곧 청정국토의 因이고, 그 因에 즉하여 果名을 설하였다. 때문에 因과 緣에 나아가서 청정국토를 설명한 것이다.

夫取淨土. 要具二義. 一者要先起大悲爲衆生. 二由菩薩修直心等行. 具此二條. 方得佛土. 是以前文就緣說果. 此章就因說果. 直心者. 凡夫滯有. 二乘偏滯空. 並爲邪曲. 菩薩行正觀. 名正直心. 此心爲衆生之本. 淨土之基. 故命初說也.

대저 취한 청정국토에는 요컨대 두 가지 뜻이 갖추어져 있다.

첫째는 요컨대 먼저 대비를 일으킨 것은 중생을 위한 것이었다.

둘째는 보살이 닦는 직심 등의 수행을 말미암은 것이다.

이 두 가지를 갖추어야 바야흐로 불국토를 얻는다. 이로써 前文에서는 緣에 나아가서 果를 설하였는데, 此章에서는 因에 나아가서 果를 설한다.

'직심'에 대해서 범부는 유에 막히고 이승은 한쪽으로 공에 막혀서 둘 모두 邪曲이 되는데 보살은 정관을 행하므로 正直心이라 말한다. 이 정직심은 중생의 本이고 청정국토의 基이기 때문에 初說에 命名하였다.

菩薩成佛時不諂眾生來生其國. 上明直心. 訓淨土因問. 此答淨土果問.
寶積前問果. 後問因. 據說問495)也. 前答因. 後答果. 謂修行次第也. 菩薩
成佛時. 此句答上願聞得佛之言也. 不諂眾生來生其國. 此答上國土清淨
也. 菩薩自修正觀. 化物亦令得此心. 故眾生. 現在與大士同悟. 未來將菩
薩同生. 故言不諂眾生來生其國. 不諂直心. 名殊體一. 深心是菩薩淨土.
自有雖復正直. 未必深入. 故今明. 發心之始. 始於正觀. 正觀逾明. 稱爲
深心. 以深固難拔. 深心義也. 菩薩成佛時具足功德眾生來生其國. 在心
旣深. 眾德必備. 故具足功德眾生. 來生其國也.

'보살이 성불할 때는 사특하지 않는 중생이 그 국토에 와서 태어난다.'는
것은 먼저 직심을 설명하여 청정국토의 因에 대한 질문에 답변 것이다. 이
대목은 청정국토의 果에 대한 질문에 답변한 것이다.

보적은 먼저 果를 묻고 나중에 因을 묻는데, 그것은 설한 경문에 의거한
것이다. 그런데 먼저 因에 대하여 답변하고 나중에 果에 대하여 답변한 것
은 말하자면 그것이 수행의 차제이다. 보살이 성불할 때 此句는 위에서 得
佛之言에 대하여 듣고자 하는 것에 대한 답변이다.

'보살이 성불할 때는 사특하지 않는 중생이 그 국토에 와서 태어난다.'는
이것은 위의 '국토청정'에 대한 답변이다. 보살이 스스로 정관을 닦아서 중
생을 교화하는 것도 또한 이 마음을 얻도록 한 것이다. 때문에 중생이 현재
는 대사와 더불어 同悟하고, 미래는 장차 보살과 同生한다. 때문에 '보살이
성불할 때는 사특하지 않는 중생이 그 국토에 와서 태어난다.'고 말한다. (
사특하지 않는다) '不諂'과 '直心'은 명칭은 다르지만 체는 하나이다.

---

495) 問＝門 ₁【甲】

'深心이 곧 보살의 청정국토이다.'는 것은 본래부터 있었지만 비록 다시 正直하다는 것은 아직 반드시 深入이 아니기 때문에 지금 설명하는 것이다. 발심하는 처음이 정관의 시작이다. 정관이 더욱더 밝아지면 深心이라 칭한다. 깊고 견고함으로써 빼내기가 어렵다는 것이 深心의 뜻이다.

'보살이 성불할 때는 공덕을 구족한 중생이 와서 그 국토에 태어난다.'는 것은 在心이 이미 깊어서 衆德을 반드시 갖추기 때문에 공덕을 구족한 중생이 와서 그 국토에 태어난다.

問. 菩薩自修深心. 云何具足功德衆生. 來生其國. 答. 前已通. 今更有三義. 一者深心. 是淨業之力. 自然[496]. 具足功德衆生. 來生其國. 如屠殺人. 自然能感屠殺眷屬. 來生其國[497]家. 二由大士深心. 令深心人愛念親近菩薩故. 來生其國. 三由深心故. 得土妙人皆樂生. 故修深心往生其國. 一門旣爾. 餘行類然. 大乘<菩提?>心是菩薩淨土菩薩成佛時大乘衆生來生其國. 三心次第者. 夫欲行大道. 要先直其心. 心旣正直. 然後入行. 入行能深[498]. 則普運一切. 普皆趣佛. 名菩提心. 是爲次第. 布施是菩薩淨土菩薩成佛時一切能捨衆生來生其國. 上標三心. 此去備修衆行. 六度是菩薩要法. 故建首明之. 外捨國財身命. 內捨貪愛慳嫉. 名一切能捨. 持戒是菩薩淨土菩薩成佛時行十善道滿願衆生來生其國. 十善名爲舊戒. 有佛無佛. 常有此法[499]. 偏擧之. 戒具則無願不滿. 如天德甁. 故言

---

496) 然+(能成)ィ【原】. (能成)【甲】
497) 〔國〕ィ-【甲】
498) 深+(能深)【甲】
499) 法+(故)【甲】

滿願衆生來生其國.

묻는다 : 보살이 스스로 深心을 닦았는데 어째서 공덕을 구족한 중생이 와서 그 국토에 태어난다는 것입니까.

답한다 : 앞에서 이미 통하였는데, 지금 다시 세 가지 뜻이 있다.

첫째는 深心이다. 이것은 淨業의 力으로서 자연스레 성취되어 공덕을 구족한 중생이 와서 그 국토에 태어난다. 저 도살인의 경우에 자연스레 도살인의 권속이 와서 그 가문에 태어나게 된다.

둘째는 대사의 深心을 말미암은 것이다. 深心人으로 하여금 보살을 애념하고 친근토록 하기 때문에 와서 그 국토에 태어난다.

셋째는 深心을 말미암은 것이다. 터득한 국토의 妙人은 모두 樂生하기 때문에 深心을 닦아서 그 국토에 왕생한다. 一門은 이미 그렇다. 나머지 行도 그와 같은 부류이다. 그래서 '菩提心이 곧 보살의 청정한 국토이니, 보살이 성불할 때는 대승의 중생이 와서 그 국토에 태어난다.'는 것이다.

다음으로 三心의 차제에 대한 것이다. 대저 대도를 행하고자 하면 요컨대 먼저 其心을 正直하게 해야 한다. 마음이 이미 정직해지면 연후에 행에 들어가는데 행에 들어가야 能深한다. 能心한 즉 널리 일체를 運하여 널리 다 부처에 나아가는데 그것을 보리심이라 말한다. 이것이 차제이다.

'布施가 곧 보살의 청정한 국토이니, 보살이 성불할 때는 일체를 놓아버린 중생이 와서 그 국토에 태어난다.'는 것은 위에서는 삼심을 標하였는데, 여기서부터는 衆行을 갖추어 닦는다. 육바라밀은 보살의 要法이기 때문에 맨 먼저 내세워 그것을 설명한다. 밖으로는 國과 財와 身命을 捨하고, 안으로는 貪과 愛와 慳嫉을 捨하는 것을 一切能捨라 말한다.

'持戒가 곧 보살의 청정한 국토이니, 보살이 성불할 때는 十善道를 실천하여 소원이 만족된 중생이 와서 그 국토에 태어난다.'는 것은 십선은 말하자면 舊戒이다. 有佛과 無佛에게는 항상 이 법이 있었기 때문에 널리 그것을 언급한 것이다. 계를 구족해도 소원이 없으면 가득 차지 않는데 마치 天德의 瓶과 같다. 때문에 소원이 만족된 중생이 와서 그 국토에 태어난다고 말한다.

忍辱是菩薩淨土菩薩成佛時三十二相莊嚴衆生來生其國精進是菩薩淨土菩薩成佛時懃修一切功德衆生來生其國禪定是菩薩淨土菩薩成佛時攝心不亂衆生來生其國智慧是菩薩淨土菩薩成佛時正定衆生來生其國. 得正智慧. 決定法相. 名正定500). 正定聚者. 依小乘. 忍法已去不退. 爲凡夫. 依大乘. 則六心已上不退. 爲二乘位正定聚也.

'忍辱이 곧 보살의 청정한 국토이니, 보살이 성불할 때는 삼십이상을 장엄한 중생이 와서 그 국토에 태어난다. 精進이 곧 보살의 청정한 국토이니, 보살이 성불할 때는 일체의 공덕을 勤修하는 중생이 와서 그 국토에 태어난다. 禪定이 곧 보살의 청정한 국토이니, 보살이 성불할 때는 섭심하여 산란하지 않는 중생이 와서 그 국토에 태어난다. 智慧가 곧 보살의 청정한 불국토이니, 보살이 성불할 때는 正定의 중생이 와서 그 국토에 태어난다.'는 것은 正智慧를 얻어 法相을 결정한 것을 正定聚라 말한다. 정정취는 소승에

---

500) 定+(聚)カ【原】, (聚)【甲】

의거하자면 忍法 이상에서 불퇴하면 범부가 되고, 대승에 의거하자면 六心 이상에서 불퇴하면 이승의 지위로서 정정취가 된다.

四無量心是菩薩淨土菩薩成佛時成就慈悲喜捨衆生來生其國. 良由內有四等故. 能行六度. 故次說之. 小乘四心. 但緣欲色二界衆生. 非眞無量. 大乘四心. 周被無際. 名無量也. 四攝法是菩薩淨土. 四等是濟物之心. 四攝爲化緣之事. 內外不同. 故次說也. 所言四者. 謂布施. 愛語. 利益. 同事. 行此四法. 攝取衆生. 令其住理. 故名爲攝. 布施與檀那[501]異者. 直捨財施人. 名爲布施. 以施攝物. 令其入道. 目之攝[502]. 菩薩成佛時解脫所攝衆生來生其國. 解脫謂涅槃也. 菩薩因時. 以四攝攝衆生. 所攝衆生. 後必得解脫果. 故此衆生. 爲解脫所攝. 卽是解脫. 住理爲攝義. 又釋義言. 菩薩旣攝衆生. 則衆生繫屬菩薩. 故今明得解脫. 爲解脫攝取. 非爲繫屬於已. 故攝之也.

'四無量心이 곧 보살의 청정한 불국토이니, 보살이 성불할 때는 慈·悲·喜·捨를 성취한 중생이 와서 그 국토에 태어난다.'에서 진실로 안에 있는 사무량심[四等]을 말미암은 까닭에 육바라밀을 행할 수 있으므로 다음으로 그것을 설한다. 소승의 사심에서는 단지 욕계와 색계의 이계중생만 반연하므로 진정한 무량이 아니다. 대승의 사심에서는 널리 無際까지 덮기 때문에 무량이라 말한다.

---

501) 檀那=攝 ₁【甲】
502) (爲)力+攝【原】【甲】

'四攝法이 곧 보살의 청정한 불국토이니'에서 사무량심[四等]은 곧 중생을 제도하는 마음이고, 사섭은 중생을 교화하기 위한 행위[事]로서 내외가 不同한 까닭에 차례로 설한다. 말한 바 '四'는 소위 布施·愛語·利益·同事이다. 이 사법을 행하여 중생을 섭취하여 그들로 하여금 이치에 머물도록 하는 까닭에 이름하여 攝이라 한다. 布施와 攝은 다른데, 직접 재물을 捨하여 사람에게 베풀어주는 것을 보시라 말하고, 베풀어줌으로써 중생을 섭수하여 그들로 하여금 도에 들어가도록 하는 것을 가리켜서 攝이라 한다.

'보살이 성불할 때는 해탈을 섭수한 중생이 와서 그 국토에 태어난다.'에서 해탈은 말하자면 열반이다. 보살이 因時에 사섭으로써 중생을 섭수하는데 섭수된 중생은 후에 반드시 해탈과를 얻기 때문에 그 중생은 해탈에 섭수되는데 곧 그것이 해탈이고, 이치에 머무는 것이 섭수의 뜻이다.

또한 그 뜻을 해석하자면 다음과 같다.

'보살이 이미 중생을 섭수한 즉 중생이 보살에 繫屬된다. 때문에 지금 해탈을 얻도록 설명하는 것은 해탈에 攝取되는 것이지 繫屬이 아니므로 중생을 섭수한다.'

方便是菩薩淨土菩薩成佛時於一切法方便無礙衆生來生其國. 始自直心. 終於四攝. 必須方便. 則不隨[503]二乘. 超於三有. 故次明方便. 方便者. 巧方便慧也. 積小德而獲大功. 處有不乖寂. 居無不失化. 無爲而爲不爲. 方便無礙也. 三十七品是菩薩淨土菩薩成佛時念處正勤神足根力覺道衆生來生其國. 三十七品. 爲趣涅槃. 以有方便. 能行道品. 不證二乘地. 故次

---

503) 隨=墮₁【甲】

說也. 三十七道品者. 謂三四. 二五. 單七. 隻八. 合三十七也. 三四者. 四念處. 四正懃. 四如意足. 二五. 謂五根. 五力. 單[504]七[505]七覺. 隻[506]八正道. 稱道品者. 道謂菩提. 品爲品類. 此三十七. 皆是趣菩提行. 而有品類不同. 別有大科. 不具釋也.

'方便이 곧 보살의 청정한 불국토이니, 보살이 성불할 때는 일체법의 방편에서 걸림이 없는 중생이 와서 그 국토에 태어난다.'에서 처음 직심으로부터 사섭에 이르기까지[終] 반드시 방편이 필수인 즉 이승에 떨어지지 않고 삼유를 초월하기 때문에 다음으로 방편을 설명한다. 방편은 巧方便慧이다. 작은 덕을 쌓아서 큰 공을 획득하고, 有에 처해도 寂에 어긋나지 않으며, 無에 居해도 교화를 상실하지 않고, 무위이면서도 무위가 아닌 것이 방편무애이다.

'三十七助道品이 곧 보살의 청정한 불국토이니, 보살이 성불할 때는 사념처·사정근·사신족·오근·오력·칠각지·팔정도의 중생이 와서 그 국토에 태어난다.'에서 삼십칠품은 열반에 나아가기 위한 것이다. 방편이 있음으로써 도품을 행할 수가 있다. 이승지를 증득하는 것이 아니기 때문에 (방편의) 다음에 설한다.

삼십칠도품이란 3·4, 2·5, 單7, 隻8 등을 합치면 37이다. 3·4는 사념처, 사정근, 사여의족이고, 2·5는 소위 오근과 오력이며, 單7은 칠각지이고, 隻8은 팔정도이다. 道品이라 칭한 것에서 道는 보리를 말하고, 品은 품

---

504) 單=幷【甲】, =單ィ【甲】
505) 〔七〕-【甲】
506) (八)ィ+隻【甲】, 〔隻〕-【甲】

류이다. 이 37가지는 모두 보리행에 나아가는 것이지만 품류에 不同이 있다. 별도로 大科가 있지만 자세한 해석은 하지 않는다.

迴向心是菩薩淨土菩薩成佛時得一切具足功德國土. 以有方便. 行於道品. 旣不墮507)二乘. 復迴此善根. 向於佛道. 故次明迴向. 又凡夫功德. 爲向三有. 小心作善. 爲向二乘. 此並招小報. 今迴此二善. 令向佛道. 便得大果. 故後文說迴向. 爲大利也. 又迴向者. 迴己善根. 向於衆生. 故名迴向. 以獨善則福少兼濟則利多也. 又迴己善根. 向於實相. 故名迴向. 前508)三509)雖向佛向人. 若取相分別. 其報則少. 若一毫之善. 向於實相. 實相是理. 善解實理. 則福等虛空. 故後三句. 但言國土. 不語衆生者. 爲存略故也.

 '迴向心이 곧 보살의 청정한 불국토이니, 보살이 성불할 때는 일체를 구족한 공덕의 국토를 얻는다.'에서 방편을 가지고 도품을 행한 즉 이미 이승에 떨어지지 않고 다시 이 선근으로 迴하고 불도로 向하기 때문에 (삼십칠품의) 다음에 迴向을 설명한다.
 또한 범부의 공덕은 삼유를 향하게 되고, 소승심의 작선은 이승을 향하게 되어 이들은 작은 과보를 초래하나다. 그러나 지금 그 (범부와 소승심의) 두 가지 善을 迴하여 불도를 向하도록 하면 곧 大果를 얻게 된다. 때문에 後

---

507) 墮=隨【甲】
508) 前+(十)力【原】
509) 三=二【甲】, =三ㅓ【甲】

文에서 설하는 廻向은 大利가 된다.

또한 廻向이란 자기의 선근을 廻하여 중생에게 向하기 때문에 회향이라 말한다. 獨善인 즉 복이 적지만 兼濟인 즉 利가 많다.

또한 자기의 선근을 廻하여 實相을 向하기 때문에 회향이라 말한다. 앞의 삼십칠에서는 비록 向佛하고 向人하였을지라도 만약 取相分別하면 그 과보가 곧 적다. 그러나 만약 一毫의 善이라도 실상을 向한다면 實相은 是理이고 善解는 實理로서 곧 복이 허공과 같게 된다. 때문에 이후 三句에서 단지 국토만 언급하고 중생은 언급하지 않는 것은 存(국토가 언급됨)과 略(중생이 생략됨)이 되기 때문이다.

說除八難是菩薩淨土菩薩成佛時國土無有三惡八難. 修淨土. 凡有二行. 一修善法. 謂起淨土行. 二說除八難. 明離惡法. 謂捨穢土行. 自上已來. 初行已竟. 此明第二行也. 八難者. 三塗卽三. 人間有四. 一生盲聾. 此是苦報. 二世智辯聰. 邪見煩惱. 此二正是難體. 三佛前後. 此明時爲難. 四北方. 此以界爲難. 五<一?>長壽天. 亦以處爲難. 則知八難具五道也. 說除八難者. 依成實論. 四輪治之. 一住善處輪. 治三塗北鬱及長壽天五難也. 二依善人輪. 治佛前佛後難. 三自發正願輪. 卽正信心. 治世智辯聰難. 四宿植善根輪. 治生盲聾難. 若約行治者. 持淨戒. 治三塗難. 樂法施. 治聾盲難. 修正法. 治世智辯聰難. 供諸佛. 治佛前佛後難. 修集正觀. 治北方及長壽天難也.

'설법으로 八難을 단제하는 것이 곧 보살의 청정한 불국토이니, 보살이 성불할 때는 국토에 삼악과 팔난이 없다.'에서 정토를 닦는데 무릇 두 가지 수행이 있다.

첫째는 선법을 닦는 것이다. 말하자면 정토행을 일으키는 것이다.

둘째는 팔난의 제거를 설하고 악법을 벗어나는 것을 해명하는 것이다. 말하자면 穢土行을 버리는 것이다.

이상에서 初行(정토행)을 마쳤는데, 이 대목은 第二行(예토행)을 설명한 것이다.

팔난은 다음과 같다.

三塗(三惡道)의 難이 곧 세 가지이다.

그리고 인간세계에 네 가지 難이 있다.

(그리고 천상세계에 태어나는 것이 한 가지이다)

곧 넷째(인간세계의 첫째)는 盲聾으로 태어나는 것인데, 이것은 苦報이다.

다섯째(인간세계의 둘째)는 世智의 辨聰을 가졌지만 邪見으로 煩惱하는 것이다. (첫째의 고보와 둘째의 번뇌) 이 두 가지는 바로 難의 體이다.

여섯째(인간세계의 셋째)는 부처님 전후에 태어나는 것인데 이것은 時爲難을 설명한 것이다.

일곱째(인간세계의 넷째)는 북방에 태어나는 것인데 이것은 界爲難이다. (이상이 네 가지이다.)

여덟째(천상세계의 첫째) 長壽天에 태어나는 것인데 또한 處爲難이다. (이상이 한 가지이다.) 이처럼 곧 8난에는 (수라를 뺀) 五道에 갖추어져 있음을 알 수가 있다.

'설법으로 팔난을 단제한다'는 것은 『성실론』에 의하면 四輪으로 그것을 다스린다.

첫째는 住善處輪으로서 三塗와 북울단원과 장수천 등 모두 다섯 가지 난을 다스린다.

둘째는 依善人輪으로서 부처님 전후에 태어나는 난을 다스린다.

셋째는 스스로 自發正願輪으로서 정견심에 즉하여 世智辨聰의 難을 다스린다.

넷째는 宿植善根輪으로서 盲聾으로 태어나는 難을 다스린다.

만약 수행에 의거하여 (팔난을) 다스린다면, 淨戒를 수지하여 三塗의 難을 다스리고, 法施를 좋아하여 聾盲의 難을 다스리며, 正法을 닦아서 世智辨聰의 難을 다스리고, 제불에게 공양하여 부처님 전후에 태어나는 난을 다스리며, 정관을 修集하여 北方에 태어나는 난과 長壽天에 태어나는 난을 다스린다.

自守戒行不譏彼闕是菩薩淨土菩薩成佛時國土無有犯禁之名. 自守戒行. 謂自持戒也. 不譏彼闕. 謂不見他過. 以此二緣. 故國無犯禁之名. 況有犯禁之事. 十善是菩薩淨土. 前明自守戒行. 謂持出家戒也. 今行十善. 卽在家戒也. 菩薩成佛時命不中夭. 不殺生報也. 大富. 不盜報也. 梵行. 不婬報也. 所言誠諦. 不妄語報也. 常以軟語. 不惡口報也. 眷屬不離善和諍訟510). 不兩舌報也. 言必饒益. 不綺語報也. 不嫉不恚正見衆生來生其國. 此明意三報也.

'스스로 계행을 수지하고 남의 허물을 비방하지 않는 것이 곧 보살의 청정한 불국토이니, 보살이 성불할 때는 국토에 犯禁이라는 명칭도 없다.'에서 스스로 계행을 수지하는 것을 自持戒라 말하고, 남의 허물을 비방하지 않는

---

510) 訟=諂ㄱ【原】

것을 不見他過라 말한다. 이 두 가지 인연 때문에 국토에 犯禁이라는 명칭도 없는데 하물며 犯禁의 事이겠는가.

'十善이 곧 보살의 청정한 불국토이니'에서 앞에서는 자수계행을 설명하였는데 소위 持出家戒이고, 지금 여기에서 십행을 행하는 것은 곧 在家戒이다.

'보살이 성불할 때는 단명하는 자가 없고'는 불살생의 과보이다.

'大富'는 불투도의 과보이다.

'梵行'은 불음의 과보이다.

'언행이 진실하며'는 불망어의 과보이다.

'항상 부드러운 언행을 쓰고'는 불악구의 과보이다.

'권속이 흩어지지 않으며 諍訟을 잘 화합하고'는 불양설의 과보이다.

'언행은 반드시 남을 이익토록 하며'는 불기어의 과보이다.

'질투와 성냄이 없고 정견의 중생이 와서 그 국토에 태어난다.'는 이것은 의업의 세 가지(탐·진·치) 과보를 설명한 것이다.

問. 十善有幾品耶. 答. 如地經. 凡有四⁵¹¹⁾品. 凡夫. 二乘. 菩薩. 佛也. 十善所以名道者. 凡有二義. 一者對因⁵¹²⁾. 以暢前[＊]因. 故名爲道. 二對後果. 通人俱至佛果. 後名爲道.

묻는다 : 십선에는 몇 가지 품이 있습니까.

---

511) 四=五ᆞ【甲】
512) 因=思ᆞ【原】【甲】＊ [＊ 1]

답한다 : 저 『地經』에는 무릇 4품이 있는데 凡夫·二乘·菩薩·佛이다. 십
선이라고 명칭한 까닭에도 무릇 두 가지 뜻이 있다.
첫째는 因에 대한 것인데 이전의 인을 펼친 것이기 때문에 道라 말
한 것이다.
둘째는 이후의 果에 대한 것인데 通人이 모두 佛果에 이른 이후에
道라 말한 것이다.

問. 何故最後說十善耶. 答. 並會上衆行. 成身口意淨. 爲土之本也.

묻는다 : 무슨 까닭에 최후로 십선을 설하는 것입니까.
답한다 : 會上의 衆行을 아울러서 身·口·意의 청정을 성취하는 것이 국토
의 근본이기 때문이다.

如是寶積菩薩隨其直心則能發行. 自上已前[513]. 正明修淨土行. 從此已
後. 辨修行次第. 隨其直心. 謂正信心也. 旣有正信之心. 則能發起衆行.
隨其發行則得深心. 旣能發行衆善. 則正觀轉明. 故明<名?>深心. 隨其
深心則意調伏. 觀心旣明. 則棄惡從善. 是名調伏. 隨其調伏則如說行. 心
旣調伏. 則能如佛說行. 隨如說行則能迴向. 旣如佛說行. 則能迴其所行.
趣向佛道也. 隨其迴向則有方便. 旣能迴向佛道. 則不隨[514]三有. 故名爲

---

513) 前＝來【甲】
514) 隨＝墮【甲】

巧方便. 隨其方便則成就衆生. 什公云. 方便有三. 一善於自行. 而不取相. 二不取證. 三善化衆生. 隨成就衆生則佛土淨. 衆生旣淨. 則無穢土. 隨佛土淨則說法淨. 旣處淨土. 則不說雜敎. 名說法淨. 隨說法淨則智慧淨. 旣有淨說. 則有法[515]智慧生. 隨智慧淨則其心淨. 淨智旣生. 則心淨也. 智慧之本. 則是其心. 故云心淨. 隨其心淨則一切功德淨. 心淨是本. 以本淨故. 一切淨也.

'이와 같이 보적이여. 보살은 그 직심을 따라서 곧 발행하고'에서 이상에서는 정토행을 닦는 것에 대하여 본격적으로 설명하였는데, 이하부터는 수행의 차제를 변별한다. '그 직심을 따라서'라는 것은 말하자면 正信心이다. 이미 正信心이 있으면 곧 중행을 발기할 수 있기 때문이다.

'그 발행을 따라서 곧 深心을 얻으며'는 이미 衆善을 발행한 즉 正觀이 더욱 밝아지기 때문에 심심이라 말한다.

'그 심심을 따라서 곧 번뇌의 마음[意]을 조복하고'는 관심이 이미 밝아진 즉 악을 버리고 선을 따르는데 그것을 조복이라 말한다.

'그 번뇌의 마음의 조복을 따라서 곧 여설하게 실천하며'는 마음을 이미 조복하면 곧 佛說대로 수행한다.

'그 여설한 실천을 따라서 곧 회향하고'는 이미 佛說대로 수행한 즉 그 所行대로 迴할 수 있어 불도에 趣向한다.

'그 회향을 따라서 곧 방편이 있으며'는 이미 불도에 迴向할 수 있은 즉 삼유에 떨어지지 않기 때문에 巧方便이라 말한다.

'그 방편을 따라서 곧 중생을 성취하고'에 대해서 나집공은 다음과 같이

---

515) 法=淨イ【甲】

말한다.

'방편에 세 가지가 있다. 첫째는 자행을 잘하여 取相하지 않는 것이다. 둘째는 取證하지 않는 것이다. 셋째는 중생을 잘 교화하는 것이다.'

'중생의 성취를 따라서 곧 불국토가 청정해지며'는 중생이 이미 청정해지면 곧 예토가 없다.

'불국토의 청정을 따라서 곧 설법이 청정해지고'는 이미 청정국토에 처한 즉 雜敎를 설하지 않는 것을 說法淨이라 말한다.

'설법의 청정을 따라서 곧 지혜가 청정해지며'는 이미 淨說이 있은 즉 淨智慧生이 있다.

'지혜의 청정을 따라서 곧 그 마음이 청정해지고'는 淨智가 이미 발생한 즉 마음이 청정하다.[心淨] 지혜의 근본은 곧 그 마음이기 때문에 마음이 청정하다[心淨]고 말한다.

'그 마음의 청정을 따라서 곧 일체공덕이 청정해진다'는 것은 마음의 청정이 곧 근본인데 근본이 청정하기 때문에 일체가 청정하다.

是故寶積若菩薩欲得淨土當淨其心隨其心淨則佛土淨. 上來雖明衆行. 爲淨土因果. 原其大歸. 則心爲其本. 故地經云. 三界五道. 皆由心作. 故欲得淨土. 宜淨其心.

'이런 까닭에 보적이여. 만약 보살이 청정한 국토를 얻고자 하면 반드시 그 마음을 청정하게 해야 한다. 그 마음이 청정함을 따라서 곧 불국토가 청정해진다.'에서 이상에서는 비록 중행을 설명했을지라도 그것은 청정국토의 인과였다. 대저 그 大歸는 곧 마음이 그 근본이다. 그래서『지경』에서 '삼계와 오도는 모두 마음을 말미암아 만들어진다.'고 말한다. 때문에 청정국토를 얻으려면 마땅히 그 마음을 청정하게 해야 한다.

問. 隨其直心. 終託一切功德淨. 可約位明不. 答. 略擬宜之. 外凡初起十信. 名爲直心. 旣有信心. 則應修行. 故內凡夫. 名爲發行. 初地已上. 修治地業. 名爲深心. 二地持戒防惡. 名爲調伏. 三地依聞修定. 名如說行. 四地至六地. 修於順忍. 趣向無生. 名爲迴向. 七地習於十方便故. 能成就衆生. 八地修淨佛國土. 名佛土淨. 九地辨才. 爲人說法. 名說法淨. 十地成就智波羅蜜. 名智慧淨. 等覺地. 卽金剛心. 名爲心淨. 妙覺地. 行願旣圓故. 一切功德淨.

묻는다 : 그 直心을 따르면 끝내 일체공덕의 청정으로 마치게 되는데, 그것을 (수행의) 계위에 의하여 설명할 수 있는 것입니까.
답한다 : 간략하게 계위에 따라서 말하자면, 外凡은 처음에 십신을 일으키는데 그것을 直心이라 말한다. 이미 신심이 있은 즉 마땅히 수행한다. 때문에 內凡夫는 發行이라 말한다.
초지 이상에서 地業을 修治하는 것을 深心이라 말한다.
이지에서 持戒하여 防惡하는 것을 調伏이라 말한다.
삼지에서 依聞하여 修定하는 것을 如說行이라 말한다.
사지에서 육지에 이르기까지 順忍을 닦아서 無生에 趣向하는 것을 迴向이라 말한다.
칠지에서 十方便을 수습하기 때문에 중생을 성취할 수가 있다.
팔지에서 청정불국토를 닦는 것을 佛土淨이라 말한다.

구지에서 辨才로 爲人說法하는 것을 說法淨이라 말한다.
십지에서 智波羅蜜을 성취하는 것을 智慧淨이라 말한다.
等覺地는 곧 金剛心으로서 心淨이라 말한다.
妙覺地는 行願이 이미 원만하기 때문에 一切功德淨이다.

爾時舍利弗承佛威神作是念若菩薩心淨則佛土淨者我世尊本爲菩薩時意豈不淨而是佛土不淨若此. 此下第二. 次明釋疑. 就文爲二. 初明生疑. 次辨釋疑. 初文三句. 一生疑所由. 二生疑之處. 三正生疑. 承佛聖旨<威神?>者. 此辨生疑之所由也. 然淨佛國土. 成就衆生. 蓋是大士法門. 本非小乘之事. 但今欲明佛土常淨. 善[516]惡出自兩緣. 故以威神發其疑念. 以生言論之端也. 若菩薩心淨者. 此騰上文. 辨生疑處也. 我世尊下. 正生疑也. 以土徵心. 用心決定土. 在土旣穢. 心不應淨. 在心旣淨. 則土非穢也. 猶預不決. 所以成疑.

(둘째는 의심을 해석한다.)

'그때 사리불이 부처님의 위신력을 받들어 다음과 같이 생각하였다. 만약 보살의 마음이 청정하면 곧 불국토가 청정하다면, 우리 세존께서 과거에 보살이었을 때 마음이 얼마나 不淨하였길래 이 불국토가 이와 같이 不淨한 것일까.'에서 이하는 둘째로서 '둘째로 의심을 해석한다.'는 대목이다.

경문은 두 부분이 있다.
첫째는 의심이 발생한 것을 설명한다.

---

516) 善=美 ィ【原】【甲】

둘째는 의심에 대한 해석을 변별한다.

첫째의 경문에 삼구가 있다.

첫째는 의심이 발생한 所由이다.

둘째는 의심이 발생한 도리[處]이다.

셋째는 본격적으로 의심이 발생한 것이다.

'부처님의 위신력[聖旨]을 받들어'는 이것은 의심이 발생한 所由를 변별한 것이다. 그러나 불국토를 청정하게 하여 중생을 성취하는 것은 대개 곧 대사의 법문이지 본래 소승의 事가 아니다. 무릇 지금은 불국토가 항상 청정함을 설명하려는 것이다. 선악은 兩緣으로부터 나오기 때문에 위신력으로 그 의심을 일으킴으로써 言論의 단서를 발생한다.

'만약 보살의 마음이 청정하면'의 이 경문에서는 의심이 발생한 도리를 변별한다.

'우리 세존께서' 이하 대목은 본격적으로 의심이 발생한 것이다. 불국토로써 마음을 따진다. 이에 용심에 따라 국토가 결정되는데 국토가 이미 더럽다면 마음은 마땅히 청정하지 못할 것이고, 마음이 이미 청정하면 곧 국토는 더럽지 않을 것이다. 그래서 결정이 유예되기 때문에 의심이 성취된다.

佛知其念卽告之言於意云何日月豈不淨耶而盲者不見對日[517]不也世尊是盲者過非日月咎舍利弗衆生罪故不見如來佛國嚴淨非如來咎. 此下第二釋疑也. 就文爲三. 一佛自釋. 二梵王助通. 三佛重釋. 佛爲化主. 故前釋之. 佛雖說淨土. 若無人證見. 猶爲難信. 故次梵王釋明有能見之人. 證

---

517) 日＝曰【甲】

佛不虛. 梵王雖見. 身子不覩. 猶謂有言無事. 故如來變土[518]. 成上佛說及梵王所見. 又初番說淨得聞知. 次梵王覩淨. 生其信解. 三隱穢現淨. 令其證見. 則悟入云[519]次第也.

'부처님께서 그 생각을 알고서 곧 사리불에게 고하여 말씀하셨다. 어떻게 생각하느냐. 해와 달이 얼마나 不淨하길래 맹인은 보지 못하는가. 사리불이 대답하여 말했다. 아닙니다, 세존이시여. 그것은 맹인의 허물이지 해와 달의 허물이 아닙니다. 사리불이여. 중생이 죄업 때문에 여래의 불국토가 엄정함을 보지 못하는 것이지 여래의 허물이 아니다.'에서 이하는 둘째로 의심을 해석한 것이다.

경문에 세 부분이 있다.

첫째는 부처님이 스스로 해석한 것이다.

둘째는 범왕이 도와서 거들어준다.[助通]

셋째는 부처님이 거듭 해석한 것이다. 부처님은 화주이기 때문에 먼저 그것을 해석한다. 부처님이 비록 청정국토를 설할지라도 만약 證見하는 사람이 없으면 믿을 수가 없다. 때문에 다음으로 범왕이 能見之人을 釋明해준다. 證佛은 거짓이 없어서 범왕은 비록 볼지라도 사리불[身子]은 보지 못한다. 마치 言은 있지만 事는 없다고 말하는 것과 같다. 때문에 여래가 국토를 변환시킨 것이다. 이상에서 불설 및 법왕이 본 것은 성취되었다.

또한 첫째는 청정국토를 설하자 그것을 듣고 아는 것이다.

둘째는 범왕이 청정국토를 보고 신해를 발생하는 것이다.

---

518) 土=淨ㄱ【原】
519) 云=之【甲】

셋째는 예토를 감추고 청정국토를 드러냄으로써 그것을 證見토록 한즉 거기에 悟入하는 차제이다.

問. 日月常淨. 盲者不見. 是盲人過. 非日月咎. 合喩應云. 土實清淨. 而汝不見. 是汝等咎. 非是土咎. 何故云非佛咎耶. 答. 土因土果. 普[520]屬於佛. 故云非佛咎也. 問. 佛無何等咎耶. 答. 佛因無不淨咎. 果無穢土咎. 又身子疑佛. 謂心不淨. 故土不淨. 所以云佛[521]答. 舍利弗我此土淨而汝不見. 向明不淨. 屬身子. 今明淨. 則歸佛. 故云我也. 而云此土者. 身子向見此土不淨. 言佛別有淨土. 在於他方. 而身子不見. 故今明此土淨也.

묻는다 : 해와 달은 항상 청정하지만 맹인이 보지 못하는 것은 곧 맹인의 허물이지 해와 달의 허물이 아니라는 것은 合과 喩를 상응시켜 말한 것입니다. 그대가 보지 못하는 것은 그대들의 허물이지 그 국토의 허물이 아닙니다. 그런데 무슨 까닭에 부처님의 허물이 아니라고 말하는 것입니까.

답한다 : 국토의 인과 국토가 과는 모두 佛에 속한다. 때문에 佛의 허물이 아니다.

묻는다 : 佛에게 어떤 허물이 없다는 것입니까.

답한다 : 佛에게 因으로는 不淨의 허물이 없고 果로는 예토의 허물이 없다. 또한 사리불[身子]이 佛을 의심한 것은 소위 마음이 不淨한 것이기

---

520) 普＝並力【原】【甲】
521) (非)ㆍ＋佛【原】【甲】

때문에 국토가 부정하다. 그래서 佛의 허물이 아니다.
'사리불이여. 나의 이 국토는 청정하지만 그대가 보지 못하는 것이다.'에서 이상에서는 不淨을 설명하였는데 그것은 사리불[身子]에 속한 것이었다. 그러나 지금은 곧 佛에 돌아가는 것이기 때문에 '나의'라고 말했다.
그리고 '이 국토'란 사리불이 앞에서 본 그 국토가 부정하다는 것을 말한다. 佛에게는 별도로 타방세계에 청정국토가 있다고 말하는데도 사리불이 보지 못하기 때문에 지금 이 국토를 청정하다고 설명한 것이다.

爾時螺髻梵王語舍利弗勿作是意謂此佛土以爲不淨所以者何我見釋迦牟尼佛土淸淨譬如自在天宮. 此第二梵王證釋. 就文爲三. 一呵身子. 而自陳所見. 二身子述己所見以答梵王. 三梵王斷其得失. 言自在天宮者. 有人言. 是欲界他化自在天宮. 故無量壽經云. 其實猶如第六天實. 有人言. 是色界大自在天宮. 有人言. 是初禪之上. 卽中間禪自在天宮. 以大梵王統領千世界. 於千世界. 住中間禪自在. 名自在天宮.

'그때 나계범왕이 사리불에게 말했다. 말하자면 이 불국토가 부정하다는 그런 생각을 하지 마시오. 왜냐하면 내가 보기에 석가모니의 불국토는 청정한데, 비유하면 자재천궁과 같기 때문입니다.'는 대목은 둘째로 범왕이 證釋한 것이다.
경문에 세 부분이 있다.
첫째는 사리불을 꾸짖어서 스스로 본 것을 진술하게 하는 것이다.

둘째는 사리불이 자기가 본 것에 대한 서술을 마치자 거기에 범왕이 답변한 것이다.

셋째는 범왕이 그 득실을 단제한 것이다.

자재천궁이라고 말한 것에 대하여 어떤 사람은 그것은 욕계의 타화자재천궁이라고 말한다.

때문에 『무량수경』에서 '그 보배는 마치 제육천의 보배와 같다.'고 말한다.

어떤 사람은 그것은 색계의 대자재천궁이라고 말한다.

어떤 사람은 '그것은 초선의 위에 있는 것으로서 곧 중간선의 자재천궁이다. 대범왕이 千世界를 통령하는데, 千世界에서 중간선인 자재천에 머문다. 때문에 자재천궁이라고 말한다.'고 말한다.

問. 何故但言自在天宮. 答. 然佛土眞淨. 超絶人天. 身子在人. 而見爲人土. 梵王居天. 而見爲天宮. 蓋是齊其所見. 而爲言耳. 舍利弗言我見此土丘陵坑坎荊棘沙礫土石諸山穢惡充滿. 此下第二身子自陳所見. 以答梵王. 所以自陳所見者. 欲顯二乘是罪垢之人. 以小心之流. 令欣大道也.

묻는다 : 무슨 까닭에 단지 자재천궁에 대해서만 말하는 것입니까.

답한다 : 불국토는 眞淨하여 인천을 초절한다. 사리불은 인간에 있으므로 인간국토를 보고, 범왕은 천상에 居하므로 천궁을 본다. 무릇 이것은 그 소견이 똑같아서 그렇게 말했을 뿐이다.

'사리불이 말했다. 내가 보니 이 국토는 구릉지와 구덩이와 가시와 모래와 자갈과 흙과 돌과 모든 산 등 더러운 것으로 충만합니다.'에서 이하는 둘째로 사리불 자신이 본 것을 진술하여 범왕에게 답변한 것이다. 자신이 본 것을 진술한 것은 까닭은 이승은 곧 罪垢人임을 나타냄으로써 小心의 무리로 하여금 대도를 기뻐하게 하려는 것이다.

螺髻梵王言仁者心有高下不依佛慧故見此土爲不淨耳舍利弗菩薩於一切衆生悉皆平等深心清淨依佛智慧則能見此佛土清淨. 第三梵王判其得失. 萬事萬形. 皆由心起. 二乘心旣不淨. 故見上[522]不淨. 大士得於淨觀故. 則見土清淨. 然總論得失. 凡有四門. 一者二人俱得. 身子得穢方便. 梵王得淨方便. 二者二人俱失. 身子偏執穢失淨. 梵王偏執淨失穢. 三身子失梵王得. 符合淨土敎門. 四身子得梵王失. 有時須現穢土. 不宜現淨.

'나계범왕이 말했다. 그대의 마음에 높고 낮음이 있어서 부처님의 지혜에 의지하지 못한 까닭에 이 국토가 부정한 것으로 보일 뿐입니다. 사리불이여. 보살이 일체중생에 대하여 모두 다 평등하고 深心이 청정하여 부처님의 지혜에 의지한즉 이 불국토가 청정함을 볼 것입니다.'는 셋째로 범왕이 그 득실을 판별한 것이다.

만사와 만형은 모두 마음을 말미암아 일어난다. 이승은 마음이 이미 부정하기 때문에 국토가 부정함을 보고, 대사는 淨觀을 터득한 까닭에 국토가 청정함을 본다.

그러나 득실을 총론하면 무릇 四門이 있다.

첫째는 二人이 모두 得한 것인데, 사리불은 穢方便을 얻고, 범왕은 淨方

---

522) 上＝土【甲】

便을 얻는다.

둘째는 二人이 모두 失한 것인데, 사리불은 치우쳐 執穢하고 失淨하지만 범왕은 치우쳐 執淨하고 失穢한다.

셋째는 사리불은 失이고 범왕은 得인데, 청정국토의 교문에 부합된다.

넷째는 사리불이 得하고 범왕이 失인데, 어떤 때는 반드시 예토만 드러내야지 결코 청정국토를 드러내서는 안된다.

於是佛以足指案地卽時三千大千世界若千[523]百千珍寶嚴飾譬如寶莊嚴佛無量功德寶莊嚴土一切大衆歎未曾有而皆自見坐寶蓮華. 此第三佛顯淨重答. 就文爲二. 初明實淨. 次辨悟道. 什公云. 淨穢二土. 同處而不相礙. 今隱穢而現淨. 以證佛語不虛. 梵王見實. 又顯二乘爲生盲. 彰凡夫是罪垢.

'이에 부처님께서 발가락을 대지에 대자 즉시 삼천대천세계가 약간의 백천 가지 진보로 엄식되었다. 비유하면 보장엄불의 무량한 공덕보배로 장엄된 국토와 같았다. 그러자 일체대중이 미증유라고 찬탄하며, 모두 자신이 보련화에 앉아 있음을 보았다.'는 이 대목은 셋째로 부처님이 청정함을 드러내어 거듭 답변한 것이다.

경문은 두 부분이 있다.

첫째는 실제로 청정함을 설명한 것이다.

둘째는 悟道를 변별한 것이다.

---

523) 千＝干【甲】

나집공은 다음과 같이 말한다.
'淨과 穢의 二土는 同處이지만 서로 장애되지 않는다. 지금은 穢를 감추고 淨을 드러냄으로써 佛語가 虛가 아님을 증명함으로써 범왕이 실제로 본 것이다.'
또한 이승은 生盲임을 現하고, 범부는 곧 罪垢임을 彰한다.

佛告舍利弗汝且觀[524]是佛土嚴淨舍利弗言唯然世尊本所不見本所不聞今佛國土嚴淨悉現佛告舍利弗我佛國土常淨若此爲欲度斯下劣人故示是衆惡不淨土耳. 我此土常淨者. 爲欲釋疑. 故有此章. 時衆疑云. 土本非淨. 今始變成淨耳. 則知見穢實. 是故釋云. 我此國土. 本來常淨. 非始變成淨也. 時衆復疑. 如其常淨. 何故常不現淨土. 而處穢耶. 故復釋云. 爲欲度斯下劣人故. 示是衆惡不淨土耶[525]. 然穢土有二. 一報. 二應. 據報土答者. 自佛而言. 是故常淨. 爲度下劣. 現居衆生[526]不淨土耳. 就應土答者. 佛眞土常淨. 爲度下劣. 作不淨土耳.

'부처님께서 사리불에게 말씀하셨다. 그대도 또한 이 불국토의 장엄을 보았는가. 사리불이 말씀드렸다. 그렇습니다, 세존이시여. 예전에는 본 적도 없고 예전에는 들은 적도 없던 것이 지금은 불국토의 엄정이 모두 드러나 있습니다. 부처님께서 사리불에게 말씀하셨다. 나의 불국토는 항상 이와 같

---

524) 觀=觀ㅋ【甲】
525) 耶=耳【甲】
526) 生=惡力【原】, =惡【甲】

이 청정하다. 그러나 여기 하열한 사람들을 제도하기 위한 까닭에 이처럼 열악하고 부정한 국토를 내보일 뿐이다.'에서 '나의 불국토는 항상 이와 같이 청정하다'는 것은 의심을 해석하려는 것이기 때문에 이 章이 있다.

그때 대중이 의심하여 '국토는 본래 청정하지 않았지만 지금에야 비로소 청정하게 變成하였다.'고 말한다. 그런즉 예토를 본 것은 사실이었음을 알 수가 있다. 이런 까닭에 '나의 불국토는 본래 청정한 것이지 비로소 청정하게 變成한 것이 아니다.'고 해석해 준다. 그때 대중이 다시 '그처럼 항상 청정하다면 무슨 까닭에 항상 청정국토임을 드러내지 않고 예토에 처한 것인가.'라고 의심한다. 때문에 거듭 해석하여 '이처럼 하열한 사람들을 제도하기 위한 까닭에 이처럼 열악하고 부정한 국토를 내보일 뿐이다.'고 말한다.

그런데 예토에 두 가지가 있다.

첫째는 報이다.

둘째는 應이다.

그런데 보토에 의거하여 답변한 것은 自佛의 입장에서 말한 것이다. 이런 까닭에 항상 청정하여 하열한 사람들을 제도하기 위한 까닭에 이처럼 열악하고 부정한 국토를 내보일 뿐이다. 응토에 나아가서 답변한 것은 부처님의 眞土는 항상 청정하여 하열한 사람을 제도하기 위하여 不淨土를 지은 것이다.

譬如諸天共寶器食隨其福德飯食有異如是舍利弗若人心淨便見此土功德莊嚴. 有此喩來者. 上雖以事驗. 而時衆未解. 何因緣故. 實是淨土. 而我等見穢. 故擧此喩. 重以曉之. 始生天者. 欲共試知其功德多少. 要共一寶器. 而食天飯. 天飯極白. 無白爲喩. 其福多者. 擧飯向口. 飯色不異. 若福

少者. 擧飯向口. 飯色便⁵²⁷⁾異. 依什公意. 一器之內. 有二種食. 應二種衆生. 如是一處有淨穢二土. 應於二緣故. 是異質同處. 不相礙也. 吉藏謂. 什公此釋. 於文不便. 唯是一白飯. 福德厚者. 則見其白. 福德薄者. 則見其赤. 合喩云. 實是一淨土. 菩薩依佛慧故. 則見土淨. 二乘不依佛慧故. 見土不淨. 不得云器內本有二飯. 若本有二飯. 何猶得試於天.

'비유하면 제천이 같은 보배그릇에 밥을 먹지만 그 복덕에 따라서 밥의 색깔이 달라지는 것과 같다. 이와 같이 사리불이여. 만약 사람의 마음이 청정하면 곧 이 국토의 공덕과 장엄을 볼 것이다.'에서 비유를 끌어온 것이다.

이상에서는 비록 事로써 驗하였지만 당시의 대중이 이해하지 못하였는데, 그것은 무슨 인연 때문인가. 실제로 그것은 청정국토인데도 우리들이 예토라고 본 것이다. 때문에 이 비유를 들어서 거듭 그들을 일깨워준 것이다. 처음으로 생천한 사람은 모두 그 공덕의 다소를 시험삼아 알아보려고 한다. 그래서 요컨대 모두 동일한 보배그릇으로 천상의 밥을 먹었다. 천상의 밥은 지극히 하얀데, 하얗지 않은 것은 비유이다. 그 복이 많은 사람은 밥을 들어서 입을 가져가도 밥의 색이 달라지지 않는다. 그러나 만약 복이 적은 사람은 밥을 들어서 입으로 가져가면 밥의 색깔이 변이한다.

나집공의 의견에 의하면 다음과 같다.

'동일한 그릇 안에도 두 가지의 밥이 있는 것은 두 가지 중생에 상응한 것이다.'

이와 같이 동일한 곳에 淨穢의 二土가 있는 것은 二緣에 상응하기 때문이다. 이것은 다른 성질이 함께 처하지만 서로 장애되지 않은 것이다.

---

527) 便=變力【甲】

나 길장이 말한다.

'나집공의 이 해석은 경문에 부합되지 않는다. 오직 동일하게 흰 밥 뿐이다. 복덕이 많은 사람은 곧 밥이 하얀 색으로 보이고, 복덕이 적은 사람은 곧 밥이 붉은 색으로 보인다. 슴喩해서 말하면 실로 동일한 정토이지만 보살이 佛慧에 의거한 즉 청정한 국토가 보이고, 이승은 佛慧에 의거하지 않기 때문에 국토가 부정하게 보인다. 그러므로 그릇 안에 본래 두 가지 밥이 있다고 말해서는 안된다. 만약 본래 두 가지 밥이 있다면 어찌 천상에서 시험할 수 있겠는가.'

當佛現此國土嚴淨之時寶積所將五百長者子皆得無生法忍八萬四千人皆發阿耨多羅三藐三菩提心佛攝神定[528]於是世界還復如故求聲聞乘三萬二千天及人知有爲法皆悉無常遠塵離垢得法眼淨八千比丘不受諸法漏盡意解. 此第二明時衆得道. 佛國之興. 其正爲此. 就文爲二. 初明得大乘益. 次辨得小乘益. 大益有二. 初得無生忍者. 知土本淨. 染出妄情. 悟一切法亦如此. 故得無生. 又知土未曾淨穢. 淨穢出自兩緣. 一切諸法. 非定有無. 有無生乎妄. 謂得無生也. 次發菩提心者. 聞淨土歡喜. 發願求之也. 於是世界還復如故者. 此下明得小乘益也. 非分不可久處. 故還復彼所應見. 又變穢爲淨. 爲益大人. 淨而還穢. 利於小道. 知有爲法皆悉無常者. 國土穢而可淨. 淨而復穢. 因悟無常故. 得法眼淨. 謂見四諦. 初見四諦. 故名爲眼. 斷八十八結. 名遠塵離垢. 稱之爲淨. 又解. 於外境不執. 爲遠塵. 內無我見. 爲離垢. 明見四諦. 云法眼淨也. 不受諸法漏盡意解者. 上

---

528) 定＝足【甲】

明淺益. 今辨深利. 知土無常故. 不貪取諸法. 名爲不受. 九<八?>十八結.
諸漏旣盡. 意得解脫. 成阿羅漢.

'부처님께서 이 국토가 엄정됨을 보도록 해주었던 바로 그때 보적이 이끄는 오백 명 장자의 아들이 모두 無生法忍을 터득하고, 팔만사천의 사람들이 모두 아뇩다라삼먁삼보리심을 일으켰다. 부처님께서 신통구족을 거두어들이자 그 세계가 다시 이전과 같아졌고, 성문승을 추구하는 삼만 이천의 제천과 사람들은 유위법이 모두 다 무상함을 알았고, 塵垢를 멀리 떠나서 法眼淨을 터득하였으며, 팔천 명의 비구는 제법에 집착이 없어졌고 漏盡意가 이해되었다.'의 대목은 둘째로 당시의 대중이 得道한 것을 설명한다. 불국토가 발흥한 것이 바로 그 증거이다.

경문은 두 부분이 있다.
첫째는 대승의 이익 얻음을 설명한다.
둘째는 소승의 이익 얻음을 설명한다.
대승의 이익에 두 가지가 있다.
첫째는 '무생인을 얻는다'는 것은 국토는 본래 청정한데 염오는 妄情에서 출현함을 알고 일체법도 또한 그와 같음을 깨치기 때문에 무생을 터득한다. 또한 국토는 일찍이 淨穢가 없지만 淨穢는 兩緣으로부터 출현하고 일체제법은 정해진 有無가 없고 유무는 妄에서 발생한 줄을 아는 것을 '무생을 얻었다'고 말한다.
둘째는 '보리심을 일으킨다'는 것은 청정국토를 듣고 환희하고 발원하여 그것을 추구하는 것이다.
'그 세계가 다시 이전과 같아진다'의 이하에서는 소승의 이익 얻음을 설명한 것이다. 분수에 맞지 않는 것은 오래갈 수 없기 때문에 다시 그들이 반드시 보아야 할 것으로 돌아갔다. 또한 예토가 변하여 청정국토가 된 것은 대승인의 이익을 위함이다. 청정국토가 다시 예토가 된 것은 小道를 위한 이익이다. 이로써 유위법은 모두 다 무상함을 알 것이다. 국토가 더럽지만 청정해질 수 있고 청정하지만 다시 더러워지는 것은 無常을 알아차린[悟] 까닭이다.

'법안정을 얻었다'는 것은 사성제를 본 것이다. 처음으로 사제[法]를 보았기 때문에 眼이라 말하고, 八十八結을 단제한 것을 遠塵離垢라 말하는데 그것을 淨이라 일컫는다. 또 해석하자면 외경에 집착하지 않는 것이 遠離이고, 안으로 아견이 없는 것이 離垢이다. 사제를 분명하게 보는 것을 법안정이라 말한다.

'제법에 집착이 없어졌고 漏盡意가 이해되었다'는 것은 위에서는 淺益을 설명하였는데, 지금은 深利를 변별한다. 국토가 무상함을 안 까닭에 제법을 貪取하지 않는 것을 집착이 없다[不受]고 말한다. 八十八結의 諸漏가 이미 다하면 마음에[意] 해탈을 얻어 아라한이 성취된다.

方便品第二
제이 방편품

方便之名. 有離有合. 所言離者. 衆生所緣之城[529]曰方. 至人適化之法稱便. 蓋因病授藥. 藉方施便. 機教兩擧. 故稱方便. 所言合者. 梵音稱漚和拘舍羅. 此云方便勝智. 方便是善巧之名. 勝智爲決斷之稱. 但權巧有三. 一身權巧. 適物現形. 二口善巧. 隨機演教. 三意善巧. 妙窮病藥.

방편이라는 명칭에는 離가 있고 合이 있다. 말한 바 離는 중생이 所緣하는 구역을 方이라 말하고, 至人이 適化하는 法을 便이라 일컫는다. 무릇 병을 인하여 약을 주고 方에 따라 便을 베풀어준다. 이처럼 機와 敎의 둘을 언급하기 때문에 방편이라 일컫는다. 말한 바 合은 梵音으로는 漚和拘舍羅인데 번역하면 方便勝智이다.

  方便은 곧 善巧의 名이고, 勝智는 決斷의 称이다.
  무릇 權巧에 세 가지가 있다.
  첫째는 身의 權巧로서 중생에 맞추어 형상을 드러낸다.
  둘째는 口의 權巧로서 근기에 따라서 敎를 연설한다.
  셋째는 意의 權巧로서 미묘하게 病과 藥을 다한다.

---

529) 城=域【甲】

問. 此品約何義用. 辨於方便. 答. 通而爲論. 三業善巧. 並是方便. 就別而言. 正以示疾. 爲方便也. 五百長者. 与淨名. 爲法城等侶. 而余人已至. 居士不來. 正爲有疾. 然其疾者. 非是實報. 蓋善巧爲物. 故云方便. 家師朗和上云. 然有疾爲疾. 非是方便. 無疾爲無疾. 亦非方便. 無疾而疾. 疾而無疾. 亦非方便. 疾而無疾. 無疾而疾. 応是方便. 根本未正. 所以言非. 若非疾非不疾. 能疾不疾. 此乃是方便. 所以然者. 以非疾非不疾故. 名之爲實. 示疾不疾. 權巧妙用. 能弘道利人. 故名方便. 非疾非不疾. 能疾能不疾. 旣別權實. 非來非不來. 能來能不來. 万義類然.

묻는다 : 이 방편품은 어떤 義와 用에 의거하여 방편을 변별하는 것입니까.
답한다 : 通으로 논하자면 삼업의 선교가 모두 방편이다. 그러나 別에 나아가 말하자면 바로 병을 내보임으로써 방편을 삼은 것이다.
  오백장자는 정명과 더불어 호법의 성을 위한 평등한 반려[等侶]가 되었는데 그 밖의 사람은 이미 이르렀지만 거사가 오지 않았는데, 바로 병에 걸렸기 때문이다. 그러나 그 병은 곧 實報가 아니다. 무릇 선교로써 중생을 위한 것이었기 때문에 방편이라 말한다.
  家師인 朗和上은 '그러나 병이 있어서 병에 걸린 것은 방편이 아니다. 그리고 병이 없어서 병에 걸리지 않는 것은 또한 방편이 아니다. 병이 없지만 병에 걸리고 병에 걸렸지만 병이 없는 것도 또한 방편이 아니다. 병에 걸렸지만 병이 없고 병이 없지만 병에 걸린 것은 응당 곧 방편이다.'고 말한다.
  근본이 바르지 않기 때문에 非라고 말한다. 만약 非病이지만 非不病이고 能病이지만 不病이라면 그것은 이에 곧 방편이다. 왜냐하면 非疾이지만 非不疾이므로 그것을 實이라 말하고, 示疾이지만

不疾인 것은 權巧의 妙用이다. 弘道하여 사람을 이롭게 하는 것이
므로 방편이라 말한다. 非疾이지만 非不疾이고 能疾이지만 能不
疾은 이미 權과 實로 구별된다. 그리고 非來이지만 非不來이고 能
來이지만 能不來는 모든 뜻[万義]의 부류가 그렇다.

爾時毘耶離大城中. 此経二處四會. 菴薗始集. 已竟於前. 今是第二方丈
初會. 与前不同. 凡有十異. 一處所異. 上是菴薗處. 今是方丈處. 二化主
異. 上是佛爲化主. 今菩薩爲化主. 三教異. 上明淨土因果. 今辨法身因
果. 上淨佛國土. 今成就衆生. 四徒衆異. 上通明道俗幽顯衆. 今但有俗
衆. 五得益異. 上通明大小淺深益. 今但辨發心淺益. 六通別異. 上但釋迦
一時之化. 今通序淨名始終善巧. 七道俗異. 上明出家方便. 今明在俗善
巧. 八賓主異. 上明釋迦暫止菴薗爲客. 今辨淨名旧住毘耶爲主. 九疾不
疾異. 上明不疾方便. 今明示病善巧. 十時節異. 上明菴薗初集. 今序方
便[530]時事. 就此一會.

'그때 비야리대성 안에'에 대하여 설명한다.
 이 경전은 二處四會이다. 암라원이 처음 집회한 곳인데 이미 앞에서 마쳤
다. 지금이 대목은 제이처 방장의 첫째 법회로서 앞의 경우와 같지 않는데,
무릇 열 가지 차이가 있다.
 첫째는 처소의 차이이다. 위에서는 암라원처였지만 지금은 방장처이다.
 둘째는 화주의 차이이다. 위에서는 佛이 화주였지만 지금은 보살이 화주

---

530) 便=丈 ィ【甲】

이다.

셋째는 가르침[敎]의 차이이다. 위에서는 청정국토의 인과를 설명하였지만 지금은 법신의 인과를 변별한다.

넷째는 대중[徒]의 차이이다. 위에서는 道俗 및 幽顯의 대중에게 공통으로 설명하였지만 지금은 다만 俗衆 뿐이다.

다섯째는 득익의 차이이다. 위에서는 大小 및 淺深의 이익을 통체적으로 설명하였지만 지금은 다만 발심한 사람에게 淺의 이익만 설명한다.

여섯째는 통별의 차이이다. 위에서는 다만 석가의 일시적인 교화였지만 지금은 정명이 시종 선교함을 通序한다.

일곱째는 도속의 차이이다. 위에서는 출가방편을 설명하였지만 지금은 재속의 선교를 설명한다.

여덟째는 빈주의 차이이다. 위에서는 석가가 잠시 머물렀던 암라원에서 손님이었음을 설명하였지만 지금은 정명이 예전에 머물렀던 비야리에서 주인임을 변별한다.

아홉째는 疾과 不疾의 차이이다. 위에서는 不疾의 방편을 설명하였지만 지금은 示病의 善巧를 설명한다.

열째는 時의 차이이다. 위에서는 암라원에서 처음 집회한 것이었지만 지금은 方丈에 있을 때의 事를 序한다.

就此一會. 開531)二章. 第一由序. 第二正說. 二文各四. 初章四者. 一明處所. 二標其位. 三出其名. 四歎其德. 毘耶離大城. 卽第一文也. 有長者. 此

---

531) 開+(爲)力【原】, 開+(爲)ㅓ【甲】

第二標其位也. 名維摩詰. 第三出其名也. 已曾供養無量諸佛. 第四歎其德也. 羅什云. 此品. 序淨名德. 非集經者[532]意. 其智[533]慧辯才. 世尊常所稱嘆. 故集經者. 欲遠存其人. 弘其道教. 故承其所聞. 以序其德也. 就歎德文. 開爲二別. 一嘆本德. 二美迹用. 已曾供養無量諸佛者. 將欲序德故. 前明德之所由. 德之所由. 卽是德本. 故前嘆本也. 深殖善本. 前嘆外緣. 此美內因. 樹德前聖故. 善本深殖. 所言善者. 卽功德業. 爲菩提根. 故稱爲本. 得無生忍. 前嘆功德. 今美智慧. 卽福慧二嚴也. 如來照之已盡. 故受智名. 菩薩見猶未窮. 但能受堪不退. 宜以忍爲稱. 辯才無碍遊戲神通. 旣具二嚴故. 能辯才說法. 以生其慧. 遊戲神通. 以生其福. 菩薩旣具二嚴. 令物同得福慧. 又上明福慧. 嘆於意業. 無得<碍?>辯才. 嘆於口業. 神通現化. 美於身業.

이 제이회 법회에 대해서 열어보면 二章으로 되어 있다.

첫째의 文은 由序이다.

둘째의 文은 正說이다.

二文에는 각각 네 부분이 있다.

初章의 네 부분은 다음과 같다.

첫째는 처소를 설명한다.

둘째는 그 位를 標한다.

셋째는 그 名을 내보인다.[出]

넷째는 그 德을 찬탄한다.

---

532) 者+(之)【甲】
533) 智慧=方便ィ【甲】

'비야리대성'은 곧 第一文이다.

'어떤 장자가 있는데'에서 이것은 둘째로 그 位를 標한 것이다.

'그 이름은 유마힐이었다.'는 셋째로 그 名을 내보인 것이다.

'일찍이 무량한 제불을 공양하고'는 넷째로 그 덕을 찬탄한 것이다.

나집공은 다음과 같이 말한다.

'이 품에서 정명의 덕을 서술[序]한 것은 集経者의 뜻이 아니다. 그 지혜와 변재에 대하여 세존이 항상 칭탄하였다. 때문에 집경자가 그 사람을 遠存하고 그 道와 敎를 홍포하려는 까닭에 그 소문을 이어서 그 덕을 서술하였다.'

위에서 덕의 所由를 설명하였는데, 덕의 所由가 곧 이 德의 本이었다. 때문에 위에서 本을 찬탄한 것은 깊이 심어둔 善의 本으로서 위에서 外緣이라고 찬탄하였지만, 이것은 內因을 찬미한 것으로 德을 심은 것이 부처님[聖] 이전이었기 때문에 善의 本을 깊이 심었다는 것이다. 말한 善이란 곧 공덕업으로서 보리의 根이기 때문에 本이라 일컫는다.

'得無生忍'은 위에서 찬탄한 공덕인데, 지금은 지혜를 찬미한 것으로 곧 복덕과 지혜의 二嚴이다. 여래는 이미 그것을 다 비추어보았기 때문에 智와 名을 받았지만 보살의 견은 아직 그것을 다하지 못하였다. 다만 受堪하여 不退할 뿐이다. 그러나 마땅히 忍으로 명칭을 삼은 것은 변재가 무애하고 유희가 신통하여 이미 二嚴을 갖추었기 때문이다. 변재와 설법으로 그 지혜를 발생하고, 유희가 신통함으로써 그 복덕이 발생한다. 보살은 이미 二嚴을 갖추어 중생으로 하여금 똑같이 복덕과 지혜를 얻도록 한다.

또한 위에서 설명한 복덕과 지혜는 의업을 찬탄한 것이고, 무애의 변재는 구업이었으며, 신통으로 교화를 드러낸 것은 신업을 찬미한 것이었다.

問. 爲歎五通. 爲歎六通耶. 答具有二義. 得無生忍. 三界結盡. 方於二乘.
是故言六. <方於二乘. 是故言六?>比於如來. 習氣未傾. 故言五也.

묻는다 : 오통을 찬탄한 것입니까, 육통을 찬탄한 것입니까.
답한다 : 모두 두 가지 뜻이 있다. 무생인을 얻으면 삼계의 번뇌가 다하는데
이런 까닭에 육통이라 말한다. 바야흐로 이승을 여래에 비교하면
습기가 아직 기울지 않았기 때문에 오통이다.

逮諸總持. 有[534]二力. 一能持善不失. 二能持惡不生. 依羅什意. 正以智慧
爲体. 慧用無窮. 照義波若. 憶義名持. 獲無所畏. 以有能持之功. 復具所
持之德. 則如[535]衆無畏. 降魔勞怨. 上歎所得. 今美所離. 四魔勞我. 故稱
爲怨. 入深法門. 諸法甚深. 有無量門. 得離旣圓. 悉善入也. 善於智度通
達方便. 所以能入法門者. 由具二慧故也. 到實智岸. 善智度也. 運用無方.
達方便[536]大願成就. 菩薩有二德. 一行. 二願. 上來歎其行圓. 今序其願
滿. 大願者. 略說如勝鬘三大願. 具演如無量壽佛四十八願. 所以須明願
者. 智度論云. 行如車運. 願如御者. 以二種相扶. 故須辦之.

'모든 총지에 이르고'의 경우에 두 가지 힘[二力]을 지니게 된다.
첫째는 善을 잃지 않는다.

---

534) (持)カ+有【原】【甲】
535) 如=処【甲】
536) 便+(也)カ【原】【甲】

둘째는 惡이 발생하지 않는다.

나집의 뜻에 의하면 다음과 같다.

'바로 智慧를 체로 삼는데 慧의 用이 무궁하다. 照의 뜻은 반야이고 憶의 뜻은 持라고 말한다.'

무소외를 획득함으로써 能持의 功이 있는데 또한 所持의 덕도 갖추게 된다. 그래서 곧 대중에 처해도 두려움이 없고 魔와 勞와 怨을 항복받는다.

위에서는 所得을 찬탄하였지만, 지금은 所離를 찬미한다. 四魔는 我를 피로하게 만들기 때문에 怨이라 일컫는다. 깊은 법문에 들어가면 제법이 심심한데 무량한 문이 있다. 得과 離가 이미 원만하면 모두 善에 들어간다. 지혜바라밀에 뛰어나고 방편에 통달한다. 그래서 법문에 능입한 사람은 二慧의 구비를 말미암기 때문이다. 實智로 언덕에 도달하고, 善智로 건너가는 것이다. 운용에 무방해야 방편에 통달하여 대원을 성취한다.

보살에게는 二德이 있다.

첫째는 行이다.

둘째는 願이다.

위에서는 그 行이 원만함을 찬탄하였지만, 지금은 그 願이 충만함을 序한다. 대원이란 약설하면 저 승만의 삼대원과 같고, 갖추어 펼치면 저 무량수불의 사십팔원과 같다. 때문에 모름지기 願을 설명하자면, 『대지도론』에서 '行은 수레가 굴러가는 것과 같고 願은 수레를 모는 것과 같다.'고 말한다. 이 둘이 相扶하는 까닭에 모름지기 그것을 변별한다.

明了眾生心之所趣又能分別諸根利鈍. 行願旣成故. 能了六道心所行. 三

乘根利鈍. 久於佛道心已純熟[537] 決定大乘. 前嘆下識衆生. 此明上悟佛
道. 無凡夫二乘及有所得異念間之. 故称爲純. 不二正觀. 任運現前. 所以
云熟<淑?>. 於佛道純熟<淑?>. 永免位行念三種退. 決定大乘也. 諸有
所作能善思量. 三業智慧恒現在前. 所作無失. 婆娑云. 總明人有二種. 一
善說法. 二善思量. 住佛威儀下. 瓔珞経. 等覺地菩薩. 於百劫內. 學佛威
儀. 故舉動進止. 悉如佛也. 心大如海. 海有五德. 一澄淨不受死屍. 二多
出妙宝. 三大龍注雨. 滞如車軸. 受而不溢. 四風日不能竭. 五淵深難測.
大士心淨. 不受毀戒之屍. 出慧明之宝. 佛說大法雨. 受而不溢. 魔邪風
日. 不能虧損. 其智淵深. 莫能測者. 故曰心大如海也.

'중생의 마음이 나아가는 곳을 분명하게 요해하였다. 또한 諸根의 利鈍을
잘 분별하고'는 行과 願이 이미 성취되었기 때문에 육도의 심소행 및 삼승
의 근기의 이둔을 요해하여 오랫동안 불도에서 마음이 純淑하여 대승으로
결정되었다. 위에서는 아래로 중생을 아는 것[下識衆生]을 찬탄하였는데, 여
기에서는 위로 불도를 깨달은 것[上悟佛道]을 설명한다.
　범부와 이승으로 유소득에 이르러도 異念이 거기에 끼어듦이 없기 때문
에 純이라 일컫고, 불이의 정관으로 마음대로 현전하기 때문에 淑이라 말한
다. 불도가 순숙하여 位와 行과 念의 삼종에서 물러남을 영원히 벗어나기
때문에 대승으로 결정되었다.
　諸有에서 하는 행위에 잘 사량한다는 것은 삼업에 지혜가 항상 앞에 현재
하여 소작에 失이 없다는 것이다. 그래서『사바』에서는 다음과 같이 말한다.
　'총명한 사람에 두 종류가 있다. 첫째는 설법을 잘하고, 둘째는 사량을 잘

---

537) 熟=淑【甲】. =熟ᚠ【甲】

한다.'

'부처님의 위의에 주하여 (마음이 바다처럼 크며 제불이 찬탄하고 제자와 제석천과 범천과 대자재천[世主]이 공경하였다.)' 이하에 대하여 『영락경』에서는 '등각지 보살은 백겁 안에 佛의 위의를 닦기 때문에 擧動과 進止가 모두 佛과 같다.'고 말한다.

'마음이 바다처럼 크다'는 것에 대해서는, 바다에 다섯 가지 덕이 있다.

첫째는 맑고 깨끗하여 死屍를 받아들이지 않는다.

둘째는 妙宝가 많이 출현한다.

셋째는 大龍이 비를 뿌리는데 물방울이 車軸과 같지만 아무리 받아들여도 넘치지 않는다.

넷째는 바람과 태양도 다 말리지 못한다.

다섯째는 바닥이 깊어서 헤아릴 수가 없다.

대사의 마음도 청정하여 毁戒의 屍를 받아들이지 않고, 慧明의 宝를 내며, 佛說의 大法雨를 아무리 받아들여도 넘치지 않고, 魔와 邪와 風과 日이 虧損하지 못하며, 그 지혜의 바닥이 깊어서 헤아릴 수가 없다. 때문에 마음이 바다와 같다고 말한다.

諸佛咨嗟弟子釋梵世主所敬. 以具上衆德故. 諸佛所称. 人天所敬. 自上已來. 歎淨德內充. 今美其嘉聲外滿. 卽是釋淨名也. 欲度人故以善方便居毘耶離. 此第二次歎迹用. 嘆本卽是歎實. 嘆迹謂歎方便也. 就文爲三. 初明一身方便. 二辨多身方便. 第三總結. 一身方便爲二. 初明處方便. 次辨出方便. 處方便內. 前明以道攝俗. 次辨因俗通道.

'제불이 찬탄하고 제자와 제석천과 범천과 대자재천[世主]이 공경하였다.'
는 것은 모두 최상의 衆德이기 때문에 제불이 칭탄하고 인천이 공경한다는
것이다. 이상에서는 청정한 덕이 안으로 충만되었음을 찬탄하였는데, 지금
은 그 嘉聲이 밖으로 충만되었음을 찬미하는데 곧 이것은 淨名을 해석한 것
이다.

'사람들을 제도하려는 까닭에 훌륭한 방편으로써 비야리성에 거주하였
다.'는 대목은 둘째로 迹用을 찬탄한 것이다. 本을 찬탄한 즉 곧 그것은 實을
찬탄한 것이고, 迹을 찬탄한 것은 소위 방편을 찬탄한 것이다.

경문에는 세 부분이 있다.

첫째는 일신의 방편을 설명한다.

둘째는 다신의 방편을 변별한다.

셋째는 총결이다.

일심의 방편에도 둘이 있다.

하나는 處方便을 설명한다.

둘은 出方便을 변별한다.

처방편 안에서도 먼저 道로써 俗을 섭수함을 설명하고, 나중에 俗을 인하
여 道에 통함을 변별한다.

資財無量攝諸貧民奉戒清淨攝諸毀禁以忍調行攝諸恚怒以大精進攝諸懈
怠一心禪寂攝諸亂意以決定慧攝諸無智. 此明以道攝俗. 自行此六. 今復
教他. 又至人. 無行不行. 亦非六不六. 而現行六度者. 爲攝六弊[538]衆生也.

---

538) 弊=蔽【甲】

'資財가 무량하여 모든 빈민자를 섭수하고, 청정하게 계를 받들어 모든 훼금자를 섭수하며, 인욕으로 행동을 조절하여 모든 恚怒者를 섭수하고, 대정진으로써 모든 懈怠者를 섭수하며, 일심의 禪寂으로써 모든 亂意者를 섭수하고, 결정지혜로써 모든 無智者를 섭수하고'라는 대목은 道로써 俗을 섭수함을 설명한 것인데 自行은 이 여섯 가지이다. 지금 다시 그들을 가르친다.

또한 至人은 行함도 없고 不行함도 없으며, 또한 六行도 없고 不六行도 없으면서 육바라밀을 드러내는 것은 六蔽의 중생을 섭수하기 위함이다.

雖爲白衣奉持沙門淸淨律行. 此歎因俗通道. 就文明四種權實. 一形. 二處. 三人. 四物. 雖爲白衣. 形方便也. 奉持沙門. 因形之俗. 以通道之實. 沙門者. 出家之總名也. 此言勳行. 謂勳行衆善. 趣涅槃也. 又沙門名乞[539) 那. 名爲道人. 皆貧[540)於正道. 唯我斷[＊]貧得道. 故名乏那[541) 又沙門者. 爲息心. 息一切有所得心. 達本原淸淨. 是故經云. 息心達本原. 故号爲沙門.

'비록 재가인이지만 사문의 청정한 율행을 받들었으며'의 이것은 俗을 인하여 道에 통함을 찬탄한 것이다.
경문에는 네 종류의 권실이 있다.
첫째는 形이다.

---

539) · 乞＝乏ㅓ【原】【甲】
540) 貧＝貪【甲】＊, ＝貧ㅓ【甲】＊ [＊1]
541) 乏那＝乞道ㅓ【原】, ＝乏道ㅓ【甲】

둘째는 處이다.
셋째는 人이다.
넷째는 物이다.

비록 백의이지만 그 形은 방편이다. 사문을 奉持하는 것은 形의 俗을 인함으로써 道에 通하는 實이다. 사문은 출가의 總名이다. 이 말은 勤行으로서 소위 衆善을 勤行하여 열반에 나아가는 것이다.

또한 사문은 乞那라고도 말하고, 道人이라고도 말하는데, 모두 正道를 탐하지만 오직 자신이 득도를 탐하는 것만 단제하기 때문에 乞那라 말한다.

또한 사문은 息心인데, 일체의 유소득의 心을 息하여 본원청정에 도달한다. 이런 까닭에 경문에서는 "마음을 그치고 본원에 도달하기 때문에 사문이라 칭호한다."[542]고 말한다.

雖處居家不著三界. 此明處權實也. 聲聞. 心超三界. 形遠居家. 凡夫. 形在居家. 心染三界. 大士. 身在居家. 故異小道. 心超三界. 則殊俗人. 又心超三界. 故常行道. 身處居家. 故恒順俗.

'비록 가정에 살고 있지만 삼계에 집착하지 않고'는 處의 權實을 설명한 것이다. 성문은 心은 삼계를 초월하고 形은 居家를 멀리한다. 범부는 形은 거가에 있고 心은 삼계에 염오되어 있다. 대사는 身은 가정에 거주하기 때문에 小道와 다르고 心이 삼계를 초월한 즉 속인과 다르다.

또한 心이 삼계를 초월하기 때문에 항상 도를 행하고, 身이 가정에 거주

---

542) 『撰集百緣經』卷10, (大正新脩大藏經4, p.255下)

하기 때문에 항상 俗을 수순한다.

示有妻子常修梵行. 此有二句. 明人權實. 同人者之五請543). 故示有妻子. 異人者之神明. 故常修梵行. 梵翻爲淨. 謂淸淨無欲行也.

'처자가 있음을 보이지만 항상 梵行을 닦으며'라는 二句는 人의 權實을 설명한 것이다. 남들과 같은 五情이기 때문에 처자가 있음을 내보이고, 남들과 다르기 때문에 항상 梵行을 닦는다.
　梵은 번역하면 淨인데 말하자면 淸淨無欲行이다.

現有眷屬常樂遠離. 現外護伏物. 故有眷屬. 在家544)若野. 故常樂遠離.

'권속이 있음을 드러내지만 항상 遠離를 즐기고'는 外護의 伏物을 드러내기 때문에 권속이 있고, 가정에 있어도 들판에 있는 것처럼 행동하기 때문에 항상 遠離를 즐긴다.

雖服宝飾而以相好嚴身. 此有二句. 約財明方便也. 外服俗飾. 內修相好.

---

543) 請=情【甲】
544) 家=衆ィ【甲】

'비록 보배장식을 걸쳤지만 상호로 그 몸을 장엄하며'에는 二句가 있다.
첫째는 재물에 의거하여 방편을 설명한다.
둘째는 겉의 복장은 속복을 걸쳤지만 안으로는 相好를 닦는다.
'비록 음식을 먹지만 禪悅로 맛을 삼았다'는 것은 밖으로는 세간의 밥을 먹지만 안으로는 선열을 달게 받는다.

若至博[奕>弈]戲處輒以度人. 上來嘆處方便. 此嘆出方便也. 以爲人行藏故. 出處皆利物. 奕卽碁也. 蓋欲因戲止戲. 故能度人.

'만약 바둑으로 유희장에 이르면 곧 그들을 제도하고'에서 위에서는 處方便을 찬탄하였는데, 이 대목은 出方便을 찬탄한다. 남을 위한 수행이 축적되었기 때문에 방편의 出과 處가 모두 중생을 이롭게 하는데 바둑을 가지고 바둑에 즉한다. 무릇 유희를 인하여 유희를 그치려는 까닭에 사람을 제도할 수가 있다.

受諸異道不毀正信. 大士同於異者. 欲令異同於我耳. 豈正信可毀哉.

'모든 이교도의 가르침을 받아도 正信을 훼손하지 않으며'는 대사는 다른 사람에 대해서도 동등하게 대하여 다른 사람까지도 나와 동등하게 해주려고 한다. 그런데 어찌 正信을 毁하겠는가.

雖明世典常樂佛法一切見敬爲供養中最. 一切見淨名者. 無不敬之. 故云
一切見敬. 諸有德者. 能致供養. 復供養淨名. 所以云供養中最.

'비록 世典에 밝지만 항상 불법을 좋아하며, 일체중생을 보고 공경하는 것
이 공양 가운데 최고이고'에서 일체가 정명을 보는 자는 그를 공경하지 않음
이 없기 때문에 '일체가 보고 공경한다'545)고 말한다. 모든 유덕자는 공양을
받을만하고 또한 정명에게 공양하는 까닭에 공양 가운데 최고라고 말한다.

執持正法攝諸長幼. 外國諸部典546)皆立三老. 有德者. 爲執法人. 以決鄕
訟. 攝長幼也. 淨名現執俗法. 因通道法也.

'정법을 執持하여 모든 노인과 어린이를 섭수하며'에서 외국의 諸部典에
서는 모두 三老를 내세운다. 유덕자는 법을 집지하는 사람이 되어 鄕訟을
판결해주고 노인과 어린이를 섭수해준다. 정명이 속법의 집지를 드러낸 것
은 그대로 도법을 인한 것이다.

一切治生諧偶雖獲俗利不以喜悅. 法身大士. 瓦礫盡宝玉耳. 若然則人不
貴其惠故. 現同求利. 豈悅之有耶.

---

545) '一切見敬'에 대하여 경문에서는 '(정명이) 일체중생을 보고 공경하는 것'의 의미인데,
   여기에서 길장은 '일체가 (정명을) 보고 공경한다'는 의미로 해석하고 있다.
546) 典=曲力〔原〕〔甲〕

'일체를 치생함에 뜻에 합당하여 비록 세속의 이익을 얻어도 기뻐하지 않고'에서 법신대사에게는 瓦礫조차도 모두 宝玉이다. 만약 그렇다면 사람들이 그 은혜를 귀하게 간주하지 않기 때문에 함께 이익을 드러낸 것인데 어찌 어찌 그것이 有임을 기뻐하겠는가.

遊諸四衢饒益衆生. 四達曰衢. 於要路處. 遍察群機. 隨而化益.

'모든 네거리에 노닐어도 중생에 이익을 주며'는 사방으로 통하는 길을 衢라고 말한다. 사람이 많이 오고가는 거리에서 널리 群機를 관찰하면서 그들을 따라서 化益한다.

入治政法救護一切. 治政547)法. 律官也. 導以正法. 使民無偏枉. 救護一切也.

'정법을 다스림에 들어가서는 일체중생을 구호하고'에서 正法으로 治政하는 律官이다. 그래서 正法으로 인도하여 백성들로 하여금 偏枉이 없도록 하여 일체를 구호한다.548)

---

547) 政＝正ィ【原】
548) 여기에서 正法은 이하에서 길장의 해석에 따르면 치국의 정법이다.

入講論處導以大乘. 天竺多諸異道. 各[549]言己勝. 故其國別. 有[550]立論堂. 欲辨其優劣. 諸欲明己道者. 則聲鼓集衆. 詣堂求論. 勝者爲師. 負者爲資. 淨名旣昇此堂. 攝伏外道. 然後導以大乘爲[551]其師也.

'강론하는 자리에 들어가서는 대승으로 이끌어주며'에서 천축에서는 수많은 여러 異道가 각각 자기네가 뛰어나다고 말한다. 때문에 그 나라마다 별도로 立論堂이 있는데 그 우열을 변별하려고 한다. 자기네 道를 설명하려고 하는 모든 사람은 곧 북을 울려 사람을 모아서 입론당에 나아가 토론을 벌이는데, 이긴 사람은 스승이 되고 진 사람은 제자가 된다. 정명은 이미 이 입론당에 올라서 외도를 攝伏한 연후에 대승으로 인도하여 그 스승이 되었다.

入諸學堂誘開童蒙. 如釋迦菩薩. 入學堂. 說梵書. 梵天來下爲証. 衆人[552]信受. 斯其類也.

'모든 학당에 들어가서는 童蒙을 열어서 유도하고'에서 석가보살처럼 학당에 들어가서 梵書를 설명하자 범천이 내려와서 증명하고 대중이 信受한 것이 바로 그 부류이다.

---

549) 各=名【甲】, =各ィ【甲】
550)〔有〕-カ【甲】
551) 爲=則【甲】, =爲ィ【甲】
552) 衆人=人衆【甲】

入諸婬舍示欲之過. 外國婬人. 別立聚落. 凡預士流. 目不暫顧. 大士同其欲. 然後示其過.

'모든 婬舍에 들어가서는 음욕의 허물을 보여주며'에서 외국에서 婬人은 별도로 취락을 짓는다. 범부와 소승의 부류[凡預士流]는 눈으로 잠시도 돌아보지 않지만, 대사는 그들 욕망과 함께한 연후에 그 허물을 보여준다.

入諸酒肆能立其志. 酒致失志. 開放逸門.

'모든 酒肆에 들어가서는 그 의지를 잘 세우고'에서 술은 의지[志]를 상실시키고 방일한 문을 열게 된다.

若在長者長者中尊爲說勝法. 此下第二明多身方便. 長者如今四姓豪族. 凡人. 易以威順. 難以理從. 大士每處其尊. 以弘風靡之化. 長者. 豪族旣[553]重. 多以世敎自居. 故爲說出世勝[554].

'만약 장자와 함께 있으면 장자한테 존중받아 훌륭하게 설법하며'에서 이하에서는 둘째로 多身方便을 설명한다.
　장자는 지금의 사성 가운데 호족이다. 凡人은 위력으로 따르게 하는 것은

---

553) 旣=望ㄱ【原】【甲】
554) 勝+(法)ㄱ【甲】

쉽지만 이치로 따르게 하기는 어렵다.
 대사는 모든 곳에서 그 범인들을 존중함으로써 크게 풍미하여 교화해 준다.
 장자는 호족으로서 이미 존중받지만 대부분 세간을 교화하려고 스스로 머물기 때문에 출세가 뛰어남을 설한다.

法555)若在居士居士中尊斷其貪著. 智度論云. 居士有二. 一居舍之士. 故名居士. 此通居士也. 二居財一億. 名爲居士. 旣多積宝財故. 貪著必深. 故大士. 同其積財. 斷貪濁也.

 '만약 거사와 함께 있으면 거사한테 존중받아 그 탐착을 단제하고'에서 『대지도론』에서는 다음과 같이 말한다.
 '거사에 두 종류가 있다. 첫째는 집에 머무는 사람이기 때문에 거사라 말한다. 이 경우를 통상 거사라 한다. 둘째는 재물을 일억 지닌 사람을 거사라 말한다. 이미 수많은 재보를 축적했기 때문에 탐착심이 매우 깊다.'
 때문에 대사는 그들이 축적한 재물과 함께하며 탐착의 번뇌를 단제해 준다.

若在利556)利[＊]利利中尊敎以忍辱. 羅什云. 刹利. 胡音. 含二義. 一言忍辱. 二言瞋恚. 言此人有大力勢. 能大瞋恚. 忍受苦痛. 剛强難伏. 因以爲

---

555) 〔法〕-【甲】
556) 利=刹【甲】＊ [＊1]

姓也. 釋肇曰. 刹刹[557]. 王者種也. 此言田主. 劫初. 人食地味. 轉食自然粳米. 後人情漸僞. 各有封殖. 遂立有德. 處平分田. 此王者之始. 故相承爲名焉. 其尊高自在. 多暴決[558]意. 不能忍和. 故教以忍辱.

'만약 찰제리와 함께 있으면 찰제리한테 존중받아 인욕을 가르치며'에서 나집은 '刹利는 胡音으로서 두 가지 뜻을 담고 있다. 첫째는 인욕을 말하고, 둘째는 진에를 말한다.'고 말한다. 말하자면 이 사람[찰리]은 큰 세력이 있지만 크게 진에를 내므로 고통을 忍受해도 剛强해도 다스리기 어려운데 그것을 인하여 姓을 삼은 것이다.

釋肇는 '찰리는 王者의 종성이다.'고 말한다.

번역해서 말하면 田主이다. 겁초에는 사람들이 地味를 먹었는데 轉展하여 자연히 粳米를 먹게 되었다. 후대에 사람들의 마음이 점차 거짓을 하게 되자 각자 封殖하게 되자 마침내 有德者를 내세워 공평하게 밭을 나누게 되었다. 이것이 王者의 시초이다. 때문에 그것이 相乘되어 田主라 말하게 되었다. 그들은 尊高하고 自在한데 대부분 폭력을 마음대로 구사하여 忍和할 수 없게 되었기 때문에 인욕으로써 그들을 가르치게 되었다.

若在婆羅門婆羅門中尊除其我慢. 婆羅門. 此言外意. 劫初之時. 旣見世人貪瞋鬪諍. 便起厭惡. 入山求道. 以意出人外. 故名外意. 其種. 別有経書. 世世相承. 以道學爲業. 或在家. 或出家. 苦行. 多恃己道術. 自我慢人.

---

557) 刹＝利【甲】
558) 決＝恣【甲】

'만약 바라문과 함께 있으면 바라문한테 존중받아 그 아만을 없애고'에서 바라문은 번역하면 外意이다. 겁초의 시대에 이미 세상 사람들이 貪과 瞋으로 투쟁하는 것을 보고 곧 염오를 일으켜서 입산하여 구도하였다. 마음[意]이 사람들의 밖으로 벗어나 있기 때문에 그 種이 별도로 경서에 있다. 세세토록 상승하면서 도학을 업으로 삼았는데 혹 재가이기도 하고 혹 출가이기도 하며 고행하면서 대부분 자기의 도술을 믿어서 스스로 아만이 있는 사람들이다.

若在大臣大臣中尊敎以正法. 正法者. 謂治國正法也. 旣敎以正治法. 兼以道佐時也.

'만약 대신과 함께 있으면 대신한테 존중받아 정법으로 가르치며'에서 正法은 치국의 정법이다. 이미 正治의 법으로 가르치고 道佐의 시절로써 兼하였다.

若在王子王子中尊示以忠孝. 旣爲臣[559]. 宜具二行.

'만약 왕자와 함께 있으면 왕자한테 존중받아 충효로써 내보이고'에서 이미 신하가 되었으므로 마땅히 충과 효의 두 가지 행위를 갖추어야 한다.

---

559) 臣+(子)【甲】

若在內官560)內[＊]官中尊化正宮女. 羅什云. 非如今內官也. 外國法. 取歷世忠良耆長有德. 用爲內[＊]官. 化正宮女也.

'만약 내관과 함께 있으면 내관한테 존중받아 바르게 궁녀를 교화하며'에서 나집은 '오늘날과 같은 內官이 아니다.'고 말한다. 외국의 법에서는 歷世로 忠良한 耆長의 有德者를 뽑아서하여 내관으로 활용하여 宮女를 올바르게 교화한다.

若在庶民庶民中尊令興福力. 福力微淺故. 用教庶民.

'만약 서민과 함께 있으면 서민한테 존중받아 복력을 일으키게 하고'에서 복력이 미천하기 때문에 서민을 가르치는데 활용된 것이다.

若在梵天梵天中尊誨以勝慧. 自上已來. 示人方便. 以上攝下. 此文示天方便. 居勝化劣. 羅什云. 小乘中. 初梵有三. 雜心但明二. 除梵王. 羅什又云. 大乘有四. 余上三地. 亦如是. 此与智度往生品同. 梵王雖有禪561)慧. 而非出要. 今誨以佛慧. 故言勝也.

'만약 범천과 함께 있으면 범천한테 존중받아 뛰어난 지혜로써 가르쳐주

---

560) 官＝宮ィ【原】【甲】＊ [＊ 1 2]
561) 禅＝神ィ【甲】

며'에서 이상은 人方便을 내여서 上으로써 下를 섭수하였는데, 이 경문에서는 天方便을 내보여서 뛰어난 경지에 머물면서 하열한 대상을 교화한다.

나집은 다음과 같이 말한다.

'소승에서는 初梵에 셋이 있는데, 雜心으로는 단지 (범중천과 범보천의) 둘만 설명하고 (대범천의) 범왕은 제외된다.'

나집은 또 다음과 같이 말한다.

'대승에서는 넷이 있는데, 余上의 三地(대범천 위의 있는 제이선천·제삼선천·제사선천의 세 가지) 또한 그와 같다.'[562]

이것은 『대지도론』[왕생품]과 동일하다. 범왕에게는 비록 선정과 지혜가 있지만 그 要를 현출하지 못한다. 지금은 佛慧로써 가르치기는 까닭에 뛰어나다[勝]고 말한다.

若在帝釋帝釋中尊示現無常. 天帝. 處忉利宮. 五欲自誤. 視東忘西. 見西忘東. 多不慮無常. 大士或時示現火起. 燒其宮殿.

'만약 제석과 함께 있으면 제석한테 존중받아 無常을 시현하고'에서 천제는 도리천궁에 거처하는데 오욕에 스스로 誤導되어 東을 보면 西를 잊고 西를 보면 東을 잊어서 대부분 無常을 생각하지 못한다. 대사가 或時에 불이 일어남을 시현하여 그 궁전을 불살라버린다.

---

562) 『注維摩詰經』 卷2, (大正新脩大藏經38, 340下)

若在護世護世中尊護諸眾生. 護世者. 四天王也. 各理一方. 護其所部. 使
諸惡鬼神不得侵害眾生也.

'만약 護世의 사천왕과 함께 있으면 호세한테 존중받아 모든 중생을 보호
하였다'에서 護世는 사천왕인데, 각각 一方을 맡아서 그 곳의 部類를 보호
하여 모든 악귀신으로 하여금 중생을 침해하지 못하도록 해준다.

長者維摩詰以如是等無量方便饒益眾生. 此第三總結也. 法身圓應. 其迹
無方. 故稱無量. 上略言之耳. 旣不可盡. 故須總結. 其以方便現身有疾.
自上已來. 序通563)方便竟. 此下已去. 明別方便也.

'장자 유마힐은 이와 같이 무량한 방편으로 중생을 이롭게 하였다'의 이
대목은 셋째로 총결이다. 법신은 원응하고 그 迹은 無方이기 때문에 무량이
라 일컫는다. 위에서는 그것을 간략하게 말하였을 뿐이므로 이미 그것을 다
하지 못하였다. 때문에 모름지기 그것을 총결해야 한다. 그럼으로써 방편으
로 몸에 병이 있음을 드러내었다.
　이상으로 通方便의 序를 마친다.
　이하부터는 別方便을 설명한다.

據會而分者. 品初至此. 明其由序. 斯文已去. 正是一會敎門. 就文亦四.

---

563) 通＝分【甲】. ＝通ㅓ【甲】

一明現病. 二辨問病. 三說敎門. 四時衆悟道. 所以現疾者. 欲悟無常. 當因三衰. 老病死也. 然老須564)年至. 不可卒565)來. 死則言滅. 無以悟人. 病可[*]卒加. 而言不滅. 故於三内. 觀此身疾. 以興敎門也.

법회에 의거하여 나누어보면 품의 처음부터 여기에 이르기까지는 그 由序를 설명하였다. 이 경문 이후로는 바로 이 一會의 敎門이다.

경문에는 또한 네 부분이 있다.

첫째는 병을 드러낸다.

둘째는 문병을 변별한다.

셋째는 敎門을 설한다.

넷째는 時衆의 悟道에 대한 것이다.

때문에 병을 드러낸 것은 無常을 깨우쳐주고자 하여 반드시 三衰인 老와 病과 死를 인한 것이다. 그러나 老는 모름지기 나이가 이르러야 하는 것이지 갑자기 찾아오는 것이 아니다. 死는 곧 말하자면 滅無이다. 깨친 사람이 병을 갑자기 추가한 것은 말하자면 不滅이다. 때문에 세 가지 안에서 이 몸의 병을 관찰함으로써 敎門을 일으킨다.

又居士体道之深. 未免斯患. 況無德者而可保乎. 又不疾呵疾. 信之爲難. 未若以疾呵疾. 則物易受. 以其疾故國王大臣長者居士婆羅門等及諸王子幷余官屬無數千人皆往問疾. 此第二明衆人問疾. 淨名以德被天下人. 感

---

564) 須=待【甲】. =須亻【甲】
565) 卒=乍亻【甲】*[*1]

其恩惠. 旣聞有疾故. 皆來問之.

또한 거사는 깨침을 깊이 체험하였는데도 이러한 병환을 벗어나지 못하거늘 하물며 덕이 없는 사람으로서 保身할 수 있겠는가. 또한 병에 걸리지 않았는데도 병을 가책한다는 것은 그것을 믿기 어렵다. 그러나 만약 병에 걸렸기 때문에 병을 가책하지 않는다면 곧 중생이 쉽게 받아들인다.

'유마힐이 병에 걸렸기 때문에 국왕·대신·장자·거사·바라문 등, 그리고 모든 왕자와 그 밖의 官屬, 수많은[無數千] 사람이 모두 가서 문병하였다.'는 것은 둘째로 衆人이 問疾한 것을 설명한 것이다. 정명은 덕으로써 천하의 사람을 덮었기 때문에 그 은혜가 지중함을 알기 때문에 이미 유마가 병에 걸렸다는 소문을 들은 사람은 모두 찾아와서 그를 위문하였다.

其往者維摩詰因以身疾廣爲說法. 此第三明因疾說法. 就說法内. 凡有二門. 一說生死過患. 二讚法身功德. 說生死過患. 令厭生死. 讚法身功德. 令欣法身. 法門之要. 唯斯逼引. 又說生死過患. 破凡夫惑. 讚法身功德. 斥二乘見. 又說生死過患. 破於常見. 讚法身功德. 斥於斷滅. 令受化之徒. 捨於二邊. 悟入中道. 但說此二門. 開合不定. 凡有四種. 一者俱合. 謂直明生死無常. 但說法身常住. 二者俱開. 開生死無常苦空. 開法身常樂我淨. 三者合生死. 但說無常. 開法身. 具四德. 四者開生死. 無常苦空. 合法身. 但說常住. 四門之内. 爲第四也. 就生死過患. 凡有五門. 謂無常. 苦. 空. 無我. 不淨也.

'문병을 간 자들에게 유마힐은 자신의 병을 가지고 널리 설법하였다.'는 것은 셋째로 병을 인하여 설법함을 설명한 것이다.

설법을 보면 그 가운데 무릇 두 부분이 있다.

첫째는 생사의 과환을 설한 것이다.

둘째는 법신이 공덕을 찬탄한 것이다.

생사의 과환을 설하여 생사를 싫어하도록 하고, 법신의 공덕을 찬탄하여 법신을 기뻐하게 한다. 법문의 요점은 오직 이처럼 생사를 멀리히고[遍] 법신을 가까이 하는[引] 것이다.

또한 생사의 과환을 설한 것은 범부의 미혹을 타파하고, 법신의 공덕을 찬탄한 것은 이승의 견해를 배척하는 것이다.

또한 생사의 과환을 설한 것은 상견을 타파하고, 법신의 공덕을 찬탄한 것은 단멸을 배척하여 교화를 받는 무리로 하여금 이변을 버리고 중도에 悟入토록 하는 것이다.

무릇 이 이문을 설함에 開와 合이 정해져있지 않는데 四種이 있다.

첫째는 俱合은 말하자면 직접 생사의 무상을 설명하고, 단지 법신의 상주만 설한다.

둘째는 俱開는 생사의 無常·苦·空을 開하고, 법신의 상·락·아·정을 開한다.

셋째는 合生死는 단지 무상만 설하고, 법신의 모든 사덕을 開한다.

넷째는 開生死는 무상·고·공이 법신에 合하지만 단지 상주만 설한다.

네 가지 가운데 넷째에 해당한다.

생사의 과환에 대하여 무릇 五門이 있다. 말하자면 무상·고·공·무아·부정이다.

謂566)仁者是身無常. 無常是入空初門. 又物所遍患. 故前說之. 無强. 今病則弱. 故知無强. 無力. 老病死來. 不能排拒. 故云無力. 無堅. 謂体無有實. 速朽之法不可信也. 雖無强力. 容謂久住. 故云速朽. 以其速朽. 孰能信其永固者哉.

'그대들이여. 이 몸은 無常하고'에서 무상은 공에 들어가는 초문이다. 또한 중생이 널리 근심하기 때문에 먼저 그것을 설한다.
'無强'은 지금 병에 걸린 즉 弱하기 때문에 무강인 줄을 안다.
'無力'은 노병사가 도래하여 排拒할 수 없기 때문에 무력이라 말한다.
'無堅'은 말하자면 体에 實이 없는 것이다.
'금방 썩어버리는 법으로 믿을 것이 못되며'는 비록 무강하고 무력할지라도 오래 머문다는 것은 받아들이고자 하기 때문에 금방 썩는다고 말한다. 그것이 금방 썩어버리는데 어찌 그것이 永固함을 믿을 수 있겠는가.

爲苦爲惱衆病所集. 此第二次明苦觀. 以無常故苦. 苦故生惱. 又苦謂八苦也. 亦有無量苦. 惱謂九惱也. 亦有無量惱. 病四百四病也.

'苦이고 惱이며 갖가지 병이 모여 있는 것입니다'에서 이것은 둘째로 이어서 苦觀을 설명한 것이다. 무상이기 때문에 苦이고, 苦이기 때문에 번뇌가 발생한다.
또한 苦는 말하자면 팔고인데, 또한 무량한 고가 있다.

---

566) 謂=諸【甲】

惱는 말하자면 九惱인데 또한 무량한 뇌이다.
병은 四百四種의 병이다.

諸仁者如此身明智者所不怙. 此句結前生後. 以有無常苦故. 智人不恃怙也. 生後者. 如下諸喩. 故非可怙也.

'그대들이여. 이와 같은 몸에 대하여 지혜가 밝은 사람은 믿지 않습니다'는 이 구절은 前을 결부시켜 後를 발생한 것이다. 무상의 고가 있기 때문에 지인은 믿지 않는다. 後를 발생한다는 것은 이하 여러 가지 비유와 같다. 그러므로 가히 믿을 수가 없다.

是身如聚沫不可撮摩. 此第三次明空. 凡有十句. 旧師云. 初五句. 別約五陰明空. 後五句. 總明其空. 故華嚴等経云. 色如聚沫. 受如水泡. 想如野馬. 行如色[567]蕉. 識如幻. 故知約五陰. 以明五喩也. 今詳文意. 皆是總喩. 非別譬也. 聚沫似實有. 撮摩則散無. 身亦似有. 緣來則毀壞.

'이 몸은 물거품[沫]이 모인 것과 같아서 만져볼 수가 없습니다'는 것은 셋째로 이어서 공을 설명한 것인데, 무릇 십구가 있다. 旧師는 '처음의 오구는 개별적으로 오음에 의거하여 공을 설명한 것이고, 나중의 오구는 총체적으로 그 공을 설명한 것이다.'고 말한다.

---

567) 色＝芭【甲】

때문에『화엄경』에서 다음과 같이 말한다.
'색은 聚沫과 같고, 受는 水泡와 같으며, 想은 野馬와 같고, 行은 芭蕉와 같으며, 識은 幻과 같다.'
때문에 오음에 의거하여 五喩로써 설명했음을 알 수가 있다. 이제 경문의 뜻을 상세하게 보자면 그것은 모두 總喩이지 別譬가 아니다. 聚沫은 實有와 비슷하지만 만지자마자 곧 散無해버리는데, 身도 또한 有와 비슷하지만 緣이 도래한 즉 毁壞되고 만다.

是身如泡不得久立. 似明無常義. 然水上泡. 以体虛無實. 猶空義也.

'이 몸은 물거품[泡]과 같아서 오래 머물지 못합니다'는 것은 마찬가지로 무상의 뜻을 설명한 것이다. 그래서 물 위의 거품은 体가 비어서 實이 없는 것이 마치 공의 뜻과 같다.

是身如炎從渴愛生. 偈568)見陽炎. 惑以爲水. 愛見四大. 迷以爲身. 攝大乘論. 呼陽炎爲鹿渴. 此是鹿之渴乏. 故見炎爲水.

'이 몸은 불꽃과 같은데 갈애로부터 발생한 것입니다'에서 渴로써 아지랑이가 보이는데 惑하여 그것을 물로 삼고, 愛로써 사대를 보는데 迷하여 그것을 몸으로 삼는다.『섭대승론』에서는 陽炎을 鹿渴이라 한다. 이것은 사슴

---

568) 偈=渴【甲】

이 渴乏 때문에 아지랑이를 보고 물로 간주하기 때문이다.

是身如芭蕉中無有堅. 芭蕉之草. 但有皮葉. 無眞實也. 身亦如之. 但假名字. 亦無眞實.

'이 몸은 파초와 같아서 가운데 견고함이 없습니다'에서 파초라는 풀은 단지 皮葉만 있을 뿐이지 眞實이 없다.

是身如幻從顚倒起. 見幻爲人. 四大爲身. 皆顚倒也.

'이 몸은 허깨비와 같은데 顚倒로부터 일어난 것입니다'에서 허깨비를 사람으로 삼고 사대를 몸으로 삼는 견해를 말하는데 그것은 모두 顚倒이다.

是身如夢爲虛妄見. 如由夢心故見夢事. 實無夢事. 身亦如是. 由顚倒心. 見有此身. 實無身也.

'이 몸은 꿈과 같이 허망한 견해입니다'에서 夢心을 말미암기 때문에 夢事를 보는 것과 같다. 실제로 夢事는 없는데 몸도 또한 그와 같다. 전도심을 말미암아 이 몸이 있다고 보는데 실제로 몸이 없다.

是身如影從業緣現. 前約煩惱心故有身. 今由過去業影故. 有現在身也. 又遮光故有影. 遮正觀光. 故有身影.

'이 몸은 그림자와 같은데 업연으로부터 드러난 것입니다'에서 위의 경우에는 번뇌심에 의거한 까닭에 몸이 있었는데, 지금은 과거의 業影을 말미암은 까닭에 현재의 몸이 있다. 또한 빛을 막기 때문에 그림자가 있고, 正을 막고 빛을 보기 때문에 몸의 그림자가 있다.

是身如響屬諸因緣. 過去仮惑業因緣. 現在由父母遺体. 及衣食等. 總上諸事. 故言屬諸因緣.

'이 몸은 메아리와 같아서 諸因緣에 속합니다'에서 과거는 혹업의 인연에 의지하고, 현재는 부모의 유체를 말미암는다. 그리고 衣과 食 등은 체적으로 諸事이기 때문에 제인연에 속한다고 말한다.

是身如浮雲須更[569]変滅. 浮雲俄頃異色. 須[*]更変散. 身亦如是. 眴息之間. 有少. 有大. 有壯. 須臾老病死滅.

'이 몸은 뜬구름과 같아서 수유지간에 변멸합니다'에서 뜬구름은 삽시간에 다른 색으로 기울고, 수유지간에 변하여 흩어진다. 몸도 또한 그와 같아

---

569) 更＝臾【甲】*［*１］

서 눈 깜짝할 사이에 젊었다가 커졌다가 어른이 되었다가 수유지간에 늙어가고 병에 걸리며 死滅한다.

是身如電念念不住. 雲之与電. 實是無常. 今取其虛僞不眞故. 速滅不住. 猶釋空義也.

'이 몸은 번개와 같아서 염념에 머물지 않습니다'에서 구름은 번개와 더불어 실로 무상하다. 지금은 그 虛僞와 不眞을 취하기 때문에 速滅하여 머물지 않는데 마치 공의 뜻을 해석한 것과 같다.

是身無主爲如地. 此第四明無我觀. 凡有八句. 前四別約四大明無我. 後四總約四大明無我. 有人言. 地仮四微成. 雖有勝持之功. 實無宰我御用. 身亦爾矣. 後三大類然. 有人言. 外地. 古今相伝. 強者前宅. 故無定主. 身亦如是. 緣合則有. 緣散則無. 故無常主. 有人言. 衆生己身爲內. 土木爲外. 然外大充[570]身. 則復爲內. 內大散壞. 還歸於外. 然內外雖殊. 其大一也. 外大無主. 內身亦然. 又見內身不壞. 言有宰主. 然外之不壞. 則非有主. 內身亦然.

'이 몸은 주인이 없는 것이 땅과 같습니다'에서 이것은 넷째로 무아관을 설명한 것이다. 무릇 팔구가 있다. 앞의 사구는 개별적으로 사대의 의거하

---

570) 充=宛ㄱ【原】

여 무아를 설명한 것이고, 뒤의 사구는 총체적으로 사대의 의거하여 무아를 설명한 것이다.

어떤 사람은 말한다.

'대지는 사대에 의하여 미묘하게 성립된 것이다. 그래서 비록 勝持의 功은 있지만 실로 我를 주재하거나 작용을 거거하지 못한다. 몸도 또한 그와 같다. 이후의 (水·火·風의) 삼대도 또한 그러하다.'

어떤 사람은 말한다.

'外地는 고금에 상전되었는데, 강자는 이전에 宅이었기 때문에 정해진 主가 없다. 몸도 또한 그와 같아서 연이 합쳐지면 有이지만 연이 흩어지면 無이다. 때문에 常主가 없다.'

어떤 사람은 말한다.

'중생은 자기의 몸을 內로 삼고 토목으로 外를 삼는다. 그래서 外大가 充身한 즉 다시 內가 되고, 內大가 흩어져 없어지면 다시 外로 돌아간다.'

그처럼 내외가 비록 다르지만 그 大는 하나이다. 外大에는 주인이 없는데 內身도 또한 그렇다. 또한 內身이 不壞임을 보고 宰主가 있다고 말한다. 그러나 外가 불괴인 즉 有主가 아닌데 內身도 또한 그렇다.'

是身無我爲如火. 從任自在. 謂之爲我. 然火由於薪. 不得自在. 薪小則小. 薪大則大. 薪有則有. 薪無則無. 身亦如是. 擧動興造. 万事似有我. 然但衆緣所成. 病至則惱. 死至則滅. 不得自在. 故無有我.

'이 몸은 자아가 없어서 불과 같습니다'에서 마음대로 자재한 것을 소위 我라고 하는데, 불[火]은 섶을 말미암기 때문에 자재하지 못하다. 섶이 작으면 불이 작고 섶이 많으면 불이 크며, 섶이 있은 즉 불이 있고, 섶이 없은 즉 불은 없다. 몸도 또한 그와 같아서 擧動하고 興造하면 만사에 아가 있는 듯하다. 그래서 무릇 衆緣으로 성립된 것이라서 병이 도래하면 번뇌하고 죽음이 이르면 곧 소멸하여 자재하지 못하기 때문에 아가 없다.

是身無壽爲如風. 雖飄扇鼓作. 或去或來. 直是聚氣流動. 非[571]存生主也. 身亦如是. 呼吸吐納. 行作語言. 亦仮氣而動. 非有壽也.

'이 몸은 壽가 없어서 바람과 같습니다'에서 부채로 바람을 일으키거나 북을 치거나 가거나 오거나 하는 그것은 기가 무여서 유동한 것이지 存生의 주가 아니다. 몸도 또한 그와 같아서 호흡을 내쉬고 들이키며 행동하고 말을 하는 것도 또한 기에 의지하여 움직이는 것뿐이지 거기에 壽가 있는 것이 아니다.

是身無人爲如水. 如水澄潔淸明. 洗濯塵穢. 曲直縱緣. 方圓任器. 靜而求之. 非有人也. 身亦如是. 知見進止. 応事而動. 乘數而運. 詳其所因. 非有人也.

'이 몸은 개체[人]가 없어서 물과 같습니다'는 것은 물이 澄潔하고 淸明해도 거기에 세탁을 하면 때 묻고 더러워지는 것과 같다. 曲直이 반연을 쫓고

---

571) 非+(有)ィ【原】【甲】

方圓이 그릇에 따르듯이 고요하게 그것을 추구해보아도 개체[人]는 없다. 몸도 또한 그와 같아서 알고 보며 나아가고 머무는 경우에 事에 응하여 움직이고 數를 가지고 운용하며(주역의 점괘 내지 사주풀이 등) 그 所因을 자세하게 해보아도 개체[人]는 없다.

問. 四名何異. 答. 体一義殊. 謂有眞宰. 称之爲主. 統御自在. 因⁵⁷²⁾之爲我. 常存不変. 謂之爲壽. 貴於万物. 終終不改. 称之爲人.

묻는다 : 네 가지 명칭이 어째서 다른 것입니까.
답한다 : 体는 하나이지만 義가 다른 것은 소위 眞宰가 있다는 것인데 그것을 主라고 일컫는다. 자재하게 통어하는 것을 가리켜서 我라 하고, 常存하고 不変하는 그것을 소위 壽라 한다.

是身不實四大爲家. 上別就四大. 明無我. 今總約四大. 明無我也.

'이 몸은 實이 없어서 사대로 집을 삼습니다'에서 위에서는 개별적으로 사대에 대하여 그것을 무아라고 설명하였는데, 지금은 총체적으로 사대에 대하여 그것이 무아임을 설명한다.

---

572) 因=目力【甲】

是身爲空離我我所. 我与我所. 凡有三種. 一以內身爲我. 外國財妻子. 名爲我所. 二就內身總別分之. 總用爲我. 五陰別爲我所. 三就陰分別. 計色爲我. 余爲我所. 展轉作之. 無我. 則人空. 無我所. 謂法空. 但有二種. 一無性實人[573]法. 爲性空. 二無因緣人法. 名爲仮空.

'이 몸은 공하여 아와 아소를 벗어나 있습니다'에서 아와 아소에 무릇 세 가지가 있다.

첫째는 내신으로써 아를 삼는 것이다. 외국에서는 재물과 처자를 아소라고 말한다.

둘째는 내신에 대하여 總別로 그것을 나눈다. 총체적인 작용으로는 我이고, 오음의 개별로는 아소이다.

셋째는 陰의 분별에 대하여 색은 아이고 그 밖의 것은 아소로 계탁한다.

展轉하여 그것을 지으면 아가 없는 것은 곧 인공이고, 아소가 없는 것은 소위 법공이다. 여기에 무릇 두 가지가 있다.

첫째는 無性實人法으로서 性空이다.

둘째는 無因緣人法으로서 仮空이라 말한다.

是身無知如草木瓦礫. 前明無我体. 此辨無我用. 身雖能触. 而無知. 識雖能知. 而無触. 總求二種. 畢竟無知. 何異瓦礫. 但無知亦二. 一無自性知. 二無仮名知.

---

573) 人=之【甲】

'이 몸은 지각[知]이 없어서 草木瓦礫과 같습니다'에서 위에서는 무아의 체를 설명하였는데, 이 대목은 무아의 용을 변별한다.
身은 비록 能触해도 無知이고, 識은 비록 能知해도 無触이다. 총체적으로 二種을 추구해도 필경에 無知라면 어찌 瓦礫과 다르겠는가.
무릇 무지에도 또한 두 가지가 있다.
첫째는 無自性知이다.
둘째는 無仮名知이다.

是身無作風力所轉. 前就心法. 明無我用. 此就色法. 明無我用. 雖有造作施爲. 但是風力. 非我用也.

'이 몸은 조작[作]이 없이 호흡의 힘[風力]에 의하여 굴러가는 것입니다'에서 위에서는 심법에 대하여 무아의 용을 설명하였는데, 이 대목은 색법에 대하여 무아의 용을 설명한다. 비록 造作과 施爲가 있을지라도 무릇 그것은 호흡의 힘[風力]이지 我의 작용이 아니다.

是身不淨穢惡充滿. 此第五明不淨觀. 凡有八句. 初一句. 正顯不淨. 下七句. 擧余法顯不淨. 具三十六物. 名穢惡充滿.

'이 몸은 부정하여 더러움으로 충만합니다'에서 이것은 다섯째로 부정관을 설명한 것이다. 무릇 팔구가 있다. 처음의 초구는 바로 不淨을 나타내고, 이하의 일곱 구는 그 밖의 법을 들어서 不淨을 나타낸다. 모두 삼십육물이 갖추어진 것을 더러움[穢惡]이 충만했다고 말한다.

是身爲虛僞雖仮以澡浴衣食必歸磨滅是身爲災百一病惱. 一大增損. 則百一病生. 四大增損. 則四百四病. 同時俱作故身爲災聚.

'이 몸은 虛僞로서 비록 임시로 목욕하고 옷 입고 밥 먹어도 반드시 마멸로 돌아갑니다. 이 몸은 災로서 백 한 가지 病惱가 있습니다'에서 일대가 增損한 즉 백 한 가지 병이 발생하고 사대가 增損한 즉 사백사종의 병이 동시에 俱作하기 때문에 몸은 災聚이다.

是身如丘井爲老所逼. 有人言. 高丘必巓[574]. 深井必滿. 有身必老. 僧肇云. 神之處身. 爲老死所逼. 猶老[575]人之在丘井. 爲龍蛇所逼. 羅什日. 丘墟. 朽[576]井也. 前[577]有人. 犯罪於王. 其人逸走. 令醉象逐之. 其人怖急. 自投枯井. 半井得一腐草. 以手執之. 下有惡龍. 吐毒向之. 傍有五毒蛇. 復欲加害. 二鼠嚙草. 草復欲斷. 大象臨其上. 復欲取之其人危苦. 極大怖畏. 上有一樹. 樹上時有蜜滴. 落其口中. 以著味故. 而忘怖[578]. 丘井生死也. 醉象無常也. 毒龍惡道也. 五毒蛇五陰也. 腐草命根也. 白黑二鼠.

---

574) 巓=顚ィ【甲】
575) 老=危【甲】, =老ィ【甲】
576) 朽=枯ィ【原】【甲】
577) 前=昔力【甲】
578) 怖+(畏)ィ【原】, (畏)【甲】

白月黑月也. 蜜滴五欲樂也. 得蜜滴而忘畏苦. 喩衆生得五欲蜜滴. 不畏苦也.

'이 몸은 丘井과 같아서 늙음이 핍박합니다'에서 어떤 사람은 높은 언덕은 반드시 무너지고 깊은 우물은 반드시 가득 찬다고 말한다. 몸이 있으면 반드시 늙는다.

승도는 神이 몸에 깃들면 노사가 핍박한다고 말한다. 마치 노인이 언덕이나 우물에 있으면 龍蛇에게 협박당하는 것과 같다.

나집은 다음과 같이 말한다.

'황폐한 언덕과 마른 우물이다. 옛날에 어떤 사람이 왕한테 죄를 지었다. 그 사람이 도망치자 술취한 코끼리로 그를 쫓았다. 그 사람은 다급하고 두려워서 스스로 마른 우물에 뛰어들었다. 우물 중간쯤에서 하나의 썩은 풀줄기가 있었는데 손으로 그것을 붙잡았다. 바닥에 있는 악룡은 그를 향해서 독을 내뿜고, 곁에 있는 다섯 마리의 독사는 또한 해를 가하려고 하였다. 두 마리의 쥐가 풀줄기를 갉아먹자 또한 끊어지려고 하였다. 큰 코끼리가 그 위에 이르러 또한 그를 잡으려고 하자 그 사람은 危苦하여 지극히 크게 두려워하였다. 위에는 있는 나무 한 그루에서 그의 입으로 꿀이 떨어지자 그 맛에 취하여 두려움을 잊었다. 언덕과 우물은 生死이고, 술취한 코끼리는 無常이며, 독룡은 惡道이고, 다섯 마리의 독사는 五陰이며, 썩은 풀줄기는 命根이고, 흑백의 두 마리 쥐는 백월과 흑월이며, 꿀방울은 오욕락이고, 꿀방울을 먹는 것은 두려움과 고통을 잊는 것으로 중생이 얻은 오욕락의 꿀방울은 두려움과 고통이 없음을 비유한다.'[579]

---

579) 『注維摩詰經』卷2, (大正新脩大藏經38, p.342中)

是身無定為要当死. 天壽雖無定. 而死事則定. 智度論云. 身有二種. 若不自死. 必為他殺.

'이 몸은 고정되어 있지 않아서 요컨대 죽음에 다다릅니다'에서 천수는 비록 정해져 있지 않지만 死事는 정해져 있다.
『대지도론』에서는 다음과 같이 말한다.
'身에 두 가지가 있다. 만약 自死가 아니라면 반드시 他殺이 된다.'

是身如毒蛇如怨賊如空聚陰界諸入所共合成. 四大如四蛇. 五陰喩五賊. 六情如空聚也.

'이 몸은 毒蛇와 같고 怨賊과 같으며 텅 빈 취락과 같아서 오음과 십팔계와 십이입[諸入]이 함께 모여 성취된 것입니다'에서 사대는 四蛇와 같고, 오음은 五賊에 비유되며, 六情은 空聚와 같다.

諸仁者此可患厭当樂佛身. 上來第一. 說生死過患. 此下第二. 次讚法身功德. 厭有三種. 下根雖厭. 樂故不捨. 中根生厭. 欲取涅槃. 上根生厭. 而能化物. 今恐內生厭. 便取涅槃. 故迴之以正. 故云樂佛身.

'그대들이여. 이 몸은 患厭이므로 반드시 佛身을 좋아해야 합니다'에서 이상에서는 첫째로 생사의 과환을 설하였는데, 이 대목은 둘째로 이어서 법신의 공덕을 찬탄한다.

厭에 세 가지가 있다.

하근은 비록 (身을) 厭하지만 (身을) 樂이기 때문에 버리지 않는다.

중근은 (身에 대하여) 厭을 내지만 열반을 취하려고 한다.

상근은 (身에 대하여) 厭을 내지만 중생을 교화할 수가 있다.

지금은 안으로 (身에 대하여) 厭을 낼까 두려워하여 곧 열반을 취한다. 그래서 그것을 正으로 되돌리기 때문에 佛身을 좋아한다고 말한다.

所以者何佛身者即法身也. 浅識之流. 雖聞当樂佛身. 正恐齊其所見. 未免生滅. 何用樂乎. 是以釈云. 佛身者即法身也. 生公云. 丈六為迹身. 常住為法身. 迹從法身出. 故云即法身. 肇公云. 豈捨丈六而遠求法身乎. 故丈六無生. 即法身也. 法身者. 非法資養故. 以正法為身. 正法身則体絶百非. 形備万徳. 体絶百非故. 不可為有. 形備万徳. <故+?>不可為無. 遠離二邊. 則正法身也.

'왜냐하면 佛身이란 곧 법신이기 때문입니다'에서 淺識의 부류는 비록 장차 佛身을 좋아한다는 말을 들을지라도 바로 그런 소견과 같아질까 두려워하여 생멸을 벗어나지 못하는데 어찌 樂을 활용할 수 있겠는가. 이런 까닭에 해석하여 佛身이란 곧 법신이라고 말한다.

道生公은 '丈六은 迹身이고 常住는 法身이다. 迹은 法身에서 나오기 때문에 即法身이다.'고 말한다.

肇公은 '丈六을 버리고 멀리에서 법신을 추구한다. 때문에 장육이 무생하면 곧 법신이다.'고 말한다.

법신은 법으로 資養되지 않기 때문에 정법으로 身을 삼는다. 정법의 몸은 곧 体는 百非를 단절하고, 形은 만덕을 갖춘다. 体가 백비를 단절하기 때문에 有가 아니고 形이 만덕을 갖추기 때문에 無가 아니다. 멀리 이변을 떠난 것이 곧 정법의 몸이다.

問. 此是何人. 作斯執耶. 答. 天竺凡夫二乘. 並謂. 佛身智雖妙. 終歸磨滅. 譬如震旦國土成實師. 執五時教. 如開善智藏謂. 淨名教. 是第三時說. 佛壽七百阿僧祇. 終是無常. 及招提之流. 明此維摩詰. 第二時說. 亦未免生滅. 如此之徒. 皆淺識也. 今總難之. 前說生死過患. 旣爲無常. 今讚法身功德. 亦未免生滅. 則同可患厭. 何有佛可欣哉. 又生肇等師. 註580) 此維摩. 皆明法身常住. 後生不応違其所說. 具如玄義述之.

묻는다 : 淺識은 어떤 사람들이길래 그런 집착을 하는 것입니까.

답한다 : 천축에서는 범부와 이승을 함께 (천식이라고) 일컫는다. 佛身와 佛智가 비록 미묘하지만 끝내는 마멸로 돌아간다.

비유하면 저 진단국토의 成實師가 오시교에 집착하는 것과 같고, 저 開善智藏이 '淨名教는 곧 第三時설로서 (灯明王)佛의 壽가 七百阿僧祇가 되면 끝내 그것이 無常이 된다.'고 말한 것과 같다.

그리고 招提慧琰의 부류에서 이 유마힐은 제이시의 설로서 또한 생멸을 벗어나지 못한다고 말하는 것과 같다.

이와 같은 무리가 모두 淺識이다.

---

580) 怖+(畏)ィ【原】, (畏)【甲】

이제 총체적으로 그것을 힐난하자면, 위에서는 생사의 과환을 설하여 이미 무상이라고 하였는데 지금은 법신의 공덕을 찬탄하여 또한 생멸을 벗어나지 못한다고 하니, 그것은 다같이 患厭인데 어찌 부처님에 대하여 기뻐함이 있겠는가.

또한 도생과 승조도 이『유마경』에 주석을 내어 모두 법신의 상주를 설명하였다. 그런데 후생이 상응하지 못하여 그들의 설을 어기고 있다. 자세한 것은 저『현의』에서 서술하고 있다.

從無量功德智慧生. 旣有極妙果. 心有極妙之因. 故從此已下. 擧因釋果.

'무량한 공덕과 지혜로부터 발생한 것이고'는 이미 極妙의 果가 있고 마음에는 極妙의 因이 있는 까닭에 이하부터는 因을 들어서 果를 해석한다.

從戒定慧解脫解脫知見生. 從慈悲喜捨生. 從布施持戒忍辱柔和懃行精進禪定解脫三昧多聞智慧諸波羅蜜生. 從方便生. 從六通生. 從三明生. 從三十七道品生. 從止觀生. 從十力四無所畏十八不共法生. 從斷一切不善法集一切善法生. 從眞實生. 從不放逸生. 從如是無量淸淨法生如來身. 諸仁者. 欲得佛身. 斷一切衆生病者. 当発阿耨多羅三藐三菩提心. 問. 力無畏等. 卽是法身. 云何言生法身耶. 答. 有人言. 此是極地菩薩. 亦分有力無畏等. 故生於佛身. 有人言. 下地緣佛衆德而修行. 如緣佛十力. 而行十力行. 故言從十力生. 有人言. 法身無生. 今言生者. 此據報佛也. 吉藏謂. 若據十力等. 則生猶成義. 卽以力等. 成佛法身. 故言

生. 若就因行. 宜言生矣.

'戒·定·慧·解脫·解脫知見으로부터 발생한 것이며, 慈·悲·喜·捨로부터 발생한 것이고, 布施·持戒·忍辱·柔和·勤行·精進·禪定·解脫·三昧·多聞·智慧 등 제바라밀로부터 발생한 것이며, 方便으로부터 발생한 것이고, 六通으로부터 발생한 것이며, 三明으로부터 발생한 것이고, 三十七道品으로부터 발생한 것이며, 止觀으로부터 발생한 것이고, 十力·四無所畏·十八不共法으로부터 발생한 것이며, 斷一切不善法·集一切善法으로부터 발생한 것이고, 眞實로부터 발생한 것이며, 不放逸로부터 발생한 것이고, 이와 같은 무량한 청정법에서 발생한 것이 如來身이기 때문입니다. 그대들이여. 佛身을 얻어서 일체중생의 병을 단제하고자 하면 반드시 아뇩다라삼먁삼보리심을 발생해야 합니다.'에 대하여 묻는다 : 십력 및 사무소외 등은 곧 법신이다. 그런데 어찌 법신을 발생한다고 말하는가.

답한다 : 어떤 사람은 '이것은 극지보살인데 또한 그들에게도 십력과 사무소외 등이 있기 때문에 佛身을 발생한다.'고 말한다.

어떤 사람은 '下地의 경우는 佛의 衆德을 인연하여 수행한다. 마치 불십력을 인연하여 십력행을 행하는 것과 같다. 때문에 십력으로부터 발생한다고 말한다.'고 말한다.

어떤 사람은 '법신은 무생이지만 지금 발생한다고 말한 것은 곧 보신불에 의거한 것이다.'고 말한다.

나 길장은 말한다.

'만약 십력 등에 의거한 즉 중생도 마찬가지로 그런 뜻이 성립된다. 곧 십력으로써 불법신을 성취한다. 그러므로 발생한다고 말한다. 만약 因行에 대한 경우라면 마땅히 발생한다고 말해야 한다.'

問. 云何名從真實生. 答. 真実即佛性. 佛性若顯. 即成法身也. 如是長者
維摩詰為諸問疾者如応説法令無數千人皆発阿耨多羅三藐三菩提心. 此
第四明時衆得益. 聞生死過患故. 捨凡夫行. 聞法身功德. 息二乗行. 故発
佛心也. 又上云. 当楽佛身. 即自利行. 欲得佛身斷一切衆生病. 当発菩提
心. 謂利他行. 既聞成佛. 具自行化他. 故発道心也.

묻는다 : 어째서 진실로부터 발생한다고 말하는 것입니까.
답한다 : 진실은 곧 불성이다. 만약 불성이 나타나면 곧 법신을 성취한다. 이와 같이 장자 유마힐은 모든 問疾者를 위하여 如応하게 설법하여 無數千의 사람들로 하여금 모두 아뇩다라삼먁삼보리심을 일으키게 해준다. 이것은 넷째로 時衆의 得益을 설명한 것이다.
생사의 관환을 들은 까닭에 범부행을 버리고, 법신의 공덕을 들은 까닭에 이승행을 그친다. 때문에 불심을 일으킨다.
또한 위에서 장차 佛身을 좋아한다고 말한 것은 곧 자리행이고, 佛身을 터득하여 일체중생의 병을 단제하고 보리심을 일으켜주려는 것은 소위 利他行이다. 이미 成佛했음을 듣고 自行과 化他를 갖추었기 때문에 道心을 일으키는 것이다.

維摩[581]義疏卷第二
유마경의소 제이권

---

581) 『注維摩詰經』卷2, (大正新脩大藏經38, p.342中)

維摩経義[582]卷第三
유마경의소 제삼권

胡吉藏撰
호길장이 찬술하다.

弟子品第三
제삼 제자품

資視師如父. 自處如子. 師處[583]資爲弟. 自處如兄. 敬護[584]合論. 故名弟子. 依內義. 學在佛後爲弟. 從佛口生爲子. 佛生物惠命爲父. 在物前悟稱兄. 故法華云. 世間之父. 至親友家. 卽其証也. 四會爲言. 二集已竟. 從此文去. 竟乎香積. 第三重會方丈. 与前會異者凡有七義. 約衆爲言. 前俗衆問疾. 今道衆擊揚. 前近衆小衆. 今遠衆多衆. 據教而言. 前略說法門今廣

---

582) 義+(疏)【甲】
583) 處=視力【甲】
584) 護=讓【甲】

宣妙道. 若就利益. 前但淺益. 今具深淺. 約二但[585]爲言. 前破但凡. 今斥
但聖. 所言但者. 謂有所得定性凡聖也. 若就今古. 前說今法. 此二品. 說
於古法. 約自他者. 前淨名自說. 以顯其德. 今大小二人. 顯淨名德. 若論
三化. 方便品. 已破凡夫. 此下二品. 斥聲聞菩薩. 就此一會. 開爲二章. 第
一由序. 第二正說. 由序爲二. 一淨名現疾. 二遣使慰問.

제자는 스승을 아버지처럼 간주하여 스스로 자식처럼 처신하고, 스승은
제자를 아우처럼 간주하여 스스로 형처럼 처신하여 공경함과 보호함을 논
하기 때문에 제자라 말한다. 속뜻[內義]에 의하자면 수행[學]이 부처[在佛] 이
후이기 때문에 弟이고 佛口에서 태어났으므로 子이다. 佛이 중생의 惠命을
낳았으므로 父이고, 중생[在物] 이전에 깨쳤기 때문에 兄이라 일컫는다. 때
문에 『법화경』에서 세간의 아버지라고 말하거나 친구의 집에 도착한다고 말
한 것이 그 증거이다.

네 차례의 법회[四會]로 말하자면 두 차례의 集은 이미 마쳤다. 이 경문 이
후로 [향적불품]까지는 셋째로 방장에서 重會한 것[第三重會方丈]으로서 앞의
법회와 다른 점은 무릇 일곱 가지 뜻[七義]이 있다.

첫째, 대중에 대하여 말하자면 앞에서는 俗衆이 問疾했던 것인데 지금은
道衆이 擊揚한 것이다.

둘째, 앞에서는 近衆으로서 小衆이었는데 지금은 遠衆으로서 多衆이다.

셋째, 敎에 의거해서 말하자면 앞에서는 略說의 法門이었는데 지금은 廣
宣의 妙道이다.

넷째, 만약 이익에 대하여 말하자면 앞에서는 단지 淺益뿐이었는데 지금

---

585) 但=衆ㄱ【甲】

은 深益과 淺益을 모두 갖춘다.

다섯째, 二衆에 의거하여 말하자면 앞에서는 무릇 凡을 타파하였는데 지금은 무릇 聖만 배척한다.

여섯째, 말한 바 但이란 有所得으로서 定性의 凡과 聖을 말한다.

일곱째, 만약 古今에 대하여 말하자면 앞에서는 說이었는데 지금은 法이다. 이 二品은 古法을 설한 것이다. 自他에 의거하자면 앞에서는 정명이 자설한 것인데 그것으로써 그 덕을 나타냈다. 지금은 대소의 二人으로 정명의 덕을 나타낸다. 만약 (정명과 大와 小)의 삼인의 교화를 논하자면 [방편품]에서 이미 범부를 타파하였는데, 이하의 二品에서는 성문과 보살을 배척한다.

이 (第三重會方丈의) 一會에 대하여 열어보면 二章이 있다.

첫째는 由序이다.

둘째는 正說이다.

由序에 두 부분이 있다.

첫째는 淨名이 병을 드러낸다.

둘째는 제자를 보내 위문한다.

爾時長者維摩詰自念寢疾于床. 自念寢疾者. 自傷念疾也. 夫有身則有疾. 此自世之常情耳. 達者体之. 何所傷哉. 然五百長者. 皆近佛聽法. 而淨名. 碍疾不預. 理在致傷. 是故自念. 又淨名. 爲物現疾. 非佛影響. 化則不成. 故須自念. 世尊大慈寧不垂愍. 夫抱疾者. 必無樂有苦. 世尊大慈. 遣使慰問. 必与樂拔苦. 故上句云慈. 下句稱愍. 又衆生疾故菩薩病. 世尊大慈. 必見垂問. 因以弘道. 所濟良多. 則衆生病愈. 菩薩亦愈. 則是慈悲之旨. 現疾之本意.

'그때 장자 유마힐은 스스로 다음과 같이 생각하였다. 병으로 침상에 누워있는데 세존께서는 어째서 대자비를 내려서 위로하지 않는 것일까.'에서 스스로 병으로 침상에 누워있다는 것은 스스로 傷害하여 병을 염려하는 것이다. 대저 몸이 있은 즉 병이 있다는 것은 본래부터 세간의 상정이다. 달자는 그것을 체험한 사람은 어찌 傷害가 있겠는가. 그런데 오백장자는 모두 부처님 곁에서 설법을 들었지만, 정명은 병 때문에 (법회에) 참여할 수가 없게 되자 그런 이치에서 상해하였는데 이런 까닭에 스스로 염려하였다.

또한 정명은 중생을 위하여 병을 드러냈는데 부처님의 영향이 아니라면 교화도 곧 성취되지 않기 때문에 모름지기 세존께서 대자로써 어찌 위로하지 않는 것일까 하고 스스로 염려하였다. 대저 병에 걸린 사람은 반드시 약을 쓰지 않으면 고통이 있다. 세존은 대자로써 제자를 파견하여 위문하여 반드시 与樂拔苦하기 때문에 上句에서 慈라고 말하고 下句에서 愍이라 일컫는다.

또한 중생이 병에 걸린 까닭에 보살이 병에 걸리자 세존은 대자로써 반드시 찾아가 문병하는데 그것을 인하여 홍도하여 제도받은 사람이 진실로 많은 즉 중생의 병이 치유되자 보살도 또한 치유된다. 곧 이것이야말로 자비의 뜻[旨]이고 병을 드러내 本意이다.

問. 何故言寧不垂愍. 答. 衆人少慈. 尙以參疾. 佛有大慈. 寧不慰問. 佛知其意. 此下第二遣使問疾. 就文爲二. 第一前命聲聞. 第二次命菩薩.

묻는다 : 무슨 까닭에 '어째서 자비를 내려주지 않는 것일까.'라고 말한 것입니까.

답한다 : 衆人은 少慈인데도 오히려 參疾하는데, 부처님은 大慈가 있는데도 어찌 위문하지 않는 것일까 하는 그 뜻을 부처님이 알아차린다. 그래서 이하부터는 둘째로 제자를 파견하여 문질한다.

경문은 두 부분이 있다.

첫째는 먼저 성문에게 (문병을) 명한다.

둘째는 다음으로 보살에게 (문병을) 명한다.

問. 聲聞菩薩. 並皆不堪. 佛何故命. 答. 凡有[586]四義. 一示大慈平等故. 並[587]皆命之. 二但命文殊. 使[588]不得具顯淨名之德. 今旣普命. 則具顯其德. 使問疾之流. 尊人重法. 三者欲使時會. 於文殊起難遭想. 五百聲聞. 八千菩薩. 皆辭不堪. 而文殊獨往者. 故知辨慧難思. 則敬情至極. 受法爲易. 四者普命大小. 具陳被呵. 因述昔法. 以利今衆也.

묻는다 : 성문과 보살은 모두 다 감당하지 못하는데 부처님은 무슨 까닭에 명한 것입니까.

답한다 : 무릇 네 가지 뜻이 있다.

첫째는 대자의 평등을 보여주기 때문에 널리 모두에게 명한다.

둘째는 단지 문수에게만 명하면 정명의 덕을 모두 드러낼 수가 없다. 지금 이미 널리 명한 즉 그 덕이 모두 드러나게 되자 문병한 사

---

586) 凡有=有凡【甲】
587) 並=普ィ【甲】
588) 使=便【甲】

람들로 하여금 人을 존중하고 法을 존중토록 한 것이다.

셋째는 時會大衆으로 하여금 문수를 만나려는 생각도 일으키기 어렵고 오백성문과 팔천보살도 모두 감당하지 못하여 사양하였는데, 문수가 홀로 찾아간 것은 변재와 지혜가 難思함을 알게 된즉 공경하는 마음이 지극하여 법을 받아들이기가 쉽게 하려는 것이다.

넷째는 널리 대소에게 모두 가책받은 것을 진술토록 명하여 옛날 법을 서술을 인하여 지금의 중생에게 이익을 주려는 것이다.

問. 何故. 不前命菩薩. 後命聲聞. 答. <一+?>就破病次第. 方便品破凡夫. 弟子品破聲聞. 菩薩品呵大士. 二就勝劣次第. 聲聞形備法義[589]. 心具智斷. 故心形兩勝. 故前命之. 菩薩心雖會道. 形無定方. 心勝形劣. 故次命也. 如羅什說. 聲聞法中. 羅漢無漏智慧勝. 菩薩世俗智慧勝. 大乘法中. 菩薩二事俱勝. 今用聲聞深<法?>故. 前命弟子也.

묻는다 : 무슨 까닭에 먼저 보살에게 명하고 나중에 성문에게 명하지 않은 것입니까.

답한다 : 첫째로 병을 타파하는 차제에 대하여 말하자면, [방편품]에서는 범부를 타파하고, [제자품]에서는 성문을 타파하며, [보살품]에서를 大士를 가책한다.

둘째로 勝劣의 차제에 대하여 말하자면 성문의 경우 形에는 法과 儀를 갖추고 心에는 智와 斷을 갖추기 때문에 心과 形의 둘이 모두

---

589) 義=儀【甲】

勝이기 때문에 먼저 그들에게 명한다. 보살의 경우 비록 心으로는 道를 알지만 形에는 定方이 없어서 心은 勝이지만 形은 劣이기 때문에 그 다음에 명한다. 나집의 설명처럼 성문법에서는 나한은 무루지혜가 勝이고 보살은 세속지혜가 勝이며, 대승법에서는 보살은 무루지혜와 세속지혜가 모두 勝이다. 지금은 성문법을 활용하는 까닭에 먼저 제자에게 명한다.

卽告舍利弗汝行詣維摩詰問疾. 就今[590]聲聞爲二. 前命十人. 後命五百. 良以五百昇堂. 十人入室也. 論十人德行者. 初謂四大聲聞. 身子智慧. 目連神通. 迦葉苦行. 善吉空解. 故以定慧行解. 爲四大聲聞. 次有三人. 妙達三藏. 爲三大法師. 富樓那. 精究毘曇. 旃延. 善解經藏. 波離. 妙体毘尼. 次佛親屬. 凡有三人. 那律天眼. 羅雲秉[591]戒. 阿難總持.

'부처님께서는 그 마음을 아시고 곧 사리불에게 말씀하셨다. 그대가 가서 유마힐을 문병하여라.'에서 지금 성문에 대해서 말하자면 두 부분이 있다. 먼저 열 명에게 명하고, 나중에 오백 명에게 명한다. 진실로 오백 명이 승당하고 열 명이 입실한다.

열 명의 덕행자를 논하자면 처음에 말하는 사대성문은 사리불의 지혜, 목련의 신통, 가섭의 고행, 선길의 공해인데, 이것은 定과 慧와 行과 解로써 사대성문을 삼는다.

---

590) 就今=今就力【甲】
591) 秉=康ィ【甲】

다음으로 세 명이 있는데 미묘하게 삼장에 통달하는 것으로 삼대법사를 삼는다. 부루나는 毘曇을 精究하고, 가전연은 経藏을 善解하며, 우팔리는 毘尼를 妙体한다.

다음으로 부처님의 친속에 무릇 세 명이 있다. 那律은 天眼이고, 羅雲은 秉戒이며, 阿難은 總持이다.

次約義. 呵聲聞要法. 示菩薩道門. 初斥身子. 呵聖默然. 次詰目連. 非聖說法. 斯二是佛常初592) 而聲聞不達. 故前呵之. 次彈迦葉有行. 呵善吉空解. 顯聲聞人未有大乘行解. 次呵滿願. 常爲人說. 不見物機. 旃延. 恒復佛講. 不知敎意. 那律. 雖得天眼. 不達會通. 波離. 謂善毘尼. 未解大乘法律. 羅雲. 雖是聲聞棄俗. 而不解大乘出家. 阿難恒侍如來. 不識佛之本迹. 旣呵聲聞十失. 則顯大乘十得.

다음은 뜻에 의거한다.

성문의 要法을 가책하고 보살도의 문을 보여준다.

먼저 사리불을 배척한 것은 성스러운 침묵[默然]이어야 함을 가책한 것이다.

다음으로 목련을 힐난한 것은 설법은 성스럽지 않다는 것이다. 이 두 가지는 부처님의 常勅으로서 성문이 통달하지 못하기 때문에 먼저 그것을 가책한 것이다.

다음으로 가섭의 행걸[行]을 꾸짖었고, 다음으로 선길의 공에 대한 이해[

---

592) 初=勅ㅓ【甲】

解]를 꾸짖어서 성문인에게 대승의 解와 行이 없음을 나타낸 것이다.

다음으로 滿願(부루나미다라니자)에 대하여 꾸짖었는데 항상 남을 위한다는 것으로 설해야지 중생의 근기를 (차별하여) 보아서는 안된다는 것이다. 가전연은 항상 부처님의 강설을 반복하였지만 敎意를 몰랐고, 아나율은 천안을 얻었을지라도 회통에 도달하지 못하였으며, 우팔리는 율에 뛰어났지만 대승의 法律을 이해하지 못하였고, 라후라[羅雲]은 성문으로서 세속을 버렸을지라도 대승의 출가를 이해하지 못하였으며, 아난은 항상 여래를 시봉하였지만 부처님의 本과 迹을 알지 못하였다. 이미 성문의 十失을 꾸짖은 즉 대승의 十得이 나타났다.

次約義前後者. 九人明佛因. 第十辨佛果. 卽因果次第. 九人之內. 初八明修行. 後一辨出家. 此據說門. 明前後也. 八人之中. 前七明修善. 後一辨滅惡. 七人之中. 前六明修道行. 以爲行体. 次一辨起道[593]行. 以爲行用. 六人之中. 前明定爲慧本. 次辨慧從定生. 次明由解起行. 後二藉行發解. 今前命舍利弗. 就此章中. 開爲二別. 第一佛命. 二辭不堪.

다음으로 뜻의 전후에 의거한다.

아홉 명은 佛因을 설명하였고, 열 번째 사람은 佛果를 변별한 것은 곧 인과의 차제이다.

아홉 명 가운데서도 처음 여덟 명은 수행을 설명하였고, (아홉 번째의) 마지막 한 명은 出家에 대하여 변별한 것은 說門에 의거하여 전후를 설명한

---

593) 道=通₁【甲】

것이다.

여덟 명 가운데서도 앞의 일곱 명은 修善을 설명하였고, (여덟 번째의) 마지막 한 명은 滅惡에 대하여 변별하였다.

일곱 명 가운데서도 앞의 여섯 명은 修道行을 설명함으로써 行体를 삼았고, (여섯 번째의) 마지막 한 사람은 起道行을 파별함으로써 行用을 삼았다.

여섯 명 가운데서도 첫째는 定이 慧의 本임을 설명하였고, 둘째는 慧가 定으로부터 발생함을 변별하였으며, 셋째는 解를 말미암아 行을 일으킴을 설명하였고, (넷째에 대한 설명은 없고, 다섯째와 여섯째) 뒤의 두 명은 行에 의지하여 解를 발생함을 설명하였다.

지금의 대목은 제일 먼저로서 사리불에게 명한 것이다. 이 대목에 대해서 열어보면 두 가지 나눔이 있다.

첫째는 부처님이 명하는 대목이다.

둘째는 감당하지 못하겠다고 사양하는 대목이다.

舍利弗. 王舍城摩迦陀國人也. 從父爲立字. 名優波提舍. 優波是星名. 提舍遂⁵⁹⁴⁾父作名. 故名提舍. 舍利言身. 是其母名. 眼似舍利鳥. 故名舍利. 弗以⁵⁹⁵⁾言子. 謂身子也. 不從父受名. 因母爲稱. 有二因緣. 一者從過去誓願立名. 釋迦過去發願. 願我作佛. 右面弟子. 名舍利弗. 二者女人聰明. 世所希有. 時人貴重其母. 故稱舍利弗也.

---

594) 遂=逐カ【甲】
595) 以=此カ【原】

사리불은 왕사성마가다국 출신이다. 아버지를 따라서 名字를 내세웠는데 이름이 優波提舍이다. 優波는 곧 별[星]의 명칭이다. 提舍는 곧 아버지를 따라 작명한 것이기 때문에 이름이 提舍이다.

舍利는 말하자면 身인데, 이것은 그 어머니 이름이다. 눈이 舍利라는 새를 닮았기 때문에 舍利라는 이름이 붙었다. 弗은 말하자면 子이므로 소위 身子이다. 아버지로부터 이름을 받은 것이 아니라 어머니를 인하여 명칭한 것이다.596)

여기에는 두 가지 인연이 있다.

첫째는 과거의 서원으로부터 立名한 것이다. 釋迦가 과거에 발원하였는데, 바라건대 내가 작불한다면 右面의 弟子의 이름은 舍利弗일 것이다.

둘째는 여인이 총명한 것은 세상에서 希有해서 당시 사람들이 그 어머니를 귀중하게 간주한 까닭에 사리불이라 명칭하였다.

舍利弗白佛言世尊我不堪任詣彼問疾. 此第二辭. 不堪. 就文爲三. 一標不堪. 二釋不堪. 三結不堪. 此初文也. 不堪之意. 有三因緣. 一者小乘智劣. 不堪擊揚菩薩. 二者昔曾受屈. 則優劣事定. 是故不堪. 三者相与爲化. 屈申從物. 今欲彰淨名德. 顯文殊行. 故称不堪.

---

596) 『楞嚴經觀心定解』卷1, (卍新續藏15, p.604中-605下) "舍利弗具云舍利弗羅此翻身子. 其母好形身. 身之所生故云身子. 又云鶖子. 其母于女人中聰明. 聰明相在眼眼黑白分明轉動流利如鶖故名鶖子. 又舍標父. 利標母. 雙顯父母故名舍利弗. 弗子也. 父名優波提舍故也. 云大智者. 聲聞衆中智慧第一. 如菩薩衆中之有文殊故稱第二世尊. 佛說一句. 身子以一句爲本七日七夜作獅子吼. 更出異句異味使無窮盡. 況佛多說. 則身子智辯寧可盡耶" 참조.

'사리불이 부처님께 사뢰어 말씀드렸다. 세존이시여. 저는 그에게 문병하러 가는 것을 감당할 수가 없습니다.'에서 이것은 둘째로 사리불이 감당하지 못하겠다고 사양하는 대목이다.

경문은 세 부분이 있다.

첫째는 감당하지 못함을 標하는 대목이다.

둘째는 감당하지 못함을 해석하는 대목이다.

셋째는 감당하지 못함을 맺는 대목이다.

그 가운데 이 대목은 첫째에 해당한다.

'감당하지 못한다'는 뜻에도 세 가지 인연이 있다.

첫째는 소승의 지혜는 하열하기 때문에 擊揚菩薩을 감당하지 못한다.

둘째는 예전에 굴욕을 당한 적이 있은 즉 우열이 정해져 있기 때문에 감당하지 못한다.

셋째는 서로 교화해줄 경우에 屈과 申으로 중생을 따르는 법이다.

지금은 정명의 덕을 현창하려고 (짐짓) 문수행을 나타낸 것이기 때문에 감당하지 못한다.

所以者何憶念我昔曾於林中宴坐樹下. 此第二釋. 不堪. 就文爲三. 一明被呵之由. 二辨能呵之旨. 三正受屈. 身子於林中宴坐樹下者. 凡具二義. 一者有此身心二患. 患身之喧動故. 隱身於山林. 患心之馳散故. 攝心於一境. 宴坐者. 謂安也. 默也. 蓋閑居之貌.

'왜냐하면 억념해보면 제가 옛적에 일찍이 원림의 나무아래서 좌선[宴坐]하고 있었습니다.'에서 이것은 둘째로 감당하지 못함을 해석하는 대목이다.

경문에 세 부분이 있다.

첫째는 가책을 받은 연유이다.

둘째는 가책을 하는 뜻[旨]이다.

셋째는 바로 굴복을 수용하는 것이다.

사리불이 원림의 나무아래서 좌선한 것에 무릇 두 가지 뜻이 있다.

첫째는 이 身과 心에 두 가지 근심이 있는데 몸의 근심은 喧動이기 때문에 산림에 은신한다.

둘째는 마음의 근심은 馳散이기 때문에 一境에서 섭심을 한다.

宴坐는 소위 安이고 默으로서, 무릇 閑居한 모습이다.

時維摩詰來謂我言唯舍利弗不必是坐爲宴坐也. 此第二明能呵之旨. 就文爲三. 初呵二乘禪定. 次出菩薩坐法. 三總結之. 不必是坐者. 聲聞人謂. 坐法必隱身於林澤. 息心於滅定. 今以大乘望之. 不必爾. 道生云. 不必[597]者. 不言非是. 但不必是. 不言非是者. 二乘坐法. 乃可以爲求大乘定[598]之[599]詮耳. 若爾未是眞極坐法也. 興皇師云. 必是. 有所得住著之義. 身子必有散可棄. 有靜可欣. 近觀此章. 遠通一化. 此大小乘人. 並是住著必定. 故被呵也.

'그때 유마힐이 와서 저한테 말했습니다. 저, 사리불이여. 앉아있다고 해

---

597) 必+(是)〈【原】甲〉
598) 定+(之)〈甲〉
599)〔之〕-【甲】

서 그것이 반드시 좌선이 되는 것은 아닙니다.'에서 이것은 둘째로 가책을 하는 뜻[旨]이다.

경문에 세 부분이 있다.

첫째는 이승의 선정이라고 가책받은 것이다.

둘째는 보살의 좌법을 내보이는[出] 것이다.

셋째는 그것을 총결한 것이다.

'앉아있다고 해서 … 아닙니다'에서 성문인들은 '坐法이란 반드시 林澤에 은신하여 滅定으로 息心해야 한다.'고 말한다. 지금은 대승으로써 그것을 보자면 반드시 그렇지만은 않다.

도생은 '不必是[반드시 그런 것은 아니다]란 非와 是를 말하는 것이 아니라 그냥 不必是일 뿐이다.'고 말한다. 非와 是를 말하는 것이 아니라는 것은 이승의 좌법으로서 이에 가히 대승의 선정을 추구할 수가 있다고 설명할 뿐이다. 만약 그렇다면 (앉아만 있다면) 그것은 眞極의 坐法이 아니다.

興皇師(승랑)는 '必是는 유소득으로서 住著의 뜻이다.'고 말한다. 사리불의 경우에는 散이 있으면 반드시 棄하고 靜이 있으면 欣해야 한다는 것이다.

이 대목을 자세하게 살펴보면 멀리 동일한 교화[一化]에 통한다. 이것은 대소승인에게 두루 적용되는 이처럼 住著으로 必定하는 까닭에 가책을 받는다.

夫宴坐者不於三界現身意是爲宴坐. 此下第二次出菩薩坐法. 卽用呵二乘也. 凡有六雙. 初辨身心俱隱. 二明靜散雙遊. 三道俗齊觀. 四內外並冥. 五解惑平等. 六生死涅槃不二. 略說六門. 爲菩薩宴坐. 初明身心俱隱. 聲聞坐法. 隱身於林間. 而身猶現. 息心於滅定. 在心遂滅. 此則一隱一不隱. 故致被呵. 菩薩. 以法身爲身. 雖處而非三界. 妙慧爲心. 雖緣而常寂滅.

此則身心俱隱. 必爲妙定. 故異彼二乘也. 又聲聞見有身心不隱. 故欲隱之. 大士知無不隱. 何所[600]隱哉. 故不於三界現身意也.

'무릇 좌선이란 삼계에 몸[身]과 마음[意]을 드러내지 않는 것이 곧 좌선입니다.'에서 이것은 둘째로 보살의 좌법을 내보이는[出] 것이다. 用에 즉하여 이승을 가책하는 데에 무릇 여섯 쌍이 있다.

첫째는 身과 心이 모두 안온함을 변별한다.
둘째는 靜과 散에 雙遊함을 설명한다.
셋째는 道와 俗을 함께 관찰한다.
넷째는 內와 外가 모두 그윽하다.[冥]
다섯째는 解와 惑이 평등하다.
여섯째는 生死와 涅槃이 不二이다.
약설한 六門은 보살의 연좌이다.

첫째의 身과 心이 모두 안온함은 성문의 좌법이다. 林間에 隱身해도 身이 그대로 드러나지만 滅定으로 息心해도 在心에서 마침내 소멸한다. 이런 즉 한편으로는[身] 隱이지만 한편으로는[心] 不隱이기 때문에 가책을 받게 된다. 보살은 법신으로 身을 삼기 때문에 비록 處해도 삼계가 아니고, 妙慧로 心을 삼기 때문에 비록 緣해도 항상 적멸하다. 이런 즉 身과 心이 모두 안온하여 반드시 妙定이 되기 때문에 저 이승의 경우와 다르다.

또한 성문은 身과 心이 不隱임을 보기 때문에 身과 心을 숨기려고 한다. 그러나 大士는 숨지 않음도 없음을 알고 있는데 어디에 숨겠는가. 때문에 삼계에 身과 意를 드러내지 않는다.

---

600) 所=處 ィ【甲】

不起滅定而現諸威儀是爲宴坐. 此第二對明靜散雙遊也. 滅盡定者. 毘曇.
心法旣滅. 有非色非心法. 以滅定次[601]補心處. 成實論云. 空心二處滅. 一
滅定時滅. 二入無余涅槃時滅. 滅定卽是無法. 此之二釋. 並是小乘. 入於
滅定. 則形猶枯木. 無運用之能. 菩薩滅定者. 智度論云. 滅盡定. 卽波若
之氣類. 了悟此心. 卽是實相. 本來寂滅. 故能形充八極. 応會無方. 卽是
不壞仮名. 而說實相. 不動眞際. 建立諸法.

'멸정을 일으키지 않으면서 모든 위의를 드러내는 것이 곧 좌선입니다.'에
서 이것은 둘째로 靜과 散에 雙遊함을 설명한 것이다. 멸진정이란『비담』에
서는 心과 法이 이미 소멸해도 非色과 非心의 법이 있으므로 滅定으로써 心
處를 補한다.

『성실론』에서는 空과 心의 二處滅에서 첫째[空]는 멸진정 때에 소멸한다.

둘째[心]는 무여열반에 들어갈 때 소멸하는데 멸진정은 곧 無法이라고 말
한다. 이와 같은 두 가지 해석은 모두 소승이다. 멸진정에 들어간 즉 形이
枯木과 같아서 運用할 능력이 없다.

보살의 멸진정에 대해서『대지도론』에서 멸진정은 곧 波若의 氣分과 같은
부류라고 말한다. 그 마음을 깨달으면 곧 實相으로서 본래적멸이기 때문에
形이 팔극에 충만하여 応과 會가 無方하다. 이것은 곧 不壞의 仮名으로서
실상을 설하자면 不動의 眞際로서 제법을 건립한다.

---

601) 次=恐カ【原】. =故【甲】. =次ィ【甲】

問. 不起滅定. 云何能現威儀. 答. 如意殊[602]無心. 隨人出宝. 天鼓無心. 応物有聲. 至人無心於彼此. 而能応一切. 上辨不於三界現身. 今明現諸威儀者. 夫以無現. 則能無不現. 故前卽動而寂. 此卽寂而動.

묻는다 : 멸진정을 일으키지 않고서 어떻게 위의를 드러내는 것입니까.
답한다 : 여의주의 무심은 사람을 따라서 보배를 내보이고, 천고의 무심은 중생에 응하여 소리가 있으며, 지인의 무심은 피차에 대하여 일체에 응한다.
위에서는 삼계에 현신하지 않음을 변별하였는데, 지금은 諸威儀를 드러낸 것에 대하여 설명한다. 대저 드러내지 않음[無現]으로써 곧 드러내지 못함이 없었기[無不現] 때문에 앞에서는 動而寂이었는데, 이 대목은 곧 寂而動이다.

不捨道法而現凡夫事是爲宴坐. 此第三明道俗齊觀. 小乘障隔生死. 不能和光. 大士善惡齊旨. 道俗一觀. 故終日凡夫. 終日道法. 淨名之有居家. 卽其事也.

'道法을 버리지 않고 범부사를 드러내는 것이 곧 좌선입니다.'에서 이것은 셋째로 道와 俗이 함께 觀하는 것이다. 소승은 생사에 障隔하여 和光하지 못하지만, 大士는 선악을 똑같이 대하고[齊旨] 도속을 하나로 관찰하기 때문에 종일토록 범부이지만 종일토록 법을 말한다.[道法] 정명이 居家한 것이 바로 그 증거이다.

---

602) 殊=珠【甲】

心不住內亦不在外是爲宴坐. 此第四內外並冥. 賢聖攝心. 謂之內. 凡夫馳想. 謂之外. 大士俱異. 故非內外. 又心依因緣生. 因卽六根爲內. 緣卽六塵爲外. 又因增上緣生爲內. 依緣緣生爲外. 大士知內外悉空. 故無所依也. 若心馳內外. 爲內外動亂. 非宴坐也. 若不馳內外. 始名靜一. 稱爲宴坐也. 上三句. 呵二乘滅定. 明菩薩滅定. 此一句. 呵二乘余定. 辨菩薩靜心也.

'마음을 안에도 머물러두지 않고 또한 밖에도 머물러두지 않는 것이 곧 좌선입니다.'에서 이것은 넷째로 內와 外가 모두 그윽한[冥] 것이다. 현성이 攝心하는 것을 內라 말하고, 범부가 馳想하는 것을 外라 말한다. 대사는 그 모두와 다르기 때문에 내외가 없다.

또한 마음이 인연에 의하여 발생하는 경우에 因은 곧 육근으로서 內이고 緣은 곧 육진으로서 外이다.

또한 증상연을 인하여 발생하는 것이 內이고 緣緣에 의하여 발생하는 것이 外이다.

대사는 내외가 모두 공임을 알기 때문에 무소의이다. 만약 마음이 내외로 치달려서 내외가 동란하면 그것은 연좌가 아니지만, 만약 내외로 치달리지 않으면 비로소 靜一이라 말하고 연좌라 일컫는다.

앞의 삼구[603]에서는 이승의 멸진정을 가책하고 보살의 멸진정을 설명하였는데, 지금의 이 일구[604]는 이승의 다른 선정을 가책하여 보살의 靜心을 변별한 것이다.

---

603) "무릇 좌선이란 삼계에 몸[身]과 마음[意]을 드러내지 않는 것이 곧 좌선입니다. 멸정을 일으키지 않으면서 모든 위의를 드러내는 것이 곧 좌선입니다. 道法을 버리지 않고 범부사를 드러내는 것이 곧 좌선입니다."를 가리킨다.
604) "마음을 안에도 머물러두지 않고 또한 밖에도 머물러두지 않는 것이 곧 좌선입니다."를

於諸見不動而修行三十七道品是爲宴坐也. 此第五明解惑平等. 小乘. 以
三四二五. 而伏諸見. 用單七隻八. 斷諸見故. 是動諸見. 而行道品. 動是
結[605]斷之名. 大士. 觀諸見實性卽是道品. 故云不動. 如後文說. 諸佛解
脫. 於六十二見中求. 卽其証也.

'모든 견해에 부동하면서 삼십칠도품을 닦는 것이 곧 좌선입니다.'에서 이
것은 다섯째로 解와 惑이 평등함을 설명한 것이다.
 소승은 세 가지의 사념처와 사정근과 사여의족[三四] 및 오근과 오력[二五]
으로써 諸見을 다스리고 칠각지[單七]와 팔정도[隻八]를 활용하여 諸見을 단
제한다. 때문에 지견을 動하여 도품을 행한다. 動은 結斷의 명칭이다. 그러
나 대사는 제견의 실성이 곧 도품임을 관찰하기 때문에 不動이라 말한다.
이후의 경문에서 설하듯이 제불의 해탈은 62견 가운데서 추구한 것이 곧 그
증거이다.

不斷煩惱而入涅槃是爲宴坐. 此第六明生死涅槃不二. 了煩惱其性卽是涅
槃. 不[606]斷而後入也.

'번뇌를 단제하지 않고 열반에 들어가는 것이 곧 좌선입니다.'에서 이것은
여섯째로 生死와 涅槃이 不二임을 설명한 것이다. 번뇌의 그 자성이 곧 열

  가리킨다.
605) 結=袪 ィ【原】【甲】
606) 不+(待)【甲】

반임을 알고서 단제한 연후에 열반에 들어가는 것이 아니다.

若能如此坐者佛所印可. 此第三總結. 平等坐法. 不違實相. 復順佛心. 稱大乘機. 具此三門. 故佛印可也. 二乘反之. 以被呵.

'만약 이와 같이 앉아있는 사람이라면 부처님께서 인가하실 것입니다.'에서 이것은 셋째로 총결이다. 평등한 좌법은 실상에 어긋나지 않고 다시 불심을 따르므로 대승의 근기라 일컫는다. 이 삼문을 갖추기 때문에 부처님이 인가한 것이다. 그러나 이승은 그것에 반하므로 가책을 받는다.

時我世尊聞是語默然而止不能加報. 此第三次明受屈. 理生意外故莫知所訓. 故我不任詣彼問疾. 不堪有三. 標釋已竟. 今總結也.

'세존이시여. 그때 저는 그 말을 듣고 묵연하게 가만히 있을 뿐으로 더 보탤 것이 없었습니다.'에서 이것은 셋째로 굴복을 수용함을 설명한 것이다. 이치에서 의외가 발생한 까닭에 어떤 대답을 할지 알지 못하였다.
'때문에 저는 그에게 문병하러 가는 것을 맡을 수가 없습니다.'에서 감당하지 못하는 것에 세 가지가 있음은 標함과 해석[釋]에서 이미 마쳤으므로, 지금은 총결한 것이다.

佛告大目揵連汝行詣維摩詰問疾. 所以次告目連者. 夫人才有長短. 身子

或可一時漏機. 受淨名屈. 自可不能. 余何必爾. 故不抑之而亦[607]告也. 復得備顯淨名道高. 說昔法以利今衆. 具如前說. 故次命之. 此章亦二. 初命同[608]疾. 二辭不堪. 目連是姓也. 此言爲食豆. 上古有仙人. 不食余物. 唯噉於豆. 因爲姓. 目連是其族也. 字物[609]律陀者. 是樹神名. 其家無兒. 禱此神而得之. 故因以爲字. 是王舍城摩伽陀國輔相之子. 与舍利弗. 俱共厭世. 出家求道. 身子右面. 智慧第一. 目連左面. 神足無儔.

'부처님께서 목건련에게 말씀하셨다. 그대가 가서 유마힐을 문병하여라.' 는 것은 다음으로 목련에게 말씀하신 것이다.

대저 사람의 재능에는 장단점이 있다. 사리불은 한때 기회를 놓쳐서 정명에게 굴복을 당하여 스스로 감당할 수가 없었는데 그 밖의 사람들이야 어찌 감당할 수 있겠는가. 때문에 사리불을 억제하여 다시 고하지 않았다. 또한 정명의 도가 높음을 나타낼 준비가 되어 있어서 예전의 법을 설함으로써 지금의 대중을 이롭게 해준다. 자세한 것은 이전의 설명과 같다. 때문에 다음으로 문병을 명한다.

이 대목에도 또한 두 부분이 있다.

첫째는 문병할 것을 명한다.

둘째는 감당하지 못하여 사양하는 것이다.

목련은 성이다. 번역하면 食豆이다. 上古에 仙人이 있었는데 다른 것은 먹지 않고 오직 콩만 먹은 것을 인하여 성이 되었다. 목련은 그 종족이다. 字인

---

607) 亦=不ィ【甲】
608) 同=問力【原】, =問【甲】
609) 物=拘【甲】

拘律陀는 곧 樹神의 이름이다. 그 집에는 아이가 없어서 이 나무에 기도하여 아들을 얻었다. 때문에 그로 인하여 拘律陀라는 字를 삼았다. 목련은 왕사성마가다국 재상[輔相]의 아들로서 사리불과 더불어 같이 염세를 느끼고 출가하여 구도하였다. 사리불은 右面으로 智慧第一이고, 목련은 左面으로 神足無儔이다.

目連白佛言世尊我不堪任詣彼問疾. 此第二辭不堪也. 此章亦三. 初標不堪. 如文. 所以者何憶念我昔入毘耶離大城於里巷中爲諸居士說法. 此第二釋不堪也. 就文爲四. 初出被呵之由. 二明能呵之旨. 三時會得道. 四目連受屈. 居士利根. 応聞實相人法並空. 目連不觀其機. 爲說施戒. 居士聞已. 起衆生相. 封著諸法. 遂有二失. 一違實相. 二不稱機. 此被呵之由也.

 '목건련이 부처님께 말씀드렸다. 세존이시여. 저는 그에게 문병하러 가는 것을 감당할 수가 없습니다.'에서 이것은 둘째로 감당하지 못하여 사양한 것이다. 이 대목도 또한 두 부분이 있다.
 첫째는 감당하지 못함을 標한 것인데 경문과 같다.
 '왜냐하면 억념해보면 제가 옛적에 비야리대성에 들어가 거리에서 많은 거사들에게 설법한 적이 있습니다.'에서 이것은 둘째로 감당하지 못함을 해석한 것이다.
 경문에는 네 부분이 있다.
 첫째는 가책을 받은 이유를 내보인다.
 둘째는 가책한 뜻[旨]을 설명한다.
 셋째는 시회대중이 도를 얻은 것이다.

넷째는 목련이 굴복을 당한 것이다.
 거사는 이근기로서 마땅히 실상의 人과 法이 모두 공함을 들었지만 목련은 그 기회를 관찰하지 못하고 보시와 지계를 설해주자 거사가 그것을 듣고나서 중생상을 일으켜서 제법에 봉착하자 마침내 두 가지를 상실하고 말았다.
 첫째는 실상에 어긋났다.
 둘째는 기회를 가리지 못했다.
 이것이 가책을 받은 이유이다.

時維摩詰來謂我言唯大目連爲白衣居士說法不當如仁者所說. 此第二敘能呵之旨. 就文爲二. 初呵小乘說法. 次明大士演敎. 不當如仁者所說. 不當者. 謂不相應當也. 凡有四義. 一者機大敎小. 故不當機. 二者實相非人法. 今說有人法. 故不當實相. 三者諸佛見機見理. 今違理暗機. 故不當佛意. 四不當者. 不稱情機之義.

 '그때 유마힐이 다가와서 저한테 다음과 같이 말했습니다. 저, 대목련이시여. 백의거사들을 위한 설법에는 결코 그대와 같이 설해서는 안됩니다.'에서 이것은 둘째로 가책한 뜻[旨]을 서술한 것이다.
 경문에 두 부분이 있다.
 첫째는 소승의 설법을 가책한다.
 둘째는 대사의 演敎를 설명한다.
 '결코 그대와 같이 설해서는 안됩니다'에서 결코 안된다[不当]는 것은 결코 상응되지 않는다[不相応当]는 것인데, 무릇 네 가지 뜻이 있다.
 첫째는 機는 大인데 敎가 小이기 때문에 機가 계당하지 않는다는 것이다.

둘째는 실상은 人法이 아닌데 지금의 설에는 人法이 있기 때문에 실상에 계당하지 않는다.

셋째는 제불은 機를 보고 見을 보는데 지금은 理에 어긋나고 機에 어둡기 때문에 佛意에 계당하지 않는다.

넷째는 결코 계당하지 않는 사람은 마음과 근기[情機]의 뜻에 칭합되지 않는다.

夫說法者当如法說. 此下第二明菩薩演敎. 以對小乘之失也. 就文爲五. 一明所演之法. 二辨聽說之方. 三巧識物機. 四善於知見. 五辨說敎大意. 菩薩具此五門. 方堪爲物施敎. 卽用斯五. 誨彼聲聞. 初門有二. 一辨衆生空. 二明法空. 然實相正法. 未曾空有. 但爲袪有病. 是故說空. 空理不殊. 但於惑者情有難易. 衆生心以總會成体. 不實之意易明. 是故前說之[610]. 似[611]不仮衆緣所成. 此則難破. 故後明之. 智度論云. 衆生[612]生情. 取之不得. 凡夫妄謂爲有. 故易遣. 法爲眼耳見聞. 斯則難破. 故前說生空. 後辨法空.

'무릇 설법이란 반드시 여법하게 설해야 합니다.'에서 이하는 둘째로 보살의 演敎로써 소승의 失을 상대시킴을 설명한다.

경문에 다섯 부분이 있다.

---

610) 之+(法)【甲】
611) 似=以カ【原】
612) 生=五【甲】

첫째는 연설된 법을 설명한다.

둘째는 聽說의 방법을 변별한다.

셋째는 중생의 근기를 잘 안다.

넷째는 지견에 뛰어나다.

다섯째는 설교한 대의를 변별한다.

보살이 이 五門을 갖추어야 바야흐로 중생을 위한 施敎를 감당한다. 곧 이 오문을 활용하여 저 성문을 가르친다.

초문[明所演之法]에는 두 부분이 있다.

첫째는 중생공을 변별한다.

둘째는 법공을 설명한다.

그러나 실상의 정법은 일찍이 空과 有였던 것이 없다. 다만 有라는 병을 없애기 위한 까닭에 공을 설한다. 공의 이치는 달라지지 않고, 다만 미혹한 사람의 마음에[情]에 어렵고 쉬움[難易]이 있을 뿐이다. 중생심으로써 總會하여 体를 성취하지만 그것은 不實의 생각[意]임이 쉽게 밝혀진다. 이런 까닭에 앞에서는 그 법을 설하였다. 그러나 衆緣에 의지하지 않고 성취됨으로써 이것은 타파하기 어렵다. 때문에 뒤에서 그것을 설명한다.

『대지도론』에서는 다음과 같이 말한다.

'중생은 五情으로 그것을 취하려 하지만 얻지 못한다. 범부는 망령스럽게 그것을 有라고 말한다. 때문에 그것을 제거하기가 쉽다. 법은 눈과 귀로 보고 들은 즉 그것은 타파하기가 어렵다.'

때문에 앞에서 중생공을 설하고 뒤에서 법공을 설한다.

法無眾生離眾生垢故. 眾生者. 陰界入等諸事會而生. 心以爲宰一之主.

法者實相法也. 實相之法. 本無眾生. 若見有眾生. 則乖[613]於實相. 故稱爲垢. 若悟實相. 則其垢自離也. 法無有我離我垢故. 我是自在爲義. 實相之法. 無此我也.

'법에는 眾生이 없는데 중생의 번뇌를 떠나있기 때문입니다.'에서 중생이란 陰과 界와 入 등 諸事가 모여서 발생한다. 心은 주재로서 하나[一] 뿐인 主이다. 法은 실상법이다. 실상의 법에는 본래 중생이 없다. 만약 중생이 있음을 본다면 곧 실성에 어그러지기 때문에 垢라 일컫는다. 만약 실상을 깨치면 곧 그 垢는 저절로 떨어져나간다.
  '법에 我가 없는데 그것은 我의 垢를 떠나있기 때문입니다.'에서 我는 곧 자재의 뜻이다. 그래서 실상의 법에는 이 我가 없다.

法無壽命離生死故. 色心連持爲命. 百年相續. 久受爲壽. 外道計此壽命別有於法. 故名壽者. 命者. 生爲壽始. 死爲壽終. 旣無生死. 何有壽命耶. 不言無壽命. 而言無生死者. 生死是命之始終. 始終旣離. 則壽命斯無. 又壽命是人之所愛. 若聞離之. 必不能樂生. 死是人之所惡. 若聞離之. 必欣習也.

'법에는 壽命이 없는데 生死를 떠나있기 때문입니다.'에서 色과 心이 연속하여 유지되는 것이 命이다. 백 년 동안 상속되어 오랫동안 명을 받으면 壽가 된다. 외도는 이 壽와 命에는 별도의 법이 있다고 계탁한다. 때문에

---

613) 乖=非【甲】. =乖亻【甲】

壽라고 말한다. 命은 태어나는 것이 壽의 시작이고, 죽는 것이 壽의 끝이다. 이미 생사가 없는데 어찌 壽와 命이 있겠는가. 壽命이 없다고 말하지 않고 生死가 없다고 말하는 것은 생사가 곧 命의 始이고 終이기 때문이다. 始와 終을 이미 떠난 즉 그 수명이 없다.

또한 수명은 곧 사람이 애착하는 것이다. 만약 수명을 떠났음을 듣는다면 반드시 樂生할 수가 없을 것이다. 死는 사람이 싫어하는 것이다. 만약 死를 떠났음을 듣는다면 반드시 欣慴할 것이다.

法無有人前後際斷故. 智度論云. 行人法故. 名之爲人. 故有靈. 異於草木. 行因受果. 往來生死. 永無朽滅. 故外道謂之爲常. 前際旣斷. 無人造因. 後際亦斷. 無人受果. 故云法無有人前後際斷故.

'법에는 人이 없는데 전후제를 단절해 있기 때문입니다.'에 대하여『대지도론』에서 '법을 실천하는 사람이기 때문에 그것을 人이라 말한다.'[614]고 말한다. 때문에 靈이 있어서 초목과 다르다. 因을 행하여 果를 받아서 생사에 왕래하며 영원히 朽滅이 없는데 그 때문에 외도는 그것을 常이라 말한다. 그렇지만 전제가 이미 단절되어 因을 짓는 사람이 없고 후제도 또한 단절되어 果를 받는 사람도 없기 때문에 '법에는 人이 없는데 전후제를 단절해 있기 때문입니다.'고 말한다.

---

614)『大智度論』卷35, (大正新脩大藏經25, p.319下)

法常寂然滅諸相故. 前有四句. 明衆生空. 此下二十六句. 明法空也. 生空. 易故略說. 法空難故. 所以廣明. 若以實過假. 以空過實. 如成論所說者. 非常寂然. 以本性淸615)淨故. 名常寂然. 法雖寂然. 但取相爲有. 而謂不然. 所以須滅. 故言滅諸相故. 此爲法空之始. 故略擧迷悟大宗.

'법은 항상 적연한데 諸相을 소멸해 있기 때문입니다.'에서 위에 있었던 사구는 중생공을 설명하였는데, 이하의 이십육구는 법공을 설명한다. 중생공은 (이해가) 쉽기 때문에 약설했다. 그러나 법공은 (이해가) 어렵다. 때문에 자세하게 설명한다. 만약 實이 假를 능가하고 空이 實을 능가한다면 저 성실론사들의 말처럼 常寂然이 아니다. 본성이 청정한 것을 常寂然이라 말하지만, 비록 법이 적연할지라도 무릇 取相하여 有로 삼으면 그렇지 않다[不然: 적연이 아니다]고 말한다. 때문에 모름지기 소멸한다. 그래서 '諸相을 소멸해 있기 때문입니다.'는 이것은 법공의 시작이다. 때문에 迷悟의 大宗을 간략하게 든다.

法離於相無所緣故. 万像不同爲相. 此相是心之所緣. 法旣無相. 則心無所緣.

'법은 相을 떠나있는데 所緣이 없기 때문입니다.'에서 万象이 不同한 것이 相이다. 이 相은 곧 心의 소연이다. 법이 이미 無相인 즉 心에 소연이 없다.

---

615) 淸=情【甲】

法無名字言語斷故. 上辨心行滅. 此明言語斷. 名生於言. 言斷則無名.

'법에는 名字가 없는데 語言을 단절해 있기 때문입니다.'에서 위에서는 心行處滅에 대하여 변별하였는데, 이것은 言語道斷을 설명한 것이다. 名은 言에서 발생하므로 言이 단제된 즉 名은 없다.

法無有說離覺觀故. 覺觀是言本. 旣無覺觀. 則言無由生. 目連. 動覺觀心. 爲物說法. 故復呵之.

'법에는 說이 없는데 覺觀을 떠나있기 때문입니다.'에서 覺과 觀은 곧 言의 本이다. 그런데 이미 覺과 觀이 없은 즉 言은 발생할 근거[由生]가 없다. 목련은 覺觀의 心을 작동하여 중생을 위하여 설법하기 때문에 다시 그것을 가책한다.

法無形相如虛空故法無戲論畢竟空故法無我所離我所故. 我所有二. 一親謂五陰. 二疎卽甁衣.

'법에는 形相이 없는데 허공과 같기 때문입니다. 법에는 戲論이 없는데 필경공이기 때문입니다. 법에는 我所가 없는데 我가 머물 곳을 떠나있기 때문입니다.'에서 아소에 두 가지가 있다.
첫째는 親으로서 소위 오음이다.
둘째는 疎로서 곧 甁衣 등이다.

法無分別離諸識故. 分別生乎識. 以離諸識. 故無分別.

'법에는 분별이 없는데 諸識을 떠나있기 때문입니다.'에서 분별하면 識이 발생하는데 諸識을 떠나있기 때문에 분별이 없다.

法無有比無相待故. 諸法相待生. 猶長短比而形. 無相待者. 如百論說. 長不在長中. 以因短故. 長非在短中. 以相違故. 亦不合在長短中. 有二過故. 旣無長短. 何所待哉.

'법에는 比가 없는데 相待가 없기 때문입니다.'에서 제법은 相待에서 발생한다. 그래서 장단은 비교에서 나온 形이다. 相待가 없는 것은 저『백론』의 설과 같다. 곧 長이 長 가운데 있지 않은 것은 短을 인한 까닭이다. 그렇다고 長이 短 가운데도 있지 않은 것은 相違이기 때문이다. 또한 長短을 합해 놓은 가운데에도 있지 않은 것은 二過가 있기 때문이다. 그러나 이미 장단이 없거늘 어찌 待가 되겠는가.

法不屬因不在緣故. 因緣之名. 其義不定. 自有種子親而能生爲因. 水吐[616] 疎而助發爲緣. 自有本無果体. 藉因辨之. 素有其分. 仮緣而發. 故互具有無[617]二義. 種受因緣兩名. 因近故難曉. 緣遠故易了. 今以所易. 釋所難

---

616) 吐＝上ィ【原】．＝土【甲】
617) 無二＝二無力【原】

也. 因親故言屬. 緣疎故言在.

'법은 因에 속하지 않는데 緣에 있지 않기 때문입니다.'에서 인연의 명칭은 그 뜻이 일정하지 않다.

처음에 종자가 있어서 능생하는 것이 因이고, 물을 대주어 발생을 돕는 것이 緣이다.

처음에 뿌리에는 果体가 없다. 因에 의지하여 그것을 변별해보면 본디 그 分이 있어서 緣을 의지하여 발생한다. 때문에 서로 유무의 두 가지 뜻을 갖추고 있어서 종자가 인연의 두 가지 명칭을 받는데 因은 近이기 때문에 알기가 어렵고 緣은 遠이기 때문에 이해가 쉽다. 지금은 쉽지만 그 해석은 어렵다. 因은 親이기 때문에 屬이라 말하고, 緣은 疎이기 때문에 在라 말한다.

法同法性入諸法故法隨於如無所隨故法住實際諸邊不動故. 法性. 如. 實際. 此三皆是實相異名. 如實不變名如. 是諸[618]体性. 故名法性. 窮其除[619] 畔. 稱實際也. 始見法實. 如遠見樹. 知定是樹. 名爲如. 見法轉深. 如近見樹. 知是何木. 名爲法性. 窮盡知樹根莖枝葉之數. 名爲實際. 此三未始非樹. 因見爲異耳. 入諸法者. 諸法万相. 誰能遍入[620]. 諸法者. 其唯法性乎. 諸邊不動者. 有無諸邊. 不能動於實際. 又解. 邊是際之異名. 法旣住於實際. 則邊不復動.

---

618) 諸+(法)力【甲】
619) 除=際力【原】. =際【甲】
620) 入+(遍入)ィ【甲】

'법은 모두 法性인데 제법에 들어가 있기 때문입니다. 법은 진여를 따르는데 따라야 할 것이 없기 때문입니다. 법은 實際에 머무는데 諸邊에 부동하기 때문입니다.'에서 '法性'과 '如'와 '實際'의 이들 셋은 모두 실상의 異名이다. 여실하여 불변하는 것을 '如'라 말하고, 이것은 제법의 체성이기 때문에 '법성'이라 말하며, 그 際畔을 다하므로[窮] '실제'라 일컫는다.

처음에 법이 여실함[法實]을 보면 마치 멀리서 나무를 보는 것과 같아서 결정적으로 그것이 나무인 줄을 아는 것을 '如'라 말한다. 법이 점점 깊어짐을 보면 마치 가까이서 나무를 보는 것과 같아서 그것이 어떤 나무인지 아는 것을 '법성'이라 말한다. 나무의 뿌리와 줄기와 잎의 수 등을 끝까지 아는 것을 '실제'라 말한다. 이들 셋은 처음부터 나무 아님이 없었지만 見이 다름을 인한 것일 뿐이다.

'제법에 들어가 있다'는 것은 제법의 만상에 무엇이 遍入하겠는가. 제법에 편입한다는 것은 오직 법성뿐이다.

'諸邊에 부동하다'는 것은 有와 無의 諸邊이 실제를 요동시키지 못한다는 것이다. 또한 이해하자면 邊은 際의 異名이다. 법이 이미 실제에 주한 즉 邊은 다시는 動이 되지 않는다.

法無動搖不依六塵故. 情依六塵. 故有奔逸之動. 法本無依. 故無動搖.

'법에는 동요가 없는데 六塵에 의지하지 않기 때문입니다.'에서 마음[情]이 육진에 의지하기 때문에 奔逸의 動이 있다. 그러나 법은 본래 의지함이 없기 때문에 동요가 없다.

法無去來常不住故. 法若暫住. 経於三世. 則有去來. 法無暫住. 故無去來也.

'법에는 거래가 없는데 항상 不住이기 때문입니다.'에서 만약 법이 잠시라도 住한다면 삼세를 지난 즉 거래가 있다. 그러나 법은 잠시도 住함이 없기 때문에 거래가 없다.

法順於空隨無相応無作法離好醜法無增損法無生滅法無所歸法過眼耳鼻舌身心法無高下法常住不動法離一切觀行唯大目連法相如是豈可說乎. 心觀不能及. 豈況於言乎.

'법은 空을 順하고 無相을 隨하는데 응당 無作이기 때문입니다. 법은 好醜를 떠나 있고 법에는 增損이 없으며 법에는 生滅이 없고 법은 돌아갈 곳이 없으며, 법은 眼·耳·鼻·舌·身·心을 초월해 있고, 법에는 높고 낮음이 없으며, 법은 항상 부동에 머물고, 법은 一切觀行을 벗어나 있습니다. 저, 대목련이시여. 법상은 이와 같은데 어찌 설할 것이 있겠습니까.'에서 마음으로도 미칠 수가 없는데 어찌 하물며 언설이겠는가.

夫說法者無說無示其聽法者無聞無得. 此第二示聽說之方. 以誨目連及居士也. 說法示人. 名爲說示. 而言無說無示者. 終日說. 未常[621]說也. 始則

---

621) 常=嘗力【原】

聞法. 終有所得. 而言無聞無得者. 終日聞. 無所聞也.

'무릇 설법이란 설할 것도 없고 내보일 것도 없으며, 그 청법자도 또한 들음도 없고 얻음도 없습니다.'에서 이것은 둘째로 聽說의 방법을 내보임으로써 목련 및 거사를 일깨워준 것이다. 설법을 사람에게 내보이는 것을 說示라 말한다. 그런데 설할 것도 없고 내보일 것도 없다고 말한 것은 종일토록 설했지만 일찍이 설한 것이 없다는 것이다. 먼저 법을 듣고 나중에 소득이 있는데도 들은 것도 없고 소득도 없다고 말한 것은 종일토록 들었지만 들은 것이 없다는 것이다.

譬如幻士爲幻人說法当建是意而爲說法. 淨名雖唱法不可說. 而猶說此不可說. 故今明我所說者. 如幻而說耳.

'비유하면 마치 幻士가 幻人에게 설하는 것과 같습니다. 반드시 이러한 마음[意]을 건립해서 설법해야 합니다.'에서 비록 정명이 연창한 법은 불가설일지라도 그 불가설을 설했다는 것이다. 때문에 지금 정명 자신이 설했다는 것은 마치 幻처럼 설했을 뿐이라는 것이다.

当了衆生根有利鈍. 此第三示無<巧?>識物機. 居士応聞空義. 而目連爲說有法者. 由其未了衆生根也. 又上雖明大乘之法. 宜善察物機. 可隨大小而授. 不得一向說大法也.

'반드시 중생의 근기에 利鈍이 있음을 알아서'에서 이것은 셋째로 중생의 근기를 잘 안다는 것이다. 거사가 마땅히 空의 뜻을 들려주었는데도 목련이 有法이라고 설한 것은 목련이 중생의 근기를 이해하지 못함을 말미암은 것이다.

또한 위에서는 비록 대승법을 설하였는데 마땅히 중생의 근기를 잘 관찰해야만 대소를 따라서 (가르침을) 줄 수가 있는 것이지 오로지 대승법만 설해서는 안된다.

善於知見無所罣碍. 此第四明善於知見. 目連說小. 不明大者. 良由未善知見也.

'지견이 훌륭하여 걸림이 없어야 하고'에서 이것은 지견에 뛰어난 것을 설명한 것이다. 이것은 넷째로 지견에 뛰어남을 설명한 것이다. 목련의 설은 소승이기 때문에 대승을 설명하지 못하는데, 그것은 진실로 지견이 뛰어나지 못함을 말미암은 것이다.

以大悲心讚于大乘念報佛恩不斷三宝然後說法. 此第五明說法大意. 夫欲說法. 必須成此四心. 一建大悲心. 二讚於大乘. 三念報佛恩. 四不斷三宝. 若讚小乘. 濟拔小苦. 名爲小悲. 若讚大乘. 能拔大苦. 稱大悲故. 言大悲心. 讚大乘也. 旣讚大乘. 必紹継師⁶²²⁾種. 故三宝不斷. 名報佛恩. 若說

---

622) 師=佛【甲】

小乘. 則斷三宝種. 名無反復.

'대비심으로써 대승을 찬탄하며, 佛恩에 보답할 것을 생각하여 삼보를 단제하지 않고, 그런 후에 설법해야 합니다.'에서 이것은 다섯째로 설법의 대의를 설명한 것이다. 대저 설법을 하려면 반드시 다음의 四心을 성취해야 한다.
　첫째는 대비심을 건립한다.
　둘째는 대승을 찬탄한다.
　셋째는 보불의 은혜를 억념한다.
　넷째는 삼보를 단절되지 않게 한다.
　만약 소승을 찬탄하면 小苦를 없애 제도하므로 小悲라 말한다. 만약 대승을 찬탄하면 大苦을 없애주므로 大悲라 일컫는다. 대비심이라 말한 것은 대승을 찬탄하는 것이다. 이미 대승을 찬탄하면 반드시 佛種을 紹継하기 때문에 삼보가 단절되지 않는데 이것을 報佛恩이라 말한다. 만약 소승을 설하면 곧 삼보의 종성이 단절되는데 이것을 회복할 수 없음[無反復]이라 말한다.

維摩詰說是法時八百居士發阿耨多羅三藐三菩提心. 此第三明時衆發心 <詩會得道?>. 淨名旣讚大呵小. 符理称機. 故時衆蒙益也.

'유마힐이 이 법을 설했을 때 팔백 명의 거사가 아뇩다라삼먁삼보리심을 발생하였습니다.'에서 이것은 셋째로 시회대중의 발심을 설명한 것이다. 정명은 이미 대승을 찬탄하고 소승을 가책하였는데 그것이 이치에 부합되고 근기에 칭합되었기 때문에 시회대중이 이익을 얻은 것이다.

我無此辨. 此第四目連受屈.

'저는 이러한 변재가 없습니다.'에서 이것은 넷째로 목련이 굴복을 당한 것이다.

是故不任詣彼問疾. 不堪有三. 標釋已竟. 今總結也.

'이런 까닭에 그에게 문병하러 가는 것을 맡을 수가 없습니다.'에서 감당하지 못하는 이유에 세 가지가 있다. 標와 釋에 대해서는 이미 마쳤고, 지금은 총결이다.

佛告大迦葉汝行詣維摩詰問疾. 第三次命迦葉.

'부처님께서 대가섭에게 말씀하셨다. 그대가 가서 유마힐을 문병하여라.'에서 이것은 셋째로서 그 다음 가섭에게 명한 것이다.

問. 迦葉旣爲上座. 何不前命. 答. 布薩受食. 可依年獵. 銜命擊揚. 宜用辨慧.

묻는다 : 가섭은 이미 上座인데 어째서 제일 먼저 명하지 않은 것입니까.
답한다 : 보살이 음식을 받는 것에는 가히 年獵에 의거한다. 그러므로 銜

命하여 擊揚하는 것에도 마땅히 辨慧를 활용한다.

問. 若爾. 法華何故前序迦葉. 答. 彼經明會三之義. 迦葉爲稟異之初. 義各有由. 無相害也. 摩訶迦葉者. 翻爲大龜. 是其姓也. 別名必鉢羅. 此云普逐. 是王舍城摩訶陀國婆羅門種. 夫妻二人. 身並金色. 俱共厭世出家. 皆得阿羅漢果. 於十弟子内. 苦行第一.

묻는다 : 만약 그렇다면『법화경』에서는 무슨 까닭에 가섭을 먼저 내세운 것입니까.
답한다 :『법화경』은 會三의 뜻을 설명하였는데 가섭은 稟異(質稟異人)의 첫째로서 그 뜻은 각각 말미암은 바가 있어서 서로 해침이 없다.
마하가섭은 번역하면 大龜인데 이것은 姓이고, 별명은 必鉢羅인데 번역하면 普逐이다. 그는 王舍城 摩訶陀國 婆羅門種으로서 가섭의 부부가 모두 몸이 금색인데 함께 염세하여 출가하여 모두 아라한 과를 얻었는데 십대제자 가운데 고행제일이다.

迦葉白佛言世尊我不堪任詣彼問疾. 此第二辭不堪. 就文爲三. 謂標釋結. 此卽標也.

'가섭이 부처님께 사뢰어 말씀드렸다. 세존이시여. 저는 그에게 문병하러 가는 것을 감당할 수가 없습니다.'에서 이것은 둘째로 감당하지 못하겠다고 사양한 것이다.

경문은 세 부분이 있다. 말하자면 標와 釋과 結인데, 이 대목은 곧 標이다.

所以者何憶念我昔⁶²³⁾貧里而乞食. 此第二次釋呵也. 就文爲三. 一被呵之由. 二能呵之旨. 三明得益. 此初章也. 於貧里而行乞者. 凡有四義. 一者貧人. 昔不種福. 是故今又不殖. 來生復貧. 復⁶²⁴⁾貧相繫. 無得脫時. 今欲愍其長苦. 故從乞也. 二者四大聲聞. 得滅盡定. 而迦葉. 爲得定之勝. 其有施者. 能令現世獲報. 欲濟其交⁶²⁵⁾切之⁶²⁶⁾苦. 故從貧乞. 三者富貴則憍奢難化. 貧窮易受道法. 今欲度之. 故乞也. 四者若從富貴乞. 則有名利之嫌. 今往貧里. 有會小欲之行.

'왜냐하면 억념해보면 제가 옛적에 가난한 마을에서 행걸하였는데'에서 이것은 둘째로 가책받은 것을 해석한 것이다.
경문은 세 부분이 있다.
첫째는 가책을 받은 연유이다.
둘째는 가책한 뜻[旨]이다.
셋째는 얻은 이익을 설명한다.
이 대목은 첫째에 해당한다.
가난한 마을에서 행걸한 것에 무릇 네 가지 뜻이 있다.
첫째는 가난한 사람은 전생에 복을 심지 않았다. 이런 까닭에 금생에도 또

---

623) 昔=首【甲】
624) 復=貧力【原】【甲】
625) 交=更一【甲】
626) 之=乏ㅓ【甲】

한 심지 못하여 내생에도 다시 가난하다. 거듭 가난의 바탕에 얽매여 그로부터 벗어날 기약이 없기 때문에 행걸이 뒤따른다.

둘째는 사대성문627)이 멸진정을 획득하였는데, 가섭은 얻은 선정이 뛰어나서 보시하는 사람으로 하여금 현세에 과보를 획득토록 해주고 그들의 일체 고통을 구제해주고자 한다. 때문에 가난한 사람에게서 걸식을 한다.

셋째는 부귀한 즉 교만하여 교화하기가 어렵다. 빈궁한 즉 쉽게 도법을 받아들이기 때문에 지금은 그들을 제도해주고자 걸식을 한다.

넷째는 만약 부귀한 사람에게서 걸식을 하면 곧 명리 때문이라고 의심을 받는다. 그러므로 지금은 가난한 마을로 가서 욕심을 줄이는 수행을 다진다.

時維摩詰來謂我言唯大迦葉有慈悲心而不能普捨豪富從貧乞. 此第二明能呵之旨. 就文爲二. 初呵聲聞慈悲. 次敎菩薩乞法. 雖有慈悲. 不能普者. 卽捨富從貧. 於貧有悲. 捨富無慈. 名爲不普. 又捨富從貧. 卽是自現行悲. 自現行慈628). 則有可譏之迹. 是故被呵. 所以偏呵悲者. 捨富從貧. 以[*] 慈爲主. 故前呵其悲偏.

'그때 유마힐이 다가와서 저한테 다음과 같이 말했습니다. 저, 대가섭이여. 자비심이 있으면서도 펼치지 못하여 부잣집을 버리고 가난한 집에서 걸행을 하십니다.'에서 이것은 둘째로 가책한 뜻[旨]을 설명한 것이다.

경문은 두 부분이 있다.

---

627) 四大聲聞은 마하가섭, 사리불, 수보리, 목건련(혹은 가전연)을 일컫는다.
628) 慈=悲 1【甲】* [* 1]

첫째는 성문의 자비를 가책한다.

둘째는 보살의 걸식법을 가르쳐준다.

비록 자비가 있을지라도 不能普者(보편적이지 못한 사람)는 곧 부호 마을을 버리고 가난한 마을을 따르는데 가난한 사람에게는 悲가 있지만 부호한 사람을 버린 것은 慈가 없는 것을 不(能)普라 말한다. 또한 부호한 사람을 버리고 빈자를 따른 즉 그것은 스스로 悲를 현행하고 스스로 慈를 현행한다고 해도 꾸지람을 받는 근거가 된다. 이런 까닭에 가책을 받는다. 때문에 치우쳐 悲를 가책한 것은 부호한 사람을 버리고 빈자를 따름으로써 慈만 主로 삼기 때문에 앞에서 그 悲를 가책한 것이다.

迦葉住平等法応次行乞食. 此下第二說菩薩乞法. 以敎聲聞. 夫乞食有六. 一行乞食. 二入聚洛. 三有所見聞. 四明噉食. 五有福田. 第六總結. 初門四句. 第一對聲聞悲偏. 說平等乞食. 夫生死流轉. 貴賤無常. 或今貧後富. 或今富後貧. 大而觀之. 苦樂不異.

'가섭이여. 평등법에 주하여 반드시 차례로 걸식을 해야 합니다.'에서 이하는 둘째로 보살의 걸식법을 설함으로써 성문을 가르친 것이다. 대저 걸식 부분에 여섯 가지가 있다.

첫째는 걸식하러 다니는 것이다.

둘째는 취락에 들어가는 것이다.

셋째는 보고 듣는 것이다.

넷째는 噉食을 설명해주는 것이다.

다섯째는 복전을 갖는 것이다.

여섯째는 총결이다.

初門의 사구는 첫째로 성문의 悲가 치우친 것에 대하여 평등걸식을 설한 것이다. 대저 생사에 유전하면서 귀천이 무상하여 지금 빈자가 이후에 부호가 되고 혹 지금 부호가 이후에 빈자가 된다. 크게 그것을 관찰해보면 고락이 다르지 않다.

是以凡住平等之法. 応次第行乞. 不宜捨富. 而從貧也.

이로써 '평등법에 주하여 반드시 차례로 걸식을 해야 합니다.'는 것은 결코 부호를 버리고 빈자를 따라서는 안된다는 것이다.

爲不食故応行乞食. 此第二句. 明乞食意也. 聲聞爲欲食. 而行乞食. 今明不応爾也. 爲不食故. 応行乞食耳. 言不食者. 卽是食之實相. 以此心. 行乞食也.

'먹기 위함이 아닌 까닭에 반드시 걸식을 해야 합니다.'에서 이것은 제이구로서 걸식의 뜻에 대하여 설명한 것이다. 성문은 欲食 때문에 걸식을 하는데, 지금은 결코 그래서는 안된다는 것을 설명한 것이다. 먹기 위함이 아니기 때문에 반드시 걸식을 할 뿐이다.

'不食'이라고 말한 것은 곧 음식을 먹는 실상인데, 이런 마음을 가지고 걸식을 한다.

爲壞和合相故応取揣食. 此第三明取食法也. 聲聞受取揣食. 爲資養五陰. 今明不応建於此心受揣食. 応爲壞和合相故取揣食. 和合者. 謂五陰聚集. 以此成身. 名和合也. 揣食者. 食有四種. 一者揣食. 以香味触. 和合成之. 以可揣握. 故名爲揣. 卽欲界食也. 二曰願食. 如兒見沙囊. 而命不絶. 是願食也. 三曰業食. 地獄不食而活. 由其罪業. 応久受苦痛也. 四曰識食. 無色衆生. 以識相續. 命不斷也.

'和合相을 파괴하기 위한 까닭에 반드시 음식을 가려서 취해야[取揣] 합니다.'에서 이것은 셋째로 취식하는 법을 설명한 것이다. 성문은 가려야 음식을 받는데 오음을 자양하기 위함이다. 그런데 지금은 그런 마음에서 받은 取揣를 건립해서는 안된다는 것을 설명한다.

반드시 화합상을 파괴하기 위한 까닭에 음식을 取揣해야 한다는 것에서 '화합'이란 말하자면 五陰의 聚集인데 이것이 몸을 성취하므로 화합이라 말한다.

'揣食'이란 食에 네 가지가 있다.

첫째는 揣食이다. 香과 味와 触이 화합하여 그것이 성취되므로 揣握할 수가 있기 때문에 揣라 말한다. 곧 욕계의 음식이다.

둘째는 願食이다. 아이가 沙囊을 보면 명이 단절되지 않는 것과 같은데 이것이 願食이다.

셋째는 業食이다. 지옥에서는 먹지 않아도 살아난다. 그 죄업을 말미암기 때문인데, 응당 오랫동안 고통을 받는다.

넷째는 識食이다. 무색계의 중생은 식이 상속되므로 명이 단절되지 않는다.

爲不受故応受彼食. 此第四句. 明受食也. 聲聞. 以人爲能受食[629]食[630]. 爲所受. 以能受所受. 故名受食. 今明. 不見人爲能受. 食爲所受. 応以此心. 受彼食也. 文雖四句. 義有二章. 初平等乞. 謂功德業. 後之三句. 明於智慧. 智慧則異凡. 功德則起[631]聖. 故非凡夫行. 非賢聖行. 是菩薩行. 豈止誨彼聲聞. 夫欲行乞. 当依此法也.

'받기 위함이 아닌 까닭에[632] 반드시 그 음식을 받아야 합니다.'에서 이것은 제사구로서 음식 받음을 설명한 것이다. 성문은 人이 能受가 되고 食이 所受가 되어 能受와 所受이기 때문에 受食이라 말한다. 그러나 지금은 人이 能受이고 食이 所受임을 보지 않음을 설명한다. 마땅히 이러한 마음으로 저 음식을 받아야 한다.

경문에는 비록 사구가 있지만 뜻으로 보면 二章이 있다.

(첫째로) 첫째의 일구는 평등걸식인데, 말하자면 공덕업이다.

(둘째로) 뒤의 삼구는 지혜를 설명한 것이다. 지혜는 곧 凡과 다르고 공덕은 곧 聖을 초월하기 때문에 凡夫行도 아니고 賢聖行도 아닌 것이 바로 보살행이다. 그런데 어찌 저 성문을 가르치는 것에 그치겠는가. 대저 걸식하려고 하면 마땅히 이러한 법에 의거해야 한다.

以空聚相入於聚落. 此第二句. 明入聚落. 然行乞食. 必入聚落. 故次辨之

---

629) 〔食〕ィ-【甲】
630) 〔食〕-ヵ【原】
631) 起=超【甲】
632) 받기 위함이 아닌 까닭은 雜食을 받지 않는 것을 가리킨다.

耳. 聲聞. 以有聚相. 入於聚落. 放⁶³³⁾明以空聚相入於聚落. 空聚者. 聚落之內空. 無貧富人也. 若然. 不應捨富而從貧. 又卽聚落. 本畢竟空. 名空聚落. 若爾. 亦不應有取捨心.

'텅 비어 있는 취락이라는 생각을 가지고 취락에 들어가야 합니다.'에서 이것은 제이구로서 취락에 들어감을 설명한 것이다. 그런데 걸식하러 나가서는 반드시 취락에 들어가야 한다. 때문에 다음으로 그것을 변별한 것이다. 성문은 有聚相으로써 취락에 들어간다. 때문에 空聚相으로써 취락에 들어가야 할 것을 설명한다. 空聚란 취락의 內가 텅 빈 것으로 貧者와 富人이 없는 것이다. 만약 그렇다면 마땅히 富人을 버리고 빈자를 따라서는 안된다.
또한 聚落이 본래 필경공에 즉한 것을 空聚落이라 말한다. 만약 그러려면 또한 마땅히 취사심이 있어서는 안된다.

所見色与盲等. 此第三次明見聞. 夫入聚落. 必有見聞. 凡夫見聞. 則生諸結. 二乘視聽. 則怖畏六塵. 今雙斥聖凡. 故辨菩薩法也. 見色与有⁶³⁴⁾等者. 非謂閉目不視. 然終日見. 而無所見. 故稱爲盲.

'보이는 색에 대해서는 눈이 먼 것과 같이 하고'에서 이것은 셋째로 見聞한 것을 설명한 것이다. 대저 취락에 들어가면 반드시 견문이 있는데, 범부의

---

633) 放＝故【甲】
634) 有＝盲【甲】

見聞은 곧 諸結을 발생하고, 이승의 視聽은 곧 육진을 怖畏한다. 지금은 쌍으로 聖凡을 배척한다. 때문에 보살법을 변별한다.

所聞聲与響等. 聞響不生恚怒. 聽聲宜可同之. 所嗅香如[635]風等. 風行香林. 而無心受. 今聞香. 亦応同之. 所食味不分別. 法無定相. 由分別取相. 謂之爲味. 若不分別. 則非味也. 受諸触如智証. 小乘. 智証滅時. 心無所染. 身受諸触. 宜可同之.

'들리는 소리와 향기 등'[636]에서 聞響은 恚怒를 발생하지 않는데 聽聲도 마땅히 그와 같다. 향기를 맡는 것은 바람 등과 함께 하는데 바람이 香林을 스쳐가도 무심하게 받아들인다.

지금 맡는 향기도 또한 마땅히 그와 같다. 음식을 먹는 맛을 분별하지 않는 것은 법에 정해진 모습[定相]이 없기 때문이다. 분별을 말미암아 상에 집착하는데[取相] 그것을 맛[味]이라고 말한다. 만약 분별하지 않은 즉 그것은 맛[味]이 아니다. 諸触을 받아들임은 智証과 같다. 소승에서는 智証이 소멸할 때 마음에 염오가 없는데 身에서 諸触을 받아들임도 마땅히 그와 같다.

---

635) 如=与ィ【甲】
636) 이에 해당하는 경문은 "보이는 색에 대해서는 눈이 먼 것과 같이 하고, 들리는 소리에 대해서는 메아리와 같이 하며, 냄새나는 향기에 대해서는 바람과 같이 하고, 먹는 맛에 대해서는 분별하지 않아야 하며, 모든 촉감은 지혜로 증득한 것과 같이 받아들이고"이다.

知諸法如幻相無自性無他性. 諸法從因緣生. 故無自他性. 如會指成捲[637]. 故[*]捲無自性. 指亦如是. 故無自他性.

'제법은 幻相과 같아서 자성도 없고 타성도 없다고 알아야 하며'에서 제법은 인연으로부터 발생하기 때문에 自性과 他性이 없다. 마치 손가락을 모으면 주먹이 되는 것과 같다. 때문에 주먹에는 자성이 없듯이 손가락도 또한 그와 같다. 때문에 자성과 타성이 없다.

本自不然今則無滅. 喻向無自故無他也. 如有燃故有滅. 本自不燃. 今則無滅. 有自故有他耳. 本無自. 何有他耶.

'본래부터 그러함이 없었고 지금도 곧 소멸이 없습니다.'에서 앞 대목에서 무자성이기 때문에 무타성임을 깨우쳐준 것이다. 燃이 있기 때문에 滅이 있는 것인데 본래부터 燃이 없어서 지금은 곧 滅이 없는 것처럼 본래 自가 있기 때문에 他가 있는 것인데 본래 自가 없거늘 어디에 他가 있겠는가.

迦葉若能不捨八邪入八解脫以邪相入正法. 此第四呵其正食. 若能悟邪正不二. 便得平等觀. 乃可食人施也. 八解脫卽八背捨. 違八解脫. 名爲八邪. 所以偏明此之法等者. 良由迦葉謂捨八邪. 得八解脫. 有滅盡定. 能生物福. 故偏說也. 邪正旣一. 便不相乖. 故復云入也.

---

637) 捲＝拳【甲】＊ [＊ 1]

'가섭이여. 만약 八邪를 버리지 않고 八解脫에 들어가 邪相으로써 正法에 들어갈 수 있다면'에서 이것은 넷째로 가섭의 正食을 가책하는 것이다.[638] 만약 邪와 正이 不二임을 깨친다면 곧 평등관을 터득하는데, 이에 남에게 음식을 베풀어줄 수가 있다.

팔해탈은 곧 팔배사이다. 팔해탈에 어긋나는 것을 八邪라 말한다. 때문에 널리 이러한 법 등을 설명하는 것은 진실로 가섭을 말미암아 八邪를 버리고 팔해탈을 얻는다고 말한 것이다.

멸진정이 있으면 중생에게 복을 발생시켜주기 때문에 널리 설한다. 邪와 正이 이미 하나로서 곧 서로 어그러지지 않기 때문에 다시 들어간다[入]고 말한다.

以一食施一切供養諸佛及衆賢聖然後可食. 上示其受食. 爲物福田. 此教其受食. 復爲施主. 旣得邪正等觀. 便是無碍無盡法門. 能以一食. 施於一切. 如後鉢飯事也. 若未得眞悟. 受食之時. 宜応作心. 上供三宝. 下施四生. 卽是建無盡無碍心也.

'一食으로써 일체중생에게 베풀고 제불과 뭇 賢聖에게 공양을 하고난 연후에 먹어야 합니다.'에서 위에서는 그 受食을 보여서 중생의 복전을 삼았는데, 여기에서는 그 受食을 가르쳐서 다시 施主로 삼는다.

이미 邪와 正의 평등관[邪正等觀]을 터득하면 곧 그것이 無碍의 無盡法門이다. 그래서 일식으로써 일체중생에게 베풀어줄 수가 있다. 뒤에 나오는

---

638) '넷째는 噉食을 설명해주는 것이다.'에 해당한다.

鉢飯事의 경우와 같다. 만약 眞悟를 터득하지 못한다면 受食의 경우에 마땅히 '위로 삼보를 공양하고 아래로 사생에게 베푼다.'고 작심해야 한다. 이것이 곧 無盡의 無碍心을 건립하는 것이다.

如是食者非有煩惱非離煩惱. 有煩惱食. 凡夫也. 離煩惱食. 二乘也. 今勸雙捨凡聖. 故非有無也.

'이와 같이 먹는 사람은 번뇌가 없고 번뇌를 떠남도 아니며'에서 번뇌식이 있으면 범부이고, 번뇌식을 떠나면 이승이다. 지금은 범부와 이승의 둘을 버릴 것을 권장하기 때문에 (번뇌의) 有와 無가 아니다.

不入定意非起定意. 小乘人有二時入定. 一者將欲食時. 前入定. 作不淨觀. 然後起定方食. 二者噉食以後. 復入禪定. 生施主福. 此之二時. 入定則不食. 食則不入定. 菩薩得無碍觀. 終日食而終日定. 故無出入之名. 又大士体道. 未曾靜散. 故非入非起.

'선정에 들어간 마음[意]도 아니고 선정에서 일어나는 마음[意]도 아니며'에서 소승인에게는 二時의 入定이 있다.
  첫째는 장차 공양을 하려고 할 때로서 (공양) 이전의 입정으로 부정관을 짓는다. 연후에 선정에서 일어나 바야흐로 공양을 한다.
  둘째는 噉食 이후로서 다시 선정에 들어가서 시주의 복을 발생한다.
  이들 二時는 入定하여 곧 不食의 時이고, 食하여 곧 入定하지 않은 時이다. 보살은 무애관을 터득하여 종일토록 食하고 종일토록 定이기 때문에 출입이라는 명칭이 없다.

또한 大士의 体道에는 일찍이 靜과 散이 없기 때문에 (선정에) 들어감도 없고 (선정에서) 일어남도 없다.

非住世間非住涅槃. 凡夫之食. 願壽命長存. 爲住世間. 二乘受食. 欲入涅槃. 又聲聞受食. 名住世間. 後欣取滅. 称住涅槃. 今並異之. 故兩非也. 以菩薩不食而食故. 非住涅槃. 食無所食故. 非住世間.

'세간에 주함도 아니고 열반에 주함도 아닙니다.'에서 범부의 食은 壽命長存하여 住世間을 원한다. 이승이 受食하는 것은 涅槃에 들어가려는 것이다.

또한 성문의 受食은 住世間이라 말하고, 欣 이후에 열반[滅]을 취하는 것을 住涅槃이라 일컫는다. 지금은 모두 (범부 및 이승의) 그것과 다르기 때문에 兩非이다. 보살은 不食으로써 食하기 때문에 住涅槃이 아니고 食해도 食한 바가 없기 때문에 住世間이 아니다.

其有施者無大福無小福不爲益不爲損. 此第五次明福田. 若迦葉得平等觀. 則能外說平等法. 能令施主復⁶³⁹⁾平等心. 不計福之大小. 己之損益. 又解. 大小據前人. 損益就迦葉. 田勝則施主得大福. 田劣則獲小福. 得食則獲五事. 爲益. 不得則無五事. 爲損. 故損益據迦葉.

---

639) 復=獲【甲】

'그처럼 보시하는 사람은 大福도 없고 小福도 없으며 이익도 없고 손해도 없는데'에서 다섯째로 복전을 설명한 것이다. 만약 가섭이 평등관을 터득한 즉 밖으로 평등법을 설하여 시주자에게 평등심을 획득토록 하여 복전의 대소 및 자기의 손익을 따지지 않는다.

또한 대소는 이전 사람에 달려 있고 손익은 가섭에 대한 것이라고 이해하기도 한다. 복전이 뛰어난 즉 시주가 대목을 얻고, 복전이 하열한 즉 소복을 획득한다. 음식을 얻은 즉 五事에서 이익을 획득하고, (음식을) 얻지 못한 즉 오사에서 손해를 얻기 때문에 손익은 가섭에 달려 있다.

是爲正入佛道不依聲聞. 此第六總結. 如上所明. 便得平等觀. 名正入道. 則能自利利人. 故不依聲聞.

'이것이야말로 바로 불도에 들어가는 것으로서 성문에 의지하지 않는 것입니다.'에서 이것은 여섯째로 총결이다. 위에서 설명한 것은 곧 평등관의 터득이다.

바로 불도에 들어가는 것[正入道]은 곧 자리이타이기 때문에 성문이 의지할 수 있는 것이 아니다.

迦葉若如是食爲不空食人之施也. 旣有正悟. 便是良田. 故不虛人施.

'가섭이여. 만약 이와 같이 먹는다면 타인의 보시를 헛되지 않게 먹는 것입니다.'에서 이미 正悟가 있은 즉 곧 良田이기 때문에 남에게 보시한 것이

헛되지 않다.

時我世尊聞說是語得未曾有卽於一切菩薩深起敬心復作是念斯有家名辯才智慧乃能如是其誰不發阿耨多羅三藐三菩提心我從是來不復勸人以聲聞辟支佛行. 此第三明迦葉蒙益. 凡有五句. 一歎法希有. 二得敬勝人. 復作是念. 第三讚歎. 斯有家名者. 在家大士. 淨640)名遐布. 誰不發心. 第四勸發心. 我從是來. 第五迦葉自立大志.

'세존이시여. 그때 저는 그 법어를 설하는 것을 듣고 미증유를 얻어서 곧 일체보살에게 깊이 공경심을 일으키고 다시 다음과 같이 생각하였습니다. 이처럼 재가의 이름을 지니고 있으면서도 변재와 지혜가 이에 이와 같은데, 그 누가 그것을 듣고서 아뇩다라삼먁삼보리심을 발생하지 않겠는가. 저는 그로부터 이래로 다시는 사람들에게 성문행 및 벽지불행을 권유하지 않았습니다.'에서 이것은 셋째로 가섭의 蒙益을 설명한 것이다.

여기에 세 부분이 있다.
첫째는 법이 희유함을 찬탄한 부분이다.
둘째는 '공경심을 일으키고 다시 다음과 같이 생각하였다'는 부분이다.
셋째는 찬탄한 부분이다.
'이처럼 재가의 이름을 지니고 있다'는 것은 재가의 대사로서 정명이라는 이름이 멀리까지 퍼졌는데 누가 발심하지 않겠는가 하는 부분이다.
넷째는 발심을 권장하는 부분으로 '저는 그로부터 이래로'이다.

---

640) 淨=嘉 1 【甲】

다섯째는 가섭이 大志를 자립한 부분이다.

是故不任詣彼問疾. 不堪有三. 標釋竟. 今總結也.

'이런 까닭에 그에게 문병하러 가는 것을 맡을 수가 없습니다.'에서 감당하지 못하는 것에 세 가지가 있는데, 標와 釋과 竟이다. 지금은 총결 대목이다.

佛告須菩提汝行詣維摩詰問疾. 此第四命須菩提. 就文爲二. 初命. 次辭不堪. 須菩提者. 此云空生. 亦名善吉. 以其生時. 舍內寶藏. 衆物悉空. 故名空生. 父母謂是不祥. 召相師問之. 相師云. 唯善唯吉. 稱爲善吉. 相伝. 有経云. 須菩提. 是東方世界. 青龍陀佛影嚮釋迦. 身爲弟子. 然五百之流. 德非遍備. 各有偏能. 但稱第一. 善吉等. 有供養者. 能与現報. 旣有異德. 故名四大聲聞.

'부처님께서 수보리에게 말씀하셨다. 그대가 가서 유마힐을 문병하여라.'에서 이것은 넷째로 수보리에게 명한 것이다.
경문은 두 부분이 있다.
첫째는 명하는 부분이다.
둘째는 감당하지 못하겠다고 사양하는 부분이다.
수보리는 번역하면 空生인데 또한 善吉이라고도 말한다. 수보리가 태어날 때 집 안에 있는 보배창고에 있는 온갖 물품이 텅 비었기 때문에 공생이라 말한다. 부모는 不祥스런 것이라고 말하여 점쟁이를 불러서 그것에 대하여 물었다. 점쟁이가 '唯善唯吉'이라고 말했기 때문에 善吉이라 일컬었다. 어떤 경전에서는 '수보리는 동방세계 靑龍陀佛로서 釋迦에게 영향을 주어 자신이 그 제자가 되었다. 오백 명의 무리는 덕을 遍備하지 못하고 각각 偏能만 있었다. 그런데 무릇 제일이라고 일컬어진 선길 등이었다.'고 말한다.
  공양한 사람에게는 現報가 주어지는데 이미 각기 다른 덕이 있기 때문에 四大聲聞이라 말한다.

須菩提白佛言世尊我不堪任詣彼問疾. 此第二辭不堪. 就文亦三. 謂標釋結. 此初標也.

'수보리가 부처님께 사뢰어 말씀드렸다. 세존이시여. 저는 그에게 문병하러 가는 것을 감당할 수가 없습니다.'에서 이것은 둘째로 감당하지 못하겠다고 사양한 것이다. 경문은 또한 세 부분이 있는데, 말하자면 標와 釋과 結이다.
  이 대목은 첫째의 標이다.

所以者何憶念我昔入其舍從乞食. 此第二釋不堪. 就文爲五. 第一辨不應來而來. 爲被呵之由. 第二明能呵之旨. 第三明不應去而去. 重辨被[641]呵之由. 第四重明能呵之旨. 第五時衆得道. 此初文也. 善吉所以入淨名舍者. 凡有二義. 一者迦葉捨富從貧. 善吉捨貧從富. 悉乖平等之道. 故俱被

---

641) 〔被〕-【甲】

呵. 所以捨貧從富乞者. 富貴嬌恣. 不慮無常. 今雖快意. 後必貧苦. 愍其迷惑. 仍就乞食. 以不得越家故. 次入其舍. 因被呵也. 二者居士德重淵遠. 言不漏機. 五百応真. 莫敢窺其庭者. 善吉自謂. 深入空理. 触言無滯. 故徑造其舍. 從彼乞食. 然当其入觀. 則心順法相. 及其出俗. 即情随事転. 致失招屈. 良由此也

'왜냐하면 억념해보면 제가 옛적에 그의 집에 들어가서 걸식을 하였습니다.'에서 이것은 둘째로 감당하지 못함을 해석한 것이다.

경문은 다섯 부분이 있다.

첫째는 응당 오지 않았지만 왔다는 것을 변별한다.

둘째는 가책한 뜻[旨]을 설명한다.

셋째는 응당 가지 않았지만 갔다는 것을 설명한다. 거듭하여 가책한 이유를 변별한다.

넷째는 거듭하여 가책한 뜻[旨]을 설명한다.

다섯째는 시회대중이 득도한다.

이것이 첫째 대목[初文]이다.

선길이 정명의 집에 들어간 이유에 무릇 두 가지 뜻이 있다.

첫째는 가섭이 부호를 버리고 빈자를 따르고 선길은 빈자를 버리고 부호를 따른 것은 둘 모두 평등의 도에 어그러지기 때문에 모두 가책을 받았다. 때문에 빈자를 버리고 부호를 따라서 걸식하는 것은 부귀한 사람은 嬌恣하여 無常을 염려하지 않아서, 지금은 비록 결의하지만 이후에 반드시 빈고해질 것인데 그 미혹함을 불쌍하게 여긴다. 이에 걸식에 나아가는데 집을 건너뛰지 않기 때문에 다음으로 정명의 집에 들어가서 그로 인하여 가책을 받는다.

둘째는 거사의 德은 무겁고 깊으며 원대하고,[重淵遠] 언설은 기회를 놓치지 않으며, 오백 명의 応眞도 감히 그 집을 엿보지 못한다. 그래서 선길은 스스로 '깊이 공의 이치에 들어갔고 말을 함에 막힘이 없다.'고 말한다. 때문에 곧장 그 집에 나아가서 그한테서 걸식을 한다. 그리하여 장차 그가 入觀해본 즉 마음[心]은 法相을 따르지만, 그 출속에 미친 즉 생각[情]이 事를 따라 굴러서 失을 부르고 屈을 초래한 것은 진실로 이것을 말미암은 것이다.

時維摩詰取我鉢盛滿飯. 此第二明能呵之旨. 就文爲四. 一就食平等門. 呵其於<於-?>食不等. 從不斷婬怒痴下. 第二就解惑平等門. 呵其解惑不等[642]. 不見佛下. 第三就內外平等門. 呵其內外不等. 從若須菩提入諸邪見[643]. 第四就邪正平等門. 呵其邪正不等. 所以知有四門者. 以後結句. 云乃可取食也. 四門次第者. 初正乞食. 故就食平等門. 呵之. 其斷惑得解. 堪爲福田. 則解惑不等. 故就解惑平等門. 呵之. 惑滅解生. 猶見佛聞法. 不殖[644]外道. 便謂內外爲二. 故就內外平等門. 呵之. 猶[*]殖佛世. 離彼邪緣. 具諸功德則謂邪正相乖. 故就邪正平等門. 呵之. 此初門也. 取鉢[645]滿飯而呵者. 若空鉢. 則居士有悋惜之嫌. 若与鉢. 恐持而去. 不盡言論之勢. 又空鉢故. 不得生論. 与便不得論. 又不空鉢. 明[646]菩薩爲施主. 不与鉢. 明二乘非福田

---

642) 等+(從)カ【原】
643) 見+(下)カ【原】
644) 殖=値【甲】* [* 1]
645) 鉢+(盛)【甲】
646) 明+(及)【甲】

'그때 유마힐이 제 발우를 취하여 음식을 가득 채우고 저한테 다음과 같이 말했습니다.'에서 이것은 둘째로 가책한 뜻[旨]을 설명한 것이다.

경문에는 네 부분이 있다.

첫째로 食平等門에 나아가서 그 食이 불평등함을 가책한 것이다.

'婬·怒·痴를 단제하지도 않고' 이하 대목은 둘째로 解惑平等門에 나아가서 그 해혹이 불평등함을 가책한 것이다.

'만약 부처님을 친견하지 못하고' 이하 대목은 셋째로 內外平等門에 나아가서 그 내외가 불평등함을 가책한 것이다.

'모든 사견에 들어간다면' 이하 대목은 넷째로 邪正平等門에 나아가서 그 사정이 불평등함을 가책한 것이다. 때문에 四門이 있음을 알 수가 있다.

이후는 결구로서 '이에 음식을 취할 수 있습니다.'고 말한다.

四門의 차제란 첫째는 바로 걸식하는 것이다. 때문에 食平等門에 나아가서 그것을 가책한다.

미혹을 단제하고 이해를 터득한다는 것은 복전을 감당한 즉 이해와 미혹은 불평등이다. 때문에 (둘째로) 解惑平等門에 나아가서 그것을 가책한다. 미혹이 소멸하면 이해가 발생하면 마치 부처님을 친견하여 법을 듣는 것과 같다.

외도를 만나지 않는데 곧 말하자면 內와 外의 둘이 있기 때문에 (셋째로) 內外平等門에 나아가서 그것을 가책한다. 마치 부처님 세상을 만나서 저 邪緣을 떠난 것과 같다.

제공덕을 구족한 즉 말하자면 邪와 正은 서로 어그러지기 때문에 (넷째로) 邪正平等門에 나아가서 그것을 가책한다. 이것이 初門이다.

발우를 취하여 밥을 가득 채우고 가책한다는 것은 만약 발우가 텅 비면 곧 거사가 인색하다고 하여 그를 싫어하기 때문이고, 만약 발우를 준다면 그것을 가지고 떠나버려 다 말해줄 수 없게 되는 모습을 염려한 것이다. 또한 발우가 텅 비면 논쟁이 발생되지 않고 더불어 논쟁을 할 수가 없다. 또한 발우가 텅 비지 않으면 보살이 시주가 되었는데도 발우를 줄 수가 없음을 설명한 것이고, 이승은 복전이 아님을 설명한 것이다.

謂我言唯須菩提若能於食等者諸法亦等諸法等者於食亦等如是行乞乃可取食. 於食等者. 唯富人之⁶⁴⁷⁾妙食. 等⁶⁴⁸⁾貧捨⁶⁴⁹⁾之麤弊. 若能於此麤妙食等. 則於諸法亦等. 若能達⁶⁵⁰⁾万法皆等. 則能於食亦等. 得此等心. 則是福田. 乃可取食. 若爾不応捨貧而從富也. 若捨貧從富. 則於食不等. 便無等非是福田. 不応取食. 故進退無答也.

'저, 수보리여. 만약 음식에 평등한 사람은 제법에도 또한 평등하고, 제법에 평등한 사람은 음식에도 또한 평등합니다. 이와 같이 행걸해야 이에 음식을 취할 수가 있습니다.'에서 음식 등에 대한 것은 곧 부호의 사람의 妙食 및 가난한 집의 穢弊이다. 만약 이 麤食 및 妙食 등이 가능하다면 곧 제법에 대해서도 또한 평등하다. 만약 만법이 모두 평등함에 통달한다면 곧 음식 등에 대해서도 가능하고, 이 평등심을 터득한 즉 그것이 복전이다.
'이에 음식을 취할 수가 있다.'는 것에 대하여 만약 그렇다면 빈자를 버리지 않고 부호를 따를 것이다. 만약 빈자를 버리고 부호를 따른다면 곧 음식

---

647) 之=卽ㄱ【原】
648) 等=与ヵ【原】
649) 捨=舍ヵ【原】【甲】
650) 違=達ヵ【原】, =達【甲】

에 불평등이다. 그리하여 곧 평등하지 않는 것으로 곧 복전이 아니다. 마땅히 음식을 취해서는 안되기 때문에 進과 退에 답하지 못한 것이다.

若須菩提不斷婬怒癡亦不与俱. 此第二就解惑平等門呵. 善吉所謂理唯二轍. 一者斷於三毒. 二者与俱. 謂⁶⁵¹⁾凡夫也. 斷三毒卽二乘也. 今聞不斷不俱. 理出意外. 故茫然不解. 大士体三毒. 本自不有. 故不与俱. 今亦不無. 称爲不斷. 又若有三毒. 可斷可俱. 不⁶⁵²⁾性無二. 何所俱斷. 又三毒屬人. 可論俱斷. 竟自無人. 誰俱斷耶. 又三毒屬心. 可論俱斷. 求屬無從. 則斷俱義宗⁶⁵³⁾. 具如正觀論說.

'만약 수보리여. 婬·怒·癡를 단제하지도 않고 또한 그것들과 함께 하지도 않으며'에서 이것은 둘째로 解惑平等門에 나아가서 그것을 가책한 것이다. 선길이 말한 이유에는 곧 두 가지가 있다.
　첫째는 삼독을 단제한 것이다.
　둘째는 삼독과 함께 한 것이다.
　(삼독과) 함께 한 것은 범부이고, 삼독을 단제한 것은 이승이다. 그런데 지금 단제하지도 않고 함께 하지도 않았다고 들은 것은 이유의 출현이 의외이기 때문에 망연하여 이해하지 못한 것이다. 대사의 体에는 삼독이 본래부터 없기 때문에 함께 하지 않는다. 그러나 지금은 또한 없지 않기 때문에 단제

---
651) (与俱)カ+謂【甲】
652) 不=本【甲】
653) 宗=寂【甲】

하지 않는다고 일컫는다.
 또한 만약 삼독이 있다고 해도 단제할 수가 있고 함께 할 수가 있다. 본성이 無二인데 어찌 함께 함[俱]과 단제함[斷]이겠는가.
 또한 삼독이 사람에 속하면 함께 함[俱]과 단제함[斷]을 논할 수 있겠지만, 구경에 사람이 없는데 누가 함께 하고[俱] 누가 단제하겠는가.[斷]
 또한 삼독이 마음에 속하면 함께 함[俱]과 단제함[斷]을 논할 수 있겠지만, 추구함[求]에 좇을 것[從]이 없은 즉 단제함[斷]과 함께 함[俱]의 뜻이 없다. 자세한 것은 『正觀論』의 설과 같다.

不壞於身而隨一相. 上就有余涅槃. 今約無余涅槃也. 小乘人謂. 壞五陰身. 然後隨涅槃一相. 今明身卽一相. 不待壞而隨也. 又上據煩惱. 今約報障. 呵意同前.

 '몸을 파괴하지 않으면서 一相을 따르고'에서 위에서는 유여열반에 대한 것이었는데, 지금은 무여열반에 의거한다. 소승인은 오음신이 파괴된 연후에 열반의 一相을 따른다고 말한다. 지금은 몸이 곧 열반의 일상으로서 파괴를 기다리지 않고 따름을 설명한다.
 또한 위에서는 번뇌에 의거하였지만, 지금은 報障에 의거한 것으로 가책한 것은 위의 경우와 같다.

不滅痴愛起於明脫. 身本從痴愛而生. 故次言也. 如涅槃云. 生死本際. 凡

有二種. 一者無明. 二者有愛. 小乘人謂. 以癡彰⁶⁵⁴⁾智故. 滅癡而得明. 以愛縛心故. 愛解而心脫. 故涅槃云. 明与無明. 愚者謂二也. 大士觀癡愛其⁶⁵⁵⁾卽是明脫. 不待滅癡愛. 而起明脫. 是故. 智者了達其性無二. 無二之性. 卽是實性.

'癡·愛를 소멸하지 않고 明·脫을 일으키며'에서 몸은 본래 癡와 愛로부터 발생하기 때문에 이어서 이렇게 말한 것이다.『열반경』에서 '생사의 본제에는 무릇 두 가지가 있다. 첫째는 무명이고 둘째는 유애이다.'고 말한 것과 같다. 소승인은 癡가 智를 장애하기 때문에 癡를 소멸하면 明을 터득하고, 愛가 心을 결박하기 때문에 愛를 벗어나면[解] 心이 해탈[脫]한다고 말한다.

때문에『열반경』에서는 명과 무명을 어리석은 사람은 둘이라고 말하지만 대사는 癡와 愛가 곧 明과 脫임을 관찰하여 癡와 愛의 소멸을 기다리지 않고 明과 脫을 일으키는 까닭에 智者는 그 자성이 무이임을 요달하는데 무이의 자성이 곧 실성이라고 말한다.⁶⁵⁶⁾

問. 是何等明脫. 答. 三明內漏盡明也. 斷非想惑. 九解脫中. 第九解脫也.

묻는다 : 이것은 어떤 明과 어떤 脫을 말하는 것입니까.
답한다 : 삼명 가운데 누진명으로서 非想非非想의 惑[非想惑]을 단제한 것이

---

654) 彰=障【甲】
655) 〔其〕-カ【原】
656)『大般涅槃經』卷8, (大正新脩大藏經12, p.410下) 참조.

고, 구해탈 가운데 제구해탈이다.

以五逆相而得解脫亦不解不縛. 上明煩惱与報. 今次說業平等也. 小乘明五逆業. 必定受報. 無得解脫理故. 今明窮重之縛. 等於極上之解. 所以然者. 五逆實相. 卽是解脫. 豈有縛解之異耶.

'五逆의 모습으로써 해탈을 얻지만 또한 解도 없고 縛도 없으며'에서 위에서는 煩惱와 報를 설명하였는데, 지금은 이어서 업의 평등을 설한다. 소승에서는 오역업에 대하여 반드시 받는 과보가 정해져 있어서 그로부터 벗어날 도리가 없다고 설명한다. 지금은 窮重의 결박이 極上의 해탈과 같음을 설명한다. 왜냐하면 오역의 실상이 곧 해탈인데 어찌 결박과 해탈에 차이가 있겠는가.

不見四諦非不見諦. 得於明脫. 要由見諦. 故次泯之. 境智本空故. 不見四諦. 四倒寂然故. 非不見諦. 又求四無從. 故不見諦. 亦無不四. 故非不見. 又見四諦者. 二乘人也. 不見四諦. 凡夫人也. 今大士異之. 是故俱斥.

'사제를 보지 않지만 사제를 보지 않음도 없으며'에서 明과 脫을 터득하는 데에는 요컨대 見(보는 행위)과 諦(사제)를 말미암아야 한다. 때문에 이어서 그것(見과 諦)마저도 부정한다. 境과 智가 본래 공이기 때문에 사제를 보지 않고, 四倒가 적연하기 때문에 사제를 보지 않음도 없다.
또한 四를 추구해도 從이 없기 때문에 諦를 보지 않고, 또한 四를 보지 않음이 없기 때문에 見이 없지 않다.

  또한 사제를 보는 사람은 이승인이고, 사제를 보지 않는 사람은 범부인이다. 지금 대사의 경우는 그와 다르다. 이런 까닭에 모두 배척한다.

非得果. 聲聞由見四諦. 是故得果. 旣非見諦. 故非得果. 又不見能得之人及所得法. 故非得果.

  '果를 얻지 않지만'은 성문은 사제를 봄을 말미암는 까닭에 과를 얻고, 이미 사제를 보지 않은 까닭에 과를 얻지 않으며, 또한 얻는 사람과 소득법을 보지 않는 까닭에 과를 얻지 않는다.

非凡夫法非離凡夫法非聖人非不聖人. 聲聞謂. 以得果故捨凡成聖. 故次非之也. 又上來就法泯見. 此約人平等也. 旣以非得果. 応是凡夫. 而求[657] 故非凡夫. 而凡夫不得凡夫實性. 卽是聖法. 故非離凡夫. 以不離凡法. 故非聖人. 而道過三界. 故非不聖也.

  '범부가 아니지만 범부의 법을 떠나있는 것도 아니고, 성인이 아니지만 성인 아님도 없으며'에서 성문은 과를 얻은 까닭에 범을 버리고 성을 성취하기 때문에 다음으로 그것을 부정한다.[非] 또한 위에서는 法에 나아가고 見을 부정하였는데, 이 대목은 人의 平等에 의거한다. 이미 과를 얻지 못했

---

657) 求+(佛果)カ【甲】

다면 마땅히 범부이지만 불과를 추구하는 까닭에 범부가 아니다. 그러나 범부가 범부의 실성을 얻지 않은 즉 곧 聖法이기 때문에 범부를 떠남도 없다. 범부를 떠남도 아니기 때문에 성인도 아니다. 그러나 道가 삼계를 초과하는 까닭에 聖 아님도 없다.

雖成就一切法而離諸法相. 此句是總結. 上來諸義也. 雖成就一切法者. 善吉旣其是人. 人必成就於法. 謂不捨上來所明一切惡法. 而復具足善法. 故云成就一切法也. 而實未曾善惡. 故云離諸法相. 乃可取食. 若能備如上說. 則得平等觀. 便是福田. 故応取食. 此一章訖. 所以結也.

'비록 일체법을 성취할지라도 제법상을 떠나있어야'에서 이 구는 곧 총결로서 上來의 모든 뜻이었다.

'비록 일체법을 성취한다'는 것은 선길이 이미 바로 그 사람이다. 사람이 반드시 법을 성취하려면 말하자면 上來에 밝혀진 일체악법을 버리지 않고 다시 선법을 구족한다. 때문에 일체법을 성취한다고 말한다. 그러나 실로 일찍이 선악이 없기 때문에 제법상을 떠난다. 이에 取食할 수가 있다. 만약 위와 같은 설이 갖추어진 즉 평등관을 얻는데 그것이 곧 복전이기 때문에 마땅히 取食한다.

이것은 一章을 마치는 것이기 때문에 結이다.

若須菩提不見佛不聞法. 此第三內外平等門也. 二乘謂捨凡得聖. 要由見佛聞法. 故次泯之. 善吉自謂. 見佛聞法. 而言不見聞者. 其言似反. 其理實

順. 若有佛可見. 則是有見. 故不見佛. 若有法可聞. 則是有聞. 故非聞[658]法[659]. 今明. 無佛可見. 乃名見佛. 無法可聞. 始是聞法. 蓋是斥二乘之有. 是故說無. 旣知佛非有. 卽識佛非無. 如是五句. 無所受著. 始是法身. 如斯五悟. 名見佛也.

'수보리여. 만약 부처님을 친견하지 못하고 법을 듣지 못한다면'에서 이것은 셋째로 내외평등문이다. 이승은 범을 버리고 성을 얻는다고 말한다. 요컨대 부처님을 친견하여 설법을 듣는다는 것을 말미암은 까닭에 다음으로 그것을 부정한다. 선길이 스스로 부처님을 친견하여 설법을 듣는다고 말한다. '법을 듣지 못한다면'이란 그 표현된 말은 반대인 것 같지만[似反] 실은 그 이치는 실제로 수순[順]이다. 만약 부처님을 친견할 수 있다면 곧 그것은 有見이기 때문에 (진정으로) 부처님을 친견하지 못한다.[不見佛] 만약 들은 법이 있다면 곧 그것은 有聞이기 때문에 (진정으로) 설법을 들은 것이 아니다.[不聞法] 그래서 지금 이 대목에서는 부처님을 친견함이 없어야 이에 (진정으로) 부처님을 친견함[見佛]이고, 들은 법이 없어야 비로소 (진정으로) 법을 들음[聞法]임을 설명한다.

무릇 이것이 바로 이승의 有를 배척한 것이다. 이런 까닭에 '無'라고 설한다. 이미 부처님이 非有임을 알게 된즉 부처님의 非無도 알게 된다.

이와 같이 五句에 대하여 受著한 바가 없어야 비로소 법신이고, 이와 같이 다섯 가지를 깨달아야 見佛이라 말한다.

---

658) 聞+(法)力【甲】
659) 〔法〕-【甲】

正觀論云. 邪見深厚者. 則說無如來. 如來寂滅相. 分別有亦非. 彼外道六師. 聲聞人謂. 以見佛聞法. 卽事佛爲師. 己爲弟子. 異於外道. 故次泯之. 釋迦出世. 正值六師. 但六師不同. 凡有三部. 合十八人. 足能仁. 爲十九也. 第一部. 自稱一切智. 裸形苦行. 第二部. 得五神通. 第三部. 誦四章[660]陀. 又言. 此三卽修思聞三慧. 從於三慧. 生十八人. 今文所明. 是初部也. 富蘭那迦葉[661]母姓也. 富蘭那字也. 此是邪見外道. 撥無万法. 末伽梨拘賖梨子. 末伽梨字也. 拘賖梨. 其母名也. 其人計衆生苦樂. 不由因得. 自然而有. 刪闍夜毘羅胝子. 刪闍夜字也. 毘羅胝其母名也. 其人謂道不須求. 逕生死劫數. 苦盡自得. 如轉縷丸於高山. 縷盡自止. 何仮求耶. 阿耆多翅舍欽婆羅. 阿耆多字也. 翅舍欽婆羅. 麁弊衣名也. 其人著弊衣拔髮. 五熱炙身. 以苦行爲道. 謂今身受苦. 後身常樂也. 迦羅鳩馱迦旃延. 姓迦旃延. 字迦羅鳩馱. 其人応物起見. 人問有耶. 答言有. 人問無耶. 答言無. 故執諸法. 亦有亦無. 尼犍陀若提子等. 尼犍陀. 其出家總名也. 如佛法出家名沙門. 若提子. 母名也. 其人謂. 罪福苦樂. 本有定因. 要必須受. 非行道所能斷也.

『정관론』에서 邪見이 심히 깊은 자는 곧 여래가 없다고 말한다. 여래는 적멸상으로서 분별유가 또한 아니다. 그러나 저 외도육사와 성문인은 부처님을 친견하고 설법을 들음으로써 곧 부처님을 스승으로 섬기고 자기는 제자가 된다고 말한다. 이처럼 외도와 다른 까닭에 그것을 부정한다. 석가는 출세하여 바로 六師를 만났다. 다만 육사는 동일하지 않은데 무릇 세 부류가

---

660) 章=韋【甲】* [* 1]
661) 葉+(迦葉)【甲】

있어서 도합 열여덟 명이고, 여기에 能仁을 충복하면 열아홉 명이 된다.

제일부류는 스스로 一切智라 일컫고 裸形으로 苦行한다.

제이부류는 오신통을 터득한다.

제삼부류는 四種의 베다를 암송한다.

또한 말하자면 이들 세 부류는 修와 思와 聞의 三慧를 닦는데, 삼혜를 따라서 열여덟 명을 발생한다. 지금의 경문에서 설명한 것은 곧 제일부에 속한다.

富蘭那迦葉에서 迦葉은 어머니의 姓이고 富蘭那는 字이다. 이것은 邪見外道로서 만법을 부정한다.[撥無]

末伽梨拘賒梨子에서 末伽梨는 字이고, 拘賒梨는 그 어머니의 이름이다. 이 사람은 중생의 고락은 因得을 말미암지 않고 자연적으로 존재한다[有]는 것을 계탁한다.

刪闍夜毘羅胝子에서 刪闍夜는 字이고 毘羅胝는 그 어머니 이름이다. 이 사람은 道는 추구해서 되는 것이 아니라 생사의 겁수를 지나서 苦가 다하면 저절로 터득된다고 말한다. 마치 高山에 대하여 실타래를 굴리는 것처럼 실타래가 다 풀이면 저절로 그치는 경우와 같은데 어찌 추구할 필요가 있겠는가.

阿耆多翅舍欽婆羅에서 阿耆多는 字이고 翅舍欽婆羅는 麁弊衣의 이름이다. 이 사람은 弊衣를 걸치고 터럭을 뽑으며 五熱로 몸을 지짐으로써 苦行으로 道를 삼는다. 그러면서 今身에서 받는 苦는 後身에서 常樂이 된다고 말한다.

迦羅鳩馱迦旃延에서 姓은 迦旃延이고 字는 迦羅鳩馱이다. 이 중생[物]에 상응하여 見을 일으킨다. 어떤 사람이 有인가 하고 물으면 有라고 답한다. 어떤 사람이 無인가 하고 물으면 無라고 답한다. 때문에 제법을 亦有이고 亦無라고 집착한다.

尼犍陀若提子 등에서 尼犍陀는 出家의 총명칭이다. 마치 불법에서 출가한 사람을 사문이라고 말하는 경우와 같다. 若提子는 어머니의 이름이다. 이 사람은 罪·福·苦·樂은 본래부터 정해진 因이므로 반드시 받는 것이지 行道를 통해서 단제할 수 있는 것이 아니라고 말한다.

是汝之師因其出家彼師所墮汝亦隨墮. 此令善吉. 事外道爲師. 因其出家. 現世受其邪法. 故墮邪見. 後世同其果報. 故墮惡道. 乃可取食. 若不同六師. 則見邪正相異. 使[662]無等觀. 故不堪受食. 若知六師卽是法身. 以同六師. 卽是同法身. 便得等觀. 乃可受食.

'이것이 곧 그대의 스승이어서 그들을 인유해서 출가하여 그 육사가 떨어진 경지에 그대도 또한 따라서 떨어져야만'에서 이것은 선길로 하여금 외도를 스승으로 섬겨서 그로 인하여 출가토록 한다는 것이다. 현세에 그 邪法을 받아들인 까닭에 사견에 떨어지는데 후세에 받는 그 과보도 마찬가지이다. 때문에 악도에 떨어져서 이에 取食을 한다. 그러나 만약 육사와 다른 즉 邪와 正의 相異를 보게 되어 곧 等觀이 없기 때문에 음식 받는 것을 감당할 수가 없다. 만약 육사가 곧 법신인 줄을 알아서 육사와 동일시한 즉 그것은 곧 법신과 같아서 곧 등관을 터득한다.

---

662) 使=便力【原】 =便【甲】

問. 云何六師卽是法身. 答. 四句求六師不得. 六師卽是實相[663]. 得卽是法身. 故云觀身實相. 觀佛亦然. 又同六師. 方是不同六師. 若不同六師. 卽是同六師也. 所以然者. 同六師. 則体邪卽正故. 是正見人. 若不同六師. 卽謂邪正爲二. 名邪見人. 故同六師也.

묻는다 : 어째서 육사가 곧 그대로 법신이라는 것입니까.
답한다 : 四句로는 육사를 추구해도 얻을 수가 없다. 육사는 곧 실상으로서 그것을 얻은 즉 곧 법신이다. 때문에 '몸의 실상을 관찰하는 것처럼 부처님을 관찰하는 것도 또한 그렇습니다.'고 말한다.
또한 同六師가 바야흐로 그대로 同六師가 아니다. 만약 同六師가 아닌 즉 그대로 同六師이다. 왜냐하면 同六師는 곧 体가 邪가 곧 正이기 때문이다. 이것이 正見人이다. 만약 同六師가 아니라면 곧 邪와 正을 둘이라고 말하는데, 이것을 邪見人이라 말한다. 때문에 同六師이다.

若須菩提入諸邪見不到彼岸. 此第四邪正平等門. 旣同六師. 則入諸邪見. 邪見明無道因. 不到彼岸. 辨無滅果. 旣入邪見. 則不到彼岸. 所以作此呵者. 或人以邪見正見爲二. 彼岸与此岸相乖. 故今明入諸邪見. 邪正不二. 彼此無別. 若達不二平等. 邪見卽是正見. 不到彼岸. 卽是到也. 住於八難不得無難. 旣入邪見. 便生八難. 不得無難處也. 所以作是呵者. 善吉自謂

---

[663] 相+(不)カ【原】【甲】

離於八難. 以得人身. 難[664]三惡道及長壽天. 生閻浮提. 離北鬱單越. 值於佛世. 離佛前佛後. 得於正道. 離世智辨聰. 六根具足. 離生盲聾. 此則謂難与無難爲二. 今明達乎八難. 卽是無難故. 今住於八難. 旣不見難. 亦不見於無難. 故云不得無難也. 同於煩惱離清淨法. 入邪見. 在八難者. 便無結不起. 旣無結不起. 而離清淨法. 所以作是呵者. 善吉自謂. 異於煩惱. 不離清淨法. 故今明. 煩惱体性. 卽是實相. 若同煩惱. 卽是同於實相. 離清淨法. 卽是不離.

'만약 수보리여. 모든 사견에 들어간다면 피안에 도달하지 못합니다.'에서 이것은 넷째로 사사정평등문이다. 이미 육사와 같은 즉 제사견에 들어가는데, 사견은 道因이 없어서 피안에 도달하지 못함을 설명하고 滅果가 없음을 변별한다. 이미 사견에 들어가면 곧 피안에 도달하지 못한다. 때문에 이와 같이 가책하는 것이다.

어떤 사람이 사견과 정견을 둘로 간주하면 피안과 차안이 서로 어긋난다. 때문에 지금은 제사견에 들어감을 설명한다. 邪와 正은 不二이고, 彼와 此는 無別이다. 만약 불이의 평등에 도달하면 사견이 곧 그대로 정견이고, 피안에 도달하지 못한 것이 곧 그대로 (피안에) 도달함이다.

'八難에 머물러서 팔난이 없음을 얻지 못하고'라는 것은 이미 사견에 들어가면 곧 팔난이 발생하여 無難處를 얻지 못하게 된다. 때문에 이와 같이 가책하는 것이다.

선길은 스스로 '팔난을 떠남으로써 人身을 얻고, 삼악도 및 장수천을 떠남으로써 염부제에 태어나며, 北鬱單越을 떠남으로써 부처님 세상을 만나

---

664) 難=離【甲】

고, 佛前과 佛後를 떠남으로써 정도를 얻으며, 世智와 辨聰을 떠남으로써 육근을 구족하여 生盲과 生聾을 떠난다.'고 말한다. 이것은 곧 난과 무난이 둘임을 말한 것이다.

그러나 지금 이 대목에서는 팔난에 도달한 즉 그것이 무난임을 설명한다. 지금 팔난에 주하는 것이야말로 이미 난을 보지 않고 또한 무난도 보지 않는 것이다. 때문에 無難을 얻지 않는다고 말한다.

同於煩惱離清淨法. 入邪見. 在八難者. 便無結不起. 旣無結不起. 而離清淨法. 所以作是呵者. 善吉自謂. 異於煩惱. 不離清淨法. 故今明煩惱体性. 卽是實相. 若同煩惱. 卽是同於實相. 離清淨法. 卽是不離.

'번뇌와 함께 하여 청정법을 떠나 있습니다.'는 것은 사견에 들어간 것이고, 팔난에 있다는 것은 곧 번뇌[結]가 일어남이 없는 것이다. 이미 번뇌[結]가 일어남이 없지만 청정법을 떠나 있다. 때문에 이와 같이 가책한 것이다.
선길은 스스로 '번뇌와 달리 청정법을 떠나지 않는다.'고 말한다. 때문에 지금 이 대목에서 번뇌의 체성이 곧 그대로 실상임을 설명한다. 만약 번뇌와 같은 즉 그것은 실상과 같고, 청정법을 떠난 즉 그것은 (번뇌를) 떠나 있는 것이 아니다.

汝得無諍三昧一切衆生亦得是定. 善吉自謂. 得無諍定. 群生不得. 欲以斯定爲物福田. 此則見自他爲二. 得不得殊. 是故明善吉之与群生. 性常

自一. 苟[665]爲善吉獨得. 而群生不得乎. 故今不得同得. 得同不得. 得不得
不二. 自他平等也. 無諍三昧. 凡有二種. 一者内順實相. 二外不違物心.
名無諍也.

'그대가 얻은 無諍三昧는 일체중생도 또한 그 선정을 얻습니다.'에서 선길
은 스스로 無諍定을 얻었고 군생은 얻지 못했다고 말한다. 이 무득정으로써
중생을 위한 복전으로 삼으려는 것이다. 이것은 곧 자타가 둘로서 得과 不
得이 다르다고 본 것이다. 이런 까닭에 선길이 군생에게 준 것은 자성[性]은
항상 본래부터 동일함을 설명한다. 어찌 (무득정을) 선길 혼자만 터득하고 군
생은 터득하겠는가. 때문에 지금은 不得이 得과 같고 득이 부득과 같아서
득과 부득이 불이이고 자타가 평등이다.
 무쟁삼매에는 무릇 두 가지가 있다.
 첫째는 안으로 실상을 따르는 것이다.
 둘째는 밖으로 중생의 마음을 어기지 않는 것을 무쟁이라 말한다.

其施汝者不名福田供養汝者墮三惡道. 此明田非田不二. 惡道善道. 体性
無別.

'그대한테 음식을 보시하는 사람은 복전이라 말할 수가 없습니다. 그대한
테 공양하는 사람은 삼악도에 떨어집니다.'에서 이것은 田과 非田이 不二이
고 惡道와 善道의 体性이 無別임을 설명한 것이다.

---

665) 苟=曷イ【甲】

爲与衆魔共一手作諸勞侶汝与衆魔及諸塵勞等無有異. 如世造物. 所作不異. 名爲一手. 是一手則共爲塵勞伴侶. 故与魔不異. 然魔与實相不異. 旣与魔一不異. 則与實相不異.

'온갖 魔와 함께 더불어 손을 잡고 모든 勞侶를 지으며, 그대가 온갖 魔 및 모든 塵勞와 함께 평등하여 다름이 없습니다.'에서 세간의 造物과 所作이 다르지 않는 것을 一手라 말한다. 이 一手가 곧 共히 塵勞와 伴侶가 되기 때문에 魔와 不異이다. 그러나 마와 실상은 불이이다. 이미 마와 더불어 동일하여 불이인즉 실상과도 불이이다.

於一切衆生而有怨心謗諸佛毀於法不入衆數終不得滅度汝若如是乃可取食. 此明怨親[666]平等. 毀譽一貫. 出入無別. 得不得均. 若能如是乃可取食. 第四章竟. 故復結也.

'일체중생에게 怨心이 있고, 제불을 비방하며, 법을 훼손하고, 승가[衆數]에 들어가지 못하며, 끝내 멸도를 얻지 못합니다. 만약 그대가 이와 같아야 이에 음식을 취할 수 있습니다.'에서 이것은 怨親이 平等하고 毀譽가 一貫이며 出入이 無別이고 得과 不得이 균등함을 설명한 것이다. 만약 이와 같아야만 이에 取食할 수가 있다.
제사장을 마친다. 때문에 또한 結에 해당한다.

---

666) 親=心【甲】. =親力【甲】

時我世尊聞此茫然不識是何言不知以何答便置鉢欲出其舍. 此第三明不
応去而去. 重致被呵之由. 不識是何言不知是⁶⁶⁷⁾何答者. 且據一章釋之.
如⁶⁶⁸⁾善吉自謂. 見佛聞法. 淨名云. 不見佛不聞法. 觀其言則似逆. 詳其意
則大順. 所以然者. 若不見佛. 乃是見佛. 若有佛可見. 則不見佛. 而善吉
聽其言則逆. 思其理則不反. 故不識是何言. 不知以何答. 而日時旣至. 使⁶⁶⁹⁾
捨鉢而欲去. 生公云. 既其有屈. 便応輸鉢. 故置之欲出. 然善吉与衆人
凡有両意⁶⁷⁰⁾一同. 諸人識其言. 而善吉不識. 此一異也. 衆人被詰生喜. 而
善吉聞呵便懼. 此二異也. 五百聲聞. 悉不能答. 斯一同也.

'세존이시여. 그때 저는 그 법어를 듣고 망연하여 무슨 말을 해야 할지 몰
랐습니다. 무슨 답변을 해야 할지도 몰랐습니다. 이에 곧 발우를 내려놓고
그 집을 나오려고 하자'에서 이것은 셋째로 마땅히 가서는 안되는 곳에 간
것을 설명한 것이다. 거듭 가책을 받게 된 이유가 그것이 어떤 言인지도 모
르고 어떻게 답해야 할지도 모른다는 것이다. 이에 一章에 의거하여 그것을
해석한다.
　선길은 스스로 부처님을 친견하여 법을 들었다고 말한다. 정명은 '부처님
을 친견하지 않고 법을 듣지 않았다.'고 말한다. 그 말을 관찰한 즉 비슷하
나 반대이지만 그 뜻을 자세하게 살펴본 즉 크게 수순한[大順] 것이다. 왜냐
하면 만약 부처님을 친견하지 않은 것이 이에 곧 부처님을 친견한 것이고,
만약 부처님을 친견함이 있다면 곧 부처님을 친견한 것이 아니기 때문이다.

---

667) 是=以ヵ【甲】
668) 如=也ヵ【原】
669) 使=便ヵ【原】, =便【甲】
670) 意=異ィ【原】【甲】

그래서 선길은 들은 그 言과는 곧 반대이지만 그 이치를 생각해보면 곧 반대가 아니다. 때문에 그것이 어떤 言인지 모르고 어떻게 答해야 할지도 모른다는 것이다. 그래서 일시가 이미 도래한 즉 곧 발우를 버리고 돌아가고자 한 것이다.

도생공은 이미 그한테 굴욕이 있어서 곧 마땅히 발우를 내려놓아야 하기 때문에 그 자리를 벗어나고자 한 것이라고 말한다. 그러나 선길과 衆人은 무릇 두 가지 차이와 한 가지 동일함이 있다.

諸人은 그 言을 알아차렸지만 선길만 모른 것이 그 첫째의 차이이다.

衆人은 힐난을 듣고 기쁨을 냈지만 선길은 가책을 듣고 곧 두려워한 것이 둘째의 차이이다. 그리고 오백 명의 성문이 모두 답변할 수 없었던 것이 그 한 가지 동일함이다.

問. 何故善吉. 獨招二失. 答五百応眞. 不敢詣淨名之室. 善吉自謂. 深入空理. 触言無滯. 徑[671]造其舍. 從彼乞食. 是以此章. 言切而旨深. 故招斯咎也.

묻는다 : 무슨 까닭에 선길은 홀로 두 가지 失을 초래한 것입니까.
답한다 : 오백 명의 응진이 감히 정명의 室에 나아가지 못하자, 선길이 스스로 '깊이 공의 이치에 들어가면 어떤 말을 해도 막힘이 없다.'고 말한다. 이에 그 집으로 가서 그한테서 걸식한다는 것이 이 章이다. 言은 단출[切]하고 旨는 깊다.[深] 때문에 이러한 허물을 초래한 것이다.

---

671) 徑=往力【原】

維摩詰言唯須菩提取鉢勿懼. 此第四重被呵也. 懼無答而置鉢. 卽復著於言相. 今欲解其[672]此滯. 令得取鉢. 故先言. 取鉢勿懼.

'저, 수보리여. 두려워하지 말고 발우를 가져가십시오.'에서 이것은 넷째로 거듭 가책을 받은 것이다. 두려워서 답변하지 못하고 발우를 내려놓는 것은 곧 다시 言相에 집착하는 것인데, 지금은 그렇게 막혀있는 것을 풀어주려고 발우를 가지고 가도록 한다. 때문에 먼저 두려워하지 말고 발우를 가져가라고 말한다.

於意云何如來所作化人若以是事詰寧有懼不我言不也維摩詰言一切諸法如幻化相汝今不應有所懼也所以者何一切言說不離是相. 淨名以幻化. 質於善吉. 凡有三事. 一者聽人如化. 二者謂諸法如化. 三者言說如化. 汝旣解空第一. 応知如化. 以化聽化. 寧有懼哉. 不離是相者. 言說不離幻相也.

'어떻게 생각하십니까. 여래께서 만들어낸 化人이 만약 이런 일로 힐난을 받으면 어찌 두려워하겠습니까. 제가 말했습니다. 그렇지 않습니다. 유마힐이 말했습니다. 일체제법이 幻化의 모습과 같으니, 그대는 이제 결코 두려워하지 마십시오. 왜냐하면 일체의 언설이 이러한 幻化의 모습을 떠나있지 않고'에서 정명이 幻化로써 선길에게 따지는 것에 무릇 세 가지가 있다.
첫째는 聽人이 化와 같은 것이다.
둘째는 말하자면 諸法이 化와 같다는 것이다.

---

672) 〔其〕-力【甲】

셋째는 언설이 化와 같다는 것이다.

(선길) 그대는 이미 해공제일이므로 마땅히 化와 같은 줄 알 것이다. 그런데 化로써 化를 듣는다는 것에 어찌 두려움이 있겠는가. 이 相을 떠나지 못한 것이야말로 言說이 幻相을 떠나지 못한 것이다.

至於智者不著文字故無所懼所以者何文字性[673]離無有文字是則解脫解脫相者則諸法也. 上明文字如化. 此辨文字. 則是解脫. 並不応著也.

'지혜에 도달한 자는 문자에 집착하지 않기 때문에 두려움이 없습니다. 왜냐하면 문자의 자성을 떠나서는 문자가 없는 그것이 곧 해탈이고 해탈의 모습이 곧 제법이기 때문입니다.'에서 위에서는 문자가 化(실체가 없이 변화무쌍한 것)와 같음을 설명하였는데, 이 대목은 문자가 곧 해탈로서 (문자에) 결코 집착해서는 안된다는 것을 설명한다.

維摩詰說是法時二百天子得法眼淨. 此第五明時衆得道. 就理而言. 善吉來去. 皆弘道益物. 以其來故. 得說平等無礙之道. 破二乘有礙之心. 以其去故. 因說幻化法門. 斥凡夫保執有法. 令二百天子. 得法眼淨. 初章則言違理順. 故時衆未解. 後章則言理並順. 故聞而卽悟. 故我不任詣彼問疾. 此第三結不堪也.

---

673) 性=相ィ【原】

'유마힐이 그렇게 법을 설했을 때 이백의 천자가 법안정을 터득하였습니다. 때문에 저는 그에게 문병하러 가는 것을 맡을 수가 없습니다.'에서 이것은 다섯째로 시회대중이 얻은 이익을 설명한 것이다.

이치에 나아가서 말하자면 선길의 오고 감[來去]은 모두 도를 홍포하고 중생을 이롭게 하려는 까닭에 온 것이다.[來] 선길이 온 까닭은 평등무애도를 설하여 이승의 유애심을 타파하려는 것이고, 선길이 간 까닭은 幻化의 법문을 설하여 범부가 유법에 保執함을 배척하려는 것이다. 그리하여 이백 명의 천자들로 하여금 법안정을 얻게 하였다.

初章은 곧 언설[言]은 違이지만 이치[理]는 順이기 때문에 시회대중이 해탈하지 못하였다. 그러나 後章은 곧 언설과 이치가 모두 順이기 때문에 들으면[聞] 곧 깨달았다.

'때문에 저는 그에게 문병하러 가는 것을 맡을 수가 없습니다.'는 이 대목은 셋째로 감당하지 못하겠다는 것을 결론지은 것이다.

佛告富樓那彌多羅尼子汝行詣維摩詰問疾. 此第五次命富樓那. 前四大聲聞已訖. 今次三藏法師. 就文二. 初命. 二辭. 什公云. 富樓那. 是其字也. 此言滿. 彌多羅尼. 其母名也. 此云知識. 合母名爲字也. 眞諦三藏云. 所以稱滿者. 其家無兒. 禱祀江神. 母因夜夢見珍器. 盛滿珍琦. 遂入腹內. 明旦向天674)述之. [*]天云. 汝當生兒. 智慧滿足. 因名滿也. 彌多羅. 此云慈行. 四[*]章陀論. 有慈行品. 其母誦之. 故名慈行. 合言之. 名滿慈子. 十弟子內. 法師第一. 善解阿毘曇.

---

674) 天=夫【甲】* [* 1]

'부처님께서 부루나미다라니자에게 말씀하셨습니다. 그대가 가서 유마힐을 문병하여라.'에서 이것은 다섯째로 부루나에게 명한 것이다. 앞에서 네 명의 대성문에 대해서는 이미 마치고, 지금은 이어서 삼장법사에 대한 것이다.

경문에 두 부분이 있다.

첫째는 명하는 부분이다.

둘째는 사양하는 부분이다.

나집공은 '부루나는 그의 字인데 번역하면 滿이다. 彌多羅尼는 그 어머니 이름인데 번역하면 知識이다. 어머니의 이름과 합쳐서 字를 삼았다.'고 말한다.

진제삼장은 '滿이라 일컬은 까닭은 그 집에 아이가 없었다. 江神에게 기도하여 어머니가 밤에 꿈속에 보니, 보배그릇에 진기한 음식이 盛滿하여 마침내 배 안에 먹어치웠다. 이튿날 아침에 남편에게 그것을 말하자 남편이 말했다. 당신은 아이를 낳을 것인데 지혜가 만족할 것입니다. 이로써 이름은 滿이라고 하였다.'고 말한다. 彌多羅는 번역하면 慈行이다.

『四韋陀論』에 [자행품]이 있는데 그 어머니가 암송하였기 때문에 이름을 慈行이라 하였다. 이들을 합쳐서 말하자면 이름이 滿慈子이다. 십대제자 가운데서 법사제일로서 阿毘曇을 잘 이해하였다.

富樓那白佛言世尊我不堪任詣彼問疾. 此第二辭不堪. 就文亦三. 標釋結. 此初標也.

'부루나가 부처님께 사뢰어 말씀드렸다. 세존이시여. 저는 그에게 문병하러 가는 것을 감당할 수가 없습니다.'에서 이것은 둘째로 감당하지 못하겠다고 사양한 것이다.
  경문에는 또한 세 부분이 있는데, 標와 釋과 結이다.
  이 대목은 첫째의 標이다.

所以者何憶念我昔於大林中在一樹下爲諸新學比丘說法. 此第二釋不堪.
爲四. 一明被呵之由. 二明能呵之旨. 三明時衆蒙利. 四<明+?>滿慈受
屈. 此初文也. 什公云. 近毘耶離. 有園林. 林[675]內有水. 水名獼猴池. 園內
有僧房. 是毘耶離三精舍之一也. 富樓那. 於內爲新學說法也.

  '왜냐하면 억념해보면 제가 옛적에 大林 가운데 어떤 나무 아래서 많은 신
학비구들을 위해서 설법하고 있었습니다.'에서 이것은 둘째로 감당하지 못
하겠다는 것을 해석한 것인데, 네 부분이 있다.
  첫째는 가책을 받은 이유를 설명한다.
  둘째는 가책한 뜻[旨]을 설명한다.
  셋째는 시회대중이 얻은 이익을 설명한다.
  넷째는 滿慈가 받은 굴복을 설명한다.
  이 대목은 첫째의 경문에 해당한다.
  나집공은 '비야리 부근에 園林이 있고 林 안에 水가 있는데 水의 이름은
獼猴池이다. 그리고 園 안에 승방이 있는데 이것은 비야리의 세 곳의 精舍
가운데 하나이다. 부루나는 그 안에서 新學들에게 說法하였다.'고 말한다.

---
675) 林=之【甲】. =林力【甲】

時維摩詰來謂我言唯富楼那先当入定觀此人心然後[676]說法. 此第二能呵
之旨. 就文爲四. 一呵其違欲說法. 二呵其違根說法. 三重呵違欲說法. 四
重呵違根[677]. 欲謂現在欲樂. 根謂過去根原. 此初文也. 前当入定觀此人
心者. 小乘智有限碍. 又不能常定. 凡所觀察. 在定則見. 出定不見. 又定
力深者. 見衆生根. 極八万劫. 定力淺者. 数身而已. 此新学比丘. 根在大
乘. 而為說小法. 故謂其入定也.

'그때 유마힐이 다가와서 저한테 다음과 같이 말했습니다. 저, 부루나여. 먼저 반드시 선정에 들어가서 그 사람의 마음을 관찰하고 연후에 설법해야 합니다.'에서 이것은 둘째로 가책한 뜻[旨]이다.

경문에는 네 부분이 있다.

첫째는 그것이 欲說法에 어긋남을 가책한다.

둘째는 그것이 根說法에 어긋남을 가책한다.

셋째는 거듭 그것이 欲說法에 어긋남을 가책한다.

넷째는 거듭 그것이 根說法에 어긋남을 가책한다.

'欲'이란 현재의 욕락이고, '根'은 과거의 根原이다.

이 대목은 첫째의 경문에 해당한다.

'먼저 반드시 선정에 들어가서 그 사람의 마음을 관찰하고'는 小乘智는 限과 碍가 있고, 또한 常定할 수가 없다. 무릇 관찰되는 것이 선정에 들어있으면 곧 보이지만 선정에서 나오면 곧 보이지 않으며, 또한 선정의 힘이 깊은 사람은 중생의 근기를 보아 팔만 겁을 다하지만 선정의 힘이 얕은 사람

---

676) 後=然【甲】
677) 根+(說法)力【原】

은 몸을 셀 수 있을 뿐이다.

이 신학비구는 근기는 대승이지만 소승법을 설한다. 때문에 그에게 선정에 들어야 할 것이라고 말한다.

無以穢食置於宝器. 穢食是小法. 宝器爲大機也.

'더러움이 없는 음식은 보배그릇에 담아야 합니다.'에서 穢食은 小法이고, 宝器는 大機이다.

当知是比丘心之所念無以琉璃同彼水精. 比丘心大. 汝須知之. 琉璃是玉[678]. 水精爲賤珍. 不応明大心之琉璃. 同小乘之水玉[679]. 宜善識小大二機之優降也.

'반드시 그 비구가 마음으로 생각하는 것을 알아야 합니다. 유리를 가지고 저 수정과 동일하게 간주해서는 안됩니다.'에서 비구의 마음은 대승인데 그대는 그것을 반드시 알아야 한다. 유리는 貴玉이지만 수정은 賤珍으로서 결코 대승심의 유리가 아니라 소승의 수정과 같다. 반드시 소승 및 대승의 두 근기의 優와 降을 잘 알아야 한다.

---

678) (貴)亻+玉【甲】
679) 玉＝精力【甲】

汝不能知衆生根源無得發起以小乘法彼自無瘡勿傷之也. 此第二呵其蓮[680]
根原. 初句. 直呵不知根. 無得發起. 呵其授小法也. 大乘根性人. 喩若無
瘡. 說小損大. 如傷之也.

'그대가 중생의 근원을 모르고서는 소승법을 발기해서는 안됩니다. 그 자
체에 상처가 없는 것에 상처를 내지 마십시오.'에서 이것은 둘째로 그것이
根原에 어긋남을 가책한 것이다. 초구는 직접 根原을 알지 못하고 발기하지
못함을 가책한 것이다. 그가 소승법을 주고 있음을 가책한 것이다. 대승의
근성을 가진 사람은 無瘡과 같음에 비유하는데, 소승을 설하고 대승을 줄이
는 것은 그것을 상해하는 것과 같다.

欲行大道莫示小徑無以大海内於牛跡無以日光等彼螢火. 此第三重
明<呵?>不識機欲. 菩薩有三事. 一求佛道. 二度衆生. 三修万行. 大機如
欲行大道. 小乘法如小徑. 此爲求佛道. 設喩也. 遍度衆生. 心如大海. 小
乘法同牛跡. 迴大入小. 如内也. 肇公云. 大物当置於大処. 曷爲迴竜象於
兎徑. 注大海於牛跡. 此合釈二句也. 遍修万行. 心如日月. 起小乘行. 心
如螢火. 明昧既懸. 不応等也.

'큰길을 걸어가려고 하면 작은 길을 보아서는 안됩니다. 대해를 소 발자
국에 담아서는 안됩니다. 햇볕을 저 반딧불이의 불빛과 같게 보아서는 안됩
니다.'에서 이것은 셋째로 근기와 욕락을 알지 못함을 거듭 가책한 것이다.

---

680) 蓮=違【甲】

보살에게는 三事가 있다.

첫째는 불도를 추구하는 것이다.

둘째는 중생을 제도하는 것이다.

셋째는 만행을 닦는 것이다.

대승근기는 원하는[欲]대로 대도를 실천하지만 소승법은 작은 길과 같다. 이 대목은 불도의 추구를 위해 비유를 시설한 것이다. 널리 중생을 제도하려면 마음이 대해와 같아야 한다. 그런데 소승법은 소 발자국과 같다. 대승을 되돌려 소승으로 들어가게 하는 것은 (소 발자국) 안에 담는 것과 같다.

肇公은 '大物은 반드시 大處에 두어야 한다. 그런데 어찌 龍象을 兎徑으로 몰아넣고 대해를 소 발자국에 쏟아붓는 것인가.'라고 말한다.

이것은 二句를 합쳐서 해석한 것이다. 널리 만행을 닦는 것은 마음이 해와 달과 같고, 소승행을 일으키는 것은 마음이 반딧불이의 불빛과 같아서 그 밝고 어둠이 이미 현격하여 결코 동등하지 않다.

富樓那此比丘久發大乘心中忘此意如何以小乘法而敎導之我觀小乘智慧微淺猶如盲人不能分別一切衆生根之利鈍. 此第四重呵不識根原. 智慧微淺. 小乘智体. 不能分別. 小乘智用也.

'부루나여, 이 비구들은 오래전에 대승심을 발생했지만 중간에 그 마음[意]을 잊어버린 것일 뿐인데, 어찌 소승법으로써 그들을 교도하는 것입니까. 제가 관찰하건대 소승은 지혜가 미천하여 마치 맹인과 같아서 일체중생의 근기의 利鈍을 분별하지 못합니다.'에서 이것은 넷째로 根原을 알지 못함을 거듭 가책한 것이다. 지혜가 미천함은 小乘智의 体이고, 분별하지 못함은 小乘智의 用이다.

時維摩詰卽入三昧令此比丘自識宿命曾於五百佛所殖衆德本迴向阿耨多羅三藐三菩提. 是第三明得益. 就文爲四. 初入三昧. 二得本心. 三爲說法. 四悟不退轉. 此卽二敎雙益也. 二敎. 謂口意兩業. 二益淺深不同. 此初敎也.

'그때 유마힐이 곧 삼매에 들어가서 그 비구들로 하여금 스스로 숙명을 알게 하였는데, 일찍이 오백 부처님 처소에서 갖가지 덕의 근본을 심었고 아뇩다라삼먁삼보리를 회향하였기에'에서 이것은 셋째로 (시회대중이) 얻은 이익을 설명한 것이다.
경문은 네 부분이 있다.
첫째는 삼매에 들어가는 부분이다.
둘째는 본심을 터득한 부분이다.
셋째는 설법해주는 부분이다.
넷째는 불퇴전를 깨치는 부분이다.
이 대목은 곧 二敎의 雙益이다. 二敎는 말하자면 구업과 의업이고, 二[雙]益은 淺과 深이 같지 않다. 이 대목은 初敎[口業]에 해당한다.

卽時豁然還得本心於是諸比丘稽首礼維摩詰足. 此初益也. 問. 淨名入三昧. 云何能令比丘知宿命. 答. 持地論明. 菩薩宿命通有六種. 一自知宿命. 二知他宿命. 三令他知己宿命. 四令他自知宿命. 五令他知他宿命. 六

令彼所知衆生. 展轉相知. 今是第四令他自知也.

'즉시에 활연하게 본심을 터득하였습니다. 이에 제비구들이 유마힐의 발에 머리를 숙여 예배하였습니다.'에서 이것은 初益[淺益]이다.
묻는다 : 정명은 삼매에 들어가서 어떻게 비구들로 하여금 숙명을 알게끔 하는가.
답한다 : 『持地論』에서 '보살의 숙명통에 여섯 가지가 있다.
    첫째는 스스로 숙명을 안다.
    둘째는 타인의 숙명을 안다.
    셋째는 타인으로 하여금 그 자신의 숙통을 알게끔 한다.
    넷째는 타인으로 하여금 나의 숙명을 알게끔 한다.
    다섯째는 타인으로 하여금 타인의 숙명을 알게끔 한다.
    여섯째는 그들이 알고 있는 중생으로 하여금 展轉하여 서로 알도록 한다.'고 말한다.
    지금 이 대목은 넷째의 타인으로 하여금 나의 숙명을 알게끔 하는 것이다.

時維摩詰因爲說法. 此第二教也.

'그때 유마힐의 설법을 인유하여'에서 이것은 둘째의 敎[意業]이다.

於阿耨多羅三藐三菩提不復退轉. 此第二益也.

'아뇩다라삼먁삼보리에서 다시는 퇴전하지 않았습니다.'에서 이것은 둘째의 盆[深盆]이다.

我念聲聞不觀人根不応說法. 第四受屈.

'제가 생각해보니 성문은 남의 근기를 관찰하지 못하여 상응하는 설법을 하지 못합니다.'에서 이것은 넷째로 (滿慈가) 받은 굴복이다.

是故不任詣彼問疾. 不堪有三. 標釋已[681]. 今總結也.

'이런 까닭에 저는 그에게 문병하러 가는 것을 맡을 수가 없습니다.'에서 감당하지 못하는 것에 세 가지가 있다.
  標와 釋은 이미 마쳤고, 지금 이 대목은 총결이다.

<佛+?>告摩訶迦旃延汝行詣維摩詰問疾. 此第六命旃延. 就文有二. 初命. 二辭. 摩訶爲大. 迦旃延. 是南天竺婆羅門姓. 而以本姓爲称. 別名扇[682]繩. 其父早亡. 母戀不嫁. 如繩繫扇[683]. 風吹不動. 故名扇繩. 十弟子

---

681) 已+(竟)カ【原】
682) 扇=肩イ【原】【甲】
683) 扇=肩イ【甲】

內. 論議第一. 善解修多羅. 佛在世時. 造昆勒論. 十万偈三百二十万言.

'부처님께서 마하가전연에게 말씀하셨습니다. 그대가 가서 유마힐을 문병하여라.'에서 이것은 여섯째로 가전연에게 명한 것이다.

경문에 두 부분이 있다.

첫째는 명한 부분이다.

둘째는 사양한 부분이다.

'마하'는 大이다. 가전연은 남천축 바라문의 姓으로서 本姓을 가지고 일컬은 것인데, 별명은 扇繩이다. 아버지가 일찍 돌아가셨지만 어머니는 (아들을) 사랑하여 재혼하지 않았다. 줄을 사립문에 묶으면 바람이 불어도 움직이지 않은 것과 같기 때문에 이름을 扇繩이라 하였다. 십대제자 가운데 논의제일로서 수다라를 잘 이해하였다. 부처님 재세시에 『昆勒論』을 지었는데 십만 偈 삼백이십만 言이다.

迦旃延白佛言世尊我不堪任詣彼問疾. 此第二辭不堪. 就文爲三. 謂標釋結. 此初文也.

'가전연이 부처님께 사뢰어 말씀드렸다. 세존이시여. 저는 그에게 문병하러 가는 것을 감당할 수가 없습니다.'에서 이것은 둘째로 감당할 수 없다고 사양한 것이다. 경문은 세 부분이 있다. 말하자면 標와 釋과 結이다.

이 대목은 標[初文]이다.

所以者何我念昔者佛爲諸比丘略說法要我卽於後敷演其義謂無常義苦義空義無我義寂滅義. 此第二釋不堪. 就文爲三. 初明被呵之由. 二述能呵之旨. 三時衆得益. 此初文也. 略說有二. 謂有爲無爲. 此二攝一切法. 故名爲略. 又言略者. 佛常略說. 有爲法. 無常苦空無我. 無爲法. 寂滅不動. 此二總一切法盡. 故言略也. 佛但此略說於前. 㫋延廣敷後. 五門与三印. 有離合不同. 開無常印爲苦. 開無我爲空. 無爲卽是寂滅. 故五門也. 不異三印. 但是小乘. 以大乘無我. 唯在生死. 不得云一切法無我. 五門則具通小大.

'왜냐하면 억념해보니, 부처님께서 제비구를 위하여 법요를 약설하시고, 제가 곧 그 후에 그 뜻을 부연하여 〈無常의 뜻이고, 苦의 뜻이며, 空의 뜻이고, 無我의 뜻이며, 寂滅의 뜻이다.〉고 말했습니다.'에서 이것은 둘째로 감당하지 못함을 해석한 것이다.

경문은 세 부분이 있다.

첫째는 가책을 받은 이유를 설명한다.

둘째는 가책한 뜻[旨]을 서술한다.

셋째는 시회대중이 얻은 이익이다.

이 대목은 첫째[初文]에 해당하는데 간략하게 설하면 둘인데 유위와 무위이다. 이 (유위와 무위의) 둘이 일체법을 섭수하기 때문에 간략하다[略]고 말한다. 또한 간략하다[略]고 말한 것은 부처님은 항상 약설하기 때문이다.

유위법은 無常·苦·空·無我이고, 無爲法은 寂滅·不動이다. 이 (유위·무위) 둘은 일체법을 다 총합하기 때문에 간략하다[略]고 말한다.

부처님은 단지 먼저 이것을 약설했는데 가전연이 나중에 五門과 三印으로 자세하게 펼쳤는데 離·合의 不同이 있다. 無常의 印을 열어서 苦로 삼고, 無我의 (印)을 열어서 空으로 삼으며, 無爲는 곧 寂滅이기 때문에 (이것이 무상·고·무아·공·무위 곧 적멸의) 五門이다. 이것은 삼법인과 다르지 않는데 이것은 단지 소승일 뿐으로 대승의 무아는 오직 생사에만 있어서 一切法無我라고 말할 수가 없다. 그런데 오문은 곧 소승과 대승에 모두 통한다.

時維摩詰來語[684]我言唯迦旃延無以生滅心行說實相法. 此第二明能呵之旨. 就文爲兩. 初總呵. 二別呵. 此初文也. 佛了無常. 是無生無滅. 卽是實相. 而迦旃延. 謂無常是生滅法故. 佛以無生滅心說無常. 卽無生滅心. 說實相也. 迦旃延. 聞生滅法. 起生滅心. 而說無常. 是以生滅心行. 說實相法. 在言雖同. 其心則異. 故迦旃延被呵. 佛無咎也.

'유마힐이 다가와서 저한테 다음과 같이 말했습니다. 저, 가전연이여. 생멸이 없는 마음[心行]으로 실상법을 설해야 합니다.'에서 이것은 둘째로 가책한 뜻[旨]를 설명한 것이다.
　경문에는 두 부분이 있다.
　첫째는 전체적으로 가책하는 부분이다.
　둘째는 개별적으로 가책하는 부분이다.
　이 대목은 첫째[初門]에 해당한다.
　부처님이 무상을 요해하는 것은 무생이고 무멸로서 곧 실상이다. 그러나 가전연은 무상을 곧 생멸법이라고 말하기 때문에 부처님이 무생멸심으로써 무상을 설하고 무생멸심에 즉하여 실상을 설한다. 가전연은 생멸법을 듣고

---

684) 語=謂【甲】

생멸심을 일으켜서 무상을 설하는데, 그것은 생멸심행으로써 실상법을 설한다. 그래서 언설에서 보면 비록 같을지라도 그 마음은 곧 다르다. 때문에 가전연이 가책을 받은 것은 부처님의 허물이 아니다.

迦旃延諸法畢竟不生不滅是無常義. 此第二別釋五門. 呵旃延之失. 卽是用大乘心[685]斥小也. 無常是名也. 二家同辨無常之名. 但無常之義. 大小乘則異. 旃延以生滅. 釋無常義. 淨名以無生滅. 釋無常義. 所以然者. 佛說無常之名. 凡有二義. 一者破常. 二不著無<無-?>常故. 今離二邊. 悟入中道. 如肇公云. 言其無常者. 明其無有常. 非謂有無常. 以無有常故. 離外道邊. 非謂有無常. 則離小乘邊. 斯則破病旣周. 敎圓理足. 名爲滿字. 而迦旃延說無常. 但得破常. 猶有生滅. 則住無常. 故破病未周. 敎非圓足. 稱爲半字. 今淨名. 還申佛意. 偏對旃延一邊. 故說不生不滅是無常義.

'가전연이여. 제법은 필경에 불생불멸인데 그것이 無常의 뜻입니다.'에서 이것은 둘째로 개별적으로 오문을 해석한 것이다. 가전연의 실수를 가책한 즉 그것은 대승심을 활용하여 소승으로써 소승을 배척한 것이다.

無常은 명칭이다. 대승과 소승에서는 똑같이 무상이라는 명칭을 변별한다. 다만 무상의 뜻에 대해서는 대승과 소승이 곧 다르다. 가전연은 생멸로써 무상의 뜻을 해석한다. 그러나 정명은 무생멸로써 무상의 뜻을 해석한다. 왜냐하면 부처님이 설한 무상이라는 명칭에 무릇 두 가지 뜻이 있기 때문이다.

---

685) 心=以彳【原】【甲】

첫째는 常을 타파는 것이다.

둘째는 常에 집착하지 않는 것이기 때문이다.

지금은 이변을 떠나서 중도에 悟入하는 것이다.

조공은 '그것을 無常이라고 말한 것은 거기에 常이 없음을 설명한 것이지 無常이 있다는 것을 말한 것이 아니다.'고 말한다. 常이 없기 때문에 外道 邊을 떠나고, 無常이 있다고 말하는 것이 아닌 즉 小乘邊을 떠난다. 이런즉 病을 타파함이 이미 두루하고 敎의 원만한 이치가 구족되어 滿字라고 말한다. 그러나 가전연은 무상을 설하여 단지 常만 타파하여 생멸이 있은 즉 무상에 주한다. 때문에 病을 타파함이 이미 두루하지 못하고 敎가 원만하게 구족되지 못하여 半字라 일컫는다.

지금 정명은 다시 부처님 뜻을 펼쳐서 가전연의 一邊을 偏對한다. 때문에 불생불멸이 곧 무상의 뜻임을 설한다.

問. 不生不滅. 是破無常以不. 答. 佛說無常名. 令離常邊. 復令離生滅邊. 始是顯無常義. 旃延雖領無有常. 猶謂有生滅. 卽知一不知二. 今欲令其更得進悟. 故偏說不生不滅是無常義. 非破無常也.

묻는다 : 불생불멸은 곧 무상을 타파한다는 것이 아닙니까.

답한다 : 부처님은 무상이라는 명칭을 설하여 常邊을 떠나게끔 하고, 또 生滅邊을 떠나게끔 하는데 비로소 그것이 무상의 뜻이다. 가전연은 비록 常이 없음을 알았을지라도 마치 생멸이 있다고 말하는 셈이 된즉 하나는 알고 둘은 몰랐던 것이다. 지금 가전연으로 하여금 다시 깨침에 나아가도록 해주려는 까닭에 불생불멸이 곧 무상의 뜻

임을 偏說한 것이지 무상을 타파한 것이 아니다.

問. 如毘曇成實等. 云生滅是無常. 云何言不生不滅是無常. 答. 此皆旃延被呵之倒[686]. 龍樹觀三相品. 破生破滅者. 斯淨名之流. 若言生滅是無常者. 則生在其初. 滅在其後. 初旣無滅. 則一無爲常. 若一無爲常. 則一無非有爲. 又若一無[687]不滅. 則終亦不滅. 便是常住. 若初有生. 卽有滅者. 則滅害於生. 生不得起. 以義推之. 則生非實有. 生非實有. 是則無生. 旣其無生. 何有滅. 故知不生不滅. 是其理實. 不応言生滅定是無常義也.

묻는다 : 『아비담론』과 『성실론』 등에서 생멸은 무상이라고 말하는데, 어째서 불생불멸을 무상이라고 말하는 것입니까.

답한다 : 이것은 모두 가전연이 가책을 받은 일례이다. 용수가 [관삼상품]에서 말한 破生破滅이란 여기 淨名과 같은 流이다. 만약 생멸이 곧 무상이라고 말한다면 곧 생은 그 初에 있고 멸은 그 後에 있다. 初가 이미 無滅인즉 一無가 常이고, 만약 一無가 常인즉 一無는 有爲가 아니다.

또한 만약 一無가 不滅이라면 곧 終도 또한 不滅로서 곧 그것은 상주이다. 만약 初에 有生이 곧 有滅이라면 즉 멸이 생을 害하여 생이 일어나지 않을 것이다. 뜻으로써 그것을 미루어보면 즉 非實有가 발생한 것이다. 非實有가 발생은 곧 그것이 무생이다. 이미 그

---

686) 倒=例カ【原】, =例【甲】
687) 無+(爲)カ【原】, 無+(爲)ィ【甲】

것이 무생인데 어찌 滅이 있겠는가. 때문에 불생불멸은 곧 그 이치가 實임을 알아야 한다. 결코 생멸의 결정을 곧 무상의 뜻이라고 말해서는 안된다.

問. 旃延. 何故言生滅是無常義. 答. 小乘. 未明法空故. 不得言無常是不生滅也. 如成論. 有法空. 而彼謂無常是空之初門. 不得有[688]是於空. 故不得說不生不滅. 是無常義也.

묻는다 : 가전연은 무슨 까닭에 생멸을 무상의 뜻이라고 말하는 것입니까.
답한다 : 소승에서는 아직 법공을 설명하지 않는다. 그래서 무상이 곧 불생멸임을 말하지 않는다.『성실론』의 경우처럼 법공은 있지만, 그들은 무상에 대하여 곧 공의 초문이라고 말할 뿐이지 그것이 공에 즉한 것은 모르기[不得] 때문에 불생불멸이 곧 무상의 뜻임을 설하지 못한다.

五受陰洞達空無所起是苦義. 有漏五陰. 受染生死. 名爲受陰. 小乘以受陰起. 則衆苦生. 爲苦義. 大乘通達受陰內外常空. 本自無起. 誰生苦者. 此眞苦義也.

'오온[五受陰]에서 공을 통달하여 발기가 없는 그것이 곧 苦의 뜻입니다.'

---

688) 有=卽ィ【原】【甲】

에서 유루의 오음은 受染의 생사이므로 수음이라 말한다. 소승은 수음이 일어난 즉 갖가지 고가 발생하여 고의 뜻이 된다. 대승은 수음의 내외가 항상 공임을 통달하여 본래 일어남이 없는데 어찌 고가 발생하겠는가.

問. 若五陰空. 此則無苦. 云何是苦義. 答. 類如上說. 佛明無常去常. 非謂是無常. 佛說苦以除樂. 非謂有苦. 蓋是如來說苦之義意也. 旃延但領無樂. 稱在有苦. 故不識佛說苦義. 今偏對之. 故言本無五陰. 是苦之義. 不言空卽是苦. 而空猶有苦. 無常亦然.

묻는다 : 만약 오음이 공이라면 그것은 곧 고가 없는데 어째서 고의 뜻이라고 말하는 것입니까.

답한다 : 모든 것은 위의 설명과 같다. 부처님은 무상으로 상을 제거한다고 설명한 것이지 그것이 무상이라고는 말하지 않았다. 부처님은 고로써 락을 제거한다고 설한 것이지 有苦라고는 설하지 않았다. 무릇 이것이 여래가 설한 苦의 뜻[義]의 의미이다. 가전연은 단지 樂이 없음만 이해하여 고가 있다고 일컬었기 때문에 부처님이 설한 고의 뜻[義]을 알지 못했다.

지금의 대목은 그것을 偏對한 것이다. 때문에 본래 오음이 없다고 말했는데, 이것이 고의 뜻[義]이다. 그리고 공이 곧 고임을 말하지 않는 것은 공에 아직 고가 있기 때문인데, 무상의 경우도 또한 그렇다.

諸法究竟無所有是空義. 此句對小乘二藏[689]. 一者毘曇人. 以內無人爲空. 而猶在有法. 此非究竟空. 大乘. 則人法並空. 始爲究竟空義. 二者成論明. 人法並空. 有去而空在. 此亦非究竟空義. 大乘則空有俱泯. 始是究竟空也.

'제법은 구경에 존재하지 않는 것이 곧 空의 뜻입니다.'에서 이 句는 소승의 두 가지 뜻에 대한 것이다.
첫째로 비담인은 內에 人이 없음을 공으로 삼는데 아직 有法이 남아있기에 이것은 구경공이 아니다. 그러나 대승은 즉 人과 法이 모두 공이기에 비로소 구경공의 뜻이 된다.
둘째는 『성실론』에서는 人과 法이 모두 공인데 有를 제거해도 공은 남아 있기에 이것도 또한 구경공의 뜻이 아니다. 대승은 즉 空과 有가 모두 없기에 비로소 구경공이다.

於我無我而不二是無我義. 有所得人. 破我而住無我. 則見我与無我爲二. 今對斥此病. 明我無我不二.

'我와 無我가 둘이 아님이 곧 무아의 뜻입니다.'에서 유소득인은 아를 타파하고 무아에 머문 즉 아견과 무아가 둘이다. 그러나 지금의 이 대목은 이러한 병을 對斥한 것으로서 아와 무아가 둘이 아님을 설명한 것이다.

---

689) 藏=義力〔原〕【甲】

法本不然今則不滅是寂滅義. 前四句辨生死. 今次說涅槃. 小乘謂. 生死然<燃?>盡故. 有寂滅涅槃. 大乘明. 生死本不燃. 今則不滅. 始是寂滅義也.

'법은 본래부터 그러함이 없었고 지금도 곧 소멸이 없는 그것이 곧 寂滅의 뜻입니다.'에서 앞의 사구는 생사를 변별하였는데, 지금은 열반을 설명한다. 소승은 생사가 然盡하기 때문에 적멸의 열반이 있다고 말하는데, 대승은 생사가 본래 不燃이고 지금도 즉 불멸이어야 비로소 적멸의 뜻임을 설명한다.

說是法時彼諸比丘心得解脫. 此第三明時衆得悟. 若除常而住無常. 雖於常得脫. 而爲無常所縛. 若如淨名所辨. 除常不住無常. 蕭然無寄. 名得解脫.

'그 법어를 설했을 때 그 제비구들이 마음에 해탈을 터득하였습니다.'에서 이것은 셋째로 시회대중의 得悟를 설명한다. 만약 常을 없애고 무상에 머문다면 常에서 해탈을 얻을지라도 무상에 계박되고 만다. 만약 정명이 변별한 것처럼 常을 없애고도 무상에 머물지 않게 되면 소연하여 의지함이 없는데 그것을 해탈이라 말한다.

故我不任詣彼問疾. 第三結不堪.

'때문에 저는 그에게 문병하러 가는 것을 맡을 수가 없습니다.'에서 이것은 셋째로 감당하지 못한다는 것을 결론지은 것이다.

佛告阿那律汝行詣維摩詰問疾. 此第七次命那律. 然三藏明之. 応次命波離. 但前二已明說法. 今次辨神通. 相問[690]出也. 就文爲二. 前命. 次辭. 阿那律者. 此云如意. 亦称無貪[691]. 又名不滅. 猶一義耳. 八万劫前. 曾供養辟支佛. 所得善根. 于今不滅. 故名不滅. 果報称心. 爲如意. 師子頰王. 有四子. 各有二兒. 長子名淨飯. 有二子. 大名悉達. 小名難陀. 斛飯王有二子. 大名調達. 小名阿難. 白飯王有二子. 長名那律. 小名摩訶男. 甘露飯王有二子. 長名那律. 次名提沙. 師子頰王有女. 名甘露味. 唯有一子. 名尸陀羅. 那律卽佛之從弟. 天眼第一. 所以得天眼者. 曾一時. 佛邊聽法. 睡眠. 佛呵之. 咄哉云何如螺蠩子. 那律慚愧. 不眠多日. 遂便失眼. 問耆婆治之. 耆婆云. 眠是眼食. 久時不眠[692]便餓死. 不可復治. 那律. 因修得天眼.

'부처님께서 아나율에게 말씀하셨습니다. 그대가 가서 유마힐을 문병하여라.'에서 이것은 일곱째로서 이어서 아나율에게 명한 것이다. 그러나 三藏의 입장에서 그것을 설명하자면 마땅히 다음으로 우팔리에게 명했어야 한다. 그러나 다만 앞의 두 사람(부루나·가전연)의 경우에 이미 설법을 설명

---

690) 問＝間【甲】
691) 貪＝貧【甲】
692) 眠＋(眼)カ【甲】

하였기에, 지금은 그 다음으로 신통을 변별하는데 서로 질문을 통해서 내보인다.

경문은 두 부분이 있다.

첫째는 명하는 부분이다.

둘째는 사양하는 부분이다.

아나율은 번역하면 如意인데, 또한 無貪이라고도 일컬으며, 또 不滅이라고도 말하는데 거의 동일한 뜻이다. 팔만 겁 이전에 일찍이 벽지불에게 공양하여 선근을 얻었는데 지금도 그것이 소멸되지 않았기 때문에 不滅이라 말한다. 그리고 과보가 마음에 칭합되기 때문에 如意라고 말한다.

師子頰王에게 네 명의 아들이 있었다. 그 첫째 아들은 이름이 淨飯으로서 두 아들을 두었는데 형은 이름이 悉達이고, 동생은 이름이 難陀이다.

(師子頰王의) 둘째 아들은 이름이 斛飯으로서 두 아들을 두었는데, 형은 이름이 調達이고, 동생은 이름이 阿難이다.

셋째 아들은 白飯王으로서 두 아들을 두었는데 형은 이름이 那律이고, 동생은 이름이 摩訶男이다.

넷째 아들은 甘露飯王으로서 두 아들을 두었는데 형은 이름이 跋提이고, 동생은 이름이 提沙이다.

사자협왕의 딸은 이름이 甘露味로서 아들 하나만 두었는데 이름이 尸陀羅이다.

아나율은 곧 부처님의 從弟로서 天眼第一이다. 천안을 얻은 까닭은 일찍이 어느 때 부처님 곁에서 설법을 듣다가 졸았다. 부처님이 아나율을 가책하여 '螺蜯子[조개]와 같은 녀석' 이라고 꾸짖었다. 아나율은 부끄러워서 며칠 동안 잠을 자지 않았는데, 마침내 실명을 하였다. 이에 노파에게 눈을 치료하고자 문의하였는데 노파가 말했다. '눈에는 잠을 자는 것이 밥입니다.

오랫동안 잠을 자지 못하여 눈이 굶어죽은 것입니다. 다시는 치료할 수가 없습니다.' 아나율은 수행을 인하여 천안을 얻었다.

阿那律白佛言世尊我不堪任詣彼問疾. 此第二辭. 不堪. 就文爲三. 謂標釋結. 此初標也.

'아나율이 부처님께 사뢰어 말씀드렸다. 세존이시여. 저는 그에게 문병하러 가는 것을 감당할 수가 없습니다.'에서 이것은 둘째로 감당하지 못하겠다고 사양하는 대목이다.
경문은 세 부분이 있다. 첫째는 標와 釋과 結이다.
이 대목은 첫째의 標이다.

所以者何憶念我昔於一處經行時有梵王名曰嚴淨与万梵俱放淨光明來詣我所稽首作礼問我言幾何阿那律天眼所見我卽答言仁者吾見此釋迦牟尼佛三千大千世界如觀掌中菴[693]摩勒果. 此第二次釋不堪. 文開四別. 一明被呵之由. 二述能呵之旨. 三那律受屈. 四梵王發心. 此初文也.

'왜냐하면 억념해보니, 제가 옛적에 어떤 곳에서 경행을 하고 있었습니다. 그때 범왕이 있었습니다. 이름이 엄정이었는데 만 명의 범천과 함께 있으면서 청정한 광명을 비추면서 제가 있는 곳으로 다가와서 계수하여 작례하고

---

693) 菴=苕【甲】

저한테 질문으로 말했습니다. 아나율의 천안에 보이는 것은 어느 정도입니까. 제가 곧 답변하여 말했습니다. 그대들이여. 저는 이 석가모니의 삼천대천세계를 보는데 마치 손바닥 안의 아마륵과를 관찰하는 것과 같습니다.'에서 이것은 둘째로 감당하지 못함을 해석한 대목이다.

경문을 열어보면 넷으로 구별된다.

첫째는 가책을 받은 이유를 설명한다.

둘째는 가책한 뜻[旨]을 서술한다.

셋째는 아나율이 받은 굴복이다.

넷째는 범왕의 발심이다.

이 대목은 첫째에 해당한다.

問曰. 智度論云. 大羅漢. 但見二千世界. 今云何言三千. 答. 任常力. 卽見二千. 加功用. 見三千也. 又天眼力但見二千. 願智之力. 則見三千. 菴摩勒果者. 形似檳榔. 食之除風. 冷時手執此果. 故卽以爲喩.

묻는다 : 『대지도론』에서는 대아라한은 무릇 이천세계를 본다고 말하는, 지금은 어찌 삼천세계를 본다고 말하는 것입니까.

답한다 : 보통 감당하는 힘으로는 곧 이천세계를 보는데, 功用을 가하면 삼천세계를 본다. 또한 천안력으로는 다만 이천세계를 보지만, 願智力으로는 곧 삼천세계를 본다.

아마륵과는 형태가 檳榔과 비슷한데 그것을 먹으면 風이 제거되고, 추울 때는 손에 이 아마륵과를 쥐기 때문에 곧 이 아마륵과로써 비유를 삼은 것이다.

時維摩詰來謂我言唯阿那律天眼爲作相耶無作相耶仮使作相則与外道五通等若無作相卽是無爲不応有見. 此第二述能呵之旨. 前定兩開[694]. 次雙結[695]二難. 作相無作相. 卽雙定也. 作色方圓相而見. 名爲作相. 不作色方圓相. 名無作相也. 又釋. 三界果報身. 大[696]請諸根. 從結業起. 名有爲有作相. 法身異之. 謂無爲無作相. 結兩難者. 若作方圓相而見. 則用[697]外道. 以[698]外道亦作方圓而見故也. 若不作方圓而見. 則無方圓. 便是無法. 不応有見.

'그때 유마힐이 다가와서 저한테 다음과 같이 말했습니다. 저, 아나율이여. 천안으로 보는 것은 형상으로 되어 있는 것입니까, 형상으로 되어 있지 않는 것입니까. 가사 형상으로 되어 있는 것이라면 곧 외도의 오신통과 같을 것입니다. 만약 형상으로 되어 있는 것이 아니라면 곧 그것은 無爲로서 결코 볼 수가 없을 것입니다.'에서 이것은 둘째로 가책한 뜻[旨]을 서술한 것이다. 먼저 定을 두 가지로 열고, 다음으로 두 가지 힐난을 쌍으로 결론짓는다.[雙結]

作相과 無作相이 곧 雙定이다. 色·方·圓의 相을 지어서 보는 것을 作相이라 말하고, 色·方·圓의 相을 짓지 않는 것을 無作相이라고 말한다.

또한 해석하자면 三界果의 報身인 육정과 제근은 結業으로부터 일어난 것으로서 有爲有作相이라고 말하는데, 法身은 그와 달리 無爲無作相이라 말한다.

---

694) 開＝關カ【原】【甲】
695) 結＝詰【甲】 ＝結ィ【甲】
696) 大請＝六情【甲】
697) 用＝因ィ【原】【甲】
698) 以＝似ィ【原】【甲】

두 가지 힐난을 결론짓는다는 것은 다음과 같다.

만약 方·圓의 相을 지어서 본 즉 외도를 활용한 것이다. 마찬가지로 외도의 경우도 또한 方·圓의 相을 지어서 보기 때문이다.

만약 方·圓의 相을 짓지 않고 본 즉 方·圓이 없는데 이것은 곧 無法으로서 결코 유견이 아니다.

世尊我⁶⁹⁹⁾時默然. 此第三那律受屈. 欲言作相. 同外道. 欲言無作. 復是無爲. 以不達會通故. 失對於當時. 受屈於二難.

'세존이시여. 그때 저는 묵연하였습니다.'에서 이것은 셋째로 아나율이 받은 굴복이다. 作相이라고 말하려고 하면 그것은 외도와 같고, 無作이라고 말하려고 하면 또 그것은 무위로서 회통에 통달하지 못한 까닭에 當時를 상대할 수가 없고 두 가지 힐난에 굴복을 받게 된다.

彼諸梵⁷⁰⁰⁾聞其言得未曾有即為作禮而問曰世孰復有真天眼者. 此第四時眾得益. 又有三句. 初問. 次答. 三發心. 此初問也. 那律天眼第一. 既屈淨名. 自斯已外. 孰有真天眼者.

'저 모든 범왕이 그 말을 듣고 미증유를 터득하였습니다. 이에 곧 작례하

---

699) 我時=時我【甲】
700) 梵+(王)【甲】

고 다음과 같이 물었습니다. 세간에서 누가 진정한 천안을 가지고 있습니까.'에서 이것은 넷째로 시회대중이 얻은 이익이다.

또한 여기에 삼구가 있다.

첫째는 질문이다.

둘째는 답변이다.

셋째는 발심이다.

이 대목은 첫째의 질문에 해당한다.

아나율은 천안제일인데도 이미 정명에게 굴복당했다. 이로부터 그밖에 누구에게 진정한 천안이 있겠는가.

維摩詰言有佛世尊眞天眼常在三昧悉見諸佛國不以二相. 此第二淨名答. 初總答云有也. 次出有眞天眼之人. 卽佛世尊也. 下以三門. 釋眞天眼. 一常在定內見. 異小乘定外見. 此顯靜散無二也. 次悉見諸佛國. 此明小乘所見近. 諸佛所見遠. 此二異也. (三+?)不以二相者. 能所宛然. 而無眼色. 謂[701]有不碍無. 雖無眼色. 而不失能所. 所謂無不碍有. 有不碍無故. 不同外道. 無不碍有故. 不同無爲. 正答上二難也. 又就眼見. 明不二見. 宛然而無見. 雖無見. 而無所不見. 名爲不二. 什公云. 不作精麁二相. 名爲不二.

'유마힐이 말했다. 저 佛世尊께서는 진정한 천안을 가지고 항상 삼매에서 제불국토를 다 보시되 二相으로 보지 않습니다.'에서 이것은 둘째로 정명의

---

701) (所)カ+謂[原]【甲】

답변이다. 먼저 總으로 有라고 답하고, 다음으로 진정한 천안인이 있음을 내보이는데 그것은 오직 불세존뿐이다.

이하에서 三門으로써 진정한 천안에 대하여 해석한다.

첫째는 항상 定에 있으면서 안으로 보는데 소승의 定에서 밖으로 보는 것과 다르다. 이것은 靜과 散이 無二임을 나타낸다.

둘째는 제불국토를 모두 보는 것이다. 이것은 소승이 보는 것은 近이고, 제불이 보는 것은 遠으로서 이 둘이 다름을 설명한다.

(셋째는) 二相이 없기 때문에 능소가 완연하지만 안색이 없는데, 소위 有가 無에 걸림이 없다. 비록 안색이 없을지라도 능소를 잃지 않는데, 소위 無가 有에 걸림이 없다. 有가 無에 걸림이 없는 외도와 같지 않고, 無가 有에 걸림이 없는 것은 無爲와 같지 않다는 것이 위의 두 가지 힐난에 대한 正答이다.

또한 안견에 대해서는 不二見이라고 설명한다. 완연하지만 볼 수가 없고, 비록 볼 수가 없을지라도 보지 못하는 것이 없는 것을 不二라고 말한다.

나집공은 '精과 麁의 二相을 짓지 않는 것을 불이라고 말한다.'고 말한다.

於是嚴淨梵王及其眷屬五百梵天皆發阿耨多羅三藐三菩提心礼維摩詰足已忽然不現. 此第三發心. 梵王旣聞外道二乘. 非眞天眼者[702]. 唯佛世尊. 故捨彼聖凡. 發佛心也.

'이에 엄정법왕 및 그 권속인 오백 범천이 모두 아뇩다라삼먁삼보리심을

---

702) 者+(眞天眼者)力【原】【甲】

발생하고, 유마힐의 발에 예배를 드리고나서 홀연히 모습을 감추었습니다.'
에서 이것은 셋째로 발심이다. 범왕은 이미 외도와 이승이 진정한 천안이
아님을 듣고 있었다. 그래서 오직 불세존만이 저 聖과 凡을 버리고 불심을
발한다.

故我不任詣彼問疾. 此第三結不堪也.

'때문에 저는 그에게 문병하러 가는 것을 맡을 수가 없습니다.'에서 이것
은 셋째로 감당하지 못함을 결론지은 것이다.

佛告優波離汝行詣維摩詰問疾. 此第八次命波離. 就文爲二. 初命. 次辭
不堪. 優波離. 是王舍城賤人. 翻爲上首. 是諸釋子剃毛師. 後諸釋種. 詣
佛出家. 而波離隨逐[703]. 將列[704]佛所. 諸釋脫宝衣服翫. 及所乘象. 悉以与
之. 波離心念. 諸釋豪貴如此. 尚捨出家. 我何爲住. 以所[705]得物. 安置樹
下. 繫象著樹. 作如是言. 諸有取者. 吾悉施之. 遂往佛所. 諸釋問其來意.
波離具答所由. 諸釋大喜. 卽便諸[706]佛屈前度之. 此人本我近事. 若後出
家. 我喜輕蔑. 屈佛前度. 我當敬事. 佛卽前度. 諸釋子等. 同爲作礼. 是時
大地震動. 空内聲嘆言. 諸釋子. 嬌慢山崩. 波離出家已後. 善解毘尼. 以

---

703) 逐=逐【甲】
704) 列=到力【甲】
705) 所=取【甲】
706) 諸=請【甲】

其世世誓願持律. 是故於今. 持律第一.

'부처님께서 우파리에게 말씀하셨다. 그대가 가서 유마힐을 문병하여라.'에서 이것은 여덟째로 이어서 우파리에게 명한 것이다.

경문에 두 부분이 있다.

첫째는 명하는 것이다.

둘째는 감당하지 못하겠다고 사양하는 것이다.

우파리는 왕사성의 천인이었는데 번역하면 上首이다. 모든 석가족 사람의 剃毛師로서 후에 모든 석가족 사람이 부처님에게 나아가서 출가하였을 때 우파리도 따라갔다. 부처님 처소에 도착했을 때 모든 석가종이 보배와 의복과 장식품을 벗고 또한 타는 코끼리까지 모든 것을 우파리에게 주었다. 우파리는 마음속으로 '모든 석가족 사람의 豪貴가 이와 같은데도 오히려 버리고서 출가하는데 나는 어떻게 살아갈 것인가.'를 생각하고 받은 재물을 나무 아래에 안치하고 코끼리를 나무에 매어놓고 다음과 같이 말했다. '이것을 취하려는 사람에게 나는 모든 것을 주겠다.' 그리고는 마침내 부처님 처소로 갔다. 모든 석가족 사람은 (우파리가) 찾아온 뜻을 물으니 우파리는 그 까닭을 자세하게 답변하자, 모든 석가족 사람은 크게 기뻐하며 곧 부처님 앞에 예를 드리며[屈前] 그를 제도해줄 것을 청하여 '이 사람은 본래 저희들을 가까이에서 섬겼습니다. 만약 후에 출가한다면 저희들은 (이 때문에) 경멸받는다 해도 기뻐할 것입니다. 부처님 앞에서 예를 드리고 제도되면 저희들은 마땅히 (우파리를) 공경하고 섬길 것입니다.'라고 하였다. 모든 석가족 사람들이 함께 작례를 하였다. 그때 대지가 진동하고 허공 속에서 찬탄하는 소리가 들렸다. '모든 석가족 사람이여, 교만의 산은 무너졌습니다. 우파리는 출가한 후에 毘尼를 잘 이해하여 그로써 세세에 지율할 것을 서원할 것입니다.' 이런 까닭에 지금도 지율제일이다.

優波離白佛言世尊我不堪任詣彼問疾. 第二辭不堪. 就文爲三. 謂標釋結. 此初標也.

'우파리가 부처님께 사뢰어 말씀드렸다. 세존이시여. 저는 그에게 문병하러 가는 것을 감당할 수가 없습니다.'에서 이것은 둘째로 감당하지 못하겠다고 사양하는 것이다.
 경문에는 세 부분이 있다. 말하자면 標와 釋과 結이다.
 이 대목은 첫째의 標이다.

所以者何憶念昔者有二比丘犯律行以爲恥不敢問佛來問我言唯優波離我等犯律誠以爲恥不敢問佛願解疑悔得免斯咎我卽爲其如法解說. 此第二釋不堪. 就文爲三. 一明被呵之由. 二述呵⁷⁰⁷⁾之旨. 三明時衆得益. 就文有二. 一明比丘犯罪. 二辨波離依法解說. 犯律行者. 一比丘似犯婬戒. 次比丘似犯殺人戒. 事別出経. 有二比丘. 林間修道. 一比丘疲勞. 仰臥眠熟. 忽有女人. 以女形置一比丘上. 而比丘. 不淨流出. 眠覺始覺. 而向同伴述之. 彼比丘云. 可伺求此女人來也. 而彼女忽來. 比丘便往逐之. 女人怖走. 遂墮坑死. 此似犯殺. 故云犯律行也. 誠以爲恥者. 夫有罪之人. 一懼後世受苦. 一懼現在所作. 不敢問佛者. 佛旣尊重. 而慚愧復深. 故不敢

---

707) (能)カ+呵【原】【甲】

問. 又佛明見法相. 決斷罪. 則永出淸衆. 故不敢問佛. 波離旣是持律之
上. 仍從質所疑也.

'왜냐하면 억념해보니, 옛적에 어떤 두 비구가 율행을 범함으로써 부끄러워서 감히 부처님께 여쭙지 못하고 저한테 찾아와서 다음과 같이 질문을 하였습니다. 저, 우파리여. 저희들은 율을 범하여 진실로 부끄럽습니다. 감히 부처님께 여쭙지 못하니, 바라건대 疑悔를 풀어주어 이 허물을 벗어나게 해 주십시오. 제가 곧 그들을 위해서 여법하게 해설해주었습니다.'에서 이것은 둘째로 감당하지 못하겠다는 것을 해석한 것이다.

경문에는 세 부분이 있다.

첫째는 가책을 받은 이유를 설명한다.

둘째는 가책한 뜻[旨]을 서술한다.

셋째는 시회대중이 얻은 이익을 설명한다.

이 대목의 경문에 두 가지 내용이 있다.

첫째는 비구의 범죄를 설명한다.

둘째는 우파리가 법에 의하여 해설한 것을 변별한다.

犯律行者 가운데 한 비구는 似婬戒를 범했고, 다른 비구는 似殺人戒를 범하였는데, 범계사건의 사례[事別]는 경전에 나온다. 어떤 두 비구가 숲속에서 수행을 하고 있었다. 한 비구는 피로하여 벌렁 누운 자세로 깊은 잠이 들었다. 홀연히 어떤 여인이 여인의 몸을 그 비구의 위에 포갰다. 그러자 그 비구가 不淨物을 流出하였다. 잠이 깨서야 비로소 알아차리고 도반에게 그 사실을 털어놓자, 도반이 말했다. '그 여인이 오는지 살펴보기로 하자.' 그 여인이 홀연히 찾아오자 다른 비구가 곧 그 여인을 쫓아갔다. 여인은 무서워서 달리다가 마침내 구덩이에 떨어져서 죽었다. 이것이 似犯殺이다. 때문

에 犯律行이라 말하는데, 진실로 부끄러워해야 할 것이다.
 대저 죄를 범한 사람은 한편으로는 후세에 받을 苦를 두려워하고, 한편으로는 현재에 지은 행위를 두려워해서 감히 부처님에게 여쭙지 못하였다.
 부처님은 이미 (그들을) 존중하고 있었기에 참괴가 다시 깊어졌다. 때문에 감히 여쭙지 못하였다.
 또한 부처님은 분명하게 法相을 보아 단죄를 결정한 즉 영원히 淸衆으로부터 방출되기 때문에 감히 부처님께 여쭙지 못하였다.
 우파리는 이미 지율의 상수였기에 그로 인하여 의심되는 것을 따졌다.

我卽爲其如法解說者. 此第二波離依律篇聚. 定罪輕重. 未得[708]爲其. 詳說過之法也.

 '제가 곧 그들을 위해서 여법하게 해설해주었습니다.'는 것은 둘째로 우파리가 律의 篇聚[709]에 의거하여 죄의 경중을 정해준 것인데, 그들을 위해서

---

708) 〔未得〕-力【甲】
709) 篇聚는 五篇七聚를 가리킨다. 五篇은 범한 죄의 결과와 완급의 성격에 따라 다섯 부류로 나눈 것이다. 波羅夷, 僧殘, 波逸提, 提舍尼, 突吉羅이다. 六聚는 오편 가운데 세 번째에다 偸蘭遮를 첨가한 것이고, 七聚는 오편 가운데 돌길라를 惡作과 惡語의 둘로 나눈 것이다. 바라이는 斷頭라 번역하는데 참회가 통하지 않고 비구의 자격을 상실한다. 승잔은 참회하여 비구의 자격을 겨우 유지한다. 바일제는 墮라고 번역하는데 지옥에 떨어진다는 의미이다. 여기에 捨墮와 單墮의 둘이 있다. 사타 原語는 尼薩波逸提인데 재물과 관계되는 행위로서 그 물건을 포기하고 참회하면 용서를 받을 수 있다. 단타는 물질과 관계없는 戒目으로 失言 등을 범한 것인데 참회하면 용서를 받는다. 바라제제사니는 '그에게 참회한다'는 의미인데, 고의로 범한 것이 아니라 완전한 실수로 범한 가벼운 죄목이므로 상대방에게 즉석에서 참회하면 가능하다.

허물이 되는 법을 자세하게 설해준 것이다.

時維摩詰來謂我言唯優波離無重增此二比丘罪. 此第二明能呵之旨. 就文爲二. 一明波離錯敎. 二辨淨名善治. 比丘見有身心. 一封著也. 復言有罪可起. 心生疑悔. 而欲滅之. 二封著也. 而波離. 定其罪相. 則封著彌厚. 封著彌厚. 則罪垢轉增. 三封著也. 今前誡之. 故云無重增此二比丘罪.

'그때 유마힐이 다가와서 저한테 다음과 같이 말했습니다. 저, 우파리여. 이 두 비구의 죄를 더욱더 무겁게 하지 마십시오.'에서 이것은 둘째로 가책한 뜻[旨]을 설명한 것이다.

경문에는 두 부분이 있다.

첫째는 우파리가 잘못 가르쳐준 것이다.

둘째는 정명이 잘 바로잡아준 것이다.

비구의 견해에 몸과 마음이 있다는 것이 첫째의 封著이다.

다시 일으킨 죄가 있다고 말하며 마음에 疑悔를 발생하여 그것을 없애려고 한 것이 둘째의 封著이다.

그리고 우파리가 그 죄상을 결정한 즉 封著이 더욱 두터워졌다. 封著이 더욱 두터워진 즉 罪垢가 점점 증장한 것이 셋째의 封著이다.

지금의 이 대목은 위에서 그것을 경계하였기 때문에 '이 두 비구의 죄를

돌길라는 惡作 또는 惡語라고 번역하는데, 일상에서 저지르기 쉬운 실수들을 경계하는 계목이다. 그 수효가 매우 많고 알아 두어야 할 것이므로 衆學 곧 式叉迦羅尼라고 하는데 대표적으로 백 가지를 열거하는 까닭에 百衆學이라고도 한다. 이 죄는 상대방에게 참회하는 뜻을 표시하지 않아도 내심으로 뉘우치기만 하면 되는 계목이다.

더욱더 무겁게 하지 마십시오.'라고 말한 것이다.

當直除滅勿擾其心. 此第二明淨名善治. 就文爲三. 謂標釋結. 此初標也. 波離有二失. 一者不說實相. 於理成迂. 二不応大機. 於緣爲曲. 今對斯二事. 還明兩法. 一說實相. 称乎理實. 名直除滅. 二応大機故. 不機[710]其心.

'당장 없애주어 그 마음을 흔들어서는 안됩니다'에서 이것은 둘째로 정명이 잘 바로잡아준 것이다.

경문에는 세 부분이 있다.

말하자면 標와 釋과 結인데, 이 대목은 첫째의 標이다.

우파리에게 두 가지 허물[失]이 있다.

첫째는 실상을 설하지 못하여 이치를 더욱더 어둡게 만든 것이다.

둘째는 大機에 상응하지 못하여 반연을 왜곡되게 만든 것이다.

지금은 이 두 가지를 대치하는데, 다시 두 가지 법을 설명한다.

첫째는 실상을 설하여 이치가 진실임을 일컫는데 이것을 직접 제멸해준다[直除滅]고 말한다.

둘째는 大機에 상응시키는 까닭에 그 마음을 흔들지 않는다.

所以者何彼罪性不在內不在外不在中間. 此第二釋善治. 有四門. 初明罪空. 次辨心空. 三擧況. 四廣釋. 夫罪之生. 由因緣有. 求其實性. 不在三

---

710) 機=擾カ【原】. =擾【甲】

處. 不在三處. 則見罪空. 便悟理實. 悟理實. 則發生正觀. 正觀旣生. 則煩惱斯滅. 煩惱尙滅. 罪豈在哉. 不在內者. 不在我心也. 若在我心. 不應待外也. 不在外者. 不在他身也. 若在於他. 不應由我起也. 不在中間者. 合自他求罪不得也. 又識爲內. 塵爲外. 根爲中間. 而罪不在此三處. 又罪因爲內. 罪[711]緣爲外. 合內外爲中間也.

'왜냐하면 그 죄의 자성은 안에도 없고 밖에도 없으며 중간에도 없습니다.'에서 이것은 둘째로 (정명이) 잘 바로잡아준 것을 해석한 것이다.

여기에 四門이 있다.

첫째는 죄가 공임을 설명한다.

둘째는 마음이 공임을 변별한다.

셋째는 상황을 든다.

넷째는 자세하게 해석한다.

대저 죄의 발생은 인연이 있음을 말미암는데, 그 실성을 추구해보면 세 곳 [三處: 內(識·因)와 外(塵·緣)와 中間(根·因緣和合)]에 없다. 세 가지가 없은 즉 죄가 공임을 보고 문득 이치가 진실함 깨치고, 이치가 진실함을 깨친 즉 正觀이 발생하며, 정관이 이미 발생한 즉 번뇌가 이에 소멸된다. 번뇌가 오히려 소멸되는데 죄가 어찌 있겠는가.

'안에도 없다'는 것은 내 마음에 없다는 것으로서 결코 밖을 상대하지 말하는 것이다.

'밖에도 없다'는 것은 다른 몸에도 없다는 것이다. 만약 다른 것에 있다면 결코 나를 말미암아 일어난 것이 아닐 것이다.

---

711) 罪=羅₁【甲】

'중간에도 없다'는 것은 자타를 합쳐서 죄를 추구해보아도 없다는 것이다. 또한 識은 內이고, 塵은 外이며, 根은 中間으로서 죄는 이 세 곳에 없다. 또한 죄의 因은 內이고, 罪의 緣은 外이며, 내외를 합친 것은 中間이다.

如佛所說心垢故眾生垢心淨故眾生淨. 此第二次辨心空. 夫罪由心起. 則心是罪根. 然心本尚空. 罪未寧有. 故逆尋其本也. 凡有四句. 初引佛誠言. 心垢故眾生垢者. 夫心有垢染. 則眾生受累. 眾生受累. 便是垢累眾生. 垢義既爾. 淨義亦然. 心亦不在內不在外不在中間. 第二句明心空也. 心若在內. 心應不由外境. 心若在外. 內應無心. 既非二處. 豈在中間.

'부처님이 설한 것처럼 마음이 오염되기 때문에 중생이 오염됩니다. 마음이 청정하기 때문에 중생이 청정합니다.'에서 이것은 둘째로 이어서 마음이 공임을 변별한 것이다.

 대저 죄가 마음을 말미암아 일어난 즉 마음이 죄의 근본이다. 그러나 마음은 본래 일찍부터 공인데 죄가 어찌 있겠는가. 때문에 거꾸로 그 근본을 찾는다.

 무릇 사구가 있다.

 첫째는 부처님의 진실한 말씀을 인용한 것이다. '마음이 오염되기 때문에 중생이 오염된다.'는 것은 대저 마음에 垢染이 있은 즉 중생은 累를 받는다. 중생이 累를 받으면 곧 그것이 垢累眾生이다. 垢의 뜻은 이미 그러한데 淨의 뜻도 또한 그러하여 마음도 또한 안에도 없고 밖에도 없으며 중간에도 없다.

 제이구는 마음이 공임을 설명한 것이다. 만약 마음이 안에 있다면 마음은 마땅히 외경을 말미암지 않을 것이다. 만약 마음이 밖에 있다면 인[內]은 마땅히 무심일 것이다. 이미 마음과 경계의 二處가 없는데 어찌 중간이 있겠는가.

如其心然罪垢亦然. 第三句以本顯末也. 諸法亦然者. 心之与罪. 二事旣空. 万法紛紛. 皆由心起.

'그 마음이 그러한 것처럼 죄의 오염도 또한 그렇습니다.'는 제삼구로서 本으로써 末을 나타낸 것인데, 제법도 또한 그렇다. 마음이 죄와 함께 하여 二事가 이미 공인데도 만법이 분분한 것은 모두 마음을 말미암아 일어난 것이다.

在心旣空. 故諸法亦爾. 不[712]不出於如. 心之与罪. 謂內法空. 諸法亦爾. 謂外法空也. 內之与外. 所以空者. 良由不出於如. 以如是空之異名. 故內外亦爾. 又非破拆內外故便空. 良由內外本來是如. 所以空也.

그러나 마음이 이미 공에 있기 때문에 '제법도 또한 그러해서 진여[如]를 벗어나지 않습니다.'고 말한다. 마음이 죄와 함께 하는 것을 內法空이라고 말한다. 제법도 또한 그러한 것은 外法空이라 말한다. 內가 外와 함께 하는 까닭에 空이란 진실로 진여[如]를 벗어나지 않는다. 진여[如]는 바로 이 공의 異名이다. 때문에 내외도 또한 그러하다.

---

712) 〔不〕-【甲】

또한 내외를 파척하지 않는 까닭에 곧 空은 진실로 내외가 본래 이 진여[如]를 말미암은 까닭에 공이다.

如優波離心相得解脫時. 寧有垢不. 此第三擧況. 凡有三句. 一問. 二答. 三況. 聲聞初成羅漢. 証第九解脫道. 爾時唯有淨心. 無有垢染.

'저, 우파리여. 心相으로써 해탈을 터득한 경우에는 어찌 오염이 있겠습니까.'에서 이것은 셋째로 상황을 언급한 것이다.
무릇 삼구가 있다.
첫째는 묻는다.
둘째는 답한다.
셋째는 상황이다.
성문은 처음에 아라한을 성취하여 第九의 해탈도를 증득한다. 그때는 오직 淨心만 있고 垢染은 없다.

今欲以其類衆生心. 故前定其言也. 我言不也. 此第二波離正答. 明証果之時. 唯淨無垢也.

그래서 지금 이 대목에서는 그와 같은 부류의 중생심을 가지고 있는 까닭에 앞에서 (우파리가) 결정하여 그렇게 말한 것에 대하여 '제가 말했습니다. 그렇지 않습니다.'고 말한 것이다. 이것은 둘째로 우파리가 본격적으로 답변한 대목이다. 果를 증득한 경우에는 오직 淨뿐이지 垢가 없다.

維摩詰言一切衆生心相無垢亦復如是. 第三擧況類也. 小乘謂羅漢在觀之
時. 心則無垢. 衆生未能斷惑. 心則有垢. 故今持二乘之無類凡夫之有也.

'유마힐이 말했습니다. 일체중생의 心相에 오염이 없는 것도 또한 그와 같습니다.'에서 이것은 셋째로 상황을 언급한 일례이다. 소승에서는 나한이 在觀하는 때에는 마음이 곧 無垢이지만, 중생이 미혹을 단제하지 못하면 마음이 곧 有垢라고 말한다. 때문에 지금은 이승의 경우 (오염이) 없는 것을 가지고 범부의 경우 (오염이) 있다는 것을 비교한 것이다.

唯優波離妄想是垢無妄想是淨顚倒是垢無顚倒是淨取我是垢不取我是
淨. 此第四廣釋. 上雖明罪空. 而惑者生疑. 若罪非有. 何得大小經律. 說
衆生起罪. 故今釋云. 妄想故見有罪. 是故余經明有. 今據理實. 所以云無
妄想. 顚倒. 取我. 三科異者. 橫謂分別. 名爲妄想. 無而謂有. 翻背理實.
稱爲顚倒. 所以顚倒. 由根本取我. 又妄想是八妄. 如地持說. 顚倒是三倒.
取我是衆見根本.

'저, 우파리여. 망상이 곧 오염이고, 망상이 없으면 곧 청정입니다. 전도가 곧 오염이고 전도가 없으면 곧 청정입니다. 我에 집착하는 것이 곧 오염이고 我에 집착이 없으면 곧 청정입니다.'에서 이것은 넷째로 자세하게 해석한 것이다. 위에서 비록 죄가 공임을 설명하였지만 미혹한 사람은 다음과 같은 의심을 일으킨다. '만약 죄가 非有라면 어떻게 大小의 經律을 얻어서 중생이 일으키는 죄를 설할 수 있겠는가.'

지금 이 대목에서는 이치가 진실이라는 것에 의거하는 까닭에 妄想과 顚

倒와 取我가 없다고 말한다.
 이 三科의 차이는 늘어놓자면 分別이다.
 妄想이라고 말한 것은 無인데도 불구하고 有라고 말하는 것이고, 이치가 진실함에 翻背하는 것은 顚倒라 일컬으며, 전도가 되는 까닭은 근본적으로 取我를 말미암은 것이다.
 또한 妄想은 곧 여덟 가지의 妄[八妄]인데『지지경』의 설과 같다. 顚倒는 곧 세 가지 전도[三倒]이다. 取我는 모든 분별견[衆見]의 근본이다.

優波離一切法生滅不住如幻如電諸法不相待乃至一念不住. 上明罪由妄有. 今辨妄有非有. 亦是釋妄有義. 不相待者. 此不[713]明無長短等相待. 但辨諸法無常. 前心不待後心. 生竟然後方滅. 以諸法不住. 亦生卽滅也. 無住則如幻. 不實所以空.

 '우파리여. 일체법이 생멸하여 머물지 않음이 마치 허깨비와 같고 번개와 같으며, 제법에 相待가 없고 내지 일념도 머물지 않습니다.'에서 위에서는 죄는 妄을 말미암아 있다[有]는 것을 설명하였는데, 지금은 妄의 있음[有]과 없음[非有]에 대하여 변별한 것인데, 또한 이것은 妄이 있다[有]는 뜻을 해석한 것이다.
 '相待가 없다'는 것은 이하에서 長短 등의 相待가 없음을 설명하는데, 단지 제법의 無常에 대해서 변별한다. 前心이 後心을 相待하지 않지만 발생이 끝난 연후에 바야흐로 소멸한다. 제법은 不住이므로 또한 발생이 곧 소멸이

---

713) 不=下力【原】【甲】

고, 無住는 곧 幻과 같아서 不實이므로 空이다.

諸法唯妄見如夢如炎如水中月如鏡中像以妄想生. 上明外法不住. 此辨內心妄見. 俱明空義. 夫以見妄故. 則所見不實. 是故爲空. 上二喩. 取其速滅. 此四喩. 喩其妄想.

'제법은 모두 망견으로서 마치 꿈과 같고 불꽃과 같으며 물속에 비친 달과 같고 거울 속의 영상과 같아서 망상으로써 발생한 것입니다.'에서 위에서는 외법의 부주를 설명하였는데, 이 대목은 내심의 망견을 변별한 것으로 모두 공의 뜻을 설명한다.
　대저 견해가 허망한 즉 所見에 實이 없는데, 이런 까닭에 공이다.
　위의 두 가지 비유[幻과 電]는 그것이 신속한 소멸임을 취한 것이었는데, 이 대목의 네 가지 비유[夢과 炎과 水中月과 鏡中像]는 그것이 妄想임을 비유한 것이다.

其知此者是名奉律. 淨名善治有三. 標釋已竟. 今總結歎也. 行順律法. 故名奉律. 此歎行也.

'이것을 아는 것을 곧 율을 받든다고 말하고'에서 정명이 잘 바로잡아주는 것에 세 가지가 있는데, 標와 釋은 이미 마쳤고, 지금의 대목은 總結로서 찬탄한 것이다.

其知此者是名善解. 知罪實相. 名爲善解. 此嘆解也. 自有解律而不行. 自
有行律而不解. 故雙嘆也.

'이것을 아는 것을 곧 잘 이해한다고 말합니다.'에서 죄의 실상에 대하여
아는 것을 잘 이해한다고 말한다. 이것은 이해를 찬탄한 것이다. 처음부터
율을 이해는 하지만 실천하지 않고, 처음부터 율을 실천하지만 이해하지 못
하기 때문에 쌍으로 찬탄한 것이다.

問. 今明罪空. 云何是奉律. 答. 律名毘尼. 此言善治. 謂自能治三毒. 亦能
治於衆生. 令知罪空. 眞善治也.

묻는다 : 지금은 죄가 공임을 설명하는데 어째서 그것이 율을 받드는 것입니까.
답한다 : 율을 毘尼라고 말한다. 여기에서 잘 바로잡아준다는 것은 말하자
면 스스로 삼독을 能治하고 또한 중생을 能治하여 죄가 공임을 알
도록 해주는 것이야말로 참으로 잘 바로잡아주는 것이다.

於是二比丘言上智哉是優波離所不及持律之上不能說我答言自捨如來未
有聲聞及菩薩制其樂說之辨其智慧明達爲若此也時二比丘疑悔卽除發阿
耨多羅三藐三菩提心作是願言令一切衆生皆得是辨<辯?>. 此第三明時
衆得益. 文有三句. 第一比丘雙嘆. 二波離雙答. 三比丘雙益. 初雙嘆者.
上智哉. 嘆淨名内智. 持律之上而不能說. 嘆淨名外辨<辯?>. 二波離雙
答<者+?>. 初答外辨<辯?>. 其智慧明達. 次答内智. 比丘雙益者. 疑悔

卽除. 謂惡滅也. 發心明善生也.

'이에 두 비구가 말했습니다. 최상의 지혜입니다. 이것은 우파리가 미치지 못한 것입니다. 율을 수지하는 것으로는 설할 수 없습니다. 제가 곧 답변으로 말했습니다. 여래를 제외하고는 성문과 보살로서 그 樂說之辯을 구사할 수가 없습니다. 유마힐이 지혜에 밝게 통달함이 이와 같습니다. 그때 두 비구는 疑悔가 곧 사라지고 아뇩다라삼먁삼보리심을 발생하여 다음과 같이 서원을 지어 말했습니다. 일체중생에게 모두 이 변재를 얻도록 하겠습니다.'에서 이것은 셋째로 시회대중이 얻은 이익을 설명한 것이다.

경문에는 세 부분이 있다.

첫째는 비구가 雙嘆한 것이다.

둘째는 우파리가 雙答한 것이다.

셋째는 비구가 雙益한 것이다.

첫째로 雙嘆한 것이란 '上智'는 정명의 內智를 찬탄한 것이고, '율을 수지하는 것으로는 설할 수 없다'는 것은 外辯을 찬탄한 것이다.

둘째로 우파리의 답변이란 먼저의 답변은 그 智慧의 明達에 대한 것이고, 나중의 답변은 內智에 대한 것이다.

셋째로 비구의 雙益이란 疑悔가 곧 제거된 것은 악의 소멸을 말한 것이고, 발심은 잘 발생[善生]했음을 설명한 것이다.

故我不任詣彼問疾. 第三總結不堪.

'때문에 저는 그에게 문병하러 가는 것을 맡을 수가 없습니다.'에서 이것은 셋째로 감당하지 못하겠다는 것을 총결한 것이다.

佛告羅睺羅汝行詣維摩詰問疾. 此第九次命羅睺羅. 就文爲二. 初命. 次辭不堪. 羅睺者. 此言覆障. 謂六年在胎. 爲胎所覆障. 因以爲名. 所以有羅睺者. 諸相師. 四月八日. 來白淨飯王言. 太子. 若今夜不出家. 明日七宝自至. 爲轉輪王. 父王. 夜增其伎樂. 菩薩欲心内發. 耶輸陀羅. 其夜有身. 淨居天. 悲而言. 菩薩貪著五欲. 衆生誰度之. 内觀[714]出家. 後成道夜. 始生羅睺. 所以六年在胎者. 智度論云. 羅雲過去爲王. 六日飢餓仙人. 故招此報. 又余経云. 由塞鼠穴. 受斯果也. 羅睺. 亦名宮生. 悉達出家. 而生羅睺. 諸釋謂非佛子. 欲燒殺之. 耶輸抱子立誓. 俱投於火. 而化成蓮華. 諸釋云. 眞宮王也. 因以爲名.

'부처님께서 라후라에게 말씀하셨다. 그대가 가서 유마힐을 문병하여라.'에서 이것은 아홉째로 라후라에게 명한 것이다.
경문은 두 부분이 있다.
첫째는 명한 것이다.
둘째는 감당하지 못하겠다고 사양한 것이다.
라후라는 번역하면 覆障이다. 말하자면 육년 동안 태속에 있었는데, 태속에 覆障되었던 것을 인하여 이름을 삼았다. 때문에 라후라에 대해서는 다음과 같은 이야기가 있다.
'모든 점성가가 4월 8일에 정반왕을 찾아와서 말했다.〈태자가 만약 오늘

---

714) 内觀=因応 イ【原】【甲】

밤에 출가하지 않는다면 내일 칠보가 저절로 도래하고 전륜왕이 될 것입니다.〉 부왕이 밤에 그 기악을 크게 준비하였다. 보살로 하여금 마음을 내주기를 바랐는데, 그날 밤에 耶輸陀羅가 그날 밤에 임신을 하였다. 정거천이 슬퍼하며 말했다. 〈보살이 오욕에 탐착하면 중생은 누가 제도해주겠는가.〉 그로 인하여 출가하였는데, 후에 성도한 날 밤에 비로소 라후라가 태어났다. 때문에 육년 동안 태속에 있었다는 것이다.'

『대지도론』에서는 羅雲이 과거에 왕이었을 때 육일 동안 선인을 굶겼기 때문에[715] 그 과보를 초래하였다고 말한다. 또한 다른 경전에서는 막힌 쥐구멍을 말미암아서 그 과보를 받았다고 말한다.

羅睺는 또한 이름이 宮生이다. 悉達이 출가한 후에 羅睺가 태어났기 때문에 모든 석가족 사람은 부처님 아들이 아니라고 말하며 그를 燒殺하려고 했다. 耶輸가 아들을 품에 안고 서원을 세우고 함께 불속으로 뛰어들자 불이 변하여 연꽃이 되었다. 이에 모든 석가족 사람이 眞宮王이라고 말했다. 이를 인하여 宮生이라는 이름이 되었다.

羅睺羅白佛言世尊我不堪任詣彼問疾. 第二辭不堪. 就文爲三. 謂標釋結. 此初標也.

'라후라가 부처님께 사뢰어 말씀드렸다. 세존이시여. 저는 그에게 문병하러 가는 것을 감당할 수가 없습니다.'에서 이것은 둘째로 감당하지 못하겠다고 사양한 것이다.

---

715) 『大智度論』 卷17, (大正新脩大藏經25, p.182下) 참조.

경문은 세 부분이 있다. 말하자면 標와 釋과 結이다.
이 대목은 첫째의 標이다.

所以者何憶念昔時毘耶離諸長者來詣我所稽首作礼問我言唯羅睺羅汝佛子捨轉輪王位出家爲道其出家者有何等利我卽如法爲說出家功德之利. 此第二釋不堪. 就文爲三. 一被呵之由. 二能呵之旨. 三明時衆得益. 初文爲二. 一長者子問. 二羅雲答. 捨轉輪王位者. 佛不出家. 當爲金輪聖王. 王四天下. 羅雲不出家. 當爲鐵輪王. 王一天下. 一天下地及虛空. 各十由旬鬼神. 屬之爲其給使. 羅雲. 所以出家者. 佛成道竟. 還至本國. 羅雲年始六歲. 如來明日至. 変千比丘. 悉如佛形. 羅雲直往佛所. 摩其頂. 明日歸精舍. 勅身子目連度之. 初出家後. 喜多暴口形詔[716]於人. 佛一時約勅. 於斯永斷. 相罵不瞋. 佛嘆其忍辱持戒密行第一. 諸長者子. 所以問者. 見羅睺所捨至重. 未聞其所得. 是故問也. 我卽爲如法說出家利者. 依出家功德経. 有人殺三千世界衆生. 有人救之得脫. 有人挑三千世界衆生眼. 有人治之得差. 其出家福. 多彼救治. 功德相応. 爲說此利也.

'왜냐하면 억념해보니, 옛적에 비야리의 모든 장자의 아들이 제가 있는 곳에 찾아와서 계수하여 작례하고 저한테 질문으로 다음과 같이 말했습니다. 저, 라후라여. 그대는 부처님의 아들입니다. 전륜왕위를 버리고 출가하여 수도하는데, 그 출가자에게는 어떤 이익이 있습니까. 제가 곧 여법하게 출가한 공덕의 이익에 대하여 설해주었습니다.'에서 이것은 둘째로 감당하지

---

716) 詔=名₁【原】

못하겠다고 해석한 것이다.

경문은 세 부분이 있다.

첫째는 가책을 받은 이유이다.

둘째는 가책한 뜻[旨]이다.

셋째는 시회대중이 얻은 이익이다.

첫째에 해당하는 경문에도 두 부분이 있다.

첫째는 장자 아들의 질문이다.

둘째는 라후라[羅雲]의 답변이다.

'전륜왕위를 버리고'는 부처님이 출가하지 않았다면 마땅히 금륜성왕이 되어 사천하의 왕이 되었을 것이다. 라후라가 출가하지 않았다면 마땅히 철륜왕이 되어 일천하의 왕이 되었을 것이다. 일천하의 地 및 虛空은 각각 십 유순인데, 거기에 속해 있는 귀신이 급사가 되어 있다. 라후라가 출가한 것은 부처님이 성도를 마치고 본국에 돌아오던 때로서 라후라의 나이는 겨우 여섯 살이었다. 여래가 다음날 (본국에) 도착하자 천 명의 비구를 모두 부처님의 형상과 같게 변화시켰다. 라후라가 직접 부처님이 계신 곳에 나아가서 만나자 (부처님은) 그 정수리를 쓰다듬어 주었다. 그리고 다음 날 정사로 돌아갈 때 사리불과 목련에게 라후라를 득도시키라고 시켰다. 처음 출가시킨 직후에는 비구들에게 깔깔거리고 말을 함부로 하며 심부름을 시키자[喜多暴口形詔] 부처님은 한때 그것을 완전히 없애주겠다고 약속하자, 그로부터 자상하게 꾸짖을 뿐 화를 내지는 않았다. 이에 부처님이 라후라의 인욕과 지계와 밀행이 제일이라고 찬탄하였다.

모든 장자의 아들이 질문한 것은 라후라가 버린 지중한 보배를 보고는 아직 가져본 적이 없는 것이었기 때문에 질문한 것이다.

'제가 곧 여법하게 출가의 이익에 대하여 설해주었다.'는 것은 『출가공덕경』에 의하면, 어떤 사람은 삼천대천세계의 중생을 살생하고, 어떤 사람은 그들을 구하여 벗어나게 해주며, 어떤 사람은 삼천대천세계의 중생의 눈을 후벼 파고, 어떤 사람은 그 눈을 치료하여 낫게 해주었다. 그것은 출가의 복이 많아서 그들을 구제하고 치유함으로써 공덕에 상응하기에 이러한 이익에 대하여 설한 것이다.

時維摩詰來謂我言羅睺羅不應說出家功德之利. 此第二能呵之旨. 就文爲二. 初呵羅云所說. 次淨名辨出家之利. 羅什云. 羅雲[717]受屈. 其旨有四. 一不見人根. 應非其藥. 二出家功德無量. 而說之有限. 三卽是實相. 而以相說之. 四出家本爲實相涅槃. 羅云不說其本. 吉藏謂. 家有二種. 一者形家. 謂父母妻子. 二者心家. 卽是煩惱. 諸長者子. 無出形家之義. 有出心家之義. 而羅云雖嘆出形家. 於事無益. 若說出心家. 則便有利. 而不應說而說. 應說而不說. 則是漏機. 所以受屈.

'그때 유마힐이 다가와서 저한테 다음과 같이 말했습니다. 저, 라후라여. 결코 출가한 공덕의 이익에 대하여 설해서는 안됩니다.'에서 이것은 둘째로 가책한 뜻[旨]이다. 경문은 두 부분이 있다. 첫째는 라후라가 설한 것을 가책한 것이고, 둘째는 정명이 출가의 이익을 변별해준 것이다.
 나집은 다음과 같이 말한다.
 '라후라가 받은 굴복은 그 뜻에 네 가지가 있다. 첫째는 사람의 근기를 보지 못하여 당연히 그 약이 되지 못했다. 둘째는 출가의 공덕이 무량한데 그

---

717) 雲=云【甲】

것을 유한하다고 설한 것이다. 셋째는 실상에 즉해 있는데도 그것을 형상으로써 설한 것이다. 넷째는 출가는 본래 실상과 열반을 위한 것인데도 라후라는 그 근본을 설하지 않았다.'

나 길장은 말한다.

'집[家]에 두 가지가 있다. 첫째는 形家인데 말하자면 부·모·처·자 등이다. 둘째는 心家인데 곧 번뇌이다. 모든 장자의 아들은 形家의 뜻을 벗어나지 않았지만 心家의 뜻은 벗어나 있다. 그런데도 라후라는 形家를 벗어난 것만 찬탄하였기에 불사[事]에 이익이 없다. 만약 心家를 벗어났음을 설했다면 곧 이익이 있었을 것이다. 그래서 마땅히 설하지 말아야 할 것은 설하였고 마땅히 설해야 할 것은 설하지 않은 즉 그것이 사람[機]에게 번뇌[漏]가 되었기에 굴복을 받은 것이다.'

所以者何無利無功德是爲出家有爲法者可說有利有功德夫出家者爲無爲法無爲法中無利無功德. 此第二得[718]名說出家法. 諸長者子. 正以有得爲懷[719]. 謂有人能出. 有家可出. 家爲過罪. 出有功德. 此皆有所得心. 卽是有爲法. 悉名爲家. 維摩破著心故. 讚無爲法. 無爲是果. 出家爲因. 果旣無爲. 因豈有著[720]. 若能蕭然無寄. 始是出家.

'왜냐하면 이익도 없고 공덕도 없는 것이 곧 출가이기 때문입니다. 유위

---

718) 得=淨【甲】
719) 懷=壞【甲】, =懷ㅓ【甲】
720) 著=善ㅓ【甲】

법에는 이익이 있고 공덕이 있다고 설할 수가 있습니다. 그러나 무릇 출가라는 것은 무위법입니다. 무위법에는 이익도 없고 공덕도 없습니다.'에서 이것은 둘째로 정명이 설한 출가법이다.

　모든 장자의 아들은 바로 유소득을 생각하고서 어떤 사람[人]이 벗어나고 어떤 집[家]을 벗어나며, 家는 過罪이므로 벗어나면 공덕이 있다는 것에 대하여 말한다. 이것은 모두 유소득심인데 곧 유위법으로서 모두 家라고 명칭한다. 그러나 유마힐은 집착심을 타파하는 까닭에 무위법을 찬탄한다. 無爲는 곧 果이고 出家는 因이다. 果가 이미 무위인데 因에 어찌 有著이겠는가. 만약 소연하여 의지함이 없다면 그것이 비로소 출가이다.

羅睺羅出家者無彼無此亦無中間. 在俗爲此. 出家爲彼. 出家方便. 名爲中間. 今並忘之. 卽出家也.

　'라후라여. 출가자에게는 저것[彼]도 없고 이것[此]도 없으며 또한 중간도 없습니다.'에서 재속은 此이고, 출가는 彼이며 출가의 방편을 중간이라고 말한다. 지금은 그것을 모두 잊은 즉 출가이다.

離六十二見處於涅槃. 旣忘彼此兩間. 復離諸見. 便處涅槃果.

　'육십이견을 떠나서 열반에 처합니다.'에서 이미 彼와 此와 中間을 잊고서 다시 제견을 떠나서 곧 열반의 果에 처한다.

智者所受聖所行處. 地前菩薩. 依敎生解. 名爲智者. 信順此法. 是名爲受. 登地. 會於正理. 稱之爲聖. 聖心遊之. 故云行也.

'智者가 수용하는 것이고 성인이 행하는 도리입니다.'에서 地前의 보살이 敎에 의거해서 解를 발생하는 것을 智者라 말한다. 이 법을 믿고 따르는[信順] 것을 受라고 말한다. 십지에 올라서 正理를 이해하는 것을 聖이라 일컫는다. 聖心으로 거기에 노닐기 때문에 행한다[行]고 말한다.

降伏衆魔度五道. 経云一人出家. 魔宮皆動. 始動魔宮. 終心[721]降伏. 旣降伏四魔. 必超度五道. 凡夫能出四趣. 不能出天道. 出家求滅. 則五道斯度.

'衆魔를 다스리고, 五道를 제도하며'에서 경전에서 '한 사람이 출가하면 魔宮이 모두 움직인다. 처음에는 마궁이 움직이지만 끝내 반드시 항복한다.'고 말한다. 이미 四魔를 항복시키면 반드시 오도가 제도된다. 범부는 四趣를 벗어나지만 天道는 벗어나지 못한다. 출가하여 멸도를 추구한 즉 五道가 바로 그 度이다.

淨五眼得五力立五根不惱於彼. 二乘出家. 雖度五道. 不能淨五眼. 大乘離俗. 能淨五眼. 五眼有二. 一約五人有五. 人有肉眼. 天有天眼. 二乘慧

---

721) 心=必ィ【甲】

眼. 菩薩法眼. 佛佛眼. <二+?>一人具五者. 見彰[722]內爲肉眼. 見障外爲
天眼. 照實相爲慧眼. 照二[723]乘法滅. 名爲法眼. 照於佛性. 兼無法不知.
名爲佛眼. 今論後五. 故名爲淨. 信進念定慧爲五. 此五. 在鈍根人心爲根.
在利根人心爲力. 若據一人. 則始終爲異. 在家. 有妻子財産. 若遇因緣.
必惱於彼. 出家. 則道超事外. 惱因自息. 故云[724]惱於彼.

'五眼을 청정케 하고, 五力을 터득하며, 五根을 확립합니다. 그것에 괴로
워하지 않고'에서 이승의 출가는 비록 오도를 제도할지라도 오안을 청정케
하지는 못한다. 대승은 속을 떠나서 오안을 청정케 한다.

오안에 두 가지가 있다.

첫째는 다섯 사람에 의거하여 오안이 있다는 것이다. 人에게는 육안이 있
고, 天에게는 천안이 있으며, 二乘에게는 혜안이 있고, 菩薩에게는 법안이
있으며, 佛에게는 불안이 있다.

둘째는 한 사람에게 오안이 있다는 것이다. 한정된 범위 안[障]內만 보는
것은 육안이고, 한정된 범위 밖[障外]까지 보는 것은 천안이며, 실상을 비추
는 것은 혜안이고, 이승법이 소멸함을 비추는 것은 법안이라 말하며, 불성
을 비추고 아울러 알지 못하는 법이 없는 것을 불안이라 말한다.

지금 이 대목에서는 후자의 오안을 논하기 때문에 청정이라고 말한다.

信과 進과 念과 定과 慧가 다섯인데, 이 다섯 가지가 둔근인의 마음에 있
으면 五根이 되지만, 이근인의 마음에 있으면 五力이 된다. 만약 한 사람에

---

722) 彰=障【甲】
723) 二=三【原】，=三【甲】，=二【甲】
724) 云+(不)【甲】

게 의거하면 재가인 즉 처자 및 재산이 있어서 인연을 만나면 반드시 그것에 괴로움을 당하지만, 출가인 즉 道가 事外에 벗어나서 괴로움의 因이 저절로 그치기 때문에 그것에 괴로움을 당하지 않는다.

離衆雜惡摧伏外道. 在俗行善. 由雜不善. 出家求道. 道旣純淨. 行分不雜也. 出家不爲摧物[725]. 而諸惡自消. 猶如日出. 不期滅闇. 而闇自滅也.

'갖가지 雜惡을 떠나며, 모든 외도를 물리치고'에서 俗에서는 선을 행해도 雜을 말미암은 불선이지만, 출가하여 구도하면 도가 이미 純淨하여 行分이 雜되지 않다. 출가는 제악[物]을 억압하지 않아도 제악이 저절로 소멸되는데, 마치 해가 뜨는 것과 같아서 어둠을 소멸시키려고 기약하지 않아도 어둠이 저절로 소멸되는 것과 같다.

超越仮名. 経說有四. 一生死是仮名. 涅槃非仮名. 生死是浮虛幻僞. 所以是仮. 涅槃眞實. 故非是仮. 二者涅槃是仮. 生死非仮. 涅槃無名. 强爲立名. 所以是仮. 生死本是名相之法. 非强立名. 是故非仮. 三者俱是仮. 以生死涅槃. 是因緣相待. 故是仮也. 如華嚴云. 生死涅槃. 二俱是虛妄. 四二俱非仮. 癈名就法. 法体皆如. 如内絶言. 故非仮称. 今就初門. 明生死是仮名. 得涅槃故超出也.

---

[725] 摧物=物摧力【甲】

'仮名을 초월합니다'에서 경전의 설명에는 네 부분이 있다.

첫째는 생사는 곧 가명이지만 열반은 가명이 아니다. 생사는 허공에 幻과 僞로 떠있는 것과 같기 때문에 仮이지만 열반은 진실이기 때문에 仮가 아니다.

둘째는 열반은 仮이지만, 생사는 仮가 아니다. 열반은 명칭이 없지만 억지로 명칭을 내세운 까닭에 곧 仮이지만, 생사는 본래 名相의 법으로서 억지로 내세운 명칭이 아닌 까닭에 仮가 아니다.

셋째는 (생사와 열반) 모두 仮이다. 생사와 열반은 그 인연이 相待이므로 곧 仮이다. 저 『화엄경』에서 '생사와 열반 이 둘은 모두 허망하다'고 말한 것과 같다.

넷째는 (생사와 열반) 모두 仮가 아니다. 명칭을 폐하고 법에 나아가보면 법체가 모두 진여[如]인데, 진여는 안으로 언설을 단절한 까닭에 仮稱이 아니다.

지금 이 대목은 첫째[初門]에 대한 것으로, 생사는 곧 仮名이지만 열반을 얻은 까닭에 초출한다는 것을 설명한다.

出非[726]泥無繫著. 出仮名離生死果. 出淤泥. 離生死因. 在家沒愛泥. 外道出家沒見泥. 今明眞出家. 俱離愛見. 非但離生死之愛見. 亦無繫著. 於道法.

'淤泥를 벗어나고, 繫著이 없으며'는 가명을 벗어나고 생사의 果를 떠나는 것이다. 淤泥를 벗어나는 것은 생사의 인을 벗어나는 것이다. 재가의 경우는 愛泥에 빠지고, 외도와 출가는 見泥에 빠진다. 지금은 진정한 출가는 애견을 모두 떠남을 설명한다. 비단 생사의 애견을 떠날 뿐만 아니라 또한 도

---

726) 非=淤【甲】

법에 대해서도 계착이 없다.

無我所無所受無擾亂. 所以無繫著者. 由無我所故也. 受之言取. 取有四種. 欲取. 我取. 戒取. 見取. 今無此四取也. 若內有四取. 必有擾亂. 以心無所取. 故無擾亂.

'我所가 없고, 수용할 것이 없습니다. 擾亂이 없고'에서 繫著이 없는 이유는 아소가 없음을 말미암은 까닭이다. 그것[繫著]을 받는 것을 取라 말하는데, 取에 네 가지가 있다. 곧 欲取와 我取와 戒取와 見取이다. 지금 이 대목에는 이 네 가지의 取가 없다 만약 안[內]에 네 가지의 취가 있다면 반드시 擾亂이 있을 것이다. 그러나 마음에 所取가 없는 까닭에 擾亂이 없다.

內懷喜護彼意隨禪定離衆過. 出家之人. 有三種喜. 一者有現世功德. 自然予欣. 二者後得涅槃. 心常歡悅. 三者不憂不喜. 心無依[727]著. 則眞淨妙喜也. 又能將順衆生. 不乖逆其意. 故言護彼意. 隨禪定者. 戒能折伏煩惱. 令其勢微. 禪定能遮. 便[728]惑不起. 智慧能滅. 畢竟無余. 今持戒清淨. 則結薄心靜. 与禪相順. 故言隨也.

'안으로 喜를 품습니다. 중생의 마음[意]을 보호하고 온갖 허물을 떠납니

---

727) 依=想力【原】
728) 便=使力【原】, =使【甲】

다.'에서 출가인에게는 세 가지 즐거움이 있다.

첫째는 현세에 공덕이 있으므로 저절로 즐거워한다.[子欣]

둘째는 이후에 열반을 터득하므로 마음이 항상 즐겁다.[歡悅]

셋째는 근심이 없고 기쁨이 없어서 마음에 依著이 없은 즉 참으로 청정하고 미묘하게 즐겁다.[眞淨妙喜] 또한 중생을 수순하고 중생의 마음[意]을 거스르지 않기 때문에 중생의 마음을 보호한다[護彼意]고 말한다.

선정을 따르는[隨] 사람은 戒가 번뇌를 절복하여 그 번뇌의 세력을 미미하게 만들어주고, 선정이 번뇌를 막아서 곧 미혹이 일어나지 않게 해주며, 지혜가 번뇌를 소멸시켜주므로 필경에 남아 있는 번뇌가 없다.

지금 이 대목에서는 지계가 청정한 즉 결박된 마음이 고요해지고 禪을 相順하기 때문에 따른다[隨]고 말한다.

若能如是是眞出家. 若能不違上說. 是眞出家. 總結之也.

'만약 이와 같이 할 수가 있어야 곧 진정한 출가입니다.'에서 만약 위의 설명을 거스르지 않게 되면 이것이야말로 진정한 출가인데, 이 대목은 그것을 총결한 것이다.

於是維摩詰語諸長者子汝等於正法中宜共出家所以者何佛世難値. 此第三明時衆出[729]益. 凡有四句. 初淨名勸出家. 二長者不敢違佛制. 三淨名

---

729) 出=衆力【原】. =蒙【甲】

重勸發心. 四長者受旨. 此初文也. 淨名知其不得出家. 而欲令其發心. 故有此勸耳.

'이에 유마힐이 모든 장자의 아들에게 말했습니다. 그대들은 정법 가운데서 반드시 함께 출가하십시오. 왜냐하면 부처님은 세간에서 만나기 어렵기 때문입니다.'에서 이것은 셋째로 시회대중이 얻은 이익을 설명한 것이다.
　여기에는 무릇 사구가 있다.
　첫째는 정명이 출가를 권장한 것이다.
　둘째는 장자가 佛制를 어기지 않는 것이다.
　셋째는 정명이 거듭 발심을 권장한 것이다.
　넷째는 장자가 뜻[旨]을 받아들인 것이다.
　이 대목은 첫째[初門]의 경우에 해당한다.
　정명은 그가 출가할 수 없음을 알고서 그로 하여금 발심토록 해주려는 까닭에 이처럼 권장한 것이다.

諸長者子言居士我聞佛言父母不聽不得出家. 此第二答也. 律云. 有人詣僧坊. 諸比丘輒度之. 其父母大愁苦. 訴730)淨飯之731). 淨飯王云. 太子無令我知. 輒私出家. 吾愁苦. 自令732)已去. 父母不聽. 不得出家. 以是事白佛. 佛制戒云. 若父母不聽. 不得趣度之者. 得吉羅罪.

---

730) 訴＝訐【甲】, ＝訴力【甲】
731) 之＝王力【原】, ＝王【甲】
732) 令＝今力【甲】

'모든 장자의 아들이 말했습니다. 거사여. 저희는 부모가 들어주지 않으면 출가할 수가 없다는 부처님의 말씀을 들은 적이 있습니다.'에서 이것은 둘째로 답변한 것이다.

『율』에서는 다음과 같이 말한다.

'어떤 사람이 僧坊에 나아가자 제비구가 곧 그를 제도해주었다. 그 부모가 크게 근심하고 괴로워하여 정반왕에게 그것을 호소하였다. 정반왕이 말했다. 〈태자도 내가 알지 못하는 사이에 곧 사사롭게 출가하였는데 그것이 나의 근심이고 괴로움이다. 이후부터는 부모가 들어주지 않으면 출가할 수 없다.〉 (그 부모가) 이에 부처님에게 사뢰자, 부처님은 制戒하여 〈만약 부모가 들어주지 않으면 得度에 나아갈 수 없다. 그런 사람은 돌길라죄이다.〉고 말했다.'

維摩詰言然汝等便發阿耨多羅三藐三菩提心是卽出家是卽具足. 此第三文也. 所以勸發心者. 彰其形雖繫於二親. 而心超於三界. 則是出於心家. 旣出心家. 則身口無衆惡. 便是具足戒也.

'유마힐이 말했습니다. 그렇습니다. 그대들이 곧 아뇩다라삼먁삼보리심을 발생하면 그것이 바로 출가이고 그것이 바로 구족입니다.'에서 이것은 셋째의 경문이다. 때문에 발심을 권장한 것은 그 몸은 비록 양친에 매여 있을지라도 마음이 삼계를 초월한 즉 그것은 心家를 벗어난 것이다. 이미 心家를 벗어난 즉 몸과 입에 衆惡이 없는데 그것이 곧 구족계이다.

爾時三十二長者子皆發阿耨多羅三藐三菩提心. 此第四文也. 諸長者子.

旣以有碍. 不形出家. 而聞在家有出心家之理. 故欣然從之.

'그때 삼십이 장자의 아들이 아뇩다라삼먁삼보리심을 발생하였습니다.'에서 이것은 넷째의 경문이다. 모든 장자의 아들에게는 이미 장애가 있어서 몸으로는 출가하지 못하였지만, 재가의 경우에도 心家를 벗어나는 이치가 있음을 들었기 때문에 흔연히 그것을 따랐다.

故我不任詣彼問疾. 此第三總結.

'때문에 저는 그에게 문병하러 가는 것을 맡을 수가 없습니다.'에서 이것은 셋째로 총결한 것이다.

佛告阿難汝行詣維摩詰問疾. 第十次命阿難也. 就文爲二. 初命. 二辭不堪. 阿難者. 此云無染. 支道林云博聞. 旧翻歡喜. 凡有三義. 一者. 釋迦過去發願. 願我成佛. 持733)者名曰歡喜. 二者. 阿難是佛得道夜生. 淨飯734)王735)云. 今是歡喜日. 可絡736)此兒以爲歡喜. 三者. 阿難形容端正. 見者歡喜. 故名歡喜. 阿難与羅雲. 同是佛親. 而命有前後者. 凡有四義. 一者阿難与羅雲. 雖同是佛得道夜生. 而羅雲. 在胎六年. 以其年大. 故前命也. 二者

---

733) 持=侍【甲】
734) 飯+(王)力【甲】
735) 〔王〕-【甲】
736) 絡=給力【原】

羅云出家. 得羅漢果. 阿難猶居學地. 三者羅云在俗. 當紹國位[737]. 阿難不然. 以君臣次第故. 命有前後. 四者. 羅睺<云?>明出家爲因. 阿難. 辨法身爲果. 先[738]因後果. 以爲次第.

'부처님께서 아난에게 말씀하셨다. 그대가 가서 유마힐을 문병하여라.'에서 이것은 열째로 이어서 아난에게 명한 것이다.
경문은 두 부분이 있다.
첫째는 명한 것이다.
둘째는 감당하지 못하겠다고 사양한 것이다.
아난은 번역하면 無染이다. 支道林은 博聞이라고 말했다.
구역에서는 歡喜라고 번역했는대, 무릇 세 가지 뜻이 있다.
첫째는 석거모니가 과거에 발원을 하였다. '바라건대 내가 성불하면 시자의 이름을 환희라고 하겠습니다.'
둘째는 아난은 부처님이 득도한 날 밤에 태어났다. 정반왕이 말했다. '오늘은 환희의 날이다. 그러므로 이 아이로써 환희라고 하겠다.'
셋째는 아난은 용모가 단정하여 그를 보는 사람이 환희하였기 때문에 환희라는 이름이 붙었다.
아난과 라운은 모두 부처님의 친척인데 命에는 전후가 있는데, 무릇 네 가지 뜻이 있다.
첫째는 아난과 라운이 비록 똑같이 부처님이 득도한 날 밤에 태어났을지라도 라운은 태속에 6년 동안 있었기 때문에 그 나이가 많으므로 前命이다.

---

737) 位=德ƒ【原】
738) 先=前ƒ【原】

둘째는 라운은 출가하여 아라한과를 얻었는데, 아난은 아직도 수행계위[學地]에 있었다.

셋째는 라운은 세속에 있었으면 당연히 왕위를 이었겠지만, 아난은 그렇지 않고 군신의 차제였기 때문에 命에 전후가 있다.

넷째는 라운은 출가를 해명한 것이므로 因이고, 아난은 법신을 변별한 것이므로 과이다. 먼저의 因과 나중의 果로써 차제를 삼는다.

阿難白佛言世尊我不堪任詣彼問疾. 此第二釋不堪. 有標釋結. 此初文也.

'아난이 부처님께 사뢰어 말씀드렸다. 세존이시여. 저는 그에게 문병하러 가는 것을 감당할 수가 없습니다.'에서 이것은 둘째로 감당하지 못하겠다는 것을 해석한 것이다. 이하에 標와 釋과 結이 있는데, 이 대목은 標[初文]이다.

所以者何憶念昔時世尊身小有疾當用牛乳我卽持鉢詣大婆羅門家門下立. 此第二次釋不堪. 就文爲三. 初明被呵之由. 二述能呵之旨. 三阿難受屈. 此初文也. 身小有疾者. 然理[739]疾之意. 非可一徒. 良以淺識之流. 取信耳目. 於如來. 而生劣想. 今彰阿難不達. 或同衆人. 淨名高呵. 以開法身之唱. 令悟應也. 當用牛乳者. 佛在毘耶離. 音樂樹下說法. 身患風氣. 須乳煮糜也. 詣大婆羅門[740]者. 毘耶離. 有大婆羅門. 名梵摩耶. 是婆羅門

---

739) 理=現【甲】
740) 門+(家)【甲】

師. 有五百[741]弟子. 信受邪道. 不敬佛法. 而大慳貪. 今以七聖化之. 一佛現疾. 二阿難乞乳. 三淨名來呵. 四牛母說偈. 五牛子說偈. 六化人搆乳. 七空內聲告. 此人大慳. 以羅網覆庭屋. 令飛鳥不能得食穀食等也. 朝往与[742]乳. 正值其人. 与五百弟子. 共入見王.

'왜냐하면 억념해보니, 옛적에 세존께서 몸에 미미한 병이 생겨 당장 우유가 필요했습니다. 제가 곧 발우를 들고 대바라문 집으로 가서 문 앞에 서 있었습니다.'에서 이것은 둘째로 이어서 감당하지 못하겠다는 것을 해석한 것이다.

경문은 세 부분이 있다.

첫째는 가책을 받은 이유를 설명한다.

둘째는 가책한 뜻[旨]을 서술한다.

셋째는 아난이 받은 굴복이다.

이 대목은 첫째[初文]에 해당한다.

'몸에 미미한 병이 생겼다'는 것은 병[疾]을 (마음대로) 다스린다[理]는 뜻이므로 일군의 무리 곧 진실로 淺識의 부류가 여래에 대하여 耳目으로 취한 것만 믿어서 劣想을 내어서는 안된다.

지금의 이 대목은 아난이 통달하지 못하여 혹 衆人과 동일시한 것을 밝힌 것이다. 정명이 크게 가책함으로써 법신의 말씀[唱]을 열어서 깨침에 상응시키려는 것이다.

'당장 우유가 필요하다'는 것은 부처님이 비야리에서 音樂樹 아래서 설법

---

741) 百=万ィ【原】【甲】
742) 与=乞【甲】

할 때 身患과 風氣 때문에 乳煮糜가 필요했다는 것이다.

'대바라문 집으로 갔다'는 것은 비야리에 대바라문이 있었는데 이름이 梵摩耶였다. 이 婆羅門師에게는 오백 명의 제자가 있었는데 邪道를 信受하고 불법을 공경하지 않고 매우 慳貪하였다.

지금 이 대목에서는 일곱 가지 聖으로써 그를 교화한다.

첫째는 부처님이 병[疾]을 드러낸다.

둘째는 아난이 우유를 구걸한다.

셋째는 정명이 찾아와서 가책한다.

넷째는 어미 소가 게송을 설한다.

다섯째는 송아지가 게송을 설한다.

여섯째는 化人이 우유를 가져온다.

일곱째는 허공에서 소리로 고한다.

이 사람(대바라문)은 매우 慳貪하여 그물로 마당과 집을 뒤덮어서 날아다니는 새가 곡식 등을 주워 먹지 못하게 하였다.

아침에 찾아가서 우유를 구걸하면 바로 그 사람을 만나게 되었는데, 오백 명의 제자와 함께 모두 왕을 친견하러 (궁궐로) 들어가는 길이었다.

問阿難何求. 答具上事. 梵志默然不對. 自意[743]思惟. 若不与. 諸人謂我悋情[744]. 我若与者. 復謂事[745]瞿曇. 良久. 卽指取惡弊牛. 令阿難自攝[746]取

---

743) 意＝惡力【甲】
744) 情＝惜【甲】
745) (我)ㅓ＋事【甲】
746) 攝＝搆ㅓ【原】【甲】

乳. 作此意者. 一欲明瞿曇. 常与我諍功德勝. 今令惡牛. 抵殺其弟子. 卽恥其師. 令衆人捨瞿曇. 來就我也. 又牛飢惡. 必不得乳. 於我無損. 是時有化人. 來爲搆⁷⁴⁷乳. 而牛說偈. 今⁷⁴⁸施佛乳. 云留少許与犢子. 犢子說偈云. 盡施如來. 我自噉草. 事出乳光経.

묻는다 : 아난은 무엇을 구하는 것입니까.
답한다 : 자세한 것은 위의 설명과 같다. 梵志[대바라문]는 묵연히 상대해주지 않고 스스로 생각하였다. '만약 우유를 주지 않으면 모든 사람이 내가 인색하다고 말할 것이다. 만약 내가 우유를 준다면 다시 내가 한 행위를 구담에게 말할 것이다.' 침묵을 지키고 나서 곧 병에 걸린 소[惡弊牛]를 데려와 가리키면서 아난에게 직접 우유를 짜도록 하였다. (대바라문이) 이와 같이 한 의도는 다음과 같다.

첫째는 구담은 항상 나[대바라문]와 함께 공덕의 뛰어남에 대하여 다투어왔는데 지금 병든 소를 그 제자가 죽이게 되면 곧 그 스승을 욕보이게 되므로 衆人들로 하여금 구담을 버리고 나한테 찾아올 것임을 해명하려는 것이다.

둘째는 소가 이미 병에 걸렸으므로 결코 우유를 얻지 못할 것이므로 나한테는 손해가 없을 것이다.

그때 어떤 化人이 찾아와서 우유를 짜기 위하여 소한테 게송을 설하여 부처님에게 우유를 보시토록 하려고 말했다.

'잠시 송아지와 함께 그 자리에 있어다오.'

---

747) 搆=攝ㆍ【原】
748) 今=令ㆍ【原】, =令【甲】, =今ㆍ【甲】

그러자 송아지가 게송을 설하여 말했다.
'모든 것을 여래에게 보시하려고 내가 스스로 풀을 먹는다네.'
이 이야기는 『乳光経』에 나온다.[749]

時維摩詰來謂我言唯阿難何爲晨朝持鉢住. 此第二[750]能呵之旨. 就文爲三. 一問. 二答. 三呵. 晨朝非乞食時. 是以問也.

'그때 유마힐이 다가와서 저한테 다음과 같이 말했습니다. 저, 아난이여. 어째서 이른 아침에 발우를 들고 여기에 있는 것입니까.'에서 이것은 둘째로 가책한 뜻[旨]을 서술한 것이다.
경문은 세 부분이 있다.
첫째는 질문이다.
둘째는 답변이다.
셋째는 가책한다.
이른 아침은 걸식하는 시간이 아니기 때문에 그것을 가지고 질문한 것이다.

我言居士世尊身小有疾當用牛乳故來至此. 第二阿難以事對也.

'제가 말했습니다. 거사여. 세존께서 몸에 미미한 병이 생겨 당장 우유가

---

749) 『法華玄義釋籤』卷19, (大正新脩大藏經33, p.953上) 참조.
750) 二+(述)力【原】

필요하기 때문에 여기에 와 있습니다.'에서 이것은 둘째로 아난이 지난 일을 가지고 응대한 것이다.

維摩詰言止止阿難莫作此語. 此第三正呵. 文凡有三誡三釋. 此初誡也. 所以重止者. 佛若實病. 則上隱法身之德. 下增衆生之累. 今欲斷此二義. 是故重止.

'유마힐이 말했습니다. 그렇게 말해서는 안됩니다. 아난이여. 그런 말을 해서는 안됩니다.'에서 이것은 셋째로 바로 가책한 것이다. 경문에는 무릇 세 가지 경계[三誡]와 세 가지 해석[三釋]이 있다. 이 대목은 첫째의 경계[初誡]이다.
　(우유의 걸식을) 중지한 까닭은 부처님이 만약 실제로 병에 걸렸다면 곧 위로는 법신의 덕이 숨어버리고 아래로는 중생의 번뇌가 증장한다.
　지금은 이 두 가지 뜻을 단제해주려는 까닭에 중지한 것이다.

如來身者金剛之体. 此釋上誡也. 小乘人云. 骨是金剛. 肉非金剛. 大乘明. 如來生身. 內外金剛. 一切實滿. 有大勢力. 無有病處. 若以金剛. 喩法身者. 如涅槃金剛身品說之. 法身是常. 不可壞故. 如金剛.

'여래의 몸은 금강체입니다.'에서 이것은 위의 첫째의 경계[初誡]를 해석한 것이다. 소승인은 뼈는 금강이고 살은 금강이 아니라고 말한다. 대승에서는 여래의 生身은 안팎으로 금강이고 일체에 실로 충만하여 큰 세력이 있어서 병에 걸리지 않는다고 설명한다. 만약 금강으로써 법신을 비유한다면 그것은 저 『열반경』[금강신품]에서 그것에 대하여 설하고 있듯이, 법신은 常으로서 파괴되지 않기 때문에 금강과 같다.

諸惡已斷衆善普會當有何疾當有何惱. 上就果門辨無病. 此就因門釋無病. 衆惡已斷. 無有病因. 衆善衆751)會. 無有病因.

 '모든 악을 이미 단제하였고 모든 선을 널리 모았는데 도대체 어찌 병이 있겠고, 도대체 어찌 번뇌가 있겠습니까.'에서 위에서는 果門에 나아가서 無病을 변별하였는데, 지금 이 대목은 因門에 나아가서 無病을 해석한다. 衆惡을 이미 단제하였기에 병의 因이 없고, 善을 널리 모았기에 병의 因이 없다.

默往阿難勿謗如來. 此第二誡也. 默往. 令還去也. 無病事彰752). 必不須乳. 故令還去. 苟云是實. 則謗佛也.

 '조용히 가십시오. 아난이여. 여래를 비방하지 마십시오.'에서 이것은 둘째의 경계[第二誡]이다.
 '조용히 가라'는 것은 (아난에게) 돌아가라고 말한 것이다. 병에 걸릴 것이 없음을 밝히면 반드시 우유가 필요하지 않다. 때문에 (아난에게) 돌아가라고

---

751) 衆=普力【原】, =普【甲】
752) 彰=鄣力【原】

말한 것이다. 진실로 말하자면 그것이 진실인 즉 부처님을 비방하는 것이다.

莫使異人聞此麁言. 病爲當753)近. 麁之極也. 不達聞之. 必謂實病.

'이교도들이 이런 불미스러운 말을 듣게 해서는 안됩니다.'에서 병이 장차 다가오게 되는 것은 불미스러움의 極이다. 그것을 듣지 못하도록 한다는 것은 반드시 실제로 병에 걸렸음을 말한다.

無令大威德諸天及他方淨土諸來菩薩得聞斯語. 什公云. 五淨居天上. 別有大自在天. 是十地菩薩. 又754)他方大士. 此之二人. 若聞斯言. 知佛方便. 怪汝不達也.

'대위덕의 제천 및 타방정토에서 온 모든 보살들이 그 말을 들어서는 안됩니다.'에 대하여 나집공은 '다섯째의 정거천 위에는 별도로 대자재천이 있는데 그 십지보살 및 타방의 太士 이 둘이 만약 이 말을 듣는다면 부처님의 방편인 줄 알 것인데, 그대가 통달하지 못한 것이 기이할 뿐이다.'라고 말한다.

---

753) 当－常〻【原】【甲】
754) 又＝及力【甲】

阿難轉輪聖王以小福故尚得無病豈況如來無量福會普勝者哉. 此第二釋也. 前就聖推. 此擧凡況. 輪王乃不及欲界諸天. 但以人間小福. 尚得無病. 豈況如來普勝三界. 而有疾哉. 論云. 有羅漢. 名薄俱羅. 往昔爲賣藥師. 語夏安居僧言. 若有須藥. 就我取之. 衆竟無所須. 唯一比丘小病. 受一呵利勒果. 因是九十一劫. 生於天人. 受無量快樂. 但聞藥名. 而身無微患. 於此生中. 年已九十一[755)]劫. 亦未曾有病. 況[756)]積善無量. 病由何生.

'아난이여. 전륜성왕은 작은 복을 가지고 있는 까닭에 오히려 병이 없는데, 어찌 하물며 여래처럼 무량한 福會와 普勝者이겠습니까.'에서 이것은 둘째로 해석이다. 위에서는 聖에 나아가서 해석한 것이었는데, 지금은 凡을 언급하여 비유한 것이다.

전륜왕은 이에 욕계의 제천에도 미치지 못하여 단지 인간계의 작은 복임에도 오히려 무병을 얻는데, 어찌 하물며 普勝三界의 여래에게 병이 있겠는가.『논』에서 말한다.

'薄俱羅라는 어떤 나한이 있었다. 옛적에 약을 파는 사람이었다. 하안거를 하는 승에게 말했다. 〈만약 약이 필요하면 나한테 와서 구입하시오.〉 대중은 끝내 약이 필요하지 않았다. 오직 한 비구가 작은 병에 걸려서 하나의 呵利勒果를 받았는데 그로 인하여 구십일 겁 동안 천인으로 태어나서 무량한 쾌락을 누렸다. 무릇 약의 명칭만 들으면 몸에 微患도 없어진다. 이 생에서 나이가 이미 구십이었는데 또한 일찍이 병에 걸린 적이 없었다.'[757)]

---

755) 〔一劫〕 ㅓ-【甲】
756) 況+(佛)ㅓ【甲】
757) 『華嚴經探玄記』卷8, (大正新脩大藏經35, p.259上) 참조.

하물며 부처님처럼 적선이 무량한 사람에게 병이 무엇을 말미암아 발생하겠는가.

行矣阿難勿使我等受斯恥也. 此第三誡. 推事旣爾. 必應還去. 苟執不去. 非但佛有斯謗我等亦受其恥.

'가십시오. 아난이여. 저희들로 하여금 이처럼 부끄러움을 안겨주지 마십시오.'에서 이것은 셋째의 경계[第三誡]이다. 해석한 부분에서 이미 그랬듯이, 반드시 돌아가라고 하는데도 진실로 돌아가지 않겠다고 고집을 부린다. 이것은 비단 부처님에게 그 비방이 돌아갈 뿐만 아니라 또한 우리들에게도 그 부끄러움을 받게 된다.

外道梵志若聞此語當作是念何名爲師自疾不能救而能救諸疾人. 前明內學受恥. 此辨外道譏謗. 何名法之良醫. 自身疾不能救. 何救人心疾乎.

'만약 외도와 범지가 그 말을 들었다면 당장 다음과 같이 생각할 것입니다.〈어찌 스승이라 말할 것인가. 자기의 병도 구원하지 못하면서 모든 사람의 병을 구원해줄 수 있겠는가.〉'에서 위에서는 內學이 받은 부끄러움을 설명하였는데, 지금 이 대목은 외도의 譏謗을 변별한 것이다.
  어찌 法의 良醫라고 말하겠느냐 하는 것은 자신의 질병도 구제하지 못하는 주제에 어찌 타인의 마음병을 구제해주겠는가 하는 말이다.

可密速去勿使人聞. 正士若聞. 謂汝不達. 邪師若聞. 謂佛實病.

'그대는 조용히 얼른 가는 것이 좋겠습니다. 남들이 소문을 듣지 않게 하십시오.'에서 이것은 만약 보살[正士]가 듣는다면 그대는 통달하지 못했다고 말하고, 만약 邪師가 듣는다면 부처님이 실제로 병에 걸렸다고 말한다는 것이다.

當知阿難諸如來身卽是法身非思欲身. 此第三釋也. 凡有三雙. 並就得離門釋. 此是初雙. 先據得門. 什公云. 法身有三. 一法化身. 金剛[758]是也. 二五分法身. 三實相法身. 此似化報法三佛義. 此之三佛. 並無實病. 非思欲身[759]. 就離門也. 三界有待之形. 名思欲身. 又釋. 思是業. 欲爲結. 非結業身也.

'반드시 알아야 합니다. 아난이여. 모든 여래의 몸은 곧 그대로 법신입니다. 思와 欲으로 이루어진 몸이 아닙니다.'에서 이것은 셋째의 해석[第三釋]이다.
 여기에는 무릇 三雙이 있는데 모두 得門과 離門에 대하여 해석한 것이다. 이 대목은 첫째의 쌍[初雙]이다.
 먼저 得門에 의거한다.
 나집공은 다음과 같이 말한다.
 '법신에 세 가지가 있다. 첫째는 法化身인데 금강신이 그것이다. 둘째는

---

758) 剛+(身)ィ【甲】
759) 身+(者)【甲】

오분법신이다. 셋째는 실상법신이다.'
　이것은 화신과 보신과 법신의 삼불의 뜻과 비슷하다. 이들 삼불은 모두 實病이 없다. 그리고 思欲身이 아니라는 것은 離門이다. 삼계에 相待로 존재하는 形을 思欲身이라 말한다.
　또 해석하자면 思는 業이고 欲은 結로서 結業身이 아니라는 것이다.

佛爲世尊過於三界. 此第二雙也. 以德無不備故. 爲世所尊. 此明得也. 過[760]於三界三界[761]衆生. 具受八苦. 所以有病. 佛過三界. 此離門也.

　'부처님께서는 세존이 되어 삼계를 초월했습니다.'에서 이것은 둘째의 쌍[第二雙]이다. 덕을 갖추지 않음이 없기 때문에 세간에서 존경받는다. 이것은 得을 설명한 것이다.
　그리고 삼계의 중생이 모두 팔고를 받는 까닭에 병이 있는데, 부처님은 삼계를 초과한다. 이것은 離門이다.

佛身無漏諸漏已盡佛身無爲不墮諸數. 此第三雙. 明得離也. 初句明離. 雖出三界. 容是最後邊身. 猶是漏法. 豈得無病. 佛旣無漏. 故無病矣. 次句明得. 雖曰無漏. 容是有爲. 有爲卽是起滅法. 未[762]得免病. 旣是無爲.

---

760) 〔過於〕-【甲】
761) 〔三界〕-【甲】
762) 未＝末【甲】

不隨有數. 有人言. 非思欲身. 離分段因. 過於三界. 離分段果. 佛身無漏. 離變易因. 佛身無爲. 離變易果.

'부처님 몸은 無漏로서 모든 번뇌를 이미 다하였습니다. 부처님 몸은 無爲로서 諸數에 떨어지지 않습니다.'에서 이것은 셋째의 쌍[第三雙]으로서 得과 離를 설명한 것이다.

첫째의 句는 離를 설명한 것이다. 비록 삼계를 벗어났을지라도 이것이 最後邊의 身임을 인정하여 곧 有漏法과 같은데 어찌 無病을 얻겠는가. 부처님은 이미 無漏인 까닭에 무병이다.

둘째의 句는 得을 설명한 것이다. 비록 무루라고 말했을지라도 곧 유위를 인정하여 유위인 즉 곧 起滅法으로서 병을 벗어날 수가 없다. 그런데 이미 무위이므로 有數에 떨어지지 않는다.

어떤 사람은 思欲身이 아니므로 分段因을 떠났고 삼계를 초과했으므로 分段果를 떠났으며, 佛身은 무루로서 變易因을 떠났고 佛身은 무위로서 變易果를 떠났다고 말한다.

如此之身當有何病. 上別明無患. 此總結德也.

'이와 같은 몸인데 도대체 어떤 병이 있겠고'에서 위에서는 개별적으로 無患에 대하여 설명하였는데, 이 대목은 덕에 대하여 총결한다.

時我世尊實懷慚愧得無近佛而謬聽耶. 此第三明阿難受屈. 文有三別. 一

阿難懷愧. 二空內出聲. 三称讚居士. 受使如此. 被識[763]如彼. 故進退懷愧. 淨名言旣會理. 則佛必無有病. 失在於己. 故謬聽.

'세존이시여. 그때 저는 실로 부끄러워서 부처님을 가까이 하면서도 잘못들은 것이 없는지 생각해보았습니다.'에서 이것은 셋째로 나한이 받은 굴복을 설명한 것이다.

경문은 셋으로 분별된다.

첫째는 나한이 부끄러움을 품은 것이다.

둘째는 허공에서 나는 소리이다.

셋째는 거사를 칭찬한 것이다.

이와 같이 당하고 저와 같이 핀잔받기 때문에 進退에서 부끄러움을 품는다. 정명의 말이 이미 이치에 들어맞은 즉 부처님에게는 반드시 병이 없는데도, 이미 실수했기 때문에 잘못이라는 말을 듣는다.

卽聞空中聲曰阿難如居士言但爲佛出五濁惡世現行斯法度脫衆生行矣阿難取乳勿慚. 此第二明空內出聲. 本迹二身. 會淨名与佛二言. 無相違也. 如居士言者. 印定淨名之說. 聞[764]法身也. 但佛出五濁已下. 印定如來之言. 辨迹身也. 以顯法身故. 令於佛起尊重[765]心. 辨於迹身. 則破慳生福. 又得失凡有四句. 一者二人俱得. 淨名得實. 阿難得方便. 次二人俱失. 全

---

763) 識=議ㅓ【原】. =譏【甲】
764) 聞=開【甲】
765) 重=敬ㅓ【原】【甲】

用淨名. 則失方便用. 不得付⁷⁶⁶⁾同衆生. 全用阿難. 隱法身之德. 物不尊敬. 三淨名得阿難失. 據今能呵之義. 四阿難得淨名失. 約乞乳破慳. 生長物福. 五濁者. 謂劫濁. 衆生濁. 命濁. 見濁. 煩惱濁. 劫濁者. 大劫內. 有刀兵疾疫飢饉三小劫. 名劫濁. 衆生濁者. 無仁義礼智等. 諸惡衆生. 名衆生濁. 命濁者. 以短爲苦. 又不得⁷⁶⁷⁾修⁷⁶⁸⁾道. 稱爲命濁. 從百二十歲. 下至三歲. 悉是命濁. 什公云. 邪見爲見濁. 余九使爲煩惱. 旧云. 五見爲見濁. 五鈍爲煩惱濁.

'그러자 곧 허공에서 다음과 같이 말하는 소리가 들렸습니다. 아난이여. 거사의 말과 같습니다. 무릇 부처님께서 오탁악세에 출현하여 이러한 법을 현행하는 것은 중생을 도탈하려는 것입니다. 가십시오. 아난이여. 우유를 얻는 것을 부끄러워해서는 안됩니다.'에서 이것은 둘째로 허공에서 나는 소리이다. 本과 迹의 二身은 정명과 부처님을 합치한 두 사람의 말에 相違가 없는 것이다.

'거사의 말과 같다'는 것은 정명의 설을 印定한 것으로 법신을 열어준 것이다.

'무릇 부처님께서 오탁악세' 이하는 여래의 말씀을 印定한 것으로 迹身을 변별한 것이다.

법신을 나타남으로써 부처님에게 존중심을 일으키도록 해주고, 迹身을 변별한 즉 간탐을 타파하고 福을 발생시키도록 해준다.

또한 득실에 무릇 사구가 있다.

---

766) 付=附力【原】
767) 得+(順)ィ【原】
768) 修=順ィ【甲】

첫째는 두 사람이 모두 得이다. 정명이 實을 얻고 아난은 방편을 얻은 것이다.

둘째는 두 사람이 모두 失이다. 온전히 정명(의 말)만 활용한 즉 방편의 작용을 잃어서 중생에게 附同할 수가 없고, 온전히 아난(의 말)만 활용한 즉 법신의 덕이 숨어들어 중생이 존경하지 않게 된다.

셋째는 정명이 得하고 아난이 失이다. 지금 이 대목에서 가책하고 있는 뜻에 의거한 것이다.

넷째는 아난이 得이고 정명이 失이다. 우유를 걸식하여 간탐을 타파하여 중생의 복을 생장시켜주는 것에 의거한 것이다.

오탁이란 소위 劫濁과 衆生濁과 命濁과 見濁과 煩惱濁이다.

겁탁은 대겁 안에 刀兵과 疾疫과 飢饉의 三小劫이 있는 것을 겁탁이라 말한다.

중생탁은 仁과 義와 礼와 智 등이 없는 諸惡衆生을 중생탁이라 말한다.

명탁은 (수명이) 짧은 것이 苦이다. 또한 順道를 따르지 않는 것을 명탁이라 말한다. 백이십 세로부터 내려가서 삼 세에 이르는 것은 모두 명탁이다.

나집공은 사견은 견탁이고 그밖에 九使는 煩惱라고 말한다.

옛날[旧]에는 五見은 見濁이고 五鈍은 煩惱濁이라고 말한다.

世尊維摩詰智慧辯才爲如此也. 第三称嘆淨名也.

'세존이시여. 유마힐의 지혜와 변재가 이와 같습니다.'에서 이것은 셋째로 정명을 칭탄한 것이다.

是故不任詣彼問疾. 不堪有三. 標釋已竟. 今總結也.

'이런 까닭에 저는 그에게 문병하러 가는 것을 맡을 수가 없습니다.'에서 감당하지 못한 것에 세 가지가 있다. 標와 釋에 대해서는 이미 마쳤고, 지금의 이 대목은 總結이다.

如是五百大弟子各各向佛說其本緣稱述維摩詰所言皆曰不任詣彼問疾. 弟子品二章. 初命十人已訖. 此下總明五百不堪. 五百者. 八千羅漢內. 有五百高德名聞者也.

'이와 같이 오백 명의 대제자들이 각각 부처님을 향해서 그 本緣을 설하였다. 그리고 유마힐의 말에 대하여 칭찬하여 말하였다. 이에 모두 〈그에게 문병하러 가는 것을 맡을 수가 없습니다.〉라고 말했다.'에서 [제자품]은 二章으로 되어 있다.
처음에 열 명에게 명하는 것을 마쳤는데, 이하에서는 총체적으로 오백 명이 감당하지 못하겠다는 것을 설명한다.
'오백'이란 팔천 명의 아라한 안에 오백 명의 高德名聞者가 있다.

維摩経義疏卷第三
유마경의소 제삼권

維摩經義疏[769] 第四
유마경의소 제사권

胡吉藏撰
호길장이 찬술하다.

菩薩品第四
제사 보살품

具足梵音. 應言菩提薩埵. 菩提云道. 薩埵名衆生. 道謂所求之法. 衆生爲能求之人. 上弟子之稱. 敬讓合論. 今則菩薩之名. 人法雙擧. 此品來意. 有五因緣. 一者命之次第. 前則命小乘. 今次命大士. 二者破病前後. 上破小迷. 今呵大執. 三者欲具顯淨名之德. 小乘不堪. 未足彰其道高. 今大士辭讓. 始顯其德遠. 四者欲彰文殊之德. 聲聞不堪. 菩薩憚往. 而文殊獨能擊場[770]者. 則知位超大小. 處衆獨尊故也. 五者欲述昔法. 以利今會.

---

769) 疏+(卷)【甲】
770) 場=揚【甲】

(보살품에서 보살에 대하여) 다 갖추어진 범음으로는 마땅히 보리살타라고 말해야 한다. 보리는 말하면 道이고, 살타는 말하면 중생이다. 道는 추구되는 법이고, 중생은 추구하는 사람이다. 위에서 弟子라는 호칭에 대하여 공경과 양보를 합해서 논하였는데, 지금 곧 보살의 명칭은 사람과 법[人法]을 함께 언급한 것이다.

이 [보살품]이 초래된 뜻은 다섯 가지 인연이 있다.

첫째는 (부처님이 문병을) 명한 차제의 인연이다. 위의 [제자품]에서는 곧 소승에게 명하였는데, 여기 [보살품]에서는 이어서 大士에게 명한다.

둘째는 병을 타파한 전후의 인연이다. 위에서는 소승의 미혹을 타파하였는데, 여기에서는 대승의 집착을 가책한다.

셋째는 정명의 덕을 구현하고자 하는 인연이다. 소승은 감당하지 못하여 정명의 도가 높음을 충족되게 드러내지 못하였는데, 지금 대사가 사양하자 비로소 그 덕의 고원함이 나타난다.

넷째는 문수의 덕을 현창하고자 하는 인연이다. 성문은 감당하지 못하였고 보살은 가기를 꺼렸지만 문수만 홀로 擊揚할 수 있었던 것은 곧 (정명의) 지위가 대소승을 초월했음을 알고서 대중 가운데 독존의 자리에 처했기 때문이다.

다섯째는 옛날의 법을 서술함으로써 지금의 법회에 도움을 주려는 인연이다.

問. 但後二品. 顯淨名德. 方便品. 亦顯德耶. 答. 約人而言. 方便品. 對凡夫. 曰<以?>顯淨名德. 弟子品. 對聲聞. 以顯其德. 今品對菩薩以顯其德. 又方便品. 淨名自顯其德. 弟子菩薩二品. 他人顯德. 品開爲二. 一別命四

人.次諸菩薩總述不堪.別命四人.卽爲四段.就彌勒章.又開爲二.初命.次辭.

묻는다 : 단지 뒤의 두 품만 정명의 덕을 나타낸 것인데 [방편품]도 또한 덕을 나타낸 것입니까.

답한다 : 人에 의거하여 말하자면 [방편품]은 범부를 상대한 것으로써 정명의 덕을 나타낸 것이고, [제자품]은 성문을 상대함으로써 그 덕을 나타낸 것이다. 지금의 [보살품]은 보살을 상대함으로써 그 덕을 나타낸 것이다.

또한 [방편품]에서는 정명 자신이 그 덕을 나타냈고, [제자품]과 [보살품]의 두 품에서는 타인이 덕을 나타낸 것이다.

[보살품]을 열어보면 두 부분이 있다.

첫째는 네 사람에게 명한 것이다.

둘째는 제보살이 모두 감당하지 못하겠다고 서술한 것이다.

개별적으로 네 사람에게 명한 것은 곧 四段이 된다.

미륵장에 대해서는 다시 열어보면 두 부분이 있다.

첫째는 명한 것이다.

둘째는 사양한 것이다.

於是佛告彌勒菩薩汝行詣維摩詰問疾. 此初命也. 所以前命彌勒者. 以其是補處大士. 又當於此土成佛. 從勝至劣. 如弟子之次第也. 彌勒此翻爲慈. 南天竺婆羅門姓. 以爲名也. 又過去作國王. 因見此[771]丘入慈三昧. 有

---

771) 此＝比【甲】

十八利益. 因發願. 世世行慈. 又母懷之. 卽自慈心. 以是二緣. 故名慈也. 字阿逸多. 此云無能勝. 是婆羅㮈國輔相之子. 生時具足相好. 波羅㮈國王. 名梵摩達. 恣[772]奪國位. 欲密害之. 就其又[773]索彌勒. 父知王心. 卽云. 外家以將去. 還舍. 密遣人送往. 南天竺婆婆離家. 彌勒外家. 姓婆婆離. 有髮髮紺色. 手摩膝相. 總[774]明博達. 以已所知. 用教彌勒. 彌勒始七歲. 從受學. 一日所集[775]. 勝餘歷年. 遂窮祕奧. 舅欲顯其德. 設無礙大會. 量財旣少. 遣二弟子. 往彌勒家. 覓物相足. 二人於路. 聞有佛名. 迴首觀之. 爲虎所食. 因此善故. 卽生天上. 婆婆離. 久待不還. 則以家財. 七日大施. 最後有一婆羅門. 來乞財物. 而財旣盡. 空無所得. 則大瞋恚. 語婆離言. 我有呪力. 能破汝頭. 作於七分. 婆離大怖. 前二弟子生天者. 空內語之. 汝不用愁. 今有佛出. 可歸憑之. 其問天爲是誰. 答以上事. 時婆離本讀識書. 知有佛應出. 則遣彌勒幷十六人. 觀佛. 定有三十二相八十好. 不久. 令其默念作三問. 一<問+?>我爲是誰. 二問[776]身幾相. 佛悉知之. 具答三問. 時彌勒定知是佛. 與十六人. 從佛出家. 十六人得羅漢. 而彌勒不取漏盡. 願求作佛. 佛卽授記.

'이에 부처님께서 미륵보살에게 말씀하셨다. 그대가 가서 유마힐을 문병하여라.'에서 이것은 첫째의 명에 해당한다. 때문에 먼저 명했던 미륵은 그가 곧 補處大士이기 때문이다. 또한 장차 此土에서 성불할 것이기 때문에

---

772) 恣=恐力【甲】
773) 又=父【甲】
774) 總=聰【甲】
775) 集=習力【甲】
776) 問+(年凡幾計三問)【甲】, (年凡幾許三問)ィ【甲】

勝으로부터 劣에 이르는데 곧 제자의 차제와 같다.

미륵은 이 나라 말로 번역하면 慈이다. 남천축 바라문의 姓으로써 명칭을 삼았다. 또한 과거에 국왕이었을 때 비구가 慈三昧에 들어감을 봄으로 인하여 열여덟 가지 이익이 있었는데 발원을 인하여 세세에 慈를 행하였고, 또한 어머니가 미륵을 회임한 즉 스스로 慈心이 되었다. 이 두 가지 인연 때문에 이름이 慈가 되었다.

字는 阿逸多인데, 번역하면 無能勝이다. 이는 바라나국 재상의 아들이다. 태어날 때부터 상호를 구족하였기에 바라나국왕이 梵摩達이라는 이름을 지어주었다. 그런데 國位를 찬탈할 것을 염려하여 은밀하게 그를 해치려고 그의 아버지를 찾아가서 미륵을 찾아내도록 하였다. 아버지는 왕의 마음을 알아차리고는 곧 '외가에 갔는데 돌아올 것입니다.'라고 말했다. 그리고는 왕이 모르게 南天竺 婆婆離家로 사람을 보냈다. 미륵의 외가는 성이 婆婆離였는데 머리카락은 紺色으로 물들었고, 손은 무릎까지 닿았으며,[摩膝相] 총명하여 널리 통달하였다. 때문에 상황을 알아차리고는 미륵에게 (아버지의) 가르침을 알아들었다.[用教]

미륵은 일곱 살이 되었을 때부터 受學하기 시작하였다. (미륵이) 하루에 학습한 것은 다른 사람이 일 년 학습한 것보다도 뛰어났다. 마침내 祕奧를 다 학습하자 삼촌은 (미륵이) 그 덕을 드러낼 것을 바랐다. 이에 無礙大會를 시설하였는데 재물이 적었기 때문에 두 제자를 파견하여 미륵의 집에 가서 재물을 구하여 충족토록 하였다. 두 제자가 도중에 부처님의 명호를 듣고는 고개를 돌려서 부처님을 보다가 호랑이 밥이 되었다.

이와 같은 善을 인한 까닭에 곧 천상에 태어났다. 婆離는 오랫동안 기다려도 돌아오지 않자 가재를 털어서 七日大施를 하였다. 마지막 날에 어떤 한 바라문이 찾아와서 재물을 구걸하였는데 재물이 이미 소진되었기에 (그

바라문은) 헛되이 소득이 없자 크게 화를 내어 婆離에게 말했다. 나는 주력을 지니고 있다. 그대의 머리를 타파하여 일곱 조각을 내버리겠다.'

婆離가 크게 두려워하자 이미 생천한 이전의 두 제자가 허공에서 婆離에게 말했다. '그대는 근심하지 마시오. 지금 부처님이 출현하였습니다. 가서 그한테 의지하여 귀의하시오.'

婆離가 하늘을 향해 물었다. '그대는 누구인가.'

그러자 이전의 상황에 대하여 답해주었다. 그때 婆離는 예전부터 讖書를 읽어왔기에 부처님이 반드시 출세할 것을 알고 있었다.

이에 곧 미륵과 열여섯 명을 파견하여 부처님을 뵈니 확실히 삼십이상과 팔십종호를 지니고 있었다. 머지않아 그들로 하여금 묵념토록 하고 다음과 같은 세 가지를 질문하였다. 첫째 질문은 나는 누구인가. 둘째 질문은 나이는 얼마나 되었는가. 셋째 질문은 몸은 어떤 모습인가. 부처님은 모두 그것을 알아차리고 갖추어서 세 가지 질문에 답하였다. 그때 미륵은 그가 부처님인 줄을 확실히 알고서 열여섯 명과 함께 부처님을 따라서 출가하였다. 열여섯 명이 아라한을 터득하였지만 미륵은 누진을 취하지 않고 작불을 願求하자 부처님이 곧 수기하였다.

彌勒白佛言世尊我不堪任詣彼問疾. 此第二辭不堪. 就文爲三. 標釋結. 此初標也.

'미륵보살이 부처님께 말씀드렸다. 세존이시여. 저는 그에게 문병하러 가는 것을 감당할 수가 없습니다.'에서 이것은 둘째로 감당하지 못하겠다고 사양한 것이다.

경문은 세 부분이 있는데, 標와 釋과 結이다.
이 대목은 첫째의 標[初標]이다.

問. 淨名彌勒. 俱是窮學之位. 何故淨名能呵. 彌勒受屈. 答. 凡有二義. 一者相與化物. 得失隨宜. 脩短迭應故也. 二者據位而言. 彌勒當紹尊位. 淨名久已成佛. 旣因果不同. 故有優劣.

묻는다 : 정명과 미륵은 모두 窮學의 지위인데, 무슨 까닭에 정명은 꾸짖고 미륵은 굴복을 받는 것입니까.
답한다 : 무릇 두 가지 뜻이 있다.
첫째는 서로 중생을 교화함에 형편을 따라서 득실이 있으므로 단점을 닦아서 상응하기 때문이다.
둘째는 지위에 의거하여 말하자면 미륵은 당래에 尊位를 잇고, 정명은 오랜 후에 성불한다. 이미 인과가 동일하지 않기 때문에 우열이 있다.

所以者何憶念我昔爲兜率天王及其眷屬說不退轉地之行. 此第二釋不堪. 就文爲三. 一被呵之由. 二能呵之旨. 三時衆悟道. 兜率此云知足天. 其王名刪. 兜率天來人間聽說法也. 此天以彌勒將上爲天師. 豫懷宗敬. 故常來聽法. 不退轉行者. 則無生法忍. 謂勉位行念三種退. 故云不退也.

'왜냐하면 억념해보니 제가 옛적에 도솔천왕 및 그 권속들에게 불퇴전지의 수행에 대하여 설하였습니다. 그때 유마힐이 다가와서 저한테 다음과 같은 말을 했습니다.'에서 이것은 둘째로 감당하지 못함을 해석한 것이다.

경문에는 세 부분이 있다.

첫째는 가책을 받은 이유에 대한 것이다.

둘째는 가책한 뜻[旨]에 대한 것이다.

셋째는 시회대중이 깨친 道에 대한 것이다.

도솔은 번역하면 知足天인데, 그곳의 왕은 이름이 删이다. 도솔천으로부터 인간세계에 내려와서 설법을 듣는다. 이 도솔천은 미륵이 장차 올라가서 (兜率)天師가 되므로 미리 최고의 존경[宗敬]을 생각하기 때문에 항상 청법하러 온다.

불퇴전은 곧 無生法忍인데, 말하자면 位不退·行不退·念不退의 세 가지를 노력하기 때문에 不退라 말한다.

時維摩詰來謂我言彌勒世尊授仁者記一生當得阿耨多羅三藐三菩提. 此第二能呵之旨. 就文爲二. 初呵授記. 次呵得菩提. 呵授記. 明無人能得. 呵菩提. 明無法可得. 卽人法俱空也. 又呵受記. 明無能得之因. 次呵得菩提. 辨無所得之果. 謂因果俱寂然. 淨名彌勒. 深淺不同者. 彌勒唯見其一. 不覩其二. 雖說欲無常. 嘆不退法. 未悟諸天深著一生受菩提記. 麁欲雖去. 細染尋生. 是以淨名雙泯因果. 令麁細都息. 若作二人始終益物者. 前要須彌勒說欲無常. 嘆不退法以息麁. 淨名辨因果俱空. 以除細. 破受記爲三. 初牒. 次呵. 後結也. 言一生者. 彌勒現在人間. 次在天上. 後下生成佛. 依智度論. 數此以爲三生. 但現在人間已受生故. 不復數之. 後下生成佛. 屬能[777]佛身. 亦不數也. 但取生天之身. 故云一生耳.

---

777) 能=於ィ【甲】

'그때 유마힐이 다가와서 저한테 다음과 같은 말을 했습니다. 미륵이여, 세존께서는 그대한테 일생에 반드시 아뇩다라삼먁삼보리를 터득할 것이라고 수기를 주셨습니다.'에서 이것은 가책한 뜻[旨]이다.

경문은 두 부분이 있다.

첫째는 수기를 가책한다.

둘째는 얻은 보리를 가책한다.

수기를 가책한다는 것은 수기를 얻은 사람이 없다는 것을 설명한다. 보리를 가책한다는 것은 얻은 법이 없다는 것을 설명한다. 곧 人과 法이 모두 공이다.

(첫째로) 또한 수기를 가책한다는 것은 수기를 얻을만한 因이 없다는 것을 설명한다. 다음으로 얻은 보리를 가책한다는 것은 소득의 果가 없다는 것을 변별한다. 말하자면 因과 果가 모두 적연하다는 것이다.

정명과 미륵은 深淺이 동일하지 않다는 것은 다음과 같다. 미륵은 오직 그 하나만 보고 그 둘은 보지 못한다. 비록 욕계의 무상[欲無常]을 설하고 不退法을 찬탄할지라도 제천의 경우에 일생보처보살로서 받은 菩提記[一生受菩提記]에 깊이 집착한 줄을 깨닫지 못한다. 비록 麁欲은 제거되었을지라도 細染이 더욱 발생한다. 이로써 정명은 因果를 모두 소멸하여 麁細를 모두 그치게 해준다.

만약 (미륵과 정명의) 두 사람이 시종 중생의 이익을 짓는 사람이라면 위에서는 요컨대 미륵이 욕계의 무상[欲無常]을 설하고 不退法을 찬탄함으로써 麁를 그친 것이고, 정명은 인과가 모두 空임을 변별함으로써 細를 제거한 것이다.

(둘째로) 보리를 타파하는 것에 세 부분이 있다.

첫째는 (앞의 내용을) 이어받는 것[牒]이다.

둘째는 가책하는 것[呵]이다.

셋째는 결론짓는 것[結]이다.

'일생'이라는 말은 미륵이 지금은 인간세계에 있지만 이어서 천상에 있다가 이후에 하생하여 성불한다는 것이다. 『대지도론』에 의하면, 이로써 헤아려보면 삼생이 된다. 다만 지금은 인간세계에 있다가 이후에 생을 받는 까닭에 거듭해서 그것을 헤아리지는 않고, 후에 하생하여 성불하여 佛身에 속하므로 또한 헤아리지 않는다. 단지 生天하는 몸의 경우만 취하기 때문에 일생이라고 말할 뿐이다.

問. 若爾類小乘義. 一生天上一來人間. 便得道者. 應是二生. 辨[778]得名一往來. 則定是二生. 何名一生. 答. 斯義應類. 但小乘之人. 望身盡入於無餘. 故受二身名爲二生. 彌勒不取身盡. 但下生之身. 旣其屬佛. 對彼天身. 以爲一生也.

묻는다 : 만약 그런 것에 견준다면 소승의 뜻으로 한번은 천상에 태어났다가 한번은 인간에 내려와서 곧 득도한 것이기 때문에 마땅히 二生이 될 것입니다. 또한 一往來라는 명칭을 얻은 즉 확실히 그것은 二生인데도 어째서 一生이라 말하는 것입니까.

답한다 : 소승의 뜻으로는 마땅히 그렇다. 다만 소승인은 몸이 죽어서 무여열반에 들어가는 것만 바라보기 때문에 二身을 받으므로 그것을 二生이라 말한 것이다. 그러나 미륵은 몸의 죽음을 취하지 않고 단지

---

778) 辨=亦ィ【原】【甲】

하생의 몸이 이미 그대로 佛에 속하여 저 天身을 대신함으로써 一生이 되는 것이다.

爲用何生得受記乎過去耶未來耶現在耶若過去生過去生已滅若未來生未來生未至若現在生現在生無住如佛所說比丘汝今則時亦生亦老亦滅. 此第二正破. 就文爲三. 一三世門破. 二無生門破. 三如門破. 三世門破者. 就三世內. 撿無一生. 是故無有得一生記. 過去是滅無. 由無生故. 無得記. 未來未有. 則未有生. 亦無得記. 現在一念不住. 亦無有生. 故無得記. 引佛語. 偏說現在不住. 以或<惑?>人多謂. 現在有生. 所以得記. 故引證破之.

'어떤 생을 활용하여 수기를 얻을 것입니까. 과거입니까, 미래입니까, 현재입니까. 만약 과거생이라면 과거생은 이미 소멸해버렸습니다. 만약 미래생이라면 미래생은 아직 도래하지 않았습니다. 만약 현재생이라면 현재생은 머물러 있지 않습니다. 부처님께서 〈비구여. 그대는 지금 즉시에 또한 발생하고 또한 늙어가며 또한 소멸한다.〉고 설하신 것처럼'에서 이것은 둘째로 본격적으로 타파한 것이다.

경문에 세 부분이 있다.
첫째는 삼세문을 타파한다.
둘째는 무생문을 타파한다.
셋째는 진여문을 타파한다.
(첫째의) 삼세문을 타파한다는 것은 삼세 안에 나아가서 살펴보면 일생도 없다. 이런 까닭에 일생보처보살의 수기[一生記]도 얻을 수가 없다. 과거는

곧 소멸되어 없는 것은 무생을 말미암은 까닭에 수기를 얻을 수가 없다. 미래는 有가 아닌 즉 또한 有生도 없다. 현재는 일념 동안도 머무르지 않은[不住] 즉 또한 生이 없다. 때문에 수기를 얻을 수 없다.

부처님 말씀을 인용하여 현재가 머무르지 않음[不住]을 偏說한다. 그런데 미혹한 사람은 대부분 현재는 有生이기 때문에 수기를 얻는다고 말한다. 때문에 인증하여 그것을 타파한다.

若以無生得受記者無生卽是正位於正位中亦無受記亦無得阿耨多羅三藐三菩提云何彌勒受一生記乎. 此第二亦就無生門. 撿無受記. 夫論有生. 必在三世. 三世旣無. 則779)旣無生矣. 惑者謂三世乃無受記. 無生之內. 應有受記. 故次斥之. 無生則是實相. 實相眞實之法. 故名爲正. 與邪隔別. 稱之爲位. 此實相之理. 言應780)慮息. 超四句. 絶百非. 故無得記也.

'만약 무생으로써 수기를 얻는다면 무생은 곧 그것이 正位입니다. 만약 무생으로써 수기를 얻는다면 무생은 곧 그것이 正位입니다. 정위 가운데는 또한 수기도 없고 또한 아뇩다라삼먁삼보리도 없는데, 어떻게 미륵이 일생에 수기를 받는다는 것입니까.'에서 이것은 둘째로 또한 무생문에 나아가서 살펴보면 수기가 없음에 대한 것이다.

대저 有生을 논하자면 반드시 삼세가 있어야 한다. 그런데 삼세가 이미 없는 즉 무생이다. 미혹한 사람은 삼세에는 이에 수기가 없고 무생의 안에는

---

779) 則=卽ィ【原】, =卽【甲】* [* 1]
780) 應=忘【甲】

마땅히 수기가 있다고 말한다. 때문에 이어서 그것을 배척한다. 무생인즉 곧 실상이다. 실상은 진실한 법이기 때문에 正이라 말한다. 그리고 邪와 격별한 것을 位라고 일컫는다. 이것은 실상의 이치로서 언설을 잊고 사려를 그치며 四句를 초월하고 百非를 단절하기 때문에 수기를 받음이 없다.

爲從如生得受記耶爲從如滅得受記耶若以如生得受記者如無有生若以如滅得受記者如無有滅. 此第三就如門. 以破受記. 什公云. 此亦因其所存. 而遣之也. 夫受記. 要由得如. 本未得而今得. 似若有起. 如起[781]則[782]累滅. 亦似有物. 於如內滅. 故先問其起滅. 以明無起滅. 今謂. 上二門. 就生無生二理. 撿無受記. 今斥了悟之心[783]. 亦無受記. 夫論得記. 體如故法忍生. 體如故煩惱滅. 爾時得記. 是故問云. 爲從如生. 爲從如滅也.

'진여생으로부터 수기를 얻는 것입니까, 진여멸로부터 수기를 얻는 것입니까. 만약 진여생으로써 수기를 얻는다면 진여는 발생이 없고, 만약 진여멸로써 수기를 얻는다면 진여는 소멸이 없습니다.'에서 이것은 셋째로 진여문으로써 수기를 타파함에 대한 것이다.
　나집공은 '이 또한 그것이 존재함을 인하여 그것을 없앤 것이다.'고 말한다.
　대저 수기란 요컨대 진여의 터득을 말미암은 것으로 본래는 未得이지만 지금은 得이다. 그래서 (진여가) 일어남이 있는[有起] 듯하지만 진여가 起인

---

781) 〔起〕-【甲】
782) (起)ㄱ+則【甲】
783) 心=必【甲】

즉 번뇌가 소멸하고 또한 중생이 있는[有物] 듯하지만 진여 안에서는 소멸한다. 때문에 먼저 그 起滅에 대하여 물었지만 기별이 없음을 설명하였다.

지금 말하고 있는 위의 二門은 진여의 생과 무생의 두 가지 이치에 대하여 살펴서 수기가 없다는 것이다. 그 가운데 지금은 了悟心을 배척하는 까닭에 또한 수기가 없다.

대저 수기를 얻음에 대하여 논하자면 체가 진여이기 때문에 법인이 발생하고, 체가 진여이기 때문에 번뇌가 소멸하는데, 그때 수기를 얻는다. 이런 까닭에 '진여로부터 발생하는가, 진여로부터 소멸하는가.'를 묻는다.

問. 但應言法忍生滅. 云何乃言如生滅. 答. 法忍不離如故. 言如生滅也[784] 然法忍則如故. 如無有生故. 則法忍不生. 煩惱則如[785]. 如無有滅故. 煩惱不滅. 故無得記也.

묻는다 : 무릇 마땅히 법인의 생멸에 대해서만 말해야 하는데 어째서 진여의 생멸에 대하여 말하는 것입니까.
답한다 : 법인은 진여를 떠나 있지 않기 때문에 진여의 생멸이라고 말한 것이고, 또한 법인이 곧 진여이기 때문이다. 진여에는 발생이 없기 때문에 즉 법인은 불생이다. 진여에는 소멸이 없기 때문에 즉 번뇌는 불멸이다. 때문에 수기를 받음이 없다.

---

784) 〔也〕-【甲】
785) 如+(故)カ【原】

一切眾生皆如也一切法亦如也眾聖[786]賢亦如也於彌勒亦如也. 上就如門作難. 今就如門設並. 就文爲二. 初定關. 次設並. 此擧凡聖人法. 以定關也.

'일체중생은 모두 진여이고, 일체법도 또한 진여이며, 온갖 성현도 또한 진여이고, 심지어 미륵도 또한 진여입니다.'에서 위에서는 진여문에 나아가서 힐난을 일으켰는데,[作難] 지금은 진여문에 나아가서 늘어놓은 것을 시설한[設並] 것이다.
경문에는 두 부분이 있다.
첫째는 선정의 관문[定關]이다.
둘째는 늘어놓은 것을 시설한[設並] 것이다.
이 대목은 凡·聖·人·法을 언급함으로써 定關한 것이다.

若彌勒得受記者一切眾生亦[787]應受記所以者何夫如者不二不異. 此第二設並也. 凡設三並. 一並受記. 二並菩提. 三並涅槃. 此三卽爲次第. 要先得記. 次得菩提果. 後得涅槃果. 此三關之内. 皆先並後釋並也. 凡聖一如故不二. 如無變異. 名爲不異也. 此釋並也.

'만약 미륵이 수기를 얻는다면 일체중생도 또한 반드시 수기를 얻어야 합니다. 왜냐하면 무릇 진여란 不二이고 不異이기 때문입니다.'에서 이것은

---

786) 聖賢＝賢聖【甲】
787) 亦應＝當【甲】, ＝亦當ㅜ【甲】

둘째로 設並인데, 무릇 三並을 늘어놓는다.

첫째는 수기를 늘어놓는다.

둘째는 보리를 늘어놓는다.

셋째는 열반을 늘어놓는다.

이들 세 가지는 곧 차제이다. 요컨대 먼저 수기를 얻고, 다음으로 보리과를 얻으며, 나중에 열반과를 얻는다. 이들 세 가지는 관문 안에서 모두가 먼저 늘어놓고[先並] 나중에 늘어놓은 것을 해석[後釋並]한다. 범성이 일여이기 때문에 '不二'이고, 진여는 변이가 없으므로 '不異'라 말한다.

이것은 늘어놓은 것을 해석한[釋並] 것이다.

若彌勒得阿耨多羅三藐三菩提者一切衆生皆應得所以者何一切衆生卽菩提相. 此第二就菩提. 以設並也.

'만약 미륵이 아뇩다라삼먁삼보리를 얻는다면 일체중생도 모두 또한 반드시 얻어야 합니다. 왜냐하면 일체중생이 곧 보리상이기 때문입니다.'에서 이것은 둘째로 보리에 대한 것으로써 늘어놓은 것을 시설한[設並] 것이다.

若彌勒得滅度者一切衆生亦當滅度所以者何諸佛知一切衆生畢竟寂滅[*]則涅槃相不復更滅. 此第三就涅槃. 設並也.

'만약 미륵이 멸도를 얻는다면 일체중생도 또한 반드시 멸도를 얻어야 합니다. 왜냐하면 제불은 일체중생이 필경에 적멸하여 곧 열반상으로서 다시는 더 이상 소멸하지 않는 줄을 알기 때문입니다.'에서 이것은 셋째로 열반에 대한 것으로써 늘어놓은 것을 시설한[設並] 것이다.

是故彌勒無以此法誘諸天子實無發阿耨多羅三藐三菩提心者亦無退者. 此第三結呵. 平等之道. 實無發心. 亦無退者. 而以不退行. 誘其發心. 示其受記者. 豈不誑哉.

'미륵이여. 이런 까닭에 이런 법으로는 諸天子를 이끌 수가 없습니다. 실로 아뇩다라삼먁삼보리심을 발생한 적도 없고 또한 물러난 적도 없기 때문입니다.'에서 이것은 셋째로 가책을 결론지은 것이다.
  평등한 도에는 실로 발심이 없고 또한 물러남도 없다. 그런데 불퇴행으로써 그 발심을 유도하여 그것이 수기임을 보여준 것이 어찌 속임수[誑]가 아니겠는가.

彌勒當令此諸天子捨於分別菩提之見所以者何菩提者不可以身得不可以心得. 第二次破菩提. 菩提[788]以寂滅爲相. 而諸無礙[789]生死. 尊菩提雖同[790]勝求. 更生塵累. 宣開以正[791]路. 令捨分別. 曷爲示以道記. 增其見乎. 菩

---

788) 〔菩提〕-【甲】
789) 無礙=天卑【甲】
790) 同=日ㄱ【甲】
791) 正=上ㄱ【甲】

提. 蓋是大覺之眞智. 超有無之域. 出言緣[792]之外. 不知何以目之. 強名菩提. 故此菩提. 不可[793]身心得也.

'미륵이여. 반드시 그 제천자들로 하여금 보리를 분별하는 견해를 버리도록 해야 합니다. 왜냐하면 보리란 몸을 통해서 터득할 수가 없고 마음을 통해서 터득할 수도 없기 때문입니다.'에서 이것은 둘째로 (수기에) 이어서 보리를 타파한 것이다.

보리는 적멸로써 相을 삼는다. 그런데 제천은 생사를 낮추어보고[卑] 보리를 존중한다.[尊] 비록 뛰어난 것[勝]을 추구한다는 것을 동일할지라도 곧 塵累가 발생한다. 그러므로 正路를 宣開하여 분별을 버리게끔 한 것인데, 어찌 말씀과 기록[道記]으로 내보이고 또한 일찍이 그것을 보았겠는가. 보리는 무릇 부처님[大覺]의 眞智로서 有無의 영역을 초월하고 언설과 형상[言像] 밖에 벗어나 있어서 그것을 무엇이라고 지목해야 할지 몰라서 억지로 보리라고 명칭한 것이다. 때문에 이 보리는 몸과 마음을 통해서 터득할 수 있는 것이 아니다.

寂滅是菩提滅諸相故. 前破其著相. 此示其眞道. 菩提是能會之智. 實相爲所契之境. 境旣無相. 智便寂滅. 故言寂滅是菩提.

'寂滅이 그대로 보리인데 제상을 소멸하기 때문입니다.'에서 위에서는 그

---

792) 緣=像ㅓ【甲】
793) 可+(以)ㅓ【原】, (以)【甲】

相에 집착하는 것을 타파하였는데, 이 대목은 그 眞道를 내보인 것이다.

보리는 곧 이해하는[能會] 지혜[智]이고, 실상은 계합된[所契] 경계[境]이다. 그런데 경계에 이미 相이 없는데 지혜가 곧 적멸하다. 때문에 적멸이 곧 도량이라고 말한다.

不觀是菩提離諸緣故不行是菩提無憶念故. 觀生於緣. 離緣則無觀. 行生於念. 無念故無行.

'不觀이 그대로 보리인데 諸緣[794]을 떠나있기 때문입니다. 不行이 그대로 보리인데 억념이 없기 때문입니다.'에서 觀은 반연에서 발생하는데 반연을 떠난 즉 觀이 없고, 行은 망념에서 발생하는데 망념이 없은 즉 行이 없다.

斷是菩提捨諸見故離是菩提離諸妄想故障是菩提障諸願故. 眞道無欲. 障諸願求.

'斷이 그대로 보리인데 諸見을 초월했기[捨] 때문입니다. 離가 그대로 보리인데 諸妄想을 떠나있기 때문입니다. 障이 그대로 보리인데 諸願[795]을 장애하기 때문입니다.'에서 眞道에는 욕망이 없는데, 障은 諸願을 추구한다.

---

794) 諸緣은 能緣과 所緣을 가리킨다.
795) 諸願은 밖을 향해서 馳求하는 마음을 가리킨다.

不入是菩提無貪著故. 入謂受六塵.

'不入이 그대로 보리인데 탐착이 없기 때문입니다.'에서 入은 말하자면 육진을 받는 것이다.

順是菩提順於如故住是菩提住法性故至是菩提至實際故不二是菩提離意法故等是菩提等虛空故無爲是菩提無生住滅故智<知?>是菩提了衆生心行[796]故不會是菩提諸入不會故不合是菩提離煩惱習故. 諸入內外六入也. 內外俱空故諸入不會. 合謂煩惱業和合. 煩惱本空. 故無所合. 故會據現果. 合就其因.

'順이 그대로 보리인데 진여를 따르기 때문입니다. 住가 그대로 보리인데 법성에 주하기 때문입니다. 至가 그대로 보리인데 실제에 이르기 때문입니다. 不二가 그대로 보리인데 意와 法[797]을 떠나있기 때문입니다. 等이 그대로 보리인데 허공과 평등하기 때문입니다. 無爲가 그대로 보리인데 生과 住와 滅이 없기 때문입니다. 知가 그대로 보리인데 중생의 마음작용[心行]을 요해하기 때문입니다. 不會가 그대로 보리인데 諸入이 不會[798]이기 때문입니다. 不合이 그대로 보리인데 번뇌습을 떠나있기 때문입니다.'에서 諸入은 내외의 육입이고, 내외가 모두 공이기 때문에 不會에 들어간다. 이것을 합

---

796) 行+(等)【甲】
797) 意法은 제육근의 意와 제육진의 法을 가리킨다.
798) 不會는 번뇌의 습기와 더불어 모이거나 화합하지 않는 것을 가리킨다.

쳐서[合] 말하자면 번뇌업의 화합인데 번뇌는 본래 공이기 때문에 합쳐진 것 [所合]이 없다. 때문에 '會'는 果를 드러냄에 의거한 것이고 '合'은 그 因에 나아간 것이다.

無處是菩提無形色故假名是菩提名字空故. 外無形色之處. 內無可名之實也.

'無處가 그대로 보리인데 형색이 없기 때문입니다. 假名이 그대로 보리인데 名字가 공이기 때문입니다.'에서 밖으로는 형색의 처소가 없고 안으로는 명칭을 붙일 실체[實]가 없다.

如化是菩提無取捨故無亂是菩提常自靜故善寂是菩提性淸淨故無取是菩提離攀緣故無異是菩提諸法等故無比是菩提無可喩故微妙是菩提諸法難知故. 諸法幽遠難測. 非有智之所知. 菩提無知故. 無所不知. 無知而無不知者. 微妙之極也.

'如化가 그대로 보리인데 취사가 없기 때문입니다. 無亂이 그대로 보리인데 항상 본래부터 고요하기 때문입니다. 善寂이 그대로 보리인데 자성이 청정하기 때문입니다. 無取가 그대로 보리인데 반연을 떠나있기 때문입니다. 無異가 그대로 보리인데 제법이 평등하기 때문입니다. 無比가 그대로 보리인데 비유할 수가 없기 때문입니다. 微妙가 그대로 보리인데 제법은 알기 어렵기 때문입니다.'에서 제법은 幽遠하여 헤아리기 어렵다. 그래서 智로도 알 수 있는 것이 아니다. 그러나 보리는 知가 없기 때문에 알지 못할 것이 없다. 知가 없지만 不知도 없는 것이 微妙의 極이다.

世尊維摩詰說是法時二百天子得無生法忍. 此第三明衆悟道. 彌勒說有. 以息塵欲. 淨名明空. 以除微累. 是以諸天. 應期悟道.

'세존이시여. 유마힐이 이런 법을 설했을 때 이백 명의 천자가 무생법인을 터득하였습니다.'에서 이것은 셋째로 시회대중이 깨친 도를 설명한 것이다.
 미륵은 有를 설함으로써 塵欲을 그치는데, 정명은 空을 설명함으로써 微累를 제거한다. 이로써 제천은 마땅히 悟道를 기대한다.

故我不任詣彼問疾. 不堪有三. 標釋已竟. 此第三結也.

'때문에 그에게 문병하러 가는 것을 맡을 수가 없습니다.'에서 감당하지 못하겠다는 것에 세 가지가 있다. 標와 釋은 이미 마쳤고, 이 대목은 셋째로 結이다.

佛告光嚴童子汝行詣維摩詰問疾. 光嚴彌勒不同者. 彌勒爲出家. 光嚴卽在俗. 故次命. 又彌勒爲深行. 光嚴是始心. 又由受記故. 坐道場故. 上呵受記. 今斥道場. 就文爲二. 一命. 二辭. 此初章也.

'부처님께서 광엄동자에게 말씀하셨다. 그대가 가서 유마힐을 문병하여라.'에서 광엄이 미륵과 같지 않은 점은 미륵은 출가이고 광엄은 곧 재속이다. 때문에 이어서 명한다.

또한 미륵은 深行이지만 光嚴은 곧 始心이다.

또한 수기를 말미암은 까닭에 도량에 앉았기 때문에 위에서는 수기를 가책하였는데, 지금은 도량을 배척한다.

경문은 두 부분이 있다.

첫째는 명하는 것이다.

둘째는 사양한 것이다.

이 대목은 첫째[初章]에 해당한다.

光嚴童子白佛言世尊我不堪任詣彼問疾. 此第二辭不堪. 就文爲三. 謂標釋結. 此初標也.

'광엄동자가 부처님께 사뢰어 말씀드렸다. 세존이시여. 저는 그에게 문병하러 가는 것을 감당할 수가 없습니다.'에서 이것은 둘째로 사양한 것이다.

경문은 세 부분이 있는데, 말하자면 標와 釋과 結이다.

이 대목은 첫째의 標이다.

所以者何憶念我昔出毘耶離大城. 此第二釋. 就文有七句. 此初明. 光嚴出城有二義. 一欲益[799]物故. 托在出城. 二光嚴欲詣佛道場處.

---

799) 益＝蓋【甲】, ＝盆₁【甲】

'왜냐하면 억념해보니 제가 옛적에 비야리 대성을 나가는데'에서 이것은 둘째로 解釋이다.

경문에 七句가 있는데, 이 대목은 初句를 설명한 것이다. 광엄이 성을 나가는 것에 두 가지 뜻이 있다.

첫째는 중생을 이롭게 하려는 까닭에 출성에 의탁한 것이다.

둘째는 광엄이 불도량에 나아가려는 것이다.

時維摩詰方入城我卽爲作禮. 城門是人以湊處故. 得多明化功. 作禮者. 跡同鄕黨. 現修長幼之禮. 又爲行深淺故. 有尊卑之敬.

'그때 유마힐이 성으로 들어왔습니다. 제가 곧 작례를 하고'에서 성문은 곧 사람들이 모여드는 곳이기 때문에 많은 사람을 분명하게 교화하는 공덕을 얻을 수가 있다.

'작례'는 자취가 『논어』의 [향당편]에서 長幼의 禮법을 닦는 모습이 보인다. 또한 行에 심천이 있기 때문에 존비의 공경이 있다.

卽[800]問言居士從何處來答我言吾從道場來我問道場者何所是答曰直心是道場無虛假故. 所言道者. 謂無上正遍知佛果道也. 所言場者. 凡有二義. 一者卽指佛果衆德之爲場. 故此經文. 以佛地衆德用爲場. 二者旣用果爲道. 以因爲場. 因能感果. 如起道之處. 名爲道場. 故萬善之因. 是

---

800) 卽=而【甲】

通⁸⁰¹⁾覺之所由. 菩提之根本. 修心之用⁸⁰²⁾地. 弘道之淨場. 但因有二種.
一者六度萬行. 二者四諦等境. 皆能生道. 故名道場. 此之境行. 爲眞道場
也. 菩提樹下. 起道之處. 名爲道場. 謂應迹道場也. 又由本垂迹⁸⁰³⁾. 能起
跡. 本爲道⁸⁰⁴⁾場之⁸⁰⁵⁾. 直心者. 謂內心眞直. 外無虛假. 斯乃基萬行之本.
坦進道之場也.

'질문하여 말했습니다. 거사여. 어디에서 오는 길입니까. 저한테 답하여
말했습니다. 저는 도량에서 오는 길입니다. 제가 물었습니다. 도량이란 그
곳에 어디입니까. 답하여 말했습니다. 直心이 곧 도량인데 虛假가 없기 때
문입니다.'에서 말한 바 '道'는 無上正遍知의 佛果로서 道를 말한 것이다.
  말한 바 '場'에는 무릇 두 가지 뜻이 있다.
  첫째는 곧 佛果를 가리키는데, 衆德의 果로써 그 場을 삼는다. 때문에 이
경문에서는 佛地로써 衆德의 用이 場이다.
  둘째는 이미 果와 用은 道이고, 因은 場이다. 因은 果를 能感하는 것이 마
치 道를 일으키는 처소와 같으므로 道場이라 말한다. 때문에 (도량은) 萬善의
因으로서 곧 通覺의 所由이고 菩提의 根本이며 修心의 閑地이고 弘道의 淨
場이다.
  무릇 因에도 두 가지가 있다.
  첫째는 육도의 온갖 行이다.

---

801) 通＝逵【甲】
802) 用＝閑【甲】
803) 迹＋(本)【甲】
804) 道＝迹ᴵ【甲】
805) 之＝也【甲】

둘째는 사제 등의 境인데, 모두 도를 발생하기 때문에 道場이라 말한다. 이 行과 境이야말로 진정한 道場이다.

'菩提樹下'는 道를 일으킨 처소이므로 도량이라 말하는데, 소위 應迹道場이다. 또한 本을 말미암아 迹이 베풀어져서 本이 迹을 能起하므로 本이야말로 迹의 場이다.

'직심'은 소위 안으로는 心이 眞直한 것이고 밖으로는 虛假가 없는 것이다. 직심은 이에 만행이 기초하는 本이고 道에 나아가는 탄탄한 場이다.

發行是道場能辨[806]事故深心是道場增益功德故. 心旣眞直. 則能發起修行. 旣發起修行. 則事無不[*]辨. 旣能發行. 則樹心彌深. 樹心彌樹[807]. 則功德轉增. 菩提心是道場無錯謬故. 直心入行轉深. 則變爲菩提心也. 此心眞正[808]故. 所見不謬. 凡弘道者. 要始此四心. 四心旣生. 則六度衆行無不成也.

'發行이 곧 도량인데 수행의 행상[事]을 能辦하기 때문입니다. 深心이 곧 도량인데 공덕을 증익하기 때문입니다.'에서 마음이 이미 眞直인 즉 수행을 발기하고, 이미 수행을 발기한 즉 수행의 행상[事]을 변별하지 못할 것이 없다. 그래서 이미 發行(수행을 일으킴)한 즉 樹⟨深⟩心이 더욱 깊어지고, 樹⟨深⟩心이 더욱 깊어진 즉 공덕이 점점 증장한다. 보리심이 곧 도량으로서 錯謬가

---

806) 辨=辦【甲】* [* 1]
807) 樹=深力【原】
808) 心眞正=正直心【甲】, =直心正ㄱ【甲】

없기 때문이다. 직심으로 行에 들어가 점점 깊어진 즉 그것이 변하여 보리심이 된다. 이것은 진정으로 直心이기 때문에 소견에 오류가 없다. 무릇 弘道라는 것은 요컨대 이 四心(樹〈伏〉心・直心・深心・菩提心)으로부터 비롯된다. 四心이 이미 발생한 즉 六度의 온갖 수행이 성취되지 않음이 없다.

布施是道場不望報故持戒是道場得願具故忍辱是道場於諸衆生心無閡故精進是道場不懈退故禪定是道場心調柔故智慧是道場現見諸法故. 此無所得六度. 並能生道. 故名道場.

'菩提心이 곧 도량인데 錯謬가 없기 때문입니다. 布施가 곧 도량인데 과보를 바라는 것이 없기 때문입니다. 持戒가 곧 도량인데 願具를 얻기 때문입니다. 忍辱이 곧 도량인데 모든 중생의 마음에 대하여 걸림이 없기 때문입니다. 精進이 곧 도량인데 懈怠가 없기 때문입니다. 禪定이 곧 도량인데 마음이 調柔하기 때문입니다. 智慧가 곧 도량인데 제법을 現見하기 때문입니다.'에서 이것은 무소득의 六度로서 아울러 도를 발생시켜주기 때문에 도량이라 말한다.

慈是道場等衆生故悲是道場忍疲苦故喜是道場悅樂法故捨是故悲是道場忍[809]道場憎愛斷故. 前明無得六度. 此辨無緣四等. 慈心者. 欲與衆生樂

---

809) 〔故悲…忍〕六字-【甲】

也. 慈雖假想. 與衆生樂[810]. 從慈起累[811] 見其受苦. 其心悲惻. 則入悲心. 觀其得樂. 心生歡喜. 故名爲喜. 仁慈生愛. 愛生著. 著生累. 悲生憂. 憂生惱. 惱生憎. 慈悲雖善. 而累想[812]以之生. 故兩捨一平等. 謂之捨行也.

'慈가 곧 도량인데 중생을 평등하게 대하기 때문입니다. 悲가 곧 도량인데 疲苦를 인내하기 때문입니다. 喜가 곧 도량인데 법을 悅樂하기 때문입니다. 捨가 곧 도량인데 憎愛를 단절하기 때문입니다.'에서 이것은 無緣의 사무량심을 변별한 것이다.

慈心은 중생에게 樂을 주려는 것이다.

慈가 비록 假想일지라도 중생에게 樂을 주는 그 樂은 慈로부터 염려[累]를 일으켜서 중생이 받는 苦를 보는데, 그 마음이 悲惻인 즉 悲心에 들어간다.

그리고 중생이 얻는 樂을 보게 되면 마음에 환희가 발생한다. 때문에 그것을 喜라고 말한다.

그런데 仁慈에서 愛가 발생하고, 愛에서 執著이 발생하며, 집착에서 염려[累]가 발생한다. 그리고 悲에서 근심[憂]이 발생하고, 근심[憂]에서 번뇌[惱]가 발생하며, 번뇌에서 증오[憎]가 발생한다. 이처럼 (仁)慈와 悲가 비록 善일지라도 염려[累]와 번뇌[惱]가 발생한다. 때문에 이 둘을 버리면 하나로 평등이 되는데 이것을 捨行이라 말한다.

---

810) 樂+(樂)ㄱ【甲】
811) 累=還ㄱ【甲】
812) 想=惱ㄱ【甲】

神通是道場成就六通故解脫是道場能背捨故方便是道場教化衆生故四攝
是道場攝衆生故. 什公云. 一惠施. 惠[813]有二種. 施下人以財. 施上人以
法. 二愛語. 愛語復有二種. 於下人. 則以煖語將悅. 於上人. 則以法語慰
喩. 皆以愛心. 作愛語也. 三利行. 利行亦有二種. 下人則爲設[814]方便. 令
得俗利. 上人則爲作方便. 令得法利. 四同事. 同事亦有二種. 同要[815]人.
則訓以善法. 同善人. 則令增善根. 隨類而入. 事與彼同. 故名同事也.

'神通이 곧 도량인데 육신통을 성취하기 때문입니다. 解脫이 곧 도량인데
번뇌를 背捨하기 때문입니다. 方便이 곧 도량인데 중생을 교화하기 때문입
니다. 四攝이 곧 도량인데 중생을 섭수하기 때문입니다.'와 관련하여 나집
공은 다음과 같이 말한다.
'惠施에 두 가지가 있다. 아랫사람에게는 재물로써 베풀어주고 윗사람에
게는 법으로써 베풀어준다. 둘째는 愛語이다. 애어에도 또 두 가지가 있
다. 아랫사람에게는 곧 따뜻한 말을 가지고 기쁘게 해주고 윗사람에게는
곧 法語로써 慰喩해주는데 모두 애심으로 하므로 애어라고 말한다. 셋째
는 이행이다. 이행에도 또 두 가지가 있다. 아랫사람에게는 곧 방편을
說하여 俗利를 얻게 해주고 윗사람에게는 방편을 作하여 法利를 얻게 해
준다. 넷째는 同事이다. 동사에도 또 두 가지가 있다. 악한 사람과 함께 한
즉 선법으로써 가르쳐주고 선한 사람과 함께 한즉 선근을 증장토록 해준
다. 부류를 따라 그 속에 들어가서 사업[事]을 그들과 함께 하는 까닭에 同

---

813) 惠+(施)ᅵ【甲】
814) 設=說【甲】. =設ᅵ【甲】
815) 要=惡【甲】

事라 말한다.'

多聞是道場如聞行故. 聞而不能行. 則[816] 與禽獸同聽也.

'多聞이 곧 도량인데 如聞하게 실천하기 때문입니다.'에서 듣기만 하고 실행하지 못하면 곧 금수와 함께 듣는 것이다.

伏心是道場正觀諸法故. 心之性也. 强剛則觀邪. 調伏則觀正也.

'伏心이 곧 도량인데 제법을 正觀하기 때문입니다.'에서 心은 性인데 强剛한 즉 邪라고 관찰하고, 調伏한 즉 正이라고 관찰한다.

三十七品是道場捨有爲法故. 三十七品. 爲趣涅槃. 是無爲之因也.

'삼십칠품이 곧 도량인데 유위법을 초월하기 때문입니다.'에서 삼십칠품은 열반에 나아가기 위한 것인데, 이것은 무위의 인이다.

諦是道場不誑世間故. 小乘中說四諦. 大乘中說一諦. 今言諦. 是則一諦.

---

816) 〔則〕-【甲】

一諦實相也. 俗法虛妄. 謂言有而便無. 謂言無而便有. 是誑人也. 見餘諦謂言. 必除我惑. 而不免妄想. 亦是誑也. 今一諦. 無此衆過. 故不誑人也. 從一諦乃至諸法無我. 是諸法實相也. 卽一諦中. 異句異味. 由此一諦故. 佛道得成. 一諦卽是佛因. 故名道場也.

'四諦가 곧 도량인데 세간을 속이지 않기 때문입니다.'에서 소승에서는 四諦를 설하고, 대승에서는 一諦를 설한다. 지금 이 대목에서 말하는 諦는 곧 一諦이다. 一諦는 실상이다. 그러나 俗法은 허망으로서 소위 有라고 말해도 곧 無이고 無라고 말해도 곧 有인데 그것은 誑人이다. 그 밖의 諦를 보더라도 반드시 자기[我]가 惑을 제거했다고 말하지만 망상을 벗어나지 못한 것인데 이 또한 誑이다.

지금 이 대목의 一諦에는 이와 같은 衆過가 없기 때문에 不誑人이다. 一諦로부터 내지 諸法無我에 이르기까지 그것은 제법실상으로서 일제 가운데 卽한다. 異句와 異味는 이 일체를 말미암은 까닭에 불도를 성취한다. 一諦는 곧 佛因이기 때문에 도량이라 말한다.

緣起是道場無明乃至老死皆無盡故. 十二緣起. 因緣相生. 無窮盡也. 悟其所由. 則智心自明. 智心旣明則道心自成然則道之成也乃以緣起爲地故[817]卽[818]以爲道場也.

---

817) 〔旣明…故〕二十字-【甲】
818) (旣明…故)カ二十字＋卽【甲】

'緣起가 곧 도량인데 무명 내지 노사가 다 끝이 없기 때문입니다.'에서 십이연기는 인연으로 서로 발생하여 窮盡이 없다. 그 所由를 깨친 즉 智心이 저절로 밝아진다. 智心이 이미 밝아진 즉 道心이 저절로 성취된다. 그런 즉 道가 성취된다. 이에 연기로써 땅[地]을 삼기 때문에 곧 그것이 도량이다.

諸煩惱是道場知如實故衆生是道場知無我故一切法是道場知諸法空[819]故. 煩惱之實性. 衆生之無我. 諸法之空義. 皆道之所由生也.

'제번뇌가 곧 도량인데 여실하게 알기 때문입니다. 衆生이 곧 도량인데 무아인 줄을 알기 때문입니다. 一切法이 곧 도량인데 제법이 공인 줄 알기 때문입니다.'에서 번뇌의 實性과 중생의 無我와 제법의 空이라는 뜻은 모두 道가 발생하는 所由이다.

降魔是道場不傾動故三界是道場無所趣故師子吼是道場無所畏故力無所畏不共法是道場無諸過故三明是道場無餘礙故. 降魔兵而不爲所動. 遊三界而不隨其趣. 演無畏法音. 而無難. 其[820]佛三十二業. 而無一闕. 三明通達. 而無礙. 斯皆大道之所由生也.

'降魔가 곧 도량인데 魔가 경거망동하지 못하기 때문입니다. 三界가 곧 도

---

819) 空=寂力【原】
820) 其=具【甲】

량인데 나아갈 趣가 없기 때문입니다. 師子吼가 곧 도량인데 無所畏이기 때문입니다. 力과 無畏와 不共法이 곧 도량인데 諸過가 없기 때문입니다. 三明이 곧 도량인데 남아 있는 장애가 없기 때문입니다.'에서 魔兵을 항복시켜 요동침이 없는 것과 삼계에 노닐면서도 그 세계를 따르지 않는 것과 무외의 법음을 연설함에 어려움이 없는 것과 부처님의 삼십이업을 갖추어 하나도 결여됨이 없는 것과 삼명에 통달하여 장애가 없는 것, 이것들이 모두 대도가 발생하는 所由이다.

一念知一切法是道場成就一切智故. 二乘法. 以三十四心成道. 大乘中. 唯以一念. 則確[821]然大悟. 具一切智也. 夫有心則有封. 有封則有疆. 封疆旣形. 則其智有崖. 其智有崖. 則所照不普. 至人無心. 無心則無封. 無封則無疆. 封疆旣無形[822]. 則其智無崖. 其智無崖. 則所照無際. 故能以一念. 一時畢知一切法也. 一切智. 雖因[823]行標. 蓋亦萬行之一耳. 會萬行之所成者. 其唯無上道乎. 故前所列衆法. 皆爲場也.

'일념에 일체법을 아는 것이 곧 도량인데 一切智를 성취하기 때문입니다.'에서 이승법은 삼십사심으로써 성도하지만, 대승에서는 오직 일념으로써 활연대오하여 一切智를 갖춘다.
　대저 有心인 즉 有封이고, 有封인 즉 有疆이다. 그래서 封과 疆에 이미 有

---

821) 確=豁ィ【甲】
822) 〔形〕ィ-【甲】
823) 因=目ィ【甲】

形인 즉 그 智는 有崖이고, 그 智가 有崖인 즉 所照가 넓지 않다. 그러나 至人은 無心이다. 무심인 즉 無封이고, 無封인 즉 無疆이다. 그래서 封과 疆이 이미 無形인 즉 그 智는 無崖이고, 그 智가 無崖인 즉 所照가 끝이 없다. 때문에 일념으로써 일시에 일제법을 안다. 一切智가 비록 因行의 우듬지[標]일지라도 무릇 그 또한 만행의 하나일 뿐이다. 만행이 모여서 성취된 것은 오직 無上道 뿐이다. 때문에 위에서 나열된 갖가지 법[衆法]이 모두 場이다.

如是善男子菩薩若能應諸波羅蜜敎化衆生所[824]有所作擧足下足當知皆從道場來住於佛法矣. 若能應上諸度. 以化天下者. 其人行則遊道場. 止則住佛法.

'이와 같이 선남자여. 만약 보살이 모든 바라밀에 상응하여 중생을 교화하고 諸有에서 하는 행위와 擧足하고 下足하는 것에 대하여 그것이 모두 도량에서 오는 것임을 반드시 안다면 불법에 주하게 됩니다.'에서 만약 위의 모든 바라밀[諸度]에 상응함으로써 천하를 교화할 수 있는 사람이라면 그 사람은 나아간[行] 즉 도량에 노닐고 머문[止] 즉 불법에 주한다.

說是法時五百天人皆發阿耨菩提心. 此第七時衆得益也.

'이러한 법을 설했을 때 오백 명의 天과 人이 모두 아뇩다라삼먁삼보리심

---

824) 所=諸【甲】

을 발생하였습니다.'에서 이것은 일곱째로 시회대중이 얻은 이익이다.

故我不任詣彼問疾. 此第三結也.

'때문에 그에게 문병하러 가는 것을 맡을 수가 없습니다.'에서 이것은 셋째로 結이다.

佛告持世菩薩汝行詣維摩詰問疾. 命四菩薩爲二雙. 彌勒. 持世. 出家大士也. 光嚴. 善德. 在家菩薩也. 就義而論者. 通是萬行. 三義論之. 生道⁸²⁵⁾能. 名爲道場. 怡神之義. 稱爲法樂. 濟物之功. 名爲法施. 此章亦二. 前命. 次辭.

'부처님께서 지세보살에게 말씀하셨다. 그대가 가서 유마힐을 문병하여라.'에서 이것은 네 명의 보살에게 명한 것으로 두 쌍이다. 미륵과 지세는 출가대사이고, 광엄과 선덕은 재가보살이다. 뜻에 대하여 논하자면 통체적으로는 만행이지만, 세 가지 뜻으로 그것을 논할 수가 있다. 곧 도를 발생시키는 주체[能]를 도량이라 말하고, 정신을 기쁘게 해주는 뜻[義]을 법락이라 일컬으며, 중생을 제도해주는 功을 법시라 말한다.

此章에도 역시 두 부분이 있다.
첫째는 명하는 것이다.

---

825) 道+(之)【甲】

둘째는 사양한 것이다.

持世白佛言世尊我不堪任詣彼問疾. 此第二辭不堪. 就文爲三. 謂標釋結. 此初標也.

'지세보살이 부처님께 사뢰어 말씀드렸다. 세존이시여. 저는 그에게 문병하러 가는 것을 감당할 수가 없습니다.'에서 이것은 둘째로 감당하지 못하겠다고 사양한 것이다.
  경문에 세 부분이 있는데, 소위 標와 釋과 結이다.
  이 대목은 첫째의 標[初標]이다.

所以者何憶念我昔住於靜室時魔波旬從萬二千天女狀如帝釋鼓樂絃歌來詣我所與其眷屬稽首我足合掌恭敬於一面立我意謂是帝釋而語之言善來憍釋826)迦雖福應有不當自恣當觀五欲無常以求善本於身命財而修堅法. 此第二釋不堪. 又開爲三. 一被呵之由. 二能呵之旨. 三稱歎淨名. 此初文也. 外國名波旬. 此翻爲殺者. 謂常欲斷他慧命故也. 亦名爲惡中惡. 惡有三種. 一曰惡. 二曰大惡. 三曰惡中惡. 若以惡加己. 還以惡報. 是名爲惡. 若人不殺827)己. 無故加害. 是名大惡. 若人來供養恭敬. 不念報恩. 而反害之. 是名惡中惡. 惡中惡. 魔王最甚也. 諸佛常欲令衆生安穩. 而反壞亂. 故

---

826) 釋=尸【甲】
827) 殺=敬【甲】, =敬ィ【甲】

言甚也. 諸外道詔[828]波旬. 爲欲界生[829]. 亦名花箭. 帝釋是佛弟子. 知其不疑. 故化常[830]釋形來也. 持世不作意觀他意. 故不見也. 又解. 持世是定[831]身菩薩. 入定觀則知. 不入定觀則不知. 憍尸迦者. 過去時姓也. 三堅法. 謂身命財也. 身旣無常. 便應運使爲善. 命旣危脆. 便應盡以行道. 財有五家. 便應用爲施與. 此等皆無常所不能壞. 謂之堅法.

'왜냐하면 억념해보니 제가 옛적에 고요한 방에 머물고 있었습니다. 그때 魔波旬이 만 이천 명의 천녀를 데리고 제석의 형상을 하여 악기를 연주하고 노래를 부르며 제가 있는 곳으로 다가와서 권속들과 함께 제 발에 계수하고 합장하고 공경하고서 한 쪽에 섰습니다. 저는 그것이 제석천이라 생각하고 그한테 다음과 같이 말했습니다. 잘 오셨습니다. 교시가여. 그대는 비록 복덕을 갖추고 있으면서도 自恣하지 않고 오욕이 무상함을 잘 관찰함으로써 善의 근본을 추구하여 몸과 목숨과 재물로 堅法을 닦습니다.'에서 이것은 둘째로 감당하지 못하겠다는 것을 해석한 것이다. 열어보면 세 부분이 있다.

첫째는 가책을 받은 이유이다.

둘째는 가책한 뜻[旨]이다.

셋째는 정명을 칭탄한 것인데, 이 대목은 첫째[初文]에 해당한다.

외국 이름인 파순은 번역하면 殺者이다. 말하자면 항상 다른 사람의 慧命을 단제하려고 하는 것이다. 또한 惡中惡이라고도 말한다. 惡에 세 가지

---

828) 詔=諸カ【原】. =詔【甲】
829) 生=主【甲】
830) 常=帝【甲】
831) 定=肉ㅓ【甲】

가 있다.

첫째는 惡이다.

둘째는 大惡이다.

셋째는 惡中惡이다.

만약 악을 가하고나면 惡報가 돌아오는데 이것을 惡이라고 말한다. 만약 남이 자기를 공경하지 않는 까닭에 가해한다면 그것을 大惡이라 말한다. 만약 남이 찾아와서 공양하고 공경했는데도 보은을 생각하지 않고 도리어 그를 해꼬지하면 그것을 惡中惡이라 말한다. 악중악은 마왕이 가장 甚하다. 제불은 항상 중생을 안온케 해주려는데 도리어 그것을 壞亂기 때문에 甚이라 말한다. 제외도는 파순을 욕계의 主라고 가르치고, 또한 花箭이라고 말한다. 제석은 불제자인데 그것은 의심할 나위가 없음을 아는 까닭에 제석의 형상으로 변화하여 찾아온다. 그런데 持世는 파순의 의도를 있는 그대로 보는[不作意觀] 까닭에 (파순을) 보지 못한다.

또 해석하자면, 지세는 육신보살로서 선정에 들어가야 (파순을) 볼 수가 있고 선정에 들어가지 않으면 알지 못한다.

'교시가'는 (제석의) 過去時의 姓이다.

三堅法이란 소위 身과 命과 財이다. 身은 이미 無常으로서 곧 마땅히 運使해야 선이 된다. 命은 이미 危脆로서 곧 마땅히 죽을 때까지 行道해야 한다. 財에는 五家가 있는데 곧 마땅히 施與에 활용해야 한다. 이것들은 모두 무상하지만 파괴되지 않으므로 소위 堅法이다.

卽語我言正士受是萬二千天女可備掃灑. 因其說法故. 可誘以從善. 實欲以女亂之.

'그러자 곧 저한테 다음과 같이 말했습니다. 正士여. 여기 만 이천 명의 천녀를 받아서 掃灑하는 준비를 하십시오.'에서 그 설법을 인하는 까닭에 속임수로써 선을 따르게 하지만, 실제로는 천녀로써 掃灑하는 보살을 혼란시키려고 한다.

我言憍尸迦無以此非法之物要我佛[832]門釋子此非我宜. 向教其行施. 彼旣從之. 理應爲受. 然非所宜. 夫施者之懷. 唯欲人取. 故言勿[833]向語其[834]施. 要我使受也. 言沙門釋子者. 明己理所不應. 非苟逆人善也.

'제가 말했습니다. 교시가여. 이처럼 非法의 물건은 우리 沙門釋子에게는 필요한 것이 아닙니다. 이것은 저한테 마땅하지 않습니다.'에서 예전에는 그가 보시행위[行施]의 가르침을 받고 그가 이미 그것을 따랐기에 이치상 마땅히 그것을 받았지만, 지금의 경우는 옳은 것이 아니다. 대저 施者[제석으로 변화한 파순]의 생각은 오직 천녀[人]들을 취해달라는 것이었다. 때문에 (지세보살은) 그와 같은 보시 곧 요컨대 자기에게 받아달라는 그런 말을 해서는 안된다고 말한다.
'사문석자'는 자기는 이치상 결코 받아서는 안되는 것이지 진실로 사람의 善을 거역하는 것이 아님을 설명한 것이다.

---

832) 佛＝沙【甲】
833) (以)ᐟ＋勿【甲】
834) 〔其施〕ᐟ－【甲】

所言未訖維摩詰來謂我言非帝釋也是爲魔來嬈固[835]汝耳卽語魔言是諸
女等可以與我如我應受. 此第二明能呵之旨. 文有二意. 一明是魔非釋.
以呵持世不識魔之邪僞. 二納受諸女. 顯持世不能生女之善. 此初文也.
如我應受者. 我爲白衣. 應受女施. 又施. 本除慳利物. 不應擇主. 旣能行
之. 便應與我. 我是受此物者.

'말이 미처 끝나지 않았는데 그때 유마힐이 와서 저한테 다음과 같이 말했습니다. 그는 제석이 아닙니다. 그것은 魔가 와서 그대를 희롱한 것입니다. 그리고는 곧 魔에게 말했습니다. 그 모든 천녀들을 저한테 주신다면 그대로 제가 응당 받겠습니다.'에서 이것은 둘째로 가책하는 뜻[旨]을 설명한 것이다.

경문에는 두 가지 뜻이 있다.

첫째는 그것은 악마이지 제석이 아님을 설명함으로써 지세가 악마의 邪僞를 알지 못함을 가책한 것이다.

둘째는 (정명이) 받아들인 모든 천녀는 지세의 경우에는 천녀들에게 선을 발생시켜주지 못한다는 것을 나타낸다.

이 대목은 첫째의 경우에 해당한다.

'그대로 제가 응당 받겠습니다'는 것은 나는 白衣이므로 응당 천녀를 보시로써 받겠다는 것이다. 또한 보시는 본래 인색함을 제거하고 중생을 이롭게 하는 것이므로 결코 주인을 가려서는 안되는데 이미 보시를 하였으므로 곧 응당 나[정명]한테 주면 내가 그 보시물을 받겠다는 것이다.

---

835) 固=因ィ【甲】

魔卽驚懼念維摩詰將無惱我欲隱形去而不能隱盡其神力亦不得去卽聞空中聲曰波旬以女與之乃可得去魔以畏故俛仰而與. 魔盡力不能去. 則顯邪力之劣. 道力之勝. 以量其輕重. 施女有勝不去. 故[836]以女與淨名.

'魔는 곧 놀라서 두려워하며〈유마힐이 장차 나를 괴롭히지 않을까.〉라고 생각하였습니다. 이에 형체를 감추고 떠나려고 하였지만 감출 수가 없었고, 그 신통력을 다하였지만 또한 떠나갈 수도 없었습니다. 곧 허공에서 다음과 같은 소리가 들렸습니다.〈파순이여. 천녀들을 유마힐에게 주어야만 이에 떠나갈 수 있을 것이다.〉魔는 두려웠기 때문에 아래를 굽어보고 위를 우러러보면서 바쳤습니다.'에서 악마가 힘을 다하였지만 떠나갈 수가 없었던 것은 곧 (악마의) 邪力은 하열하고 (정명의) 道力은 뛰어남을 나타냄으로써 그 경중을 헤아린 것이다. 보시한 천녀에게 뛰어남이 있어서 떠나지 못하는 까닭에 천녀를 정명에게 내어준 것이다.

爾時維摩詰語諸女言魔以汝等與我. 示三從之禮. 屬魔. 則受魔教. 屬菩薩. 則從道化. 故受而誨之.

'그때 유마힐이 모든 천녀들에게 말했습니다. 魔가 그대들을 나한테 주었다.'에서 이것은 三從之禮를 내보인 것이다. (천녀가) 악마에 속한 즉 악마의 가르침을 받아야 하겠지만, 보살에게 속한 즉 보살의 道化를 따라야 한다. 때문에 천녀를 받아들여서 그들을 일깨워준다.

---

836)〔故〕-【甲】

今汝皆當發阿耨菩提心卽隨所應而說法令發意[837]. 教菩薩法. <菩+?>
薩[838]法[839]有三. 一令發菩提心. 二敎修菩薩行. 三令得佛道. 今將示菩薩
行. 故前令發心.

'이제 그대들은 모두 아뇩다라삼먁삼보리심을 발생하여라. 곧 근기의 상응을 따라서 설법하여 보리심[道意]을 발생토록 해주었다.'에서 이것은 보살법을 가르친 것이다.

보살법에는 세 가지가 있다.

첫째는 보리심을 내도록 해준다.

둘째는 보살행을 닦도록 해준다.

셋째는 불도를 얻도록 해준다.

지금의 이 대목은 장차 보살행을 내보이려는 것이므로 첫째의 보리심을 내도록 하는 것에 해당한다.

復言汝等已發道意有法樂可以自娛不應復樂五欲樂也. 此正爲說菩薩行.
所以明法樂者. 凡有二義. 一者諸女. 雖發道心. 旣始入佛法. 未能深樂.
若値五欲. 還念舊樂. 故爲說法. 以法樂代五欲樂也. 二者女人之性. 唯樂
是從. 如魚之依水. 故爲說法樂. 旣得法樂則深. 見五欲之過. 不生貪染.

---

837) (道)ㆍ+意【甲】
838) 〔薩法〕-【甲】
839) 〔法〕カ-【原】

'그리고 다시 말했다. 그대들은 이미 보리심[道意]을 발생하였다. 법락으로 자신의 즐거움을 삼아야지 다시는 오욕락을 상응해서는 안된다.'에서 이것은 본격적으로 보살행을 설한 것이다. 때문에 법락을 설명하는 것에 무릇 두 가지 뜻이 있다.

첫째는 모든 천녀가 비록 보리심을 일으켜서[發道心] 이미 처음으로 불법에 들어갔지만 아직은 깊이 누리지 못하고 있다. 그래서 만약 오욕을 만나면 다시 옛날의 오욕락을 생각하기 때문에 설법해주는데 법락으로써 오욕락을 대신해준다.

둘째는 여인의 본성은 오직 즐기는 것만 따르는데 마치 물고기가 물에 의지하는 것과 같다. 때문에 법락을 설하여 이미 법락이 깊어짐을 얻은 즉 오욕락의 허물을 보더라도 탐착을 발생하지 않는다.

天女卽問何謂法樂答曰樂常[840)]信佛樂欲聽法樂供養衆樂離五欲. 此之四句. 則明四信. 言四信者. 佛爲良醫. 法爲妙藥. 僧看病人. 戒爲禁忌. 具此四事. 則煩惱病愈. 所以初明四信者. 魔天＜天魔?＞以不信正爲本. 旣迴邪入正. 故前明信也. 樂離五欲. 則是信戒. 以愛欲多. 毁戒故也.

'천녀들이 곧 물었다. 무엇을 법락이라 합니까. 답하여 말했다. 항상 信佛을 즐겨하고, 聽法하려는 것을 즐겨하며, 대중에게 공양하는 것을 즐겨하고, 오욕 떠나기를 즐겨하며,'에서 여기에는 四句가 있은 즉 四信을 설명한다.

---

840) 樂常＝常樂【甲】

四信은 곧 첫째는 부처님은 良醫임을 믿는 것이다.

둘째는 法이 妙藥임을 믿는 것이다.

셋째는 僧이 看病人임을 믿는 것이다.

넷째는 戒가 禁忌임을 믿는 것이다.

이 네 가지를 갖춘 즉 번뇌의 병이 치유된다. 때문에 첫째로 四信을 설명한 것은 天魔의 正이 本임을 믿지 않으므로 이미 邪를 돌려서 正에 들어가게 한다. 때문에 먼저 信을 설명한다.

樂이 오역을 떠난 즉 그것은 戒를 믿는 것이지만, 애욕이 많은 것은 毁戒 때문이다.

樂觀五陰如怨賊樂觀四大如毒蛇樂觀內入如空聚. 以諸天女深著愛欲. 翫彼妙身. 雖發心生信. 而滯情難遣. 故呵其陰界. 使生厭心.

'오음은 怨賊과 같다고 관찰하는 것을 즐겨하고, 사대는 독사와 같다고 관찰하는 것을 즐겨하며, 內入을 텅 빈 마을처럼 관찰하는 것을 즐겨하고,'에서 모든 천녀는 애욕에 깊이 집착하고 그들의 아름다운 몸을 가지고 놀기 때문에 비록 발심하여 믿음을 발생하더라도 情에 얽매여 그것을 버리기가 어렵다. 때문에 그 陰界를 가책하여 厭心을 발생토록 한다.

樂隨護道意. 前明誡門. 今辨勸敎. 將護道意. 令不墮三界及樂二乘也.

'보리심[道意]을 隨護하는 것을 즐겨하며'에서 위에서는 誡門을 설명하였는데, 지금 이 대목은 勸敎를 변별한 것이다. 장차 보리심[道意]를 지켜서 삼계 및 이승을 좋아하는 것에 떨어지지 않도록 하려는 것이다.

樂饒益衆生樂敬養師樂廣行施樂堅持戒樂忍辱柔和樂勤集善根樂禪定不亂樂離垢明慧樂廣菩提心. 上將護道意. 謂自發心. 今令他發心. 故云廣也.

'중생을 이롭게 하는 것을 즐겨하고, 널리 보시하는 것을 즐겨하며, 굳게 持戒하는 것을 즐겨하며, 인욕과 유화를 즐겨하고, 부지런히 선근 쌓기를 즐겨하며, 선정으로 어지럽지 않는 것을 즐겨하고, 오염을 버리고 지혜 밝히는 것을 즐겨하며, 보리심을 확장하는 것을 즐겨하고'에서 위에서는 장차 보리심을 지켜주는 것은 말하자면 自發心이었는데, 지금 이 대목은 남을 발심토록 해주는 까닭에 '넓다'고 말한다.

樂降伏衆魔樂斷煩惱樂淨佛國土樂成就相好故修諸功德樂嚴道場. 道場如釋迦文佛. 菩提樹下. 初成道處. 三千二百里. 金剛地爲場. 諸佛各隨國土之大小. 而取場地之廣狹. 無定數也.

'모든 魔를 항복시키는 것을 즐겨하며, 모든 번뇌 단제하는 것을 즐겨하고, 불국토를 청정케 하는 것을 즐겨하며, 상호의 성취를 즐겨하기 때문에 모든 공덕을 닦고, 도량을 장엄하는 것을 즐겨하며'에서 도량은 석가모니불이 菩提樹下로서 처음에 성도한 곳으로, 삼천이백 리의 金剛地가 場이다. 제불은 각각 국토의 대소를 따라서 場地의 廣狹을 취하므로 정해진 숫자가 없다.

樂聞深法不畏樂三脫門不樂非時. 三脫. 空無相無作也. 縛以之而解. 謂之脫. 三乘所由. 謂之門. 二乘. 入三脫門. 不盡其極. 而中路取證. 謂之非時. 此大士之所不樂也.

'깊은 법을 듣고도 두려움 없는 것을 즐겨하고, 삼해탈문을 즐겨하며, 非時를 즐겨하지 않고,'에서 삼해탈문은 空解脫門·無相解脫門·無作解脫門이다. 결박되어 있다가 그로부터 벗어나는 것이 解인데 그것을 脫이라고 말하는데, 삼승이 그로부터 말미암은 까닭에 그것을 門이라 말한다. 이승이 해탈문에 들어가서 그 極을 다하지 않아도 中路에서 깨달음을 얻는데 그것을 非時라고 말한다. 이것은 대사가 즐겨하지 않는 것이다.

樂近同學樂於非同樂中心無罣礙樂[→]將護惡知識樂親[841)]近善知識樂心喜清淨樂修無量道品之法是名菩薩法樂. 初標法樂. 次問答釋之. 今總結也.

'동학을 친근하는 것을 즐겨하며, 동학이 아닌 가운데서도 마음이 無恚礙하는 것을 즐겨하고, 악지식을 將護하는 것을 즐겨하며, 선지식을 친근하는 것을 즐겨하며, 마음의 喜가 청정해지는 것을 즐겨하고, 무량한 도품법 닦는 것을 즐겨하는데, 이런 것이 바로 보살의 법락입니다.'에서 첫째는 법락을 標하고, 둘째는 문답으로 그것을 해석했는데, 지금의 대목은 총결이다.

---

841) 〔親〕-【甲】

於是波旬告諸女言我欲與汝俱還天宮. 先聞空聲. 畏而言與. 非其眞心. 故欲俱還. 恐其不去. 復以天宮誘之. 天魔是權. 前欲令淨名化之. 故將其來. 今欲使其傳化. 所以要其去也.

'이에 파순이 모든 천녀들에게 말했습니다. 나는 그대들과 함께 다같이 천궁으로 돌아가고자 한다.'에서 이것은 위에서는 하늘에서 나는 소리를 듣고서 두려워서 '함께[與]'라고 말했는데 그것은 진심이 아니었다. 때문에 함께 돌아가고자 한다. 그러나 돌아가지 않으려고 하지 다시 천궁으로써 그들을 유혹하는데, 천마는 방편[權]이다. 위에서는 정명으로 하여금 그들을 교화시켜주려는 까닭에 그들을 데려왔는데, 지금은 그들로 하여금 교화를 전승시키려는[傳化] 까닭에 그들(천녀)을 돌아가도록 요구한다.

諸女言以我等與此居士有法樂我等甚樂不復樂於五欲樂也. 已屬人矣. 兼有法樂. 何由而反.

'모든 천녀들이 말했습니다. 저희들을 이 거사에게 주셨습니다. 많은 법락으로 저희들은 대단히 즐겁습니다. 다시는 오욕락을 즐기지 않겠습니다.'에서 이것은 이미 소속이 있는 사람들이고 또한 법락이 있는데 어째서 돌려보내려는 것인가 하는 것이다.

魔言居士可捨此女一切所有施於彼者是爲菩薩維摩詰言我已捨矣汝便將去令一切衆生得法願具足. 魔知淨名心無染著. 本爲化之. 今化之旣

說⁸⁴²⁾. 故從索也. 淨名所以施女者. 前欲化之故取女. 若是他人. 化不從也. 今欲令諸女於天宮傳化. 故施女. 又前示福田故取之. 今爲施主則捨. 又前矣⁸⁴³⁾示威力. 後以恩被. 又前取女令修行. 後施女而起願也. 居士以女還魔. 則魔願具足. 故因發願. 令衆生得法願具足. 此是維摩願也.

'魔가 말했습니다. 거사여. 이 천녀들을 돌려줄[捨] 수 있겠습니까. 일체의 소유를 그들에게 보시하는 것이 곧 보살입니다. 유마힐이 말했습니다. 저는 이미 돌려드렸습니다.[捨] 그대는 마음대로 가져가십시오. 일체중생들로 하여금 불법과 서원을 구족토록 해주십시오.'는 다음과 같다.

'악마는 정명의 마음에 염착이 없지만 본래 그 천녀들을 교화하기 위한 것이었는데, 지금은 그 천녀들의 교화를 이미 마쳤기 때문에 선택하도록 놓아준 것을 알고 있었다. 정명이 천녀들을 보시한 까닭은 먼저 그 천녀들을 교화하기 위한 까닭에 여자들은 취하였는데, 만약 그것이 (정명이 아닌) 다른 사람이었다면 교화가 따르지 못했을 것이다. 지금은 모든 천녀로 하여금 천궁에까지 교화를 전하도록 하려는 까닭에 천녀들을 보시한 것이다. 또한 위에서는 복전을 내보이려는 까닭에 천녀들을 취하였지만, 지금은 시주가 되어 있는 즉 놓아준[捨] 것이다. 또한 위에서는[前] 위력을 내보였지만, 지금은[後] 은혜를 입혀주는 것이다. 또한 위에서는[前] 천녀들을 취하여 수행하도록 하였는데, 지금은[後] 천녀들을 보시하여 서원을 일으키는 것이다. 거사가 천녀들을 다시 마궁으로 돌려보낸 즉 악마의 소원이 구족되었기 때문에 그로 인하여 발원함으로써 중생들로 하여금 法과 願을 具足토록 하는 것이

---

842) 說=訖【甲】
843) 又前矣=矣有前【甲】

다. 이것이 바로 유마의 서원이다.'

於是諸女問維摩詰我等云何止於魔宮. 昔在魔宮. 以五欲爲樂. 今在菩薩. 以法樂爲樂. 復還魔宮. 修何業耶.

 '이에 모든 천녀들이 유마힐에게 물었습니다. 저희들은 얼마나 魔宮에 머물러야 합니까.'에서 이것은 다음과 같다. 옛날에는 마궁에 있으면서 오욕을 즐거움으로 삼았다. 그런데 지금은 보살에 있으면서 법락을 즐거움을 삼고 있다. 이에 다시 마궁에 돌아가면 어떤 修業을 닦아야 하는가.

維摩詰言諸姊有法門名無盡燈汝等當學. 將遠流大法之明. 以照魔宮癡冥之室. 故說此門也.

 '유마힐이 말했습니다. 모든 자매들이여. 어떤 법문이 있는데 그것을 무진등이라 말합니다. 그대들은 반드시 닦아야 합니다.'에서 이것은 멀리까지 흘러간 대법의 장명등으로써 마궁의 어리석고 어두운 방을 비춘 것이다. 때문에 이 門을 설한다.

無盡燈者譬如一燈燃百千燈冥者皆明明終不盡如是諸姊夫一菩薩開道百

千衆生令發阿耨多羅三藐三[844]菩提心於其道意亦不滅盡隨所說法而自增益一切善法是名無盡燈也汝等雖住魔宮以是無盡燈令無數天女發阿耨多羅三藐三[845]菩提心者爲報佛恩亦大饒益一切衆生爾時天女頭面禮維摩詰足隨魔還宮忽然不現. 訖此文. 是能呵之旨也.

'무진등이란 비유하면 한 등불이 백천 등불에 불을 당기면 어둠이 모두 밝아지고 그 밝음은 끝이 없는 것과 같습니다. 이와 같이 모든 자매들이여. 무릇 한 보살이 백천의 중생들을 開導하여 아뇩다라삼먁삼보리심을 발생시켜 주면 그 보리심[道意]도 또한 멸진되지 않아서 가는 곳마다 설법하여 저절로 일체의 선법이 증익되는데 그것을 무진등이라 말합니다. 그대들이 비록 마궁에 주할지라도 그 무진등으로써 무수한 천자와 천녀들로 하여금 아뇩다라삼먁삼보리심을 발생시키는 사람은 불은에 보답하는 것이고 또한 일체중생에게 큰 이익을 주는 것입니다. 그때 천녀들이 유마힐의 발에 頭面禮를 드리고 魔를 따라서 마궁으로 돌아갔는데 홀연히 자취를 감추었습니다.'에서 이것은 가책한 뜻[旨]이다.

世尊維摩詰有如是自在神力智慧辨才. 此歎淨名也.

'세존이시여. 유마힐은 이와 같이 자재한 신통력과 지혜와 변재를 지니고 있습니다.'에서 이것은 정명을 찬탄한 것이다.

---

844) 〔多羅…三〕五字ㅓ-【甲】
845) 〔多羅…三〕五字-【甲】

故我不任詣彼問疾. 此是<第+?>三結也.

'때문에 그에게 문병하러 가는 것을 맡을 수가 없습니다.'에서 이것은 셋째로 結이다.

佛告長者子善得<德?>汝行詣維摩詰問疾. 此章亦二. 一命. 二辭不堪. 此初文也.

'부처님께서 장자의 아들인 선덕에게 말씀하셨다. 그대가 가서 유마힐을 문병하여라.'에서 此章에도 또한 두 부분이 있다.
  첫째는 명한 것이다.
  둘째는 감당하지 못하겠다고 사양한 것이다.
  이 대목은 첫째[初文]에 해당한다.

善得<德?>白佛言世尊我不堪任詣彼問疾. 此第二辭不堪. 就文爲三. 謂標釋結. 此初標也.

'선덕이 부처님께 사뢰어 말씀드렸다. 세존이시여. 저는 그에게 문병하러 가는 것을 감당할 수가 없습니다.'에서 이것은 둘째로 감당하지 못하겠다고 사양한 것이다.
  경문에 세 부분이 있는데, 말하자면 標와 釋과 結이다.
  이 대목은 첫째의 標이다.

所以者何憶念我昔自於父舍設大施會供養一切沙門婆羅門及諸外道貧窮下賤孤獨乞人期滿七日. 此第二釋不堪. 就文爲三. 一被呵之由. 二能呵之旨. 三明得益. 自於父舍者. 從父得財. 簡異非法得物也. 又云. 祖考承相. 有此施法. 善得<德?>. 承其繼嗣. 紹前業也. 作此施法. 三年聚財. 七日大施. 開四門. 立高幢苦[846]天下. 諸有所須. 皆詣已舍. 然後傾家而捨. 此[847]施法有二. 一用婆羅門外道書作禮[848]法. 以求梵福. 二直大布施而已. 今用前法也.

'왜냐하면 억념해보니 제가 옛적에 아버지의 집에서 大施會를 시설하여 일체의 사문·바라문 및 모든 외도·빈궁인·하천인·고독인·걸인에게 이레가 다 차도록 공양하였습니다.'에서 이것은 둘째로 감당하지 못하겠다는 것을 해석한 것이다.
 경문에는 세 부분이 있다.
 첫째는 가책을 받은 이유이다.
 둘째는 가책한 뜻[旨]이다.
 셋째는 얻은 이익을 설명한다.
 '아버지의 집에서'란 아버지한테서 얻은 재물로서 비법으로 얻은 재물과는 차별된다.
 또한 말하자면 돌아가신 할아버지는 승상이었으므로 이와 같은 보시법을 행하였다. 선덕은 그것을 상속하고 이전의 가업을 이었다. 그와 같은 보시

---

846) 苦=告【甲】
847) (作)ㄱ+此【甲】
848) 禮=祀ㄱ【甲】

를 행하려고 삼년 동안 재물을 모아서 칠일 동안 大施를 베풀어 四門을 열어두고 높이 幢을 내세우고 천하에 알렸다. 생활에서 필요한 것을 위하여 모두그 집을 찾아왔다. 연후에는 집안을 기울여 보시하였다.

　이와 같이 보시하는 법에는 두 가지가 있다.

　첫째는 바라문 및 외도의 書에 있는 작례법을 활용함으로써 梵福을 추구하는 것이다.

　둘째는 직접 大布施하는 것이다.

　지금 이 대목은 첫째의 법을 활용한 것이다.

時維摩詰來入會中謂我言長者子夫大施會者不當如汝所設當爲法施之會何用是財施會爲. 此第二能呵之旨. 淨名至七日滿. 而來呵者. 凡有三義. 一者以其俗施旣滿. 將進以法施. 故先譏其所設. 以明二施有[849]劣也. 二者七日期滿. 滿則成功. 成必持[850]著. 故至七日. 而來呵也. 三者善＜德?＞得淨名. 俱爲益物. 善得＜德?＞施財. 淨名惠法. 若不前誘之以財. 則無亦導之以法. 所以用法呵財者. 財施養肉身. 法施養法身. 又財施但得欲界報. 法施得三界及出三界報. 又財施有前後. 法施無前後. 又財施有盡. 法施無盡. 又財施通愚智並能. 法施以智人方解. 故以法呵財.

　'그때 유마힐이 와서 법회에 참여하고 저한테 말하였습니다. 장자의 아들이여. 무릇 大施會는 그대처럼 시설해서는 안됩니다. 반드시 法施會가 되어

---

849) 有＝優ィ【甲】
850) 持＝特力【原】, ＝特【甲】, ＝持ィ【甲】

야 하는데 어째서 그것을 財施會로 활용하는 것입니까.'에서 이것은 둘째로 가책한 뜻[旨]이다.

정명은 칠일이 되었을 때에야 찾아와서 가책한 것에는 무릇 세 가지 뜻이 있다.

첫째는 그것은 俗施로 이미 가득 차 있는데 장차 법시로 나아가야 한다. 때문에 먼저 그와 같은 보시[俗施]의 시설을 나무람으로써 두 가지 보시의 우열을 설명한다.

둘째는 칠일의 기한이 만기하면 만기가 된즉 공이 성취되어 반드시 特著가 성취되어야 하기 때문에 칠일이 지나서 찾아와 가책한 것이다.

셋째는 선덕과 정명은 모두 중생을 위한다. 선덕은 재물을 보시하고, 정명은 법을 베풀어준다. 만약 먼저 중생을 재물로써 유도하지 못하면 곧 또한 중생을 인도해줄 법도 없다.

때문에 법을 활용하고 재물을 가책한다는 것에 대하여 재시는 육신을 길러주고 법시는 법신을 길러준다.

또한 재시는 단지 욕계의 과보만 얻지만, 법시는 삼계 및 출삼계의 과보를 얻는다.

또한 재시에는 전후가 있지만, 법시에는 전후가 없다.

또한 재시는 다함이 있지만, 법시는 다함이 없다.

또한 재시는 愚人과 智人에 모두 공통적으로 활용할 수 있지만, 법시는 智人이 되어야 바야흐로 이해한다. 때문에 법시로써 재시를 가책한다.

我言居士何謂法施之會<答曰+?>法施會者無前無後一時供養一切衆生是名法施之會. 財施. 不能一時普用. 法施有二. 一者爲他說法. 名爲法施.

此則一音所演. 一時普至. 二者. 菩薩起一一行. 皆爲利一切衆生. 故無前後也. 又如一起慈心. 則十方同緣. 一時等施. 故無前後.

'제가 말했습니다. 거사여. 法施會란 무엇을 말하는 것입니까. 유마힐이 답하여 말했습니다. 법시회란 시작도 없고 끝도 없습니다. 一時[851)]에 일체중생에게 공양하는 것을 법시회라고 합니다.'에서 재시는 일시에 널리 활용할 수가 없다.

그러나 법시에는 두 가지가 있다.

첫째는 남을 위해 설법하는 것을 법시라 말한다. 이것은 곧 일음으로 연설한 것은 일시에 멀리까지 이른다.

둘째는 보살이 일으키는 낱낱의 행은 모두 일체중생의 이익을 위한 것이다. 때문에 전후가 없다.

또한 여일하게 慈心을 일으킨 즉 시방이 동일한 인연으로서 일시에 평등하게 베풀어진다. 때문에 전후가 없다.

<曰+?>何謂也謂以菩提起於慈心. 前明四等有[852)]. 法施是慈心所設. 故初明之. 又四無量心. 能一時普緣法界. 故初明也. 凡夫起慈. 爲生梵天. 二乘則爲求功德. 菩薩則爲求佛道. 度脫衆生. 今欲令其求佛道. 以起慈心. 故言以菩提相而起慈心. 又慈欲與樂. 此緣佛樂以與物也. 又以菩提

---

851) 一時는 시분이 따로 정해져 있지 않는 一時이다.
852) 有=者 ₁【甲】

起慈. 亦[853]是眞實慈. 能實益物也.

'제가 말했습니다. 무엇을 말하는 것입니까.[854] 말하자면 보리로써 慈心을 일으키는 것이고'에서 위에서는 사무량심[四等心]을 설명하였다. 법시는 곧 慈心으로 시설된 것이기 때문에 먼저 그것을 설명한다.

또한 사무량심은 일시에 널리 법계를 반연하기 때문에 처음에 설명한다. 범부가 자비를 일으키면 범천에 태어난다. 이승은 곧 공덕을 추구하고, 보살은 곧 불도를 추구하여 중생을 도탈시킨다.

지금 그[선덕]로 하여금 불도를 추구하여 자심을 일으키도록 한다. 때문에 菩提相으로써 자심을 일으킨다고 말한다.

또한 慈는 樂을 주려는 것인데, 이것은 부처님을 인연하여 樂을 중생에게 주려는 것이다.

또한 보리로써 일으킨 慈는 반드시 진실한 慈로서 실로 중생을 이롭게 해 준다.

以救衆生起大悲心. 悲心意在拔苦. 若以實救爲悲. 悲之大矣.

'중생을 구제하는 것으로써 대비심을 일으키는 것이며'에서 비심의 뜻은 고통을 없애주는 데에 있다. 만약 진실로 추구하는 것이 悲가 된다면 그 悲는 위대하다.

---

853) 亦=必ィ【甲】
854) 법시란 구체적으로 무엇을 말하는 것인가를 물은 것이다.

以持正法起於喜心. 欲令彼我. 俱持正法. 喜以之生也. 又喜本欣彼得離
非法. 是意存法也. 若以持正法爲喜. 喜之實也.

'정법을 수지하여 喜心을 일으키는 것이고'에서 남[彼]과 나[我]로 하여금
모두 정법을 수지토록 함으로써 거기에서 喜가 발생한다.
또한 喜는 본래 남[彼]이 비법에서 벗어남을 기뻐하는 것인데 이런 뜻이
법에 들어 있다. 만약 정법을 수지함으로써 喜가 된다면 그 喜는 진실하다.

以攝智慧行於捨心. 凡夫及小乘. 爲捨怨親. 故行捨心. 今欲令其爲平[855)]
智慧一切捨離. 以行捨心. 又捨心中. 唯見衆生. 無分別想. 同於無想[856)].
欲令其捨心中行智慧也.

'지혜를 섭수하여 捨心을 일으키는 것이며'에서 범부 및 소승은 怨親을
捨하기 때문에 捨心을 행한다. 그런데 지금 이 대목은 그[선덕]로 하여금 평
등과 지혜의 일체를 捨離함으로써 捨心을 행하도록 해준다.
또한 捨心 가운데서는 오직 오직 중생을 무분별상으로 보기 때문에 無
明의 경우도 마찬가지로 그 사심 가운데서 지혜를 행하도록 하려는 것이다.

以攝慳貪起檀波羅蜜以化犯戒起尸羅波羅蜜以無我法起羼提波羅蜜以

---

855) 不+(等)ィ【甲】
856) 想=明ィ【原】【甲】

離身心相起毘梨耶波羅蜜以菩提相起禪波羅蜜以一切智起般若波羅蜜.
前明四等爲法施. 今辨六度爲法施. 菩薩起行. 一一行皆有三意. 一求佛
道. 二度衆生. 三不違實相. 故此文六度以三雙辨之. 初二爲物破慳起檀.
攝犯起戒. 次兩以二空. 起二行. 無我起忍. 是人空. 離身心相. 起精進. 謂
法空. 後二是二智菩提. 謂一切種智故起禪. 次一切智<故+?>起波若. 波
若實慧故. 以薩般[857]若心起波若. 又菩提是佛福德莊嚴故起禪. 一切智是
佛智慧莊嚴故起般若. 又菩提是佛心[858]行故. 前云寂滅是菩提. 則智是止
行. 以起禪則止也. 一切智是佛觀行故. 故起波若. 波若是觀也.

'간탐을 섭수함으로써 단바라밀을 일으키는 것이고, 범계를 교화함으로써 시라바라밀을 일으키는 것이며, 무아법으로써 찬제바라밀을 일으키는 것이고, 몸과 마음의 모습을 떠남으로써 비리야바라밀을 일으키는 것이며, 보리상으로써 선바라밀을 일으키는 것이고, 일체지로써 반야바라밀을 일으키는 것입니다.'에서 위에서는 사무량심[四等]을 법시라고 설명하였는데, 지금은 육바라밀을 법시라고 설명한다.

보살이 일으키는 수행은 낱낱의 수행에 모두 세 가지 뜻이 있다.

첫째는 불도를 추구한다.

둘째는 중생을 제도한다.

셋째는 실상을 어기지 않는다.

때문에 이 경문은 육바라밀로써 三雙으로 그것을 변별한다.

처음의 둘[보시와 지계]을 통해서는 중생을 위하여 慳을 타파하여 檀을 일

---

857) 般=波【甲】
858) 心=止【甲】

으키고, 犯을 섭수하여 戒를 일으킨다.

다음의 둘[인욕과 정진]을 통해서는 二空으로써 二行을 일으킨다. 무아로써 忍을 일으키는 것은 이것은 인공이다. 身과 心의 相을 떠나서 정진을 일으키는 것은 말하자면 법공이다.

나중의 둘[선정과 지혜]은 二智와 菩提이다.

말하자면 一切種智이기 때문에 禪을 일으키고, 다음으로 一切智이기 때문에 波若를 일으킨다. 반야[波若]은 實慧이기 때문에 薩波若心으로써 波若을 일으킨다.

또한 菩提는 곧 부처님의 복덕장엄이기 때문에 선을 일으키고, 一切智는 곧 부처님의 지혜장엄이기 때문에 반야를 일으킨다.

또한 菩提는 곧 부처님의 止의 수행이 때문이다. 그래서 위에서 말한 적멸이 곧 보리인 즉 智는 곧 止의 수행이다. 이에 선을 일으킨 즉 그것은 止이다. 一切智는 곧 부처님의 觀의 수행이기 때문이다. 그래서 반야[波若]을 일으킨 즉 그 반야는 곧 觀이다.

敎化衆生而起於空. 存衆生則廢[859)]空義. 存空義. 則捨衆生. 善達法相. 空虛其懷者. 終日化衆生. 終日不乖空.

'중생을 교화하되 공을 일으켜주고'에서 중생이 남아 있은 즉 空義에 어그러지고, 空義가 남아 있은 즉 중생을 저버린다. 법상에 잘 통달하여 그 마음을 텅 비운[空虛] 사람은 종일토록 중생을 교화해도 종일토록 공에 어그러지

---

859) 廢=癈【甲】. =乖ィ【甲】

지 않는다.

不捨有爲法而起無相. 隨化存有. 名不捨有爲. 知有常寂. 名起無相.

'유위법을 버리지 않고 無相을 일으켜주며'에서 교화를 따르되 有를 남겨두는 것을 '有爲를 저버리지 않음'이라고 말하고, 유가 상적한 줄 아는 것을 '無相을 일으킴'이라고 말한다.

示現受生而起無作. 隨有現形. 名現受生. 知生無生. 故名無作.

'受生을 시현하되 無作을 일으켜주고'에서 有를 따르되 形을 드러내는 것을 '受生을 드러냄'이라 말하고, 생이 무생인 줄 알기 때문에 '無作'이라 말한다.

護持正法起方便力. 夫欲建立正法. 必須[860]善巧方便.

'정법을 호지하되 방편력을 일으켜주며'에서 대저 정법을 건립코자 하면 반드시 선교방편이 필요하다.

---

860) 須=復【甲】

以度衆生起四攝法以敬事一切起除慢法於身命財起三堅法於六念中起思
念法. 六念者. 念佛法僧施戒天六念也.

'중생을 제도함으로써 사섭법을 일으켜주고, 일체를 공경스럽게 섬김으로
써 아만을 제거하는 법을 일으켜주며, 몸과 목숨과 재물에서 三堅法을 일으
켜주고, 六念[861] 가운데서 思念法을 일으켜주며'에서 육념이란 佛念·法
念·僧念·施念·戒念·天念의 六念에 마음을 집중하는[念] 것이다.

於六和敬起質直心. 以慈心. 起身口意業爲三也. 四得重利養. 與人共之.
五持淨戒. 六修漏盡慧. 非直心. 無以具六法. 非六法. 無以和群衆. 群衆
不和. 非敬順之道也. 身口意慈. 是内心同也. 同戒謂行同也. 同見謂解同
也. 同利則財同. 同行解謂法同. 又同見謂心同. 同戒謂身同. 同利資身心
外具同行. 昔二衆乖諍故. 佛說此六和敬之[862].

'六和敬에서 質直心을 일으켜주고'에서 慈心으로써 신업·구업·의업을
일으키는 것이 그 세 가지이다.
 넷째는 많은 利養을 얻어서 남들과 그것을 공유하는 것이다.
 다섯째는 淨戒를 수지하는 것이다.
 여섯째는 漏盡慧를 닦는 것이다.
 그래서 직심이 없으면 육법을 갖출 수가 없고, 육법이 없으면 군중을 화

---

861) 六念은 念佛과 念法과 念僧과 念天과 念戒와 念施이다.
862) 之=也力【甲】

합할 수가 없으며, 군중이 화합하지 못하면 敬順의 道가 없다.

身·口·意에서 일으키는 慈心은 곧 內心의 同이다. 함께 지키는 것[同戒]은 말하자면 함께 수행하는 것[行同]이고, 같은 견해를 갖는 것[同見]은 말하자면 함께 이해하는 것[解同]이다. 함께 이익을 나누는 것[同利]은 곧 함께 재물을 갖는 것[財同]이고, 함께 수행하고 이해하는 것[同行解]은 말하자면 법을 함께 하는 것[法同]이다.

또한 같은 견해를 지니는 것[同見]은 말하자면 같은 마음을 갖는 것[心同]이고, 함께 계를 지키는 것[同戒]은 말하자면 함께 사는 것[身同]이다. 함께 이익을 나누는 것[同利]은 同身과 同心을 북돋아 주는 것이고, 그 밖의 것은 모두 同行이다. 옛날에는 二衆이 乖諍하였기 때문에 부처님이 이 六和敬을 설하였다.

正行善法起於淨命. 凡所行善. 不以邪心. 爲正命也.

'善法을 바르게 실천함으로써 淨命(正命)을 일으켜주며'에서 무릇 선을 행함에 邪心이 아닌 것이 正命(淨命)이다.

淨[863]歡喜起近賢聖不憎惡人起調伏心. 近聖生淨喜. 見惡無憎心.

'마음에 환희를 청정케 하여 賢聖을 친근함을 일으켜주고, 악인을 증오하

---

863) (心) イ +淨【甲】

지 않음으로써 다스리는 마음을 일으켜주며'에서 聖을 친근하여 淨喜가 발생하면 惡을 보아도 憎心이 없다.

以出家法起於深心. 出家則能深入佛法. 具行淨戒.

'출가법으로써 深心을 일으켜주고'에서 출가하면 곧 불법에 깊이 들어가서 淨戒를 갖추어 행할 수가 있다.

以如說行起於多聞以無諍法起空閑處. 忿競生乎衆聚. 無諍出乎空閑.

'如說行으로써 다문을 일으켜주며, 무쟁법으로써 공한처를 일으켜주고'에서 忿競은 대중이 모여드는 곳에서 발생하지만, 無諍은 空閑處에서 출현한다.

趣向佛慧起於宴坐. 佛慧深遠. 非定不趣[864].

'佛慧를 趣向함으로써 宴坐를 일으켜주며'에서 부처님의 지혜는 深遠한데 선정에서 일어나지 않음이 없다.

---

864) 趣=起力【甲】

解衆生縛起修行地. 己行不修. 安能解彼.

'중생의 결박을 풀어줌으로써 修行地를 일으켜주고'에서 자신이 직접 수행하지 않으면 어찌 중생을 이해할 수 있겠는가.

以具相好及淨佛土起福德業知一切衆生心念如應說法起於智業知一切法不取不捨入一相門起於慧業. 大判六度爲二. 前三爲福. 後三爲慧. 若具福慧. 如車之二輪鳥之雙翅. 就福慧. 各開爲二. 福德門二者. 一感內相好. 二感外淨土. 慧門開二者. 照有名智. 鑒空爲慧也.

'상호를 갖추고 불국토를 청정케 함으로써 복덕업을 일으켜주며, 일체중생의 心念을 알아서 상응하는 설법을 해줌으로써 智業을 일으켜주고, 일체법이 不取이고 不捨임을 알아서 一相門에 들어감으로써 慧業을 일으켜주며'에서 육바라밀을 크게 둘로 판별하자면 앞의 세 가지는 福이고, 뒤의 세 가지는 慧이다. 만약 福과 慧를 모두 갖추는 것은 수레의 두 바퀴와 같고 새의 두 날개와 같다.

福慧에 대해서 각각 열어보면 두 가지가 있다.

첫째로 복덕문의 두 가지에서 하나는 안으로 상호를 감득하는 것이고, 둘은 밖으로 정토를 감득하는 것이다.

둘째로 지혜문을 두 가지로 열어보면 하나는 有를 비추어보는 것을 智라 말하고, 空을 비추어보는 것이 慧이다.

斷一切煩惱一切障閡一切不善法起一切善業. 斷一切煩惱. 謂除煩惱障.
則智慧業也. 一切障閡. 謂報障也. 一切不善法. 起一切善業. 業障也. 此
二明福慧[865]業.

 '일체의 번뇌와 일체의 장애와 일체의 불선법을 단제함으로써 일체의 선
업을 일으켜주고'에서 '일체의 번뇌를 단제한다'는 것은 말하자면 번뇌장을
제거하는 것으로서 즉 智慧業이다. 그리고 '一切障閡'는 말하자면 報障이
고, '일체의 불선법'은 業障인데, 이 둘은 福德業을 설명한 것이다.

以得一切智慧一切善法起於一切助佛道法. 還總結福慧也.

 '일체의 지혜와 일체의 선법을 터득함으로써 일체의 불도에 도움이 되는
법을 일으켜주는 것입니다.'에서 다시 福과 慧를 총결한 것이다.

如是善男子是爲法施之會若菩薩住是法施會者爲大施主亦爲一切衆生福
田. 起行利物. 名爲施主. 堪受供養. 故名福田. 法施之人. 具兼二德. 行財
施者. 但是施主. 非福田也.

 '이와 같이 선남자여. 이것이 법시회입니다. 만약 보살이 이 법시회에 주
한다면 대시주가 되고 또한 일체세간의 복전이 됩니다.'에서 수행을 일으켜

---

865) 慧=德ィ【甲】

서 중생을 이롭게 해주는 것을 施主라고 말하고, 받은 공양을 감당할 만한 것을 복전이라고 말한다. 法施하는 사람은 이 두 가지 덕을 갖추는데, 財施를 행하는 사람은 단지 施主일 뿐 福田은 아니다.

世尊維摩詰說是法時婆羅門衆中二百人皆發阿耨菩提心我時心得淸淨嘆未曾有稽首禮維摩詰足卽解瓔珞價直百千以上之不肯取. 此以下. 第三明得益文也. 七日施. 而此物在者. 最所重也. 以上維摩詰者. 現崇法施情也. 又淨名. 知其七日捨財. 由自未盡. 故說法施. 令捨其所珍也. 淨名不肯受. 本來爲說法呵財. 又欲開後平等之施. 兼使善得<德?>慇重. 故不受之.

'세존이시여. 유마힐이 이러한 법을 설했을 때 바라문의 대중 이백 명이 모두 아뇩다라삼먁삼보리심을 발생하였습니다. 저는 그때 마음에 청정을 터득하고 미증유를 찬탄하였습니다. 유마힐의 발에 계수례를 하고 곧 가치가 백천 이상이나 되는 영락을 풀어서 바쳤지만 그것을 취하지 않았습니다.'에서 이하 대목은 셋째로 (시회대중이) 얻은 이익을 설명하는 대목의 경문이다.

칠일 동안 보시하였는데 그 재물이 남아 있는 것은 가장 소중하기 때문이다.

이상에서 유마힐은 법시를 존숭하는 마음을 드러낸다.

또한 정명은 그 칠일 동안의 재물보시는 스스로 다함이 없음을 말미암은 줄 알기 때문에 법시를 설하여 그 보배를 버리도록 한다.

정명은 (재물을) 받지 않은 것은 본래 설법으로 재물을 가책하기 위함이기 때문이다.

또한 나중에 평등한 보시를 열어줌으로써 아울러 선덕으로 하여금 慇重케 해주려는 까닭에 재물을 받지 않는다.

我言居士願必納受隨意所與維摩詰乃受瓔珞分作二分一分施此會中一最
下乞人持一分奉彼難勝如來. 上雖示以法施. 未教善得<德?>財施. 故施
極上窮下. 明施心平等. 以成善得<德?>財施意也. 上直明善得<德?>財
施. 淨名法施. 未明運二施之心. 故施窮上極下. 名運施之心也.

'제가 말했습니다. 거사여. 바라건대 꼭 납수하여 마음대로 활용하십시
오. 이에 유마힐이 영락을 받아서 둘로 나누어서 일분을 가지고 그 법회 가
운데서 가장 제일 최하의 걸인에게 주고, 일분을 가지고 저 난승여래에게
바쳤습니다.'에서 위에서 비록 법시를 보여주었을지라도 아직 선덕에게 재
시에 대하여 가르쳐주지 않은 까닭에 極上(의 영락)을 窮下(의 걸인)에게 보시
한다. 이에 보시하는 마음이 평등함을 설명함으로써 선덕이 재시한 뜻이 성
취되었다.
　위에서 직접 선덕의 재시와 정명의 법시를 설명하였지만 아직 두 가지 보
시의 마음을 운용하지는 않았다. 때문에 極上(의 영락)을 窮下(의 걸인)에게
보시하는 것을 보시를 운용하는 마음[運施之心]이라 말한다.

一切衆會皆見光明國土難勝如來. 以彼佛威德殊勝. 國土清淨. 將欲發起
衆會令生勝求. 故先擧[866]施. 然後使其見也.

'그러자 일체중회가 모두 광명국토의 난승여래를 친견하였고'에서 저 부
처님의 위덕은 수승하고 국토가 청정하여 장차 衆會를 발기하여 그 수승함

---
866) 擧=奉【甲】

의 추구를 발생시켜주려는 것이다. 때문에 먼저 奉施하고 연후에 그것을 보게끔 해준다.

又見珠瓔在彼佛上變成四柱寶臺四面嚴飾不相障蔽. 爲善得. 現將來果報. 如此之妙也. 四柱寶臺者. 佛果四無量心. 高昇下覆也. 無所障閡者. 一德不閡一切德也.

'또한 珠瓔마다 그 불국토가 나타났으며, 네 기둥이 寶臺로 변성하였고, 사면이 엄식되었는데 서로 障蔽하지 않았습니다.'에서 선을 얻으면 장래에 과보가 드러남이 이와 같이 미묘하다.
 '네 기둥이 寶臺'란 佛果의 사무량심이 높이 솟아서 뒤덮이지 않는 것이다.
 '장애됨[障蔽]이 없다'는 것은 하나의 덕이 일체의 덕에 걸림이 없다는 것이다.

時維摩詰現神變已作是言若施主等心施一最下乞人猶如如來福田之相無所分別等于大悲不求果報是則名曰具足法施城中乞人見是神力聞其所說皆發阿耨菩提心. 至此亦是得益文也.

'그때 유마힐이 신통변화를 드러내고 다음과 같이 말하였습니다. 만약 시주가 평등심으로 제일 최하의 걸인에게 보시하면 마치 여래의 복전의 모습과 같아서 분별하는 것이 없고 대비를 평등하게 하고 과보를 추구하지 않으면 그것을 곧 구족법시라고 말합니다. 성중에서 제일 최하의 걸인들이 그 신통력을 보고 그 설법을 듣고서 모두 아뇩다라삼먁삼보리심을 발생하였습니다.'에서 이 대목에 이르기까지 또한 이것은 이익을 얻은 경문의 대목[得益文]이다.

故我不任詣彼問疾. 此第三結不堪也. 經明福田不同. 有言. 施凡報劣. 施聖報勝. 此據田之厚薄. 故獲福少多. 今言尊卑一相者. 可具二義. 一者佛爲敬田之勝. 衆生是悲田極. 故云等也. 二者衆生與佛同是實相. 故本無有二. 約正觀心施. 所以平等. 文稱等于大悲者. 依肇公釋意. 在齊尊卑一相報. 以平等悲心而施. 故言等于大悲也. 又解. 大悲者. 所謂佛也. 今施下乞人令等佛大悲之相. 故言等于大悲也. 此實是財施. 而稱法施者. 得平等觀. 非財施之能. 故云具足法施也.

'때문에 그에게 문병하러 가는 것을 맡을 수가 없습니다.'에서 이것은 셋째로 감당하지 못하겠다는 것을 결론지은 것이다.

경문에서 설명한 복전의 不同에 대하여 어떤 사람은 범부에게 보시하는 과보는 하열하고 성인에게 보시하는 과보는 뛰어나다고 말한다. 그것은 田의 厚薄에 의거한 것이기 때문에 복의 적고 많음이 있다. 그러나 지금 여기에서 말하는 尊卑가 똑같다[一相]는 것에는 두 가지 뜻이 갖추어져 있다.

첫째는 부처님은 敬田이 뛰어나는데 중생은 곧 悲田이 지극하기 때문에 평등하다.

둘째는 중생과 부처님은 동일한 실상이기 때문에 차이[二]가 없다. 正觀心에 의거하여 보시하는 까닭에 평등하다.

경문에서 '대비를 평등하게 한다'고 일컬은 것은 肇公이 해석한 뜻에 의거하자면 尊卑가 나란히 동일한 과보를 받음으로써 평등하게 悲心으로 보시한다. 이런 까닭에 '대비를 평등하게 한다'고 말한다. 또한 大悲는 소위 佛이라고도 해석한다.

지금 이 대목에서는 하천한 걸인에게 보시함으로써 부처님 대비의 모습이 평등하기 때문에 '대비를 평등하게 한다'고 말한다.

이것이야말로 실제로 재시인데도 불구하고 법시라고 일컬은 까닭은 평등관을 얻는 것은 재시로는 불가능하기 때문에 구족법시라고 말한다.

如是諸菩薩各各向佛說其本緣稱述維摩詰言皆曰不任詣彼問疾. 此第二. 三萬二千菩薩. 各辭不堪. 但文不備載耳.

'이와 같이 제보살이 각각 부처님을 향해서 그 本緣으로 설하여 유마힐이 말한 것을 칭찬으로 말하면서 다음과 같이 말했다. 문병하러 가는 것을 맡을 수가 없습니다.'에서 이것은 둘째로서 삼만 이천 명의 보살이 각각 감당하지 못하겠다고 사양한 것인데, 무릇 경문에서는 다 갖추어 싣지 않았을 뿐이다.

文殊師利問疾品第五
제오 문수사리문질품

此品來意. 有八因緣. 一者弟子品. 是聲聞小道. 菩薩品. 爲因位人. 故並不堪聞[867]疾. 文殊師利. 爲往古諸佛. 故堪問疾也. 二者至人變謀無方. 隱顯殊迹. 修短迭應. 適物之情. 以機悟囑在文殊. 故往問疾. 三者上命諸人. 述其昔法. 次命文殊. 述其今法. 四者上命不堪. 因他顯淨名德. 今因命堪. 淨名自顯其德. 五者上命不堪. 多明淨名智慧. 今因命堪. 具顯其通慧. 六者上命不堪. 破三種見. 謂凡夫二乘及菩薩也. 今因命堪. 始得入菩薩法門. 七者上因命不堪. 明其人尊卑[868]. 今因堪問. 顯其法妙. 八者自上已來. 辨其由序. 此品已去. 明其正說也.

이 [문수사리문질품]이 유래한 뜻에는 여덟 가지 인연이 있다.

첫째, [제자품]은 성문의 小道였고, [보살품]은 因位에 있는 사람이었기 때문에 모두 問疾을 감당하지 못하였다. 문수사리는 往古에 제불이었기 때문에 문병을 감당할 수가 있다.

둘째, 至人은 變謀가 자재하고, 隱顯에 뛰어난 자취를 보이며, 길고 짧음[修短]에 맘대로 상응하고, 중생을 접하는 마음으로써 기민하게 깨우쳐주었기에 문수에게 부탁한 것이다. 때문에 (문수가) 찾아가서 문병한 것이다.

---

867) 聞=問【甲】
868) 〔卑〕-【甲】

셋째, 위에서는 여러 사람에게 명하여 그들에게 있었던 옛날의 설법을 서술한 다음에 문수에게 명하여 그들에게 지금의 설법을 서술해준다.

넷째, 위에서는 명을 감당하지 못하자 그들로 인하여 정명의 덕을 나타냈는데, 지금은 명을 감당할 수 있음을 인하여 정명이 스스로 그 덕을 나타낸다.

다섯째, 위에서는 명을 감당하지 못하여 대부분 정명의 지혜를 설명하였는데, 지금은 명을 감당할 수 있음을 인하여 갖추어서 그 通慧를 나타낸다.

여섯째, 위에서는 명을 감당하지 못하여 삼종의 견해를 타파하였는데, 소위 범부와 이승과 보살이었다. 그러나 지금은 명을 감당할 수 있음을 인하여 비로소 보살의 법문에 들어갈 수가 있다.

일곱째, 위에서는 명을 감당하지 못하여 그 사람들의 尊卑를 설명하였는데, 지금은 질문을 감당할 수 있음을 인하여 그 법이 미묘함을 나타낸다.

여덟째, 여태까지는 그 由序를 변별하였는데, 이 [문수사리문질품] 이후는 그 正說을 설명한다.

文殊師利. 此云妙德. 首楞嚴經明. 曾已成佛. 號龍種尊. 五十三佛中. 文殊是歡喜藏摩尼寶積佛. 現在此[869]方常喜世界. 而示現爲遊方菩薩. 華嚴經云. 從東方不動智佛金色世界來. 又云文殊爲無量諸佛母. 法華經云. 是釋迦九世祖師也.

문수사리는 번역하면 妙德이다.

---

869) 此=北力【原】

『수릉엄경』에서는 다음과 같이 말한다.

'일찍이 이미 성불하였는데 명호는 龍種尊으로서 오십삼 불 가운데 하나이다. 문수는 곧 歡喜藏摩尼寶積佛로서 북방의 常喜世界에 현재하면서 시현하여 遊方菩薩이 되었다.'[870]

『화엄경』에서는 '동방의 不動智佛로부터 金色世界에 도래하였다.'[871]고 말하고, 또한 '문수는 무량한 제불의 어머니이다.'[872]고도 말한다.

『법화경』에서는 '문수는 석가모니의 九世祖師이다.'[873]고 말한다.

就此文去[874]. 凡有六品. 大開二章. 初之一品. 略明二智. 次有五品. 廣明二智. 就此品內. 復爲二別. 一明命問疾. 二者受命.

이 경문에 대하여 말하자면, 무릇 육품이 있다. 크게 열어보면 二章이 있다. 첫째의 일품은 간략하게 二智를 설명하고, 다음의 다섯 품은 자세하게 二智를 설명한다.

이 [문수사리문질품] 안에 대하여 다시 둘로 구별된다.

첫째는 문병을 명한 것이다.

둘째는 명을 받든 것이다.

---

870) 『楞嚴經正脈疏』卷1, (卍新續藏12, p.194上-中) 참조.
871) 『大方廣佛華嚴經』卷5, (大正新脩大藏經9, p.422下) "是諸菩薩所從來國 金色世界"
872) 『華嚴經行願品疏鈔』卷2, (卍新續藏5, p.238上)
  "文殊表能證大智本所事佛名不動智故常爲無量諸佛母故"
873) 『妙法蓮華經文句』卷3, (大正新脩大藏經34, p.35上) "妙光是釋迦九世祖師"
874) 去＝云力【原】

爾時佛告文殊師利汝行詣維摩詰問疾. 此初命也.

'그때 부처님께서 문수사리에게 말씀하셨다. 그대가 가서 유마힐을 문병하여라.'에서 이것은 첫째로 명한 것이다.

文殊師利白佛言世尊彼上人者難爲酬對. 此第二次明受命. 就文爲三. 一問疾前事. 二正明問疾. 三問疾後事. 初章爲二. 一辨受命而來. 二明因來故至. 各爲四句. 初章四者. 一明欲受命而往. 前歎淨名之德. 便[875] 往者起難遭之心. 二正受命而往. 三大衆隨從. 四文殊與衆俱往. 此初章也.

'문수사리가 부처님께 사뢰어 말씀드렸다. 세존이시여, 그 上人은 誷對하기가 어렵습니다.'에서 이것은 둘째인데, 이어서 명을 받든 것을 설명한 것이다.

경문에는 세 부분이 있다.
첫째는 문병하기 이전의 상황[事]이다.
둘째는 본격적으로 문병함을 설명한다.
셋째는 문병한 이후의 상황[事]이다.
첫째[初章]에 두 부분이 있다.
첫째는 명을 받고 찾아간 것을 변별하고, 둘째는 찾아온 까닭을 인하여 도래했음을 설명하는데, 각각 사구가 있다.
첫째[初章]의 사구는 다음과 같다.

---

875) 便=使【甲】

첫째는 명을 받들어 찾아가고자 함을 설명한다. 먼저 정명의 덕을 찬탄하는데, 곧 찾아간 사람이 만나보기 어려운 마음을 일으킨다.
둘째는 본격적으로 명을 받들어 간다.
셋째는 대중이 함께 따라간다.
넷째는 문수가 대중과 더불어 찾아간다.
지금의 이 대목은 그 첫째에 해당한다.

深達實相. 實相難測. 二乘雖達. 未窮其源. 猶如兎馬. 大士妙盡邊底. 譬彼馬王.

'깊이 실상에 통달하고'에서 실상은 헤아리기 어렵다. 이승이 비록 통달할지라도 그 근원에는 다하지 못한 것이 마치 兎馬와 같다. 대사는 邊底까지 미묘하게 다한다. 비유하면 저 馬王과 같다.

善說法要. 上歎內達實相. 今美外巧說法. 謂善以約言. 而擧多義. 美其善得說法之要趣也.

'법요를 잘 설하며'는 위에서는 안으로 실상에 통달함을 찬탄하였는데, 지금은 밖으로 교묘하게 설법함을 찬미한다. 말하자면 훌륭하게 언설에 의거함으로써 다양한 뜻을 언급하고, 그 훌륭함[善]을 찬미하여 설법의 要趣를 얻는 것이다.

辨才無滯智慧無閡. 辭辨圓應而無滯. 成上善說法要. 智慧周通而無閡. 成上深達實相.

'변재가 막힘이 없고, 지혜가 걸림이 없습니다'는 것은 辭辨이 원만하게 상응하여 막힘이 없어서 법요를 잘 설하여 최상을 성취하고, 智慧가 두루 통하여 막힘이 없어서 깊이 실상에 통달하여 최상을 성취하는 것이다.

一切菩薩法式悉智[876] 諸佛祕藏無不得入. 近知菩薩之儀式謂分內之解. 遠悟諸佛之祕藏. 謂分外之解. 身口意三種密. 名爲祕藏.

'일체보살의 법식을 다 알고, 제불의 비장에 득입하지 못함이 없습니다'는 것은 가까운 것을 아는 보살의 儀式은 말하자면 分內의 이해이고, 멀리까지 깨치는 제불의 祕藏은 말하자면 分外의 이해이다.
  신밀·구밀·의밀의 삼종밀을 祕藏이라 말한다.

降伏衆魔. 謂摧邪. 遊戱神通. 卽顯正. 神通變化. 是爲遊. 爲欲引物. 於我非眞. 故名爲戱也. 又神通雖大. 能者易之. 於我無難. 猶如戱也. 又遊通化物. 以之自娛. 故名爲戱.

'衆魔를 다스리고'는 말하자면 邪를 꺾는 것이고, '신통을 유희하며'는 곧

---

876) 智=知【甲】

正을 드러내는 것이다. 신통변화는 곧 遊인데, 중생을 끌어들이고자 하는 것으로 나에게는 진실이 아니기 때문에 戱라고 말한다.

또한 신통이 비록 위대할지라도 能者는 그것을 바꾸는데 나에게는 어려움이 없는 것이 마치 놀이[戱]와 같다.

또한 유희와 신통으로 중생을 교화하는 것으로써 자신의 오락을 삼기 때문에 놀이[戱]라고 말한다.

其慧方便皆以得度. 大士德不可盡. 故末用二智結之. 慧謂實慧也. 方便謂方便慧也. 窮實慧之原. 盡方便之底. 故稱爲度.

'그 지혜와 방편으로 모두 得度를 마쳤습니다'는 것은 대사의 덕은 다함이 없는 까닭에 끝내 二智를 활용하여 그것을 결론지은 것이다.

慧는 말하자면 實慧이고, 방편은 말하자면 方便慧이다. 실혜의 근원[原]을 다하고, 방편의 바닥[底]을 다하기 때문에 度라 일컫는다.

雖然當承佛聖旨詣彼問疾. 此第二受命而往. 其德若此. 非所堪對. 當承聖旨. 然後行耳.

'비록 그렇지만 당연히 부처님의 聖듭를 받들어 그한테 문병하러 가겠습니다'에서 이것은 둘째로 병을 받들어 찾아가는 것이다. 정명의 덕이 이와 같아서 堪對할 수가 없으므로 마땅히 聖旨를 받든 연후에 찾아가는 것이다.

於是衆中諸菩薩大弟子釋梵四天王咸作是念今二大士文殊師利維摩詰共談必說妙法卽時八千菩薩五百聲聞百千天人皆欲隨從. 此第三大衆隨從. 旣有勝聖. 必說妙法. 故率欲聞所未聞. 弟子甚多. 但云五百者. 餘聲聞. 專以離苦爲心. 不求勝法. 故不同擧. 五百弟子. 智慧深入. 樂聞勝法. 所以共行. 又此五百. 以是內祕菩薩. 外現聲聞. 欲斥小揚大. 故偏擧之.

'그 대중 가운데 제보살·대제자·석제환인·범천왕·사천왕 등이 모두 다음과 같이 생각하였다. 〈지금 두 大士인 문수사리와 유마힐이 함께 담론한다면 반드시 묘법을 설할 것이다.〉 즉시에 팔천 명의 보살·오백 명의 성문·백천 명의 天과 人들이 모두 문수사리를 따라가고자 하였다.'에서 이것은 셋째로 대중이 따라간 것이다.

이미 勝聖이 있어서 반드시 묘법을 설할 것이기 때문에 좇아서 아직까지 들어보지 못한 것을 듣고자 한다. 제자가 대단히 많지만 단지 '오백'이라고만 말한 것은 그 밖의 성문은 오로지 고통을 벗어나는 것에만 마음이 있어서 勝法을 추구하지 않기 때문에 함께 언급하지 않는다.

'오백제자'는 지혜에 깊이 들어가서 기꺼이 勝法을 듣기 때문에 함께 간다.

또한 이 '오백'은 곧 안으로는 보살을 감추고 밖으로는 성문을 드러내어 소승을 배척하고 대승을 현양하려는 까닭에 치우쳐[偏] 그것을 언급한다.

於是文殊師利與諸菩薩大弟子衆及諸天人恭敬圍繞入毘耶離大城. 此第四文殊正往. 上順佛旨. 下益機緣. 故與衆俱往.

'이에 문수사리가 제보살·대제자들 및 제천·인들이 공경스럽게 위요하며 비야리대성에 들어갔다.'에서 이것은 넷째로 문수가 본격적으로 찾아간 것이다. 위로는 佛旨를 따르고, 아래로는 기연을 북돋우려는 까닭에 대중과 더불어 다같이 찾아간다.

爾時長者維摩詰心念今文殊師利與大衆俱來卽以神通力空其室內除去所有及諸侍者唯置一床以疾而臥. 此第二明不來而至. 就文亦四. 一空室待賓. 二文殊默領. 三居士慰問. 四文殊酬答. 所以空室待賓者. 凡有六義. 一以室類如來刹土. 二欲總攝群生. 以爲侍者. 三借座燈王. 四答普現色身問. 五請飯香土. 六凡諸空論長悉由之. 又亦得生後五品. 空無床座. 生不思議品. 空無侍者. 生觀衆生品. 天女現身. 且是其事. 空無眷屬. 生佛道品. 空理無二. 生不二法門品. 空無飮食. 生香積品.

'그때 장자 유마힐은 마음속으로 다음과 같이 생각하였다.〈지금 문수사리가 대중을 거느리고 함께 오고 있다.〉곧 신통력으로써 그 실내를 비워두고 물건과 모든 시자를 물리치고 오직 평상 하나만 남겨두고 병으로 누워있었다.'에서 이것은 둘째로 오는 모습이 없이 온 것을 설명한다.

경문에는 또한 네 부분이 있다.

첫째는 방을 비워두고 손님을 맞이하는 것이다.

둘째는 문수가 마음속으로 이해한 것이다.

셋째는 거사가 위문한 것이다.

넷째는 문수가 응수하여 답변한 것이다.

방을 비워두고 손님을 맞이한 까닭은 무릇 여섯 가지 뜻이 있다.

첫째는 방을 가지고 여래의 찰토를 견준다.

둘째는 군생을 총섭함으로써 시자가 되려는 것이다.

셋째는 자리를 등왕에게서 빌려온 것이다.

넷째는 널리 색신을 드러내어 물음에 답변한 것이다.

다섯째는 음식을 향적국토에 청한 것이다.

여섯째는 무릇 諸空에 대한 논의가 장황한데 모두가 이것을 말미암은 것이다.

다시 또 뒤에 오는 다섯 품을 발생한다. 空無의 床座는 [부사의품]에 나온다. 空無의 시자는 [관중생품]에 나온다. 천녀의 현신은 그 또한 이런 상황이다. 空無의 권속은 [불도품]에 나온다. 空理가 無二함은 [불이법문품]에 나온다. 空無의 음식은 [향적불품]에 나온다.

問. 何故唯置一床. 以疾而臥. 答. 空室則明實慧. 以疾而臥. 辨方便慧. 又空室爲明波若. 臥疾以明大悲. 又空室. 具上六義. 臥疾. 欲顯菩薩大悲之病. 及衆生癡愛之疾也.

묻는다 : 무슨 까닭에 오직 침상 하나만 남겨두고 병에 걸려 누워 있는 것입니까.

답한다 : 비어 있는 방은 곧 실혜를 설명하고, 병에 걸려 누워 있는 것은 방편혜를 변별한다.

또한 비어 있는 방은 곧 반야[波若]를 설명하고, 누워 있는 병으로써 대비를 설명한다.

또한 비어 있는 방은 위의 여섯 가지 뜻을 갖추고 있고, 누워 있는 병은 보살의 大悲의 病 및 중생의 애치의 疾을 드러내려는 것이다.

文殊師利旣入其舍見其室空無諸所有獨處一床. 此第二文殊默領. 言見之者得其旨. 上空室現疾. 旣表空悲二道. 權實兩慧. 今還領此意也.

'문수사리가 이미 그 집에 들어서자 그 방이 비어있어 모든 물건이 없고 유독 침상 하나만 볼 수가 있었다.'에서 이것은 둘째로 문수가 마음속으로 이해한 것이다. 위에서는 방을 비워두고 병을 드러냈는데, 그것은 空과 悲의 二道와 權과 實의 兩慧를 나타낸다. 지금 이 대목은 다시 그 뜻을 이해한 것이다.

時維摩詰言善來文殊師利不來相而來不見相而見. 此第三淨名慰問. 言不來相而來者. 有人言. 法身無來. 應身有來. 故云不來相而來. 有人言. 眞諦無來. 世諦有來. 故言不來相而來. 有人言. 實法無來. 相續有來. 有人言. 法界體無來. 法界用有來. 有人言. 中道無來. 假名有來. 今明此文. 非但近是賓主交言. 以相慰問. 遠貫一經. 該通衆敎. 故前以此言. 標其篇首. 如大品無住住之言. 涅槃不聞聞之旨. 所以標此言者. 爲時衆謂文殊從菴園而來. 及以淨名相見故. 今明文殊. 來是不來而來. 見是不見而見. 異凡夫二乘人也. 以能不來而來. 不見而見故. 爲善之極矣.

'그때 유마힐이 말했다. 잘 오셨습니다. 문수사리여. 오는 모습이 없이 오셨고 보는 모습이 없이 보셨습니다.'에서 이것은 셋째로 정명이 위문한 것이다. '오는 모습이 없이 오셨고'에 대하여 어떤 사람은 법신은 옴이 없지만 응신은 옴이 있기 때문에 오는 모습이 없이 왔다고 말한다.

어떤 사람은 진제에서는 옴이 없지만 세제에서는 옴이 있기 때문에 오는 모습이 없이 왔다고 말한다.

어떤 사람은 實法으로는 옴이 없지만 相續으로는 옴이 있다고 말한다.

어떤 사람은 법계의 體는 옴이 없지만 법계의 用은 옴이 있다고 말한다.

어떤 사람은 中道에서는 옴이 없지만 假名으로는 옴이 있다고 말한다.

지금 이 대목은 가까이로는 賓主가 말을 주고받으면서 서로 위문하는 것일 뿐만 아니라 멀리는 경전 전체를 통하여 갖가지 가르침을 該通하는 것이다. 때문에 먼저 이러한 말로써 그 篇의 서두[首]를 標首한다. 마치『대품』에서 住함이 없이 住한다는 말과 같고,『열반경』에서 들음이 없이 듣는다는 말과 같다. 때문에 이런 말로써 標한 것은 당시의 대중을 위한 것인데 말하자면 문수는 암라원으로부터 와서 이에 정명과 상견한 것이다.

지금 이 대목은 문수는 왔지만 그것은 옴이 없이 온 것이고 상견했지만 그것은 봄이 없이 본 것으로 범부와 이승인의 경우와 다르다는 것을 설명한다. 그럼으로써 옴이 없이 올 수가 있고 봄이 없이 볼 수가 있기 때문에 善의 궁극이다.

文殊師利言如是居士若來已更不來若去已更不去所以者何來者無所從來去者無所至所可見者更不可見. 此第四文殊師利酬答. 成淨名之意也. 若來已更不來者. 此明三時無來義也. 來已則來[877]. 事已謝故無來也. 又言去已更不去者. 菴園望方丈. 則見文殊有去. 方丈望菴園. 則見文殊有來.

---

877) (不)+來カ【甲】

故明去來義也. 來者無所從來者. 此明菴園空也. 去者無所至. 此明方丈空也. 來去旣爾. 見義亦然.

'문수사리가 말했다. 그렇습니다. 거사여. 만약 왔다면 다시 올 것이 없고, 만약 갔다면 다시 갈 것이 없습니다. 왜냐하면 왔다고 해도 어디에서 온 것이 없고, 갔다고 해도 어디로 도달한 곳이 없으며, 보았다는 것도 다시 볼 것이 없기 때문입니다.'에서 이것은 넷째로 문수사리가 응수하여 답변한 것으로 정명의 뜻이 성취된 것이다.

'만약 왔다면 다시 올 것이 없다'는 이것은 三時에 걸쳐서 온 뜻이 없음을 설명한 것이다. 그래서 이미 온즉 옴이 없고, 상황이 이미 지나가버렸기 때문에 옴이 없다.

또한 '만약 갔다면 다시 갈 것이 없다'고 말한 것은 암라원에서 방장을 바라본 즉 문수에게 감이 있음을 보고 방장에서 암라원을 바라본 즉 문수에게 옴이 있음을 본다. 때문에 가고 옴의 뜻이 설명된다.

'왔다고 해도 어디에서 온 것이 없다'는 이것은 암라원이 공임을 설명한 것이다.

'갔다고 해도 어디로 도달한 곳이 없다'는 이것은 방장이 공임을 설명한 것이다. 오고 감이 이미 그렇듯이 본다는 뜻도 또한 그렇다.

且置是事. 第二正明問疾. 就文爲兩. 一請停傍論. 二正問疾. 不來來. 不見見. 雖是一化夫[878]宗. 而言異於辨疾. 聖旨未宣故. 宜息傍論也.

---

878) 夫=大【甲】

'그 문제는 차치하고'에서 경문은 두 부분이 있다.

첫째는 傍論을 그만두기를 청하는 것이다.

둘째는 본격적으로 문병한 것이다.

옴이 없이 오고 봄이 없이 본다는 것은 비록 이것이 교화하는 궁극적인 종지[大宗]는 동일할지라도 그 언설로 병을 변별하는 것과는 다르다. 그래서 聖旨가 아직 펼쳐지지 않았기 때문에 마땅히 傍論을 그만두자는 것이다.

文殊師利言居士所疾寧可忍不. 此下第二正明問疾. 就文爲兩. 初明居士疾. 次辨衆生疾. 此二亦是深行菩薩. 及發心之人. 二種疾也. 初章有三. 一論疾體. 二論空室. 三論疾相. 初文. 前問次答. 問有二意. 一奉述佛問. 二自發問. 初有三問. 前問疾之輕重. 可忍爲輕. 不可忍爲重. 故言寧可忍不.

'문수사리가 말했다.[879] 거사여. 그 병은 어찌 참을 만합니까.'에서 이것은 둘째로 본격적으로 문병함을 설명한 것이다.

경문에는 두 부분이 있다.

첫째는 거사의 병을 설명한다.

둘째는 중생의 병을 변별한다.

이 둘은 또한 深行菩薩과 發心한 사람의 두 가지 병이다.

初章에 세 부분이 있다.

첫째는 병의 체를 논한다.

---

879) "문수사리가 말했다. 文殊師利言"가 텍스트본의 경문에는 없다.

둘째는 빈 방을 논한다.

셋째는 병의 증상[相]을 논한다.

初文에서는 먼저 묻고, 다음에 답변한다.

질문에는 두 가지 뜻이 있다.

첫째는 부처님의 병문안을 받들어 서술한다.

둘째는 자발적으로 물은 것이다.

첫째에 대하여 세 가지 질문이 있다.

먼저 병의 경중에 대하여 묻는다. 참을 수 있는 것은 輕이고, 참을 수 없는 것은 重이다. 때문에 '어찌 참을 만합니까.'라고 말한다.

療治有損. 此第二問對治之損也.

'치료가 약해져서'에서 이것은 둘째로 약해졌지만 치유할 수 있는지 물은 것이다.

不至增乎. 此第三問不治之增也.

'악화된 것은 아닙니까.'에서 이것은 셋째로 악화되어 치유할 수 없는 것인지 물은 것이다.

世尊慇懃致問無量. 此總騰聖意. 結前生後也.

'세존의 은근한 질문은 무량합니다.'에서 이것은 총체적으로 聖意를 떠올려서[騰] 앞의 내용을 결론짓고 다음의 내용을 발생시키는 것이다.

居士是疾何所因起. 此第二文殊自發問亦有三. 一問初[880]問病因. 因何得病也.

'거사여. 그 병은 무엇을 인유하여 일어난 것입니까.'에서 이것은 둘째로 문수가 자발적으로 물은 것인데, 또한 세 가지가 있다.
첫째는 병의 원인을 묻는 것으로 무엇을 인하여 병을 얻었느냐는 것이다.

其生久如. 此問得病來久近也.

'병의 발생은 얼마나 오래되었습니까.'에서 이것은 병을 얻은 것이 얼마나 오래 되었는가를 물은 것이다.

當云何滅. 此問對治病. 何時可滅也.

'장차 언제 병이 낫는 것입니까.'에서 이것은 병의 대치에 대하여 언제 소멸하는지를 물은 것이다.

---

880) 〔初問〕- 力【甲】

維摩詰言從癡有愛則我病生. 此第二答問也. 上有六問. 但答後三. 兼前
三也. 如答病因. 及久遠問. 卽兼答初病輕重. 及後病增之問. 若答病滅之
問. 卽兼答第二病損問也. 就答後三問. 卽爲三別. 但次第不同. 前答第二
久遠問. 次答第三病滅問. 後答第一病因問. 從癡有愛則我病生者. 衆生.
以癡故起愛. 愛故受身. 身故有病. 以愍彼病故. 則有菩薩之病也. 衆生之
病. 無始有之. 菩薩. 悲衆生故起病. 則病亦久矣.

'유마힐이 말했다. 어리석음으로부터 애착이 생겼고 곧 제 병이 발생하였
습니다.'에서 이것은 둘째로 문답한 것에 해당한다.

위에서 여섯 가지 질문이 있었는데 무릇 뒤의 세 가지 답변[881]이 앞의 세
가지[882](에 대한 답변)을 겸한다. 가령 병의 원인 및 얼마나 오래 되었는가에
대한 답변은 첫째 질문의 병의 경중에 대한 답변 및 뒤의 병의 악화에 대한
질문의 답변을 겸하고, 또한 병의 소멸에 대한 질문의 답변은 둘째 병의 약
해짐에 대한 질문의 답변을 겸한다.

뒤의 세 가지 질문에 대한 답변은 곧 세 가지로 구별되는데 다만 차제가
같지 않다.

첫째[前]는 둘째의 얼마나 오래 되었는가의 질문에 대한 답변이다.

둘째[次]는 셋째의 병의 소멸의 질문에 대한 답변이다.

셋째[後]는 첫째의 병의 원인의 질문에 대한 답변이다.

'어리석음으로부터 애착이 생겼고 곧 제 병이 발생하였습니다'는 것은 중
생이 어리석기 때문에 愛를 일으키고, 愛 때문에 몸을 받으며,[受身] 몸 때문

---

881) 여섯 가지 질문 가운데 차례로 제사, 제오, 제육의 세 가지를 가리킨다.
882) 여섯 가지 질문 가운데 차례로 제일, 제이, 제삼의 세 가지를 가리킨다.

에 병이 있으므로 그 병을 불쌍하게 여기는[愍] 까닭에 곧 보살의 병이 있다는 것이다. 중생의 병은 無始로부터 있었지만 보살은 중생을 불쌍하게 여기는[悲] 까닭에 병이 일어난 즉 병 또한 오래 되었다.

以一切衆生病是故我病一切衆生病滅則我病滅. 此答第三病滅問. 有法譬合. 菩薩之病. 爲物故生. 彼病旣滅. 則吾病亦滅.

'일체중생이 병에 걸렸습니다. 이런 까닭에 저도 병에 걸렸습니다. 만약 일체중생의 병이 소멸하면 곧 저의 병도 소멸될 것입니다.'에서 이것은 셋째로 병의 소멸의 질문에 대한 답변이다. 여기에는 法과 譬와 合이 있다.
　보살의 병은 중생을 위하는 까닭에 발생한다. 그래서 중생의 병이 소멸한 즉 나[보살]의 병도 또한 소멸한다.

所以者何[883] 爲衆生故入生死有生死則有病若衆生得離病者則菩薩無復病. 夫法身無生. 況復有形. 旣無有形. 病何由起. 然爲彼受生. 不得無形. 旣其有形. 不得無病. 若彼離病. 菩薩無復<復無?>病也.

'왜냐하면 보살은 중생을 위한 까닭에 생사에 들어가고, 생사가 있으므로 곧 병이 있기 때문입니다. 만약 중생이 병에서 벗어나면 곧 보살도 또한 병이 없어질 것입니다.'에서 대저 법신은 무생인데 하물며 또한 形이 있겠는

---

883) 何+(菩薩)【甲】

가. 이미 有形이 없거늘 병이 무엇을 말미암아 일어나겠는가. 그러나 중생을 위하여 생을 받은 까닭에 無形일 수가 없다. 그래서 이미 유형인 즉 無病일 수가 없다. 만약 중생이 병을 벗어나면 보살도 또한 무병일 것이다.

譬如長者唯有一子其子得病父母亦病若子病愈父母亦愈菩薩如是於諸衆生愛之若子衆生病則菩薩病衆生病愈菩薩亦愈. 此擧譬及合答[884]. 釋上病滅之問也.

'비유하면 장자에게 외아들이 있는데 그 아들이 병에 걸리면 부모도 또한 병에 걸립니다. 만약 병이 치유되면 부모도 또한 치유됩니다. 보살도 그와 같아서 모든 중생을 외아들처럼 사랑합니다. 중생이 병에 걸리면 곧 보살이 병에 걸리고, 중생의 병이 치유되면 보살도 또한 치유됩니다.'에서 이것은 喩와 合을 들어서 위의 병의 소멸에 대한 질문을 해석한 것이다.

又言是病[885]何所因起. 此答第一問也. 問本在前. 今答居後. 故稱又焉. 不前答者. 但說病生滅久近旣明. 則大悲自顯. 是以前答生滅. 後答大悲也.

'또 그 병은 무엇을 인유하여 일어났냐고 말했는데'에서 이것은 첫째의 질문에 대한 답변이다. 질문은 본래 앞에 있었지만 지금 뒤에서 답변하는 까

---

884) 答=譬 ィ【甲】
885) 病=疾 ィ【甲】

닭에 '又焉'이라 일컫는다. 앞에서 답변하지 않은 것은 무릇 병의 발생과 소멸에 대한 말씀은 얼마나 오래 되었는지 설명된 즉 대비가 저절로 드러난 것이다. 이로써 앞에서 발생과 소멸에 대한 답변은 뒤에서 대비에 대한 답변이 된다.

菩薩病者以大悲起. 菩薩前悲無窮. 與[886]癡愛但[887]生. 後悲無盡. 共群生俱滅. 但衆生病原. 起乎癡愛. 菩薩疾本. 生於大悲.

'보살의 병은 대비로써 일어난 것입니다.'에서 보살은 前悲가 무궁하여 癡愛와 함께 俱生하고, 後悲가 무진하여 群生과 함께 俱滅한다. 무릇 중생병의 근원[原]은 애치에서 발기하고, 보살병의 근본[本]은 대비에서 발생한다.

問. 菩薩病. 因衆生起. 云何因於大悲. 答. 因衆生. 有大悲. 因菩薩心悲. 故有菩薩身病.

묻는다 : 보살의 병은 중생을 인하여 생기하는데 어째서 대비를 인한 것이라 하는 것입니까.
답한다 : 중생을 인하여 대비가 있고, 菩薩心의 悲를 인한 까닭에 菩薩身의 병이 있다.

---

886) 與=共【甲】, =與ィ【甲】
887) 但=俱【甲】

文殊師利言居士此室何以空無侍者. 此第二以論空室. 淨名. 前明空室.
然後示病. 此明由空故起慈[888]. 卽說實慧. 生方便也. 文殊. 前問大悲之
疾. 復[889]問空室者. 示大悲卽空. 亦由方便故. 明實慧也. 初有二問. 一問
空室. 夫人所住. 應有資生之物. 而今廓然都空. 何故爾耶. 又凡病者. 理
必須侍. 何故無耶. 所以幷問二事者. 以俱無二事故. 合問之也. 問空室.
明無法. 問無侍者. 顯無人.

'문수사리가 말했다. 거사여. 이 방은 어째서 텅 비어 시자가 없는 것입니
까.'에서 이것은 둘째로 빈 방에 대하여 논의한 것이다. 정명은 (첫째로) 먼
저 빈 방에 대하여 설명하고, (둘째로) 연후에 병을 보여준다. 이것은 空을
말미암은 까닭에 悲가 일어남을 설명한 것인데, 즉 실혜가 방편을 발생함을
설한 것이다.

문수가 먼저 대비의 병에 대하여 묻고 나중에 빈 방에 대하여 물은 것은
대비야말로 곧 공임을 보여주고 또한 방편을 말미암는 까닭에 실혜임을 설
명해준다.

첫째에 두 질문이 있다.

첫째는 빈 방에 대하여 질문한다. 대저 사람이 머무는 곳에는 응당 자생
물이 있어야 한다. 그런데 지금은 확연하게 텅 비어 있다. 무슨 까닭에 그
런가.

(둘째는) 또한 무릇 병에 걸린 사람은 반드시 시중드는 사람이 있어야 도리
이다. 그런데 무슨 까닭에 없는가.

---

888) 慈=悲カ【原】, =悲【甲】
889) 復=後【甲】, =復ㅓ【甲】

때문에 두 가지를 함께 묻는 것은 그것이 모두 두 가지[二事]가 아니기 때문에 합쳐서 그것을 묻는다. 빈 방은 물은 것은 法이 없음을 설명하고, 시자가 없음을 물은 것은 人이 없음을 나타낸다.

維摩詰言諸佛國土亦復皆空. 答二問. 即爲二別. 答初問凡有二番. 平等之道. 其理無二. 十方國土. 無不空者. 曷爲問一室空耶. 而擧佛土者. 惑者謂. 衆生虛妄. 依果可空. 佛土眞實. 則不可空. 又衆生無力持故可空. 佛有力持. 則應不空. 故今明. 佛得自在. 尚不能使己國爲有. 況衆生土耶.

'유마힐이 말했다. 제불의 국토도 또한 모두 비어 있습니다.'에서 이것은 두 질문에 답변한 것으로서 곧 둘을 구별한 것이다. 처음의 질문에 대한 답변에 무릇 두 개여야 하는데, 평등한 도에서 보자면 그 이치가 無二이다. 그래서 시방의 국토도 비어 있지 않은 곳이 없는데, 어째서 방 하나의 비어있음에 대해서만 묻느냐는 것이다. 그래서 불국토를 언급한 것에 대하여 惑者는 다음과 같이 말한다.
'중생은 허망하여 그 果에 의거하여 공이지만 불국토는 진실한 즉 공일 수가 없다고 말하고, 또한 중생은 力持가 없는 까닭에 공이지만 부처님은 力持가 있은 즉 응당 불공이어야 한다.'
때문에 지금은 부처님은 자재를 터득했는데도 오히려 자기의 국토[불국토]마저도 有라고 할 수가 없거늘 하물며 중생국토이겠는가.

又問以何爲空. 汝室以無物故空. 十方佛土. 宛然現故[890]有. 何得空耶.

'또 물었다. 어째서 비어 있습니까.'에서 이것은 그대의 방은 물건이 없기 때문에 공이지만, 시방의 불국토는 완연하게 有로 드러나 있는데 어찌 공이냐고 묻는다.

答曰以空空. 上空. 是空慧空也. 下空. 是前境空也. 要當以空慧觀之. 然後一切空. 非是無物然後空也.

'답하여 말했다. 비어있는 것으로써 비웠습니다.'에서 앞의 공은 곧 空慧의 空이고 뒤의 空은 곧 앞에 펼쳐져 있는 경계[前境]의 空이다. 요컨대 마땅히 공혜로써 그것을 관찰해본 연후의 일체공이라는 말이지 아무 것도 없는 연후의 공이라는 말이 아니다.

又問空何用空. 法本自空. 何用空慧空諸法耶.

'또 물었다. 비어있는데 어떻게 공을 활용한다는 것입니까.'에서 법은 본래부터 공인데 공혜를 활용한다고 어떻게 제법이 공이겠는가 하는 것이다.

---

890) 〔故〕-ㄱ【甲】

答曰以無分別空法故空. 法雖自空. 必須空慧. 若無空慧. 則於我爲有. 用此無分別空慧. 故得其空得其空[891] 卽[892] 於我非有也. 所以名無分別空慧者. 無智之生也[893]. 起於分別. 而諸法無相故. 智無分別. 故以無分別智. 觀諸法空也. 攝大乘論. 正以空智爲無分別智.

'답하여 말했다. 무분별로써 비어있기 때문에 공입니다.'에서 법이 비록 본래부터 공일지라도 반드시 공혜이어야 한다. 만약 공혜가 없은 즉 나에게는 有가 된다. 그러나 이 무분별의 공혜를 활용하는 까닭에 그 공을 터득하는데, 공을 터득한 즉 나에게는 有가 아니므로 무분별의 공혜라 말한다.
　無智의 발생은 분별에서 발기한다. 그러나 제법이 無相인 까닭에 智는 무분별이다. 때문에 무분별지로써 제법이 공임을 관찰한다.『섭대승론』에서는 바로 空智로써 무분별지를 삼는다.

又問空可分別耶. 自上已來. 明前境空. 此下已去. 欲辨智空. 體空之慧. 乃不分別. 故知諸法空. 卽此能觀之慧. 而體是有. 可得分別耶.

'또 물었다. 공을 가히 분별할 수가 있습니까.'에서 이상까지는 앞에 펼쳐진 경계[前境]의 空을 설명하였는데, 이하부터는 智空을 변별하려고 한다. 공을 체득한[體空] 慧는 이에 분별할 수가 없다. 때문에 제법이 공임을 알게

---

891) 〔得其空〕-【甲】
892) (得其空)ィ +卽【甲】
893) 〔也〕-【甲】

된즉 그것은 能觀의 慧인데 그것이 有임을 체득한들 분별할 수 있겠는가.

答曰分別亦空. 此明空慧亦空也. 若慧異於空. 則是分別. 以慧亦空. 故無分別. 所以云分別亦空.

'답하여 말했다. 분별하는 것도 역시 공입니다.'에서 이것은 공혜도 또한 공임을 설명한 것이다. 만약 慧가 공과 다른 즉 그것은 분별이다. 慧 또한 공이기 때문에 무분별이다. 때문에 분별도 또한 공이라고 말한다.

又問空當於何求. 上因正觀以明空. 惑者謂. 空義在正. 不在於邪. 故問空義之所在. 以明邪正不二也.

'또 물었다. 공인데 장차 어떻게 추구한다는 것입니까.'에서 위에서는 정관을 인하여 공을 설명하였다. 惑者는 空義는 正에 있지 邪에 있는 것이 아니라고 말한다. 때문에 空義의 소재에 대하여 질문함으로써 邪正이 불이임을 설명한다.

答曰當於六十二見中求. 六十二見. 卽畢竟空. 故就諸見. 以明空所在也.

'답하여 말했다. 장차 육십이견 가운데서 추구합니다.'에서 육십이견은 즉 필경공이다. 때문에 제견에 나아가서 공의 소재를 설명한다.

又問六十二見當於何求. 上泯邪正. 今齊縛解. 故問諸見當於何求.

'또 물었다. 육십이견은 장차 어디에서 추구하는 것입니까.'에서 위에서는 邪와 正을 없앴는데, 지금은 縛과 解를 똑같이 하는 까닭에 제견을 장차 어디에서 추구하느냐고 묻는다.

答曰當於諸佛解脫中求. 諸佛解脫. 卽畢竟空故. 與諸見不二. 所以求諸見於解脫.

'답하여 말했다. 장차 제불의 해탈 가운데서 추구합니다.'에서 제불의 해탈은 즉 필경공이기 때문에 제견과 더불어 불이이다. 때문에 해탈에서 제견을 추구한다.

又問諸佛解脫當於何求. 此欲明衆生與佛不二. 故發斯問也.

'또 물었다. 제불의 해탈은 장차 어디에서 추구합니까.'에서 이것은 중생과 佛이 불이임을 설명한다. 때문에 이런 질문을 발기한다.

答曰當於一切衆生心行中求. 惑者謂. 諸佛解脫. 在乎正觀. 衆生心行. 居愛見煩惱. 故明衆生與佛本無二相. 愛見煩惱. 卽大涅槃. 故就衆生心行中. 求佛解脫.

'답하여 말했다. 장차 일체중생의 마음작용[心行]에서 추구합니다.'에서 惑
者는 제불의 해탈은 정관에 있고 중생의 심행은 애견의 번뇌에 있다고 말한
다. 때문에 중생과 佛은 본래 無二相으로서 애견의 번뇌가 즉 대열반임을
설명한다. 때문에 중생의 심행 가운데 나아가서 佛의 해탈을 추구한다.

又仁所問何無侍者一切衆魔及諸外道皆吾侍也. 此答第二問也. 前明空
室. 以顯於空. 今答無侍. 以顯於有. 所以然者. 以空室故. 則上攝佛土一
切皆空. 以無侍故. 下攝群生. 以爲侍者. 又上明空室. 則辨法空. 今論無
侍. 明乎人有. 法空. 謂實慧也. 人有. 卽方便慧也. 故此經始末. 皆有[894]
二慧.

'또한 그대는 어째서 시자가 없느냐고 물었습니다. 일체의 衆魔 및 諸外
道가 모두 저의 시자입니다.'에서 이것은 둘째의 질문에 답변한 것이다. 위
에서는 빈 방을 설명함으로써 공을 드러냈는데, 지금은 시자가 없다고 답변
함으로써 有를 드러낸다. 왜냐하면 빈 방인 즉 위로는 불국토의 일체가 모
두 공임을 섭수함으로써 시자가 없고, 아래로는 군생을 섭수함으로써 시자
가 된다.
 또한 위에서는 빈 방을 설명한 즉 法이 空임을 변별하였는데, 지금은 시
자가 없음을 논의한 즉 人이 有임을 설명한다.
 法空은 말하자면 실혜이고, 人有는 즉 방편혜이다. 때문에 이 경전은 처
음부터 끝까지 모두 二慧를 활용한다.

---

894) 有＝用ㄱ【甲】

所以者何眾魔者樂生死菩薩於生死而不捨外道者樂諸見菩薩於諸見而不
動. 魔樂著五欲. 不求出世. 故云樂生死. 外道雖求出世. 而執著己法. 故
云樂諸見. 大悲895). 觀生死同涅槃. 故能不捨. 觀諸見同正見. 故能不動.
不動不捨. 故能得之爲侍.

'왜냐하면 眾魔는 생사를 좋아하지만 보살은 생사에 대해서도 그것을 不
捨하고, 외도는 諸見을 좋아하지만 보살은 제견에 대해서도 不動이기 때문
입니다.'에서 악마는 오욕을 좋아하고 집착하여 출세를 추구하지 않기 때문
에 생사를 좋아한다[樂生死]고 말한다.
　외도는 비록 출세를 추구할지라도 자기와 법[己法]에 집착하기 때문에 제
견을 좋아한다[樂諸見]고 말한다.
　大士는 생사가 열반과 같음을 관찰하기 때문에 (생사를) 저버리지 않고, 제
견이 정견과 같음을 관찰하기 때문에 (제견에) 흔들림이 없다. (제견에) 흔들
림이 없고 (생사를) 저버리지 않기 때문에 그것을 터득하여 시자로 삼는다.

問. 不動不捨. 云何爲侍. 答. 不動不捨. 是得正觀. 得於正觀. 則資養法
身. 爲其896)侍也.

묻는다 : (제견에) 흔들림이 없고 (생사를) 저버리지 않는다면서 어째서 시자
　　　　로 삼는 것입니까.

---

895) 悲=士ィ【甲】
896) 其=眞ィ【甲】

답하다 : (제견에) 흔들림이 없고 (생사를) 저버리지 않는다는 것은 곧 정관을 터득한 것이다. 정관을 터득한 즉 법신을 자양하는데 그것이 진정한 시자이다.

文殊師利言居士所病爲何等相. 此第三次論疾相. 論疾相. 應在問空室之前. 但今欲空有互相成顯. 前明疾有. 次辨空室. 今欲將空室⁸⁹⁷⁾類疾亦空. 故問疾相在空室後也. 卽事而觀. 似若無病. 而云有病. 未見其相. 是故問之. 又四百四病. 各有其相. 大悲之疾. 以何爲相. 是故問之.

'문수사리가 말했다. 거사의 병은 어떤 증상입니까.'에서 이것은 셋째로 이어서 병의 증상을 논의한 것이다. 증상을 논의한 것은 마땅히 빈 방에 대한 질문보다 앞에 나왔어야 하겠지만, 무릇 지금은 空과 有를 서로 드러내려는 까닭에 먼저 병이 있음을 설명하고, 다음으로 빈 방에 대하여 변별한다. 지금 이 대목에서는 방이 비어 있음을 가지고 병도 또한 비어 있는 것에 비견하려는 것이다. 때문에 병의 증상에 대한 질문을 빈 방(에 대한 질문) 이후에 내놓는다.

상황에 즉하여 관찰해보면 마치 병이 없는 것과 같지만 병이 있다고 말한 것은 그 증상을 보지 못한 까닭에 그렇게 질문한 것이다. 또한 四百四病은 각각 그 증상이 있는데 대비의 병은 증상이 어떠한가. 이런 까닭에 그것에 대하여 질문한다.

---

897) 空室=室空ィ【甲】

維摩詰言我病無形不可見. 大悲無緣. 無所不緣. 以無所不緣故. 應物有病. 亦應物有相. 以其無緣. 則明我無病. 無病故得有相耶. 又解. 應物有病. 故託病方丈. 而無有實. 故稱無形.

'유마힐이 말했다. 저의 병은 형체가 없어서 볼 수가 없습니다.'에서 대비는 無緣이지만 不緣 아님도 없다. 不緣 아님이 없는 까닭에 중생을 상응하여 有病이고 또한 중생을 상응하여 有相이다. 그렇지만 그것이 무연인 즉 나[정명]에게는 無病이고 무병이기 때문에 有相이다고 설명한다. 또한 해석하자면, 중생을 상응한 유병이기 때문에 병에 의탁한 방장이다. 그러나 無實이기 때문에 無形이다고 일컫는다.

又問此病身合耶心合耶. 惑者. 聞病不可見. 將謂心病無形. 與心合故不可見. 或謂. 身病微細. 尚[898]身合故不可見. 故問身心合耶.

'또 물었다. 그 병은 몸에 있습니까, 마음에 있습니까.'에서 惑者는 병을 볼 수가 없다는 말을 듣고 장차 心病은 無形으로서 마음과 합치된 까닭에 볼 수가 없다고 말한다.
또한 身病은 미세하여 몸과 합치된 까닭에 볼 수가 없다고 말한다. 때문에 몸과 마음을 합쳐서 질문한다.

---

898) 尙=與力【原】【甲】

答曰非身合身相離故亦非心合心如幻故. 身相離者. 明身空也. 離是空之
異名. 心如幻者. 明心空也. 身是外形. 所以云離. 心動無方. 故言幻也. 身
心尚無. 病與誰合. 以其無合故. 不可見.

'답하여 말했다. 몸에 있는[身合] 것도 아닌데 몸[身相]은 흩어지기 때문입
니다. 또한 마음에 있는 것도 아닌데 마음은 허깨비와 같기 때문입니다.'에
서 '몸은 흩어진다[身相離]'는 것은 몸이 공임을 설명한 것이다. 離는 곧 空의
이명이다.
  '마음은 허깨비와 같다[心如幻]'는 것은 마음이 공임을 설명한 것이다. 몸
은 곧 외형이기 때문에 흩어진다[離]고 말하고, 마음은 움직여도 방소가 없
기 때문에 허깨비[幻]라고 말한다. 몸과 마음도 오히려 없는데 병이 무엇과
더불어 합쳐지겠는가. 병은 합쳐진 것이 없기 때문에 볼 수가 없다.

又問地大水大火大風大於此四大何大之病. 身心本是四大之所合成. 身心
可無. 而四大或有. 四百四病. 因四大起. 今是何大之病. 羅什云. 外道但
說三大病. 不說地大. 佛法具明四大起病. 故一大不調. 百一病總[899]. 四大
合論. 則有四病[900] 四病.

'또한 물었다. 지대 · 수대 · 화대 · 풍대의 그 사대 가운데 어느 大에 병이
든 것입니까.'에서 몸과 마음은 본래 사대가 합성된 것으로 몸과 마음은 없

---

899) 總=惱力【甲】
900) 病=百【甲】

지만 사대가 있으므로 四百四病은 사대를 인하여 일어난다. 그런데 지금 이것은 어느 大의 병인가.

나집은 '외도는 다만 삼대의 병만 말하고 지대의 병은 말하지 않는다.'고 말한다.

불법에서는 모두 사대가 병을 일으킨다고 설명한다. 때문에 一大가 조화를 잃으면 百一病惱가 되는데 사대를 합쳐서 논하면 四百四病이 있다.

答曰是病非地大亦不離地大水大火大風大亦復如是. 若卽四大有病者. 四大各處. 則應有病. 而四大[901]各處. 則無有病. 故知不卽. 若離四大有病者. 四大合時. 應無有病. 而四大會. 遂其有病. 故知非離. 非卽非離. 因緣假合. 則知病空.

'답하여 말했다. 이 병은 지대에 든 것도 아니고, 또한 지대를 떠나 있는 것도 아닙니다. 수대・화대・풍대도 또한 그와 같습니다.'에서 만약 사대에 즉하여 병이 있다면 사대의 각처에 마땅히 병이 있어야 할 것이다. 그런데 사대는 각처일 수가 없는 즉 병이 없다. 때문에 (사대에) 즉하지 않은 줄 알 것이다. 만약 사대를 떠나서 병이 있다면 사대가 합쳐져도 마땅히 병은 없을 것이다. 그러나 사대가 모이면 마침내 거기에 병이 있는 까닭에 (사대를) 떠나 있지 않은 줄 알 것이다. 그래서 (사대에) 즉한 것도 아니고 (사대를) 떠난 것도 아니며 인연의 화합인 즉 병이 공임을 알 것이다.

---

901) 大+(不)【甲】

而眾生病從四大起以其有病是故我病. 菩薩與眾生病. 俱非卽離. 但眾生病. 從四大起. 菩薩病. 從眾生起. 非實四大違反而生.

'중생의 병이 사대로부터 일어나서 그것으로써 병이 있습니다. 이런 까닭에 저도 병이 든 것입니다.'에서 보살이 중생 때문에 든 병이므로 모두 (사대)에 즉한 것도 아니고 (사대를) 떠난 것도 아니다. 무릇 중생의 병은 사대로부터 일어나고 보살의 병은 중생으로부터 일어나는 것이지 실로 사대가 위반하여 발생하는 것이 아니다.

爾時文殊師利問維摩詰言菩薩應云何慰喩有病菩薩. 此第二明眾生病. 卽是始行菩薩也. 就文爲二. 一明慰喩. 三辨調伏. 慰喩. 就前無病之人. 安慰曉喩有疾之者. 調伏. 據抱病之人. 自調伏其心. 以始行之人. 旣受此身. 復縈病苦. 則戀生畏死. 便增長生死. 不得習於正觀. 故曉喩安慰. 令身處疾自行化他. 又調伏. 明抱病之人. 有其心病故. 須自調也. 又慰喩. 令其集善. 調伏. 令其離惡. 又慰喩. 令習有行. 調伏. 使悟空解. 約位分者. 慰喩. 是外凡夫三十心前人. 調伏. 就內凡夫三十心已上也. 上辨淨名病. 初地已上至佛902)也. 故此品具明一切賢聖. 初奉903). 前問次答. 然慰喩有疾. 應自文殊. 而問淨名者. 凡有三義. 一白904)時眾注905)心有在. 二者取證於

---

902) 佛+(位)ㄱ【甲】
903) 奉＝章【甲】
904) 白＝同力【原】, ＝者【甲】
905) 注＝住【甲】, ＝注ㄱ【甲】

病人. 乃所[906]心審慰喩之實. 三者本是無病人. 能慰喩耳. 淨名雖復現疾. 實自無疾. 故能慰喩也.

'그때 문수사리가 유마힐에게 말했다. 보살은 마땅히 어떻게 병에 걸린 보살을 慰喩하는 것입니까.'에서 이것은 둘째로 중생병을 설명한 것인데 곧 이것이 始行菩薩(처음으로 보살행을 행하는 보살)이다.
　경문은 두 부분이 있다.
　첫째는 慰喩를 설명한다.
　둘째는 調伏을 변별한다.
　慰喩는 먼저 無病人에 나아가서 有疾者를 安慰하고 曉喩한 것이다.
　調伏은 抱病人에 의거하여 스스로 그 마음을 조복하는 것으로 始行人(처음으로 보살행을 행하는 사람)이다.
　이미 이 몸을 받아서 다시 병고에 얽힌 즉 生을 연연하고 死를 두려워하면 곧 생사가 증장되어 정관을 수습하지 못한다. 때문에 曉喩하고 安慰하여 몸에 있는 병으로 하여금 自行하고 化他토록 한다.
　또한 調伏은 抱病人을 설명한 것인데, 그 마음에 병이 있기 때문에 반드시 스스로 調해야 한다.
　또한 慰喩는 그로 하여금 善을 쌓도록 하는 것이고, 調伏은 그로 하여금 惡을 벗어나도록 하는 것이다.
　또한 慰喩는 行化를 수습토록 하는 것이고, 調伏은 空解를 깨치도록 하는 것이다.
　位分에 의거하자면 慰喩는 곧 外凡夫의 三十心 이전의 사람에 대한 것이

---

906) 〔所〕-【甲】

고, 調伏은 內凡夫의 三十心 이상의 사람에 대한 것이다.

위에서는 정명의 병에 대하여 초지 이상으로 佛位에 이른다고 변별하였다. 때문에 이 [문수사리문질품]에서는 모두 일체현성에 대하여 설명한다.

初章에서는 먼저 질문하고 나중에 답변한다. 그래서 병에 대하여 慰喩하는데, 당연이 문수가 정명에게 질문해야 한다. 여기에 세 가지 뜻이 있다.

첫째는 시회대중의 관심[注心]이 그 자리에 있다.

둘째는 병에 걸린 사람한테서 取證하는 것이야말로 이에 마음으로 살펴주는 慰喩의 실제이다.

셋째는 본래는 무병인이어야 慰喩할 수가 있다. 그런데 정명은 비록 다시 병을 드러냈지만 실제로 자신에게는 병이 없다. 때문에 慰喩할 수가 있다.

維摩詰言說身無常不說厭離於身. 就答內爲三[907]. 初正答. 次總結. 正答爲二. 前就行門明慰喩耳[908]. 次就願門明慰喩. 行門明慰喩行[909]. 初就所離行. 次明所得行. 但慰喩多門. 若爲貪生畏死具縛凡夫. 則不能爲說無常. 正可將護其意云. 不久疾愈. 若慰[910]聲聞之人者. 爲[911]說無常. 令疾斷煩惱早入涅槃. 今此文. 慰喩菩薩. 令捨遠凡聖. 自行化他也. 說身無常者. 此破常倒. 異凡夫也. 凡夫之人. 貪著此身. 戀生畏死. 不觀無常. 故不[912]

---

907) 三=二カ【原】, =二【甲】
908) 〔耳〕-【甲】
909) 〔行〕-【甲】
910) 慰=喩カ【原】
911) (則)ィ+爲【甲】
912) 〔不〕ィ-【甲】

爲說無常. 今始行之人. 知身必磨滅. 豈可貪哉. 不說厭離於身者. 破無常倒. 異二乘人也. 二乘觀身無常. 而便厭離. 欲入涅槃. 故今[913]安身處疾. 自行化人. 不應求證二乘也.

'유마힐이 말했다. 몸의 무상을 설하되 몸을 厭離하라고 설하지 않고'에서 답변 가운데 두 가지가 있다.
첫째는 그대로 답변한 것이다.
둘째는 총결한 것이다.
그대로 답변한 것에 두 부분이 있다.
첫째는 行門에 나아가서 慰喩를 설명한다.
둘째는 願門에 나아가서 慰喩를 설명한다.
行門에 나아가서 慰喩를 설명함에도 첫째는 所離에 나아가고, 둘째는 所得行을 설명한다. 무릇 慰喩에는 多門이 있다. 만약 生을 탐하고 死를 두려워하는 具縛凡夫인 즉 무상을 설해줄 수가 없으므로 바로 장차 그 마음[意]을 지킬 수 있도록 머지않아 병이 치유된다고 말해줘야 한다. 만약 성문인을 위로해주려면 즉 무상을 설해주어 병자로 하여금 번뇌를 단제하고 곧장 열반에 들어가도록 한다.
지금의 이 경문은 보살을 慰喩하여 凡聖(의 분별)을 멀리 버리고 自行 및 化他토록 한 것이다.
'몸의 무상을 설한다'는 것은 이것은 常倒를 타파한 점에서 범부와 다르다. 범부인은 이 몸에 탐착하고 生에 연연하며 死를 두려워하여 무상을 관찰하지 않는 까닭에 무상을 설해준다. 지금 始行人(처음으로 보살행을 행하는

---

913) 令=令亻【甲】

사람)은 몸이 반드시 마멸되는 줄 아는데 어찌 탐착하겠는가.
 '몸을 厭離하라고 설하지 않는다'는 것은 無常倒를 타파한 점에서 이승인과 다르다. 이승은 몸이 무상함을 관찰해서 곧 厭離하여 열반에 들어가고자 한다. 때문에 지금 편안한 몸으로 하여금 병들게 하여 스스로 타인을 行化하는 것이지 결코 이승의 증득을 추구하는 것이 아니다.

說身有苦不說樂於涅槃說身無我而說教導眾生說身空寂不說畢竟寂滅. 或有雖聞無常. 猶謂不苦. 故爲說苦. 或有雖聞於苦. 猶謂苦樂有主. 爲說空無我. 譬如[914]大樹. 非一斧所傾. 累根旣深. 非一法能滅. 故具說四非常也. 雖見身苦. 不樂. 涅槃之樂. 雖知無我. 不以眾生空故廢於教導. 雖解身空. 而不取涅槃畢竟之空. 故能安住生死. 與群生同疾. 故慰喻之者. 令其識所應行及所不應行也.

 '몸에 고가 있음을 설하되 열반을 즐기라고 설하지 않으며, 몸의 무아를 설하면서도 중생의 교도를 설하고, 몸의 공적을 설하되 필경에 적멸함을 설하지 않으며'에서 혹 어떤 사람은 무상(이라는 말)을 들을지라도 오히려 苦가 아니라고 말하기 때문에 苦를 설해준다.
 혹 어떤 사람은 비록 苦(라는 말)을 들을지라도 오히려 苦樂에 主가 있다고 말하기 때문에 空無我를 설해준다. 비유하면 큰 나무가 도끼질 한 번에 쓰러지지 않는 것은 많은 뿌리가 이미 깊은 것과 같듯이 일법으로 소멸되지 않는 까닭에 네 번이나 常이 아님을 갖추어 설한다.

---

914) 〔譬如〕- ㅓ【甲】

비록 몸의 苦를 볼지라도 열반락을 즐기지 않고, 비록 무아인 줄을 알지라도 중생은 공이기 때문에 교도를 폐하지 않으며, 비록 몸이 공임을 이해할지라도 열반의 필경공을 취하지 않기 때문에 생사에 안주하여 군생과 더불어 똑같이 병에 걸린다. 때문에 그를 慰喩해주는 사람은 그로 하여금 마땅히 행해야 할 것과 마땅히 행하지 말아야 할 것을 알도록 해준다.

說悔無[915]罪而不說入於過去. 上爲利根人. 說菩薩行. 今爲鈍根未悟. 更說法. 又上破八倒. 就離煩惱門. 以明慰喩. 今就離業門. 以明慰喩. 今日之病. 必由前罪故. 令其懺悔. 故云說悔前罪. 旣言有前罪. 則似業有性罪[916]. 從未來至現在. 從現在入過去. 是故今明不入過去. 不入過去者. 罪本性空故. 無罪可謝入也.

'先罪의 참회를 설하되 과거로 들어가는 것을 설하지 않고'에서 위에서는 이근인을 위하여 보살행을 설하였는데, 지금은 둔근하여 깨치지 못한 사람을 위하여 다시 설법한다.

또한 위에서는 八倒를 타파하여 번뇌를 떠나는 문에 나아감으로써 慰喩를 설명하였는데, 지금은 업을 떠나는 문에 나아감으로써 慰喩를 설명한다.

오늘의 병은 반드시 이전의 죄를 말미암은 까닭에 그것을 참회토록 해준다. 때문에 이전의 죄를 뉘우치도록 설해준다. 이미 이전의 죄가 있다고 말한 즉 죄업에 본성이 있어서 미래로부터 현재에 이르고 현재로부터 과거에

---

915) 無=先【甲】
916) 似業有性罪=似罪業有性【甲】

이른다는 것과 유사하다. 이런 까닭에 지금은 과거로 들어가지 않는다고 설명한다. 과거로 들어가지 않는 것은 죄의 본성이 공이기 때문에 가히 들어갈 죄가 없다.

次<以?>己之疾愍於彼疾. 上就煩惱業門. 以門[917]慰喩. 今就苦報門. 明慰喩也. 令其推己而悲物也. 我今微病. 苦痛尙爾. 況惡趣群生受無量苦耶. 又我有智慧. 猶弊[918]疾苦. 況不達者乎. 推己愍彼. 是大士兼濟之懷故. 聞此法. 則不戀生畏死. 宜自行化他人.

'자기의 병으로써 중생의 병을 애민하며'에서 위에서는 번뇌업문에 나아감으로써 慰喩를 설명하였는데, 지금은 苦報門에 나아가서 慰喩를 설명한다.

그것을 자기에게 추급함으로써 중생을 연민하기[悲] 때문에 지금의 내 미미한 병만으로도 고통은 이토록 크다. 하물며 악취의 군생이 받는 무량한 고통이겠는가.

또한 나는 지혜가 있는데도 오히려 疾苦가 있다. 하물며 (지혜에) 통달하지 못하는 자들이겠는가. 그래서 자기에게 추급하여 중생을 연민한다. 이것은 대사가 중생을 제도하는 마음을 겸하기 때문에 이 법을 들은 즉 生을 연연해하고 死를 두려워함이 없다. 그러므로 마땅히 自行하고 化他해야 한다.

---

917) 門＝明【甲】
918) 弊＝有ィ【甲】

當識宿世無數劫苦當念饒益一切衆生. 無數劫來. 受苦無量. 今苦須臾. 何足致憂. 但當力疾救彼苦耳.

 '숙세 無數劫의 고를 잘 알지만 반드시 일체중생의 요익을 염원하고'에서 무수겁 동안 받은 고통은 무량하고 지금의 고통은 수유이거늘 어찌 그것이 근심이 되겠는가. 무릇 반드시 병을 무릅쓰고 그 고통에서 구원할 뿐이다.

憶所修福. 外國法. 從生至終. 所作福業. 一一書記. 將終之時. 令傍人爲說. 令其恃福. 心不憂畏.

 '修福을 억념하여'에서 외국법에서는 태어나서 죽을 때까지 복업을 낱낱이 기록하여 장차 임종에 이르렀을 때 곁을 지키는 사람[傍人]에게 설하도록 함으로써 그 복을 믿어 (망자의) 마음이 憂畏하지 않도록 해준다.

念於淨命. 自念從生至終. 常行正命. 必至善趣. 何所憂耶. 又勿爲救於身疾. 作諸邪業. 以救命也.

 '淨命을 염원하며'에서 태어나서 죽을 때까지 항상 正命을 행하여 반드시 善趣에 이를 것을 自念하는데 무슨 근심거리가 있겠는가. 또한 몸의 병을 구원하지 말고, 諸邪業을 짓는 것으로부터 命을 구원하라는 것이다.

勿生憂惱. 疾者多憂. 多憂故生惱. 故明919)從920)憂無益. 橫致惱耳.

'憂惱를 발생하지 말고'에서 병자는 근심이 많다. 때문에 헛되이 근심하면 무익할 뿐만 아니라 쓸데없는 괴로움인 줄을 알아야 한다.

常起精進. 病好懈怠. 故勸令精進. 假使身逝命終. 而意不捨也.

'항상 정진을 일으키고'에서 병은 해태를 좋아한다. 때문에 정진할 것을 권장한다. 가사 몸이 죽고 명이 단절되더라도 마음[意]은 버려서는 안된다.

當作醫王療治衆病. 上就行門. 明慰喩. 今就願門. 明慰喩. 令其因疾. 發弘誓願. 當作醫王. 療治一切身心疾也.

'반드시 醫王이 되어 온갖 병을 치료해줍니다.'에서 위에서는 行門에 나아가서 慰喩를 설명하였다. 지금은 그 병을 인하여 弘誓願을 발생함으로써 장차 의왕이 되어 일체 身心의 병을 치료토록 한다.

---

919) 明=知力【甲】
920) 從=徒【甲】

菩薩應如是慰諭[921]有疾菩薩令其歡喜. 總結之也.

'보살은 반드시 이와 같이 병에 걸린 보살을 慰喩하여 그를 환희토록 해야 합니다.'에서 병에 걸린 보살로 하여금 환희토록 하여 그것을 총결한 것이다.

文殊師利言居士有病菩薩云何調伏其心. 此第二明調伏. 外有巧喩. 内有善調. 則能彌歷生死. 與群生同疾. 辛酸備經. 而不以[922]苦. 此卽淨名現疾之意也. 前問. 次答. 調伏者. 心猶奔逸之馬. 難可禁制. 故以善巧方便. 先調而後伏也. 今將明調伏之法. 故前問之.

'문수사리가 말했다. 거사여. 병에 걸린 보살은 그 마음을 어떻게 다스려야 합니까.'에서 이것은 둘째로 調伏을 설명한 것이다. 밖으로는 巧喩가 있고 안으로는 善調가 있은 즉 생사가 다하도록 군생과 더불어 똑같이 아파하면서 辛酸을 다 거치면서도 고통을 여기지 않는다.
이것이 즉 정명이 병을 드러낸 뜻이다.
첫째로 먼저 질문한다.
둘째로 이어서 답변한다.
조복이란 마음은 날뛰는 말과 같아서 제어하기 어렵기 때문에 선교방편으로써 먼저 길들이고[調] 나중에 굴복시키는[伏] 것이다. 지금은 장차 조복

---

921) 諭=喩【甲】
922) 以+(爲)ィ【原】【甲】

하는 법을 설명하기 때문에 먼저 그것에 대하여 질문한다.

維摩詰言有疾菩薩應作是念今我此病皆從前世妄想顚倒諸煩惱生無有實法誰受病者. 此第二答. 就文爲三. 一明自行化他調伏. 二明自行化他調伏有其得失. 三明非調不調乃名調伏. 初文又三. 一自行調伏. 卽是實慧. 二化他調伏. 謂爲方便慧. 三合明自行化他調伏. 卽合明二慧. 初文有三. 一衆生空. 二諸法空. 三空病亦空. 用此三門. 調心令伏也. 初文四句. 一將來[923]況本. 今旣有苦卽推苦. 苦由於病. 病由於身. 身由妄想. 妄想旣不實. 身亦不實. 身旣不實. 苦豈實耶.

'유마힐이 말했다. 병에 걸린 보살은 반드시 다음과 같이 생각해야 합니다. 지금 내가 걸린 이 병은 모두 종전세상의 망상과 전도의 제번뇌에서 발생한 것으로 實法이 없는데 누가 병을 받은 것인가.'에서 이것은 둘째로 답변한 것이다.

경문에는 세 부분이 있다.

첫째는 自行 및 化他의 조복 설명한다.

둘째는 自行 및 化他의 조복에 그 득실이 있음을 설명한다.

셋째는 調도 아니고 不調도 아님을 調伏이라 말한다는 것을 설명한다.

첫째[初文]에도 또한 세 가지가 있다.

첫째는 중생의 공이다.

둘째는 제법의 공이다.

---

923) 來=末【甲】

셋째는 空病 또한 空이다.

이 三門을 활용하여 마음을 調하여 伏토록 한다.

이것은 첫째[初文]의 四句 가운데 첫째의 句로서 末을 가지고 本을 견준 것이다. 지금은 이미 苦가 있은 즉 苦를 미루어 살펴본 것이다. 고는 병을 말미암고 병은 몸을 말미암으며 몸은 망상을 말미암는데, 망상은 이미 실체가 없고 몸도 또한 실체가 없다. 몸이 이미 실체가 없거늘 고가 어찌 실체이겠는가.

所以[924]者何四大合故假名爲身四大無主身亦無我. 此第二句. 以本況末. 前就隔世. 推無我. 今就卽世. 推無我. 又前就身因. 今四大. 是身緣故. 並無我. 唯見四大. 不見一主. 如其有主. 則應有我. 而實不爾. 故知無主. 四大是身本. 本旣無主. 身爲其末. 豈有我耶.

'왜냐하면 사대가 화합된 까닭에 몸이라고 假名할 뿐이다. 사대에 주인이 없고 몸도 또한 무아이다.'에서 이것은 둘째의 句로서 本으로써 末을 견준 것이다. 위에서는 隔世에 나아가서 무아를 미루어 살펴보았는데, 지금은 卽世에 나아가서 무아를 미루어 살펴본 것이다.

또한 위에서는 몸의 因에 대한 것인데, 지금은 사대가 이 몸의 반연이기 때문에 아울러 무아이다. 오직 사대만 볼 수 있을 뿐이지 一主를 볼 수가 없다. 몸에 主가 있은 즉 마땅히 有我이겠지만 실은 그렇지 않기 때문에 無主임을 안다. 사대가 곧 몸의 本으로서 本이 이미 無主이고 몸은 그 末인데

---

924) 以=次【甲】

어찌 有我이겠는가.

又此病起皆由著我是故於我不應生著. 此第三句. 顯出其過. 汎<凡?>論病起有二. 一由過去世著我. 備生結業. 結業果報[925]則現受苦. 二由現在著我故心惱. 心惱則病增也.

'또한 이 병이 일어난 것은 모두 아에 대한 집착을 말미암은 것이다. 이런 까닭에 我에 대하여 집착을 발생해서는 안된다.'에서 이것은 셋째의 句로서 그 過를 드러낸 것이다.
　무릇 병의 발기를 논하자면 두 가지가 있다.
　첫째는 과거세에 我에 집착하여 생을 갖추어 업을 지은 것이다. 업을 지어서 果가 성숙된 즉 받는 고통이 드러난다.
　둘째는 현재에 我에 대한 집착을 말미암은 까닭에 마음이 괴롭다. 마음이 괴로운 즉 병이 증장한다.

旣知病本卽除我想[926]及衆生想. 第四句結除我也. 什公云. 其病本者. 所謂我也. 僧肇公云. 我[927]本者. 卽上妄想也. 因有妄想故. 見我及衆生. 若悟妄想是顚倒. 則無我無衆生.

---

925) 報=熟【甲】, =報ィ【甲】
926) 想=相【甲】
927) 我=病ィ【甲】

'이미 병의 근본을 알았으면 곧 我想 및 衆生想을 단제해야 한다.'에서 이것은 넷째의 句로서 我의 단제를 결론지은 것이다.

나집공은 '그 병의 本은 소위 我이다.'고 말한다.

승조공은 '병의 本은 곧 먼저 망상이다. 망상이 있음을 인한 까닭에 我와 衆生을 보게 된다. 만약 망상이 전도임을 깨친 즉 我가 없고 衆生도 없다.'고 말한다.

當起法相<想?>. 自上以來. 重推無我. 自此文去. 假法破我. 雖於空爲病. 於我爲藥. 故借法除我. 應作是念.

'장차 法想이 일어나면 반드시 다음과 같이 생각해야 한다.'에서 이상까지는 거듭해서 무아를 미루어 살펴보았다. 이후부터는 법에 의지하여 我를 타파한다. 비록 空을 병으로 삼고 我를 약으로 삼을지라도 법을 빌려서 我를 제거하는 까닭에 마땅히 이와 같은 생각을 한 것이다.

但以衆法合成此身起唯法起滅唯法滅. 釋法想也. 五陰諸法. 假會成身. 起唯諸法共起. 滅唯諸法共滅. 無別有眞宰主其起滅者. 旣除我想. 唯見緣起諸法. 故名法想.

'무릇 갖가지 법으로써 이 몸이 합성된 것이다. 일어나는 것은 오직 법이 일어날 뿐이고, 소멸되는 것은 오직 법이 소멸될 뿐이다.'에서 이것은 法想을 해석한 것이다. 오음의 제법이 임시로 모여서 몸이 형성된 것이므로 발기해도 오직 제법과 함께 발기하고 소멸해도 오직 제법과 함께 소멸하는 것이지, 별도로 진정한 宰主가 있어서 그것이 발기 및 소멸되는 것이 아니다. 이미 我想을 단제하면 오직 연기된 제법만 보이기 때문에 法想이라 말한다.

又此法者各不相知起時不言我起滅時不言我滅. 前句明唯法. 此句辨非人起. 以諸法緣合則有. 緣散則離. 聚散無先期. 故法法不相知也.

'또한 이 법은 각자 서로 알지 못하여 일어날 때에도 我가 일어난다고 말하지 않고 소멸할 때에도 我가 소멸한다고 말하지 않는다.'에서 위의 구에서는 오직 법에 대해서만 설명하였는데, 이 句는 人이 발기된 것이 아님을 변별한 것이다. 제법의 연이 합해진 즉 有이고 연이 흩어진 즉 離이다. 聚와 散은 미리 정해진 것이 없기 때문에 법과 법은 서로 알지 못한다.

彼有疾菩薩爲滅法想當作是念此法想者亦是顚倒. 顚倒者是則大患我應離之. 此下第二. 次辨法空. 前借法以除我. 此法於我爲藥. 於空爲病. 所以除之. 非實有法而除法也. 顚倒故有法. 所以須離.

'저 병에 걸린 보살은 法想이 소멸되면 반드시 다음과 같이 생각해야 한다. 이 法想도 또한 곧 전도이다. 전도는 그것이 곧 大患이므로 나는 반드시 그것을 떠나야 한다.'에서 이하는 둘째로 이어서 법공을 변별한 것이다. 위에서는 法을 빌려서 我를 단제하였는데, 지금 이 法은 我를 藥으로 삼고 空을 病으로 삼아서 그것을 단제한 것이지 실로 法이 있어서 法을 단제한 것이 아니다. 전도된 까닭에 법이 있기 때문에 반드시 그것을 벗어나야 한다.

云何高[928]離離我我所. 我爲其內. 自外諸法. 皆是我之所有. 所[929]有. 是對我之法. 我旣已無. 所有豈獨立[930]耶.

'무엇을 떠나야 하겠습니까. 我와 我所를 떠나야 합니다.'에서 이것은 我가 그 內가 되고, 당연히 外의 제법은 모두 곧 我의 소유이다. 我의 소유는 곧 我에 상대되는 法이다. 我가 이미 無인데 그 소유인들 어찌 독존이겠는가.

云何離我我所謂離二法[931]謂不念內外諸法行於平等. 內者我也. 外者一切法也. 此卽相對爲二. 謂不念之. 行於平等. 故稱離也. 云何平等謂我等涅槃等. 我者. 窮下之人也. 涅槃者. 極上之法也. 極上窮下. 齊之一觀. 故稱平等.

'我와 我所를 어떻게 떠나야 하겠습니까. 말하자면 분별법[二法]으로부터 떠나야 합니다. 분별법[二法]을 어떻게 떠나야 하겠습니까. 말하자면 내외의 제법을 분별로 생각하지 말고 평등을 실천해야 합니다.'에서 內는 我이고 外는 一切法인데 이것은 상대에 즉한 것으로서 분별[二]이다. 말하자면 분

---

928) 高=爲【甲】
929) (我之)+所カ【原】甲】
930) 立=存ィ【甲】
931) 法+(云何離二法)ィ【甲】

별을 생각하지 말고 평등을 행하는 까닭에 떠난다[離]고 일컫는다.
　어떤 것이 평등인가. 말하자면 我가 평등이고 열반이 평등이다. 我는 窮下의 人이고, 열반은 極上의 法이다. 極上과 窮下에 대하여 그것을 나란히 동일하게 관찰하기 때문에 平等이라 일컫는다.

所以者何我及涅槃此二皆空以何爲空但以名字故空如此二法無決定性. 因背涅槃. 故名吾我. 以捨吾我. 故名涅槃. 二法相待. 則有名生. 旣相待有名. 則無決定. 所以空也.

'무엇을 평등이라 하겠습니까. 말하자면 我의 평등과 涅槃의 평등입니다. 왜냐하면 아와 열반의 그 둘은 모두 공이기 때문입니다. 어째서 공이겠습니까. 무릇 名字이기 때문이 공입니다. 이와 같이 분별법[二法]에는 결정자성이 없습니다.'에서 열반을 등지는 까닭에 吾我라 말한다. 吾我를 버리는 까닭에 열반이라 말한다. 분별법[二法]이 相待인 즉 명칭의 발생이 있다. 이미 相待에는 명칭이 있은 즉 결정이 없기 때문에 공이다.

得是平等無有餘病唯有空病空病亦空[932]. 此第三明空病亦[933]空. 自上以來. 破有明空. 有旣不立. 空亦無從. 謂非空非有. 始名正觀.

---

932) 空＝無【甲】
933) 〔病亦〕－【甲】

'그 평등을 터득하면 그 밖의 병은 없습니다. 오직 空病만 있는데 공병도 또한 공입니다.'에서 이것은 셋째로 空病 또한 공임을 설명한 것이다. 이상은 有를 타파하고 空을 설명한 것이다. 유가 이미 성립되지 않으면 공도 또한 따르지 않는데 말하자면 공도 아니고[非空] 유도 아니어야[非有] 비로소 정관이라 말한다.

是有疾菩薩以無所受而受諸受未具佛法亦不滅受而取證也. 此下第二. 次明化他調伏. 就文亦三. 初明爲物受生. 二明爲物忍苦. 三卽除物病. 無所受者. 卽是空病亦空故. 心不受著空有也. 而受諸受者. 心雖無所受. 而爲物受生. 及生中苦樂等. 以爲物受生. 則具行衆行. 名爲佛法. 若未具衆行. 亦不滅三受. 而取二乘涅槃也.

'이것이 바로 병에 걸린 보살이 所受가 없이 諸受를 받고, 불법을 구족하지 않고도 또한 滅受하지 않고 取證하는 것입니다.'에서 이하는 둘째로 이어서 (스스로 행화하며) 타인을 조복함을 설명한 것이다.
경문에는 또한 세 부분이 있다.
첫째는 중생을 위하여 생을 받음[受生]을 설명한다.
둘째는 중생을 위하여 고통을 참음[忍苦]을 설명한다.
셋째는 중생의 병을 단제해줌에 즉한다.
'所受가 없다'는 것은 즉 이 공병도 또한 공이기 때문에 마음에 공과 유에 집착을 받지 않는 것이다.
'諸受를 받는다'는 것은 마음에 비록 所受가 없을지라도 중생을 위하여 생을 받고, 또한 중생 가운데서 苦樂 등으로써 중생을 위하여 생을 받은 즉 衆

行을 갖추어 행하는 것을 불법이라 말한다. 만약 衆行을 갖추지 못하면 즉 또한 三受가 소멸되지 않아서 이승과 열반을 취한다.

設身有苦當念惡趣衆生起大悲心我旣調伏亦當調伏一切衆生. 此第二. 次明爲物忍苦. 我有功德智慧之身. 旣尚苦痛如是. 況惡趣衆生受苦無量耶. 故起於悲[934]. 我旣因三空自調. 亦當調伏一切也.

'설령 몸에 苦가 있을지라도 악취중생을 생각하여 대비심을 일으켜서 나는 이미 다스렸으므로 또한 반드시 일체중생도 다스려야 합니다.'에서 이것은 둘째로 이어서 중생을 위해서 고통을 참음을 설명한 것이다.
　나에게는 공덕과 지혜의 몸이 있어서 이미 고통조차도 이와 같이 숭상한다. 하물며 악취중생이 받는 고통의 무량함이겠는가. 때문에 비심을 일으킨다. 나는 이미 삼공을 인하여 자신을 調伏하고 또한 마땅히 일체까지도 조복할 것이다.

但除其病而不除法. 將欲尋物病原故. 前釋斷義. 菩薩自斷我及空等三病. 今復須斷衆生三病. 者實無三法可除. 但除空謂病耳. 如眼病故見空華. 但除眼病. 無空華法可除. 故云不除法也. 又一義. 不除者. 但破衆生執性有等病. 不除因緣假名法也. 故涅槃云. 但[935]斷取著. 不斷我見. 我見者. 卽佛性也. 此二各有其義. 非無兩釋也.

---

934) 悲+(心)ㆍ【甲】
935) 但=俱【甲】, =但ㆍ【甲】

'무릇 그 병만 단제하고 법을 단제하지 못한 경우에는'에서 이것은 장차 중생의 병의 근원을 찾으려는 까닭이다. 위에서는 단제하는 뜻을 해석하였는데, 보살이 스스로 아와 공 등 세 가지 병(我와 空[病]과 法)을 단제하였다.

지금 다시 '중생의 세 가지 병을 반드시 단제한다'는 것은 실로 가히 단제할 세 가지 법(我와 空[病]과 法)이 없어서 단지 空 말하자면 病만 제거할 뿐이다. 그것은 마치 眼病 때문에 空華를 보는 것과 같아서, 단지 眼病만 제거할 뿐 空華와 法은 제거할 것이 없다. 때문에 법은 제거하지 않는다고 말한다.

또 한 가지 뜻인 '제거하지 못한다'는 것은 단지 중생이 집착하는 性 및 有 등의 병만 타파할 뿐이지 인연의 가명법은 제거하지 않는다. 때문에 『열반경』에서 '단지 取著만 단제할 뿐이지 아견은 단제하지 않는다. 아견은 곧 불성이다.'936)고 말한다.

이 둘은 각각 그 뜻이 있으므로 두 가지를 해석하지 않으면 안된다.

爲斷病本937)而教導之. 此第三. 正明爲物斷病. 前標病本教導二章門. 次釋二門. 此初標也.

'병의 근본을 단제하여 그들을 교도해야 한다.'에서 이것은 셋째로 바로 중생을 위하여 병을 단제함을 설명한 것이다.

첫째의 標에 해당하는 것이 病本章과 教導章의 二章門이므로 이어서 二

---

936) 『大般涅槃經』卷5, (大正新脩大藏經12, p.395中)
937) 本=法 ィ【原】

門을 해석[釋]하는데, 지금의 이 대목은 첫째의 標이다.

何謂病本謂有攀緣從有攀緣則爲病本何所攀緣謂之三界. 此釋病本章門也. 上說菩薩自尋病本. 以理安心. 故能處⁹³⁸⁾疾不憂⁹³⁹⁾. 今明爲斷衆生病故. 推其病原. 然後應其所宜也. 標⁹⁴⁰⁾神微動. 則心有所矚. 心有所矚. 名爲攀緣. 攀緣取相. 是妄想之始. 病之本也. 妄想旣緣. 則美惡以分. 美惡旣分. 則憎愛並熾. 所以衆結煩於內. 萬病生於外. 其能緣之心. 旣是妄想. 所緣之境. 不離三界. 所以然者. 三界外. 是無漏無爲. 而妄想之心. 是有所得故. 是有爲有漏. 故是三界也.

'병의 근본이 무엇이겠습니까. 말하자면 반연이 있으면 그 반연으로부터 곧 병의 근본이 됩니다. 반연이란 무엇이겠습니까. 말하자면 삼계입니다.'에서 이것은 病本章門을 해석한 것이다. 위에서는 보살이 스스로 病本을 추구한 것에 대하여 설함으로써 안심에 통하였다.[理] 지금은 중생의 병을 단제해 주기 위하여 그 병의 근원을 살펴본 것인데, 이후는 그 所宜에 상응한 것이다. 機와 神이 微動한 즉 마음에 所矚이 있고, 마음에 所矚이 있은 즉 그것을 반연이라 말한다. 반연으로 取相하는 것이 곧 망상의 시작이고 병의 근본이다. 망상을 이미 반연한 즉 아름다움과 추함[美惡]으로 나뉘고, 아름다움과 추함으로 이미 나뉜 즉 憎愛가 또한 치성한다. 때문에 갖가지 번뇌가 內에서 번거롭

---

938) 處=據【甲】. =處ィ【甲】
939) 憂=亂ィ【原】【甲】
940) 標=機ィ【甲】

고 만병이 밖에서 발생한다. 그 能緣心은 이미 망상이고, 所緣境은 삼계를 벗어나지 않는다. 왜냐하면 삼계를 벗어나는 것은 곧 무루이고 무위인데, 망상심은 곧 유소득이기 때문에 유위이고 유루이므로 그것이 삼계이다.

云何斷攀緣以無所得若無所得則無攀緣何謂無所得謂離二見何謂二見謂內見外見是無所得. 此釋敎導斷病本章門也. 病本旣是有所得. 斷病則是無所得. 無所得者. 心不得一切法也. 若心得一切法. 則心有所生. 心有所生. 則心有所縛. 不得離生老病死憂悲苦惱. 若心無所得. 則心無所縛. 故得離生老病[941]也. 所言無所得者. 卽不得內外二見. 名無所得. 非別有無所得也. 故云內見外見是無所得. 內外者. 內有妄想. 外有諸法. 名爲內外也.

'반연을 어떻게 단제하겠습니까. 무소득으로써 단제합니다. 만약 무소득이라면 곧 반연이 없을 터인데 무엇을 무소득이라 말하겠습니까. 말하자면 분별견[二見]을 떠나있는 것입니다. 무엇을 분별견[二見]이라 말하겠습니까. 말하자면 내견과 외견인데 그것이 무소득입니다.'에서 이것은 敎導로서 病本을 단제하는 章을 해석한 것이다. 病本은 이미 곧 유소득이므로 병을 단제한 즉 무소득이다. 무소득이란 마음에 일체법이 없는[不得] 것이다. 만약 마음에 일체법이 있다면[得] 즉 마음에 所生이 있다. 마음에 所生이 있은 즉 마음에 所縛이 있어서 生·老·病·死·憂·悲·苦·惱를 벗어나지 못한다. 만약 마음이 무소득이라면 즉 마음에 所縛이 없다. 때문에 生·老·病·死를 벗어날 수 있다.

---

[941] 病+(死)ㅓ【甲】

말한 바 무소득이란 곧 內外의 분별견[二見]이 없는[不得] 것을 무소득이라고 말하는 것이지 별도로 무소득이 있다는 것은 아니다. 때문에 내견과 외견을 곧 무소득이라 말한다.
　內外란 內에 망상이 있고 外에 제법이 있는 것을 內外라고 말한다.

文殊師利是爲有疾菩薩調伏其心爲斷老病死苦是菩薩菩提若不如是已所修治爲無惠利. 第三合明自行化他調伏. 有法譬合. 以能如上斷自他病本. 卽是調自他之心. 病本旣斷. 則老病死除. 以兼斷自他故. 是菩薩菩提. 異二乘也. 所以徧[942]言菩提者. 菩提以實益爲道. 若兼斷自他. 則得於寂觀. 故能有實益. 若不爾者. 則於己無利. 於物無惠.

'문수사리여. 이것이 병에 걸린 보살이 그 마음을 다스리는 것입니다. 老·病·死의 苦를 단제하는 것이 곧 보살의 보리입니다. 만약 이와 같이 할 수가 없다면 자신이 修治한 것에도 지혜의 이익이 없을 것입니다.'에서 셋째로 합으로서 自行 및 化他의조복을 설명한 것인데, 法과 譬와 合이 있다.
　저 위에서처럼 自와 他의 病本을 단제한 즉 이것이 自와 他의 마음을 調伏하는 것이다. 病本이 이미 단제된 즉 노·병·사가 제거되고, 아울러 自와 他가 단제된다. 때문에 보살의 보리는 이승과 다르다. 단지 보리라고만 말한 것은 보리의 실익으로써 道를 삼기 때문이다. 만약 아울러 自와 他가 단제된 즉 寂觀을 터득하기 때문에 실익이 있다. 만약 그렇지 않은 즉 자기에게 이익이 없고 중생에게도 은혜가 없다.

---

942) 徧=偏力【甲】

譬如勝怨乃可爲勇. 此譬說也. 老病死等. 是菩薩怨. 亦是衆生怨. 又衆生怨. 卽是菩薩怨. 以菩薩觀物如子. 子怨卽父怨也. 若不除子怨. 父怨亦不除也.

'비유하면 勝怨과 같아서 이에 勇이 됩니다.'에서 이것은 譬說이다. 노·병·사 등은 곧 보살의 원수이고 또한 곧 중생의 원수이다. 또한 중생의 원수인 즉 곧 보살의 원수이므로 보살은 중생을 마치 아들처럼 관찰하여 아들의 원수인 즉 아버지의 원수이다. 만약 아들의 원수를 제거하지 못하면 아버지의 원수도 또한 제거되지 않는다.

如是兼除老病死者菩薩之謂也. 此合譬也. 二乘但除自怨. 菩薩則有兼濟之道也.

'이와 같이 노·병·사를 모두 단제하는 사람을 보살이라 말합니다.'에서 이것은 合과 喩이다. 이승은 단지 자신의 원수만 제거하는데, 보살에게는 즉 그것을 모두 제도하는 道가 있다.

彼有疾菩薩作是念如我所[943]病非眞非有衆生病亦非眞非有. 此第二. 明自行化他調伏有其得失. 就文亦有三. 一明自行調伏得失. 成上自行. 二明化他調伏得失. 成上化他. 三合明自行化他調伏得失. 成上合明自行化他也. 所以須得失者. 世人相與欲爲菩薩自行化他. 鄙於二乘. 欣乎大道.

---

943) 所=此 ィ【原】【甲】

但學菩薩行. 有巧不巧. 故成得失. 以須明之也. 初文但辨其得. 略不明失. 如我此病非眞非有者. 敍菩薩自悟也. 衆生病亦非眞非有者. 明衆生未達也. 上論生老死是身病. 計我及攀緣. 是其心病. 此之二病. 非眞亦非有也. 有人言. 非眞卽非眞諦. 非有卽非俗諦. 卽中道正觀也. 又言非眞者. 非是眞實. 卽非性實也. 非有者. 亦非因緣假有. 故雙非性假. 悟病空也. 所以了病空者. 若病是實有者. 則自他病不可除. 以其非眞有故. 可得除之. 以其可除故. 悲心卽生. 弘誓便起. 故有兼濟之道也.

'저 병에 걸린 보살은 반드시 또 다음과 같이 생각해야 합니다. 내가 걸린 이 병은 非眞이고 非有이며, 중생의 병도 또한 非眞이고 非有이다.'에서 이것은 둘째로 自行 및 化他의 조복에 득실이 있음을 설명한 것이다.

경문에는 또한 세 부분이 있다.

첫째는 自行의 조복의 득실을 설명하는데, 위에서 자행은 성취되었다.

둘째는 化他의 조복의 득실을 설명하는데, 위에서 化他는 성취되었다.

셋째는 자행 및 화타의 조복의 득실을 合하여 설명하는데, 위에서 자행 및 화타를 合하여 설명함이 성취되었다.

때문에 모름지기 득실이란 세인이 서로 보살의 자행 및 화타를 하고자 이승을 천하게 여기고 대도를 기뻐하여 무릇 보살행을 닦는데 巧와 不巧가 있다. 때문에 득실이 성취되므로 반드시 그것을 설명해야 한다.

첫째[初文]에서는 무릇 그 得에 대하여 변별하고 失에 대해서는 생략하고 설명하지 않는다.

'내가 걸린 이 병은 非眞이고 非有이다.'는 것은 보살 자신의 깨침을 서술한 것이다.

'중생의 병도 또한 非眞이고 非有이다.'는 것은 중생이 통달하지 못함을 설명한 것이다.

위에서 생·노·사가 곧 身病임을 논의하였는데, 我를 계탁하고 반연하는 것은 곧 그 心病이다. 이들 두 가지 병은 非眞이고 또한 非有이다.

어떤 사람은 '非眞은 즉 非眞諦이고 非有는 즉 非俗諦로서 곧 중도의 정관이다.'고 말한다.

또한 '非眞'이라고 말한 것은 그것이 진실이 아닌 즉 본성도 진실이 아니고, 非有도 또한 인연의 假有가 아니다. 때문에 이 둘은 본성도 아니고 가유도 아니라서 병이 공임을 알고,[悟] 또한 병이 공임을 요해하는[了] 것이다.

만약 병이 실유라면 즉 自와 他의 병을 제거할 수가 없다. 그것이 비진이고 비유이기 때문에 그것을 제거할 수가 있다. 그것을 제거하는 까닭에 悲心이 곧 발생하고 弘誓가 발기한다. 때문에 (보살에게는) 그것을 모두 제도하는 道가 있다.

作是觀時於諸衆生若起愛見大悲卽應捨離. 此第二明化他得失. 若能如上. 了自病及衆生病. 非眞非有. 而起悲者. 則唯得不失. 但此觀未能[944]. 見衆生愛之而起悲者. 名愛見大悲. 見卽見使. 愛謂愛使. 此雖悲心. 雜以愛見故. 宜應捨之也.

'이와 같이 관찰할 때에는 모든 중생에 대하여 만약 愛見大悲가 일어난다고 해도 곧 반드시 捨離해야 합니다.'에서 이것은 둘째로 化他의 득실을 설명한 것이다.

---

944) 能＝純力【原】. ＝純彳【甲】

만약 위의 경우와 같이 자신의 병 및 중생의 병이 非眞이고 非有임을 요
해하여 비심을 일으키는 사람이라면 즉 오직 得 뿐이고 失은 없을 것이다.
무릇 이것은 未純임을 관찰하고 중생을 보고[見] 그 중생을 사랑하여[愛]
悲를 발기하는 것을 愛見大悲라고 말한다. 견은 즉 見使이고, 애는 소위 愛
使로서 이것이 비록 悲心일지라도 雜의 애견이기 때문에 마땅히 그것을 버
려야 한다.

所以者何菩薩斷除客塵煩惱而起大悲. 此釋上捨離愛見義也. 心本清淨.
無有塵垢. 妄想因緣故. 橫生愛見. 故名之爲客塵. 除此客塵. 而起悲也.

'왜냐하면 보살은 객진번뇌를 단제하고 대비를 일으키기 때문입니다.'에
서 이것은 위에서 애견을 버려야 한다는 뜻을 해석한 것이다.
마음은 본래 청정하여 塵垢가 없지만 망상의 인연 때문에 애견이 무성하
게 발생한다. 때문에 그것을 客塵이라 말한다. 이 객진을 제거하고 悲를 일
으킨다는 것이다.

愛見悲者則於生死有疲厭心若能離此無有疲厭在在所生不爲愛見之所覆
也. 夫有所見. 必有所滯. 有所愛. 必有所憎. 此有極之道. 安能致無極之
用. 若能離此. 則法身化生. 無在不在. 生死無窮. 不覺爲遠. 何有愛見之
覆. 疲厭之勞.

'애견자비란 곧 생사에 대하여 疲厭心이 있지만 만약 애견자비를 떠나면

피염이 없어서 태어나는 곳마다 애견에 휩싸이지 않습니다.'에서 대저 所見이 있으면 반드시 所滯가 있고, 所愛가 있으면 반드시 所憎이 있다. 이것은 유극의 道인데 어찌 무극의 用을 초래하겠는가. 만약 이것을 벗어날 수 있다면 즉 법신이 화생하여 부재하는 곳이 없을 것이니, 생사가 무궁하여 모르는 새에 멀리 퍼져가도 어찌 愛見의 覆과 疲厭의 勞가 있겠는가.

所生無縛能爲衆生說法解縛. 愛見旣除. 法身旣立. 則所生無縛. 亦能解彼縛也.

'태어남에 결박이 없어야 중생을 위해 설법하여 결박을 해탈시켜줍니다.'에서 애견이 이미 제거되고 법신이 이미 성립한 즉 所生에도 결박이 없고 또한 그 결박으로부터 풀려난다.

如佛所說若自有縛能解彼縛無有是處若自無縛能解彼縛斯有是處是故菩薩不應起縛. 此引佛誠言. 證於大悲[945]義. 勸捨縛也.

'부처님께서는 다음과 같이 설하였습니다.〈만약 자신이 결박되어 있으면서 중생의 결박을 해탈시켜준다는 것은 있을 수 없는 처사이다. 만약 자신이 결박되지 않아야 중생의 결박을 해탈시켜줄 수가 있다.〉이런 까닭에 보살은 결코 결박이라는 생각을 일으켜서는 안됩니다.'에서 이것은 부처님의

---

945) 大悲=失ィ【甲】

誠言을 인용하여 失의 뜻을 증명한 것으로 결박을 버릴 것을 권장한 것이다.

何謂縛何謂解. 前引佛言. 今解釋縛解. 此標二章門也.

'무엇을 결박한다고 말하고, 무엇을 해탈시켜준다고 말하겠습니까.'에서 위에서는 부처님의 말씀을 인용했는데, 지금은 결박으로부터 풀려나는 것을 해석한 것이다. 이것은 二章門을 標한 것이다.

貪著禪味是菩薩縛以方便生是菩薩解. 此約定慧二門. 釋縛解章門也. 今前就定門. 貪著禪味. 有二種過失. 一彰自行. 二彰化他. 所以爲縛. 若爲物受生. 則彼我蒙利. 名巧方便. 故稱爲解.

'선미에 탐착하는 것이 곧 보살의 결박입니다. 방편을 발생하는 것이 곧 보살의 해탈입니다.'에서 이것은 정혜의 이문에 의거하여 결박으로부터 풀려나는 章門[縛解章門]을 해석한 것이다.

又無方便慧縛有方便慧解無慧方便縛有慧方便解. 此就慧門. 以釋縛義. 前標二章. 一明慧之縛解. 二標方便縛解. 慧縛解者. 無方便故慧縛也. 若有方便. 在慧便解也. 方便亦然. 無慧則方便爲縛. 有慧則方便解也.

'또한 방편이 없는 지혜는 결박이고, 방편이 있는 지혜는 해탈입니다. 지혜가 없는 방편은 결박이고, 지혜가 있는 방편은 해탈입니다.'에서 이것은 慧門에 나아가서 결박의 뜻을 해석한 것이다. 위에서는 二章을 標하였다.

첫째는 慧縛을 풀어주는 것을 설명하였다.

둘째는 方便縛을 풀어주는 것을 標하였다.

慧縛을 풀어준다는 것은 방편이 없기 때문에 慧縛이다. 만약 방편이 있다면 慧便解이고, 방편의 경우도 또한 그렇다. 慧가 없은 즉 방편이 縛이 되지만 慧가 있은 즉 방편이 解가 된다.

何謂無方便慧縛謂菩薩以愛見心莊嚴佛土成就衆生於空無相無作法中而自調伏是名無方便慧縛. 此釋慧縛解章門. 前釋於縛. 次釋於解. 所言慧方便者. 此義不同. 今依羅什意. 觀空不證[946]. 涉有不著. 此之二巧[947]. 名爲方便. 六地<住?>已還. 未能無礙. 當其觀空. 則無所取著. 及其出觀. 嚴土化人. 則生愛見. 故拙於涉動. 妙於靜觀. 然觀空不取相. 雖是方便. 而但慧受名. 故此文. 但取涉有不著. 名爲方便.

'방편이 없는 지혜는 결박이란 무엇을 말하는 것이겠습니까. 말하자면 보살이 애견심으로써 불국토를 장엄하거나 중생을 성취하는 것입니다. 空·無相·無作의 법 가운데서 스스로 다스리는 것을 곧 방편이 없는 지혜는 결박이라고 말합니다.'에서 먼저 縛을 해석하고 이어서 解를 해석한다. 말한 바 慧와 方便은 그 뜻이 동일하지 않다.

---

946) 證=取ィ【甲】
947) 巧=門ィ【甲】

지금은 나집의 뜻에 의거하면 다음과 같다.

'공이라고 관찰하여 집착[取]하지 않고, 有를 섭렵하되 집착[著]하지 않으면 이 두 가지 門을 方便이라 말한다. 제육주 이전에는 아직 무애는 아니지만 마땅히 거기에서 공을 관찰한 즉 取와 著이 없다. 또한 거기에서 관찰을 나타내서 국토를 장엄하고 사람을 교화한 즉 애견이 발생한다. 때문에 涉動은 졸렬하지만 靜觀은 미묘하여 공을 관찰하되 取相이 없다. 비록 이것이 방편일지라도 무릇 慧로부터 받은 명칭이다.'[948]

問. 詳什公解意. 直是釋慧與方便二義不同. 未見慧方便縛解之所以. 請爲通之. 答. 初門隨有起染. 名無方便. 入空自調. 稱之爲慧. 如此行者. 不能以空慧. 導於涉有. 令無所著. 故此空慧稱之爲縛. 又不能卽三空. 而修嚴土化人二行. 故此空慧則稱爲縛.

묻는다 : 나집공이 해석한 뜻을 자세하게 살펴보면, 그것은 곧 慧와 方便의 두 가지 뜻이 같지 않음을 해석한 것이지만, 아직 慧와 方便이 縛과 解의 까닭임을 본 것은 아닙니다. 바라건대 그것에 대하여 설명해 주십시오.

답한다 : 初門에서 有를 따라서 염오를 일으킨 것을 無方便이라 말하고, 공에 들어가서 스스로 조절하는 그것을 慧라 일컫는다. 이와 같은 수

---

948) 僧肇,『注維摩詰經』卷5, (大正新脩大藏經38, pp.378下-379上) "什曰. 觀空不取. 涉有不著. 是名巧方便也. 今明六生已還未能無礙. 當其觀空則無所取著. 及其出觀淨國化人則生見取相心愛著. 拙於涉動妙於靜觀. 觀空慧不取相. 雖是方便而從慧受名. 此中但取涉有不著爲方便. 故言無方便而有慧也" 참조.

행자는 空慧로써 유를 섭렵함[涉有]을 인도하여 집착을 없애지 못하는 까닭에 그 空慧를 가리켜서 縛이라 일컫는다. 또한 三空에 즉하여 국토를 장엄하고 사람을 교화하는 二行을 하지 못하는 까닭에 이 공혜를 즉 縛이라고 일컫는다.

何謂有方便慧解謂不以愛見心莊嚴佛土成就衆生於空無相無作法中以自調伏而不疲厭是名有方便慧解. 此釋有方便慧解章門也. 什公云. 七地 <住?>已上. 得於並觀. 故能動靜不二. 名有方便慧解.

'방편이 있는 지혜가 해탈이라는 것은 무엇을 말하는 것이겠습니까. 말하자면 애견심으로써 불국토를 장엄하거나 중생을 성취하지 않는 것입니다. 공·무상·무작의 법 가운데서 스스로 다스리되 疲厭하지 않는 것을 곧 방편이 있는 지혜의 해탈이라고 말합니다.'에서 이것은 有方便慧解章門이다.
  나집공은 말한다.
'제칠주 이상에서 並觀을 얻는다. 때문에 動靜不二가 가능한 것을 有方便慧解라고 말한다.'[949]

問. 此云何名慧解耶. 答. 嚴土化人. 隨有不著. 名方便. 入空自調. 稱之爲慧. 如此修者. 能以空導有. 不著故. 方便義成. 而在慧方解. 又能卽三空

---

949) 『注維摩詰經』 卷5, (大正新脩大藏經38, p.379上)
  "七住以上其心常定動靜不異故言有方便慧也" 참조.

而修二行. 故名慧解.

묻는다 : 여기에서는 무엇을 慧의 解라고 말하는 것입니까.
답한다 : 불국토를 장엄하고 중생을 교화함에 有를 따르면서도 집착하지 않는 것을 방편이라고 말하고, 공에 들어가서 스스로 조절하는 그것을 慧라 일컫는다. 이와 같이 수행하는 사람은 空으로써 有를 인도하되 집착하지 않기 때문에 방편의 뜻이 성취되어 慧에서 바야흐로 해탈한다. 또한 三空에 즉하여 二行을 닦기 때문에 慧의 해탈이라고 말한다.

何謂無慧方便縛謂菩薩住貪欲瞋恚邪見等諸煩惱而植[950]衆德本是名無慧方便縛. 此釋方便縛解章門也. 今前釋縛門. 若是慧之縛解. 就六地<住?>已還. 七[951]地<住?>已上. 論其縛解. 此對就初發心已上及聖位已還. 論其縛解. 又初對. 約二乘. 以對菩薩. 論其縛解. 二乘爲縛. 菩薩爲解. 此對. 就凡夫. 以對菩薩. 論其縛解. 凡夫爲縛. 菩薩爲解. 若然者. 則具攝衆義. 無不盡矣. 今先明無慧方便縛者. 不能觀空斷惑. 故名無慧. 以涉有行善. 名有方便. 如此修者. 以無慧涉有. 而爲諸使所染. 故名方便縛矣. 又不能卽二行而遊三空. 故名無慧方便縛也.

'지혜가 없는 방편은 결박이란 무엇을 말하는 것이겠습니까. 말하자면 보

---

950) 植=殖【甲】
951) (若是方便) イ +七【甲】

살이 貪欲·瞋恚·邪見 등의 제번뇌에 주하여 갖가지 덕의 근본을 심는 것을 곧 지혜가 없는 방편의 결박이라고 말합니다.'에서 이것은 方便縛解章門을 해석한 것이다. 지금 위에서는 縛門을 해석하였다. 만약 이 방편이 慧의 縛解라면 제육주 이전에 대한 것이다. 제칠주 이상에서는 그 縛解에 대하여 논한다.

이 대목은 초발심 이상 및 십지[聖位] 이전에서 그 縛解를 논한다.

또한 처음의 상대는 이승에 의거해서 보살에 상대하여 그 縛解을 논하였는데, 이승은 縛이고 보살은 解이다. 여기의 상대는 범부에 나아가서 보살에 상대하여 그 縛解를 논하였는데, 범부는 縛이고 보살은 解이다. 만약 그렇다면 즉 모두 衆義를 섭수하여 다하지 않음이 없는 셈이다.

이제 먼저 無慧方便縛을 설명하자면 공을 관찰하여 惑을 단제하지 못한 까닭에 無慧라고 말한다. 이로써 有를 섭렵하여 善을 행하므로 有方便이라고 말한다. 이와 같이 수행하는 사람은 無慧로써 有를 섭렵하여 諸使에 염오되기 때문에 方便縛이라고 말한다.

또한 二行에 즉하여 三空에 遊하지 못하는 까닭에 無慧方便縛이라고 말한다.

何謂有慧方便解謂離貪欲瞋恚邪見等諸煩惱而殖衆德本迴向阿耨菩提是名有慧方便解. 此釋有慧方慧解章門也. 此明觀空除惑. 名爲有慧. 涉有修善. 名有方便. 如此修者. 以有慧故. 導有行不著. 故名爲解.

'지혜가 있는 방편은 해탈이란 무엇을 말하는 것이겠습니까. 말하자면 모든 탐욕·진에·사견 등 제번뇌를 떠나서 갖가지 덕의 근본을 심어서 아뇩

다라삼먁삼보리로 회향하는 것을 곧 지혜가 있는 방편은 해방이라고 말합
니다.'에서 이것은 有慧方慧解章門을 해석한 것이다. 이것은 공을 관찰하여
惑을 제거함을 有慧라고 말하고, 有를 섭렵하여 善을 닦음을 方便이라고 말
한다는 것을 설명한 것이다. 이와 같이 수행하는 사람은 有慧로써 有行을
인도하되 집착하지 않기 때문에 解라고 말한다.

文殊師利彼有疾菩薩應如是觀諸法. 從上非眞非有. 訖至此文. 勸菩薩依
斯文以起觀行也.

'문수사리여. 저 병에 걸린 보살은 반드시 이와 같이 제법을 관찰해야 합
니다.'에서 종상의 非眞非有는 이 경문에 이르러 마친다. 보살에게 이 경문
에 의거하여 관행을 일으킬 것을 권장한다.

又復觀身無常苦空無我是名爲慧. 明無我是名爲慧.

'또한 다시 몸이 無常・苦・空・非我임을 관찰하는데 그것을 지혜라 말합
니다.'에서 이것은 無我를 慧라고 말함을 설명한다.

雖身有疾常在生死饒益一切而無厭惓是名方便. 上來一周. 約空有明權
實二慧. 亦是空悲二道. 今就五門觀. 以釋慧與方便. 旣約五門觀. 以明實
慧. 則實慧具照空有. 如照無常苦. 卽有慧也. 照空無我. 謂空慧也. 故知

實慧具照空有.

'비록 몸이 병에 걸려 있지만 항상 생사에 있으면서 일체중생을 요익하되 厭倦하지 않는데 그것을 방편이라 말합니다.'에서 이상의 一周에서는 공유에 의거하여 권실의 이혜를 설명하였는데, 또한 이것은 空과 悲의 二道였다. 지금은 오문관에 나아가서 혜와 방편을 해석한다. 이미 오문관에 의거하여 實慧를 설명한 즉 실혜는 空과 有를 모두 비추어본다.[照] 저 無常苦를 비추어본 즉 有慧이듯이 空無我를 비추어보는 것을 空慧라고 말한다. 때문에 실혜는 공과 유를 모두 비추어보는 것임을 알 것이다.

問. 照無常苦. 云何是實慧耶. 答. 此身實是無常. 故名爲實. 又觀無常. 實能破常倒. 故名爲實. 又此文是大乘四非常故. 名爲實也. 二乘觀無常. 而厭生惓死. 欲入涅槃. 名無方便. 大士觀無常. 而能不厭. 卽善入嶮難. 故名巧方便也.

묻는다 : 無常苦를 비추어보데 어째서 그것이 실혜입니까.
답한다 : 이 몸은 실로 무상이기 때문에 實이라고 말한다. 또한 무상을 관찰하여 실로 常倒를 타파하기 때문에 實이라고 말한다. 또한 이 경문은 곧 대승의 네 가지 非常이기 때문에 實이라고 말한다.
이승의 경우는 무상을 관찰하되 生을 싫어하고 死를 싫어하여 열반에 들어가려고 하므로 無方便이라고 말한다. 대사의 경우는 무상을 관찰하되 싫어함이 없은 즉 嶮難에도 잘 들어가기 때문에 巧方便이라고 말한다.

又復觀身身不離病病不離身是病是身非新非故是名爲慧設身有疾而
不永滅是名方便. 此偏就身病. 以明權實二慧也. 此是. 病身. 身卽[952)]
爲病. 旣無別體. 何得以身爲故. 用病爲新. 旣悟無新故. 則無病與身.
便入實慧. 故稱爲慧也. 旣有此慧. 而能與物同病. 不取涅槃[953)]. 故名
方便.

'또한 다시 몸을 관찰하되 몸은 병을 떠나있지 않고 병은 몸을 떠나있지
않아서 이 병이 곧 몸으로서 새로운 것도 아니고 이전의 것도 아닌데 그것
을 지혜라 말합니다. 설령 몸이 병에 걸렸다고 할지라도 영원히 소멸하지
않는데 그것을 방편이라 말합니다.'에서 이것은 身과 病에 대해서만 偏就함
으로써 權實의 이혜를 설명한 것이다.

이것은 바로 病이 身이고 身이 病이다. 그래서 이미 別體가 없는데 무
엇으로써 身을 삼겠는가. 그래서 병을 새로운 것[新]이라고 활용해도 이
미 새로운 것이 없음을 깨달은 까닭에 곧 病과 새로움[新]이 없고, 곧 실
혜에 들어가기 때문에 慧라고 일컫는다. 이미 이와 같은 慧가 있어서 중
생과 더불어 같은 병에 걸려서 열반을 취하지 않기 때문에 방편이라고
말한다.

問. 何故就身病不相離. 及無新故. 明實慧耶. 答. 以始行之人. 厭病著身

---

952) 身身卽=卽身身【甲】
953) 槃=發【甲】

故. 今此身病. 旣不相離. 何故厭病而保著身邪[954]. 又令了悟身之與病. 相假而有. 無實故空. 爲此因緣. 故作是說.

묻는다 : 몸과 병이 不相離로서 새로울 것이 없는데도 무슨 까닭에 실혜라고 설명하는 것입니까.

답한다 : 始行人(처음으로 보살행을 행하는 사람)은 병을 싫어하고 몸에 집착하기 때문이다. 지금 이 몸과 병이 이미 不相離인데 어떻게 병을 싫어하고 몸을 지키려고 집착하겠는가. 또한 몸과 병이 서로 의지한 존재[有]로서 無實이기 때문에 공인 줄을 了悟토록 한다. 이런 인연 때문에 이와 같이 설한다.

文殊師利有疾菩薩應如是調伏其心. 第三明兩捨觀也. 此文遠結調伏一章也. 近結上二慧得失. 能悟如斯得失者. 爲調伏心矣.

'문수사리여. 병에 걸린 보살은 반드시 이와 같이 그 마음을 다스리되'에서 셋째로 두 가지를 버리는 觀을 설명한 것이다. 이 경문은 멀리로는 調伏의 一章을 결론지은 것이고, 가까이로는 위의 二慧의 得失을 결론지은 것이다.

不住其中亦復不住不調伏心所以者何若住不調伏心是愚人法若住調伏心

---

954) 邪=耶【甲】

是聲聞法是故菩薩不當住於調伏心⁹⁵⁵⁾不調伏心離此二法是菩薩行. 自上
以來. 明於調伏. 今明非調不調者. 惑者聞調伏之言. 便捨不調住調. 則心
猶未調. 若能調不調兩捨. 心無所依. 得正觀者. 始是調心法也.

'그 가운데 주해서도 안되고 또한 다시 그 마음을 다스리지 못하는 데에
주해서도 안됩니다. 왜냐하면 만약 그 마음을 다스리지 못하는 데에 주한다
면 그것은 愚人의 법이고, 만약 그 마음을 다스리는 데에 주한다면 그것은
聲聞의 법입니다. 이런 까닭에 보살은 그 마음을 다스리는 데와 그 마음을
다스리지 못하는 데에 주해서는 안됩니다. 그 분별법[二法]을 떠나있는 바로
그것이 보살행입니다.'에서 이상에서는 조복에 대하여 설명하였다. 지금은
非調와 不調에 대하여 설명한다.
　惑者는 調伏이라는 말을 들으면 곧 不調를 버리고 調에 住한 즉 마음이 오
히려 調가 되지 못한다.[未調] 만약 調와 不調의 둘을 모두 버려서 마음에 所
依가 없이 정관을 터득할 수 있다면 비로소 그것이 調心法이다.

在於生死不爲汚行住於涅槃不永滅度是菩薩行非凡夫行非賢聖行是菩薩
行非垢行非淨行是菩薩行雖過魔行而現降伏衆魔是菩薩行雖求一切智無
非時求是菩薩行. 此文歷法. 明於正觀. 爲其⁹⁵⁶⁾調伏. 或凡聖兩忘. 或因果
俱離. 或偏⁹⁵⁷⁾泯而俱遊. 或二捨而偏⁹⁵⁸⁾用. 並易可明也. 無非時求者. 一

---

955) 〔心〕₊−【甲】
956) 其=眞₊【甲】
957) 偏=雙【甲】　=偏₊【甲】
958) 偏=徧【甲】

切智未成. 而中道. 取二乘證. 謂非時求也.

'생사에 있으면서도 오염된 행을 하지 않고 열반에 주하면서도 영원히 멸도하지 않는데 그것이 보살행입니다. 凡夫行도 없고 聖賢行도 없는데 그것이 보살행입니다. 垢行도 없고 淨行도 없는데 그것이 보살행입니다. 비록 魔行을 능가하지만 降衆魔를 드러내는데 그것이 보살행입니다. 一切智를 추구하지만 非時를 추구하지 않는데 그것이 보살행입니다.'에서 이 경문은 法을 經歷해가면서 정관이야말로 진정한 조복임을 설명한 것이다.

혹 凡과 聖의 둘을 잊고, 혹 因과 果를 모두 떠나며, 혹 偏泯이면서도 俱遊하고, 혹 둘 모두 버리면서도 널리 활용하는데 이것들은 모두 쉬운 설명들이다.

'非時에 추구하지 않는다'는 것은 一切智가 성취되지 않았는데도 중도에 이승의 증득을 취함을 非時에 추구한다고 말한다.

雖觀諸法不生而不入正位是菩薩行. 正位者. 小乘取證之位也. 三乘同觀無生. 慧力弱者. 不能自出. 慧力弱[959]者. 超而不證.

'비록 제법이 불생임을 관찰하지만 正位에 들어가지 않는데 그것이 보살행입니다.'에서 정위는 소승이 증득을 취하는 계위이다. 삼승은 모두 무생을 관찰하는데 혜력이 미약하여 스스로 벗어나지 못한다. 그러나 혜력이 강한 사람은 그것(소승의 증득)을 초월하여 증득하지 않는다.

---

959) 弱=强【甲】

雖觀十二緣起而入諸邪見是菩薩行. 觀緣起是斷邪見之道. 而能反同邪見者. 非二乘之所能也.

'비록 십이연기를 관찰하지만 諸邪見에 들어가지 않는데 그것이 보살행입니다.'에서 연기는 곧 사견을 단제하는 길[道]임을 관찰하는 것이다. 그러나 그것과는 사견에 동조하는 것을 反하는 것은 이승의 능력이 아니다.

雖攝一切衆生而不愛著是菩薩行. 攝謂四攝法也. 四攝是愛念衆生法. 今明愛而不著[960]也.

'비록 일체중생을 섭수하지만 애착이 없는데 그것이 보살행입니다.'에서 섭수는 사섭법을 말한다. 사섭은 곧 중생을 애념하는 법이다. 지금은 (중생을) 愛하지만 집착이 없는 것을 설명한다.

雖樂遠離而不依身心盡是菩薩行. 小離離憒鬧. 大離離身心盡. 菩薩雖樂大離. 而不依恃也.

'비록 遠離를 즐겨하지만 身心의 멸진에 의지하지 않는데 그것이 보살행입니다.'에서 소승의 遠離는 憒鬧를 원리하는 것이고, 대승의 遠離는 身心의 盡을 원리하는 것이다. 보살이 은 비록 대승의 遠離를 누리더라도 그

---

960) 著+(者)【甲】

것에 의지하지는 않는다.

雖行三界而不壞法性是菩薩行. 三界卽法性故. 現生三界. 而不壞法性.

'비록 삼계에 노닐지만 법성을 파괴하지 않는데 그것이 보살행입니다.'에서 삼계가 즉 법성이기 때문에 삼계를 현생하되 법성을 파괴하지 않는다.

雖行於961)空962)而殖衆德本是菩薩行. 行空欲以除有. 而方殖衆德本者. 卽空爲有用也.

'비록 空을 실천하지만 온갖 덕의 근본을 심는데 그것이 보살행입니다.'에서 공을 실천하는 것은 有를 제거하려는 것이다. 그래서 바야흐로 중덕의 근본을 심으려는 것인 즉 공은 有用이 된다.

雖行無相而度衆生是菩薩行. 行無相. 欲除取衆生相. 而方度衆生者. 以無相無礙相也.

'비록 無相을 실천하지만 중생을 제도하는데 그것이 보살행입니다.'에서

---

961) 〔於〕-【甲】
962) (於)ㅓ+空【甲】

무상을 실천하는 것은 중생상에 집착[取]하는 것을 제거하려는 것이다. 그래서 바야흐로 중생을 제도함으로써 상이 없고[無相] 상에 걸림도 없다.[無礙相]

雖行無作而現受身是菩薩行. 行無作. 欲不造生死. 而方便. 現受身者. 無作不礙作也.

'비록 無作을 실천하지만 受身을 드러내는데 그것이 보살행입니다.'에서 무작을 실천하는 것은 생사를 짓지 않으려는 것이다. 그래서 방편으로 受身을 드러내는 것을 조작이 없고[無作] 조작에 걸림도 없다.[不礙作]

雖行無起而起一切善行是菩薩行. 無起者. 於一切處. 畢竟不起心也. 而方起一切善行. 以無起而無所不起也.

'비록 無起를 실천하지만 일체의 선행을 일으키는데 그것이 보살행입니다.'에서 무기는 일체처에서 필경에 마음을 일으키지 않는 것이다. 그래서 바야흐로 일체선행을 일으킴으로써 일어남도 없지만[無起] 일어나지 않음도 없다.[無所不起]

雖行六波羅蜜而遍知衆生心心數法是菩薩行. 六度並是無相法也. 無相. 應無所知. 而方遍知衆生心行. 以無知而無所不知也.

'비록 육바라밀을 실천하지만 두루 중생의 心과 心數法[963]을 아는데 그것이 보살행입니다.'에서 육도는 모두 무상법이다. 무상은 반드시 所知가 없지만 바야흐로 중생의 심행을 널리 알기 때문에 소지도 없지만[無知] 소지하지 못함도 없다.[無所不知]

雖行六通而不漏盡是菩薩行. 大士. 觀漏卽無漏. 故能永處生死. 與物同漏. 豈以漏盡. 而異於不漏盡乎.

'비록 육통을 실천하지만 漏盡이라 하지 않는데 그것이 보살행입니다.'에서 대사는 漏를 관찰한 즉 무루이다. 때문에 영원히 생사에 처하여 중생과 더불어 漏를 함께 하는데 어찌 누를 다함[漏盡]이 누를 다하지 못함[不漏盡]과 다르겠는가.

雖行四無量心而不貪著生於梵世是菩薩行. 四無量行. 則應生四禪地. 而偏言梵者. 以衆生宗事梵天故. 擧其宗也. 又四禪地. 通名梵也.

'비록 사무량심을 실천하지만 梵世에 태어나는 것에 탐착하지 않는데 그것이 보살행입니다.'에서 사무량행은 즉 반드시 四禪地에서 발생한다. 그런데도 단지 梵이라고만 말한 것은 중생의 궁극적인 수행[宗事]은 범천이기 때문에 그 궁극[宗]을 언급하였다. 또한 사선지를 梵이라고 通名한다.

---

963) 心은 心王法이고 心數法은 心所法이다.

雖行禪定解脫三昧而不隨禪生是菩薩行. 禪謂四禪也. 定謂四空也. 解脫
八解脫也. 三昧空無相無作也. 菩薩行其因. 而不取其果. 可謂自在行矣.

'비록 禪定·解脫·三昧를 실천하지만 선천을 따라 태어나지 않는데 그것
이 보살행입니다.'에서 禪은 소위 四禪이고, 定은 소위 四空이며, 解脫은 소
위 팔해탈이고, 三昧는 空·無相·無作이다. 보살은 그 因을 실천하지만 그
果에 집착하지 않는데 그것을 자재행이라고 말한다.

雖行四念處而畢竟不永離身受心法是菩薩行. 小乘. 觀四法而取證. 菩薩
雖觀此四法. 不永離而取證也.

'비록 사념처를 실천하지만 영원히 身·受·心·法을 떠나있지 않는데
그것이 보살행입니다.'에서 소승은 四法을 관찰하여 깨침을 취하는데, 보살
은 비록 이 四法을 관찰할지라도 그것을 영원히 벗어나서 깨침을 취하지 않
는다.

雖行四[964]勤而不捨身心精進是菩薩行. 小乘行四正勤<勤?>. 功用若究
竟. 捨入涅槃. 菩薩. 雖同其行而不同其捨.

'비록 사정근을 실천하지만 身心의 정진을 그만두지 않는데 그것이 보살행

---

964) 四+(正)ㅓ【甲】

입니다.'에서 소승이 行하는 사정근은 功用으로서 구경에는 그것을 捨하여 열반에 들어간다. 그러나 보살은 비록 그 실천[行]은 같지만 그 捨는 같지 않다.

雖行四如意足而得自在神通是菩薩行. 雖同小乘. 行如意足. 而久得大乘自在神通. 如意足. 是神通之因也.

'비록 사여의족을 실천하지만 자재한 신통을 터득하는데 그것이 보살행입니다.'에서 비록 소승과 마찬가지로 여의족을 실천[行]하는데 오래 전부터 대승의 자재한 신통을 얻은 여의족이기 때문에 곧 신통의 因이다.

雖行五根而分別衆生諸根利鈍是菩薩行. 小乘. 唯自修己根. 不善知人根. 菩薩. 雖同自修. 而善知人根.

'비록 오근을 실천하지만 중생의 諸根의 利鈍을 분별하는데 그것이 보살행입니다.'에서 소승은 오직 自修를 자기의 근본으로 삼고 남의 근본에 대해서는 잘 알지 못한다. 그러나 보살은 비록 自修의 경우는 같지만 남의 근본을 잘 안다.

雖行五力而樂求佛十力是菩薩行雖行七覺分而分別佛之智慧是菩薩行雖行八聖道而樂行無量佛道是菩薩行. 此明現行淺法. 而內已實入深法也.

'비록 오력을 실천하지만 佛十力을 즐겨 추구하는데 그것이 보살행입니다. 비록 칠각지를 실천하지만 佛智慧를 분별하는데 그것이 보살행입니다. 비록 八聖道를 실천하지만 무량한 불도를 즐겨 실천하는데 그것이 보살행입니다.'에서 이것은 행으로 드러난[現行] 것은 淺法이고 이미 내실화된 것[實入]은 深法임을 설명한 것이다.

雖行止觀助道之法而不畢竟墮於寂滅是菩薩行. 止觀與定慧異者. 定慧爲果. 止觀爲因也. 初繫心在緣. 名爲止. 深達分別. 稱爲觀. 此二是助涅槃之法. 菩薩因之而行. 而不須⁹⁶⁵⁾隨涅槃也.

'비록 止觀의 助道法을 실천하지만 필경에 적멸에 떨어지지 않는데 그것이 보살행입니다.'에서 지관이 정혜와 차이점은 정혜는 果이고 지관은 因이다. 먼저 마음을 緣에 묶어두는 것을 止라 말하고, 깊이 분별에 통달하는 것을 觀이라 일컫는다. 이 둘은 곧 열반의 조도법이다. 보살은 지관을 인하여 수행하지 열반을 수순하지 않는다.

雖行諸法不生不滅而以相好莊嚴其身是菩薩行雖現聲聞辟支佛威儀而不捨佛法是菩薩行雖隨諸法究竟淨相而隨所應爲現其身是菩薩行雖觀諸佛國土永寂如空而現種種淸淨佛土是菩薩行雖得佛道轉于法輪入於涅槃而不捨於菩薩之道是菩薩行. 雖得佛道空竟. 而現行因卽果不礙因也.

---

965) 須=順₁【甲】

'비록 제법이 불생불멸임을 실천하지만 상호로써 그 몸을 장엄하는데 그것이 보살행입니다. 비록 聲聞·辟支佛의 威儀를 드러내지만 불법을 그만두지 않는데 그것이 보살행입니다. 비록 제법이 구경에 淸淨相임을 따르지만 상응하는 데마다 그 몸을 드러내는데 그것이 보살행입니다. 비록 제불의 국토가 永寂하여 空과 같음을 관찰하지만 갖가지 청정한 불국토를 드러내는데 그것이 보살행입니다. 비록 불도를 터득하여 법륜을 굴리고 열반에 들어가지만 보살도를 그만두지 않는데 그것이 보살행입니다.'에서 비록 불도가 공의 구경임을 터득하였을지라도 현행의 因은 果에 卽한 것으로서 不礙因이다.

說是法時文殊師利所將大衆其中八千天子皆發阿耨多羅三藐三菩提心. 此第三問病後事. 經本不同. 或言天衆. 或云大衆. 無所妨也. 然應是大衆也.

'이러한 법어를 설했을 때 문수사리가 데리고 온 대중 가운데서 팔천 명의 천자가 아뇩다라삼먁삼보리심을 발생하였다.'에서 이것은 셋째로 문병한 이후의 행위이다. 경본마다 동일하지 않아서 혹은 天衆이라 말하거나 혹 大衆이라 말해도 무방하지만, 반드시 그것은 많은 무리[大衆]이어야 한다.

不思議品第六
제육 부사의품

大明化物. 凡有二門. 一者說法. 二者現神通. 問疾一品. 明其說法. 今此一品. 次明神通. 則形聲益物也. 又上品. 初明能化之疾. 有空悲二道. 亦是權實而[966]慧[967]. 次明所化之疾. 亦空悲二道. 權實兩慧. 說如此能化所化二慧者. 並是爲敎菩薩修行義也. 今此品明修行得成. 便有無方大用. 故有不思議品.

대저 중생을 교화하는 데에는 무릇 二門이 있다.
첫째는 설법이다.
둘째는 신통을 드러내는 것이다.
[문수사리문질품]의 일품은 그 설법을 설명한 것이었는데, 지금의 이 [부사의품]은 둘째로서 신통 즉 형체와 소리로써 중생을 이롭게 함을 설명한 것이다.
또한 위의 [문수사리문질품]에서는 첫째로 能化者의 병에는 空과 悲의 二道가 있음을 설명하였는데, 또한 그것은 權과 實의 두 가지 慧이기도 하였다. 둘째로 所化者의 병에도 또한 空과 悲의 二道 및 權과 實의 慧(가 있음)을 설명하였다. 이와 같이 능화 및 소화의 二慧를 설한 것은 이들이 보살수행의 뜻임을 가르쳐준 것이다.

---

966) 而＝兩【甲】
967) 慧＝兩力【原】

지금 이 [부사의품]에서는 수행으로 성취한 것에도 곧 방소가 없는 대용[無方大用]이 있음을 설명한 까닭에 [부사의품]이 있다.

問. 以何爲不思議體. 答. 通而爲論之. 凡有三法. 一不思議境. 二不思議智. 三不思議敎. 據能化爲言. 由境發智. 因智說敎. 欲令所化之流. 藉敎悟理. 因理發智. 故此三門. 義無不攝. 言不思議境者. 卽是眞俗二諦. 然二諦未曾境. 敎據表理而言. 故二諦爲敎. 約發智之義. 故二諦名境. 通而言之. 此眞俗二境. 皆是因緣假名無所得義. 非是凡夫二乘. 有所得人. 所能思議. 故二境名不思議. 據別爲論. 眞諦卽諸法實相. 心行處滅故. 意不能思. 言語亦斷故. 口不能議. 謂眞諦不思議也. 俗諦亦言語道斷. 心行處滅. 如假有不可定有. 故定有心滅. 假有不可定無. 故定無心滅. 不可定亦有亦無. 非有非無. 故有所得定四句心能滅. 亦定性四句所不可言故. 是俗諦不思議也. 次明二智不思議者. 實智卽是波若. 波若念想觀妄. 言語亦斷. 故心不能思. 口不能議. 權智則變動無方. 如大小容入. 非凡夫二乘. 下地菩薩. 所不[968]能思議. 名不思議也. 所言敎不思議者. 內有二智. 謂不思議本. 外示形聲. 卽不思議迹. 謂以本垂迹. 由外不思議迹. 得示不思議本. 謂以迹顯本. 具如玄章所明. 就此品內. 大開二章. 一明實智不思議. 二明權智不思議. 初文有五. 一身子念座. 二淨名呵詰. 三身子答. 四淨名呵. 五時衆悟道.

묻는다 : 무엇으로써 不思議의 체를 삼는 것입니까.

---

968) 不=可力【甲】

답한다 : 통체적으로 그것을 논하자면 무릇 세 가지 법이 있다.

첫째는 부사의한 경계[境]이다.

둘째는 부사의한 지혜[智]이다.

셋째는 부사의한 가르침[敎]이다.

능화자에 의거하여 말하자면 경계를 말미암아 지혜가 발생하고, 지혜를 인하여 가르침을 설하여 소화자의 무리가 교에 의지하여 이치를 깨치고 이치를 인하여 지혜를 발생하도록 하는 까닭에 이 三門의 뜻은 섭수하지 못하는 것이 없다.

(첫째로) 부사의한 경계란 곧 眞俗의 二諦이다. 그러나 二諦는 일찍이 境이 아니므로 敎를 表理에 의거하여 말하기 때문에 이제는 敎이다. 그러나 지혜를 발생한다는 뜻에 의거하기 때문에 二諦를 境이라고 말한다. 통체적으로 그것을 말하자면 이 眞俗의 二境은 모두 곧 因緣의 假名으로서 무소득의 뜻이므로 범부와 이승 등 유소득인 이 사의할 수 있는 것이 아니다. 때문에 이경을 不思議라고 말한다. 개별적인 것에 의거하여 그것을 논하자면 진속은 즉 제법실상이다. 그래서 심행처멸이기 때문에 마음[意]으로 생각[思]할 수가 없고, 언어 또한 단절되어 있는 까닭에 입[口]으로 강론[議]할 수가 없는 것이 말하자면 眞諦不思議이다.

속제도 또한 언어도단이고 심행처멸이다. 그래서 마치 假有는 定有일 수가 없기 때문에 定有의 心이 소멸하고, 假有는 定無일 수가 없기 때문에 定無의 心이 소멸하며, (假有는) 定亦有亦無일 수가 없기 때문에 (定亦有亦無의 心이 소멸하고, 假有는 定)非有非無(일 수가 없기 때문에 定非有非無의 心이 소멸)하는 것과 같다. 때문에 有所得定의 四句는 心能滅이고, 또한 定性의 四句는 所不可言이다. 때문에 이것이 속제의 부사의이다.

둘째로 (실지와 권지의) 二智의 不思議를 설명한다.

實智는 곧 반야[波若]이다. 반야를 念想으로 관찰하는 것은 虛妄이다. 언어 또한 단절되어 있다. 때문에 마음[心]으로 思할 수가 없고, 입[口]으로 議할 수도 없다.

權智는 즉 변동이 무방하다. 마치 大와 小를 容入하는 것과 같아서 범부와 이승 및 下地菩薩이 思議할 수가 없다. 그래서 不思議라고 말한다.

셋째로 말한 敎不思議란 다음과 같다.

안으로는 二智가 있는데 소위 不思議의 本이고, 밖으로는 형체와 소리를 내보인 즉 不思議의 迹이다. 소위 本으로써 迹를 베푼[垂] 것이다.

밖으로는 不思議迹을 말미암아서 不思議本을 내보인다. 말하자면 迹으로써 本을 드러내는[顯] 것이다. 자세한 것은 『玄章 : 淨名玄論』에서 설명해둔 것과 같다.

이 [부사의품]의 내용에 대하여 크게 열어보면 二章이 있다.

첫째는 實智不思議를 설명한다.

둘째는 權智不思議를 설명한다.

첫째(實智不思議)의 경문에는 다섯 부분이 있다.

첫째는 사리불이 자리를 생각하는 것이다.

둘째는 정명이 가책하여 힐난하는 것이다.

셋째는 사리불의 답변이다.

넷째는 정명의 가책이다.

다섯째는 시회대중의 오도이다.

爾時舍利弗見此室中無有床座作是念斯諸菩薩大弟子衆當於何坐. 身子
生念. 凡有二義. 一據迹爲言. 法身大士. 身心無倦. 聲聞結業之形. 心雖
無結. 身有疲勞. 故發止息之迹. 以其於弟子内. 年耆體劣. 前生念也. 不
欲現其累迹. 又必知淨名懸[969]鑒其心. 故但心念而不發言. 二者就本爲
論. 淨名與身子. 旣是大小之人. 相與化物. 故淨名空室. 以待賓. 身子念
坐. 而發教.

'그때 사리불이 그 방 가운데 床座가 없는 것을 보고 다음과 같이 생각하
였다. 이 모든 보살과 대제자중이 어디에 앉을 것인가.'에서 사리불이 생각
을 일으킨 것에 무릇 두 가지 뜻이 있다.

첫째는 迹에 의거해서 말한 것이다. 법신대사는 몸과 마음에 피권이 없다.
그러나 성문의 경우 結業의 형태는 마음은 비록 結이 없을지라도 몸에는 疲
勞가 있다. 때문에 止息의 迹을 일으키는데, 그 제자들 가운데 나이가 많아
서 몸이 나약한 사람이 먼저 생각을 일으킨다. 그러나 그 累迹을 드러내지
않으려고 하지만 또한 필시 정명이 그 마음을 비추어보는 줄 알기 때문에
무릇 마음속으로만 생각하고 발언을 하지 않는다.

둘째는 本에 나아가서 논한 것이다. 정명과 사리불은 이미 곧 대승과 소
승의 사람으로서 서로 중생을 교화한다. 때문에 정명은 방을 비워두고 손님
을 기다렸고, 사리불은 자리를 생각하여 교를 일으켰다.[發敎]

長者維摩詰知其意語舍利弗言云何仁者爲法來耶求床坐耶. 此則淨名. 將

---

969) 懸=顯【甲】. =懸亻【甲】

辨無求之道. 故因詰之. 所以然者. 須坐之念. 迹在⁹⁷⁰⁾有求. 有求則乖理. 非所以來意也.

'장자 유마힐이 그 마음[意]을 알고 사리불에게 말하였다. 그대는 어떤가. 법 때문에 왔습니까, 아니면 床座를 구하려는 것입니까.'에서 이것은 즉 정명이 장차 無求의 道를 변별하려는 것이다. 때문에 그로 인하여 사리불에게 따진다. 왜냐하면 모름지기 앉으려는 생각은 迹이 有求에 있기 때문이다. 有求인 즉 이치에 어그러지는데, 그것 때문에 온 것이 아니라는 뜻이다.

舍利弗言我爲法來非爲床座. 上確定二實. 而身子進退墮負. 若其爲法. 不應念坐. 如其念坐. 何名爲法. 而身子. 偏答一問. 本爲法來. 但形有勞. 故求坐耳. 又形安. 則法入神. 所以念坐. 終爲法也.

'사리불이 말했다. 저는 법 때문이 온 것이지 床座 때문은 아닙니다.'에서 위에서는 二實을 확정하였는데, 사리불에게는 進退의 墮負이다. 만약 그것이 법을 위한 것이라면 결코 앉으려는 생각을 해서는 안된다. 그처럼 앉으려는 생각을 어찌 법을 위한 것이라고 말하겠는가. 그래서 사리불은 한 가지 질문에 대해서만 偏答한다. 본래는 법을 위해서 왔는데 단지 몸[形]에만 피로[勞]가 있기 때문에 앉으려고 찾는 것이다. 또한 몸[形]이 편안하면 법에 의거하여 神에 들어간다. 때문에 앉으려고 생각하는 것은 끝내 법을 위한 것이다.

---

970) 在=往【甲】. =在ィ【甲】

維摩詰言唯舍利弗[971]夫求法者不貪軀命何況床坐夫求法者非有色受想行識之求非有界入之求. 非有欲色無色之求唯舍利弗夫求法者不著佛求不著法求不著衆求夫求法者無見苦求無斷集求無造盡證修道之求所以者何法無戲論若言我當見苦斷集證滅修道是則戲論非求法也唯舍利弗法名寂[972]滅若行生滅是求生滅非求法也法名無染若染於法乃至涅槃是則染著非求法也法無行處若行於法是則行處非求法也法無取捨若取捨法是則取捨非求法也法無處所若著處所是則著處非求法也法名無相[973]若隨相識是則求相非求法也法不可住若住於法是則住法非求法也法不可見聞覺知若行見聞覺知是則見聞覺知非求法也. 此攝六根. 以爲四用. 眼爲見. 耳爲聞. 鼻舌身三根. 爲覺. 意根稱知.

'유마힐이 말했다. 저, 사리불이여. 무릇 구법자라면 軀命에 탐착해서는 안되는데 하물며 床座이겠습니까. 무릇 구법자라면 색‧수‧상‧행‧식에 대하여 추구함이 있어서는 안되고, 界‧入에 대하여 추구함이 있어서도 안되며, 욕계‧색계‧무색계에 대하여 추구함이 있어서도 안됩니다. 저, 사리불이여. 무릇 구법자라면 佛에 집착하여 추구해서도 안되고, 法에 집착하여 추구해서도 안되며, 僧[衆]에 집착하여 추구해서도 안됩니다. 무릇 구법자라면 苦聖諦를 보려고 추구해서도 안되고, 苦集을 단제하려고 추구해서도 안되며, 滅盡의 證得에 나아가거나 八正道를 닦는 것으로 추구해서도 안됩니다. 왜냐하면 법에는 희론이 없기 때문입니다. 만약〈나는 苦를 보고

---

971) 弗=利【甲】
972) 寂滅=不生滅ィ【甲】
973) 相=想【甲】, =相ィ【甲】

集을 단제하며 滅을 증득하고 道를 닦는다.〉고 말한다면 그것은 곧 희론이지 구법이 아닙니다. 저, 사리불이여. 법을 寂滅이라 말합니다. 만약 생멸을 실천한다면 그것은 생멸을 추구하는 것이지 구법이 아닙니다. 법은 無染이라 말합니다. 만약 법 내지 열반에 오염된다면 그것은 곧 염착이지 구법이 아닙니다. 법에는 실천하는 도리[行處]가 없습니다. 만약 법을 실천한다면 그것은 곧 실천하는 도리이지 구법이 아닙니다. 법에는 取捨가 없습니다. 만약 법을 취사한다면 그것은 곧 취사하는 것이지 구법이 아닙니다. 법에는 處所가 없습니다. 만약 처소에 집착한다면 그것은 곧 처소에 집착하는 것이지 구법이 아닙니다. 법은 無相이라 말합니다. 만약 相을 따라서 안다면 그것은 곧 相을 추구하는 것이지 구법이 아닙니다. 법에는 주할 수가 없습니다. 만약 법에 주한다면 그것은 곧 법에 집착하는 것이지 구법이 아닙니다. 법은 보는 것[見]·듣는 것[聞]·느끼는 것[覺]·아는 것[知]일 수가 없습니다. 만약 보고 들으며 느끼고 안다면 그것은 곧 보고 들으며 느끼고 아는 것이지 구법이 아닙니다.'에서 이것은 육근을 섭수한 것으로써 네 가지 작용[四用]을 삼은 것이다.

눈은 보는 작용[見用]을 하고, 귀는 듣는 작용[聞用]을 하며, 코[鼻根]와 혀[舌根]와 몸[身根]의 三根은 느끼는 작용[覺用]을 하고, 마음[意根]은 아는 작용[知用]이라 일컫는다.

法名無爲若行有爲是則求有爲非求法也是故舍利弗若求法者於一切法應無所求. 此章明無求. 其旨有二. 一者顯實相之理. 超四句. 絕百非. 言語道斷. 心行所滅. 不可以有無等求實相. 此卽釋不思議境也. 二者欲令行人. 契於實相. 亦息一切有所得心. 所以然者. 夫心有所求則有著. 有著則

有所縛. 便不得離. 況乖乎實相. 故令心無所求. 以心無所求故. 心行斷言語滅. 卽實智不思議也. 以實相不可求. 則無數於外[974]. 以實智無所求. 則無心於內. 故境智並冥. 緣觀俱寂. 乃爲理極. 眞不思議也.

'법은 無爲라고 말합니다. 만약 유위를 실천한다면 그것은 곧 유위를 추구하는 것이지 구법이 아닙니다. 이런 까닭에 사리불이여. 만약 구법자라면 일체법에 대하여 반드시 추구하는 것이 없어야 합니다.'에서 이 章은 無求를 설명한 것인데, 그 뜻[旨]에 두 가지가 있다.

첫째는 실상의 이치는 四句를 초월하고 百非를 단절하며 언어도단이고 심행처멸로서 유무 등으로 실상을 추구할 수 없음을 설명한 것이다. 이것은 즉 不思議境을 해석한 것이다.

둘째는 수행인으로 하여금 실상에 계합하도록 하려는 것이고 또한 일체의 유소득심을 그치게 하려는 것이다. 왜냐하면 대저 마음에 所求가 있은 즉 집착이 있고, 집착이 있은 즉 所縛이 있어서 곧 그것을 벗어날 수가 없는데, 하물며 실상에 어긋나는 것이겠는가. 때문에 마음에 所求가 없도록 하는 것이다. 마음에 所求가 없는 까닭에 心行이 단절되고 言語가 소멸된 즉 實智不思議이다.

實相을 추구할 수 없은 즉 밖으로 헤아릴 수 있는 것이 아니다. 그리고 實智를 추구할 수 없은 즉 안으로 무심이다. 때문에 境과 智가 모두 冥이 緣과 觀이 모두 寂인데 이에 이치의 궁극[理極]이 되어 진정한 부사의이다.

---

974) 無數於外=行數於外ㅓ【甲】. =於外無數ㅓ【甲】

說是語時五百天子於諸法中得法眼淨. 以悟緣觀俱寂. 內外並冥. 則有所得塵累皆息. 故稱法眼淨也. 但法眼淨. 有二義. 據小乘. 則是須陀洹果. 約大乘. 謂初地菩薩. 以大乘初地爲見道故也. 肇公云. 此文是大乘法眼淨也.

'이러한 법어를 설했을 때 오백 명의 천자는 제법 가운데서 법안정을 터득하였다.'에서 緣과 觀이 모두 寂이고 內와 外가 모두 冥임을 깨달은 즉 유소득의 塵累가 모두 그쳤다는 것이다. 때문에 법안정이라 일컫는다.
무릇 법안정에도 두 가지 뜻이 있다.
(첫째는) 소승에 의거하면 즉 그것은 수다원이다.
(둘째로) 대승에 의거하면 소위 초지보살인데, 그것은 대승의 초지로써 견도를 삼기 때문이다.
肇公은 '이 대목의 경문은 곧 대승의 법안정이다.'고 말한다.

爾時長者維摩詰問文殊師利言仁者遊於無量千萬億阿僧祇國何等佛土[975] 方有好上妙功德成就師子之座. 此第二次明權智不思議. 上辨無所求. 乃契於實相[976]. 故能遍給一切群生所求. 就文內. 大開爲二. 一略相[977]權智不思議. 二廣釋權智不思議. 初文十句. 一淨名問. 二文殊答. 三淨名借座. 四燈王遣座. 五大衆稱歎. 六淨名命菩薩就座. 七菩薩受教而座. 八淨名

---

975) 土=國【甲】, ＝土ィ【甲】
976) 相+(以契於實相)五字【甲】
977) 相＝標力【原】, ＝明【甲】

敎聲聞就座. 九身子等不能. 十重敎令禮燈王. 此初. 淨名所以問者. 一欲
令賓自選妙極主[978]. 則應言取與. 是故問矣. 二欲令時衆起敬信之心. 若
不問而取容. 是幻化所造. 今問方取. 則知實有座來. 所以借他方座者. 又
有二義. 一者欲顯諸佛功德依果殊妙. 令時衆起求佛之心. 二欲因往反之
事. 令二國化流也.

'그때 장자 유마힐이 문수사리에게 물었다. 그대는 무량·천·만·억·아
승지의 국토를 유행하였는데, 어떤 불국토에 好上의 妙功德을 성취한 師子
座가 있는 것입니까.'에서 이것은 둘째로 이어서 權智不思議를 설명한 것이
다. 위에서는 無所求야말로 이에 실상에 계합됨을 변별하였다. 실상에 계합
하기 때문에 널리 일체군생이 추구하는 것을 공급해 줄 수가 있다.
　경문의 내용을 크게 열어보면 두 가지가 있다.
　첫째는 권지부사의를 略標한다.
　둘째는 권지부사의를 廣釋한다.
　첫째의 경문에 十句가 있다.
　첫째는 정명이 질문한다.
　둘째는 문수가 답변한다.
　셋째는 정명이 자리를 빌려온다.
　넷째는 등왕불이 자리를 보내준다.
　다섯째는 대중이 칭탄한다.
　여섯째는 정명이 보살들에게 자리에 앉으라고 명한다.
　일곱째는 보살이 가르침을 받아 자리에 나아간다.

---

978) 主＝座力【甲】

여덟째는 정명이 성문에게 자리에 앉도록 한다.

아홉째는 사리불 등은 앉을 수가 없다.

열째는 거듭하여 등왕여래에게 예를 드리도록 한다.

이 대목은 첫째에 해당한다. 정명이 질문한 까닭은 다음과 같다.

첫째는 손님으로 하여금 스스로 妙極座를 선택하도록 하려는 것으로, 즉 마땅히 (묘극좌를) 내주겠다고 말하는 까닭에 질문한다.

둘째는 시회대중으로 하여금 敬信의 마음을 일으키도록 한다. 만약 질문하지 않았는데 (묘극좌를) 받아들인다면 그것은 허깨비의 놀음이기 때문이다. 지금 질문하여 바야흐로 (묘극좌를) 취하는 것은 즉 실제로 자리가 있기 때문에 온 것이다.

타방세계의 자리를 빌려온 까닭에도 또한 두 가지가 있다.

첫째는 제불의 공덕은 果가 殊妙함에 의거함을 드러내어 시회대중으로 하여금 불도를 추구하는 마음을 일으키도록 한 것이다.

둘째는 왕래[往反]하는 모습[事]을 인하여 二國을 교화[化流]하려는 것이다.

文殊師利言居士東方度三十六恒河沙國有世界名須彌相其佛號須彌燈王今現在彼佛身長八萬四千由旬其師子座高八萬四千由旬嚴飾第一. 第二文殊師利答. 肇公云. 由旬. 天竺里數不定. 上由旬六十里. 中由旬五十里. 下由旬四十里.

'문수사리가 말했다. 거사여. 동방으로 삼십육 항하사의 국토를 지나서 세계가 있는데 이름은 須彌相입니다. 그곳의 佛號는 須彌燈王인데 지금도 현재하십니다. 그 부처님의 몸은 키가 팔만사천 유순이고, 그 사좌자도 높이가 팔만사천 유순인데 엄식이 제일입니다.'에서 둘째로 문수사리의 답변이다.
　肇公은 말한다.
　'유순은 천축에서 거리를 재는[里數] 것인데 일정하지 않다. 上由旬은 육십 리이고, 中由旬은 오십 리이며, 下由旬은 사십 리이다.'

於是長者維摩詰現神通力. 此第三淨名借座. 香積品. 有彼菩薩來. 故遣化住[979]彼. 燈王佛國. 無有衆集. 故但默現神通. 又是二品. 互明奇特. 此辨以大入小. 彼明以小宛[980]大. 故彼明遣化. 此示默感也.

　'이에 장자 유마힐이 신통력을 드러내자'에서 이것은 셋째로 정명이 자리를 빌려온 것이다.
　[향적불품]에서는 거기에 있던 저 보살들이 온 까닭에 化人을 그 등왕불국으로 보냈는데 衆集이 없었다. 때문에 무릇 침묵으로 신통을 드러냈다.
　또한 [부사의품]과 [향적불품]의 두 품은 서로 기특함을 설명하는데, 이 [부사의품]은 大로써 小에 들어감을 변별하고, [향적불품]에서는 小로써 大를 감당함을 설명한다. 때문에 저 [향적불품]에서는 化人을 보냄을 설명하고, 이 [부사의품]에서는 침묵을 보여 감화토록 한다.

卽時彼佛遣三萬二千師子之座高廣嚴淨來入維摩詰室. 此第四燈王遣座.

---

979) 住=往【甲】
980) 宛=充力【甲】

淨名. 雖以神力往取. 彼佛不遣. 亦無由致之.

'즉시 그 곳의 부처님께서 삼만 이천 개의 사좌자를 보내왔다. 높이와 너비가 장엄스럽고 청정하였는데 유마힐의 방에 들어오자'에서 이것은 넷째로 등왕불이 자리를 보내준 것이다. 정명은 비록 신통력으로써 가서 가져왔지만, 저 등왕불은 보내준 적이 없고 또한 그것을 유치한 적도 없다.

諸菩薩大弟子釋梵四天王等昔所未見其室廣博皆悉苞容三萬二千師子座無所妨閡於毘耶離城及閻浮提四天下亦不迫作⁹⁸¹⁾悉見如故. 第五時衆稱歎.

'제보살 · 대제자 · 석제환인 · 범천왕 · 사천왕 등이 일찍이 보지 못한 것이었다. 그 방이 넓고 커서 모두가 다 삼만 이천 개의 사자좌를 받아들이고도 妨礙가 없었고, 비야리성 및 염부제의 사천하도 또한 좁혀지거나 줄어들지 않고 모두 예전과 똑같음을 보았다.'에서 이것은 다섯째로 시회대중의 칭탄이다.

問. 以大入小. 小不增. 大不減. 不可⁹⁸²⁾思議. 今旣稱其室廣博. 則是增小. 何名莫測. 答. 自內而觀其室廣博. 自外而觀本相如故. 則無所增也.

---

981) 作＝迮【甲】
982) 不可＝可不【甲】

묻는다 : 大로써 小에 들어가도 小에 늘어남이 없고 大에는 줄어듬이 없으므로 가히 不思議합니다. 지금은 이미 그 방이 광박함을 칭탄한 즉 그것은 小가 늘어난 것인데 어째서 헤아릴 수 없다[莫測]고 말하는 것입니까.
답한다 : 안으로 관찰해보면 그것은 광박하지만 밖으로 관찰해보면 본래의 모습 그대로이기 때문에 늘어남이 없다.

問. 自外而觀. 本相如故. 可不增外. 自內而觀. 其室廣博. 應增內耶. 答. 淨名. 實能不增於內. 但欲取二種不可思議. 一者大坐<座?>入小室. 而小室外相如故. 是大小不思議. 二者欲明其室內外不思議. 唯方丈一室. 自內而觀. 則見其大. 自外而觀. 猶是方大[983]. 故是內外不思議也. 又解. 於內不大. 以人見其室容於座故. 謂改小室. 故次言本相如故. 本相如故. 竟外相不大. 內亦不增也.

묻는다 : 밖으로 관찰해보면 본래의 모습 그대로이기 때문에 가히 밖으로는 늘어나지 않았고, 안으로 관찰해보면 그 방은 광박하므로 마땅히 안으로 늘어난 것이어야 할 것입니다.
답한다 : 정명의 경우에 실제로 안으로 늘어나지 않았지만 무릇 두 가지 불가사의를 취하려는 까닭이다.
　　　　첫째는 큰 자리가 작은 방에 들어가도 작은 방은 밖으로는 본래의 모습 그대로이기 때문에 그것이 바로 大小의 不思議이다.

---

983) 大=丈【甲】

둘째는 그 방의 내외가 부사의함을 설명하려는 것이다. 오직 方丈의 一室만이 안으로 관찰한 즉 그것이 大임을 보지만 밖으로 관찰해보면 그대로 方丈일 뿐이다. 때문에 이것이 바로 內外의 不思議이다.

또한 해석하자면, 방 안에 들어가서 볼 때는 크지 않았는데 사람들이 그 방이 자리를 받아들이는 것을 본 까닭에 작은 방이 바뀌었다고 말한다. 때문에 이어서 본래의 모습 그대로라고 말한다. 그래서 본래의 모습 그대로이기 때문에 마침내 밖으로 보이는 모습은 크지 않고 안으로도 또한 늘어남이 없다.

爾時維摩詰語文殊師利就師子座與諸菩薩上人俱坐當自立身如彼坐像. 第六明令菩薩就坐.

'그때 유마힐이 문수사리에게 말했다. 사자좌에 나아가서 제보살 및 上人들과 함께 앉으시되, 반드시 자신의 서 있는 키가 저 사자좌의 형상과 같도록 하십시오.'에서 이것은 여섯째로 보살들에게 자리에 앉도록 함을 설명한 것이다.

其得神通菩薩卽自變形爲四萬二千由旬坐師子座諸新發意菩薩及大弟子皆不能昇. 第七受教而坐.

'그 신통을 얻은 보살들은 곧 자신을 변형하여 사만이천 유순이 되어 사자좌에 앉았다. 그러나 신발의보살 및 대제자들은 모두 오를 수가 없었다.'에서 이것은 일곱째로 (보살이) 가르침을 받아 자리에 나아간 것이다.

爾時維摩詰語舍利弗就師子座. 第八重教聲聞.

'그때 유마힐이 사리불에게 말했다. 사자좌에 오르십시오.'에서 이것은 여덟째로 거듭하여 성문(사리불)에게 자리에 앉으라고 한 것이다.

舍利弗言居士此座高廣吾不能昇. 第九聲聞不能就座. 自有二義. 一者維摩詰神力所制. 欲令衆生. 知大小乘優劣. 若此之懸也. 二者諸佛功德之坐<座?>. 非無德所坐<座?>. 理自冥絶. 非所制也.

'사리불이 말했다. 거사여. 이 사자좌는 높고 넓어서 제가 오를 수가 없습니다.'에서 이것은 아홉째로 성문(사리불)이 자리에 앉을 수가 없다는 것이다.
여기에 두 가지 뜻이 있다.
첫째는 유마힐이 신통력으로 만든 것으로 중생에게 대승과 소승의 우열을 알도록 하려는 것이다. 그래서 이처럼 높은 것이다.
둘째는 제불의 공덕의 자리는 덕이 없는 사람이 앉는 자리가 아니다. 이 치상으로 저절로 그윽이 단절된[冥絶] 것이지 (의도적으로) 만든 것이 아니다.

維摩詰言唯舍利弗爲須彌燈王如來作禮乃可得坐. 第十勸禮燈王. 旣是燈王. 業起禮之. 則承佛神力. 故得坐也.

'유마힐이 말했다. 저, 사리불이여. 수미등왕여래에게 작례해야만 이에 앉을 수가 있습니다.'에서 이것은 (거듭하여) 등왕여래에게 예를 드리도록 권장하는 것이다. 이미 이 등왕여래에게는 업을 일으켜서 그에게 예를 드린 즉 부처님의 위신력을 받은 까닭에 앉을 수가 있었다.

於是初[984]發意菩薩及大弟子卽爲須彌燈王如來作禮便得坐師子座舍利弗言居士未曾有也如此小室乃容受此高廣之座於毘耶離城無所妨閡又於閻浮提聚落城邑及四天下諸天龍王鬼神宮殿亦不迫迮. 此下第二廣釋不思議. 就文爲五. 一身子就坐<座?>稱歎. 二淨名淨[985]釋. 三迦葉抑揚. 四時衆蒙益. 第五淨名重歎不思議.

'이에 신발의보살 및 대제자들이 곧 수미등왕여래에게 작례를 하자 곧 사자좌에 앉을 수가 있었다. 사리불이 말했다. 거사여. 미증유입니다. 이와 같이 작은 방이 이에 이처럼 높고 넓은 사자좌를 받아들이되 비야리성에 妨礙가 없고, 또한 염부제의 취락·성읍 그리고 사천하의 제천·용왕·귀신의 궁전도 또한 좁혀지거나 줄어들지 않았습니다.'에서 이하는 둘째로 不思議를 廣釋한 것이다.

---

984) 初=新ㅓ【甲】
985) 淨=解【甲】

경문에 다섯 부분이 있다.
첫째는 사리불이 자리에 나아가서 칭탄한다.
둘째는 정명의 해석이다.
셋째는 가섭의 억양이다.
넷째는 시회대중이 이익을 받는다.
다섯째는 정명이 거듭하여 부사의를 찬탄한다.

維摩詰言唯舍利弗諸佛菩薩有解脫名不思議. 第二淨名解釋. 解脫體者. 謂權實智也. 猶是一正觀. 爲衆生故. 異稱說之. 或作解脫之名. 或爲涅槃之稱. 或受般若之號. 又立一乘之目. 今言解脫. 凡有二義. 一者體則無礙. 二者用則自在. 自在者. 夫欲爲而不能. 則是縛也. 應念卽能. 解脫. 無[986] 不能故. 名爲解脫. 大士能然. 凡夫二乘. 下位菩薩. 莫知[987]所知能然. 故名不思議. 此出解脫名也.

'유마힐이 말했다. 저, 사리불이여. 제불과 보살이 가지고 있는 해탈을 불가사의라고 말합니다.'에서 이것은 둘째로 정명의 해석이다.

解脫의 體는 소위 權實智로서 正觀과 동일하다. 그러나 중생을 위하는 까닭에 달리 일컬어서 그것을 설한다. 혹 해탈이라는 명칭을 쓰기도 하고, 혹 열반이라는 명칭이 되기도 하며, 혹 반야라는 호칭으로도 받아들이며, 또한 일승이라는 제목을 내세우기도 한다.

---

986) 無＝於【甲】
987) 〔知〕-【甲】

지금 말하는 해탈에는 무릇 두 가지 뜻이 있다.

첫째는 본체[體]가 즉 무애이다.

둘째는 작용[用]이 즉 자재하다.

자재란 대저 하고자 하는 것을 할 수 없는 것은 즉 縛이다. 그러나 마음먹은 그대로[應念] 해탈할 수 있어서 하지 못하는 것이 없기 때문에 해탈이라고 말한다. 대사가 바로 그렇다. 그러나 범부와 이승과 하위보살은 知와 所知에서 그렇게 할 수가 없기 때문에 (그들의 입장에서) 부사의라고 말한다. 이것은 해탈의 명칭을 내보인 것이다.

若菩薩住是解脫者以須彌之高廣內芥子中無所增減須彌山王本相如故而四天王忉利諸天不覺不知己之所入唯應度者乃見須彌入芥子中是名不思議解脫法門. 自此以下. 十三復次. 釋解脫之用. 卽是以迹顯本. 十三復次爲三. 初十一事. 就依果外法. 明不思議. 次一事. 就內形. 明不思議. 第十三一事. 就音聲. 明不思議. 初明大入小而無增減者. 有人言. 大實不入小. 但以神力. 令物見入. 有人言. 大實容入小. 故使物見. 今謂. 具有二義. 一實不入. 能令見入. 二實能令入. 適緣所宜.

'만약 보살로서 이 해탈에 주하는 사람은 수미와 같이 높고 넓은 것을 개자 속에 들이되 증감이 없고, 수미산왕도 본래의 모습이 예전과 같으며, 사천왕·도리의 제천도 자기가 들어간 것을 느끼지도 못하고 알지도 못합니다. 오직 應度者만 이에 수미가 개자 속에 들어있는 것을 보는데 그것을 부사의해탈법문에 주한다고 말합니다.'에서 이하에서 열세 차례에 걸친 '復次'를 통해서 해탈의 작용을 해석하는데, 즉 이것은 迹으로써 本을 드러낸 것이다.

열세 차례에 걸친 '復次'에 세 부분이 있다.

첫째로 처음부터 열한 번째까지는 依果外法에 나아가서 不思議를 설명한다.

둘째로 열두 번째는 內形에 나아가서 不思議를 설명한다.

셋째로 열세 번째는 音聲에 나아가서 不思議를 설명한다.

첫째에서 大가 小에 들어가도 증감이 없음을 설명하는 경우에 대하여 어떤 사람은 '大는 실제로 小에 들어갈 수가 없다. 단지 신통력으로써만 중생으로 하여금 들어감을 볼 수 있게 할 뿐이다.'고 말한다.

어떤 사람은 '大는 실제로 小에 容入(포용하고 들어감)할 수가 있기 때문에 중생으로 하여금 보게끔 한다.'고 말한다.

지금 여기에서 말하자면 모두 두 가지 뜻이 있다.

첫째는 실제로 들어가지 않지만 들어감을 보게끔 한다.

둘째는 실제로 들어가서 합당한 緣에 맞추게끔 한다.

問. 小大旣不增減. 云何容入. 答. 有人言. 旣稱不可思議. 故高推聖境. 無以釋之. 有人言. 大無大相. 故大能入小. 小無小相. 故小能容大. 今謂. 二釋並皆不然. 若無大小相. 何所容入. 小大若定性. 不容亦有定性. 不容定不容. 不可令其見容. 故定性少<小?>大. 亦無容入. 今言容入者. 以因緣假名容入故. 大稱小大. 大得入小. 小是大小. 故小能容大.

묻는다 : 小와 大가 이미 증감이 없는데 어찌 容入한단 말입니까.

답한다 : 어떤 사람은 '이미 불가사의라고 일컬어진 까닭에 성인의 경계를 高推한 것으로 그것을 해석할 필요가 없다.'고 말한다. 어떤 사람

은 '大이지만 大라는 모습이 없기 때문에 大가 小에 들어가고, 小이지만 小라는 모습이 없기 때문에 小가 大를 포용한다.'고 말한다. 지금 여기에서 말하자면 두 가지 해석의 경우 모두 다 그렇지 않다. 만약 大와 小의 모습이 없다면 어찌 容入할 수 있겠는가. 만약 小와 大가 定性이라면 不容(포용할 수 없는 것)에도 또한 定性이 있을 것이고, 不容도 不容으로 확정되어 있어서 그것을 容으로 볼 수가 없다. 때문에 定性의 小와 大도 또한 포용할 수가 없다.

지금 이 대목에서 말하고 있는 容入한다는 것은 因緣假名으로 容入하는 것이기 때문에 大는 小의 大를 일컫는 것으로 大가 小에 들어갈 수가 있고, 小는 곧 大의 小이기 때문에 小가 大를 포용할 수가 있다.

問. 小旣不增. 云何容大也. 答. 如一寸之鏡. 懸在於壁. 而照見天下. 天下之物. 究[988]現鏡內. 而物不減. 鏡亦不增也.

묻는다 : 小가 이미 늘어남이 없다면 어찌 大를 포용할 수 있겠습니까.
답한다 : 一寸밖에 안되는 거울이 벽에 걸려있으면 천하를 비추어보는 것처럼 천하의 만물이 완연히 거울 속에 드러나는데 만물은 줄어듦이 없고 거울도 또한 늘어남이 없다.

---

988) 究=宛ㅓ【原】【甲】

又以四大海水入毛孔不嬈魚鼈黿鼉水性之屬而彼大海本相如故諸龍鬼神
阿修羅等不覺不知己之所入於此衆生亦無所嬈又舍利弗住不可思議解脫
菩薩斷取三千大千世界如陶家輪著右掌中擲過恒河沙世界之外其中衆生
不覺不知己之所往又復還置本處都不使人有往來想而此世界本相如故又
舍利弗或有衆生樂久住世而可度者菩薩卽演七日以爲一劫令彼衆生謂之
一劫或有衆生不樂久住而可度者. 菩薩卽促一劫以爲七日令彼衆生謂之
七日. 自上以來. 就法體自在. 明不思議. 此之一事. 約時延促. 明不思議.

'또한 사대해수가 하나의 털구멍 속에 들어가되 물고기·자라·바다거북
이·악어와 같은 水性의 권속들도 괴로움을 받지 않고, 그 대해도 본래의
모습이 예전과 같으며, 諸龍·鬼神·阿修羅들도 자기가 들어간 것을 느끼
지도 못하고 알지도 못하는데, 이 중생들도 또한 괴로움을 받지 않습니다.
또한 사리불이여. 불가사의해탈에 주하는 보살이 삼천대천세계를 斷取하여
陶家의 바퀴처럼 오른손으로 쥐고서 항사세계를 벗어난 밖에다 내던져버
리더라도 그 속의 중생은 자기가 가고 있는 것을 느끼지도 못하고 알지도
못합니다. 또한 다시 본래의 자리에다 갖다놓아도 사람들이 왕래했다는 것
을 전혀 생각하지 못하게 하여 그 세계가 본래의 모습이 예전과 같습니다.
또한 사리불이여. 혹 어떤 중생이 세간에 오래 머물기를 좋아하지만 제도
할 만하면 보살이 곧 이레를 늘려서 一劫으로 만들어 그 중생으로 하여금
一劫이라고 말하게 하고, 혹 어떤 중생이 세간에 오래 머물기를 좋아하지
않지만 지도할 만하면 보살이 곧 一劫을 줄여서 이레로 만들어 그 중생으
로 하여금 이레라고 말하게 합니다.'에서 이상에서는 법체의 자재에 대하
여 不思議를 설명하였다. 지금 이 대목은 時의 延促에 의거하여 不思議를
설명한다.

問. 前就法體. 辨大小容入. 旣無增減. 今明時之長短. 云何有延促耶. 答. 不思議多門. 非可一類. 前是無增減. 論不思議. 今還增減. 明不思議也.

묻는다 : 위에서는 법체에 대하여 大와 小의 容入에 이미 증감이 없음을 변별하였습니다. 그런데 지금은 時의 長短을 설명하는데 어찌 延促이 있다는 것입니까.
답한다 : 부사의에는 여러 門이 있어서 一類가 아니다. 위에서는 곧 증감이 없다는 것으로써 부사의를 논하였다. 지금은 증감으로 돌아가서 부사의를 설명한 것이다.

問. 無增減可不思議. 旣其增減. 何名不測. 答. 凡夫二乘. 下位之人. 不能促一劫爲七日. 延七日爲一劫. 大士能然. 故是不思議也. 又雖促一劫爲七日. 而一劫宛然. 雖延七日爲一劫. 七日如故. 所以謂不思議.

묻는다 : 증감이 없어서 가히 부사의하다는 것은 이미 그것이 증감인데 어찌 헤아릴 수 없다고 말하는 것입니까.
답한다 : 범부와 이승과 하위의 사람은 일 겁을 줄여서 이레로 만들 수가 없고 이레를 늘여서 일 겁으로 만들 수가 없지만 대사는 그럴 수 있기 때문에 그것이 不思議이다. 또한 비록 일 겁을 줄여서 이레가 된다고 할지라도 일 겁은 완연하고, 비록 이레를 늘여서 일 겁이 된다고 할지라도 이레는 여전하다. 때문에 不思議라고 말한다.

問. 云何得爾. 答. 如人一夕之夢. 見百年受樂. 而一夕不長. 百季[989]不短. 大士所爲如是也.

묻는다 : 어떻게 그럴 수가 있습니까.
답한다 : 가령 어떤 사람이 하룻밤에 꿈속에서 백 년 동안 누리는 즐거움을 보았는데 하룻밤은 길지 않고 백년은 짧지 않다. 대사의 행위도 또한 그와 같다.

又舍利弗住不思議解脫菩薩以一切佛土嚴飾之事集在一國示於衆生又菩薩以一佛土衆生置之右掌飛到十方遍示一切而不動本處舍利弗十方衆生供養諸佛之具菩薩於一毛孔皆令得見又十方國土所有日月星宿於一毛孔普使見之又舍利弗十方世界所有大風. 菩薩悉能吸著口中而身無損外諸樹木亦不摧折又十方世界劫燒盡時以一切火內於腹中火事如故而不爲害又於下方過恒河沙等諸佛世界取一佛土擧著上方過恒河沙無數世界如持針鋒擧一棗葉而無所嬈又舍利弗住不可思議解脫菩薩能以神通現作佛身或現辟支佛身或現聲聞身或現帝釋身或現梵王身或現世主身或現轉輪王身又十方世界所有衆聲上中下音皆能變之令作佛聲演出無常苦空無我之音及十方諸佛所說種種之法皆於其中普令得聞舍利弗我今略說菩薩不可思議解脫之力若廣說者窮劫不盡. 問. 外道二乘. 亦能於群像. 變乎衆聲. 與大士何異. 答. 凡夫小道. 不能圓應群像. 普變衆聲. 故與菩薩異也. 又大士. 能令聲至有頂. 無音可聞. 形遍十方. 無像可見. 凡夫二乘. 不能爾

---

989) 季＝年【甲】

也. 故言不思議.

　'또한 사리불이여. 불가사의해탈에 주하는 보살은 일체의 불국토를 엄식한 것을 가지고 한 국토에 모아서 중생한테 보여줍니다. 또한 보살은 일체 불국토의 중생을 가지고 오른손바닥에 올려놓고 시방으로 날려서 일체를 두루 보여주는데 본래의 자리로부터 이동한 것이 없습니다. 또한 사리불이여. 시방의 중생이 제불에게 공양한 거리를 보살이 하나의 털구멍에서 모두 보게끔 합니다. 또한 시방의 국토에 존재하는 해·달·별을 하나의 털구멍에서 널리 그것을 보게끔 합니다. 또한 사리불이여. 시방세계에 존재하는 諸風을 보살은 모두 입 안에 흡착해도 몸이 손해가 없고 밖의 모든 수목들도 또한 꺾이지 않습니다. 또한 시방세계의 겁이 끝나서 불이 일어날 때에 일체의 불을 뱃속에 받아들이되 火事는 예전과 같아서 해를 입지 않습니다. 또한 下方으로 항하사와 같은 제불세계를 지나서 한 불국토를 취하고, 上方을 들어서[擧著] 항하사의 무수한 세계를 지나되 마치 바늘의 끝을 가지고 하나의 대추나무 잎을 들어올리는 것과 같아서 조금도 힘들지 않습니다. 또한 사리불이여. 불가사의해탈에 주하는 보살은 신통력으로써 부처님 몸을 만들어 드러내고, 혹 벽지불의 드러내며, 혹 성문의 몸을 드러내고, 혹 제석의 몸을 드러내며, 혹 범왕의 몸을 드러내고, 혹 자재신[世主]의 몸을 드러내며, 혹 전륜왕의 몸을 드러냅니다. 또한 시방세계에 존재하는 갖가지 소리인 상·중·하의 음성을 가지고 죄다 바꾸어 부처님의 음성이 되게끔 하여 그것을 무상·고·공·무아의 음성 및 시방제불이 설한 갖가지 법으로 연출하여 모두 그 가운데서 널리 듣도록 합니다. 사리불이여. 제가 지금은 보살의 불가사의해탈의 능력을 略說했지만, 만약 廣說하자면 겁이 다해도 끝이 없습니다.'에서 이에 대하여 묻는다 : 외도와 이승도 또한 群像을 衆

聲으로 바꿀 수가 있는데 대사와 어떻게 다릅니까.
답한다 : 범부의 小道로는 群像에 圓應하여 널리 衆聲으로 바꿀 수가 없다. 때문에 보살과 다르다. 또한 대사는 聲을 有頂天까지 이르게 하여도 가히 들을 수 있는 音이 없고 形을 시방에 두루하게 하여도 가히 볼 수가 없다. 그러나 범부와 이승은 그렇게 하지 못한다. 때문에 不思議라고 말한다.

是時大迦葉聞說菩薩不可思議解脫法門歎未曾有謂舍利弗譬如有人於盲者前現衆色像非彼所見一切聲聞聞是不可思議解脫法門不能解了爲若此也智者聞是其誰不發阿耨多羅三藐三菩提心我等何爲永斷[990]其根於此大乘已如敗種. 此第三迦葉稱歎. 以助揚大道. 貶斥小乘. 令菩薩不退勝心. 聲聞深自鄙恥. 又令未發大心者. 因此發心. 樂小乘者. 藉斯改志也.

'그때 대가섭이 보살의 불가사의해탈법문을 듣고 미증유라고 찬탄하고, 사리불에게 말했다. 비유하면 어떤 사람이 맹인 앞에다 갖가지 색상을 드러내어도 그는 볼 수가 없는 것처럼, 일체의 성문은 이 불가사의해탈법문을 듣고도 이해하지 못하는 것이 이와 같습니다. 그러나 智者라면 그것을 듣고서 그 누가 아뇩다라삼먁삼보리심을 발생하지 않겠습니까. 저희들은 어째서 그 根을 영원히 단절하여 이 대승에서 이미 敗種과 같게 되었습니까.'에서 이것은 셋째로 가섭의 칭탄[抑揚]이다.
  대승의 도[大道]를 助揚하고 小乘을 貶斥하여 보살로 하여금 勝心에서 물

---

990) 斷=絶ㅓ【甲】

러나지 않도록 하고, 성문으로 하여금 깊이 스스로 鄙恥토록 하며, 또한 대승심을 발생하지 않은 사람은 이것을 인하여 발심토록 하고, 소승을 좋아하는 사람에게는 이것에 의지하여 마음[志]을 바꾸도록 한다.

問. 前云大入於小. 唯應度者. 乃能見之. 身子旣如盲對像. 何能見大座入於小室. 答. 大明衆生. 凡有三種. 一者不見大入小. 亦不達其所由. 此凡夫不得見聞之流也. 二者雖見大入小. 而不能解之. 卽二乘人也. 三見大入小. 復能悟之. 此菩薩上991)根人也. 前云唯應度者. 乃能見之. 此取[*]上根之人也. 身子謂見而冥然不解. 故譬之爲盲.

묻는다 : 위에서 大가 小에 들어가는데 오직 제도해야 할 사람의 경우만 이에 그것을 보고 사리불은 이미 맹인이 형상을 대하는 것과 같다고 말하였습니다. 그렇다면 어찌해야 大座가 小室에 들어가는 것을 볼 수 있겠습니까.

답한다 : 대승에서 중생을 설명하는데 무릇 세 가지가 있다.

첫째는 大가 小에 들어감을 보지 못하고 또한 그 所由에도 통달하지 못한 경우이다. 이러한 범부는 見聞할 수 없는 무리이다.

둘째는 비록 大가 小에 들어감을 볼지라도 그것을 이해하지 못하는 것인데 즉 이승인의 경우이다.

셋째는 大가 小에 들어감을 보고 또한 그것을 깨닫는 것인데, 이것은 보살로서 상상근기이다.

---

991) 上+(上) 《甲》* [*1]

위에서 오직 제도해야 할 사람의 경우만 이에 그것을 본다고 말한 것은 상상근기인을 취한 것이다. 사리불은 말하자면 보기는 하지만 冥然하여 이해하지 못한다. 때문에 그것을 비유하여 맹인이라 한다.

一切聲聞聞是不思議解脫法門皆應號泣聲振三千大千世界一切菩薩應大欣慶頂受此法. 所失處重故. 假言應啼[992]泣耳. 二乘憂悲永除. 尙無微泣. 況震三千. 迦葉將明大小之殊. 抑揚時聽. 故非分者. 宜致施望之泣. 已分者. 宜應頂受之歎也.

'일체의 성문이 이 불가사의해탈법문을 들으면 모두 반드시 소리를 높여 목놓아 울어서 그 소리가 삼천대천세계를 진동할 것이고, 일체의 보살은 반드시 크게 기뻐하고 이 법을 頂受할 것입니다.'에서 지금까지 모르고 지냈던 이치[所失處]가 소중하기 때문에 假言으로 마땅히 소리 높여 운다.[號泣]
　이승은 憂悲가 영원히 제거되어도 오히려 조용히 우는 것[微泣]조차 없거늘, 하물며 삼천대천세계가 진동되겠는가. 가섭은 장차 大와 小의 차이를 설명하는데 時와 聽을 억양한다. 때문에 모르는 사람은 마땅히 은혜를 베풀고 보답을 바라게 되지만, 이미 알고 있는 사람은 마땅히 頂受하여 찬탄에 상응한다.

若有菩薩信解不思議解脫法門者一切魔衆無如之何. 但能信解. 魔不能

---

992) 啼=號ィ【甲】

嬈. 何況行應者乎.

'만약 어떤 보살이 불가사의해탈법문을 믿고 이해하는 사람이라면 일체의 魔衆도 어찌할 수가 없을 것입니다.'에서 무릇 신해하면 악마도 (그 사람을) 괴롭히지 못하는데 하물며 수행으로 상응하는 사람[行應者]이겠는가.

大迦葉說是語時三萬二千天子皆發阿耨菩提心. 第四時衆發心. 迦葉旣是聲聞. 親自貶小爲劣. 揚大爲勝. 則理必然. 故諸天聞之. 而發求佛心也.

'대가섭이 그 법어를 설했을 때 삼만 이천 명의 천자가 모두 아뇩다라삼먁삼보리심을 발생하였다.'에서 이것은 넷째로 시회대중의 발심이다. 가섭은 이미 성문으로서 친히 소승을 하열하다고 낮추고 대승을 뛰어나다고 추켜세운 즉 그 이치는 필연이다. 때문에 제천이 그 말을 듣고 불도를 추구하는 마음을 일으킨다.

爾時維摩詰語大迦葉仁者十方無量阿僧祇世界中作魔王者多是住不可思議解脫菩薩以方便力教化衆生現作魔王. 此第五. 淨名重歎不可思議者. 上十三義. 但述不思議之順用. 未明違用. 則義猶有餘. 故因迦葉所歎. 復敘其違用也. 又因迦葉云. 信解不可思議者. 魔不能嬈. 而十方亦有信解菩薩. 爲魔所嬈者. 將明不可思議大士. 所爲自在. 欲化[993] 始學故. 現爲魔

---

993) 化=進ィ【甲】

王. 非魔力之所能也. 此明不思議. 成迦葉意.

'그때 유마힐이 대가섭에게 말했다. 그대여. 시방의 무량한 아승지세계에서 마왕이 된 사람은 대부분 그 불가사의해탈에 주하는 보살입니다. 방편력으로써 중생을 교화하려고 마왕을 만들어 드러냅니다.'에서 이것은 다섯째로 정명이 거듭하여 부사의를 찬탄한 것이다.

위에서 말한 열 가지 뜻은 단지 不思議의 順用만 설명하였지 아직 違用은 설명하지 않은 즉 뜻이 아직 남아 있다. 때문에 가섭의 찬탄을 인하여 다시 그 違用에 대하여 서술한다.

또한 가섭의 '信解가 불가사의하다는 것은 악마도 (그 사람을) 괴롭힐 수 없는데, 시방시계에서도 또한 신해보살로서 악마의 괴롭힘을 받는 사람일지라도 장차 불가사의한 대사의 자재한 행위로 新進始學하려는 까닭에 마왕에 노출되더라도 마왕의 힘이 미치지 못한다.'는 말을 因한 것이다.

이것은 부사의를 설명한 것으로 가섭의 의도가 성취된 것이다.

又迦葉十方無量菩薩有人從乞手足耳鼻頭目髓腦血肉皮骨聚落城邑妻子奴婢象馬車乘金銀琉璃車渠瑪瑙珊瑚琥珀眞珠珂貝衣服飮食如此乞者多是住不思議解脫菩薩以方便力而往試之令其堅固. 此略明大士違用. 凡有二種. 一示爲天魔. 二現爲乞人. 餘趣類可知矣. 所以前爲乞人者. 結業菩薩. 於施度未極. 是以不思議菩薩. 强從求索. 令其無惜心. 盡具足堅固. 亦令衆生知其堅固. 亦使其自知堅固.

'또한 가섭이여. 시방의 무량한 보살은 혹 어떤 사람이 손·발·귀·코·

머리·눈·골수·뇌·피·살·피부·뼈·취락·성읍·처자·노비·코끼리·말·수레·금·은·유리·자거·마노·산호·호박·진주·큰 조개·의복·음식 등 이러한 것을 달라는 사람은 대부분 곧 불가사의해탈에 주하는 보살이 방편력으로써 찾아가서 그것을 시험하여 그로 하여금 견고하게 하려는 것입니다.'에서 이것은 간략하게 대사의 違用을 설명한 것인데, 여기에 무릇 두 가지가 있다.

첫째는 천마를 내보인다.
둘째는 걸인을 내보인다.
그 밖의 부류에 대해서는 가히 알 것이다.

먼저 걸인을 내세운 것은 結業菩薩(事業을 완성하지 못한 보살)은 보시바라밀을 완성하지 못하였는데, 이 부사의보살을 따라서 求索토록 하고, 그 아낌없는 마음으로 하여금 모두 견고함을 구족토록 하며, 또한 중생으로 하여금 그 견고함을 알도록 하고, 또한 그들 스스로 견고함을 알게끔 한다.

問. 不思議大士. 懸鑒人根. 何假逼試. 答. 今從乞求. 同魔試迹. 故以試爲言耳. 亦從待試. 而後進[994].

묻는다 : 不思議大士는 人根의 거울을 걸어두고서 무엇에 의거하여 핍박하고 시험하는 것입니까.
답한다 : 지금 걸인[乞求]으로부터 마찬가지로 악마에 이르기까지 그 迹을 시험한다. 때문에 그것으로써 시험하는 말을 삼은 것이다.

---

994) 進+(耶)ᄼ【甲】

所以者何住不可思議解脫菩薩有威德力故行逼迫示諸衆生如是難事凡夫下劣無有力勢不能如是逼迫菩薩譬如龍象蹴踏非驢所能995). 釋上菩薩逼試之能. 截人手足. 離人妻子. 强索國財. 生其憂悲. 雖有目前小苦. 而致永劫之大安. 次擧驢象爲喩者. 此譬能不能二義也. 象中之美者. 稱爲龍象. 非二物也.

'왜냐하면 불가사의해탈에 주하는 보살은 위덕력이 있는 까닭에 짐짓 핍박을 現行하여 모든 중생에게 이와 같은 難事를 내보입니다. 범부는 하열하고 세력이 없어서 이와 같이 핍박하는 보살을 감당하지 못합니다. 비유하면 마치 용과 코끼리가 밟으면 나귀가 감당하지 못하는 것과 같은데'에서 이것은 위에서 보살을 핍박하고 시험하는 것을 곧 사람의 수족을 자르고, 사람을 처자와 이별시키며, 억지로 國財를 찾게 하고, 그 憂悲를 발생시킴으로써 비록 목전에 작은 고통은 있을지라도 영겁의 大安에 이른다는 것을 해석한 것이다.

그 다음으로 나귀와 코끼리를 비유로 언급하는데, 이것은 能과 不能의 두 가지 뜻을 비유한 것이다. 코끼리 가운데 훌륭한 것을 용상이라 일컫는데 이것은 (龍와 象)이 다른 것[二物]임을 가리킨 것이 아니다.996)

是名住不思議解脫菩薩智慧方便之門也. 不思議體. 者997)境智及敎. 而正

---

995) 能=堪ㅓ【甲】
996) 코끼리 가운데 훌륭한 것을 龍象이라고 말한 것이지 龍과 象의 두 가지를 가리킨 것이 아니다.
997) 者=有【甲】

用二智爲體. 故今總結之. 智慧卽空[998]智也. 方便爲權智也. 此二無諦[999]. 故稱爲門. 又逼[1000]物悟入. 復稱爲門. 又正觀未曾權實. 爲衆生故. 强稱爲二. 此能通不二. 故稱門也.

'그것을 불가사의해탈에 주하는 보살의 지혜와 방편의 문이라고 말합니다.'에서 不思議의 體에는 境과 智와 敎가 있는데 正과 用의 二智를 體로 삼는다.

때문에 지금은 그것을 총결한다. 지혜는 곧 實智이고, 방편은 곧 權智이다. 이 둘은 막힘이 없기 때문에 門이라고 일컫는다. 또 만물에 통하여 悟入하기 때문에 다시 門이라고 일컫는다. 또 正觀에는 일찍이 權과 實이 없지만 중생을 위하는 까닭에 억지로 二라고 일컫는다. 그래서 이것은 不二에 통하기 때문에 門이라고 일컫는다.

維摩經義疏卷第四[1001]
유마경의소 제사권

---

998) 空=實力【原】
999) 諦=滯【甲】
1000) 逼=通ィ【甲】
1001) 末題新加

維摩經義疏卷第五
유마경의소 제오권

胡吉藏撰
호길장이 찬술하다

觀衆生品第七
제칠 관중생품

大明經意. 凡有二門. 一者能化. 二者所化. 不思議品. 辨能化敎門. 觀衆生品. 次明所化. 又不思議品. 多明推[1002]慧. 故有無方妙用. 觀衆生品. 多明實慧. 謂衆生畢竟空. 二智是經之大宗. 故諸品盛談斯法. 又上問疾品云. 從癡有愛. 則我病生. 此明能化所化義之根本也. 若不識衆生. 則不識衆生病. 若不識衆生病. 亦未達菩薩病. 是故須善識衆生. 則具了二義. 釋

1002) 推＝權力【原】

曳¹⁰⁰³⁾前品意也. 所言觀衆生者. 觀是達<衆?>生¹⁰⁰⁴⁾之名. 五陰之法. 名爲
衆也. 會以成人. 故云生也. 又衆處受生. 名爲衆生. 但釋衆生. 有內外之
異. 外道謂實有衆生. 凡有四說. 僧佉云. 衆生與陰一. 衛世師言. 衆生與
陰異. 勒沙婆言. 衆生與陰. 亦一亦異. 若提子言. 衆生與陰. 非一非異. 一¹⁰⁰⁵⁾
佛法內學. 凡有三師. 犢子部言. 實有衆生. 薩婆多部. 明無衆生. 訶梨所
辨. 世諦故有. 眞諦則無. 而成實論師. 用訶梨義. 次有三說. 如招提寺談¹⁰⁰⁶⁾
公等. 明衆生有體有用有名. 如開善智藏云. 衆生無體. 但有名用. 光宅法
雲師云. 無體無用. 唯有假名. 今此品. 觀衆生. 並異¹⁰⁰⁷⁾此義. 可¹⁰⁰⁸⁾同犢
子實有. 亦異薩婆多都無. 具如文說. 故以目品. 品開二章. 第一淨名與文
殊. 論於衆生. 第二天女與身子. 次論衆生. 初文有兩. 第一明化他行. 次
明自行. 化他行內. 前觀衆生. 次明四等. 初文. 前問. 次答.

대저 경전의 뜻을 설명하는 데에 무릇 二門이 있다.

첫째는 能化이다.

둘째는 所化이다.

[부사의품]은 능화의 敎門을 변별하고, [관중생품]은 이어서 소화의 (교문을)
설명한다.

또한 [부사의품]은 대부분 권혜를 설명한 까닭에 무방한 묘용이 있고, [관중

1003) 曳＝成【甲】
1004) 生＝照ィ【甲】
1005) 〔一〕－カ【甲】
1006) 談＝淡【甲】
1007) 巽＝異カ【原】, ＝異【甲】
1008) 可＝不カ【原】, ＝不【甲】

생품]은 대부분 실혜를 설명하는 까닭에 중생의 필경공이라고 말한다.
　二智는 곧 경전의 大宗이기 때문에 諸品에서 그 법[二智]을 왕성하게 담론한다.
　또한 위의 [문수사리문질품]에서는 '癡로부터 愛가 있은 즉 我病이 발생한다.'고 말한다. 이것은 능화 및 소화의 뜻의 근본을 설명한 것이다. 만약 중생을 모른다면 즉 중생병을 모르고, 만약 중생병을 모른다면 또한 보살병에 통달하지 못한다. 이런 까닭에 모름지기 중생에 대하여 잘 알면 즉 완전하게[具] 二智의 뜻[二義]을 요해한다는 것은 위의 품[부사의품]을 끌어다가 해석한 것이다.
　말한 바 '관중생'이란 이것은 중생이라는 명칭을 관찰한다는 것이다. 오음법을 衆이라 말하고, 그것이 쌓여서 人이 성취되기 때문에 生이라고 말한다.
　또한 여러 곳에서 생을 받기 때문에 중생이라고 말한다. 무릇 중생을 해석하는데 內道와 外道의 차이가 있다.
　(첫째) 외도의 경우는 實有衆生이라고 말하는데, 무릇 네 가지 설이 있다.
　첫째로 僧佉는 중생과 陰은 동일하다고 말한다.
　둘째로 衛世師는 중생과 陰은 다르다고 말한다.
　셋째로 勒沙婆는 중생과 陰은 동일하기도 하고 다르기도 하다고 말한다.
　넷째로 若提子는 중생과 陰은 동일하지도 않고 다르지도 않다고 말한다.
　(둘째) 佛法內學의 경우는 무릇 三師가 있다.
　첫째로 犢子部는 實有衆生이라고 말한다.
　둘째로 薩婆多部는 중생이 없다고 말한다.
　셋째로 訶梨(訶梨跋摩 곧 成實論의 저자)의 변별에 의하면 世諦이기 때문에 有이고 眞諦인 즉 無이다. 그래서 成實論師는 訶梨의 義에 依用한다.

또 세 가지 설이 있다.

첫째로 저 招提寺의 淡公 등은 중생은 體가 있고 用이 있으며 名이 있다고 설명한다.

둘째로 저 開善寺 智藏은 중생은 체가 없고 단지 名과 用만 있다고 말한다.

셋째로 저 光宅寺 法雲師는 (중생은) 체가 없고 용도 없으며 오직 假名 뿐이라고 말한다.

지금 이 [관중생품]의 경우는 이들의 뜻과 모두 다르고, 독자부의 實有說과도 다르며, 또한 살바다부에서 아무것도 없다는 것과도 다르다. 자세한 것은 경문의 설과 같다. 때문에 '관중생'이라는 제목으로 품명을 삼는다. [관중생품]을 열어보면 二章이다.

첫째는 정명과 문수가 중생에 대하여 논한다.

둘째는 천녀와 사리불이 이어서 중생에 대하여 논한다.

첫째[初文]에도 두 부분이 있다.

첫째는 化他行을 설명하고, 둘째는 自行을 설명한다.

화타행 가운데는 첫째로 먼저 중생을 관찰하고, 둘째로 이어서 四等(사무량심)을 설명한다.

첫째[初文] 가운데서는 첫째로 먼저 질문하고, 둘째로 다음에 답변한다.

爾時文殊師利問維摩詰言菩薩云何觀於衆生. 文殊所以問者. 上不思議無方妙用. 蓋是化衆生之法. 聽者. 謂有衆生之可化. 是故今明. 若實有衆生. 則不思議事不成. 而衆生亦不可化. 今欲成能化所化. 故問觀衆生.

'그때 문수사리가 유마힐에게 질문하여 말했다. 보살은 어떻게 중생을 관찰해야 합니까.'에서 문수가 질문한 까닭은 다음과 같다. 위에서 不思議는 無方한 妙用으로서 무릇 이것은 중생을 교화하는 법이었으므로 聽者는 말하자면 교화해야 하는 중생이 있다는 것이다. 이런 까닭에 지금 그것을 설명하는 것이다. 만약 實有衆生인 즉 不思議事가 성취되지 않아서 중생도 또한 교화할 수가 없다. 지금은 능화 및 소화를 성취하려는 까닭에 중생의 관찰에 대하여 질문한다.

維摩詰言譬如幻師見所幻人菩薩觀衆生爲若此. 第二淨名答也. 衆生有二種. 若外道. 橫計. 則如十三入乃至無烟之火. 畢竟無此衆生. 二者因緣假名衆生. 非眞實有. 雖有非有. 非有而有. 故擧幻師觀幻之譬. 如幻有非有. 非有而有色[1009].

'유마힐이 말했다. 비유하면 마치 幻師가 만들어낸 幻人을 보듯이 보살이 중생을 관찰하는 것도 그와 같습니다.'에서 이것은 둘째로 정명의 답변이다.
중생에 두 가지가 있다.
(첫째는) 만약 외도의 횡계인 즉 十三入 내지 연기가 없는 불[火]과 같아서 필경에 그러한 중생은 없다.
둘째는 假名衆生을 인연한 것으로 眞實로 존재하는[有] 것이 아니다. 비록 非有로 존재할지라도 非有로써 존재하는 까닭에 幻師가 幻을 관찰하는 비유를 든다. 마치 幻有는 非有이지만 非有로써 존재하는 경우와 같다.

1009) 色=也カ【原】*, =也【甲】* [* 1]

問. 亦得觀假名眾生. 如十三入畢竟空耶. 答. 假名雖有. 而畢竟非有. 非有義邊. 亦得以此爲喩. 然眾生. 雖畢竟非有. 宛然而有. 十三入喩. 則不得類然. 故非全譬也. 此品. 觀眾生. 旣如幻. 上不思議. 乃至菩薩之疾. 並皆如幻.

묻는다 : 또한 가명중생을 저 십삼입처럼 필경공이라고 관찰할 수 있는 것입니까.

답한다 : 가명이 비록 有일지라도 필경에는 非有이다. 非有의 義邊 또한 이것으로써 比喻할 수가 있다. 그러나 중생은 비록 필경에 非有일지라도 완연히 有이다. 십삼입의 比喻는 즉 그런 부류가 아니기 때문에 온전한 比喻가 아니다.

이 [관중생품]에서는 중생을 이미 如幻이라고 관찰하는데, 위의 [부사의품] 내지 [보살품]에서 病도 아울러 모두가 如幻이다.

如智者見水中月如鏡中見其面像如熱時炎如呼聲響[1010]如空中雲如水聚沫如水上泡如芭蕉堅如電久住如第五大如第六陰如第七情如十三入如十九界菩薩觀眾生爲若此. 如鏡內像. 不自不他. 非無因有. 若是自有. 應不待鏡. 若從他有. 則不藉面生. 如其無因. 則不假鏡面. 若謂都無. 而宛然有像. 眾生之相. 類於此也.

'智者가 물속의 달을 보는 것과 같고, 거울에서 그 표면의 像을 보는 것과

1010) 嚮＝響【甲】

같으며, 뜨거울 때의 불꽃을 보는 것과 같고, 부르는 소리의 메아리와 같으며, 허공의 구름과 같고, 물위에 모인 거품과 같으며, 파초의 줄기와 같고, 번개가 오랫동안 머무는 것과 같으며, 제오대와 같고, 제육음과 같으며, 제칠정과 같고, 十三入과 같으며, 十九界와 같은데, 보살이 중생을 관찰하는 것도 이와 같습니다.'에서 마치 거울 안의 像처럼 自가 없고 他가 없지만 無因의 有가 아니다.

만약 이것이 본래부터 有라면 응당 거울을 待한 것이 아니고, 만약 他를 좇은 有라면 즉 표면을 의지하여 발생한 것이 아니다. 만약 전혀 없다[都無]고 말해도 완연하게 像이 있는데 중생의 相도 이와 類似하다.

如無色界色如燋穀芽如須陀洹身見如阿那含入胎如阿羅漢三毒如得忍菩薩貪恚毀禁如佛煩惱習如盲者見色如入滅[1011]定出入息如空中鳥跡如石女兒如化人煩惱如夢所見已寤如滅度者受身如無烟之火菩薩觀衆生爲若此. 此等諸譬. 皆是一類明空. 但滯有者多. 故備擧之耳. 如無色界色者. 大乘. 無色界有色. 而言無色者. 借小乘義爲喩. 又大乘. 明上界無有麁色. 借無麁爲喩. 故言無色耳. 依毘曇義. 如那含入胎者. 那含雖有暫退. 必無經生. 故無入欲界胎也. 如得忍菩薩貪恚毀禁者. 貪恚[1012]毀禁. 盖[1013]是麁重煩惱. 智度論云. 菩薩得無生忍. 煩惱淸淨. 唯有餘習. 令[1014]借無正使爲喩也. 如入滅定出入息者. 心馳動於内. 息出入于外. 心想旣滅故. 息

1011) 滅+(盡)ィ【甲】
1012) 恚=恚カ【原】, =恚【甲】
1013) 盖=蓋カ【原】, =蓋【甲】
1014) 令=今カ【原】【甲】

無出入也.

'마치 무색계의 색과 같고, 불에 탄 씨앗과 같으며, 수다원의 身見과 같고,[1015] 아나함이 입태하는 것과 같으며,[1016] 아라한의 삼독과 같고, 인욕을 터득한 보살이 탐애로써 범계하는 것과 같으며, 佛의 번뇌습과 같고, 맹인이 색을 보는 것과 같으며, 멸진정에 들어가서 출입식하는 것과 같고, 공중에 남아있는 새의 종적과 같으며, 석녀의 아이와 같고, 化人이 일으키는 번뇌와 같으며, 이미 깨어나서 꿈을 보는 것과 같고, 멸도자가 몸을 받는 것과 같으며, 연기가 없는 불과 같은데, 보살이 중생을 관찰하는 것도 이와 같습니다.'에서 이들 모든 비유는 다 동일한 부류로서 공을 설명한 것인데, 단지 有에 빠져있는 사람이 많은 까닭에 그렇게 갖추어 언급했을 뿐이다.

무색계의 색과 같다는 것은 대승이다. 무색계의 유색에서 무색이라고 말한 것은 소승의 뜻을 빌려서 비유한 것이다. 또한 대승에서는 上界에는 麤色이 없다고 설명하지만 無麤을 빌려서 비유한다. 때문에 무색이라고 말했을 뿐이다.

『阿毘曇論』의 뜻에 의거하면 아나함이 입태하는 것과 같다는 것은 아나함은 비록 잠시 물러나 있을지라도 결코 생을 경력함이 없다. 때문에 욕계의 태에 들어가지 않는다.

인욕을 터득한 보살이 貪과 恚로써 범계하는 것과 같다는 것은 貪과 恚로써 범계하는 것은 무릇 麤重煩惱이다.

『대지도론』에서 보살이 무생법인을 터득하면 번뇌가 청정하여 오직 餘

1015) 수다원은 身見을 단제하고 初果를 터득한 경지이므로 수다원에게는 신견이 없다.
1016) 아나함은 욕계에 不來하므로 입태가 없다.

習만 남아 있다고 말한다.

지금의 경우는 正使가 없음을 빌려서 비유한 것이다.

멸진정에 들어가서 출입식하는 것과 같다는 것은 마음[心]은 內로 馳動하고 호흡[息]은 外로 출입하지만 心想이 이미 소멸된 까닭에 息에 출입이 없다.

文殊師利言若菩薩作是觀者云何行慈. 此第二次明四等. 前觀衆生空. 卽是智慧. 今明四等. 所謂功德. 又上是波若. 今明大悲. 卽空悲二道. 大品云. 菩薩住二法. 魔不能壞. 一知諸法空. 二不捨衆生也. 就明四等. 卽爲四段. 今前辨慈. 初問. 次答. 問意云. 慈本與衆生樂. 若無衆生. 慈心何所緣也. 又旣無衆生. 亦無菩薩. 若無菩薩. 誰行大慈.

'문수사리가 말했다. 만약 보살이 그와 같이 관찰한다면 어떻게 慈를 실천하는 것입니까.'에서 이것은 둘째로 이어서 사무량심[四等]을 설명한 것이다. 위에서 중생을 공이라고 관찰한 즉 그것은 곧 지혜였다. 지금 설명하는 사무량심은 소위 공덕이다. 또한 위의 경우는 파약인데, 지금 설명하는 대비는 즉 空과 悲의 二道이다.

『대품』에서 보살이 二法에 住하면 魔가 파괴하지 못한다고 말한다.

(二法이란) 첫째는 제법이 공임을 아는 것이다.

둘째는 중생을 저버리지 않는 것이다.

사무량심의 설명에 대해서는 즉 네 단락이 있다.

지금은 첫째로 먼저 慈를 변별하는데, 첫째로 묻고 둘째로 답변한다.

질문한 뜻을 말하자면 다음과 같다.

'慈는 본래 중생에게 樂을 주는 것이다. 그런데 만약 중생이 없다면 慈

心은 무엇을 인연하는가. 또한 이미 중생이 없으면 또한 보살도 없을 것이다. 만약 보살이 없으면 누가 大慈를 행하는가.'

維摩詰言菩薩作是觀已自念我當爲衆生說如斯法是卽眞實慈也. 此第二答也. 衆生雖無所有. 而於衆生非有謂有. 今欲爲非有. 謂有衆生. 說有無所有. 故言我當爲衆生說如斯法. 以說有無所有. 令衆生悟於實相. 便得實樂. 名眞慈也. 又無生實觀. 名爲實觀. 從實觀而起慈. 名眞實慈. 觀之與慈. 更無二體. 卽照義爲觀. 與樂爲慈. 觀雖鑒而無照. 慈與樂而無緣. 又凡夫二乘. 有所得慈. 但是假想. 不能實與物樂. 非眞實慈. 大慈實能與衆生樂. 名眞實慈.

'유마힐이 말했다. 보살이 중생을 관찰하고서 스스로 〈나는 반드시 중생에게 이와 같이 법을 설해야겠다.〉고 생각하는데, 그것이 곧 진실한 대자[慈]입니다.'에서 이것은 둘째로 답변한 것이다.

중생은 비록 무존재[無所有]일지라도 중생의 非有가 소위 有이다. 그래서 지금은 非有를 소위 有衆生으로 간주하려고 무존재[無所有]가 有임을 설한다. 때문에 '나는 반드시 중생에게 이와 같이 법을 설해야겠다.'고 말함으로써 무존재[無所有]가 有임을 설하여 중생으로 하여금 실상을 깨쳐서 곧장 眞樂을 얻게 하는 것을 眞慈라고 말한다.

또한 無生의 實觀을 실관이라고 말한다. 실관으로부터 일으키는 慈를 眞實慈라고 말한다. 觀과 慈는 곧 二體가 아니다. 즉 중생의 뜻을 비추어보는 것[照義]은 觀이고 즐거움을 주는 것[與樂]은 慈이다. 觀은 비록 살펴보아도[鑒] 비추어봄이 없고[無照], 慈는 즐거움을 주어도[與樂] 조건이 없다.[無緣]

또한 범부와 이승은 유소득의 慈인데 무릇 이것은 假想으로서 실제로 중생에게 즐거움을 줄 수가 없어서 眞實慈가 아니다. 大慈야말로 실제로 중생에게 즐거움을 주는데 그것을 眞實慈라고 말한다.

行寂滅慈無所生故. 慈有三種. 一衆生緣. 二者法緣. 三曰無緣. 但此三緣. 經論多種. 涅槃經云. 緣於衆生. 欲與其樂. 爲衆生緣. 緣於五欲樂具之法. 欲與衆生. 名爲法緣. 緣於如來. 稱爲無緣.

'적멸을 실천하는 대자[慈]는 所生이 없기 때문이고'에서 慈에 세 가지가 있다. 첫째는 衆生緣의 慈이고, 둘째는 法緣의 慈이며, 셋째는 無緣의 慈이다. 무릇 이들 세 가지 緣은 경론에 따라서 여러 종류가 있다. 『열반경』에서는 다음과 같이 말한다.
'중생을 緣하여 그에게 樂을 주려는 것은 중생연이다. 五欲樂을 緣하여 그에게 법을 갖추어서 중생에게 주려는 것을 法緣이라고 말한다. 如來를 緣하는 것을 無緣이라고 일컫는다.'

問. 前二可解. 旣緣如來卽是有緣. 何名無緣. 答. 經自釋之. 慈者多緣貧窮衆生. 如來大師. 永離貧窮. 受第一樂. 若緣衆生. 則不緣佛. 故名無緣. 此簡異衆生緣也. 經云. 法亦如是. 此簡異法緣. 法緣者. 欲與衆生樂. 不欲與佛. 是故不緣佛. 亦名無緣. 以緣佛無生法二緣. 故名無緣.

묻는다 : 앞의 두 가지(중생연과 법연)는 이해할 수가 있습니다. 그러나 이

미 여래를 緣한 즉 그것은 有緣인데 어찌 無緣이라고 말하는 것입니까.

답한다 : 경문에서 그것을 해석하고 있다. 慈는 대부분 빈궁한 중생을 緣한다. 如來大師는 영원히 빈궁을 떠나서 第一樂을 받는다. 만약 중생을 緣한 즉 佛을 緣한 것이 아니기 때문에 무연이라고 말하는데 이것이 중생연과 簡異이다.

경전에서 법도 또한 그와 같다고 말하는데, 이것은 법연과 簡異이다. 법연은 중생에게 樂을 주는 것이지 佛에게 주려는 것이 아니다. 이런 까닭에 佛을 緣한 것이 아닌데, 이 또한 無緣이라고 말한다. 佛과 無生法의 二緣을 緣하기 때문에 무연이라고 말한다.

問. 若爾何須緣佛. 答. 欲以佛樂與諸衆生. 是故緣佛.

묻는다 : 만약 그렇다면 어째서 佛을 緣해야 하는 것입니까.

답한다 : 佛로써 제중생에게 즐거움[樂]을 주려고 한다. 이런 까닭에 佛을 緣한다.

問. 上明法緣. 已辨與樂. 今何故復說. 答. 上與五欲世間樂耳. 是故經文. 緣於財物. 今與佛出世樂也.

묻는다 : 위에서는 법연을 설명하여 이미 與樂을 변별하였는데, 지금은 무슨 까닭에 다시 설하는 것입니까.

답한다 : 위에서는 오욕의 세간락을 주었을 뿐이다. 이런 까닭에 경문에서
　　　　 재물을 緣하였는데, 지금은 佛의 출세락을 주는 것이다.

問. 旣其緣佛. 佛則是人. 應屬衆生緣. 答. 爲欲簡異所化衆生緣.

묻는다 : 이미 그것은 佛을 緣한 것으로, 佛은 즉 사람이므로 마땅히 중생연
　　　　 에 속하는 것이 아닙니까.
답한다 : 所化衆生緣과 簡異하려는 것이다.

問. 若爾旣與佛樂. 樂卽是法. 應名法緣. 答. 爲欲簡異世間法故. 不名法
緣. 次智度論明三緣者. 見有衆生起慈. 名衆生緣. 不見衆生. 但有[1017]五
陰法而起慈者. 名爲法緣. 不見衆生. 亦不見法. 而興慈者. 名曰無緣. 初
是凡夫慈. 次是二乘慈. 後是菩薩. 亦是下中上淺深三品. 此之三品. 亦得
與三品樂. 初與人法樂. 次與無我樂. 後與無量[1018]樂. 今文云寂滅慈者.
卽無緣慈也. 諸法寂滅. 本自無生. 因此起慈. 名寂滅慈. 雖復起慈. 而實
無所起. 故云無所生也.

묻는다 : 만약 그렇다면 이미 佛樂의 경우도 樂이 곧 법이므로 응당 법연이
　　　　 라고 말해야 할 것 아니겠습니까.

1017) 有＝見ガ【原】【甲】
1018) 量＝生ィ【甲】

답한다 : 세간법과 簡異하려는 것이므로 법연이라고 말할 수가 없다. 이어서 『대지도론』에서 설명한 三緣이란 다음과 같다.

첫째는 중생을 보고서 생기하는 慈를 중생연이라 말한다.

둘째는 중생을 보지 않고 단지 오음법만 보고 생기하는 慈를 법연이라고 말한다.

셋째는 중생을 보지 않고 또한 법도 보지 않고 일으키는 慈를 무연이라 말한다.

여기에서 첫째는 범부의 慈이고, 둘째는 이승의 慈이며, 셋째는 보살의 慈이다.

또한 下·中·上으로 淺에서 深으로 향하는 三品이다.

이 삼품도 또한 삼품의 樂과 함께 한다.

첫째는 人과 法과 함께 하는 樂이다.

둘째는 무아와 함께 하는 樂이다.

셋째는 무생과 함께 하는 樂이다.

지금의 경문에서 말한 寂滅의 慈는 곧 無緣의 慈이다. 제법의 적멸은 본래 무생인데 이를 인하여 일으키는 慈를 寂滅의 慈라고 말한다. 비록 다시 慈를 일으킬지라도 실로 일으킨 것이 없기 때문에 無所生이라고 말한다.

行不熱慈無煩惱故. 此章明慈攝一切德. 故緣衆[1019]德以嘆於慈. 慈體淸凉. 無煩惱熱. 故名不熱慈.

1019) 衆＝無【甲】. ＝衆ィ【甲】

'不熱을 실천하는 대자[慈]는 번뇌가 없기 때문이며'에서 이 章에서 설명하는 慈는 일체의 덕을 섭수한다. 때문에 무연의 덕을 緣함으로써 慈를 찬탄한다. 慈의 체는 청량하여 번뇌열이 없기 때문에 不熱慈라고 말한다.

行等之慈等三世故. 等救三世. 名等之慈. 實無三世可救. 復是等三世也.

'평등을 실천하는 대자[慈]는 삼세가 평등하기 때문이고'에서 평등하게 삼세를 구원하는 것을 평등의 慈라고 말한다. 그러나 실로 구원해야 할 삼세가 없는데, 또한 이것이야말로 평등한 삼세이다.

行無諍慈無所起故. 彼我皆空故. 諍訟不起.

'無諍을 실천하는 대자[慈]는 所起가 없기 때문이며'에서 彼我가 모두 공이기 때문에 諍訟이 일어나지 않는다.

行不二慈內外不合故. 內慈外緣. 俱空無所合也.

'不二를 실천하는 대자[慈]는 내외가 애견과 합하지 않기 때문이고'에서 內의 慈와 外의 緣이 모두 공이므로 합치할 것이 없다.

行不壞慈畢竟盡故. 無緣眞慈. 卽無生觀. 故不可壞. 生法二緣. 畢竟永盡. 無物能壞.

'不壞를 실천하는 대자[慈]는 필경에 진멸이 없기 때문이며'에서 무연의 眞慈가 즉 무생관이기 때문에 파괴할 수가 없고, 중생연과 법연의 二緣이 필경에 영원히 소멸되어 파괴할 物이 없다.

行堅固慈心無毀故. 上明外緣不能壞. 此明內心不可毀.

'堅固를 실천하는 대자[慈]는 마음에 훼멸이 없기 때문이고'에서 위에서는 外緣을 파괴할 수 없다는 것을 설명하였는데, 이것은 내심을 훼멸할 수 없다는 것을 설명한다.

行淸淨慈諸法性淨故. 眞慈無相. 與法性同淨.

'淸淨을 실천하는 대자[慈]는 제법성이 청정하기 때문이며'에서 眞慈는 無相으로서 法性과 더불어 똑같이 청정하다.

行無邊慈如虛空故. 無心於覆. 而無所不覆.

'無邊을 실천하는 대자[慈]는 허공과 같기 때문이고'에서 마음은 덮인 적이 없지만 덮지 못하는 것도 없다.

行阿羅漢慈破結賊故. 阿羅漢. 此言破結賊. 慈能破結. 慈[1020]名羅漢.

 '阿羅漢을 실천하는 대자[慈]는 結賊을 타파하기 때문이며'에서 아라한은 번역하면 破結賊인데, 慈는 破結(賊)이므로 응당 나한이라고 말해야 한다.

行菩薩慈安衆生故. 菩薩之稱. 由安衆生. 慈安衆生. 可名菩薩.

 '菩薩을 실천하는 대자[慈]는 중생을 안락케 하기 때문이며'에서 보살이라는 호칭은 중생을 안락하게 함을 말미암은 것인데, 慈는 중생을 안락하게 하므로 보살이라고 말할 수 있다.

行如來慈得如相故. 如來之稱. 由得如相. 慈順如相. 可名如來.

 '如來를 실천하는 대자[慈]는 진여상을 터득하기 때문이고'에서 여래라는 칭호는 眞如相을 터득함을 말미암은 것인데, 慈는 진여상을 따르므로 여래라고 말할 수 있다.

1020) 慈＝應力【原】

行佛之慈覺衆生故. 自覺覺他. 謂之佛也. 慈旣自悟. 又能覺彼. 可名爲佛.

'佛을 실천하는 대자[慈]는 중생을 깨우쳐주기 때문이며'에서 자각하고 각타하는 것을 佛이라고 말한다. 慈는 이미 스스로 깨치고 또한 저들도 깨치게 할 수 있으므로 佛이라고 말할 수 있다.

行自然慈無因得故. 涅槃經云. 因世諦慈. 得第一義慈. 無有因緣. 此以下品慈爲世諦. 上品慈爲第一義. 因修下品慈[1021]. 得上品慈. 故有因也. 得上品慈覺[1022]. 不復假因. 方成慈觀. 而慈心自然. 任運成就. 名無因得也. 有人言. 生法二緣. 皆是因緣. 和合之法. 緣此而生慈. 名爲有因. 第一義. 有佛無佛. 法相常住. 無因[1023]. 緣此而生慈. 名爲無因. 什公云. 無因卽自然. 自然卽無師義. 眞慈無師而得. 名自然慈.

'自然을 실천하는 대자[慈]는 無因으로 터득하기 때문이고'에서『열반경』에서는 世諦의 慈를 인하여 第一義의 慈를 터득하는 것은 인연이 없다고 말한다.

이하 품에서 慈는 세제이고, 위의 품에서 慈는 제일의제이다. 下品의 慈를 닦음을 인하여 上品의 慈를 터득하기 때문에 有因이다. 상품의 慈의 구경[竟]을 터득하면 다시는 因을 假藉하지 않는다. 바야흐로 慈觀을 성취하면 慈

1021) 慈+(果)力【原】【甲】
1022) 覺=竟【甲】
1023) 因+(緣)【甲】

心은 자연스럽게 마음대로 성취되는데 그것을 因이 없는 터득한다[無因得]고 말한다.

어떤 사람은 다음과 같이 말한다.

'중생연과 법연의 二緣은 모두 인연이 화합된 법이라고 말하는데, 이것을 연하여 慈가 발생하는 것을 有因이라고 말한다. 제일의연은 유불이든 무불이든 法相이 상주하여 인연이 없다. 이것을 연하여 慈가 발행하는 것을 無因이라고 말한다.'

나집공은 다음과 같이 말한다.

'無因인 즉 자연이다. 자연인 즉 無師의 뜻이다. 眞慈는 無師로 터득되는데 이것을 自然慈라고 말한다.'

行菩提慈等一味故. 唯佛菩提. 能解一切法平等一味. 分[1024]無所得心生慈故. 同於菩提也.

'菩提를 실천하는 대자[慈]는 평등한 일미이기 때문이며'에서 오직 불보리의 경우만 일체법이 평등일미인 줄을 이해한다. 지금은 무소득심에서 발생한 慈이기 때문에 보리와 동일하다.

行無等慈斷諸愛故. 凡夫有愛結生慈. 則可與等. 愛斷行慈者. 無能等也.

1024) 分＝令【甲】．＝今ィ【甲】

'無等을 실천하는 대자[慈]는 諸愛를 단제하기 때문이고'에서 범부의 경우에 愛를 結함으로써 慈가 발생한 즉 등과 함께 하지만, 愛를 斷함으로써 慈를 행한 즉 등이 없다.

行大慈悲導以大乘故. 濟[1025]彼苦難. 導以大乘. 大悲之能也. 今慈欲與樂. 亦導以大乘. 故名大悲.

'大悲를 실천하는 대자[慈]는 대승으로써 인도하기 때문이며'에서 그 고난을 없애어 대승으로 인도하는 것이 대승의 능력인데, 지금은 慈로써 樂을 주고 또한 대승으로 안내하려는 까닭에 대비라고 말한다.

行無厭慈觀空無我故. 疲厭之情. 生乎存我. 以空無我心. 而起慈者. 則無疲厭.

'無厭을 실천하는 대자[慈]는 공과 무아를 관찰하기 때문이고'에서 疲厭의 마음[情]에서 存我가 발생하기 때문에 공으로써 아심을 없애어 慈를 일으켜 준 즉 疲厭이 없다.

1025) 濟=拔【甲】

行法施慈無悋[1026]惜故. 此約六度. 以嘆於慈. 得眞慈者. 能施於法. 故慈名法施.

'法施를 실천하는 대자[慈]는 遺惜이 없기 때문이며'에서 이것은 육바라밀에 의거하여 慈를 찬탄한 것이다. 진자를 터득하여 법을 베풀어주는 까닭에 慈를 법시라고 말한다.

行持戒慈化毀禁故. 得眞慈者. 必不起惡. 兼化毀禁. 故慈名持戒.

'持戒를 실천하는 대자[慈]는 毀禁者를 교화하기 때문이고'에서 진자를 터득한 사람은 결코 악을 일으키지 않고 아울러 毀禁을 교화해주기 때문에 慈를 지계라고 말한다.

行忍辱慈護彼我故. 得眞慈者. 內不自累. 外不傷物. 故言護彼我故[1027].

'忍辱을 실천하는 대자[慈]는 피아를 보호하기 때문이며'에서 진자를 터득한 사람은 안으로 스스로 累가 없고 밖으로는 중생을 해꼬지하지 않기 때문에 彼我를 보호한다고 말한다.

1026) 悋=遺ㅓ【甲】
1027) 故=也ㅓ【甲】

行精進慈荷負眾生故行禪定慈不受味故行智慧慈無不知時故. 行未滿求果. 名不知時.

'精進을 실천하는 대자[慈]는 중생을 감당하기 때문이고, 禪定을 실천하는 대자[慈]는 세간의 맛을 받지 않기 때문이며, 智慧를 실천하는 대자[慈]는 適時를 모르는 것이 없기 때문이고'에서 수행이 충만하지 않는데 果를 추구하는 것을 시절을 모르는 것[不知時]이라고 말한다.

行方便慈一切示現故行無隱慈直心清淨故. 其心質直. 有罪必悔. 不隱其過. 名無隱慈.

'方便을 실천하는 대자[慈]는 일체를 시현하기 때문이며, 無隱을 실천하는 대자[慈]는 직심이 청정하기 때문이고'에서 그 마음이 質直하여 죄가 있으면 반드시 참회하여 그 허물을 숨기지 않는 것을 慈를 숨김이 없다[無隱慈]고 말한다.

行深心慈無雜行故. 慈心未深. 猶有雜行. 行慈旣深. 無復雜行.

'深心을 실천하는 대자[慈]는 잡행이 없기 때문이며'에서 자심이 깊지 못하면 잡행이 남아있고 자심의 실천이 이미 깊어지면 다시는 잡행이 없다.

行無誑慈不虛假故行安樂慈令得佛樂故菩薩之慈爲若此也. 自上已來. 明
眞慈體. 具一切德. 故有諸名. 今總結之. 示大衆也.

'無誑을 실천하는 대자[慈]는 虛假가 없기 때문이고, 安樂을 실천하는 대
자[慈]는 佛樂을 얻도록 하기 때문인데, 보살의 대자[慈]는 이와 같습니다.'
에서 이상에서는 眞慈의 體가 일체의 덕을 갖추었음을 설명하였기 때문에
갖가지 명칭이 있었는데, 지금은 그것을 총결하여 대중에게 내보인 것이다.

文殊師利又問何謂爲悲. 此第二次釋悲義. 前問. 後答.

'문수사리가 다시 물었다. 어떻게 대비[悲]를 실천하는 것입니까.'에서 이
것은 둘째로 이어서 悲의 뜻을 해석한 것이다.
　첫째는 질문하고, 둘째는 답변한다.

答曰菩薩所作功德皆與一切衆生共之. 唯一正觀. 說爲四等. 但解慈悲不
同. 有文[1028]云. 拔苦爲悲. 與樂爲慈. 涅槃經云. 除無利益拔苦爲悲. 與利
益爲慈. 此文明利他行體爲慈. 利他用爲悲. 所以然者. 非善法無以濟物
苦故. 以菩薩功德. 及功德果報. 悉與苦惱衆生.

'답하여 말했다. 보살이 지은 공덕을 모두 일체중생에게 주어서 그들과 공

1028) 文＝人力【原】

유하는 것입니다.'에서 유일의 정관을 설하면 사등이 된다.
먼저 무릇 자비가 부동임을 해석한다.
어떤 사람은 고통을 없애주는 것이 悲이고 樂을 주는 것이 慈라고 말한다.
『열반경』에서는 無利益을 제거하고 고통을 없애는 것이 慈이고 이익을 주는 것을 悲[1029]라고 말한다.
이 경문[유마경문]에서는 이타행의 체가 慈이고 이타의 用이 悲임을 설명한다. 왜냐하면 선법이 아니라면 중생의 고통을 건져주지 못하기 때문이다. 곧 보살의 공덕과 공덕의 과보는 모두 고뇌하는 중생을 도와주는 것이기 때문이다.

何謂爲喜答曰有所饒益歡喜無悔. 釋喜不同. 餘經云. 慶他得樂爲喜. 智度論云. 入於善[1030]觀. 見一切皆喜. 此文明慈悲旣以益之. 唯喜無悔.

'무엇을 大喜라고 말합니까. 답하여 말했다. 중생에게 요익이 되어 환희하고 후회가 없는 것입니다.'에서 다음으로 喜가 부동임을 해석한다.
다른 경전에서는 남을 기쁘게 하여 樂을 얻는 것을 喜라고 말한다.
『대지도론』에서 喜觀에 들어가면 일체가 모두 喜임을 본다고 말한다.
이 경문은 자비로써 이미 중생을 이롭게 하고 저 喜에는 후회가 없음을 설명한 것이다.

1029) 『大般涅槃經』 卷15, (大正新脩大藏經12, p.454上) 참조.
1030) 善=喜力【甲】

何謂爲捨答曰所作福祐無所希望. 經說捨義不同. 智度論云. 但起前三行.
於物無益. 故捨前三心. 更起後[1031]苦與樂之行. 故名爲捨. 又云見衆生脫
苦得樂. 不復憂念放捨. 故名爲捨. 又云大悲苦行. 憂以之生. 慈喜樂行.
喜以之生. 憂喜旣生. 憎愛便起. 是以行者捨於苦樂. 行平等觀. 無復愛憎.
故名爲捨. 此文所明. 菩薩旣具修三行. 復恐持三行. 欲求果報故. 令[1032]
明現世不求恩名. 未來不求果報. 捨此二事. 故名爲捨.

'무엇을 大捨라고 말합니까. 답하여 말했다. 지은 복덕으로 도와주고 바라는 것이 없는 것입니다.'의 경문은 捨의 뜻이 부동임을 설한다.

『대지도론』에서 무릇 앞의 삼행(慈行·悲行·喜行)만 일으키면 중생에게 무익하다. 그래서 捨 앞의 삼심(慈心·悲心·喜心)에서 다시 拔苦與樂의 行을 일으키기 때문에 捨라고 말한다.

또 말하자면, 중생이 脫苦得樂함을 보고서 다시는 憂念을 放捨하지 않기 때문에 捨라고 말한다.

또 말하자면, 大悲의 苦行은 중생을 걱정해주는 것[憂]에서 발생하고, 慈喜의 樂行은 중생을 따라서 기뻐해주는 것[喜]에서 발생한다. 憂와 喜가 발생하면 憎과 愛가 곧 일어난다. 이로써 수행자는 苦와 樂을 버리고 평등관을 행하여 다시는 愛와 憎이 없기 때문에 捨라고 말한다.

이 경문에서 설명한 것은 보살이 이미 삼행(慈行·悲行·喜行)을 갖추고나서 다시 삼행의 유지를 염려하여 과보를 추구하는 까닭에, 지금 경문에서 현세에는 보은과 명예[恩名]를 추구하지 않고, 미래에는 과보를 추구하지 않

1031) 後=拔【甲】
1032) 令=今ㆍ【甲】

는다. 이 둘[二事]을 버리기 때문에 捨라고 말한다.

文殊師利又問生死有畏菩薩當何所依. 上辨化他. 此第二章. 明於自行. 又上辨深行菩薩. 今明淺行之人. 就文爲二. 初明漸捨行. 次明兩捨行. 問意云. 菩薩旣行實四等者. 必入生死. 生死諸惠離[1033]. 甚可怖畏. 大士. 未離結業之身. 何所依憑. 能久處生死. 不以爲畏.

'문수사리가 다시 물었다. 생사에 대한 두려움이 있으면 보살은 장차 무엇에 의지해야 합니까.'에서 위에서는 化他를 변별하였는데, 이것은 둘째의 章으로 自行을 설명한 것이다. 또한 위에서는 深行菩薩을 설명하였는데, 지금은 淺行人을 설명한다.
경문에 두 부분이 있다.
첫째는 漸捨行을 설명한다.
둘째는 兩捨行을 설명한다.
질문한 뜻을 말하자면 다음과 같다.
'보살로서 이미 사등을 실행한 사람도 반드시 생사에 들어간다. 생사의 모든 患離를 심히 두려워하는 대사는 결업의 몸을 벗어나지 못한 것인데, 무엇에 의지해야만 오랫동안 생사에 처해 있으면서도 두려움이 없겠습니까.'

維摩詰言菩薩於生死畏中當依如來功德之力. 答意明. 如來功德深妙. 念

1033) 惠離=患離【甲】

斯功德. 怖畏自除. 又行四等者. 必欲濟於生死. 故入生死. 若起斯行. 則
終成佛果. 以利重推[1034]. 欲求大果. 豈畏小苦.

'유마힐이 말했다. 보살이 생사에 두려움이 있으면 반드시 여래의 공덕력
에 의지해야 합니다.'에서 답변한 뜻을 설명하자면, 여래의 공덕은 심묘하
기 때문에 그 공덕을 念하면 두려움이 저절로 제거된다는 것이다.
 또한 사등을 행한 사람은 반드시 (중생을) 생사에서 건져주려는 까닭에 생
사에 들어간다. 만약 이 사등행을 일으킨다면 즉 마침내 불과를 성취하는
이익이 있으므로 거듭하여 그것을 추진하여 大果를 추구하고자 하거늘 어
찌 小苦를 두려워하겠는가.

文殊師利又問菩薩欲依如來功德之力當於何依住. 雖知依佛功德. 未達標
心有在. 故次問住.

'문수사리가 다시 물었다. 보살이 여래의 공덕력에 의지하려면 장차 어떻
게 주해야 합니까.'에서 비록 佛의 공덕력에 의지해야 되는 줄은 알지라도
標心을 어디에 두어야 하는지 아직 통달하지 못한 까닭에 다음으로 住에 대
하여 묻는다.

答曰菩薩欲依如來功德力者當住度脫一切衆生. 入生死者. 必住度脫衆生

1034) 重推＝量推【甲】. ＝重推之ㅓ【甲】

也. 旣建於大心. 故無於小畏. 前明上所憑. 今明下所濟.

'답하여 말했다. 보살이 여래의 공덕력에 의지하려면 반드시 일체중생을 도탈시켜주는 데에 주해야 합니다.'에서 생사에 들어간 사람은 반드시 중생을 도탈시키는 데에 주해야 한다. 이미 대승심[大心]을 내세운 까닭에 작은 두려움이 없으므로 위에서는 먼저[上] 의지할 대상을 설명하였는데, 지금은 나중에[下] 제도할 대상을 설명한다.

又問欲度一切衆生當何所除. 旣云度脫. 必有所度. 有所脫. 故問所除.

'다시 물었다. 중생을 제도하려면 장차 무엇을 단제해야 합니까.'에서 이미 말한 도탈에는 반드시 제도되는 대상이 있어야 하는 까닭에 제거해야 하는 대상에 대하여 묻는다.

若<答?>曰欲度衆生除其煩惱. 雖有煩惱業苦. 而煩惱爲本. 故偏說除之.

'답하여 말했다. 중생을 제도하려면 그 번뇌를 단제해야 합니다.'에서 비록 번뇌의 업고가 있다고는 해도 거기에는 번뇌가 근본이기 때문에 그것의 제거를 偏說한다.

又問欲除煩惱當何所行. 衆生旣有煩惱. 當起何行. 能得除之.

'다시 물었다. 번뇌를 단제하려면 장차 무엇을 실천해야 합니까.'에서 이것은 중생에게 이미 번뇌가 있으면 장차 어떤 행을 일으켜야 그것을 제거할 수 있는가를 물은 것이다.

答曰當行正念[1035]. 是除煩惱術. 得此術故. 能除自他煩惱. 所以然者. 衆惑由邪想而生. 正念藉至理而發. 是以正念能除煩惱.

'답하여 말했다. 반드시 正念을 실천해야 합니다.'에서 이것은 번뇌를 제거하는 방법[術]이다. 이 방법을 얻은 까닭에 자타의 번뇌를 제거할 수가 있다. 왜냐하면 衆惑은 邪想을 말미암아 발생하고, 정념은 至理에 의지하여 발생한다. 이로써 정념으로써 번뇌를 제거할 수가 잇다.

又問云何行於正念答曰當行不生不滅又問何法不生何法不滅答曰不善不生善法不滅. 不生不滅有三. 一就善論不生不滅. 了達善根本無生滅. 二者不善亦爾. 三者互論. 旣行正念. 則是詣理之初. 故制惡而就善. 所以不善法不生善法不滅.

'다시 물었다. 정념을 실천한다는 것은 무엇입니까. 답하여 말했다. 반드시 불생불멸을 실천해야 합니다. 다시 물었다. 어떤 법이 불생이고 어떤 법이 불멸입니까. 답하여 말했다. 不善法이란 번뇌를 발생시키지 않는 것이고 善

1035) 念+(正念)【甲】

法이란 번뇌를 소멸시키지 않는 것입니다.'에서 불생불멸에 세 가지가 잇다.

첫째는 선에 대하여 불생불멸을 논하자면 선근은 본래 생멸이 없음을 요달한다.

둘째는 불선의 경우도 또한 그렇다.

셋째는 선과 불선을 서로 논한다.

이미 정념을 행한 즉 그것이 이치에 나아가는 처음이기 때문에 악을 제어하여 선에 나아간다. 때문에 불선법은 불생이고 선법은 불멸이다.

又問善不善孰爲本. 此下第二. 次明兩捨行. 初問有意. 旣知善之可生. 惡之可滅. 將兩捨以求宗. 故逆尋其本也.

'다시 물었다. 선과 불선의 근본은 무엇입니까.'에서 이하는 둘째로 이어서 兩捨行을 설명한다.

첫째의 질문을 통해서 이미 선이 발생하고 악이 소멸함을 알았다. 이제 그 둘을 모두 버림으로써 궁극[宗]을 추구하기 때문에 역으로 그 근본을 찾는 것이다.

答曰身爲本. 由五陰身. 起善不善. 故爲善不善本.

'답하여 말했다. 몸이 근본입니다.'에서 오음의 몸을 말미암아 선과 불선을 일으키기 때문에 (몸이) 선과 불선의 근본이다.

又問身孰爲本答曰欲貪爲本. 由前世貪愛. 是故受身. 雖具藉衆結. 問[1036]
業潤生. 愛爲其主. 故偏說欲貪.

‘다시 물었다. 몸의 근본은 무엇입니까. 답하여 말했다. 탐욕이 근본입니다.’에서 전세의 탐애를 말미암아 그 때문에 몸을 받는다. 비록 모두 온갖 번뇌[衆結]에 의지하여 업이 생을 받는데[潤生] 愛가 그 主가 된다. 때문에 欲貪을 偏說한다.

又問欲貪孰爲本答曰虛妄分別爲本. 法無定相. 由虛妄分別. 謂是善[1037]
是惡. 美惡旣形. 欲貪便生.

‘다시 물었다. 탐욕의 근본은 무엇입니까. 답하여 말했다. 허망분별이 근본입니다.’에서 법에는 定相이 없지만 허망분별을 말미암아 이것은 美이고 이것은 惡이라고 말한다. 美와 惡이 이미 형성된 즉 欲貪이 곧 발생한다.

又問虛妄分別孰爲本答曰顚倒想爲本. 法本非有. 倒想爲有. 旣以爲有.
然後明其美惡. 此則惑心內轉爲倒. 然後妄分別外事也.

‘다시 물었다. 허망분별의 근본은 무엇입니까. 답하여 말했다. 顚倒想이

1036) 〔問〕-カ【原】. 問=潤【甲】
1037) 善=美ィ【甲】

근본입니다.'에서 법은 본래 非有이지만 顚倒想으로 有이다. 그로써 이미 有인 즉 연후에 그 美와 惡을 설명한다. 이것은 즉 惑心이 안으로 轉한 즉 倒가 되었지만 연후에 허망분별을 벗어난 것이다.

又問顚倒想孰爲本答曰無住爲本. 非有謂有. 名爲顚倒. 故非有謂[1038]有本. 非有卽是無往[1039].

'다시 물었다. 전도상의 근본은 무엇입니까. 답하여 말했다. 無住가 근본입니다.'에서 非有를 有라고 말하는 것을 전도라고 말한다. 때문에 非有가 有의 근본으로서 非有가 곧 무주이다.

又問無住孰爲本答曰無住則無本. 非有謂有故. 非有爲有本. 而非有是無[1040]. 所有. 是故無本.

'다시 물었다. 무주의 근본은 무엇입니까. 답하여 말했다. 무주는 근본이 없습니다.'에서 비유는 소위 유이기 때문에 비유에는 근본이 있다. 그러나 비유는 곧 존재[所有]가 아니다. 이런 까닭에 근본이 없다.

1038) 謂=爲ィ【甲】
1039) 往=住【甲】* [* 1]
1040) 無+(無)【甲】

問. 有由於無. 無爲有本. 無由能[1041]有. 何故無本. 答. 有無相由. 得之[1042] 爲本. 但今示有. 有差別故有本. 無無異相. 故無無有本.

묻는다 : 有가 無를 말미암는다면 無에는 근본이 있습니다. 그렇다면 無가 有를 말미암는다는 것인데, 무슨 까닭에 근본이 없다는 것입니까.
답한다 : 有와 無가 서로 말미암으면 서로가 근본이 되는데 다만 지금은 有만 내보인 것이다. 차별이 있기 때문에 근본이 있지만, 無異의 모습이 없기 때문에 無와 有의 근본이 없다.

問. 由非有非無故有有無. 此則無益[1043]有本. 何無本. 答. 今文旣稱無[*] 往. 則絶四句. 妄[1044]百非. 言斷慮窮. 卽是諸法實體. 爲一切法本. 而此實相. 更無有本.

묻는다 : 비유와 비무를 말미암은 까닭에 유와 무가 있다면 이것은 즉 무에도 또한 근본이 있다는 것인데, 어째서 근본이 없다는 것입니까.
답한다 : 지금 경문에서 이미 무주라고 일컬은 즉 四句를 絶하고 百非를 忘한 것이다. 이처럼 언설이 단절되고 사려가 다한 즉 그것은 제법의 실체로서 일체법의 근본이다. 그러나 이 실상은 또한 근본이 없다.

1041) 能=於【甲】
1042) 之=互【甲】
1043) 益=蓋カ【原】, =蓋【甲】, =亦ィ【甲】
1044) 妄=忘カ【原】, =忘【甲】

問旣絶四句. 何故稱無住耶. 答. 不知何以目之. 強名無住. 對有法有本. 亦強名無本. 以理言之. 不可說無與不無. 亦不可言其本與無本.

묻는다 : 이미 四句를 絶했는데 무슨 까닭에 無住라고 일컫는 것입니까.
답한다 : 그것을 뭐라고 제목해야 할지 몰라서 억지로 無住라고 말했을 뿐이다. 有法이면 그에 대하여 有本이어야 하므로 또한 억지로 無本이라고 말했을 뿐이다. 이런 이치에서 그것을 말하자면 無와 不無라고도 말할 수가 없고[不可說] 또한 그 本과 無本이라고도 말할 수가 없다.[不可言]

文殊師利從無住本立一切法. 由無住故想倒. 想倒故分別. 分別故貪欲. 貪欲故有身. 旣已有身. 則善惡並陳. 善惡旣陳. 則萬法斯起. 若了達其本. 則衆未[1045]可除.

'문수사리여. 무주가 근본이 되어 일체법이 성립합니다.'에서 無住를 말미암은 까닭에 想倒이고, 想倒이기 때문에 分別이며, 分別이기 때문에 貪欲이고, 탐욕이기 때문에 몸이 있다. 이미 몸이 있은 즉 선과 악이 모두 펼쳐지고, 선과 악이 이미 펼쳐진 즉 만법이 이처럼 일어난다. 만약 그 근본을 요달한다면 즉 모든 지말을 제거할 수가 있다.

1045) 未=末【甲】

時維摩詰室有一天女. 此第二章. 天女與身子. 次論衆生. 此章來意有五.
一者自上已來. 正明衆1046)行. 今辨行成. 故有無方妙用. 卽天女是也. 二
者成上觀衆生空故. 爾1047)天形談無男女法. 三者從方便品. 至於前章. 唯
顯淨名神通智慧之正宗1048). 今次顯八未曾有室之依果也. 四1049)欲助淨
名. 讚揚大道. 貶柱1050)聲聞. 令時衆棄小崇大故[*]色. 五者. 上來顯淨名
自身. 住不思議. 今欲顯其眷屬住不思議. 就文爲三. 初現身散華. 發起論
端. 二正與身子. 交言端1051)義. 三論義旣竟. 拂天女迹. 什公云. 天女是居
士宅神. 隨有宅必有神. 宅有精麁. 神有優劣. 今八未曾有室故. 以法身菩
薩爲神. 而名爲天者. 外國貴重神故. 名爲天也.

'그때 유마힐의 방에 있던 한 천녀가'에서 이것은 둘째의 章으로 천녀와
사리불이 이어서 중생에 대하여 논의한 것이다.
이 章에 여기에 온 뜻에 다섯 가지가 있다.
첫째는 이상에서는 바로 수행을 설명하였는데, 지금은 수행의 성취를 변
별한 것이다. 때문에 무방의 묘용이 있는데, 천녀가 바로 그것이다.
둘째는 위에서는 중생을 관찰하여 공임을 성취하였기 때문에 그 천녀의
형체에는 남녀의 법이 없음을 담론한다.
셋째는 [방편품]으로부터 위의 章에 이르기까지는 오직 정명의 신통과 지혜

1046) 衆=修ㅓ【甲】
1047) 爾=示力【原】
1048) 宗=果ㅓ【甲】
1049) 四+(者)【甲】
1050) 柱=拙【甲】
1051) 端=論【甲】

의 正果를 나타냈는데, 지금은 이어서 八未曾有室에 의거한 果를 나타낸다.

넷째는 정명이 대승도를 찬양하고 성문을 貶挫하여 시회대중으로 하여금 소승을 버리고 대승을 숭상하도록 도우려는 것이다.

다섯째는 위에서는 정명 자신이 부사의에 住하는 것을 드러냈지만, 지금은 그 권속들이 부사의에 주하는 것을 드러내려는 것이다.

경문은 세 부분이 있다.

첫째는 몸에 散華를 드러내어 論端을 발기한다.

둘째는 바로 사리불과 함께 交言하여 논의한다.

셋째는 논의를 마치고 천녀의 흔적을 떨쳐낸다.

나집공은 '천녀는 곧 거사의 宅神이다. 宅이 있는 곳마다 반드시 神이 있는데, 신에는 우열이 있다.'고 말한다.

지금은 八未曾有室이기 때문에 법신보살로써 신을 삼는데, 명칭을 天이라고 한 것은 인도에서는 귀중한 신이기 때문에 天이라고 말한다.

見諸大人聞所說法便現其身卽以天華散諸菩薩大弟子上. 然至人. 隱顯有由. 上爲室空故隱. 今爲論道故顯. 行[1052]藏必利物也. 散華二義. 一爲重法敬人. 敬申供養. 二惠[1053]發起論端. 故散天華. 淨名以空爲善巧. 天女以有爲妙用. 故一則虛空. 一則散華. 一則爲男. 一則爲女. 原夫. 人天男女者. 豈人天之所能哉. 良以. 非人非天. 能天能人耳. 空有亦然.

1052) 行=顯ィ【原】【甲】
1053) 惠=意【甲】, =爲ィ【甲】

'모든 대승인들이 청법[1054]함을 보고서 문득 그 몸을 드러내어 곧 天華로써 제보살과 대제자들에게 뿌려주었다.'에서 至人이 숨기고 나타내는 데에는 所由가 있는데, 위에서는 방을 비워둔 까닭에 숨긴 것에 해당하는데, 지금은 논하여 말하는 까닭에 드러낸 것에 해당한다. 드러내고 감추는 것은 반드시 중생을 이롭게 하려는 것이다. 散華에 두 가지가 있다.

첫째는 법을 존중하고 사람을 공경하는 것인데, 공경은 공양하는 것을 가리킨다.

둘째는 論端을 발기하기 위한 까닭에 天華를 흩뿌린다. 정명은 空으로써 善巧를 삼고, 천녀는 有로써 妙用을 삼는다. 때문에 하나는 즉 허공이고 하나는 즉 산화이며, 하나는 男이고 하나는 女이다. 대저 人과 天의 男과 女가 어찌 人과 天의 所이고 能이겠는가. 진실로 非人이고 非天이며, 能天이고 能人일 뿐이다. 空과 有도 또한 그러하다.

華至諸菩薩卽皆墮落至大弟子便著不去一切弟子神力去華不能令去. 然由心有染無染. 是故外華. 有著與無著. 聲聞旣不能去於內染. 何由能遣於外華. 今欲表大小優降. 故華現墮不墮.

'꽃이 제보살에 이르러서는 곧 다 떨어졌는데 대제자들에 이르러서는 곧장 붙어서 떨어지지 않았다. 일체의 제자들이 신통력으로 꽃을 떼어내려고 하였지만 떼어낼 수가 없었다.'에서 마음을 말미암아 염오가 있기도 하고 염오가 없기도 한다. 이런 까닭에 外華에 집착이 있기도 하고 집착이 없기도

[1054] '모든 대승인의 청법'에 해당하는 본래 말은 '諸大人聞所說法'이다.

한다. 성문은 이미 內染을 제거할 수 없는데 무엇을 말미암아 外華를 떼어낼 수 있겠는가. 지금은 대승과 소승의 우열[優降]을 드러내려는 까닭에 꽃으로 墮와 不墮를 드러낸다.

爾時天女問舍利弗何故去華答曰是華不如法是以去之. 此第二交言論議. 前身業雨華. 則以華爲問. 神力遣之不墮. 以意業爲通. 卽是一番論議. 前身及意之屈申也. 今正口業交言. 文爲七意. 一寄華論如法不如法. 二論經[1055]久近. 三論證得. 四論志求. 五論男女. 六論沒生. 七論菩提. 此初章也. 華香著身. 非沙門法. 是以去之. 又解. 華法散身應墮. 而今不墮. 非華法也.

'그때 천녀가 사리불에게 물었다. 어째서 꽃을 떼어내려고 합니까. 답하여 말했다. 이 꽃은 여법하지 못합니다. 때문에 그것을 떼어내려고 합니다.'에서 이것은 둘째로 交言하여 논의한 것이다.

위에서는 신업으로써 꽃을 비내린 즉 꽃으로 질문을 삼았는데 신력으로도 그것을 떼어내려고 하였지만 떨어지지 않았고, 의업으로써 신통을 삼은 즉 그것이 첫째의 논의였다. 이처럼 위에서는 身과 意의 굴신이었다.

그런데 지금은 바로 구업으로써 交言한 것이다.

경문은 일곱 가지의 뜻이 있다.

첫째는 꽃에 의거해서 如法과 不如法을 논한다.

둘째는 머문 것의 오래됨과 얼마 안됨[住久近]을 논한다.

1055) 經=住【甲】

셋째는 증득을 논한다.

넷째는 추구하려는 마음[志求]을 논한다.

다섯째는 男女를 논한다.

여섯째는 죽고 태어남[沒生]을 논한다.

일곱째는 깨달음[菩提]을 논한다.

지금의 이 대목은 첫째[初章]에 해당한다.

꽃과 향이 몸에 붙는 것은 사문의 법이 아니기 때문에 그것을 떼어낸다. 또 해석하자면 華法으로는 몸에 흩뿌리면 반드시 떨어진다. 그런데 지금 떨어지지 않는 것은 華法이 아니다.

天曰勿謂此華爲不如法所以者何是華無所分別仁者自生分別想耳若於佛法出家有所分別爲不如法若無分別是則如法觀諸菩薩華不著者以[1056]斷一切分別想故. 華本無心故. 無所分別. 旣無所分別. 則未曾是如法不如法. 仁者有心故. 自[1057]分別想耳. 若息分別想者. 則會法實相. 名如法.

'천녀가 말했다. 이 꽃이 여법하지 않다고 말하지 마십시오. 왜냐하면 이 꽃은 분별하지 않는데 그대가 스스로 分別想을 낼 뿐입니다. 만약 불법에 출가했으면서도 분별하는 것이 있으면 그것이 여법하지 못한 것입니다. 만약 분별하는 것이 없으면 그것이 곧 여법한 것입니다. 제보살에게는 꽃이 붙어있지 않은 것을 관찰해보면 이미 일체의 分別想을 단제했기 때문입니

1056) 以=已ィ【甲】
1057) 自=有力【原】

다.'에서 꽃은 본래 無心하기 때문에 분별이 없다. 이미 분별이 없은 즉 일찍이 그것은 如法 및 不如法이 아니다. 그러나 (사리불) 그대는 有心이기 때문에 분별상이 있다. 만약 분별상을 그치면 즉 법의 실상을 알게 되는 데 그것을 如法이라고 말한다.

譬如人畏時非人得其便如是弟子畏生死故色聲香味觸得其便已離畏者一切五欲無能爲也. 畏時情弱. 故非人得便. 內心無恐. 外邪不入. 什公云. 一羅刹. 變形爲馬. 有一士夫. 乘之不疑. 中道馬問士夫. 馬[1058]好不. 士夫投[1059]刀示之問言. 此刀好不. 馬知其心正無恐[1060]. 遂不敢加害. 若不如是. 非人得其便也.

'비유하면 어떤 사람이 두려워할 때 非人이 그 틈을 타는 것과 같습니다. 이와 같이 제자가 생사를 두려워하기 때문에 色·聲·香·味·觸이 그 틈을 타는 것입니다. 이미 두려움을 떠나있으면 일체의 오욕도 어찌할 수가 없습니다.'에서 두려울 때는 마음[情]이 약해지기 때문에 非人이 틈을 엿본다. 그러나 내심에 두려움이 없으면 밖의 邪가 침입하지 못한다.
 나집공은 다음과 같이 말한다.
 '어떤 나찰이 몸을 바꾸어 말이 되었다. 어떤 선비가 의심하지 않고 그 말을 탔는데 중도에 말이 선비에게 물었다. 말을 좋아합니까. 선비가 칼을 꺼

1058) 馬+(爲)力【原】
1059) 投=拔ィ【原】
1060) 恐=畏【甲】

내어 보여주면서 물었다. 이 칼을 좋아하는가. 말이 그 선비의 마음이 올바르고 두려움이 없음을 알아차리고는 마침내 감히 해를 가하지 못하였다. 만약 그렇지 못했다면 非人은 그 틈을 노렸을 것이다.'

結習未盡華著身耳結習盡者華不著也. 問. 經云. 二乘菩薩. 俱無正使. 同有於習. 何故聲聞著華. 大士不著. 答. 羅什有二解. 一云菩薩器淨. 習氣不起. 故華不著. 二乘器不淨. 習氣則起. 是故華著. 二釋云. 習有二種. 一[1061]間結習. 二愛佛功德習. 菩薩. 得無生忍時. 結習都盡. 而未斷佛法愛習. 故有無名[1062]有義. 依地持論. 菩薩斷感[1063]習都盡. 而智習不都盡也.

'번뇌의 습기[結習]가 남아 있기 때문에 꽃이 몸에 붙어 있을 뿐입니다. 번뇌의 습기가 다 없어지면 꽃은 붙어있지 않습니다.'는 것에 대하여 묻는다 : 경전에서는 이승과 보살은 모두 正使가 없지만 똑같이 習이 있다고 말합니다. 무슨 까닭에 성문은 꽃에 집착하고 대사는 집착하지 않는 것입니까.

답한다 : 나집공은 다음과 같이 두 가지로 해석한다.
 '첫째의 해석은 다음과 같다. 菩薩의 그릇은 청정하여 습기가 일어나지 않는다. 때문에 꽃이 붙지 않는다. 이승의 그릇은 부정하여 습기가 즉 일어난다. 이런 까닭에 꽃이 붙는다. 둘째의 해석은 다음

1061) 一+(世)【甲】
1062) 名=名【甲】
1063) 感=惑【甲】

과 같다. 習에 두 가지가 있는데, 하나는 세간의 結習이고, 둘은 佛功德의 愛習이다. 보살이 무생법인을 터득하면 結習은 모두 사라지지만 불법에 대한 愛習은 끊어지지 않는다.'

때문에 꽃이 붙는 것[有]과 붙지 않는 것[無]에는 각각의 뜻이 있다. 『지지론』에 의하면 보살의 경우에 惑習은 모두 없앨 수 있어도 智習은 모두 없애지 못한다는 것이다.

舍利弗言天止此室其已久如. 此第二次論無久近法. 前章明大小二人. 內心有著[1064]聲聞有著. 名有所得. 菩薩無著. 名無所得<故卽是解脫. 故上云諸佛菩薩有不思議解脫. 二乘無也>[1065]. 初問意者. 身子前有二失. 一遣華不去. 謂意業無通. 次謂華不如法. 謂發言墮負. 故今問止淨名室. 凡得幾時. 而神力妙辨. 遂能如此. 又旣以屈之. 便嫌其止室爲夫[1066]女. 而不欲相指[1067]斥. 故寄久近爲問.

'사리불이 말했다. 천녀께서는 이 방에 머문 지 얼마나 오래되었습니까.'에서 이것은 둘째로 이어서 (머문 것이) 오래됨과 얼마 안됨[住久近]을 논한 것이다.

前章에서는 大와 小의 두 사람에 대하여 내심에 집착이 있는가 집착이 없는가를 설명하였다. 성문은 집착이 있어서 유소득이라고 말하지만 보살

1064) 著+(無著)ィ【甲】
1065) 甲本冠註曰故卽下至二乘無也文恐是錯簡
1066) 夫=天【甲】
1067) 指=旨【甲】, =指ィ【甲】

은 집착이 없어서 무소득이라고 말한다. 〈그런 까닭에 즉 해탈이다. 때문에 위에서 제불보살에게는 부사의해탈이 있지만 이승에게는 없다고 말한 것이다.〉

첫째 질문[初問]의 뜻을 보면 사리불에게 먼저 두 가지 실수가 있다.

첫째는 꽃을 떼어내려고 하였지만 떨어지지 않은 것은 의업에 신통이 없는 것을 말한다.

둘째는 소위 꽃의 不如法으로 發言의 墮負[1068]를 말한다.

때문에 지금 이 대목의 질문은 정명이 머무는 방에서 무릇 기회를 얻었을 때 신통력의 妙辨을 부려서 이와 같은 일이 벌어졌다. 또한 이미 천녀에게 굴복됨으로써 곧 정명이 머물고 있는 방에 천녀가 있는 것이 싫었지만 서로 배척하고 싶지 않은 까닭에 (머문 것이) 오래됨과 얼마 안됨을 가지고 질문한 것이다.

答曰我止此室如耆年解脫. 六十曰耆. 而指將[1069]欲明無久近義. 故借身子解脫爲喩也.

'답하여 말했다. 제가 이 방에 머문 것은 장로[耆年]께서 해탈한 것과 동일합니다.'에서 나이가 예순 살이 되는 것을 耆라고 말하는데, 이것은 久近의 뜻이 없다고 설명하려는 것을 지적한 것이다. 때문에 사리불의 해탈을 빌려

1068) 墮負는 곧 不勝이다.『如實論』卷1 [如實論反質難品], (大正新脩大藏經32, p.28下 이하) 참조.
1069) 將=便 ィ【原】【甲】

서 비유로 삼은 것이다.

舍利弗言止此久耶. 身子云. 無爲解脫. 無始無終. 不生不滅. 本性常住. 故名爲久. 天止室若同解脫者. 亦應久也.

'사리불이 말했다. 여기에 얼마나 오랫동안 머물 예정입니까.'에서 사리불은 무위해탈은 무시무종이고 불생불멸이며 본성은 상주이기 때문에 오랫동안 머물게 될 것이라는 투로 말한 것이다. 천녀가 방에 머무는 것도 만약 해탈과 같다면 역시 오랫동안 머물 것이다.

天曰耆年解脫亦何如久. 天質云. 汝所得無爲解脫. 可得有久近耶. 若有久近. 便非無爲.

'천녀가 말했다. 장로의 해탈도 또한 얼마나 오래가는 것입니까.'에서 이것은 천녀가 따져서 다음과 같이 물은 것이다.
'그대가 터득한 무위해탈은 久近이 있음을 터득한 것인가. 만약 久近이 있다면 곧 무위가 아닐 것이다.'

舍利弗默然不答. 若云解脫有久. 順前言而違解脫. 若云無久. 乃順解脫.

而違前言. 進退無通. 所以致默. 又旣惜[1070]解脫無久近. 卽便以無類無. 亦無言說. 是故默然.

'사리불이 묵연하여 답변하지 못하였다.'에서 만약 해탈에 久가 있다면 위에서 말한 것처럼 해탈에 어긋나고,[違] 만약 久가 없다면 이에 해탈에 따르는[順] 것이 되어 앞의 말과 위배되어 진퇴의 통로가 없게 된다. 때문에 침묵한 것이다.
　또한 만약 해탈에 久近이 없음을 깨친다면 그것은 곧 無로써 無를 견준 것이 되어 또한 말[言說]이 되지 않는다. 이런 까닭에 침묵한 것이다.

天曰如何耆舊大智而默. 上明不得言. 今明不得默. 故語默皆墮負. 小乘之人. 非聖默然. 非聖說法也.

'천녀가 말했다. 장로께서는 대지혜가 있으면서도 어째서 침묵하는 것입니까.'에서 위에서는 말할 수 없음[不得言]을 설명하였는데, 지금은 침묵할 수 없음[不得默]을 설명한 것이다. 때문에 말하는 것과 침묵하는 것이 모두 墮負이다. 소승인에게는 성스러운 침묵[聖默然]도 없고 성스러운 설법[聖說法]도 없다.

答曰解脫者無所言說故吾於是不知所云. 解脫無言. 吾順解脫. 亦無言也.

1070) 惜=悟【甲】

'답하여 말했다. 해탈이란 말로 설할 수가 없습니다. 때문에 저는 그것에 대하여 뭐라고 말해야 할지 모르겠습니다.'는 이것은 해탈은 무언인데 나는 해탈을 따르므로 또한 무언이라는 것이다.

天曰言說文字皆解脫相. 故汝乃知解脫無言而未悟言卽解脫.

'천녀가 말했다. 언설과 문자가 모두 해탈의 모습입니다.'는 것은 때문에 그대는 이에 해탈이 無言임을 알고 있지만 言이 즉 해탈인 줄은 아직 모르고[未悟] 있다는 것이다.

所以者何解脫者不內不外不在兩間文字亦不內不外不在兩間是故舍利弗無離文字說解脫也所以者何一切諸法是解脫相也.　釋上言卽解脫也. 文字之與解脫. 俱不在三處. 故文字解脫. 無有二體. 不應離文字. 而說解脫也. 解脫不在三處者. 生公云. 夫解脫者. 我解於縛也. 不偏在我. 故不在內. 亦不偏在縛. 故不在外. 會成解脫. 又不在兩間. 文字不在三處者. 我爲內. 所說爲外. 合之爲兩間也. 後句云一切法皆是解脫. 豈獨文字異解脫乎.

'왜냐하면 해탈이란 안에도 없고 밖에도 없으며 그 둘 사이에도 없습니다. 문자도 또한 안에도 없고 밖에도 없으며 그 둘 사이에도 없습니다. 이런 까닭에 사리불이여, 문자를 떠나서는 해탈을 설할 수가 없습니다. 왜냐하면 일체제법이 곧 해탈의 모습이기 때문입니다.'에서 이것은 위에서 말한 해탈에 즉함을 해석한 것이다. 문자 그대로 해탈은 三處에 없음을 갖추고 있다. 때문에 문자와 해탈은 二體가 없어서 응당 문자를 떠나지 않고서 해탈을 설한다.
　해탈이 三處에 없다는 것에 대하여 도생공은 다음과 같이 말한다.
　'대저 해탈이란 我가 縛에서 풀려나는 것으로 我에 偏在하는 것이 아니기 때문에 內에도 없고, 또한 縛에도 偏在하지 않기 때문에 外에도 없다. 이것이 모여 해탈이 성취되므로 또한 둘 사이에도 없다.'
　문자가 三處에 없다는 것은 我는 內이고 所說은 外이며 그것을 합친 것이 둘 사이[兩間]이다. 그래서 後句에서 일체법이 모두 해탈이라고 말한다. 그런데 어찌 문자만 해탈과 다르겠는가.

舍利弗言不復以離淫怒癡爲解脫乎. 身子. 別[1071]佛言證己義爲得. 反難天女也. 佛旣云. 離三毒爲解脫. 亦應離文字爲解脫. 若文字卽解脫者. 三毒亦應卽是解脫. 何故佛言離.

　'사리불이 말했다. 그러면 또 婬·怒·癡를 떠나있는 것이 해탈이 아니겠습니까.'에서 이것은 사리불이 佛言을 인용하여 자기의 뜻을 증명하고 반대로 천녀에게 다음과 같이 힐난한 것이다.
　'부처님이 이미 말했듯이 삼독을 떠난 것이 해탈이라면 또한 응당 문자를 떠나는 것도 해탈일 것이다. 만약 문자가 즉 해탈이라면 삼독도 또한 응당 그대로 해탈일 것이다. 그런데 무슨 까닭에 부처님은 떠나있어야 한다고 말

1071) 別=引力【原】

한 것인가.'

天曰佛爲增上慢人說離婬怒癡爲解脫耳若無增上慢者佛說婬怒癡性卽是解脫. 上明小乘語默皆屈. 此章文[1072]顯聲聞不識敎意也. 未得謂得. 名增上慢. 爲此人故. 說斷三毒. 名爲解脫也. 又密化二乘. 令歸大道. 二乘未究竟謂究竟. 卽是增上慢也. 爲此人故. 更說斷無明住地及以習氣. 名爲解曉[1073]. 若無此緣. 佛說五住卽是解[*]曉.

'천녀가 말했다. 부처님께서는 증상만인을 위하여 婬 · 怒 · 癡를 벗어나는 것이 해탈이라고 설했을 뿐입니다. 만약 증상만인이 없다면 부처님께서는 婬 · 怒 · 癡의 자성이 곧 그대로 해탈이라고 설했을 것입니다.'에서 위에서는 소승의 언설과 침묵은 모두 굴복되었음을 설명하였는데, 이 章에서도 또한 성문의 경우 敎意를 모른다는 것을 드러낸다.
　未得을 得이라고 말하는 것을 增上慢이라고 말하는데, 이런 사람을 위한 까닭에 삼독의 斷除를 해탈이라고 말한다고 설한다. 또한 은밀하게 이승을 교화하여 대승도로 돌아가게끔 한다.
　이승의 경우 아직 未究竟인데도 究竟이라고 말하는 것은 곧 增上慢인데, 이런 사람을 위한 까닭에 다시 無明住地 및 習氣의 斷除를 해탈이라고 말한다고 설한다.

1072) 文=又カ【甲】
1073) 曉=脫カ【原】*, =脫【甲】* [* 1]

만약 이러한 緣이 없다면 부처님은 五住[1074]를 곧 그대로 해탈이라고 설한다.

問. 前何故. 就文字卽解脫. 今明三毒爲解脫耶. 答. 文字爲外. 三毒爲內. 菩薩體斯內外皆是解脫. 故心無所染. 華不著身. 二乘謂文字之外. 三毒之內. 皆非解脫. 則不識解脫. 爲塵所染. 華著於身. 成前章也.

묻는다 : 위에서는 문자에 대하여 즉 해탈이라고 하였는데 무슨 까닭에 지금은 삼독을 해탈이라고 설명하는 것입니까.
답한다 : 문자는 內이고 삼독은 外인데, 보살의 체는 그 내외가 모두 해탈이기 때문에 마음에 염착이 없어서 꽃이 몸에 붙지 않는다. 이승의 경우는 소위 문자가 外이고 삼독이 內로서 모두 해탈이 아닌 즉 해탈을 모르기 때문에 번뇌에 염착되어 꽃이 몸에 붙는다.
이로써 위의 경문[前章]이 성취된 것이다.

舍利弗言善哉善哉汝何所得以何爲證辨乃如是. 此第三次論得證＜證得？＞. 旣善其所說. 非已所及故問得何道. 證何果. 辨乃如[1075]如是. 有爲果稱得. 無爲果稱證. 又觀心納法爲得. 與理相應爲證. 又有行稱得. 空行

1074) 根本無明住地의 번뇌에다 다음의 네 가지 住地의 번뇌를 합쳐서 五住의 번뇌라고 한다. "見一處住地, 欲愛住地, 色愛住地, 有愛住地"『勝鬘經』, (大正新脩大藏經12, p.220上)
1075) 〔如〕-【甲】

寫[1076]證. 亦是得道而證滅也.

'사리불이 말했다. 훌륭합니다. 참으로 훌륭하십니다. 천녀여. 그대는 무엇을 터득하였고 무엇으로써 증명을 받았길래 변재가 그와 같습니까.'에서 이것은 셋째로 이어서 증득을 논한 것이다.

이미 그 所說이 善이고 이미 所及이 없기 때문에 그것은 어떤 道를 得하였고 어떤 果를 證하였는지 묻는다. 이에 如是를 변별하자면 유위과를 得이라 일컫고 무위과를 證이라 일컫는다.

또한 觀心納法하는 것이 得이고 與理相應하는 것이 證이다.

또한 有行을 得이라 일컫고 空行을 證이라 일컫는데 또한 그것은 得道하여 證滅한 것이다.

天曰我無得無證故辨如是. 無能得能證. 身心不可得故. 無[1077]所[1078]得所[1079]得所證. 滅道空故. 若有得有證. 則是有所封著. 有所封著. 則有所得[1080]. 故無無[*]得之辨. 以內無得證故. 心無所[*]得. 便有無[*]得之辨.

'천녀가 말했다. 저는 터득한 것도 없고 증명받은 것도 없기 때문에 변재

1076) 寫=稱カ【原】, =爲【甲】
1077) 〔無〕-【甲】
1078) (無)ィ+所【甲】
1079) 〔所得〕-【甲】
1080) 得=礙【甲】* [* 1 2 3 4]

가 이와 같습니다.'에서 터득한 것도 없고 증명받은 것도 없다는 것은 몸과 마음이 없기 때문이다. 所得이지만 無所得이고 所證이지만 滅道인 것은 공이기 때문이다.

만약 有得이고 有證인 즉 그것은 封著됨이 있는 것이고, 封著됨이 있은 즉 所礙가 있기 때문에 無所得으로 그것을 변별해준다. 이로써 안으로 得과 證이 없기 때문에 마음에 所礙가 없는데, 이것이 곧 有所得에 대한 변별이다.

所以者何若有得有證者則於佛法爲增上慢. 言我能得能證. 增上之法. 以此自擧. 故名爲慢. 所以然者. 若有所得. 則不得道. 以不得爲得. 豈非增上慢耶. 如此之人. 無無[*]得辨也.

'왜냐하면 만약 터득함과 증명받음이 있다면 곧 불법에 대하여 증상만이 되기 때문입니다.'에서 나한테 터득함과 증명받았다고 말하면 그것이 증상법으로써 바로 자신을 擧하는 것이기 때문에 증상만이 된다고 말한다. 왜냐하면 만약 유소득인에도 즉 不得이라고 말한 것은 不得으로써 得을 삼은 것인데 그것이 어찌 증상만이 아니겠는가. 이와 같은 사람에 대해서 無得으로 변별해준 것이다.

舍利弗問天汝於三乘爲何志求. 此第四次論志求. 上云無得. 則不得三乘道. 無證. 則不證三乘果. 今唯有三乘. 應有得證. 汝志求何乘. 又三乘同以無得爲懷. 未知志求何乘.

'사리불이 천녀에게 물었다. 그대는 삼승법 가운데 어떤 법에 마음[志]을 두고 추구하는 것입니까.'에서 이것은 넷째로 이어서 추구하려는 마음[志求]을 논한 것이다.

위에서는 無得인 즉 三乘道를 得하지 못한 것이고 無證인 즉 三乘果를 證하지 못한 것이라고 말하였는데, 지금의 이 대목에서는 오직 삼승만 있으므로 응당 得과 證이 있다. 그런데 그대는 어떤 가르침[乘]에 마음을 두고 추구하는 것인가.

또한 삼승은 똑같이 無得을 마음에 품고 있으면서도 어떤 가르침[乘]을 추구하는 마음인지도 모른다.

天曰以聲聞法化衆生故我爲聲聞以因緣法化衆生故我爲辟支佛以大悲法化衆生故我爲大乘. 答有二意. 一隨緣示三. 二明唯有於一<大=>. 此初文也. 以身子謂定有三乘故. 今明隨緣未[1081]三. 我無定也. 又[1082]卽此無定. 名爲大乘. 以大乘之法實無所乘. 而無所不乘也.

'천녀가 말했다. 성문법으로써 중생을 교화하면 그 때문에 저는 성문이 되고, 인연법으로써 중생을 교화하면 그 때문에 저는 벽지불이 되며, 대비로써 중생을 교화하면 그 때문에 저는 대승이 됩니다.'는 것은 답변에 두 가지 뜻이 있다.

첫째는 수연으로 삼승을 내보인다.

1081) 未=示【甲】
1082) 〔又〕-【甲】

둘째는 오직 대승 뿐임을 설명한다.

이 대목은 첫째[初文]에 해당한다. 사라불이 삼승은 확정되어 있다고 말하기 때문에 지금 수연으로 삼승을 내보여서 我가 확정됨이 없음을 설명한다. 이처럼 확정됨이 없는 것을 대승이라고 말한다. 따라서 대승법은 실로 所乘이 없지만 所不乘도 없다.

舍利弗如人入瞻蔔林唯嗅瞻蔔不嗅餘香如是若入此室但聞佛功德之香不樂聞聲聞辟支佛功德香也. 此第二唯有大乘故. 我志求大也. 文有四章. 一引譬明不樂小法. 二擧況[1083]唯欣大乘. 三明天女不聞小法故不樂小. 第四嘆室唯辨於大故大可欣. 此初文釋[1084]. 淨名之室. 唯說大乘. 不說於小. 止此室者. 亦唯禁[1085]於大. 不葉[1086]於小. 以此推之. 可知吾志.

'사리불이여. 마치 어떤 사람이 瞻蔔林에 들어가면 오직 瞻蔔의 냄새만 맡을 뿐이고 다른 향기를 맡지 못하는 것과 같습니다. 그와 같이 만약 이 방에 들어오면 무릇 불공덕의 향기만 맡을 뿐이지 성문 및 벽지불의 공덕향기는 맡는 것을 좋아하지 않습니다.'에서 이것은 둘째로 오직 대승만 있기 때문에 나는 대승을 추구하려고 뜻한다.

경문은 네 부분이 있다.

첫째는 비유[譬]를 인용하여 소승법을 좋아하지 않음을 설명한다.

1083) 況+(明)カ【甲】
1084) 釋=也【甲】
1085) 禁=樂【甲】* [* 1 2]
1086) 葉=樂【甲】

둘째는 비유[況]를 들어서 오직 대승만 좋아함을 설명한다.

셋째는 천녀는 소승법을 듣지 않기 때문에 소승을 좋아하지 않음을 설명한다.

넷째는 방에서는 오직 대승만 변별함을 찬탄하기 때문에 대승을 기뻐한다. 이 대목은 첫째[初文]에 해당한다.

정명의 방에서는 오직 대승만 설하고 소승은 설하지 않는다. 이 방에 머무는 사람은 또한 오직 대승만 좋아하고 소승을 좋아하지 않는다. 이로써 미루어보면 나 천녀의 뜻을 알 수가 있을 것이다.

舍利弗其有釋梵四天王諸天龍鬼神等入此室者聞斯上人講說正法皆悉樂佛功德之香發心而出也. 此第二擧況. 暫入此室. 皆發大心. 況我久處而[＊]禁小耶.

'사리불이여. 그것은 저 釋·梵·四天王 그리고 諸天·龍·鬼神 등이 이 방에 들어오면 이 上人이 강설하는 정법을 듣고서 모두 불공덕의 향기를 좋아하고 발심해서 나갑니다.'에서 이것은 둘째로 비유[況]를 든 것이다.

잠시라도 이 방에 들어오면 모두 대승심을 발생한다. 하물며 나 천녀는 오랫동안 (이 방에) 있었는데 소승법을 좋아하겠는가.

舍利弗吾止此室十有二年初不聞說聲聞辟支佛法但聞菩薩大慈大悲不可思議諸佛之法. 此第三明此室唯說大法. 故吾唯志求大. 不樂小也. 有人言. 佛十二年. 說小乘法. 十二年已後. 說大乘法. 吾止此室十二年. 常聞

大乘. 況十二年後耶. 有人言. 十二年是圓數之名. 故莊周云. 十二年不見
全牛. 僧肇云. 什公門下. 十有二年. 然羅什. 弘始三年至七年亡. 而云十
二年者. 擧其圓數也. 有人言. 地持論明. 菩薩有十二住. 故爲十二年. 有
人言. 實得十二年. 是故說也.

'사리불이여. 저는 이 방에 머문 지가 십이 년이 되었는데 한 번도 성문
법 · 벽지불법을 설하는 것을 들은 적이 없고, 무릇 보살의 대자대비 및 불
가사의한 제불의 법만 들었을 뿐입니다.'에서 이것은 셋째로 이 방에서는 오
직 대승법만 설하기 때문에 나 천녀는 오직 대승법의 추구만 마음에 둘 뿐
이지 소승법을 좋아하지 않음을 설명한다.
　어떤 사람은 다음과 같이 말한다.
　'부처님은 십이 년 동안 소승법을 설했다. 십이 년 이후에는 대승법을 설
했다. 나는 이 방에 십이 년 동안 머물면서 항상 대승법을 들었다. 하물며
십이 년 이후이겠는가.'
　어떤 사람은 다음과 같이 말한다.
　'십이 년은 곧 圓數의 명칭이다. 때문에 莊周는 십이 년 동안 완전한 소[全
牛]를 보지 못했다.'
　승조는 다음과 같이 말한다.
　'나집공 문하에서 십이 년 동안 있었다. 그런데 나집은 弘始 삼년(401)에
도래하여 칠 년(405)에 입적하였다. 그런데도 십이 년이라고 말하는 것은 그
圓數를 언급한 것이다.'
　어떤 사람은 다음과 같이 말한다.
　'地持論에서는 보살에게는 十二住가 있기 때문에 십이 년이 된다고 말
한다.'

어떤 사람은 다음과 같이 말한다.

'실제로 십이 년이 되었다. 이런 까닭에 설한 것이다.'

舍利弗此室常現八未曾有難得之法. 此第四嘆室. 就文爲三. 一總標. 二別歎. 三總結. 是初章. 旣聞說妙法. 復見未曾有事. 豈得不[*]禁大乘.

'사리불이여. 이 방에는 항상 미증유이고 얻기 어려운 법 여덟 가지가 나타납니다.'에서 이것은 넷째로 방을 찬탄한 것이다.

경문은 세 부분이 있다.

첫째는 총체적으로 標한 것이다.

둘째는 개별적으로 찬탄한 것이다.

셋째는 總結이다.

이 대목은 첫째[初章]에 해당한다. 이미 묘법(대승법)을 들었지만 다시 未曾有事를 보았는데 어찌 대승을 좋아하지 않겠는가.

何等爲八此室常以金色光照晝夜無異不以日月所照爲明是爲一未曹[1087]有難得之法此室入者不爲諸垢之所惱也是爲二未曾有難得之法此室常有釋梵四天王及他方菩薩來會不絶是爲三未曾有難得之法此室常說六波羅蜜不退之法是爲四未曾有難得之法此室常作天人第一之樂絃出無量法化之聲是爲五未曾有難得之法此室有四大藏衆寶積滿周窮濟乏求得無盡是

1087) 曹=曾【甲】

爲六未曾有難得之法此室釋迦牟尼佛阿彌陀佛阿閦佛寶德寶炎寶月寶嚴
難勝師子響一切利成如是等十方無量諸佛是上人念時卽皆爲來廣說諸佛
祕要法藏. 說已還去是爲七未曾有難得之法此室一切諸天嚴飭[1088]宮殿諸
佛淨土皆於中現. 是爲八未曾有難得之法. 此第二別歎於室. 攝八爲四. 初
內外一雙. 外有金光照耀. 內則罪垢消滅. 第二緣教一雙. 緣則諸天菩薩.
教則常漢[1089]大乘. 第三法財一雙. 法則常奏法樂. 財則周給[1090]無窮. 第四
依正一雙. 正則諸佛皆來. 依則淨土並現. 淨土並現者. 什公云. 如有方寸
金剛. 照數十里內石壁之表. 所有形色. 於是悉現. 此室明徹. 其喩如斯.

'여덟 가지는 다음과 같습니다. 이 방에는 항상 금색광조가 밤낮으로 다
름이 없어서 해와 달이 비추어도 그보다 밝지 않는데, 그것이 첫째의 미증
유이고 얻기 어려운 법입니다. 이 방에 들어온 사람은 모든 더러움으로 번
뇌하지 않는데, 그것이 둘째의 미증유이고 얻기 어려운 법입니다. 이 방에
는 항상 釋·梵·四天王·타방의 보살이 와서 법회가 단절되지 않는데, 그
것이 셋째의 미증유이고 얻기 어려운 법입니다. 이 방에서는 항상 육바라밀
의 불퇴전법을 설하는데, 그것이 넷째의 미증유이고 얻기 어려운 법입니다.
이 방에는 항상 天·人이 제일가는 음악을 연주하여 악기에서 무량한 法
化의 소리가 나오는데 그것이 다섯째의 미증유이고 얻기 어려운 법입니다.
이 방에는 네 개의 큰 창고에 갖가지 보배가 가득히 쌓여있어서 궁핍한 사
람에게 나누어주어 구제하는 것이 끝이 없는데, 그것이 여섯째의 미증유이

1088) 飭=餝【甲】
1089) 漢=演【甲】
1090) 給=濟ㅓ【原】【甲】

고 얻기 어려운 법입니다. 이 방에서는 석가모니불·아미타불·아촉불·보덕·보염·보월·보엄·난승·사자향·一切利의 성취 등 이와 같이 시방의 무량한 제불께서 이 上人이 생각할 때마다 곧 모두 찾아와서 제불의 秘要法藏을 자세하게 설하고 설법을 마치면 다시 돌아가는데, 그것이 일곱째의 미증유이고 얻기 어려운 법입니다. 이 방에는 일체의 제천이 엄식한 궁전과 제불의 정토가 모두 나타나는데, 그것이 여덟째의 미증유이고 얻기 어려운 법입니다.'에서 이것은 둘째로 방을 개별적으로 찬탄한 것이다.

여덟 가지를 섭수하면 네 부분이 있다.

첫째는 內와 外의 한 쌍이다. 밖으로는 金光의 照耀가 있고, 안으로는 즉 罪垢가 소멸한다.

둘째는 緣과 敎의 한 쌍이다. 緣은 즉 제천의 보살이고, 敎는 즉 항상 대승을 연설하는 것이다.

셋째는 法과 財의 한 쌍이다. 法은 즉 항상 법락을 연주하고, 財는 즉 두루 무궁하게 제도한다.

넷째는 依와 正의 한 쌍이다. 正은 즉 제불이 모두 도래하는 것이고, 依는 즉 정토가 모두 현현하는 것이다.

정토가 모두 현현한다는 것에 대해서 나집공은 다음과 같이 말한다.

'저 方寸의 금강만 있어도 수십 리 안에 있는 석벽을 겉까지 비추어 모든 형색이 거기에 다 드러난다. 이 방의 명철함을 거기에 비유하면 이와 같다.'

言[1091]舍利弗此室常現八未曾有難得之法誰有見斯不思議事而復樂於聲

1091) 〔言〕-【甲】

聞法乎. 此第三總結歎.

'사리불이여. 이 방에는 항상 미증유이고 얻기 어려운 법 여덟 가지가 나타나는데 이 부사의한 것을 보고도 누가 다시 성문법을 좋아하겠습니까.'에서 이것은 셋째로 총결하여 찬탄한 것이다.

舍利弗言汝何以不轉女人身. 第五次論轉不轉義. 就文爲三. 一明本身論義. 二轉身論義. 三復身論義. 初問意者. 旣見其無礙之辨. 而受有礙之身. 是故問云. 旣有無礙之辨. 必不應受有礙之身. 何不轉耶.

'사리불이 말했다. 그대는 어째서 여인의 몸을 바꾸지 않습니까.'에서 이것은 다섯째로 이어서 (남녀의 몸으로) 轉과 不轉의 뜻을 논한 것이다.
  경문은 세 부분이 있다.
  첫째는 本身의 논의를 설명한다.
  둘째는 轉身을 논의한다.
  셋째는 다시 身을 논의한다.
  첫째 질문의 뜻은 이미 그것이 無礙하다는 변별을 보았는데도 有礙身을 받는 것에 대한 것이다. 이런 까닭에 질문하여 '이미 無礙하다는 변별이 있으면 결코 有礙身을 받지 않는데 어째서 不轉(몸을 바꾸지 않음)인가.'라고 말한다.

天曰我從十二年求女人相了不可得當何所轉譬如幻師化作幻女若有人

同[1092]何以不轉女身是人爲正問不舍利弗言不也幻無定相當何所轉天曰一切諸法亦復如是無有定相云何乃問不轉女身. 依十二年者. 若未入十二住位. 則見男女. 令[1093]菩薩從初住至十二住. 不見有女. 故無有轉. 十二住者. 地前有二住. 謂種性住. 卽習種性. 性種性也. 二解行住. 道種性也. 次十地卽爲十住. 若止淨名室來. 凡十二年者. 十二年旣常聞大乘. 悟無男女. 故無所轉也.

'천녀가 말했다. 저는 십이 년 동안 여인의 모습을 찾아보았지만 찾을 수가 없었습니다. 장차 어떻게 바꾸겠습니까. 비유하면 마치 幻師가 만들어낸 幻女에게 만약 어떤 사람이 〈어째서 여인의 몸을 바꾸지 않습니까.〉라고 묻는다면 그 사람은 올바른 질문을 한 것입니까. 사리불이 말했다. 그렇지 않습니다. 허깨비는 정해진 모습이 없는데 장차 어떻게 바꾸겠습니까. 천녀가 말했다. 일체제법도 또한 그와 같이 정해진 모습이 없는데, 어떻게 이에 여인의 몸을 바꾸지 않느냐고 물을 수가 있겠습니까.'에서 십이 년 동안 의지했다는 것은 만약 十二住位에 들어가지 못한 즉 남녀를 본다는 것이다.

그런데 지금 보살은 초주로부터 십이주에 이르기까지 여인의 모습을 보지 않기 때문에 有轉이 없다. 十二住란 다음과 같다.

(첫째는) 地前에 있는 二住로서 소위 하나는 種性住 즉 習種性인데 性種性이고, 둘은 解行住로서 道種性이다.

다음의 十地가 즉 十住가 된다. 만약 정명의 방에 도래하여 머문 것이 무릇 십이 년이라는 것은 십이 년 동안 이미 항상 대승법을 듣고서 남녀가 없

1092) 同=問【甲】
1093) 令=今【甲】* [* 1]

음을 깨친 까닭에 所轉이 없다는 것이다.

卽時天女以神通力變舍利弗令如天女天女自化身如舍利弗而問言何以不轉女身. 此第二轉身論義. 上雖言如幻. 今證成其事也. 男女不如幻. 則有定相. 應不可轉. 以可轉故. 則無定相. 故當知如幻. 二者. 上云天女有無礙之辨. 云何受有礙之身. 故今明. 辨旣無礙. 身亦如是. 身口無礙. 由無礙之心. 是故菩薩. 三業無礙. 聲聞反之故. 三業並礙.

'즉시에 그 천녀가 신통력으로써 사리불을 변화시켜 천녀의 몸과 똑같이 만들고, 천녀 자신은 사리불과 똑같은 몸으로 변화하였다. 그리고 질문하여 물었다. 어째서 여인의 몸을 바꾸지 않습니까.'에서 이것은 둘째로 轉身을 논의한 것이다.

(첫째는) 위에서는 비록 幻과 같다[如幻]고 말했는데, 지금은 그것을 證成한 것이다. 남녀가 幻과 같지 않은 즉 정해진 모습[定相]이 있어서 응당 轉할 수가 없다. 그런데 轉한 까닭에 즉 정해진 모습[定相]이 없다. 때문에 마땅히 幻과 같은 줄 알아야 한다.

둘째는 위에서 천녀에게는 無礙辨이 있는데 어떻게 有礙身을 받는지 물었다. 때문에 지금 여기에서 辨이 이미 無礙여서 身도 또한 그렇다는 것을 설명한다. 身과 口가 無礙인 것은 無礙心(意)을 말미암은 것이다. 이런 까닭에 보살은 삼업이 무애이지만, 성문은 그것과 반대이기 때문에 삼업이 모두 有礙이다.

舍利弗以天女像而答言我今不知所[1094]轉而變爲女身. 竟自非女. 不知何所轉. 雖實非女. 而女相宛然. 故變爲女像也. 不[1095]知何轉. 明無女可轉. 而變爲女. 故非無有轉. 又不知何轉. 明非有. 而變爲女. 辨非無. 肇公云. 吾不知所以轉. 而爲此身如之何.

'사리불이 천녀의 모습으로 답하여 말했다. 저는 지금 여인의 몸을 어떻게 바꾸어야 할지 모르겠습니다.'에서 구경에 사리불 자신은 여인이 아닌데 어떻게 所轉한 것인지 모른다. 비록 실제로 여인은 아닐지라도 여인의 모습이 완연하다. 때문에 변하여 여인의 모습이 되었는데 또한 어떻게 轉해야 할지 모른다는 것은 여인으로 轉할 수 없음을 설명한 것이다. 그러나 변하여 여인이 되었기 때문에 轉함이 없지 않다.

또한 어떻게 轉해야 할지 모른다는 것은 有가 아님을 설명한 것이다. 그러나 변하여 여인이 된 것은 無가 아님을 변별한 것이다.

肇公은 '내가 轉한 까닭을 모르는데 이 몸을 어찌하겠는가.'라고 말한다.

天曰舍利弗若能轉此女身則一切女人亦當能轉. 此述身子不知何轉之言也. 不知何轉. 明實非女義. 身子非女故無所轉者. 一切女人. 亦實非女. 亦不能轉也.

'천녀가 말했다. 사리불이여. 만약 여인의 몸을 바꿀 수가 있다면 곧 일체

1094) 所=何【甲】
1095) 不=又【甲】

의 여인도 또한 당연히 바꿀 수가 있을 것입니다.'에서 이것은 사리불이 어떻게 몸을 轉해야 할지 모른다는 말을 서술한 것이다.

어떻게 (몸을) 轉해야 할지 모른다는 것은 실로 여인이 아니라는 뜻을 설명한 것이다. 사리불은 여인이 아니기 때문에 所轉이 없다는 것은 일체의 여인도 또한 실로 여인이 아니므로 또한 轉할 수 없다는 것이다.

如舍利弗非女而現女身一切女人亦復如是雖現女身而非女也是故佛說一切諸法非男非女. 此述身子而變爲女像之言. 雖復無女. 而女像宛然. 一切女亦然也.

'마치 사리불께서 여인이 아니지만 여인의 몸을 나타낸 것처럼 일체의 여인도 또한 그와 같습니다. 비록 여인의 몸을 나타냈지만 여인이 아닙니다. 이런 까닭에 부처님께서는 일체제법은 남자도 아니고 여인도 아니라고 설하셨습니다.'에서 이것은 사리불이 변하여 여인이 된 모습이 되었다는 말을 서술한 것이다. 이것은 비록 다시는 여인이 없을지라도 여인의 모습이 완연한데 일체의 여인도 또한 그렇다는 것이다.

問. 天女神力. 轉非女爲女. 一切女人. 本皆是女. 何名非女爲女. 答. 業煩惱幻力. 轉變實相. 故非女爲女.

묻는다 : 천녀가 신통력으로 여인이 아닌 사람을 轉하여 여인으로 만들었는데, 일체의 여인은 본래 모두가 여인이었습니다. 그런데 어째서 여

인이 아닌 사람을 여인으로 만들었다는 것입니까.

답한다 : 업으로 인한 번뇌의 幻力이 轉하여 실상을 변화시켰다. 때문에 여인이 아닌 사람을 여인으로 만든 것이다.

卽時天女還攝神力舍利弗身還復如故天問舍利弗女身色相今何所在舍利弗言女身色相無在無不在天曰一切諸法亦復如是無在無不在夫無在無不在者佛所說也. 此第三復身論義. 今不見女相故無在[1096]. 問[1097]有女相故無不在. 又問[1098]有女相故. 無今之不在. 今無女相故. 無向所在. 卽幻化無定義也. 諸法亦然者. 以眞諦故非在. 世諦故無不在. 無在故非有. 無不在故非無. 卽中道義. 又前變爲女. 令知非女則爲女. 卽非有有義. 今捨女身. 令知女爲非女. 謂非無無義. 一切諸法皆[1099]無. 類如此也. 又前變爲女. 本來非女. 名本來不有. 今反爲非女故. 本來非無. 本來非有故無在. 本來非無故無不在. 諸法亦爾.

'즉시에 천녀가 다시 신통력을 거두어들이니, 사리불이 몸은 다시 예전과 똑같이 회복되었다. 그러자 천녀가 사리불에게 물었다. 여인의 색상은 지금 어디에 있습니까. 사리불이 말했다. 여인의 색상은 있지도 않고 없지도 않습니다. 천녀가 말했다. 일체제법도 또한 그와 같이 있지도 않고 없지도 않는데, 무릇 있지도 않고 없지도 않다고 부처님께서 설하셨습니다.'에서 이

1096) 在+(向)ㆍ{甲}
1097) 〔問〕-{甲}
1098) 問=向ㆍ{甲}
1099) 皆=有{甲}

것은 셋째로 다시 몸을 논의한 것이다.

지금은 여인의 모습이 보이지 않기 때문에 無在였지만 조금 이전에는 여인의 상이 있었기 때문에 不在가 아니었다. 또한 조금 이전에는 여인의 모습이 있었기 때문에 지금과 같은 不在가 아니었다. 그런데 지금은 여인의 모습이 없기 때문에 이전과 같은 所在가 없은 즉 幻化로서 확정된 것이 없다는 뜻이다. 제법도 또한 그와 같다. 眞際이기 때문에 在가 아니고, 世諦이기 때문에 不在가 아니다. 在가 아니기 때문에 非有이고 不在가 아니기 때문에 非無인 즉 중도의 뜻이다.

또한 위에서 변하여 여인을 만든 것은 여인이 아닌 즉 여인이 되었음을 알도록 한 것이기에 非有의 有라는 뜻이었다. 그런데 지금은 반대로 여인이 아닌 것으로 만들었기 때문에 본래는 非無였고, 본래는 非有였기 때문에 在가 아니고, 본래는 非無였기 때문에 不在가 아니다. 제법의 경우도 또한 그렇다.

舍利弗問天汝於此沒當生何處. 此第六論沒生義. 問意云. 見天女三業無礙. 則是淨因. 則必捨女質. 但未知定生何處. 是故問之. 又旣知現相之無在. 又問當生之所在也.

'사리불이 천녀에게 물었다. 그대는 이곳에서 죽으면 장차 어디에서 태어나는 것입니까.'에서 이것은 여섯째로 죽고 태어남[沒生]의 뜻을 논한 것이다.
질문한 뜻은 '천녀가 삼업에 무애함을 본즉 그것은 淨因이다. 그런 즉 반드시 여인의 몸[質]을 버려야 하겠지만 단지 어느 곳에 태어나는가[定生]를 모를 뿐이다.'는 것이다. 이런 까닭에 그것을 물었다.

또한 이미 드러난 모습이 在가 아님을 알았기 때문에 다시 장차 어느 곳에 태어날 것인가를 물은 것이다.

天曰佛化所生吾如彼生. 此生身相. 旣如幻化. 沒此生彼. 豈當有實. 故三世皆如化也

'천녀가 말했다. 부처님께서 화신으로 태어나면 저도 그와 같이 태어날 것입니다.'에서 이것은 태어난 身相이 이미 幻化와 같아서 여기에서 죽고 저기에서 태어나는데 어찌 마땅히 實이 있겠느냐는 것이다. 때문에 삼세가 모두 幻化와 같다.

<舍利弗+?>曰佛化所生非沒生也天曰衆生猶然無沒生也. 上明無生而生. 生因[1100]幻化. 今明幻生無生故. 非沒生也. 又前明天女幻生. [*]令類衆生亦爾.

'(사리불이) 말했다. 부처님께서 화신으로 태어난 것에는 죽거나 태어나는 것이 없습니다. 천녀가 말했다. 중생도 그와 같아서 죽고 태어나는 것이 없습니다.'에서 위에서는 태어남이 없이 태어난 것은 탄생이 환화와 같음을 설명하였는데, 지금은 幻으로 태어난 것[幻生]은 無生이기 때문에 죽음과 태어남이 없음을 설명한 것이다.

1100) 因=同【甲】

또한 위에서는 천녀가 幻으로 태어난 것[幻生]을 설명하였는데, 지금은 중생도 또한 그렇다는 것을 견준 것이다.

舍利弗問天汝久如當得阿耨多羅三藐三菩提. 此第七論得菩提久近. 前云佛化所生. 吾猶彼生. 便謂天女不久得佛. 又恒聞女成佛遲故. 復疑久近. 而接前文者. 身相不實故. 生可知[1101]幻化. 菩提眞道. 必應有實. 故問久如當成.

'사리불이 천녀에게 물었다. 그대는 얼마나 오래되어야 장차 아뇩다라삼먁삼보리를 터득하는 것입니까.'에서 이것은 일곱째로 깨달음[菩提]의 久近을 논한 것이다.

위에서 '부처님은 화신으로 태어났다.'는 것을 말했는데 나도 마찬가지로 화신으로 태어났다. 그래서 곧 천녀는 머지않아 得佛할 것이라고 말한다.

또한 항상 듣건대 여인의 성불은 늦어지기 때문에 다시 久近을 의심한다. 그러나 위의 경문에 이어붙인 것은 身相은 實이 아니기 때문에 탄생이 幻化와 같다. 그러나 보리는 眞道로서 반드시 實이 있기 때문에 얼마나 오래되어야 장차 성불하는지 물은 것이다.

天曰如舍利弗還爲凡夫我及[1102]當成阿耨多羅三藐三菩提舍利弗言我作

1101) 知=如【甲】
1102) 及=乃【甲】

凡夫無有是處天曰我得阿耨多羅三藐三菩提亦無是處所以者何菩提無住處是故無有得者. 菩提之道. 言忘慮絶. 自無住處. 誰得之耶.

'천녀가 말했다. 사리불께서 다시 범부가 된다면 그처럼 저는 장차 아뇩다라삼먁삼보리를 성취할 것입니다. 사리불이 말했다. 제가 범부가 되는 그런 법은 없습니다. 천녀가 말했다. 제가 아뇩다라삼먁삼보리를 터득하는 것도 또한 그런 법은 없습니다. 왜냐하면 보리는 주처가 없습니다. 이런 까닭에 터득하는 것이 없습니다.'에서 보리의 道는 언설을 잊고 사려분별을 단절하며 스스로 주처가 없거늘 무엇이 그것을 터득한단 말인가.

舍利弗言今諸佛得阿耨多羅三藐三菩提已得當得如恒河沙皆謂何乎天曰皆以世俗文字數故說有三世非謂菩提有去來今. 什公云. 菩提性空故. 超於三世. 菩提旣空. 則無得佛. 無得佛故. 亦無菩提[1103]. 今謂文云. 菩提非三世. 不言菩提空故非三世. 此文宜就眞應通之. 法身菩提. 則非三世. 應迹成道. 有去來今. 卽明菩提常住. 非無常敎也.

'사리불이 말했다. 지금 제불께서 터득한 아뇩다라삼먁삼보리는 이미 터득한 것과 장차 터득할 것이 항하사와 같은 것입니다. 그것은 모두 어떻게 말해야 합니까. 천녀가 말했다. 모두 세속의 문자와 숫자로써 따져서 삼세가 있다고 설하지만 보리에는 과거 · 현재 · 미래가 있다고 말할 수 없습니다.'에 대하여 나집공은 다음과 같이 말한다.

1103) 提=薩₁【甲】

'보리의 자성은 공이기 때문에 삼세를 초월한다. 보리가 이미 공인 즉 득불이 없다. 득불이 없기 때문에 또한 보살이 없다.'

그런데 지금 말하자면 경문에서 말한 '보리에 삼세가 없다'는 것은 보리가 공이기 때문에 삼세가 없다고 말하는 것이 아니다. 이 경문은 마땅히 진신과 응신에 그것이 통한다는 것이다. 법신의 보리는 즉 삼세가 아니고 應迹의 成道에는 과거와 미래와 현재가 있다는 것은 곧 보리는 상주로서 무상의 敎가 아님을 설명한 것이다.

天曰舍利弗汝得阿羅漢道耶曰無所得故而得天曰諸佛菩薩亦復如是無所得故而得. 上論所得菩提. 今次辨能得之義. 然菩提絶四句超百非. 不可論得與無得. 以能如此悟. 卽是得道故. 是無得而得.

'천녀가 다시 말했다. 사리불이여. 그대는 아라한도를 터득했습니까. 사리불이 말했다. 무소득인 까닭에 터득한 것입니다. 천녀가 말했다. 제불과 보살도 또한 그와 같습니다. 무소득인 까닭에 터득한 것입니다.'에서 위에서는 소득의 보리를 논하였는데, 지금은 이어서 能得의 뜻을 변별한 것이다. 그러나 보리는 四句를 단절하고 百非를 초월하므로 득과 무득을 논할 수가 없다. 이와 같이 깨친 즉 그것은 득도이기 때문에 그것은 무득이지만 득이다.

問. 大小乘同是無得而得. 有何異耶. 答. 二乘取證. 雖同無得而得. 兩義爲異. 一者小乘入觀. 則是無得. 出觀便見有得. 大乘無出入之異. 二者雖同無得而得. 二乘照淺. 菩薩悟深. 故智度論云. 小乘見空. 如毛孔空. 大

士得空. 如十方空.

묻는다 : 대승과 소승은 똑같이 무득이지만 득인데 어떤 차이가 있다는 것입니까.

답한다 : 대승과 소승[二乘]의 取證이 비록 똑같이 무득이지만 득일지라도 두 뜻[兩義]에는 차이가 있다.

첫째는 소승이 입관한 즉 그것은 무득이고 출관해서는 곧 유득임을 보는데, 이것이 대승에는 출입이 없는 것과 차이이다.

둘째는 비록 (대승과 소승이) 똑같이 무득이지만 득일지라도 이승(소승)은 淺을 비추고 보살승은 深을 깨친다. 때문에 『대지도론』에서 소승이 보는 공은 마치 모공의 구멍과 같고, 대사가 얻는 공은 마치 시방의 허공과 같다.

爾時維摩詰報舍利弗是天女曾已供養九十二億佛已能遊戲菩薩神通所願具足得無生忍住不退轉以本願故隨意能現教化衆生. 此第三論義旣周. 拂天女迹. 身子論義. 言屈理窮. 有愧眨[1104]聽. 故居士拂迹. 明受屈大人. 不足爲恥也. 又雖復論義及現神通. 時衆未達位行深淺. 故淨名顯迹. 令物敬仰. 便[1105]尊其人重其法也. 經文前嘆往因. 遊戲神通下. 美其現德. 以任運成就無功用心. 名爲遊戲. 卽神通智慧. 嘆其本德. 隨意能現. 教化衆生. 美其迹用.

1104) 眨=時ィ【甲】
1105) 便=使【甲】

'그때 유마힐이 사리불에게 말했다. 이 천녀는 이미 일찍이 구십이억 부처님께 공양하였고, 이미 보살의 신통력을 유희하며 소원이 구족되어 무생법인을 터득하였습니다. 그래서 본원으로 인하여 마음대로 나타나서 중생을 교화하는 것입니다.'에서 이것은 셋째로 논의가 이미 무르익자 천녀의 자취[迹]를 지우려는 것이다.

사리불의 논의는 말은 꺾이고 이치는 궁색하여 부끄럽게 듣고 있기 때문에 거사가 그 자취를 없애주자 대인의 굴복을 받아들이고 부끄러워하지 않게 되었다.

또한 비록 다시 논의하고 신통을 드러내었는데도 시회대중이 位와 行의 深淺을 통달하지 못한 까닭에 정명이 자취를 드러내어 중생으로 하여금 경앙토록 하고, 그 사람과 법을 존중토록 하였다.

경문에서는 먼저 과거의 인을 찬탄하고 신통을 유희하며, 나중에 그 現德을 찬미한다. 마음대로 無功用心을 성취하는 것을 유희라고 말한다. 신통과 지혜에 즉하여 그 本德을 차탄하고 마음대로 현현하여 중생을 교화하므로 그 자취와 작용을 찬미한 것이다.

佛道品第八
제팔 불도품

大士發心. 凡有二種. 一求佛道. 二度衆生. 度衆生. 前品已明. 求佛道. 此章次說. 故有今品也. 佛有二義. 一者自悟. 二曰覺他. 道亦兩種. 一者虛通. 謂自在無礙. 二曰遮塞. 而衆邪莫遊. 佛爲能證之人. 道是所得之法. 在名雖二. 而無別兩體. 卽覺虛通爲道. 卽虛通覺義名佛. 用此題章. 名佛道品. 品開三別. 一明佛道. 二明佛種. 三辨眷屬. 初有二問答.

대사의 발심에는 무릇 두 가지가 있다.
첫째는 불도를 추구하는 것이다.
둘째는 중생을 제도하는 것이다.
중생을 제도하는 것에 대해서는 위의 品(관중생품)에서 이미 설명하였다. 불도를 추구하는 것은 이 章(불도품)에서 이어서 설한다. 때문에 지금의 [불도품]이 있다.
佛에 두 가지 뜻이 있다.
첫째는 自悟이다.
둘째는 覺他이다.
道에도 또한 두 가지가 있다.
첫째는 虛通인데 소위 자재하고 무애한 것이다.
둘째는 遮塞인데 衆邪 때문에 莫遊한 것이다.
佛은 能證의 人이고, 道는 곧 所得의 法이다. 명칭에는 (佛과 道의) 둘이 있지만 별도로 두 體가 있는 것은 아니다. 그래서 覺이 허통에 卽한 것은 道이고, 허통이 覺義에 卽한 것을 佛이라고 말한다. 이러한 제목을 활용한 章에서 [불도품]이라고 말한다.

[불도품]은 열어보면 셋으로 구별된다.
첫째는 佛道를 설명한다.
둘째는 佛種을 설명한다.
셋째는 眷屬을 변별한다.
첫째에는 두 가지 문답이 있다.

爾時文殊師利問維摩詰言菩薩云何通達佛道. 所以作斯問者. 大士欲度衆生. 衆生之相已顯. 欲求佛道. 佛道之義未彰. 是故問也.

'그때 문수사리가 유마힐에게 말했다. 보살은 어찌해야 불도에 통달합니까.'에서 이와 같이 질문한 까닭은 대사가 중생을 제도하려는데 중생의 相이 이미 드러나 있지만 불도를 추구하려는데 불도의 뜻이 아직 드러나지 않다. 이런 까닭에 질문을 한다.

維摩詰言若菩薩行於非道是爲通達佛道. 此第二答. 若無方便. 謂非道異道. 但行道爲道. 行非道爲非道. 故道與非道. 悉成非道. 若有方便. 休[1106) 道非道無有二相. 非但行道爲道. 行於非道. 亦卽是道. 故道與非道. 悉皆

1106) 休=體【甲】* [* 1]

是道. 如思益經云. 一切法正. 一切法邪. 卽其事也.

'유마힐이 말했다. 만약 보살이 非道까지도 실천해야 그것이 불도에 통달하는 것입니다.'에서 이것은 둘째로 답변한 것이다.

만약 방편이 없으면 非道를 道와 다르다고 말한다. 무릇 行道는 道이고 非行道는 非道이다. 때문에 도와 비도는 모두 비도가 된다.

그러나 만약 방편이 있으면 도와 비도에 二相이 없음을 체득한다. 그래서 비단 행도가 도여서 비도를 실천할 뿐만 아니라 또한 그것은 도에 즉한 것이기 때문에 도와 비도가 모두 다 도이다.

저 『사익경』에서 말한 '일체법이 正이고 일체법이 邪이다.'는 것이 곧 바로 그것이다.

問. 若達觀者. 一切皆道. 何故偏[1107]云行於非道通達佛道. 答. 於菩薩無非是道. 但爲對二乘. 言涅槃是道. 生死非道. 是故今說. 達此非道. 卽是佛道也. 又上天女. 卽是[*]休道之人. 寄迹女身. 以通達佛道. 前但略明一事. 今備辨行一切非道. 悉能通達佛道.

묻는다 : 만약 달관한 사람이라면 일체가 모두 도일 터인데 무슨 까닭에 비도까지 실천해야 불도에 통달한다고 치우쳐 말하는 것입니까.[偏云]

답한다 : 보살에게는 도 아닌 것이 없다. 다만 이승을 대치하기 위하여 열반

1107) 偏=遍【甲】. =偏ㅓ【甲】

은 도이고 생사는 비도라고 말한다. 이런 까닭에 지금은 그 비도까지 실천해야 곧 그것을 불도라고 설한다.
또한 위에서는 천녀 곧 도를 체득한 사람이 자취를 여인의 몸에 의탁한 것은 불도에 통달한 것이었다. 위에서는 무릇 간략하게 一事에 대해서만 설명하였는데, 지금 여기에서는 일체의 비도를 실천한 것은 모두 불도에 잘 통달함을 갖추어 변별한 것이다.

又問菩薩云何行於非道. 此第二番問答. 釋非道爲道.

'다시 물었다. 보살이 非道까지 실천해야 한다는 것은 무엇입니까.'에서 이것은 두 번째의 문답인데, 비도가 도임을 해석한 것이다.

答曰若菩薩行五無間而無惱恚. 答問[1108]爲五. 初示起凡夫行. 通達佛道. 次示起二乘行通達佛道. 三起生死行. 通達佛道. 四入涅槃行. 通達佛道. 五總結也. 初二凡聖一雙. 後兩生死涅槃相對. 此四門. 可具二義. 一行非道. 能通達佛道. 二能令衆生. 因此門以悟正道. 卽是自行化他. 同入佛道. 行五無間者. 此就業門. 行於非道. 而通達佛道. 起五逆業. 必由惱恚[1109]生. 示起五逆行非道. 而無惱[*]恚. 通達佛道也.

1108) 間=文力【原】【甲】
1109) 恚=患亻【原】* [* 1]

'답하여 말했다. 만약 보살이 五無間에 떨어지더라도[行] 惱恚가 없고'는 답변한 경문인데, 다섯 부분이 있다.

첫째는 범부행을 일으켜서 불도에 통달함을 내보인다.
둘째는 이승행을 일으켜서 불도에 통달함을 내보인다.
셋째는 생사행을 일으켜서 불도에 통달함을 내보인다.
넷째는 열반행을 일으켜서 불도에 통달함을 내보인다.
다섯째는 총결이다.

앞[初]의 둘(첫째와 둘째)은 범부와 이승[聖]이 한 쌍이고, 뒤[後]의 둘(셋째와 넷째)은 생사와 열반이 상대한다.
이들 四門은 모두 다음과 같은 두 가지 뜻이 있다.
첫째는 비도를 실천하여 불도에 통달하는 것이다.
둘째는 중생으로 하여금 이 門을 일으켜 정도를 깨치도록 해준다.
곧 이것은 自行이고 化他로서 함께 불도에 들어가는 것이다.
五無間에 떨어진다[行]는 것은 이들이 業門에 나아가서 비도를 실천하여 불도에 통달해야 하는데도 五逆業을 일으키는 것인데 반드시 惱患을 말미암아 발생하는 것이다. 이것은 오역행이라는 비도를 일으키지만 惱患이 없어서 불도에 통달함을 내보인 것이다.

至於地獄無諸罪垢至于畜生無有無明憍慢等過至于餓鬼而具足功德. 上明惡因爲非道. 以通佛道. 此辨惡果非道. 以通佛道.

'지옥에 이르더라도 모든 罪垢가 없으며, 축생에 이르더라도 無明과 憍慢 등의 허물이 없고, 아귀에 이르더라도 공덕을 구족하며'에서 위에서는 惡

因은 非道로서 불도에 통달함을 설명하였는데, 이것은 惡果가 비도로서 불
도에 통달함을 변별한 것이다.

行色無色道不以爲勝. 此辨二界有漏善果非道. 以通佛道. 凡夫生上界.
謂爲[1110]涅槃第一最勝. 今爲物而生. 顯上二界是生死法故. 不以爲勝.

 '색계도와 무색계도에 가더라도 勝處라고 간주하지 않습니다'에서 이것은
이계(색계와 무색계)의 有漏善果가 비도로서 불도에 통달함을 변별한 것이다.
 범부가 상계(색계 내지 무색계)에 태어나는 것이야말로 열반이고 제일이며
최승이다. 지금 여기에서는 중생을 위해서 태어나는 上二界(색계와 무색계)는
곧 생사법으로서 勝이 될 수가 없음을 드러낸 것이다.

示行貪欲離諸染著. 示行瞋恚於諸衆生無有恚閡. 示行愚癡而以智慧調
伏其心. 示行慳貪而捨內外所有不惜身命. 示行毀禁而安住淨戒乃至小
罪猶懷大懼. 示行瞋恚而常慈忍. 示行懈怠而勤修功德. 示行亂意而常念
定. 示行愚癡而通達世間出世間慧. 示行諸[1111]僞. 而善方便隨諸經義. 示
行憍慢而於衆生猶如橋梁. 示行諸煩惱而心常清淨. 示入諸魔而順佛智
慧不隨他教. 此行煩惱非道. 以爲<通+?>佛道.

1110) 爲=以【甲】. =爲ィ【unknown】
1111) 諸=諂【甲】

'탐욕을 실천해 보여도 모든 염착을 떠나있고, 瞋恚를 실천해 보여도 모든 중생에 대하여 恚闍[1112]가 없으며, 우치를 실천해 보여도 지혜로써 그 마음을 다스리고, 간탐을 실천해 보여도 내외의 소유에 집착하지 않고 신명을 아끼지 않으며, 毁禁을 실천해 보여도 淨戒에 안주하고, 내지 작은 죄에 대해서도 마치 큰 두려움을 품은 것처럼 하며, 瞋恚를 실천해 보여도 항상 慈忍하고, 해태를 실천해 보여도 공덕을 勤修하며, 亂意를 실천해 보여도 항상 선정에 집중하고, 우치를 실천해 보여도 세간과 출세간의 지혜에 통달하며, 諂僞를 실천해 보여도 선방편으로 모든 경전의 뜻을 따르고, 교만을 실천해 보여도 중생에 대하여 마치 교량과 같은 역할을 해주며, 모든 번뇌를 실천해 보여도 마음이 항상 청정하고, 魔에 들어가 보여도 불지혜를 수순하여 다른 가르침을 따르지 않으며'에서 이것은 번뇌의 비도를 실천하는 것이 불도에 통달함을 내보인 것이다.

示入聲聞而爲衆生說未聞法示入辟支佛而成就大悲敎化衆生. 第二行二乘非道. 以通佛道.

'성문에 들어가 보여도 중생을 위하여 일찍이 들어본 적이 없는 법을 설하고, 벽지불에 들어가 보여도 대비를 성취하여 중생을 교화하며'에서 이것은 둘째로 이승의 비도를 실천하는 것이 불도에 통달함을 내보인 것이다.

[1112] 恚闍는 불만족하여 화를 내고 남에게 폐해를 끼치는 것을 말한다.

示入貧窮而有室牛[1113]功德無盡示入形殘而具諸相好以自莊嚴示入下賤而生佛種姓中具諸功德示入羸劣醜陋而得那羅延身一切衆生之所樂見示入老病而永斷病根超越死畏示有資生而恒觀無常實無所貪示有妻妾[綵>婇]女而常樂[1114]離五欲淤泥現於訥鈍而成就辨才總持無失示入邪濟而[1115]正濟度諸衆生現遍入諸道而斷其因緣. 第三行生死非道. 而通佛道也. 而生佛種姓中者. 肇什二師. 同以無生忍. 必紹繼佛種. 名種姓. 但無生忍有二位. 一初地. 二七地. 今據初地也. 依智度論. 解性地云. 生聖人種姓地名性地. 此據地前習種性. 名爲性地也. 那羅延者. 夫[1116]力士名也. 端正殊妙. 志力雄猛也.

'빈궁에 들어가 보여도 공덕이 무진하고, 刑殘에 들어가 보여도 모든 상호를 구족하여 스스로 장엄하며, 下賤에 들어가 보여도 불종성 가운데 태어나서 모든 공덕을 구족하고, 열악하고 누추한 곳에 들어가 보여도 나라연의 몸을 얻어서 일체중생이 즐겨 바라보게 되며, 老와 病에 들어가 보여도 영원히 病根을 단제하고 死畏를 초월하며, 資生을 있어 보여도 항상 무상을 관찰하여 실로 탐욕이 없고, 妻와 妾과 采女가 있어 보여도 항상 오욕의 진흙밭을 멀리 여의며, 어눌하고 어리석음을 드러내도 변재를 성취하고 總持를 상실하지 않으며, 邪濟에 들어가 보여도 正濟[1117]로써 모든 중생을 제

1113) 室牛=寶手【甲】
1114) 樂=遠ㅣ【甲】
1115) 而=以ㅣ【甲】
1116) 夫=天【甲】
1117) 邪濟는 외도의 가르침으로 중생을 제도하는 것이고, 正濟는 불법의 가르침으로 중생을 제도하는 것이다.

도하고, 諸道에 두루 들어가 보여도 그 인연을 단제하며'에서 이것은 셋째로 생사의 비도를 실천하는 것이 불도에 통달함을 내보인 것이다.

불종성 가운데 태어난다는 것에 대하여 승조 및 나집의 두 법사는 모두 무생인으로써 반드시 불종을 계승하는 것을 種姓이라고 말한다.

무릇 무생인에 두 계위가 있다.

첫째는 초지이다.

둘째는 제7지이다.

지금은 초지에 의거한 것이다. 『대지도론』에 의거하면 性地라고 해석하여 '성인의 種姓地에 태어나는 것을 性地라고 말한다.'고 말한다. 이것은 지전의 習種性을 性地라고 말한 것이다.

나라연이란 천상에 있는 力士의 명칭인데, 端正하고 殊妙하며 의지력이 雄猛하다.

現於涅槃而不斷生死. 第四起涅槃行. 而通達佛道. 雖現身涅槃. 而方入生死. 此之涅槃. 名爲佛道. 二乘入涅槃. 斷生死. 此涅槃非佛道.

'열반을 드러내도 생사를 단제하지 않습니다.'에서 이것은 넷째로 열반행을 일으켜서 불도에 통달함을 내보인 것이다. 비록 현신은 열반이지만 바야흐로 생사에 들어가는데, 이러한 열반을 불도라고 말한다. 이승은 열반에 들어가서 생사를 단제하는데 그러한 열반은 불도가 아니다.

文殊師利菩薩能如是行於非道是爲通達佛道. 第五總結. 以訓其問.

'문수사리여. 보살은 이와 같이 非道까지도 실천하는데, 그것이 불도에 통달하는 것입니다.'에서 이것은 다섯째로 총결로써 그 질문에 응답한 것이다.

於是維摩詰問文殊師利何等爲如來種. 第二次明佛種. 文有二. 初明佛種. 次迦葉自嘆. 前有二問答. 自賓主已下[1118]淨名獨說. 似是辨慧之功. 偏有所歸. 今欲顯其德. 欲令彼說也. 亦云推美以爲供養. 又行邪達正. 恐人生疑. 故問文殊. 令他取信. 以人異解同. 宜應頂受.

'이에 유마힐이 문수사리에게 물었다. 어떤 것들이 如來種입니까.'에서 이것은 둘째로 이어서 佛種을 설명한 것이다.
경문은 두 부분이 있다.
첫째는 불종을 설명한다.
둘째는 가섭이 스스로 찬탄한다.
위의 두 문답에서는 賓主 이후부터는 정명 혼자 설하였는데, 그것은 마치 辨慧의 功과 같이 돌아가야 할 것[所歸]에만 치우쳐 있었다. 지금은 그 덕을 드러내고자 그로 하여금 설하도록 하려는 것이다. 또한 찬미하는 것이 곧 공양이라고도 말한다.
또한 邪를 실천하여 正에 통달한다는 것이야말로 사람들에게 의혹을 일으키게 될 것을 염려한 까닭에 문수에게 질문하여 그들로 하여금 믿음을 갖도록 해준다. 그럼으로써 사람은 달라도 이해는 동일하므로 마땅히 頂受해야 할 것이다.

1118) 下=來ㄱ【甲】

文殊師利言有身爲種. 此第二答. 就文爲四. 一明生死果爲種. 二辨生死因爲種. 三重辨[1119]果. 四重釋因. 上明佛道. 今明佛種. 佛道據果. 佛種約因. 至人體達佛道故. 能示現行一切非道. 悉是佛道. 故是果門. 今明生死凡夫. 能發心成佛紹繼佛義. 故明佛種. 當知故[1120]據因. 有身者. 謂有漏五陰身也. 以有漏五陰身. 衆生皆應作佛. 故名爲種. 又說[1121]有身卽身見. 以有此身故名有身. 又身内起見. 名爲身見. 身見是三有之本. 名爲有身也. 以有身見. 衆生發心求佛. 故名佛種.

'문수사리가 말했다. 有身[1122]이 여래종이고'에서 이것은 둘째로 답변이다. 경문은 네 부분이 있다.

첫째는 생사의 果가 여래종임을 설명한다.

둘째는 생사의 因이 여래종임을 변별한다.

셋째는 거듭 생사의 과를 변별한다.

넷째는 거듭 생사의 인을 해석한다.

위에서는 불도에 대하여 설명하였는데, 지금은 불종에 대하여 설명한다. 불도는 果에 의거한 것이고, 불종은 因에 의거한 것이다. 지인은 불도에 체달하여 일체의 비도를 실천하는 것이 모두 불도임을 시현한다. 때문에 그것은 果門이다. 지금은 생사하는 범부가 발심하고 성불하여 佛義를 계승함을 설명한다. 때문에 불종은 반드시 인에 의거하는 줄 알아야 함을 설명한다.

有身이란 소위 유루의 오음신이다. 유루의 오음신으로써 중생은 모두 장

1119) 辨=驛ㅓ【甲】
1120) 〔故〕ㅓ-【甲】
1121) 說=釋ㅓ【原】【甲】
1122) 有身은 有身見으로서 나[我]와 나의 것[我所]이 있다고 집착하는 견해를 말한다.

차 작불하는 까닭에 種이라고 말한다.

　또한 有身을 해석하면 곧 身見이다. 이 몸이 있기 때문에 有身이라고 말한다.

　또한 몸 안에서 일으키는 見을 身見이라고 말한다. 신견은 곧 三有의 근본이므로 有身이라고 말한다. 그런데 유신견으로써 중생은 발심하여 佛을 추구하기 때문에 佛種이라고 말한다.

問. 何故偏取煩惱. 爲佛種耶. 答. 二乘斷於煩惱. 不能發心作佛. 故非佛種. 今偏作[1123]之. 故說有煩惱人. 名爲佛種.

묻는다 : 무슨 까닭에 번뇌에 대해서만 불종이라고 偏取하는 것입니까.
답한다 : 이승은 번뇌를 단제하고나면 발심하여 작불할 수가 없다. 때문에 불종이 아니다. 지금은 그 점을 배척하는 까닭에 번뇌가 있는 사람을 설하여 불종이라고 말한다.

無明有愛爲種貪恚癡爲種四顚倒爲種五蓋爲種.　此第二明生死因爲種. 涅槃經云. 生死本際. 凡有二種. 一者無明. 二者有愛. 以偏[1124]是根本. 故遍說之.

1123) 作＝斥ㄱ【甲】
1124) 偏＝二ㄱ【甲】

'無明과 有愛가 여래종이며, 貪・恚・癡가 여래종이고, 四顚倒[1125]가 여래종이며, 五蘊이 여래종이고'에서 이것은 둘째로 생사의 인이 불종임을 설명한 것이다.

『열반경』에서는 '생사의 본제에 무릇 두 가지가 있다. 첫째는 무명이고, 둘째는 유애이다.'고 말한다. 이 둘이 근본이기 때문에 그것에 대하여 널리 설한다.

六入爲種七識住爲種. 此第三重明生死果爲佛種. 七識住者. 欲界人天爲一. 色界三禪. 幷無色界三空. 此之七處. 識所樂生. 識所安住. 故名識住. 第四禪. 有無想天滅識. 五那含天. 求於涅槃. 亦滅於識. 以有凡聖二種滅識故. 識不樂住. 非想天有滅盡定. 又彼心想微昧. 念不分明. 識不安住. 什公云. 初禪中. 除劫初梵王及劫初諸小梵. 自此後. 合爲[1126]一識住. 劫初唯有梵王. 未有後[1127]梵. 梵王念欲有餘梵. 爾時遇會來生. 梵王因起邪見. 謂是己造. 餘梵亦自謂. 從梵王生. 唯[1128]有精麁. 其邪想不異. 是名異身一想. 第二識經[1129]也. 二禪形無優劣. 而心有若干. 除入解脫. 種種異念. 是名一形異想. 是第三識住也. 三禪形無精麁. 心無異想. 所謂一形一想. 是第四識住也. 幷無色前三地. 是名七識住也. 什公. 開初禪爲二. 沒欲界之一. 故古舊爲異.

1125) 四顚倒는 無常을 常이라 간주하고, 苦를 樂이라 간주하며, 無我를 我라 간주하고, 淨을 不淨이라고 간주하는 잘못된 견해를 말한다.
1126) 爲+(第)ㄅ【甲】
1127) 後=餘ㄅ【原】【甲】
1128) 唯=雖ㄅ【甲】
1129) 經=住【甲】

'六入이 여래종이며, 七識이 여래종이고'에서 이것은 셋째로 거듭 생사의 과가 불종임을 설명한 것이다.

七識에 住한다는 것은 욕계의 인천이 하나이고, 색계의 三禪 및 무색계의 三空에 주하는 것이다. 이들 七處는 識의 所樂으로 生하고 識의 所安으로 住하기 때문에 識住라고 말한다. 그러나 제사선에 있는 無想天은 滅識이다. 그 가운데 五那含天[1130]에서는 열반을 추구하고 또한 식을 소멸한다. 이로써 凡과 聖의 二種의 식이 소멸되기 때문에 識不樂住는 非想天에 있는 滅盡定이기도 하다.

또한 그 心想은 微昧하여 念이 不分明하고 識이 不安住하다.

그래서 나집공은 다음과 같이 말한다.

'초선 가운데서 劫初의 梵王 및 劫初의 諸小梵을 제거한다. 그런 이후에야 第一識住에 합치된다. 겁초에는 오직 梵王만 있었고 그 밖의 梵은 없었다. 범왕이 다른 범이 있었으면 하고 생각하자, 그때 기회가 합치되어 來生하였다. 범왕이 일으킨 邪見을 인하여 〈이들은 내가 만들었다.〉고 말했다. 다른 범들도 또한 스스로 범왕을 좇아서 생하였다고 말했다. 비록 精과 麤는 있지만 그것은 邪想과 다르지 않다. 곧 異身一想이라고 말하는데 그것이 第二識住이다. 제이선의 形에는 優와 劣이 없지만 心에는 약간 남아있다. 入解脫을 제외한 種種의 異念을 一形異想이라고 말하는데 그것이 第三識住이다. 제삼선의 形에는 精과 麤가 없고 心에는 異想이 없다. 소위 一形一想인데 그것이 第四識住이다. 또한 무색계의 三地를 합하여 그것을 七識住라고 말한다.'

1130) 五那含天은 五淨居處, 五不還天, 五淨居, 淨居, 五淨居天이라고도 하는데, 色界의 第四禪天에 있는 9天 가운데 聲聞 第三果인 阿那含果를 증득한 성자가 태어나는 곳으로 無煩天, 無熱天, 善現天, 善見天, 色究竟天을 가리킨다.

나집공은 초선을 열어 두 가지로 삼아서 욕계의 한 가지를 없앤다. 때문에 古譯과 舊譯이 다르다.

八邪法爲種九惱[1131]爲種十不善道爲種以要言之六十二見及一切煩惱皆是佛種. 第四重擧生死因. 爲如來種. 違八正爲八邪. 九惱者. 一愛我怨家. 二憎我善友. 三惱我自身. 一世有三. 三世合九.

'八邪가 여래종이며, 九惱[1132]가 여래종이고, 십불선도가 여래종입니다. 그것을 요약해서 말하자면 육십이견 및 일체의 번뇌가 모두 佛種입니다.'에서 이것은 넷째로 거듭 생사의 인이 여래종임을 언급한 것이다.
　八正을 떠난 것이 八邪이다.
　九惱는 我의 怨家를 사랑하는 것이 하나이고, 我의 善友를 미워하는 것이 둘이며, 自身을 고뇌하는 것이 셋인데, 一世마다 이들 셋이 있으므로 三世에는 도합 아홉이 된다.

<維摩詰問+?>曰何謂也. 第二重問. 淨名爲時衆成問疑. 故設斯問. 此等皆彰[1133]佛道. 爲生死因. 何名佛種. 佛爲至極之慧. 而用衆患爲種. 未可了也.

1131) 惱+(處)ᵢ【原】【甲】
1132) 九惱는 愛我怨家·憎我知識·憎我己身의 一世가 곧 三惱이고 三世가 곧 九惱이다. 또한 愛結·恚結·慢結·無明結·見結·取結·疑結·嫉結·慳結의 九結을 가리키기도 한다.
1133) 彰=障ᵢ【甲】

'유마힐이 물었다. 어째서 그렇게 말하는 것입니까.'에서 이것은 둘째로 거듭 질문한 것이다.

정명이 시회대중을 위하여 질문을 성취하여 의심한 것이다. 때문에 이와 같은 질문이 시설된다. 곧 이들 모든 것은 불도를 장애하여 생사의 인이 되는데 어째서 불종이라고 말하는가. 佛에게는 지극한 지혜가 있어서 衆患을 활용하여 佛種으로 만드는데 그것을 알 수가 없다는 것이다.

答曰若見無爲入正位者不能復發阿耨多羅三藐三菩提心. 答文爲三. 初明起愛衆生爲佛種. 二乘斷愛故非種. 二明起見衆生爲佛種. 二乘斷見故非種. 三總約衆惑. 明種非種. 證於滅諦. 名見無爲. 從苦法忍. 至羅漢無生智. 此是道諦聖解. 道諦聖解稱[1134]爲正位. 此人見無爲境. 又入聖[1135]位. 不能發佛心也.

'(문수사리가) 답하여 말했다. 만약 無爲를 보아서 正位에 들어간 사람은 다시 아뇩다라삼먁삼보리심을 발생할 수가 없습니다.'에서 답변한 경문에 세 부분이 있다.

첫째는 愛를 일으킨 중생은 불종인데 이승은 愛를 단제하기 때문에 불종이 아님을 설명한다.

둘째는 見을 일으킨 중생은 불종인데 이승은 見을 단제하기 때문에 불종이 아님을 설명한다.

1134) 稱=種ㅣ【原】
1135) 聖=正【甲】

셋째는 총제척으로 衆惑에 의거하여 불종과 불종이 아님을 설명한다.

滅諦를 증득한 것을 見無爲라고 말한다. 苦法忍으로부터 羅漢의 無生智에 이르기까지 그것은 道諦로서 聖解이다. 도제의 성해를 正位라고 일컫는다. 그 사람의 견해는 무위의 경계이지만 또한 정위에 들어가면 불심을 일으킬 수가 없다.

譬如高原陸地不生蓮華卑濕淤泥乃生此華如是見無爲法入正位者終不復能生於佛法煩惱泥中乃有衆生起佛法耳. 心證無爲涅槃. 喩之高原. 蓮華譬菩提心. 蓮華必生蓮實. 菩提心必成佛道. 淤泥喩凡夫起愛煩惱能發道心. 故愛爲佛種.

'비유하면 마치 높은 지대의 메마른 땅[高原陸地]에는 연꽃이 피지 않고 낮은 습지의 진흙[卑濕淤泥]에서 이에 그 꽃이 피는 것과 같습니다. 이와 같이 무위법을 보아서 정위에 들어간 사람은 끝내 다시 불법을 발생할 수가 없습니다. 번뇌의 진흙 가운데서 이에 어떤 중생이 불법을 일으키는 것입니다.'에서 마음에 증득한 무위열반은 고원을 비유하고, 연꽃은 보리심을 비유한다.

연꽃은 반드시 연실을 발생하고, 보리심은 반드시 불도를 성취한다. 진흙은 범부가 일으키는 번뇌를 비유한 것인데 道心을 일으키기 때문에 愛가 불종이다.

又如殖種於空終不得生糞壤之地乃能滋茂如是入無爲正位者不生佛法起

於我見如須彌山猶能發乎阿耨多羅三藐三菩提心生佛法矣. 第二明起見
衆生爲佛種. 種謂菩提心. 但見衆生. 能發菩提心. 故名佛種. 而言殖者.
世[1136]間種. 藉人功故殖於種. 由[1137]佛菩薩教化故. 得發菩提心. 前明二
乘樂無爲涅槃. 不能發菩提心. 今取樂有爲空三昧不能發心作佛. 糞壤謂
我見. 我見能長養道心. 如糞壤也.

'또한 허공에 종자를 심으면 끝내 발생하지 않고 糞壤의 땅에서 이에 무성
하게 싹트는 것과 같습니다. 이와 같이 무위의 정위에 들어간 사람은 불법
을 발생하지 못합니다. 아견을 일으켜서 수미산과 같다고 보아야 마땅히 아
뇩다라삼먁삼보리심을 발생하여 불법을 발생할 수가 있습니다.'에서 이것
은 둘째로 見을 일으킨 중생은 불종임을 설명한 것이다.
　種은 소위 보리심이다. 무릇 중생을 보도 보리심을 발생하기 때문에 불종
이라고 말한다. 그리고 (종자를) 심는다고 말한 것은 세간의 종자처럼 사람
의 노력[人功]을 빌리는 까닭에 종자를 심고, 불보살의 교화를 말미암은 까
닭에 발보리심한다.
　위에서는 이승은 무위열반을 좋아하지만 발보리심하지 못함을 설명하였
는데, 지금은 유위의 공삼매를 좋아하여 발심해서 작불하지 못함을 取한다.
　糞壤은 소위 아견이다. 아견이 道心을 장양하는 것이 마치 糞壤과 같다.

是故當知一切煩惱爲如來種譬如不下巨海終不能得無價寶珠如是不入煩

1136) (如)カ+世【原】【甲】
1137) 於種由=得起佛種イ【原】【甲】

惱大海則不能得一切智寶之[1138]心. 第三總明一切煩惱爲種. 結訓其問.

'이런 까닭에 일체의 번뇌가 여래종임을 반드시 알아야 합니다. 비유하면 마치 巨海에 들어가지 않으면 無價寶珠를 획득할 수 없는 것과 같습니다. 이와 같이 번뇌의 대해에 들어가지 않으면 곧 일체의 智寶를 획득하지 못합니다.'에서 이것은 셋째로 총체적으로 일체번뇌가 불종임을 설명한 것이다. 총결로써 그 질문에 응답한 것이다.

問. 二乘何故非種. 凡夫爲種. 答. 二乘畏生死苦. 樂涅槃樂. 今旣勉[1139]苦得樂. 自保究竟. 無所希求故. 不能發心作佛. 凡夫有苦無樂. 兼我心自高. 唯勝是慕. 故能發心求佛.

묻는다 : 이승은 무슨 까닭에 불종이 아니란 말입니까.
답한다 : 이승은 생사고를 두려워하고 열반락을 좋아한다. 그런데 지금은 이미 고를 벗어나 락을 얻어서 스스로 구경을 지켜서 希求함이 없기 때문에 발심하여 작불할 수가 없다. 범부에게는 고가 있고 락이 없으며 아울러 아심은 높지만 오직 뛰어난 것을 바라기 때문에 발심하여 佛을 추구한다.

1138) 〔之心〕-ㅓ【甲】
1139) 勉=免力【甲】

爾時大迦葉歎言善哉善哉文殊師利快說此語誠如所言塵勞之儔爲如來種
我等今者不復堪任發阿耨多羅三藐三菩提心. 此第二迦葉自歎. 文殊旣
是菩薩. 雖毀二乘非種. 歎凡夫爲種. 未若聲聞親自說之. 是以迦葉自歎
也. 文有三章. 此初據煩惱. 明種非種也.

'그때 대가섭이 찬탄하여 말했다. 훌륭합니다. 참으로 훌륭합니다. 문수
사리여. 그 법어를 잘 설하였습니다. 참으로 말한 바와 같이 번뇌[塵勞]의 경
계가 여래종입니다. 그러나 저희들은 지금 또한 발아뇩다라삼먁삼보리심을
감당할 수가 없습니다.'에서 이것은 둘째로 가섭이 스스로 찬탄한 것이다.
 문수는 이미 보살이다. 비록 이승은 불종이 아니라고 폄훼하고 범부는 불
종이라고 찬탄하지만 그것은 성문의 경우처럼 친히 그렇게 설하는 것이 아
닙니다. 이 때문에 가섭이 스스로 찬탄한 것이다. 경문에는 三章이 있는데, 이
대목은 첫째로서 번뇌에 의거하여 불종과 불종이 아님을 설명한 것이다.

乃至五無間罪猶能發意生於佛法而今我等永不能發譬如根敗之士其於
五欲不能復利如是聲聞諸結斷者於佛法中無所復益永不志願. 此第二就
業門. 明種非種. 無間有四義. 一前念捨此身. 次念受地獄報. 其間無身間
念. 故云無間. 此趣報無間也. 二身形無間. 阿鼻地獄. 闊八萬由旬. 一人
入者. 則身遍滿. 多人亦然. 以身遍滿. 無有間處. 故云無間. 三壽命無間.
餘獄數生數死. 此處一劫壽命. 無死生間. 故爲無間. 四受苦恒續. 無樂
間之.

'내지 오무간죄를 지은 사람도 오히려 불법에 대하여 발심[發意]을 낼 수가

있는데 지금 저희들은 영원히 발심할 수가 없습니다. 비유하면 오근이 불구인 사람은 그로써 다시는 오욕을 충족할 수 없는 것과 같습니다. 이와 같이 성문의 경우는 모든 번뇌를 단제한 사람일지라도 불법에 더 이상 아무런 이익이 없어서 영원히 발심[志願]할 수가 없습니다.'에서 이것은 둘째로 업문에 나아가서 불종과 불종이 없음을 설명한 것이다.

무간에는 네 가지 뜻이 있다.

첫째는 前念에 이 몸을 버리고 次念에 지옥의 과보를 받는데, 그 사이에 몸이 있을 찰나[身間念]가 없기 때문에 무간이라고 말한다. 이것은 과보에 나아감이 무간이다.[趣報無間]

둘째는 身形無間이다. 아비지옥은 너비가 팔만 유순인데 한 사람이 들어간 즉 몸이 가득 차고, 여러 사람이 들어가도 또한 그렇다. 이처럼 몸이 가득 차서 間處가 없다. 때문에 무간이라고 말한다.

셋째는 壽命無間이다. 기타 지옥은 여러 번 태어나고 여러 번 죽는데, 이곳은 일 겁의 수명으로 생사간이 없다. 때문에 무간이다.

넷째는 고통을 영원히 계속해 받아서 거기에는 즐거움의 시간이 없다.

是故文殊師利凡夫於佛法有反復而聲聞無也所以者何凡夫聞佛法能起無上道心不斷三寶正使聲聞終身聞佛法力無畏等永不能發無上道意. 第三結成種非種義. 凡夫聞法. 發菩提心. 能紹佛種. 則爲報恩. 有反復也. 聲聞與此相違. 名無反復.

'이런 까닭에 문수사리여. 범부는 불법으로 다시 돌아갈 수가 있지만 성문은 그럴 수가 없습니다. 왜냐하면 범부로서 불법을 들은 사람은 無上道

心을 일으켜서 삼보를 단절시키지 않기 때문입니다. 그러나 바로 성문에게는 종신토록 불법의 십력과 사무소외 등을 들려주어도 영원히 無上道意를 발생하지 못합니다.'에서 이것은 셋째로 불종과 불종이 없다는 뜻을 결론적으로 성취한 것이다.

범부는 법문을 듣고 보리심을 일으켜 불종을 계승한 즉 보은이 되며 그것을 반복한다. 그러나 성문은 범부의 경우와 달리 반복이 없다.

問. 法華經. 明二乘作佛. 此敎何故. 辨聲聞永絶其根. 答. 彼經小志旣移. 大機已熟. 故明作佛. 此經明猶保小志. 未有大機. 故永絶其根.

  묻는다 :『법화경』에서는 이승의 작불을 설명하는데, 이『유마경』에서는 무슨 까닭에 성문은 영원히 작불의 근원을 단절했다고 변별하는 것입니까.
  답한다 :『법화경』에서는 小志가 이미 변하여[移] 大機로 이미 성숙했기 때문에 작불을 설명하였다. 이『유마경』에서는 小志도 오히려 지키지 못하고 大機는 아직 없기 때문에 영원히 작불의 근원을 단절했음을 설명한 것이다.

爾時會中有菩薩名普賢色身問維摩詰言居士父母妻子親戚眷屬吏民知識悉爲是誰奴婢僮僕象馬車乘皆何所在. 此第三次明眷屬. 前問. 後答. 問有三意. 一遠從空室義生. 淨名所以空室者. 凡有二義. 一欲以空且顯空.

如云諸佛國土亦復皆空. 二欲以室[1140]明人[1141]有. 如云衆魔外道有[1142]吾侍者. 文殊身子. 以略問空室之意. 未顯法身備有衆德. 故今問之. 二者近從通達佛道義生. 菩薩所以能遍入一切邪道而通達佛道者. 良由內備衆德故也. 三者淨名權道無方. 形同世俗. 淺識不達. 謂其實然. 今欲顯之. 是故致問.

'그때 법회 가운데 보현색신이라는 이름을 가진 보살이 있었는데, 유마힐에게 질문하여 말했다. 거사여. 부모 · 처자 · 친척 · 권속 · 관리 · 백성 · 선지식들은 모두 그것이 무엇이고, 노비 · 동복 · 코끼리 · 말 · 수레들은 모두 어디에 있습니까.'에서 이것은 셋째로 이어서 권속을 설명한 것이다

질문에 세 가지 뜻이 있다.

첫째는 멀리로는 빈 방[空室]의 뜻에서 발생하였다. 정명이 방을 비워둔 까닭에 무릇 두 가지 뜻이 있다.

첫째로 비워둠으로써 다시 空을 드러내려는 것이다. 마치 제불국토도 또한 다시 皆空이라고 말하는 경우와 같다.

둘째로 空으로써 有에 들어감을 설명하려는 것이다. 마치 衆魔와 外道가 모두 내 시자라고 말하는 경우와 같다. 문수사리불이 간략하게 빈 방[空室]의 뜻을 물음으로써 법신에 갖추어진 衆德이 드러나지 않은 까닭에 지금 그것을 질문한다.

둘째는 가까이로는 불도에 통달하는 뜻에서 발생하였다. 보살이 일체의

1140) 室=空イ【原】【甲】
1141) 人=入イ【原】【甲】
1142) 有=皆【甲】

邪道에 두루 들어가서 불도에 통달한 것은 진실로 안에 갖추고 있는 衆德을 말미암기 때문이다.
　셋째는 정명의 權과 道는 무방하여 겉모습[形]이 세속인으로 천식하여 통달하지 못한 것과 같다고 기실 그렇게 말한다. 지금은 그것을 드러내려는 까닭에 질문을 꺼낸다.

於是維摩詰以偈答曰. 此第二淨名答. 上明長行. 今說偈者. 示內有無礙之智. 外具無方之辨. 又隨物所樂故. 說法不同. 偈文爲四. 第一正訓其問. 第二明功用無方. 第三稱歎. 四勸發心.

'이에 곧 유마힐이 게송으로 답하여 말했다.'에서 이것은 둘째로 정명의 답변이다.
　위에서는 산문[長行]을 설명하였다. 지금 게송을 설한 것은 안으로는 無礙智가 있고 밖으로는 無方辨을 갖추고 있음을 설명한다. 또한 중생이 좋아하는 것을 따르는 까닭에 설법이 동일하지 않다.
　게송의 경문은 네 부분이 있다.
　첫째는 바로 그 질문에 답변한다.
　둘째는 功用이 無方함을 설명한다.
　셋째는 칭탄한다.
　넷째는 발심을 권장한다.

智度菩薩母方便以爲父一切衆導師無不由是生. 實智內照爲母. 而言度

者. 窮智之原也. 方便外用爲父. 方便有二. 一解空而不取證. 二實相理深. 莫能信受. 要須方便誘引. 令物得悟. 前明順理之乃[1143) 此辨適機之妙. 勝於實智. 故稱爲父. 又實意[1144) 虛凝. 與陰同靜. 方便巧用. 動與陽齊. 敎[1145) 配父母也. 佛與菩薩. 並是導物之師. 由此而生.

'반야바라밀은 곧 보살의 어머니이고/ 방편바라밀로 곧 아버지를 삼았으니/ 일체중생을 인도해주는 모든 도사도/ 이를 인유하여 발생치 않은 이 없네'에서 반야[實智]는 內照로서 어머니이고, 바라밀[度]이라고 말한 것은 궁극적인 반야[窮智]의 근원[原]이기 때문이다. 방편은 外用으로서 아버지이다.
　방편에 두 가지가 있다.
　첫째는 공을 이해하지만 증득을 취하지 않는 것이다.
　둘째는 실상의 이치는 심오하여 信受할 수가 없어서 요컨대 반드시 방편으로 유인하여 중생으로 하여금 깨치도록 해야 한다.
　위에서는 順理의 巧를 설명하였는데, 지금 이 대목은 근기에 알맞은 묘용이 實智보다 뛰어남을 변별하기 때문에 아버지라고 일컫는다.
　또한 實慧의 虛凝은 달[陰]처럼 고요함이 똑같고, 方便의 巧用은 해[陽]처럼 움직임이 똑같기 때문에 아버지와 어머니에 배대한다.
　佛과 보살은 모두 중생을 인도하는 스승으로서 이것[반야와 방편]을 말미암아 발생한다.

1143) 乃=巧【甲】
1144) 意=慧【甲】
1145) 敎=故【甲】

法喜以爲妻. 了悟深法. 則生歡喜. 故喩之以妻.

'법의 기쁨을 가지고 곧 아내로 삼고'에서 심오한 법을 분명하게 깨친 즉 환희가 발생하기 때문에 그것을 아내에다 비유한 것이다.

慈悲心爲女. 慈悲之心. 虛而外適. 又其性柔弱. 隨物入於生死也.

'대자 및 대비심을 가지고 딸 삼으며'에서 자비심은 텅 비어 있어서 밖에까지 이른다. 또한 자비의 본성은 유약하지만 중생을 따라서 생사에 들어간다.

善心誠實男. 誠實具三義. 一質直無曲. 異女人諂僞. 二者[1146]有幹用. 謂降制衆邪. 三紹繼佛種. 誠實雖是眞. 以男之性亦有爲惡而實故. 標以善心.

'선심 및 성실을 가지고 아들을 삼고'에서 성실에는 세 가지 뜻이 갖추어져 있다.
　첫째는 질직하고 왜곡됨이 없어서 여인의 諂僞와 다르다.
　둘째는 힘에 幹用[1147]이 있어서 소위 衆邪를 降制한다.
　셋째는 불종을 계승한다.

1146) 者＝力力【原】
1147) 幹用은 출세간의 善法을 성취하는 것이다.

성실은 비록 그 眞일지라도 남자의 본성은 또한 有爲惡이면서 實이기 때문에 그것으로써 善心을 標한다.

畢竟空寂舍. 此擧住處. 以顯其德. 前明智度謂空慧. 今擧實相境. 爲至人所栖. 畢竟空有四義. 一無患不[1148]障. 二悟空無德不備. 三寂滅永安. 四體性深博. 喩之舍也.

'필경엔 공적한 그 마음을 집 삼아서'에서 이것은 주처를 언급하여 그 덕을 드러낸 것이다.
　위에서는 반야바라밀[智度]을 소위 空慧라고 설명하였는데, 지금은 실상의 경계를 언급하여 지인의 주처[所栖]로 삼는다.
　필경공에는 네 가지 뜻이 있다.
　첫째는 근심이 없고 장애가 없다.
　둘째는 공을 깨쳐서 갖추지 못한 덕이 없다.
　셋째는 寂滅하고 永安하다.
　넷째는 體性이 깊고 넓다.
　이런 것을 집으로 비유한 것이다.

弟子衆塵勞隨意之所轉. 塵勞衆生. 隨菩薩化. 轉惡以從善也.

1148) 不＝可力【原】. ＝不ィ【甲】

'제자들을 비롯하여 갖가지 번뇌로써/ 자신의 마음을 따라서 활용하였다네'에서 번뇌가 있는 중생은 보살의 교화를 따라서 악을 굴려서 선을 좇는다.

道品善知識由是成正覺. 世之知識. 勸善誡惡. 三十七品. 開涅槃門. 塞生死路. 義同三益.

'삼십칠 가지 조도품 및 모든 선지식/ 이것을 말미암아서 정각을 성취하고'에서 세간의 지식(스승 혹은 도반)은 선을 권장하고 악을 경계한다. 삼십칠품은 열반의 문을 열고 생사의 길을 닫는데, 뜻에 세 가지 이익이 있다는 점에서 똑같다.

諸度法等侶. 或有雖爲知識. 不必爲剋終之伴. 或雖爲伴. 不必爲善知識. 今明善始令終至道場者. 六度爲眞伴也.

'일체의 바라밀로써 반려를 삼았으며'에서 비록 지식(스승 혹은 도반)이 있을지라도 그것이 반드시 임종[剋終]까지 반려가 되는 것은 아니다. 혹 반려가 된다고 해도 반드시 선지식(善知識)이 되는 것은 아니다.
  지금은 善을 시작하면서부터 그것을 끝내 도량에 이르게끔 하는 것을 설명한 것인데, 육바라밀로써 진정한 반려를 삼는 것이다.

四攝爲妓女. 悅物來衆. 莫過四攝.

'보시 애어 이행 동사섭은 기녀 되어'에서 중생이 기쁨을 초래하는 것들로는 사섭법을 능가하는 것이 없다.

歌詠誦法言以此爲音樂總持之園苑. 普遮惡令不生. 如菌之除穢. 遍持善令不失. 若苑之有衆物.

'노래하고 법문의 말씀을 암송하는데/ 그것을 가지고서 음악을 대신하였네/ 總持를 통하여 원림 및 정원을 삼고'에서 널리 모든 악을 차단하여 발생하지 않게 하는 것은 마치 동산에서 거친 것을 제거하는 것과 같다. 그래서 두루 선을 지녀 잃지 않도록 하는 것은 마치 동산에 갖가지 사물이 있는 것과 같다.

無漏法林樹. 無漏根深. 不可傾拔[1149]. 文[1150]理. 高聳扶疎. 蔭蔽煩惱樹之義也. 無有有漏間錯其間. 所以如林. 此見諦道也.

'무루법으로는 삼은 숲속의 나무에는'에서 무루의 뿌리는 깊어서 눕혀서 뽑을 수가 없고, 무루의 줄기[理]는 높이 솟아서 무성하다. 蔭蔽는 煩惱樹라는 뜻이다. 그 사이에 有漏의 間錯이 없기 때문에 숲과 같다. 이것은 見諦道[1151]이다.

1149) 拔+(無漏)力【甲】
1150) 文=之【甲】, =又ㆍ【甲】
1151) 見諦道는 見道라고도 하는데, 무루의 바른 지혜를 발휘하여 사성제와 같은 진리를 처음으로 통찰하는 단계이다.

覺意淨妙華. 華有三義. 一感果. 二淸淨. 三莊嚴. 今具足也. 淨卽淸淨. 妙
謂莊嚴. 下[1152]明解脫智慧感果義也. 所以用七覺爲華者. 華之爲體. 合則
不妙. 開過則毀. 開合得中. 乃盡其妙. 調順覺意. 其義亦爾. 高則放散. 下
則沈沒. 高下和適. 其由淨華.

'칠각분의 청정미묘한 꽃이 피어나고'에서 꽃[華]에는 세 가지 뜻이 있다.
첫째는 열매를 맺고, 둘째는 청정하며, 셋째는 장엄한다. 지금은 이 세 가
지 뜻을 모두 갖추고 있다.

淨은 곧 청정이고, 妙는 소위 장엄이다. 꽃[華]은 해탈지혜가 맺은 果라는
뜻을 설명한 것이다. 때문에 七覺을 활용하여 꽃[華]으로 만든 것이다. 그 꽃
으로 體를 삼기에 合한 즉 妙가 안되고 開過한 즉 毀가 되어 開와 合이 得
中해야만 이에 그 妙를 다하여 칠각의 뜻[意]이 조화를 이룬다. 그 뜻[義]도
또한 그러하기에 높인 즉 放散하고 낮춘 즉 沈沒하여 높임과 낮춤에 和適하
는 것은 그것이 바로 청정한 꽃[淨]을 말미암은 까닭이다.

解脫智慧果. 七覺是思惟位. 生無學智斷之果. 解脫爲斷果. 謂無爲法也.
智慧卽智果. 謂有爲果也.

'해탈이라는 지혜의 열매가 맺혔다네'에서 칠각은 곧 思惟位로서 無學
智의 斷果가 발생되는데 해탈이 斷果로서 소위 無爲法이다. 지혜는 곧 智
果로서 소위 有爲果이다.

1152) 下=華【甲】

八解之俗[1153]池. 八解卽八背捨. 謂背捨下地繫縛. 名爲解脫. 水之爲用. 除垢去熱. 解脫之性. 除煩惱熱. 離衆惑垢也.

'여덟 가지 해탈의 물 담긴 연못에는'에서 팔해탈은 곧 팔배사로서 소위 下地의 繫縛을 背捨하므로 해탈이라고 말한다. 물[水]은 그 用으로서 垢를 제거하고 熱을 없애준다. 해탈의 본성은 번뇌의 열을 제거하고 衆惑의 때를 벗겨준다.

定水堪然滿. 止則能鑒. 定水義也. 得八解脫. 衆定圓具. 故稱爲滿.

'선정의 깊고 고요한 물이 가득 찼네'에서 고요함[止]은 즉 비추어보는 것으로서 선정의 물[定水]이라는 뜻이다. 八解脫을 터득하면 온갖 선정[衆定]이 원만하게 구비되기 때문에 가득 찬다[滿]고 일컫는다.

布以七降[1154]華. 上明定滿. 今嘆鑒圓. 一戒淨. 二心淨. 三見淨. 四度疑淨. 五道非道淨. 六行知見淨. 七斷知見淨. 戒爲善本. 前明持戒. 因戒得定. 次明定[1155]淨. 此二是見道前也. 次三正是見道. 斷身見故說見淨. 斷疑說度疑淨. 斷惑取說道非道淨. 知八正爲道. 惑取非道. 故云道非道.

1153) 俗=浴【甲】* [* 1 2]
1154) 降=淨【甲】
1155) 定=心ㆍ【甲】

'일곱 가지 청정한 꽃을 물에 띄우고'에서 위에서는 선정의 물이 가득함을 설명하였는데, 지금은 비추어보는 작용이 원만함을 찬탄한 것이다.

첫째는 戒가 청정하다.

둘째는 心이 청정하다.

셋째는 見이 청정하다.

넷째는 度와 疑가 청정하다.

다섯째는 道와 非道가 청정하다.

여섯째는 知見의 실천이 청정하다.

일곱째는 知見을 단제함이 청정하다.

첫째로 설명한 戒는 善의 근본이다. 위에서는 지계를 설명하였는데, 계를 인하여 선정을 터득한다.

둘째로 心의 청정을 설명한다. 이 둘[戒와 心]은 곧 見道 이전이다.

다음으로 셋째가 바로 견도이다. 身見을 단제하는 까닭에 견의 청정[見淨]이라고 말한다.

(넷째로) 疑說을 단제하여 疑를 건져[度] 청정하게 해준다.

(다섯째로) 惑을 단제하여 설법을 취하여 道와 非道를 청정하게 해준다. 八正을 아는 것이 道이고 惑에 사로잡히는[取] 것이 非道이다. 때문에 道와 非道라고 말한다.

問. 見道具斷十使. 何故偏說除三. 答. 見道. 雖斷十使. 斷五見及疑. 此義則盡. 故偏說斷. 餘貪瞋慢無明. 斷之未盡. 故不說斷.

묻는다 : 견도에서 斷十使[1156]를 갖춥니다. 그런데 무슨 까닭에 세 가지의 단
제에 대해서만 偏說하는 것입니까.
답한다 : 견도에서 비록 십사를 단제할지라도 五見 및 疑만 단제되면 그 뜻
[義]을 다하는 것이기 때문에 斷이라고 설한다. 기타 貪·瞋·慢·
無明(癡)은 그것을 단제해도 다하지 못하기 때문에 斷이라고 설하
지 않는다.

問. 旣斷六使. 何故偏說三耶. 答. 三是根本. 三則隨之. 身見爲本. 邊見未[1157]
隨. 戒取爲本. 見取[*]未隨. 疑爲本. 邪見[*]未隨. 故偏說三也. 在本旣
淨. 卽知三[*]未亦淨. 無所隨故. 前五淨. 大小乘位略同. 後二淨. 大小乘
異. 小乘在修道位. 說於行淨. 以起修道無漏[1158]行故. 在無學位. 說行斷
淨. 以得畢竟斷結行故. 依大乘. 後二皆是修道. 七地已還. 說行斷淨. 以
修斷詰[1159]行故. 八地已上. 說修菩提上[1160]淨也. 而言布者. 此七通三學.
該凡聖. 遍三道. 故言布也.

묻는다 : 이미 六使(五鈍使 및 見使)를 단제하였는데 무슨 까닭에 세 가지만 偏
說하는 것입니까.

1156) 十使는 열 가지 번뇌로서 貪使·瞋使·無明(癡)使·慢·疑使(이상 五鈍使), 및
見使(五利使)에 속하는 五見 곧 身見·邊見·邪見·見取見·戒禁取見을 말한다.
1157) 未=來ㄱ{原}*, =末{甲}*, =來ㄱ{甲}[* 1 2 3]
1158) 漏=量ㄱ{甲}
1159) 詰=結{甲}
1160) 上=上上ㄱ{甲}

답한다 : 세 가지는 곧 근본이기 때문이다. 세 가지라고 해도 즉 그것을 좇아보면 身見이 근본이면 邊見이 末로 따라오고, 戒取(戒禁取見)가 근본이면 見取(見取見)가 末로 따라오며, 疑가 근본이면 邪見이 末로 따라온다. 때문에 세 가지라고만 偏說한다.

근본이 이미 청정하면 곧 세 가지 末 또한 청정하다. 그러나 따라올 것이 없기 때문에 (七淨 가운데) 앞의 五淨은 大乘과 小乘이 位가 대략 동일하지만, 뒤의 二淨은 대승과 소승이 다르다.

소승은 수도위에서 行淨(여섯째의 行知見淨)을 설한다. 그럼으로써 수도위의 무량행을 일으키기 때문이다. 그리고 무학위에서 斷淨(일곱째의 斷知見淨)의 실천을 설한다. 그럼으로써 필경에 斷結行을 터득하기 때문이다.

그러나 대승에 의거하자면 뒤의 二淨(行知見淨과 斷知見淨)이 모두 修道位이고, 제칠지 이후에 斷淨(斷知見淨)의 실천을 설한다. 그럼으로써 斷結行을 닦기 때문이다. 제팔지 이상에서는 菩提上上淨[1161]을 닦는 것에 대하여 설한다.

그리고 布라고 말한 것은 이 七通(七淨)과 三學(十使 가운데 身見使・戒禁取見使・疑使)은 凡聖에 해당하고 三道(見道・修道・無學道)에 두루하기 때문에 布라고 말한 것이다.

[＊]俗此無垢人. 明定水及七淨華之功用. 依前定水及七淨華. 蕩滌心垢.

1161) 『大乘義章』卷12, (大正新脩大藏經44, p.715中) "若依大乘隨道除障名爲行斷. 依此行斷趣入佛境名思菩提上上淨矣"

故名爲浴. 無垢而名[*]俗也[1162). 什公云. 爲除熱口[1163)取適. 大士無垢[1164). 而入八解者. 外將爲衆生. 内自娛心也. 今謂因俗[1165)故得無垢. 據終彰始. 故言浴此無垢人.

'때가 없는 사람 그 속에서 목욕하네'는 선정의 물 및 七淨華의 공용을 설명한 것이다. 위의 내용에 의거하자면 선정의 물 및 칠정화는 마음의 때를 씻어주기 때문에 浴이라고 말한다. 때가 없는 것을 浴이라고 말한다.
나집공은 열을 제거함으로써 쾌적함을 취한다고 말한다.
대사는 번뇌가 없이 팔해탈에 들어가는데 밖으로는 장차 중생을 위하고 안으로는 스스로 마음을 편안하게 한다. 지금 여기에서 말하는 목욕을 인하기 때문에 無垢를 얻는다는 것은 終에 의거해서 始를 드러낸 것이다. 때문에 때가 없는 사람 그 속에서 목욕한다고 말한다.

象馬五通馳大乘無有上(有本云大乘以爲車)調御以一心遊於八正路. 調御以一心者. 羅什云. 道品有三能[1166). 一動發[1167). 二攝心. 三名捨. 若發動過則心散. 散則攝之. 攝之若過. 則沈没. 故精進令心發動. 動靜得適. 任之令進. 容豫令宜[1168). 是名爲捨. 捨卽調御. 譬如善御. 遲則策之. 疾則制

1162) 也＝者ィ【甲】
1163) 口＝以【甲】
1164) 垢＝結ィ【原】
1165) 俗＝浴【甲】
1166) 能＝相ィ【甲】
1167) 動發＝發動ィ【甲】
1168) 令宜＝處中ィ【甲】

之. 遲疾得宜. 放之令去也.

'코끼리와 말은 오신통력으로 달리고/ 대승은 이보다 더 높은 것이 없으며(어떤 本에는 '대승으로써 수레를 만들어 올라타며'이다)/ 일심으로 수레를 인도하는 마부삼아/ 여덟 가지의 수행도에서 유희하였네'에서 일심으로 수레를 인도하는 마부로 삼는다는 것에 대하여 나집공은 다음과 같이 말한다.

'도품에 세 가지 모습이 있다. 첫째는 발동시키는 것이고, 둘째는 마음을 섭수하는 것이며, 셋째는 捨라고 말한다는 것이다. 만약 발동이 지나친 즉 마음이 흩어지고, 마음이 흩어진 즉 그것을 섭수하며, 그것을 섭수함이 만약 지나친 즉 침몰한다. 때문에 정진하여 마음을 발동시킴으로써 動과 靜이 적절함을 얻어서 그것(心)을 마음대로 진척시키고 몸[容豫]을 중도에 처하게끔 하는데 이것을 捨라고 말한다. 捨는 곧 調御이다. 잘 어거하는 것을 비유한 것인데 너무 느려지면 말을 책려하고 너무 빨라지면 곧 말을 억제한다. 느려짐과 빨라짐에 적절함을 얻어서 말에게 맡겨서 앞으로 나아가게 한다.'

相具以嚴容衆好飾其姿慚愧之上服. 衣服弊形者. 恥露其醜也. 慚愧不爲惡. 事義同然.

'삼십이상을 가지고 얼굴을 장엄하고/ 팔십종호로써 그 자태를 엄식하였네/ 부끄러움을 느껴서 옷가지를 걸치고'에서 의복이 해진 사람은 치부가 드러나면 그것이 나쁘게 간주한다. 참괴는 악이 아닌데, 행위[事]의 뜻도 또한 마찬가지이다.

深心爲華鬘. 慚愧明息惡. 深心信樂. 故能修善. 居善之前. 猶鬘之在首.

'深心의 꽃장식으로는 목걸이 삼았네'에서 참괴는 악을 그치고 깊이 마음으로 信樂하기 때문에 修善할 수 있음을 설명한 것이다. 그러나 居善에 나아가는 것은 꽃장식이 머리에 있는 것과 같다.

富有七財寶. 信戒聞捨慧慚愧爲七也. 由信善故持戒. 持戒則止惡. 止惡已則應進行衆善[1169]. 要由多聞. 聞法故能捨五欲及煩惱也. 捨惑必由於慧. 故五事次第. 五事爲正寶. 慚愧爲守財人. 於財主亦是財. 世人以玉帛爲饒. 菩薩以七財爲富.

'부를 상징하는 칠재보를 활용하므로'에서 信·戒·聞·捨·慧·慚·愧가 일곱 가지이다.
信善을 말미암은 까닭에 지계이고, 지계인 즉 악이 그치며, 악을 그치게 되면 즉 마땅히 衆善의 실천에 나아간다. 衆善의 실천에 나아간 즉 요컨대 多聞을 말미암아 법문을 듣기 때문에 오욕과 번뇌를 버리게 된다. 惑을 버리는 것은 반드시 慧를 말미암는다. 때문에 五事가 뒤따른다.[次第] 五事는 바로 재물의 보배이고, 慚愧는 재물을 지키는 사람이며, 재보의 주인도 또한 그대로 재보이다. 세간 사람은 옥과 비단으로 풍요를 삼지만 보살은 칠재보로 富를 삼는다.

1169) 善+(進行衆善)ㄱ【原】【甲】

敎授以滋息如所說修行迴向爲大利. 自行以七財爲本. 敎授衆生. 則是財長. 名爲滋息. 又令此衆生. 如所說修行. 然後回此衆善. 向於佛道. 名爲大利. 若向三有二乘. 獲利則少.

'불법의 가르침이 더욱더 증가하였고/ 부처님께서 설하신 그대로 수행하여/ 일체중생에게 큰 이익을 회향하였네'에서 자기의 수행은 칠재보로 근본을 삼아 중생을 교수한 즉 그것이 재보의 장점으로서 滋息이라고 말한다.
　또한 그 중생에게 설법대로 수행토록 한 연후에 그 衆善으로 되돌아가게 해주고 불도를 향하게 해주는 것을 大利라고 말한다. 만약 삼유의 이승을 향한다면 얻은 이익이 즉 적다.

四禪爲床坐. 四禪定慧均平. 三聖得道. 入涅槃. 現神力等. 外並依之. 故爲床坐. 又床具三義. 一離毒螫. 二離塵垢. 三離冷濕. 四禪亦爾. 離瞋恚毒. 貪欲塵. 睡眠冷. 離此三患. 則安隱快樂.

'네 단계의 선을 가지고 의자를 삼아'에서 제사선은 선정[定]과 지혜[慧]가 균등하다. 三聖이 得道하여 열반에 들어가서 신통력 등을 나타내면 밖으로 모두 그것에 의지하기 때문에 평상에 앉는다.
　또한 평상에 세 가지 뜻이 있다.
　첫째는 벌레의 습격을 벗어난다.
　둘째는 塵垢를 벗어난다.
　셋째는 차갑고 습한 기운을 벗어난다.
　제사선의 경우도 또한 그와 같아서 진에의 독과 탐욕의 塵과 수면의 차가

움을 벗어난다. 이 三患을 벗어난 즉 안온하고 쾌락하다.

從於淨命生. 淨命卽是持戒. 由持戒得禪. 故曰生也.

'청정한 일거리와 일상생활 발생하고'에서 청정한 행위[淨命]는 곧 지계이다. 지계를 말미암아 선을 터득하기 때문에 발생[生]이라고 말한다.

多聞增智慧以爲自覺音. 向說床. 則臥床安寢. 安寢則覺之以法. 故次說樂音. 外國貴人. 臥欲起時. 作樂以覺之. 菩薩安隱四定. 則以多聞法者[1170]. 覺其禪寢.

'불법을 다문하여 지혜를 증장하였고/ 자신을 각성시켜주는 소리로 삼았네'에서 위에서는 평상[床]에 대하여 설명한 즉 臥床은 安寢하다. 안온한 즉 그것을 법으로 느끼기 때문에 이어서 樂音을 설한다. 인도에서 귀인들은 잠을 자다가 일어나려고 할 때면 음악으로 잠을 깨운다. 보살의 안온은 四定인 즉 법음을 다문을 통해서 그 禪寢에서 깨어난다.

甘露法之食. 諸天以種種藥著海內. 以室[1171]山磨之. 令成甘露. 食之得仙.

1170) 者=音【甲】
1171) 室=寶【甲】

名不死藥. 佛法以涅槃甘露. 令生死永斷. 是眞不死藥也. 亦云. 劫初地味
甘露. 食則長生. 佛法內則實相甘露. 養其慧命. 是眞甘露食也.

'감로의 가르침으로는 음식을 삼았고'에서 제천은 나라에 가득한 약재를
寶山으로 갈아서 감로를 만들어 그것을 먹고 선인이 되는데 그것을 不死
藥이라고 말한다. 불법을 열반의 감로로 삼아서 생사를 영원히 단절토록 하
는데 이것이 진정한 불사약이다.

또한 겁초에 地味의 감로가 있었는데 그것을 먹은 즉 長生한다. 불법 안
에는 즉 실상의 감로가 있어서 그것이 慧命을 장양해주는데 이것이 진정한
甘露食이다.

解脫味爲漿. 味有四種. 一離味. 謂出家離五欲. 二禪味. 離散亂煩惱. 三
智慧味. 離妄想. 四涅槃味. 離生死. 今解脫味. 通此四也. 又變[1172]爲縛
本. 以無厭爲懷[1173]. 若渴乏須水則生大苦. 康僧會云. 愛之爲性. 如餓夫
夢飯. 無有飽斯[1174]. 今若斷愛. 則得解脫. 故以解脫爲漿. 止斯愛渴.

'해탈의 맛으로는 반찬삼아 먹었으며'에서 맛에는 네 가지가 있다.
첫째는 離味인데 소위 출가하여 오욕을 벗어난 것이다.
둘째는 禪味인데 산란한 번뇌를 벗어난 것이다.

1172) 變=愛【甲】
1173) 懷=壞【甲】
1174) 斯=期【甲】

셋째는 智慧味인데 망상을 벗어난 것이다.

넷째는 涅槃味인데 생사를 벗어난 것이다.

지금 여기의 解脫味는 이들 네 가지에 다 통한다.

또한 愛는 계박의 근본인데, 無厭으로 파괴를 삼는다. 만약 渴乏하여 물이 필요할 경우는 즉 큰 고통이 발생한다.

康僧會는 '愛는 본성이다. 마치 굶주린 사람이 꿈에 밥을 먹지만 배부를 기약이 없는 것과 같다.'고 말한다.

지금 만약 愛를 단제한다면 즉 해탈을 얻는다. 때문에 해탈로써 반찬[漿]을 삼아서 그 愛渴을 그친다.

淨心以澡浴戒品爲塗香. 心淨爲澡浴之水. 戒具爲塗身之香.

'청정심으로 머리와 몸을 씻어주었고/ 계율수행은 몸에 바르는 도향이었네'에서 마음의 청정은 목욕물을 삼고, 계를 구족하는 것으로 몸에 바르는 향을 삼는다.

摧滅煩惱賊勇健無能踰降伏四種魔勝幡建道場. 自上明家事已圓. 今明保護家業. 使他不能毁. 又上說資養四體. 體旣平健. 備與[1175]事業. 滅有二種. 一伏滅. 三<二?>斷滅. 摧滅煩惱賊. 謂伏滅. 降伏四種魔. 卽斷滅也. 外國破敵得勝. 則豎勝幡. 道場降魔. 亦表其相.

1175) 與=興【甲】

'번뇌의 도적을 꺾어주고 소멸시키는/ 용건한 행위 능가할 자 아무도 없어/ 사종의 악마를 남김없이 다스리고서/ 뛰어난 당기로써 도량을 건립하였네'에서 위에서는 家事가 이미 원만함을 설명하였는데, 지금은 가업의 보호하여 남이 훼손할 수 없음을 설명한 것이다.

또한 위에서는 四體의 資養을 설하였는데, 그것은 體가 이미 平健하면 사업을 일으킬 준비가 되어 있다는 것이다.

滅에 두 가지가 있다.

첫째는 伏滅이다.

둘째는 斷滅이다.

번뇌적을 摧滅하는 것을 伏滅이라 하고, 四種魔(煩惱魔·情魅魔·五陰魔·死魔)를 항복시키는 것은 곧 斷滅이다. 인도에서는 적을 물리치고 승리한 즉 勝幡을 내건다. 도량에서 降魔하면 또한 그 모습을 표한다.

雖知無起滅示彼故有生悉現諸國土如日無不見. 此第二嘆菩薩無方善巧化物. 大開爲二. 第一歎二意¹¹⁷⁶⁾乃¹¹⁷⁷⁾用. 第二明神通益物. 菩薩知無起滅. 則得法身. 無復生分. 爲物受生. 故無不現¹¹⁷⁸⁾. 謂方便慧. 知無起滅. 卽是實慧. 亦是本迹二身.

'생기하고 소멸함이 없음을 알면서도/ 중생에게 일부러 발생함을 보여주

1176) 意=慧【甲】
1177) 乃=巧【甲】
1178) 現+(無不現)ᅟ【甲】

고/ 일체의 불국토를 죄다 드러내보이니/ 마치 해처럼 보지 않는 사람이 없네'에서 이것은 둘째로 보살이 무방의 선교로써 중생을 교화함을 찬탄한 것이다.

크게 열어보면 두 부분이 있다.

첫째는 二慧와 巧用을 찬탄한다.

둘째는 신통력으로 중생을 이롭게 함을 설명한다.

보살은 기멸이 없음을 안 즉 법신을 터득하여 다시는 분단생사[生分]가 없고 중생을 위하여 생을 받는다.[受生] 때문에 출현하지 않음이 없다. 출현하지 않음이 없는 것을 方便慧라고 말하고, 기멸이 없음을 아는 것은 곧 實慧인데, 또한 이것은 本과 迹의 二身이기도 하다.

供養於十方無量億如來諸佛及己身無有分別想. 此就供養佛明二慧. 尊卑宛然. 而師資不二也.

'시방세계의 모든 장소에 상주하시는/ 무량만억의 여래에게 공양을 드리되/ 과거 현재 미래의 일체제불 및 자기/ 다르다고 분별하는 생각이 없었다네'에서 이것은 부처님에 대한 공양에 나아가서 二慧를 설명한 것이다. 尊과 卑가 완연하지만 師와 資가 不二이다.

雖知諸佛國及與衆生空而常修淨土敎化於衆生. 前約上供養諸佛. 此嘆下濟衆生. 亦就空有. 明於二慧. 知依正並空. 而嚴土化物也.

'비록 모든 부처님의 국토 및 중생이/ 모두가 공임을 이해한다고 할지라도/ 항상 청정국토를 장엄하려고 닦으며/ 일체의 군생들을 남김없이 교화하고'에서 위에서는 먼저 제불에 대한 공양에 의거하였는데, 지금은 나중에 중생의 제도를 찬탄한 것이다. 또한 공유에 대하여 二慧를 설명한다. 依正이 모두 공임을 알지만 국토를 장엄하고 중생을 교화한다.

諸有衆生類形聲及威儀無畏力菩薩一時能盡現覺知衆魔事而示隨其行以善方便智隨意皆能現或示老病死成就諸群生了知如幻化通達無有閡. 此第二明神通化物. 偏¹¹⁷⁹⁾歎方便用. 凡有五番. 初就衆生世間. 明神通用.

'이십오 제유에서 살아가는 중생류의/ 형체 및 소리 그리고 위의에 대하여/ 열네 가지 무외력을 다 갖춘 보살을/ 일시에 남김없이 드러내어 보여주네/ 온갖 악마소행을 느끼고 알아차려서/ 그 행위를 따라다니며 나타내보이고/ 선교방편을 구사하는 지혜를 가지고/ 마음을 먹은대로 모두 화현해주었네/ 혹은 늙고 병에 걸리며 죽는 모습도/ 모든 군생을 성취시켜주려는 까닭에/ 그것이 幻人 및 化人인 줄 요지하여/ 통달시켜주는 데에 걸림이 없었다네'에서 이것은 둘째로 신통력으로 중생을 교화함을 설명한 것이다.

두루 방편의 작용을 찬탄하는 것에 무릇 다섯 차례가 있다.

첫째는 중생세간에 나아가서 신통력의 작용을 설명한다.

1179) 偏=徧【甲】

或現劫盡燒天地皆洞然衆人[1180]有常想照令知無常. 上就衆生世間. 現神通. 今就器世間. 現神通. 現劫火有二事. 一實燒. 以得益故. 二以不實鏡[1181]. 或示二日. 乃至現三四日出. 衆生現[1182]燒相. 卽悟無常. 還攝令不燒.

'劫盡時에 발생하는 劫火를 말미암아/ 천지를 남김없이 분명하게 드러내어/ 중생이 착각하는 영원하다는 집착을/ 비추어 그것이 무상임을 이해시키네'에서 위에서는 중생세간에 나아가서 신통력을 드러냈는데, 지금은 기세간에 나아가서 신통력을 드러낸다.
겁화를 드러내는 것에 두 가지가 있다.
첫째는 實燒로써 이익을 얻는 것이다.
둘째는 不實燒로써 혹 두 개의 해 내지 서너 개의 해가 뜨는 것을 드러내어 중생이 타는 모습[燒相]을 보면 무상을 깨치는데 다시 섭수하여 타지 않도록 해준다.

無數億衆生俱來諸[1183]菩薩一時到其舍化令向佛道經書禁呪術工巧諸妓[1184]藝盡現行此事饒益諸群生世間衆道法悉於中出家因以解人惑而不墮邪見或作日月天梵王世界主. 此重就衆生世間. 現神通也.

1180) 人＝生ィ【甲】
1181) 鏡＝燒【甲】
1182) 現＝見ィ【甲】
1183) 諸＝請【甲】
1184) 妓＝技【甲】

'헤아릴 수 없이 많은 억만의 중생이/ 모든 보살들이 왕림해주기를 청하면/ 일시에 모두 그 집의 문전에 이르러/ 그들을 다 교화해 불도 향하게 하네/ 부처님의 경서와 금지한 주술비법과/ 공예의 기교와 갖가지 기예들까지도/ 모두 당장 바로 그 앞에 현행시켜서/ 모든 군생들을 남김없이 요익시키네/ 세간에는 갖가지 조도법이 있으므로/ 모두가 조도법을 익히려고 출가하여/ 그로 인하여 곧 남의 미혹 풀어주어/ 사견에 떨어지지 않도록 해주었다네/ 이에 혹 해와 달이 되어주기도 하고/ 때로는 범왕이 되고 또 세계주 되며'에서 이것은 거듭 중생세간에 나아가서 신통력을 드러낸 것이다.

或時作地水或復作風火. 此重就器世間. 現神通也. 遇海探[1185]人. 則變身爲地. 衆生渴乏. 爲之示水. 餘事皆遇物所須.

'어떤 땐 지대와 수대가 되기도 하고/ 혹 다시 풍대와 화대가 되기도 하네'에서 이것은 거듭 기세간에 나아가서 신통력을 드러낸 것이다.
  바다에서 표류하는 사람을 만난 즉 변신하여 땅이 되고, 중생이 渴乏하면 그를 위해 물을 내보여주며, 기타 상황[事]에서도 모두 중생이 필요한 것을 만나게 해준다.

劫中有疾疫現作諸藥草若有服之者除病消衆德[1186]. 什公云. 或令除病.

1185) 探=漂【甲】
1186) 德=毒【甲】

成冷[1187]昇仙. 因而化之. 使入正道. 外國有奇妙藥草. 或似人形. 或似象馬. 有人乘之. 凌虛而去. 或但見聞此藥. 衆病卽消也.

 '겁 가운데서 혹은 질병이 돌 때에는/ 필요한 갖가지 약용초로 작용해주어/ 만약 그 약초를 잘 복용하는 사람은/ 병이 제거되고 또 온갖 독 소멸되네'에 대하여 나집공은 '혹 병을 제거해주려고 仙境에 오르게 해주고, 그것을 인하여 그를 교화하여 정도에 들어가도록 해준다.'고 말한다.
 인도에는 기묘한 약초가 있는데 혹 사람의 형상도 있고, 혹 코끼리 및 말의 형상도 있는데, 사람이 거기에 올라타면 하늘높이 올라서 사라지고, 혹 무릇 이 약초를 보거나 듣기만 해도 온갖 병이 곧 소멸된다.

劫中有飢饉現身作飲食先救彼飢渴劫[1188]以法悟人劫中有刀兵爲之起慈悲化彼諸衆生令住無諍地. 然劫有大小. 大劫有三. 火水風. 所以名大者. 時節長故. 所壞處闊. 從欲界至三禪故. 人之與物. 並皆無故. 七過火起. 燒欲界初禪. 然後一水劫起. 漂欲界乃至二禪. 如是七七火劫起. 有七水劫起. 七水劫起後. 更七火劫起. 然後有一風災. 吹壞欲界乃至三禪也. 故雜心偈云. 七火一水災. 七七火七水. 復七火後風. 小劫亦三. 飢饉疾病刀病[1189]. 所以名小者. 謂時節促. 又但仕[1190]欲界. 唯閻浮提. 但損於人. 故名小也. 經云. 人壽十歲. 飢饉劫起. 經七年七月七日. 五穀不熟. 死亡者

1187) 冷=令【甲】
1188) 劫=刼【甲】
1189) 病=兵【甲】
1190) 仕=在【甲】

衆. 唯一二人在. 度是已後. 人相慈愛. 以慈悲力故. 人壽漸長. 乃至以八萬四千歲. 亦隨憍逸. 壽命退減. 還至十歲. 復飢饉[1191]劫起. 凡經七反. 過七反已. 疫病劫起. 七月七日. 惡氣風[1192]行. 值者皆死. 度是已後. 還復命長. 復經七飢餓劫. 還一疾病. 如是經七七飢劫. 一七疾病劫. 七疾病劫後. 復經七飢劫. 然後一刀兵起. 人心毒盛. 提物皆成刀劍. 共相殘害. 七日都盡. 希一二在者. 刀兵起人壽十歲. 婆須蜜菩薩. 從忉利天. 下生王宮. 作太子. 化衆人言. 我等祖父. 壽命極長. 以今瞋恚無慈故. 致此短壽. 是故汝等當行慈心. 衆人從命. 惡心漸薄. 次後生子. 壽二十歲. 如是轉債[1193]至彌勒時. 八萬四千歲也. 大劫七七等有文. 小劫. 相承云出經. 猶同大劫之數者. 未得撿文.

'일체중생이 굶주리는 겁의 시대에는/ 몸을 음식으로 화현하여 드러내주어/ 먼저 그들을 기갈로부터 구제해주고/ 연후에 사람들에게 법어를 설해두네/ 전쟁이 일어나는 시대가 도래한다면/ 그들을 위해서 대자대비심을 일으켜/ 그들 중생들을 남김없이 교화시켜서/ 다툼없는 경지에 머물도록 해준다네'에서 劫에는 大와 小가 있다.

대겁에는 세 가지가 있는데, 화대·수대·풍대이다. 大라고 말한 까닭은 시절이 길기 때문이고, 파괴된 처소가 넓어서 욕계부터 제삼선에 이르기 때문이며, 사람과 사물이 모두 다 없어지기 때문이다.

칠겁이 지나면 화재가 일어나서 욕계와 초선을 태운다. 연후 첫째 水劫이

1191) 饉=餓【甲】
1192) 風=流【甲】
1193) 債=續【甲】

일어나면 욕계 내지 제이선이 표류한다. 이와 같이 사십구 화겁이 일어나고, 칠 수겁이 일어난다. 칠 수겁이 일어난 후에는 다시 칠 화겁이 일어난다. 연후에 일 풍재 때에는 바람이 불어서 욕계 내지 제삼선까지 파괴한다. 때문에 『雜心偈』에서 다음과 같이 말한다.

'칠 화겁은 일 수재이기 때문에
칠칠 화겁은 칠 수겁이 된다네
다시 칠 화겁 이후엔 풍재인데
소겁 시대에 또 삼재가 있는데
기근 및 질병 그리고 刀兵인데
이 때문에 소겁이라 말한 것은
소위 시절의 길이를 잰 것이다
또 무릇 욕계 가운데서도 오직
염부제의 인간에서만 줄어든다
이 때문에 곧 소겁이라 말한다'

경전(잡아비담심론)에서는 다음과 같이 말한다.

'인간의 수명이 십 세 때는 기근겁이 일어난다. 칠 년 칠 월 칠 일이 지나면 오곡이 익지 않아서 사망자가 많은데, 오직 몇 사람만 남는데, 기근겁을 지낸 이후에는 人相이 자애로워지는데 자비력 때문이다. 인간의 수명이 점차 늘어나고 이에 팔만사천 세에 이르면 다시 교만과 방일이 수반되어 수명이 감퇴하여 도로 십 세에 이른다. 다시 기아겁이 일어나서 무릇 칠 년의 반복이 경과한다. 칠 년의 반복이 지나면 역병겁이 일어나는데 칠월 칠일 동안 惡氣가 유행하여 그것을 맞닥뜨리는 사람은 모두 죽는다. 그것을 지낸 이후에는 또 다시 수명이 늘어난다. 다시 칠 년의 기아겁이 경과하면 또 한 번 질병겁이 일어난다. 이와 같이 사십구 기겁이 경과하는데, 처음은 칠 질병겁이다. 칠 질병겁 이후에 다시 칠 기겁이 경과하고, 연후에 일 刀兵이 일어나면 사람의 마음에 독이 치성하여 손에 든 사물이 모두 刀劍이 되어 서로 해꼬지를 한다. 칠 일이 모두 다하면 드물게 몇 사람이 남는다. 도병이 일어나서 사람의 수명 십 세 때에 파수밀보살이 도리천으로부터 왕궁에 하생하여 태자가 되어 중생을 교화하며 다음과 같이 말했다. 〈우리의 조부들은 수명이 지극히 길었는데 지금은 진에로써 자비가 없기 때문에 이처럼 짧은 수명에 이르렀습니다. 이런 까닭에 그대들은 마땅히 자심을 실천해야 합니다.〉 眾人이 그 명을 따르자 악심이 점차 엷어져서 차후에 태어난 아이들은 수명이 이십 세였다. 이와 같이 점점 계속하여[轉續] 미륵의 시대에 이르면 팔만사천 세가 된다.'

대겁의 사십구 등에 대한 경문 내지 소겁의 상승은 경전에 나오며 대겁의 숫자와 마찬가지라고 말하는데, 아직 경문을 살펴보지 못했다.

若有大戰陳. 立之以等刀[1194]. 菩薩現威神. 降伏使和安. 一切國土中. 諸有地獄處. 輒往到于彼. 勉濟其苦惱. 一切國土中. 畜生相食噉. 皆現生於彼. 爲之作利益. 示受於五欲. 亦復現行禪. 令魔心憒亂. 不能得其便. 火中生蓮華. 是可謂希有. 在欲而行禪. 希有亦如是. 或現作婬女. 引諸好色者. 先目欲鈎牽. 後令入佛智[1195]. 或爲邑中經[1196]. 或作商人導. 國師及大臣. 以祐利眾生. 諸有貧窮者. 爲現[1197]無盡藏. 因以勸導之. 令發菩提心.

1194) 刀=力【甲】
1195) 智=慧【甲】
1196) 經=主【甲】
1197) 爲現=現作 ʃ【甲】

我心憍慢者. 爲現大力士. 消伏諸貢高. 令住無上道. 其有恐懼者[1198]. 居前而慰安. 先施以無畏. 後令發道心. 或現離婬欲. 爲五通仙人. 開導諸群生. 令住戒思[1199]慈. 見須供事者. 現爲作僮僕. 旣悅可其意. 乃發以道心. 隨彼之所須. 得入於佛道. 以善方便力. 皆能信[1200]足之. 下第五番. 重就衆生. 明神通用. 在欲行禪者. 欲言行禪. 後[1201]受五欲. 欲言受五欲. 復現行禪. 莫測其變. 所以憒亂. 自非靜亂齊旨. 孰[1202]能若斯.

'혹 큰 전쟁의 군대가 일어나게 되면/ 큰 전쟁 속에 나서서 대등한 힘으로/ 보살이 지니는 위세를 드러냄으로써/ 그들을 다스려 평화안락하게 해주네/ 세간에 존재하는 일체국토 가운데서/ 만약 지옥과 같은 것이 있는 곳이면/ 곧장 그 지옥과 같은 곳에 도달하여/ 그 곳의 온갖 고뇌를 없애 교화하네/ 세간에 존재하는 일체국토 가운데서/ 축생세계처럼 서로 잡아먹는 곳이면/ 그 모든 곳에 그들 모습으로 태어나/ 그들 위해 모든 이익을 베풀어 주네/ 오욕락을 누리는 모습을 보여주어도/ 또한 다시 禪의 실천을 잘 보여주어/ 악마의 마음을 혼란스럽게 만들어서/ 그 악마들이 틈을 타지 못하게 하네/ 훨훨 타오르는 불꽃 속에 피는 연꽃/ 그것을 희유한 모습이라고 말하지만/ 다섯 가지 욕락 속에 禪을 실천함도/ 희유하기는 또한 그와 마찬가지라네/ 때로는 음녀의 모습으로 드러내어서/ 색을 좋아하는 사람을 이끌어들여서/ 먼저 애욕이라는 갈구리로 묶어두고/ 나중에 불도로 들어가도

1198) 者=衆ィ【甲】
1199) 思=忍【甲】
1200) 信=紿【甲】
1201) 後=復【甲】
1202) 孰=熟【甲】, =孰力【甲】

록 안내하네/ 혹 읍중의 왕 되어 나타나기도 하고/ 혹 상인 가운데 저 우두머리가 되며/ 때로는 국사가 되고 또한 대신 되어/ 중생을 도와주어 이익됨을 보태주네/ 갖가지 세상의 빈궁한 사람들에게는/ 무진장의 보배를 만들어 드러내주어/ 그것으로 인하여 권장하고 이끌어서/ 아뇩다라삼먁삼보리심을 발생시키네/ 아만심이 가득한 교만한 사람에게는/ 대역사의 신체를 만들어 나타내주고/ 모든 공고함을 남김없이 消伏시켜서/ 그들에게 무상도에 머물도록 해주네/ 두려움으로 벌벌벌 떠는 중생에게는/ 그들에게 나타나 위로해 안심시키고/ 두려움을 제거해주는 보시를 베풀고/ 연후에 보리심을 발생하도록 해주네/ 혹 음욕을 멀리 벗어난 모습을 보여/ 오신통의 수행자 모습으로 나타나서/ 세간 일체의 군생들에게 불법으로써/ 계율의 인욕 및 자비에 머물게 하네/ 시중드는 사람이 필요함을 보거들랑/ 스스로 동복으로 몸을 드러내주어서/ 이미 그 마음을 흡족하게 해준 뒤에/ 이에 보리심을 일으키게 인도한다네/ 그 사람들이 필요로 하는 것을 따라/ 불법의 가르침에 들어가도록 해주고/ 보살이 지니는 선교방편력을 가지고/ 그 혜택을 받는 자를 다 만족시키네'에서 이것은 다섯째로 거듭 중생에 나아가서 신통력의 작용을 설명한 것이다.

　행선하고자 하거나 행선을 말하고자 하는 경우에도 다시 오욕을 받거나 오욕을 받음을 말하고자 하면서도 다시 행선을 드러내기 때문에 그 변화를 헤아릴 수가 없다. 때문에 마음이 산란하고 어수선[憒亂]하여 스스로 靜과 亂을 齊旨하지 못한다면 누가 그렇게 해줄 수 있겠는가.

如是道無量所行無有涯智慧無邊際度脫無數衆假令一切佛於無數億

劫讚[1203] 談其功德猶尙不能盡. 是此第三總結稱嘆. 其權道無方. 雖復衆聖殊辨. 由不能盡也.

'이와 같이 저 무량한 불도를 가지고/ 실천하는 것이 끝남을 알 수가 없고/ 또한 그 지혜를 베품도 끝이 없도록/ 헤아릴 수 없는 중생을 구제해 주네/ 가령 시방삼세 상주하는 일체불께서/ 한량이 없는 억겁세월이 지나가도록/ 그런 공덕을 남김없이 찬탄하더라도/ 오히려 모두 끝남을 볼 수가 없는데'에서 이것은 셋째로 총결로서 그 權道가 無方함을 칭탄한 것이다.

비록 다시 衆聖이 다르게 변별할지라도 그것은 다할 수가 없음을 말미암은 것이다.

誰聞如是法不發菩提心除彼不肖人癡冥無智者. 第四勸發心. 不肖人. 謂不似人也.

'누가 이와 같이 훌륭한 불법 듣고도/ 삼먁삼보리의 마음 발생하지 않으랴/ 다만 저들 불초한 사람들 및 그리고/ 눈 어두워 지혜 없는 자는 예외라네'에서 이것은 넷째로 발심을 권장한 것이다.

'불초한 사람'이란 소위 그렇게 하지 못하는 사람이다.

1203) 讚=嘆【甲】

入不二法門品第九
제구 입불이법문품

一道淸淨. 故名不二. 眞極可軌. 稱之爲法. 至妙虛通. 謂之爲門. 了悟斯理. 曰[1204]爲入也. 蓋是總衆敎之旨歸. 該群聖之淵符[1205]. 淨名現病之本意. 文殊問疾之所由. 所以然者. 由體不二之理. 故有不二之觀. 由不二之觀. 故能適化無方. 適化無方. 令歸斯趣. 故法華云. 究竟涅槃. 常寂滅相. 終歸於空. 空卽不二理也. 故六道之所憑栖. 衆聖於茲冥會.

일도가 청정하기 때문에 불이라고 말하고, 진극은 軌則을 삼을만하기 때문에 그것을 법이라고 일컬으며, 至妙는 허공처럼 통하기 때문에 그것을 문이라고 말하는데, 이러한 이치를 了悟하는 것을 入이라고 제목한다.

무릇 이것은 衆敎를 총합하는 旨歸이고, 群聖을 갖추고 있는 淵府이며, 정명이 병을 드러낸 本意이고, 문수가 문병한 所由이다. 體가 불이의 이치를 말미암은 까닭에 불이의 觀이 있다. 불이의 觀을 말미암은 까닭에 適化가 무방할 수 있다. 적화가 무방하여 그 세계로 돌아가도록 한다. 때문에 『법화경』에서 '구경열반은 항상 적멸상으로서 끝내 공으로 돌아간다.'고 말한다. 때문에 六道의 所憑栖이고, 衆聖이 거기에서 冥會한다.

1204) 曰＝目【甲】
1205) 符＝府力【甲】

問. 不二旣爲理本. 何不命初說之. 答. 經初已來. 所悅[1206]諸法. 爲令悟不二故. 是因敎以通理. 復欲藉斯不二起於二用. 故有香積等品. 卽因理以設敎. 以在兩間[1207]說之. 其得攝用歸體. 從體起用故. 不得命初說也. 品開爲二. 初說入不二法門. 次明悟不二法門. 說不二法門爲三. 一淨名令衆人說. 二衆人請文殊說. 三文殊請淨名說. 三門明不二者. 玄義之內. 具以釋之. 初諸菩薩. 俱泯於二. 明乎不二. 未辨不二之理無言. 次文殊明不二之理無言. 而猶言於不二. 後淨名默顯不二之理無言. 而能無言於不二. <後淨名默顯不二之理無言而能無言於不二>[1208]此示從淺至深. 三門階級. 而所論不二之理. 更無淺深也.

묻는다 : 불이는 이미 이치의 근본인데 어째서 처음에 그것을 명하지 않은 것입니까.

답한다 : 경전은 처음부터 이래로 제법을 설하여 불이를 깨치도록 하였기 때문이다. 그것은 敎를 인하여 理에 통한 것이고, 다시 그 불이에 의지하여 두 가지 작용[二用]을 일으키려는 까닭에 [향적불품] 등은 곧 理를 인하여 敎를 시설함으로써 양면에서 그것을 설하였다. 그것은 작용을 섭수하여 본체로 돌아가고[攝用歸體] 본체로부터 작용을 일으키기[從體起用] 때문에 初說에서 명할 수가 없다.

[입불이법문품]을 열어보면 두 부분이 있다.

첫째는 入의 불이법문을 설한다.

1206) 悅=說【甲】
1207) 間=面ㅓ【甲】
1208) 〔後淨…不二〕十八字-【甲】

둘째는 悟의 불이법문을 설명한다.

불이법문을 설하는 것에도 세 부분이 있다.

첫째는 정명이 衆人으로 하여금 설하도록 한다.

둘째는 衆人이 문수에게 설해줄 것을 청한다.

셋째는 문수가 정명에게 설해줄 것을 청한다.

이들 삼문에서 설명한 불이는 『정명현론』[1209] 안에서 자세하게 그것을 해석하였다.

첫째로 제보살은 모두 二를 없애는 것을 不二라고 설명하는데, 不二의 이치는 無言임을 변별하지 못한다.

둘째로 문수는 不二의 이치가 無言임을 설명하면서도 오히려 不二라는 말을 하고 있다.

셋째로 정명의 침묵은 不二의 이치인 無言을 나타내면서도 不二라는 말이 없다.

이것은 얕은 것으로부터 깊은 것에 이르는 삼문의 계급으로서 불이의 이치를 논한 것인데 결코 깊고 얕음은 없다.

爾時維摩詰謂衆菩薩言諸仁者云何菩薩入不二法門各隨所樂說之. 所以淨名不自說而命衆人說者. 上賓主問答. 以顯二人德竟. 今復欲顯諸菩薩德. 故名[1210]令說也. 又學者. 開心有地. 受悟不同. 或觀生滅以入眞. 或因有無而體寂. 其塗雖殊. 其會不異. 故取衆人之所同. 以證此經之大旨也.

1209) 길장의 다른 주석서인 『淨名玄論』을 가리킨다.
1210) 名=各【甲】

'그때 유마힐이 여러 보살에게 일러 말했다. 그대들이여. 어떤 것이 불이 법문에 들어가는 것입니까. 각자 좋아함을 따라서 말씀해주십시오.'에서 이것은 정명이 스스로 설하지 않고 衆人에게 설할 것을 명한 까닭이다.

위에서는 빈주의 문답으로써 二人의 덕을 나타냈는데, 지금은 다시 제보살의 덕을 드러내려는 까닭에 각자에게 설하게끔 한 것이다.

또한 납자[學者]는 마음을 여는 데에는 지위가 있지만 깨침을 수용하는 데에는 동일하지 않다. 혹 생멸을 관함으로써 眞에 들어가고, 혹 유무를 인하여 寂을 체득한다. 그 길[塗]은 비록 다를지라도 이해[會]는 다르지 않다. 때문에 衆人의 같은 점을 취하여 이 『유마경』의 大旨를 증득한다.

會中有菩薩名法自在說言諸仁者生滅爲二法本不生今則無滅得此無生法忍是爲入不二法門. 此第二受命而說. 不生不滅者. 可具三義. 一者無性實生滅. 故云不生不滅. 此世諦門無生滅也. 二因緣生滅. 卽是不生不滅. 此眞諦門無生滅也. 三以世諦有故爲生. 眞諦無故稱滅. 非眞非俗. 卽是理實. 名不生滅. 今詳經意. 明後門也. 此非眞俗. 爲不二理. 因悟斯理. 得不二觀. 名無生忍. 稱之爲入

'법회 가운데 法自在라는 이름을 가진 보살이 설하여 말했다. 그대들이여. 생과 멸은 둘입니다. 그러나 법은 본래 불생이고 지금은 곧 무멸입니다. 이러한 무생법인을 터득하는 것이야말로 곧 불이법문에 들어가는 것입니다.'에서 이것은 둘째로 명을 받들어 설한 것이다.

불생불멸이란 세 가지 뜻을 갖추고 있다.

첫째는 性實이 없는 生滅이기 때문에 불생불멸이라고 말한다. 이것은 세제문의 무생멸이다.

둘째는 인연의 생멸인 즉 곧 불생불멸이다. 이것은 진제문의 무생멸이다.

셋째는 세제로써는 유이기 때문에 생이지만, 진제로써는 무이기 때문에 멸이라 일컫는다. 그래서 非眞非俗인 즉 곧 理實이므로 불생멸이라고 말한다.

지금은 경문의 뜻을 자세하게 말하자면 셋째[後門]의 경우를 설명한다. 이것은 진속이 아니기 때문에 불이의 이치이다. 이러한 이치를 깨침으로 인하여 불이관을 터득하는데 그것을 無生法忍이라고 말하고, 그것을 入이라고 일컫는다.

德守菩薩曰我我所爲二因有我故便有我所若無有我則無我所是爲入不二法門. 我我所亦二. 一計性實我我所. 如外道等. 二因緣假名我我所. 今無此二種我我所. 稱爲不二門.

'德守菩薩이 말했다. 我와 我所는 둘입니다. 我가 있음을 인유하여 곧 我所가 있습니다. 만약 我가 없으면 곧 我所도 없는데, 그것이 불이법문에 들어가는 것입니다.'에서 我와 我所도 또한 두 가지가 있다.

첫째는 性實을 계탁한 아와 아소이다. 저 외도 등과 같다.

둘째는 가명을 인연한 아와 아소이다.

지금 이 대목은 이 두 가지의 아와 아소가 없으므로 불이문이라고 일컫는다.

不眴菩薩曰. 不眴有三. 一如天眼. 天眼無眴. 涅槃經云. 乃至轉輪王. 眼

猶有眴. 故與天帝爲別. 二愛敬佛身. 諦觀不眴. 三心無塵垢. 慧眼常開.

'不眴菩薩이 말했다.'에서 불현에 세 가지가 있다.
첫째는 천안과 같다. 천안은 눈에 깜작임이 없다.『열반경』에서 '내지 전륜왕은 눈이 깜작임이 있기 때문에 天帝와 다르다.'고 말한다.
둘째는 佛身을 愛敬하고 諦觀함에 눈을 깜작이지 않는다.
셋째는 마음에 塵垢가 없고 慧眼이 항상 열려 있다.

受不受爲二. 一約因說凡夫取著名受. 聖無取著名不受. 二約果<說+?>有漏五陰名受. 無漏名不受. 三約九不受餘二. 如毘曇說. 今就初門也.

'受와 不受는 둘입니다.'에서 첫째는 因說에 의거하면 범부는 집착하므로 受라고 말하고, 聖은 집착하지 않으므로 不受라고 말한다.
둘째는 果說에 의거하면 유루의 오음을 受라고 말하고, 무루를 不受라고 말한다.
셋째는 (십팔계 가운데) 아홉 경계는 不受이고 나머지(아홉 경계)는 (현재의 受와 과거 및 미래의 不受의) 둘로 나뉘는데 저『아비담론』의 설과 같다.[1211]
지금 이 대목은 첫째[初門]에 대한 것이다.

1211)『阿毘曇心論』卷1, (大正新脩大藏經28, p.810上) 참조.

若法不受則不可得口[1212]不可得故無取無捨無作無行是爲入不二法門. 若
法不受者. 謂心無所受著也. 本因受故有無受. 旣無有受. 亦無無受. 故云
亦不<可+?>得也. 向[1213]不見無受可取. 今亦不見可捨. 故云無取無捨.
無取無捨故. 不作生死業. 故云無作. 無作故生死緣息. 生死緣息. 正觀亦
忘. 故云無行. 至此語來. 有三轉意也

'만약 법이 不受라면 곧 불가득입니다. 불가득이기 때문에 取가 없고 捨가
없으며 作이 없고 行이 없는데, 그것이 불이법문에 들어가는 것입니다.'에
서 '만약 법이 불수라면'은 마음에 受著이 없음을 말한다. 본래 受를 인하는
까닭에 無受가 있는데 이미 受가 없으므로 또한 無受도 없다. 때문에 '또한
불가득입니다.'고 말한다.

위에서는 無受를 취하는 것을 볼 수가 없었고, 지금은 또한 (無受를) 버리
는 것도 볼 수가 없다. 때문에 '取가 없고 捨가 없다'고 말한다.

取가 없고 捨가 없으므로 생사의 업을 짓지 않기 때문에 '作이 없다'고 말한다.

作이 없으므로 생사의 인연이 그치고, 생사의 인연이 그치므로 正觀마저
또한 잊기 때문에 '行이 없다'고 말한다.

이 말에 이르러보면 여기에 三轉意가 있다.

德頂菩薩曰垢淨爲二見垢實性則無淨相順於滅相是爲入不二法門善宿菩
薩曰是動是念爲二不動則無念無念則無分別通達此者是名爲入不二法

1212) 口=以【甲】
1213) 向=尙ィ【甲】

門. 惑心微起. 名爲動. 取相深著. 名爲念. 始終爲異取耳. 今泯此二. 名爲不二.

'德頂菩薩이 말했다. 垢와 淨은 둘입니다. 垢의 실성을 보면 곧 淨의 모습도 없어서 滅相을 따르는데, 그것이 불이법문에 들어가는 것입니다. 善宿菩薩이 말했다. 是動과 是念은 둘입니다. 부동은 곧 무념이고 무념은 곧 무분별입니다.1214) 이것을 통달하면 그것이 불이법문에 들어가는 것입니다.'에서 미혹한 마음이 조금만 일어나도 動이라고 말하고, 형상을 취하여 깊이 집착하는 것을 念이라 말하는데 처음과 끝은 異取이다. 지금 이 대목은 이 둘[動과 念]이 없으므로 불이라고 말한다.

善眼1215)菩薩曰一相無相爲二若知一相卽是無相亦不取無相入於平等是爲入不二法門. 一相爲有法1216)也. 無相謂空法也. 如柱爲圓相. 無圓名無相. 又空爲一相. 空法亦無. 故云無相. 今泯此二也.

'善眼菩薩이 말했다. 一相과 無相은 둘입니다. 만약 一相이 곧 그대로 無相이고 또한 無相도 취함이 없이 평등에 들어갈 줄 알면 그것이 불이법문에 들어가는 것입니다.'에서 一相은 유법이고, 無相은 공법을 말한다. 마치 기둥이 圓相일 때 圓이 없으면 相도 없다고 말하는 것과 같다. 또한 공은 一

1214) 여기에서 길장은 덕정보살의 가르침인 垢淨에 대한 주석은 간과하고 있다.
1215) 眼=根1【原】
1216) 法=爲1【原】【甲】

相이지만 공법도 또한 없기 때문에 無相이라고 말한다.
   지금 이 대목에는 이 둘이 없다.

妙臂菩薩曰菩薩心聲聞心爲二觀心相空如幻化者無菩薩心無聲聞心是爲入不二法門. 過去行施果報. 手能出無盡寶物. 如四流河. 名曰妙譬. 或者謂聲聞心獨善. 菩薩心兼濟. 故今泯之. 心本性空. 未嘗大小.

   '妙臂菩薩이 말했다. 菩薩心과 聲聞心은 둘입니다. 心相은 空으로서 幻化와 같음을 관찰하면 보살심도 없고 성문심도 없는데, 그것이 불이법문에 들어가는 것입니다.'에서 과거에 보시를 행한 과보로 손에서 끝없는 보물을 마치 四流의 河처럼 출현하는 것을 妙譬라고 말한다. 혹자는 성문의 마음은 독선이고 보살의 마음은 兼濟라고 말하기 때문에 지금 그것을 없애주는데, 마음은 본성이 공으로서 일찍이 대소가 없다.

弗沙菩薩曰善不善爲二若不起善不善入無相際而通達此者是爲入不二法門. 二十八宿內. 鬼星名弗沙. 生時所値. 因以爲名. 十善爲善. 十不善爲不善. 若爾. 凡夫起十善. 至佛皆爲善. 餘爲不善. 此攝法盡也. 又順出世道爲善. 卽三乘聖人. 違出世名不善. 凡夫三性. 皆爲不善. 又求小乘爲不善. 求大乘爲善. 又求小大二. 亦爲不善. 不二名善. 今就初門說也.

   '弗沙菩薩이 말했다. 善과 不善은 둘입니다. 만약 선과 불선을 일으키지 않고 無相際에 들어가 통달하면 그것이 불이법문에 들어가는 것입니다.'에서 이십팔수 가운데 鬼星을 弗沙라고 말하는데, 생성될 때의 가치를 인하여 이름붙인 것이다.

십선은 善이고, 십불선은 不善이다.

그렇듯이 (첫째로) 범부가 일으킨 십선이 佛에 이르면 모두 선이 되고 나머지는 불선이 되는데, 이것은 법을 끝까지 섭수한 것이다.

(둘째로) 또한 출세도를 따르는 것은 선으로서 즉 삼승의 성인이고, 출세를 거스르는 것을 불선이라고 말하는데, 범부의 삼성은 모두 불선이다.

(셋째로) 또한 소승을 추구하는 것은 불선이고, 대승을 추구하는 것은 선이다.

(넷째로) 또한 소승과 대승의 둘을 추구하는 것은 또한 불선이 되고, 불이는 선이라고 말한다.

지금 이 대목에서는 첫째[初門]의 설에 대한 것이다.

師子菩薩曰罪福爲二若達罪性則與福無異以金剛慧決了此相無縛無解者是爲入不二法門. 罪福與善不善異者. 體一義殊. 損益爲善惡. 招報爲罪福. 罪福多據果. 行善得富饒之果名福. 造惡感罪[1217]折之報名罪也. 金剛慧者. 世間金剛. 若置山頂及以平地. 直過無礙. 到金剛際. 然後乃住. 實相慧. 置福山頂若罪平地. 直過無礙. 到於法性. 非罪福同性乃住.

'師子菩薩이 말했다. 罪와 福은 둘입니다. 만약 죄의 자성을 통달하면 곧 福과 다름이 없습니다. 금강혜로 이 모습을 決了함으로써 결박도 없고 해탈도 없으면 그것이 불이법문에 들어가는 것입니다.'에서 죄복이 선불선과 다

1217) 罪=摧 ₁【甲】

른 것은 體는 동일하지만 義가 다르다. 손익은 선악으로 과보를 초래하므로 죄복인데, 죄복은 대부분 果에 의거한다. 선을 행하여 얻는 富饒의 果를 복이라고 말하고, 악을 지어 감응하는 摧折의 報를 죄라고 말한다.

금강혜란 세간의 금강으로서 만약 산정에 두면 평지까지 이르는데 곧장 걸림이 없이 통과하여 금강제에 이른 연후에야 멈춘다.

실상혜는 복의 산정에 두어도 마치 죄의 평지와 같아서 곧장 걸림이 없이 통과하여 法性에 이르는데 죄와 복이 없는 같은 본성에 이르러야 이에 멈춘다.

師子意菩薩曰有漏無漏爲二若得諸法等則不起漏無漏想不著於想亦不住無相是爲入不二法門. 師子度水. 要截流直度. 曲則不度. 此大士以實相智慧. 深入諸法. 直過彼岸. 故借以爲名. 或[1218]論. 以失理取相心名有漏. 得理忘相心名無漏. 毘曇. 總以一切煩惱. 名之爲漏. 無則非漏. 今了此二不二. 名入不二法門.

'師子意菩薩이 말했다. 有漏와 無漏는 둘입니다. 만약 제법이 평등함을 터득하면 곧 漏想과 不漏想이 일어나지 않고 相에 집착하지 않으며 또한 無相에도 머물지 않는데, 그것이 불이법문에 들어가는 것입니다.'에서 사자가 물을 건너갈 때는 요컨대 흐름을 가로질러 直으로 건너가야지 曲은 즉 건너지 못한다. 이것은 대사가 실상지혜로써 제법에 깊이 들어가서 直으로 피안을 통과하기 때문에 그것을 빌려서 명칭을 삼은 것이다.

『성실론』에서는 이치[理]를 잃고 형상[相]을 취하는 마음을 유루라고 말하

1218) 或=成【甲】

고, 이치[理]를 얻고 형상[相]을 잊는 것을 무루라고 말한다.

『아비담』에서는 총제적으로 일체번뇌로써 그것을 漏라고 말하는데 漏가 없는 즉 무루이다.

지금 이 대목에서는 그것[우루와 무루]의 二와 不二를 요해하는 것을 입불이법문이라고 말한다.

淨解菩薩曰有爲無爲爲二若離一切數則心如虛空以淸淨慧無所閡者是爲入不二法門. 爲無爲者. 爲之言作. 法外別有四相. 能作於法. 故名之爲. 以法有此爲. 故言有爲. 常法無爲故. 名曰無爲. 此有無相對也. 次卽法四相者. 如卽法. 起爲生. 故名爲也. 卽法有此爲. 非法外有此爲也. 如無法. 卽法無此爲. 非法外方無也. 前是毘曇義. 後是成論說. 並是二見亦不二也.

'淨解菩薩이 말했다. 有爲와 無爲는 둘입니다. 만약 一切數를 떠나면 곧 마음이 허공과 같아져 청정혜로서 걸리는 것이 없는데, 그것이 불이법문에 들어가는 것입니다.'에서 爲와 無爲 가운데 爲에 대해서 作이라고 말한다.

법 밖에 따로 있는 四相[法外別有四相]은 법을 짓기 때문에 그것을 爲라고 말하는데, 법이 此爲에 있기 때문에 有爲라고 말한다. 常法은 爲가 없기 때문에 無爲라고 말한다. 이것은 有와 無의 상대이다.

다음으로 法에 卽한 四相[卽法四相]은 진여는 법에 즉하여 일어나므로 生된다. 때문에 爲라고 말한다. 법에 즉하여 此爲가 있는 것이지 법 밖에 此爲가 있는 것이 아니다. 진여는법이 없으면 법에 즉해도 此爲가 없다. 법 밖에 바야흐로 無는 없다.

전자는 곧 『아비담』의 뜻이고, 후자는 곧 『성실론』의 설인데, 이것은 모두

二見이면서 또한 不二이다.

那羅延菩薩曰世間出世間爲二世間性空卽是出世間於其中不入不出不溢不散是爲入不二法門. 見道前. 名世間. 見道已上. 名出世間. 又從凡[1219]聖. 有取相心. 爲世間. 無取相心. 名出[1220]世間. 什公云. 世間. 三界也. 出世間. 一切無漏有爲之道品也. 不入不出者. 無入生死. 故名無入. 世間無出生死[1221]. 無出世間. 有入則有出. 有出必有溢. 有溢必有散. 此俗內之常數也.

 '那羅延菩薩이 말했다. 世間과 出世間은 둘입니다. 세간의 자성이 공이 되면 곧 그것이 출세간입니다. 그 가운데는 들어감도 없고 나감도 없으며 넘침도 없고 흩어짐도 없는데, 그것이 불이법문에 들어가는 것입니다.'에서 견도 이전을 세간이라고 말하고, 견도 이후를 출세간이라고 말한다.
 또한 凡으로부터 聖에 이르기까지 취상심이 있으면 세간이고 취상심이 없으면 출세간이라고 말한다.
 나집공은 세간은 출세이고, 출세간은 일체 무루와 유위의 도품이라고 말한다.
 '들어감도 없고 나감도 없다'는 것은 생사에 들어감이 없기 때문에 세간에 들어감이 없다고 말하고, 생사를 벗어남이 없기 때문에 세간을 벗어남이 없

1219) 凡+(至)【甲】
1220) 名出=出名【甲】
1221) 死+(故名)カ【原】, 死+(名)カ【甲】

다고 말한다. 들어감이 있은 즉 벗어남이 있고, 벗어남이 있은 즉 넘침이 있으며, 넘침이 있은 즉 흩어짐이 있는데, 이것은 세속 안에 있는 常數이다.

善意菩薩曰生死涅槃爲二若見生死性則無生死無縛無解不然不滅如是解者是爲入不二法門. 上言爲無爲. 以總涅槃. 但涅槃. 是三無爲內之勝法. 故別說之. 又爲無爲. 多是小乘涅槃. 大乘涅槃. 非爲無爲. 是故別說.

'善意菩薩이 말했다. 生死와 涅槃은 둘입니다. 만약 생과 사의 자성을 보면 곧 생과 사가 없고 결박과 해탈도 없으며 생도 없고 멸도 없는데 이와 같이 이해하게 되면 그것이 불이법문에 들어가는 것입니다.'에서 위에서는 爲와 無爲를 모두 열반이라고 말했다. 무릇 열반은 곧 세 가지 무위 안에서도 뛰어난 법이기 때문에 별도로 그것을 설하였다.
　또한 爲와 無爲는 대부분 곧 소승의 열반이지만, 대승의 열반은 爲와 無爲가 아니기 때문에 별도로 설했다.

現見菩薩曰盡不盡爲二. 有人言. 忘[1222)]息爲盡. 眞得常住名不盡. 什公云. 無常是空空[1223)]初門. 破法不盡. 名爲不盡. 畢竟空. 破法盡名爲盡. 肇公云. 有爲虛僞法無常. 故名盡. 實相無爲道常住. 故不盡.

1222) 忘＝妄ィ【甲】
1223) 空＝之【甲】

'現見菩薩이 말했다. 盡과 不盡은 두 가지 법입니다.'에 대하여 어떤 사람은 妄이 그치는 것이 盡이고, 진실로 상주를 터득한 것을 不盡이라고 말한다.

나집공은 다음과 같이 말한다.

'무상은 곧 공의 초문으로서 법을 타파함이 다하지 못하는 것을 不盡이라고 말한다. 그러나 필경공에서는 법을 타파함이 다하는 것을 盡이라고 말한다.'

조공은 다음과 같이 말한다.

'유위는 虛僞法으로서 무상이기 때문에 盡이라고 말한다. 실상은 無爲道로서 상주이기 때문에 不盡이다.'

法若究竟盡若不盡皆是無盡相無盡相卽是空空則無有盡不盡相如是入者是爲入不二法門. 依前通者. 究竟盡. 牒上盡義. 簡異無常生滅之盡. 故云究竟. 若不盡者. 牒前不盡. 卽眞常也. 皆無盡者. 前二並空. 空理常住. 故云無盡. 亦空理無法可除. 亦名空[1224]盡. 依肇公釋者. 若以盡爲盡. 以不盡爲不盡者. 皆是二也. 若能悟盡不盡不盡[1225]相者. 則入一空不二法門也.

'만약 구경의 盡이거나 구경의 不盡이거나 그것은 모두 無盡의 상입니다. 無盡의 상은 곧 공으로서 공에는 盡과 不盡의 모습이 없습니다. 이와 같이 들어가게 되면 그것이 불이법문에 들어가는 것입니다.'에서 위의 설명에 의거하면 구경은 盡에 통한다. 이것을 위의 盡의 뜻과 대비해보면 무상생멸의 盡과 분명히 다르기 때문에 구경이라고 말한다.

1224) 空=無ㅓ【甲】
1225) 不盡=無ㅓ【原】【甲】

'만약 不盡이더라도'를 위의 不盡과 대비해보면 곧 眞常이다.

'모두 無盡이라면'은 위의 둘이 모두 공인데 공의 이치는 상주이기 때문에 無盡이라고 말한다. 또한 공의 이치는 제거할 법이 없으므로 또한 無盡이라고 말한다.

조공의 해석은 다음과 같다.

'만약 盡으로써 盡을 삼고 不盡으로써 不盡을 삼으면 그것은 모두 二이다. 그러나 만약 盡과 不盡이 無相임을 깨친다면 즉 一空의 불이법문에 들어가는 것이다.'

普守菩薩曰我非[1226]我爲二我尙不可得非我何可得見我實性[1227]者不復起二是爲入不二法門. 萬善所持曰普. 衆聖所護名守也.

'普守菩薩이 말했다. 我와 無我는 둘입니다. 我도 오히려 불가득인데 非我가 어찌 可得이겠습니까. 我의 실성을 알게 되면 다시는 둘을 일으키지 않는데, 그것이 불이법문에 들어가는 것입니다.'에서 만선을 소지하는 것을 普라고 말하고, 衆聖의 보호를 받는 것을 守라고 말한다.

電天菩薩曰明無明爲二無明實性卽是明明亦不可取離一切數於其中平等無二者是爲入不二法門. 十地師云. 眞妄同體. 會妄成眞. 故云不二. 如動

1226) 非＝無ㅓ【甲】
1227) 性＝相【甲】

水成波. 波與水同體. 還息波成水. 名爲不二. 今謂不然. 文云. 明亦不可
取. 則是兩捨. 非會成. 若了悟無明實性卽是捨[1228]明. 故云不二. 若見明
無明[1229]. 便是無明. 故知明亦不可取也.

'電天菩薩이 말했다. 明과 無明은 둘입니다. 무명의 실성이 곧 그대로 명
인데 명도 또한 취할 수가 없습니다. 一切數를 떠나 있어서 그 가운데는 평
등하여 둘이 없는데, 그것이 불이법문에 들어가는 것입니다.'에서 십지논사
는 다음과 같이 말한다.

'眞과 妄은 同體로서 妄을 모아서 眞을 성취하기 때문에 불이라고 말한다.
마치 움직이는 물이 파도가 되어 파도와 물은 동체인 것과 같다. 그래서 파
도가 그치면 다시 물이 되는 것을 불이라고 말한다.'

지금 대목에서 말하는 것은 그렇지 않다. 경문에서 말한 '명도 또한 취할
수가 없다.'는 것은 즉 둘을 부정하는 것[兩捨]으로서 모여 성취되는 것[會成]
이 아니다. 만약 무명의 실성을 了悟하면 곧 明이 되기 때문에 불이라고 말
한다. 만약 명을 명으로만 본다면 그것은 곧 무명이다. 때문에 명도 또한 취
할 수가 없음을 알아야 한다.

喜見菩薩曰色色空爲二色卽是空非色滅空色性自空如是受想行識識空爲
二識卽是空非識滅空識性自空於其中而[1230]通達者是爲入不二法門. 言空

1228) 捨=爲ィ【甲】
1229) 無明=爲明ィ【原】【甲】
1230) 而=無ィ【原】

色不二者. 不言非空非色名爲不二. 但明空與色無二體故. 云不二也. 色卽是空者. 標大乘空色不二也. 非色滅空者. 簡異凡夫所見. 凡夫不達. 謂色滅壞然後乃空. 故今明非色滅然後空也. 色性自空者. 簡異小乘義也. 如炎水自性空. 不將四微分水大[1231]然後方空.

'喜見菩薩이 말했다. 色과 色空은 둘입니다. 색은 곧 그대로 공으로서 색을 소멸하여 공이 되는 것이 아니라 색의 자성이 본래부터 공입니다. 이와 같이 受·想·行·識과 識空[1232]은 둘이지만 식이 곧 그대로 공으로서 식을 소멸하여 공이 되는 것이 아니라 식의 자성이 본래부터 공입니다. 그 가운데서 통달하게 되면 그것이 불이법문에 들어가는 것입니다.'에서 무릇 공과 색이 無二의 체임을 설명하기 때문에 불이라고 말한 것이다.

'색은 곧 그대로 공이다'는 것은 대승에서 공과 색의 불이를 標한 것이고, '색을 소멸하여 공이 되는 것이 아니다'는 것은 범부의 소견과 분명하게 다른 것으로, 범부는 통달하지 못하여 색이 멸괴한 연후에 곧 공이 된다고 말한다. 때문에 지금 이 대목에서는 색이 소멸된 연후에 공이 아니라고 설명한다.

'색의 자성이 본래부터 공이다'는 것은 소승의 뜻과 분명히 다르다. 마치 불에 타는 물의 자성이 공이라서 사대를 물과 불로 微分한 연후에 바야흐로 공이 될 수 없는 경우와 같다.

1231) 大=火ィ【原】. =火【甲】. =大ィ【甲】.
1232) 受·想·行·識과 識空은 受와 受空·想과 想空·行과 行空·識과 識空을 가리킨다.

明相菩薩曰四種異空種異爲二四種性卽是虛空性如前際後際空故中際亦
空若能如是知諸種性者是爲入不二法門. 四種卽是四大. 空種謂空大也.
此五各有大力. 故名爲大. 是成衆生之因. 稱之爲種. 又卽此五事. 種別不
同. 名之爲種了[1233]. 四種之有與空種不異. 名入不二法門. 故[1234]云無三
際者. 空種無三際. 四種卽空故. 亦無三也.

'明相菩薩이 말했다. 四種異와 空種異[1235]는 둘입니다. 사종의 자성이 곧
그대로 공종의 자성으로서 前際처럼 後際도 공이기 때문에 中際도 또한 공
입니다. 만약 이와 같이 제종의 자성을 알게 되면 그것이 불이법문에 들어
가는 것입니다.'에서 사종은 곧 사대이고, 공종은 소위 공대이다. 이 다섯
가지에는 각각 큰 힘이 있기 때문에 大라고 말한다. 이것이 중생의 인을 성
취하므로 그것을 種이라고 일컫는다.

또한 이 五事에 즉해보면 種別로 不同이므로 그것을 種이라고 말한다.

사종의 有와 공종이 다르지 않는 것을 입불이법문이라고 말한다.

나중 부분에서 三際가 없다고 말한 것은 공종에는 삼제가 없는데 사종이
곧 공이기 때문에 또한 삼제가 없다는 것이다.

妙意[1236]菩薩曰眼色爲二若知眼性於色不貪不恚不癡是名寂滅如是耳

1233) 了=耳ィ【原】【甲】
1234) 故=後後ィ【原】. =後復ィ【甲】
1235) 四種과 空種은 四大와 空大를 가리킨다.
1236) 意=慧【甲】. =意ィ【甲】

色¹²³⁷⁾鼻香舌味身觸意法爲二若知意性於法不貪不恚不癡是名寂滅安住其中是爲入不二法門. 見眼色二故. 起於三毒. 如是好色起貪. 惡色生恚. 非好非惡. 則起無明. 若知根本空. 不起三毒. 如四大成眼. 則無一眼體. 一眼體無故. 則云無四大. 故知無眼. 以何見色起三毒邪. 亦非作此觀色空¹²³⁸⁾無自性則無色矣.

'妙意菩薩이 말했다. 眼과 色은 둘입니다. 만약 眼의 자성이 색에 대하여 貪이 없고 恚가 없으며 癡가 없는 줄 알게 되면 그것을 적멸이라 말합니다. 이와 같이 耳와 聲·鼻와 香·舌과 味·身과 觸·意와 法은 둘입니다. 만약 意의 자성이 法에 대하여 貪이 없고 恚가 없으며 癡가 없는 줄 알게 되면 그것을 적멸이라 말합니다. 그 가운데 안주하게 되면 그것이 불이법문에 들어가는 것입니다.'에서 眼과 色을 둘이라고 보기 때문에 삼독을 일으킨다.

이리하여 색을 좋아하여 貪을 일으키고, 색을 싫어하여 恚를 일으키며, 좋음도 없고 싫음도 없은 즉 무명을 일으킨다. 그러나 만약 근본이 공임을 안다면 삼독을 일으키지 않게 된다. 그래서 저 사대가 眼을 성취해도 즉 一眼의 체가 없고, 一眼의 체가 없기 때문에 즉 사대가 없다고 말한다. 때문에 眼이 없음을 알게 되면 어찌 색을 보고 삼독을 일으키겠는가. 또한 그와 같이 색을 관찰함도 없고 색이 무자성인 즉 無色이다.

無盡意菩薩曰布施迴向一切智爲二布施性卽是迴向一切智性如是持戒

1237) 色=聲【甲】
1238) 空=色ㅓ【甲】

忍辱精進禪定智慧迴向一切智爲二智慧性卽是迴向一切智性於其中入
一相者是爲入不二法門. 布施爲因. 一切智爲果. 謂因果二. 故迴因向果.
因果俱空. 名爲不二. 又轉因爲果. 名爲不二. 如在菩薩心名波若. 在佛心
反成薩婆若. 故無別兩種[1239]. 則知不二.

 '無盡意菩薩이 말했다. 布施와 一切智로 迴向하는 것은 둘입니다. 보시의
자성이 곧 그대로 일체지로 회향하는 자성입니다. 이와 같이 持戒 · 忍辱 ·
精進 · 禪定 · 智慧와 一切智로 迴向하는 것은 둘입니다. 지혜의 자성이 곧
그대로 일체지로 회향하는 자성인데, 그 가운데서 一相에 들어가게 되면 그
것이 불이법문에 들어가는 것입니다.'에서 보시는 因이고 일체지는 果로서
말하자면 因果가 二라는 것이다. 때문에 因을 돌려서 果로 향하여 因果가
모두 공인 것을 불이라고 말한다.

 또한 因을 굴려서 果로 삼는 것을 不二라고 말한다. 그것은 마치 보살심
으로는 반야[波若]라고 말하고, 불심으로는 살바야라고 부른다. 때문에 두
체가 없은 즉 불이임을 알 것이다.

深慧菩薩曰是空是無相是無作爲二空卽無相無相卽無作若空無相無作則
無心意識於一解脫門卽是三解脫門者卽是爲入不二法門. 破小乘人. 謂三
空爲十六行是異體. 今約境智. 三門俱是一體. 約境論不二者. 唯一實相.
隨義分三. 無別三體. 故云不二. 約觀者. 唯一正觀. 離三取著故. 爲三實
無三體. 亦無心意識者. 前盡緣. 今息觀也.

1239) 種=體₁【甲】

'深慧菩薩이 말했다. 空과 無相과 無作은 二입니다. 공은 곧 무상이고 무상은 곧 무작입니다. 만약 공과 무상과 무작에 心·意·識이 없다면 일체의 하나의 해탈문이 곧 그대로 세 가지 해탈문인데, 그것이 불이법문에 들어가는 것입니다.'에서 이것은 소승인의 경우에 삼공은 십육행[1240]으로서 곧 異體라고 말한 것을 타파한 것이다.

지금 이 대목은 境과 智에 의거한 것이다. 삼문(공·무상·무작)은 모두 一體이다. 境에 의거하여 불이를 논하자면 오직 하나의 實相이고, 뜻에 따르자면 셋으로 나뉘지만 별도로 三體가 없다. 때문에 불이라고 말한다.

觀에 의거하자면 오직 하나의 正觀으로서 세 가지 집착을 벗어난 까닭에 세 가지 실상[三實]이지만 三體가 없다. 또한 心·意·識이 없다는 것은 위에서는 緣을 다한 것이었지만 지금은 觀을 그친 것이다.

寂根菩薩曰佛法衆爲二佛卽是法法卽是衆是三寶皆無爲相與虛空等一切法亦爾能隨此行者是爲入不二法門. 此明一體三寶義. 故不二也. 但一體三寶. 三處辨之. 如一佛果上具三. 覺義爲佛. 可軌名法. 和義爲僧. 此通大小數論. 二者三寶通皆是空. 亦通大小. 但毘曇所無. 三者一體三寶. 唯大乘有.

'寂根菩薩이 말했다. 佛과 法과 衆(僧)은 둘입니다. 불이 곧 그대로 법이고

1240) 十六行은 四聖諦를 관찰하는 방법이다. 苦에 대하여 無常·苦·空·無我를 관찰한다. 集에 대하여 集·因·緣·生의 네 가지로 관찰한다. 滅에 대하여 盡·滅·妙·離의 네 가지 관찰한다. 道에 대하여 道·正·跡·乘의 네 가지로 관찰한다.

법이 곧 그대로 중(승)입니다. 이 삼보는 모두 無爲相으로서 허공처럼 평등합니다. 일체법도 또한 그러한데, 이러한 수행을 따를 수 있게 되면 그것이 불이법문에 들어가는 것입니다.'에서 이것은 一體三寶의 뜻이기 때문에 불이임을 설명한 것이다. 무릇 一體三寶를 세 가지 도리에서 그것을 변별한 것으로 다음과 같다.

첫째는 佛果에 셋을 갖추고 있다. 覺이라는 뜻은 佛이고, 궤칙으로 삼을 만한 것을 法이라고 말하며, 和라는 뜻은 僧이다. 이것은 대소의 여러 논서에 공통한다.

둘째는 삼보는 모두 공으로서 또한 대소에 공통하지만, 무릇 『아비담』에는 없다.

셋째는 一體三寶는 오직 대승에만 있다.

問. 云何爲一佛[1241]耶. 答. 涅槃經文不同. 若依涅槃義. 則三寶皆以涅槃爲體. 是以經云. 菩薩思惟云何三事與我一體. 佛自釋言. 我說三事. 卽大涅槃. 故名一體. 若據佛性論[1242] 三寶. 三寶同以佛性爲體. 所以經云. 如是三歸卽是我性. 若就眞諦明三寶. 三寶同用眞諦爲體. 是以經云. 若能觀三寶. 常住同眞諦. 若就常義明三寶. 同以常爲體. 故經云. 我亦不說佛法衆僧. 無有差別. 唯說常住差別耳. 此並隨義說之. 無相違背. 今此文明三寶無異體者. 正就同一無爲. 故言不二.

1241) 佛＝體【甲】
1242) 論＋(明)カ【甲】

묻는다 : 어째서 一體입니까.

답한다 :『열반경』의 경문과는 다르다. 만약『열반경』의 뜻에 의거하자면 즉 삼보가 모두 열반의 體이다. 때문에『열반경』에서는 다음과 같이 말한다.

'보살은 다음과 같이 사유 속에서 말한다. 어째서 三事(三寶)가 나와 일체인 것일까. 佛이 스스로 해석하여 말한다. 내가 설한 三事는 곧 대열반이기 때문에 일체라고 말한다.'[1243]

만약『불성론』에 의거하여 삼보를 설명하면 '삼보는 모두 불성으로 체를 삼는다.'고 한다. 때문에『열반경』에서 '이와 같이 三歸는 곧 나의 자성이다.'[1244]고 말한다.

만약 진제에 나아가서 삼보를 설명하자면 삼보는 동일한 작용으로서 진제를 체로 삼는다. 때문에『열반경』에서 '만약 삼보를 관찰해 보면 상주로서 진제와 동일하다.'[1245]고 말한다.

만약 常의 뜻에 나아가서 삼보를 설명하자면 모두 常으로써 체를 삼는다. 때문에『열반경』에서 '나는 또한 佛·法·衆僧에 차별이 없다고는 말하지 않는다. 오직 상주의 차별에 대해서만 말할 뿐이다.'[1246]고 말한다.

이러한 설명은 모두 뜻을 따라서 삼보를 설한 것으로 無相과 위배된다.

1243)『大般涅槃經』卷8, (大正新脩大藏經12, p.410上)
1244)『大般涅槃經』卷8, (大正新脩大藏經12, p.409中) "如是三歸性 則是我之性" 참조.
1245)『大般涅槃經』卷10, (大正新脩大藏經12, p.424下) "若能計三寶 常住同眞諦" 참조.
1246)『大般涅槃經』卷25, (大正新脩大藏經12, p.513下) "如來不說佛法衆僧無差別相 惟說常住淸淨二法無差別耳" 참조.

지금 이 경문에서 삼보에 異體가 없음을 설명한 것은 바로 동일한 무위에 대한 것이기 때문에 불이라고 말한다.

心無閡菩薩曰身身滅爲二身卽是身滅所以者何見身實相者不起見身及見滅身身與滅身無二無分別於其中不驚不懼者是爲入不二法門. 破小乘餘1247)無餘涅槃二義. 身謂五陰身. 身滅卽涅槃也. 身本不生. 今何所滅. 不生不滅. 故是不二. 不驚不懼者. 小乘初聞曰驚. 怪1248)受斯理爲懼. 諸法生時空生. 滅時空滅. 身存身亡. 亦何以異. 而懷驚懼於其間哉.

'心無礙菩薩이 말했다. 身과 身滅은 둘이지만, 身이 곧 그대로 身滅입니다. 왜냐하면 身의 실상을 보게 되면 身이라는 견해와 身滅이라는 견해를 일으키지 않기 때문입니다. 身과 身滅은 둘이 없고 분별이 없는데, 그 가운데서 놀라지 않고 두려워하지 않게 되면 그것이 불이법문에 들어가는 것입니다.'에서 이것은 소승의 유여열반과 무여열반의 두 가지 뜻을 타파한 것이다.

身은 소위 오음신이다. 身이 소멸한 즉 열반이다. 身은 본래 불생인데, 지금 어찌 소멸된다는 것인가. 불생불멸이기 때문에 곧 불이이다.

'놀라지 않고 두려워하지 않는다'는 것은 소승이 처음 듣는 것을 '놀란다'고 말하고, 이 도리에 대하여 겁을 먹는 것을 '두려워한다'고 말한다. 제법이 발생할 때 공이 발생하고, (제법이) 소멸할 때 공이 소멸한다. 身의 存과

1247) (有)カ＋餘【甲】
1248) 怪＝怯ィ【甲】

身의 亡도 또한 어찌 그것과 다르겠는가. 그런데도 그 사이에 놀라움과 두려움을 품는다.

上善菩薩曰身口意善[1249]爲二是三業皆無作相身無作相卽口無作相口無作相卽意無作相是三業無作相卽一切法無作相能如是隨無作慧者是爲入不二法門. 或者謂. 三業各有造作. 故名爲異耳. 三業本空. 同無作相. 名爲不二.

'上善菩薩이 말했다. 身・口・意와 善은 둘입니다. 이 삼업에는 모두 作相이 없습니다. 身에 作相이 없으니 곧 口에도 作相이 없으며, 口에 作相이 없으니 곧 意에도 作相이 없습니다. 이 삼업에 作相이 없으니 곧 일체법에도 作相이 없습니다. 이와 같이 作相이 없는 지혜를 따르게 되면 그것이 불이법문에 들어가는 것입니다.'에서 或者는 삼업에는 각각 조작이 있다고 말한다. 때문에 다르다[異]고 말한다. 그러나 삼업은 본래 공이기 때문에 동일하게 無作相이므로 不二라고 말한다.

福田菩薩曰福行罪行不動行爲二三行實性卽是空空則無福行無罪行無不動行於此三行而不起者是爲入不二法門. 大品經云. 行十不善. 得三塗報. 爲罪行. 行十善道. 生欲界人天. 稱爲福行. 修四禪等. 生色無色界. 名不動行. 成論文云. 從欲界至三禪. 名爲福行. 四禪竟無色. 稱無動行. 以第四禪已去. 不爲三災四受所動. 故名無動. 不起三行. 則入實相門. 名爲不二.

1249) 善=業【甲】

'福田菩薩이 말했다. 福行·罪行·不動行은 둘입니다. 삼행의 실성은 곧 그대로 공이고, 공이므로 복행이 없고 죄행이 없으며 부동행이 없습니다. 이에 삼행이 일어나지 않게 되면 불이법문에 들어가는 것입니다.'에서『대품경』에서는 다음과 같이말한다.

'十不善을 행하면 三塗報를 얻어 罪行이 된다. 十善道를 행하면 欲界의 人天에 태어나는데 복행이라고 일컫는다. 사선 등을 닦아서 색계와 무색계에 태어나는 것을 不動行이라고 말한다.'

『성실론』의 경문에서 말한다.

'욕계로부터 제삼선에 이르기까지를 福行이라고 말한다. 제사선부터 무색계의 끝까지를 無動行이라고 일컫는다. 제사선 이후부터는 三災(水災·風災·火災)와 四受(欲受·見受·戒受·我受)에 요동되지 않기 때문에 無動이라고 말한다.'

(福行·罪行·不動行의) 三行을 일으키지 않은 즉 실상문에 들어가는 것을 不二라고 말한다.

華嚴菩薩曰從我起二爲二見我實相者不起二法若不住二法則無有識無所識者是爲入不二法門. 因我故有彼. 二名所以生. 見我實相. 則彼我已[1250] 識無由而起.

'華嚴菩薩이 말했다. 我로부터 二法이 일어나는 것이 둘입니다. 그러나 我의 실상을 보게 되면 二法이 일어나지 않습니다. 만약 이법에 집착이 없

1250) 已=之ィ【甲】

으면 곧 識이 없습니다. 所識이 없게 되면 그것이 불이법문에 들어가는 것입니다.'에서 我를 인하여 彼가 있어서 그 때문에 二라는 명칭이 발생한다. 그러나 我의 실상을 보면 즉 彼와 我라는 識이 말미암아 일어날 것이 없다.

德藏菩薩日有所得相爲二若無所得則無取捨無取捨者是爲入不二法門. 內得於我. 外取於相. 故名爲二耳. 內外俱空. 名爲不二也.

'德藏菩薩이 말했다. 有所得相은 둘입니다. 만약 무소득이라면 곧 취하고 버림이 없습니다. 취하고 버림이 없게 되면 그것이 불이법문에 들어가는 것입니다.'에서 안으로는 我를 얻고 밖으로는 相을 취하기 때문에 二라고 말한다. 그리고 내외가 모두 공인 것을 불이라고 말한다.

月上菩薩日闇與明爲二無闇無明則無有二所以者何如入滅受想定無闇無明一切法相亦復如是於其中平等入者是爲入不二法門. 二乘入滅盡定. 視聽外忘. 識和[1251]內滅. 雖經晝夜. 不覺晦明. 以喩菩薩無心於明闇.

'月上菩薩이 말했다. 闇과 明은 둘입니다. 闇이 없고 明이 없으면 곧 둘[二]이 아닙니다. 왜냐하면 마치 滅受想定에 들어간 것처럼 闇이 없고 명이 없기 때문입니다. 일체의 법상도 또한 그와 같이 그 가운데 평등하게 들어가게 되면 그것이 불이법문에 들어가는 것입니다.'에서 이승이 멸진정에 들

1251) 和=知【甲】

어가면 밖으로는 視와 聽을 잊어버리고 안으로는 識과 知가 소멸된다. 그래서 비록 밤낮을 지내더라도 어둡고 밝음을 느끼지 못한다. 이것은 보살이 밝음과 어둠에 무심한 것을 비유한 것이다.

問. 入滅盡盡[1252]定. 諸心並無. 何故偏云滅受想邪[1253]. 答. 受修諸禪想生無色. 入滅盡定. 正滅上二界心. 故偏言想受. 又受多生愛. 想多生見. 旣是過根本. 故偏說之.

묻는다 : 멸진정에 들어가면 諸心이 다 없어집니다. 그런데 무슨 까닭에 受想이 소멸된다고 偏云하는 것입니까.
답한다 : 受는 諸禪을 닦는 것이고 想은 무색계에 태어나는 것이다. 멸진정에 들어가면 바로 受界와 想界의 마음이 소멸되기 때문에 想受라고 偏言한다.
또한 受는 대부분 愛를 발생하고 想은 대부분 見을 발생하는데, 이미 이것은 근본을 초과한 까닭에 그것을 偏說한다.

寶印手菩薩曰樂涅槃不樂世間爲二若不樂涅槃不厭世間則無有二所以者何若有縛則有解若本無縛其誰求解無縛無解則無樂厭是爲入不二法門. 華嚴經云. 生死非雜亂. 云何而厭. 涅槃非寂靜. 云何而樂.

1252) 〔盡〕-【甲】
1253) 邪＝耶【甲】

'寶印手菩薩이 말했다. 열반을 좋아하는 것[樂涅槃]과 세간을 좋아하지 않는 것[不樂世間]은 둘입니다. 만약 열반을 좋아하지 않고 세간을 싫어하지 않는다면 곧 둘[二]이 아닙니다. 왜냐하면 만약 결박이 있으면 곧 해탈이 있기 때문입니다. 만약 본래부터 결박이 없다면 그 누가 해탈을 추구하겠습니까. 결박도 없고 해탈도 없으면 곧 좋아하고 싫어함이 없는데, 그것이 불이법문에 들어가는 것입니다.'에서 『화엄경』에서 生死가 雜亂이 아니라고 말하는데 어찌 그것을 싫어하고, 涅槃이 寂靜이 아니라고 말하는데 어찌 좋아하겠는가.[1254]

殊<珠?>頂王菩薩曰正道邪道爲二住正道者則不分別是邪是正離此二者是爲入不二法門. 八邪爲邪道. 八正爲正道. 又小乘見爲邪道. 大乘眞觀爲正道. 經[1255]正見者. 不見邪. 亦不見正. 非邪非正. 始名爲正. 住正[1256]道者. 見邪外有正. 正外有邪. 若邪若正. 悉名爲邪.

'珠頂王菩薩이 말했다. 正道와 邪道는 둘입니다. 정도에 주하게 되면 곧 이것은 邪이고 저것은 正이라고 분별하지 않습니다. 이 둘[二]을 떠나게 되면 그것이 불이법문에 들어가는 것입니다.'에서 八邪는 邪道이고, 八正은 正道이다.

또한 小乘見은 邪道이고, 大乘眞觀은 正道이다. 正見에 주하는 사람은

1254) 『大方廣佛華嚴經』 卷15, (大正新脩大藏經9, p.498中) "生死非雜亂 涅槃非寂靜" 참조.
1255) 經=住【甲】
1256) 正=邪【甲】

邪도 보지 않고, 또한 正도 보지 않아서 邪도 없고 正도 없어야 비로소 正이라고 말한다. 邪道에 주하는 사람은 邪 밖에 正이 있고 正 밖에 邪가 있어서 邪도 있고 正도 있으므로 모두 邪라고 말한다.

樂實菩薩曰實不實爲二實是[1257]者尙不見實何況非實所以者何非肉眼所見慧眼乃能見而此慧眼無見無不見是爲入不二法門. 實相爲實. 虛妄爲不實. 悟實相者. 不見於實. 何況非實. 所見旣非實. 非不實. 能見亦非見. 非不見. 非實非不實. 寄言以爲實. 非見非不見. 亦強詺以爲見. 斯則緣觀宛然. 而境智俱寂也.

'樂實菩薩이 말했다. 實과 不實은 둘입니다. 實을 보는 것도 오히려 實을 보는 것이 아닌데, 하물며 非實이겠습니까. 왜냐하면 육안에는 보이지 않고 혜안이어야 이에 볼 수가 있기 때문입니다. 그러나 이 혜안으로 보는 것도 없고 보지 않는 것도 없게 되면 그것이 불이법문에 들어가는 것입니다.'에서 實相은 實이고 虛妄은 不實이다.

실상을 깨치는 사람은 실도 보지 않는데 하물며 비실이겠는가. 所見에 이미 實도 없고 不實도 없으며, 能見에도 또한 見도 없고 不見도 없다. 이처럼 實도 없고 不實도 없어야 實이라는 말을 붙일 수가 있고, 見도 없고 不見도 없지만 또한 억지로 見이라고 이름붙인 것이다. 이러한 즉 緣과 觀이 宛然해도 境과 智가 모두 고요[寂]하다.

1257) 是＝見【甲】

如是諸菩薩各各說已問文殊師利何等是菩薩入不二法門文殊師利曰如我意者於一切法無言無說無示無識離諸問答是爲入不二法門. 此第二諸菩薩. 請文殊說不二. 前請. 次說. 經有三句. 一者二諦俱說. 二者二諦俱不說. 三者世諦說. 眞諦不說. 今就後二門也. 上來三十一人. 俱有六事. 以口有音聲. 爲言. 以言顯不二法. 爲說. 顯不二法. 曲受前人. 爲示. 令聽衆悟解. 爲識. 淨名命說. 爲問. 菩薩酬不二. 爲答. 是皆以言破法. 未息破法之言. 文殊. 欲息泯法之言. 故辨無此六事也.

'이와 같이 제보살이 각각 설명을 마치고 문수사리에게 물었다. 어떤 것이 곧 보살이 불이법문에 들어가는 것입니까. 문수사리가 말했다. 제 생각으로는 일체법에 대하여 無言이고 無說이며 無示이고 無識이어서 모든 문답을 떠나있는 것이 곧 불이법문에 들어가는 것입니다.'에서 이것은 둘째로 제보살이 문수에게 불이에 대하여 설해달라고 청한 것이다.

먼저 청하고, 다음에 설한다. 경문에는 삼구가 있다.

첫째는 이제를 모두 설한다.

둘째는 이제를 모두 설하지 않는다.

셋째는 세제는 설하고 진제는 설하지 않는다.

지금의 대목은 둘째와 셋째의 二門에 대한 것이다.

위에서 서른한 명에게는 모두 六事가 갖추어져 있다. 口로써 음성이 있는 것은 言이고, 言으로써 불이법을 드러내는 것은 說이다. 불이법을 드러내어 앞에 있는 사람들이 완곡하게 받아들이는 것은 示이고, 청중으로 하여금 悟解토록 하는 것은 識이며, 정명이 (보살에게) 설할 것을 명하는 것은 問이고, 보살이 불이로 응수하는 것은 答이다. 이것들은 모두 言 으로써 法을 타파한 것이지만 아직 破法한 言은 그치지 못하였다. 이에 문수가 파법의 言을

息泯해주려는 까닭에 이 육사가 없음을 변별한다.

於是文殊師利問維摩詰我等各自說已仁者當說何等是菩薩入不二法門時
維摩詰默然無言. 此第三文殊請淨名說不二. 前請. 次誨. 三稱嘆. 諸菩
薩. 以言遣法. 文殊. 借言遣於言. 淨名默然. 遣文殊之借言. 不二之理乃
同1258). 而得1259)有深淺之異.

'이에 문수사리가 유마힐에게 물었다. 저희들은 각자 설명을 마쳤습니다. 그대는 장차 어떤 것을 가리켜 곧 보살이 불이법문에 들어가는 것이라고 설하겠습니까. 그때 유마힐은 묵연하게 말이 없었다.'에서 이것은 셋째로 문수가 정명에게 불이에 대하여 설해줄 것을 청한 것이다.

첫째는 먼저 청한다.

둘째는 다음에 응답한다.

셋째는 칭탄한다.

제보살이 言으로써 法을 타파[遣]하자, 문수가 言으로써 言을 타파[遣]한다. 그러나 정명은 침묵하여 문수가 言에 의거한 것[借言]을 타파한다. 불이의 이치는 동일하지만 그 방법[門]에는 깊고 얕음의 차이가 있다.

文殊師利嘆言善哉善哉乃至無有文字語言是眞入不二法門. 此第三文殊

1258) 同=周 ⊀【原】【甲】
1259) 得=門 ⊀【原】【甲】

稱嘆. 淨名旣其默示. 文殊亦應默領. 但爲時衆生悟故. 就言嘆善. 又顯無言不傷於言. 故以言嘆於無言.

'문수사리가 찬탄하여 말했다. 훌륭합니다. 참으로 훌륭합니다. 이에 文字와 語言이 없는 경지에 이르는 것이야말로 곧 진실로 불이법문에 들어가는 것입니다.'에서 이것은 셋째로 문수가 칭탄한 것이다.

정명은 이미 그것(불이법문)을 침묵으로 내보이자 문수도 또한 침묵에 상응하여 이해한다. 그렇지만 무릇 시회대중을 깨쳐주기 위하여 言에 나아가서 훌륭하다고 찬탄한다.

또한 無言을 드러내어 言을 해치지 않은 까닭에 言으로써 無言을 찬탄한다.

說是入不二法門時於此衆中五千菩薩皆入不二法門得無生忍. 此第二五千菩薩. 得入不二法門.

'이 입불이법문품을 설했을 때, 그 대중 가운데서 오천 명의 보살이 모두 불이법문에 들어가서 무생법인을 터득하였다.'에서 이것은 둘째로 오천 명의 보살이 불이법문에 들어간 것이다.

維摩經義疏[1260]第五
유마경의소 제오권

1260) 疏+(卷)【甲】

維摩經義疏卷第六
유마경의소 제육권

胡吉藏撰
호길장이 찬술하다

香積品第十
제십 향적불품

此品來意. 有十種因緣. 一者三時利益. 從經初至不二法門. 謂食前利益. 此之一品. 謂食時利益. 菩薩行品. 食後利益. 二者. 至人住於三事. 說十二部經. 一知他心. 二者說法. 三現神通. 上已明說法. 今次現神通. 知他心. 總貫斯二. 三者佛事有二. 一以此土法門. 二用他土法門. 上明此土法門. 今辨他土法門. 四者室內說法. 明二種因果. 一法身因果. 二淨土因果. 上多明法身因果. 今辨淨土因果. 五者此經之宗. 明於二慧. 上明不二法門. 卽是實慧. 今辨請飯香土. 謂方便慧. 六者從此經初. 至入不二法門. 謂因二入不二. 卽收用以歸體. 此品已去. 因不二有二. 卽從體以起用. 七

者此經始終. 正明不思議解脫. 不思議解脫. 凡有二種. 不二法門[1261]. 不思議之本也. 香積佛品. 辨不思議之迹也. 八者諸佛菩薩. 說法有二. 一依世諦. 二依第一義. 不二法門. 依第一義說. 香積佛品. 就世諦門說. 九者利益衆生. 善友無定. 不二法門. 明多人共說. 香積佛品. 一人獨說. 十者徒衆有二. 一者此土. 二者他方. 上多利此土之衆. 今品通益彼此.

이 [향적불품]이 여기에 온 뜻은 십종의 인연이 있다.

첫째는 三時의 이익이 있다. 경전의 처음부터 [입불이법문품]에 이르기까지는 소위 食前의 이익이었고, 이 [향적불품]은 소위 食時의 이익이며, [보살행품]은 食後의 이익이다.

둘째는 至人이 三事에 주하면서 십이부경을 설한다. 하나는 타심을 알고, 둘은 설법을 하며, 셋은 신통을 드러낸다. 위에서 이미 설법에 대하여 설명하였고, 지금은 이어서 신통을 드러내는 것과 타심을 아는 것으로 총체적으로 이 두 가지를 관통한다.

셋째는 불사에 두 가지가 있다. 하나는 차토의 법문을 하는데, 둘은 타토의 법문을 활용한다. 위에서는 차토의 법문을 하였는데, 지금은 타토의 법문을 변별한다.

넷째는 실내의 설법으로 두 가지 인과를 설명한다. 하나는 법신의 인과이고, 둘은 정토의 인과이다. 위에서는 법신의 인과를 설명하였는데, 지금은 정토의 인과를 변별한다.

다섯째는 이 경전의 종지로서 二慧를 설명한다. 위에서 설명한 불이법문은 곧 실혜이고, 지금 변별하는 향적국토에 음식을 청하는 것은 소위 방편

[1261] 門+(明)力【原】

혜이다.

여섯째는 이 경전의 처음부터 [입불이법문품]에 이르기까지는 소위 二를 인하여 不二에 들어간 것인데 즉 用을 거두어 체로 돌아간 것이다. 이 [향적불품] 이후는 不二를 인하여 二가 존재하는 것인데 즉 체로부터 용을 일으킨 것이다.

일곱째는 이 경전은 시종 바로 부사의해탈을 설명한다. 부사의해탈에 무릇 두 가지가 있다. (하나는) 불이법문은 부사의의 本임을 설명한다. (둘은) 향적불품은 부사의의 迹임을 변별한다.

여덟째는 제불보살의 설법에 두 가지가 있다. 하나는 세제문에 의거하고, 둘은 제일의제문에 의거한다. 불이법문은 제일의제문에 의거하여 설한 것이고, 향적불품은 세제문에 나아가서 설한 것이다.

아홉째는 대중을 이익토록 한 것이다. 선우에는 정해진 것이 없다. [입불이법문품]에서는 여러 사람이 함께 설함을 설명하고, [향적불품]에서는 한 사람이 홀로 설한다.

열째는 徒衆에 두 가지가 있다.

하나는 차토의 도중이다.

둘은 타방의 도중이다.

위의 여러 품에서는 차토의 도중이었는데, 지금의 [향적불품]은 피차의 도중에게 이익을 준다.

問. 請飯香土. 旣名香積佛品. 借座燈王. 何故不稱燈王佛品. 答. 上稱不思議. 從通以立稱. 今云香積. 因別以受名. 蓋欲立品相避. 故通別互擧也.

묻는다 : 향적국토의 음식을 청하고, 이미 명칭도 [향적불품]이라고 말하며, 등왕불의 자리를 빌렸는데 무슨 까닭에 [燈王佛品]이라고 일컫지 않는 것입니까.

답한다 : 위에서 일컬은 [부사의품]은 通으로부터 내세운 명칭이고, 지금 말하는 [향적불품]은 別을 인하여 받은 명칭이다. 무릇 품명을 내세우려고 할 경우에는 相避하는 까닭에 通別로 서로 언급한 것이다.

問. 借座燈[1262]王. 與請飯香土何異. 答. 上明以大入小. 今辨以小包大. 又上明默感. 此則遣化. 皆是互現. 顯不思議也. 品開爲二. 初明淨土因果. 二時衆得益. 就初有兩. 前明淨土果. 次辨淨土因. 淨土果內. 前明彼土淨[1263]門. 次辨二國化意. 初有三句. 一身子念食. 二淨名施飯. 三大衆受食.

묻는다 : 등왕불의 자리를 빌린 것과 향적국토의 음식을 빌린 것과 무엇이 다릅니까.

답한다 : 위에서는 大로써 小에 들어감을 설명하였는데, 지금은 小로써 大를 포괄함을 변별한다.

또한 위에서는 침묵으로 감응하는 것을 설명하였고, 지금은 즉 化人을 보내는데 모두 곧 번갈아 나타나며[互現] 부사의를 드러낸다.

[향적불품]은 두 부분이 있다.

첫째는 정토의 인과를 설명한다.

1262) 燈=登【甲】
1263) 淨=法【甲】

둘째는 시회대중이 얻는 이익이다.
첫째에도 두 가지가 있다.
첫째는 정토의 果를 설명한다.
둘째는 정토의 因을 변별한다.
정토의 果 안에서도 첫째는 彼土의 法門을 설명한다.
둘째는 차토와 피토[二國]를 교화하는 뜻을 변별한다.
첫째에는 삼구가 있다.
첫째는 사리불이 음식을 생각하는 것이다.
둘째는 정명이 음식을 베풀어주는 것이다.
셋째는 대중의 음식을 받아먹는 것이다.

於是舍利弗心念日時欲至此諸菩薩當於何食. 身子念食. 有三因緣. 一者身心俱累. 凡夫也. 二心雖無累. 而形須資待. 二乘也. 三者俱無. 法身菩薩也. 身子旣受結業之形. 心雖無累. 而形須資待. 古佛道法. 過齋不湌食. 今時旣至. 故生念也. 二者自經初已來. 盛談菩薩之法. 聲聞之人不生深樂. 是故念食. 三者居士空室. 身子扣關[1264]. 蓋是互相影發. 弘道利物故也. 但云菩薩當於何食. 不念聲聞者. 以弟子自有乞食法故也.

'이에 사리불이 마음속으로 생각하였다. 때[日時]가 다 되어 가는데 여기 제보살들이 장차 무엇을 먹을 것인가.'에서 사리불이 음식을 생각하는 것에 세 가지 인연이 있다.

1264) 關=開ㅓ【原】【甲】

첫째는 몸과 마음에 모두 누가 있는 것은 범부이다.

둘째는 마음에는 비록 누가 없지만 몸[形]은 반드시 자양분을 갖추어야 하는 것은 이승이다.

셋째는 몸과 마음에 모두 누가 없는 것은 법신보살이다.

(첫째로) 사리불은 이미 업을 맺은 몸을 받았기 때문에 마음에는 비록 누가 없을지라도 몸[形]은 반드시 자양분을 갖추어야 한다. 옛날에는 불도의 법에서 齋時가 지나면 밥을 먹지 않았는데, 지금[今時]는 이미 도래하였기 때문에 생각을 일으킨 것이다.

둘째로 경전의 처음부터 이래로 보살법을 왕성하게 담론하였고, 성문인은 深樂을 발생하지 않은 까닭에 음식을 생각한다.

셋째로 거사는 빈 방에 있고 사리불은 문을 두드려 연다. 무릇 이것은 서로 몸을 발현하여[影發] 도를 넓혀서 대중을 이롭게 한 것이다. 그리하여 단지 (마음속으로) 〈보살은 장차 무엇을 먹는 것인가〉라고만 말하고 생문에 대해서는 생각하지 않은 것은 (부처님의) 제자들에게는 예로부터 걸식법이 있었기 때문이다.

時維摩詰知其意而語言佛說八解脫仁者受行豈欲[1265]食而聞法乎. 此第二淨名設食. 就文爲兩. 此呵身子所念. 八解脫內. 前二解脫. 觀欲界不淨. 汝旣受行. 云何念於欲界揣食. 又佛說八解脫. 乃是無欲之嘉饌. 養法身之上膳. 云何方念不淨之食. 欲資養肉身. 又夫論樂法情深. 則不念軀命. 況意存飮食.

1265) (雜)ㆍ+欲【甲】

'그때 유마힐이 그 뜻을 알아차리고 다음과 같이 말하였다. 부처님께서는 팔해탈을 설하시고 그대는 그것을 받아서 실천하거늘, 어찌 번거롭게 공양을 먹고자 하면서 설법을 듣는 것입니까.'에서 이것은 둘째로 정명이 음식을 시설한 것이다.

경문에는 두 부분이 있다.

(첫째로) 이 대목은 사리불의 생각을 꾸짖는 것이다. 팔해탈 가운데 앞의 두 해탈은 욕계의 부정을 관찰하는 것이다. 그런데 그대는 이미 受行(팔해탈의 수행을 터득함)하였는데 어째서 욕계에서 헤아리는 음식을 생각하느냐는 것이다.

또한 부처님이 설한 팔해탈은 이에 無欲의 嘉饌으로서 법신을 장양하는 上膳인데 어째서 바야흐로 부정한 음식을 생각하여 육신을 자양하려고 하느냐는 것이다.

또한 대저 樂法의 생각이 깊은 즉 軀命을 생각하지 않는데, 하물며 생각을 음식에 두겠느냐는 것이다.

若欲食者且待須臾當令汝得未曾有食. 此第二正明施食. 就文爲四. 一許食. 二示食方處. 三衆不能取. 四遣化自請. 且待須臾者. 不失食[1266]時也. 當令汝得未曾有食者. 常食資於肉身. 今設養法身之食. 名未曾有. 不化作者. 恐致不實心之[1267]嫌. 又欲令此土衆生. 見淸淨國. 又因香飯. 得弘道意及二國化流彼此交利. 故不化也.

1266) 〔食〕-【原】【甲】
1267) 之=言【甲】

'만약 공양을 먹고자 할진댄, 저, 잠깐 기다려주십시오. 반드시 그대가 미증유의 공양을 하도록 하겠습니다.'에서 이것은 둘째로 바로 음식을 베풀어 줌을 설명한 것이다.

경문은 네 부분이 있다.

첫째는 공양을 허락하는 것이다.

둘째는 공양하는 방법[方處]을 보여준 것이다.

셋째는 대중이 취할 수 없다는 것이다.

넷째는 化人을 보내서 스스로 청하는 것이다.

'저, 잠깐 기다려주십시오.'는 공양하는 때를 맞추는[不失] 것이다.

'반드시 그대가 미증유의 공양을 하도록 하겠습니다.'는 평상의 음식은 육신을 자양하는데, 지금 시설한 것은 법신을 장양하는 음식이므로 미증유라고 말한다. (그러나) 化作(菩薩)이라고 말하지 않은 것은 실제가 아니라고 마음에 의심[嫌]을 초래하지 않을까 하는 염려 때문이다.

또한 차토의 대중으로 하여금 청정국토를 보게끔 해주려는 것이다.

또한 香飯을 인하여 도를 넓히는 마음[意] 및 二國(차토와 피토)의 교화하는 무리[流]를 얻어서 피차 이익을 주고받기 때문에 화작보살이라고 말하지 않는다.

時維摩詰卽入三昧以神通力. 此第二示食處也. 入定現通. 顯淨名神力. 令衆尊人重法也.

'그때 유마힐이 곧 삼매에 들어가서 신통력으로써'에서 이것은 둘째로 공양하는 장소를 내보인 것이다.

선정에 들어가 드러낸 신통력은 정명의 신통력을 나타낸 것인데 대중으로 하여금 人을 존경하고 法을 존중하게끔 한 것이다.

示諸大衆者. 便大衆見淨土微妙. 發心求生淨國也.

'모든 대중에게'에서 이것은 곧 대중이 청정국토의 미묘함을 보고 발심하여 청정국토에 태어나는 것을 추구토록 한 것이다.

上方界分過四十二恒河沙佛土有國名衆香者. 此出里數近遠國名字也.

'상방세계분을 나타내보였다. 사십이 항하사의 불국토를 지나서 국토명은 衆香이고'에서 이것은 里數의 근원 및 國名의 글자를 내보인 것이다.

佛號香積今現在. 此示化主也.

'佛號는 香積이 있는데, 지금 현재하는'에서 이것은 교화의 주체[化主]를 내보인 것이다.

其國香氣比於十方諸佛世界人天之香最爲第一. 雖示香土. 起敬未深. 今歎第一. 則發希有意也.

'그 국토의 향기는 시방제불세계의 人·天의 향기에 비교해도 최고로서 제일이었다.'에서 이것은 비록 향적국토를 내보였지만 공경함을 일으킴이 깊지 않기에 지금 제일이라고 찬탄한 즉 희유하다는 뜻을 불러일으킨 것이다.

彼土無有聲聞辟尸佛名唯有淸淨大菩薩衆. 上明國土化主. 此示徒衆. 明唯有菩薩. 使發大心. 辨無聲聞. 斥小乘爲鄙穢也.

'그 국토에는 성문·벽지불이라는 명칭이 없고 오직 청정한 대보살중만 있어서'에서 위에서는 국토의 化主(교화의 주체)를 설명하였는데, 여기에서는 도중을 내보여 오직 보살에게만 대승심[大心]을 일으키게 함을 설명한 것으로 성문에게는 없다고 변별하여 소승을 鄙穢라고 배척한다.

佛爲說法其界一切皆以香作樓閣經行香地苑園皆香其食香氣周流十方無量世界爾[1268]時彼佛與諸菩薩方共坐食. 旣有國土徒衆. 今次序敎門.

'부처님께서 설법하고 있었다. 그 세계는 일체가 다 향으로써 누각이 만들어져 있고, 香地를 거닐며, 苑園이 모두 향이고, 그 공양의 향기가 시방의 무량세계에 두루 흘렀다. 그때 그곳의 부처님과 제보살이 바야흐로 함께 앉아서 공양을 하는데'에서 이미 국토의 도중이 있기 때문에 지금은 敎門을 나열한 것이다.

1268) 爾=是 ィ【甲】

有諸天子皆號香嚴悉發阿耨多羅三藐三菩提心供養彼佛及諸菩薩. 上明菩薩是登地已上. 今序天子卽地前之人.

'모든 천자들은 다 號가 香嚴이었다. 모두 아뇩다라삼먁삼보리심을 발생하여 그곳의 부처님과 제보살에게 공양하니'에서 위에서는 보살은 곧 십지 이상에 올랐음을 설명하였는데. 지금 이 대목은 천자가 곧 지전의 사람임을 나열한 것이다.

此[1269]大衆莫不自見. 上明所見. 今以神力. 令衆皆覩. 合有十句經也.

'여기의 모든 대중이 눈으로 보지 못한 자가 없었다.'에서 위에서는 본 것[所見]을 설명하였는데, 지금은 신통력으로써 대중으로 하여금 모두 보게끔 한 것이다. 이들을 합치면 십구의 경문이 있다.

時維摩詰問衆菩薩言諸仁者誰能取彼佛飯. 此第三明衆不能取. 文有四句. 初淨名問. 二大衆默. 三居士譏. 四文殊答. 初所以問者. 旣現彼國. 顯無力者不能致. 推有力者令取飯也.

'그때 유마힐이 대중의 보살[衆菩薩]에게 질문하여 말했다. 그대들이여. 누가 저 부처님의 공양을 가져올 수 있겠습니까.'에서 이것은 셋째로 대중이

1269) 此+(諸)ㅓ【甲】

취할 수 없음을 설명한 것이다.

경문에는 사구가 있다.

첫째는 정명이 질문한다.

둘째는 대중이 침묵한다.

셋째는 거사가 충고한다.

넷째는 문수가 답변한다.

첫째에서 (정명이) 질문한 까닭은 이미 彼土를 나타냈지만 無力者는 가져올 수 없음을 드러내고 有力者를 보내서 가져오도록 하려는 것이다.

以文殊師利威神力故咸皆默然. 文殊將顯淨名之德. 故以神力. 令衆默然. 又利益應在居士. 又請飯待賓. 宜自往取.

'문수사리의 위신력 때문에 모두가 다 묵연하였다.'에서 문수가 장차 정명의 덕을 드러내려는 까닭에 신통력으로써 대중으로 하여금 침묵하도록 한 것이다.

또한 이익은 반드시 거사에게 있다. 또한 음식을 청하여 손님을 맞이하려면 반드시 스스로 가서 가져와야 한다.

維摩詰言仁此大衆無乃可恥. 淨名所以譏者. 屬於始行之人. 又前明結[1270]

1270) 結＝給【甲】

座聲聞不能昇. 今辨施食大衆不能取. 皆是顯如來勝果. 及示淨名道高. 使物欣慕故也.

'그러자 유마힐이 말했다. 여기 모인 대중들이여. 이에 부끄럽지 않습니까.'에서 정명이 충고한 까닭은 처음으로 가는 사람에 속하기 때문이다.

또한 위에서는 자리[座]를 주었지만 성문은 올라가지 못함을 설명하였는데, 지금은 음식을 베풀어주었지만 대중이 취하지 못함을 변별한다. 이것은 모두 여래의 뛰어난 果를 나타내고 또한 정명의 도가 높음을 내보여서 중생으로 하여금 欣慕토록 하려는 까닭이다.

文殊師利曰如佛所言勿輕未學獎於未成. 令不自輕. 進修行德也. 故淨名之抑. 文殊之引. 共成熟之.

'문수사리가 말했다. 부처님의 말씀처럼 未學을 가볍게 여기지 마십시오.'에서 스스로 경솔하지 않도록 하여 수행의 덕에 나아가도록 한 것이다. 때문에 정명은 조여주고[抑] 문수는 풀어주어[引] 함께 중생을 성숙시키려는 것이다.

於是維摩詰不起于座居衆會前化作菩薩相好光明威德殊勝蔽於衆會而告之曰汝往上方界分度如四十二恒河沙佛土有國名衆香佛號香積與諸菩薩方共坐食汝往到彼如我辭曰維摩詰稽首世尊足下致敬無量問訊起居少病少惱氣力安不願得世尊所食之餘當於娑婆世界施作佛事令此樂小法

者[1271]得弘大道亦使如來名聲普聞. 此第四遣化自請. 就文有四. 第一正明遣化. 第二化人受命. 第三彼佛施食. 第四還歸本土. 初所以遣化遣化[1272]者. 借坐<座?>燈王. 謂默感不思議. 今請飯香土. 遣化奇特. 又欲引上方菩薩. 從彼而來. 使此衆覲見. 慕德進修道行. 又欲以此法門. 利益彼衆. 以是等緣故. 當遣化往.

'이에 유마힐은 자리에서 일어나지도 않은 채 대중의 법회[衆會前]에 있으면서 보살을 化作하였다. 상호가 빛나고 위덕이 뛰어나서 衆會를 가릴 정도였는데, 그한테 고하여 말했다. 그대가 상방세계분에 가서 사십이 항하사 불국토를 지나면 국토명은 衆香이고 佛號는 香積인데, 제보살과 더불어 바야흐로 함께 앉아서 공양을 하고 있다. 그대가 그곳에 가서 다음과 같이 내 말을 전하거라. 〈유마힐이 세존의 발[足下]에 계수하고 무량한 경례를 드립니다. 문안을 여쭈오니, 少病少惱하시고 기력이 평안하십니까. 바라건대 세존께서 공양하시고 남은 것을 얻어다 장차 사바세계에 베풀어 불사를 지어서 여기 소승법을 좋아하는 자들로 하여금 대도를 넓힐 수 있게 하고 또한 여래의 명성을 널리 듣도록 하겠습니다.〉'에서 이것은 넷째로 化人을 보내서 스스로 청한 것이다.

경문에는 네 부분이 있다.

첫째는 바로 化人을 보낸 것에 대하여 설명한다.

둘째는 화인이 명을 받든다.

셋째는 향적불이 음식을 베풀어준다.

1271) 者＝有【甲】
1272) 〔遣化〕-【甲】

넷째는 본토로 환귀한다.

첫째에서 보낸 화인이 등왕불의 자리를 빌린 까닭은 소위 침묵으로 감응한 부사의이다. 지금 향적국토에서 음식을 청하려고 화인을 보낸 것은 기특하다.

또한 상방보살을 인도해주려고 그곳으로부터 도래하여 이곳의 대중들로 하여금 보도록 함으로써 덕을 숭모하여 수도의 행위에 나아가도록 한 것이다.

또한 이 법문으로써 그곳의 대중을 이익토록 하려는 것이다. 이러한 인연 때문에 반드시 화인을 그곳으로 가도록 보낸다.

時化菩薩卽於
會前昇于上方擧衆皆見其去到衆香國禮彼佛足又聞其言維摩詰稽首世尊足下致敬無量問訊起居少病少惱氣力安不願得世尊所食之餘欲於娑婆世界施作佛事使此樂小法者得弘大道亦使如來名聲普聞. 此第二化人受命. 往於上方也. 問訊如來小病小惱者. 淨穢雖殊. 示有身者. 不得無患苦也. 又衆生病則菩薩病. 衆生未得免病. 是以諸佛不得無病. 問訊有二. 一問所離. 二問所得. 少病問訊身也. 少惱問訊心也. 此二問訊所離. 氣力問訊於身. 安樂問訊於心. 此二問[1273]所得也. 願得世尊所食之餘者. 彼國菩薩. 善根深厚. 正感香飯. 此土衆生. 志意下劣. 但請食之餘.

'그때 화작보살이 곧 법회[會前]에서 상방으로 올라갔다. 모든 대중이 다

1273) 問+(訊)カ【原】

화작보살이 떠나가는 衆香世界에 도달하여 그곳의 부처님 발에 예배하는 것을 보았다. 또한 〈유마힐이 세존의 발[足下]에 계수하고 무량한 경례를 드립니다. 문안을 여쭈오니, 少病少惱하시고 기력이 평안하십니까. 바라건대 세존께서 공양하시고 남은 것을 얻어다 사바세계에 베풀어 불사를 지어서 여기 소승법을 좋아하는 자들로 하여금 대도를 넓힐 수 있게 하고 또한 여래의 명성을 널리 듣도록 하려고 합니다.〉라고 그가 전한 말을 들었다.'에서 이것은 둘째로 화인이 명을 받들어 상방으로 간 것이다.

'문안을 여쭈오니, 少病少惱하십니까'는 비록 淨과 穢가 다르지만 몸이 있으면 患苦가 없을 수 없음을 내보인 것이다.

또한 중생병은 즉 보살병으로서 중생이 병을 벗어나지 못하면 그로써 제불도 病이 없을 수가 없다.

문안하는 것에 두 가지가 있다.

첫째는 所離를 묻는다.

둘째는 所得을 묻는다.

少病은 몸에 대하여 물은 것이고, 少惱는 마음에 대하여 물은 것인데, 이 둘은 所離를 문안한 것이다. 氣力은 몸에 대하여 물은 것이고 安樂은 마음에 대하여 물은 것인데, 이 둘은 所得을 문안한 것이다.

'바라건대 세존께서 공양하시고 남은 것'은 그 국토의 보살은 선근이 深厚하여 바로 香飯을 먹지만 此土의 중생은 志意가 하열하여 무릇 공양하고 남은 음식을 청한 것이다.

彼諸大士見化菩薩歎未曾有今此上人從何所來娑婆世界爲在何許云何名爲樂小法者卽以問佛. 此第三彼佛施食. 文有七句. 一彼衆問. 二佛答. 三

重問. 四重答. 五正施食. 六彼衆欲來. 七如來誡勅. 初所以問者. 欲顯此穢土鄙蔽今[1274] 淨國之緣. 深生厭心. 進修道業. 又彼土大士. 雖得神通. 不能常現在前. 以其不知故問佛也.

'그곳에 諸大士가 화작보살을 보고 미증유라고 찬탄하며, 〈지금 이 上人은 어디에서 왔는가. 사바세계는 얼마나 떨어져 있는가. 소승법을 좋아한다는 것을 무엇을 말하는가.〉라는 것을 부처님께 물었다.'에서 이것은 셋째로 향적불이 음식을 베풀어준 것이다.

경문에는 일곱 구가 있다.

첫째는 그곳의 대중이 묻는다.

둘째는 부처님이 답변한다.

셋째는 거듭 묻는다.

넷째는 거듭 답변한다.

다섯째는 바로 음식을 베풀어준다.

여섯째는 그곳의 대중이 이곳에 오고자 한다.

일곱째는 여래의 誡勅이다.

첫째에서 질문한 까닭은 이 예토의 鄙蔽(더러움으로 덮임)로 하여금 청정국토의 인연을 드러내고 깊이 발생한 厭心으로 하여금 도업으로 進修토록 하려는 것이다.

또한 그 국토의 대사가 비록 신통력을 얻었을지라도 항상 현재 앞에 드러낼 수 없는데 그것을 모르기 때문에 부처님에게 묻는다.

1274) 蔽今=弊令【甲】

佛告之曰下方度如四十二恒沙化土有世界名娑婆佛號釋迦牟尼今現在於
五濁世[1275]爲樂小法衆生敷演道教彼有菩薩名維摩詰住不可思議解脫爲
諸菩薩說法故遣化來稱揚我名幷讚此土令彼菩薩增益功德. 此第二佛答.
娑婆此云雜會. 又名雜惡. 悲華經云. 忍土衆生. 忍受三毒. 以土從人. 故
名爲忍.

'부처님께서 그들에게 고하여 말씀하셨다. 하방으로 사십이 항하사 불국
토를 지나면 세계명은 사바이고 불호는 석가모니가 있다. 지금 현재하는데
오탁악세에서 소승법을 좋아하는 중생을 위해 깨침의 가르침[道敎]을 널리
펴고 있다. 그곳에 유마힐이라는 이름의 보살이 있는데 불가사의해탈에 주
하면서 제보살을 위하여 설법하고 있는데, 일부러 화작보살을 파견하여 내
[香積] 명호를 칭양하고 아울러 이 불국토를 찬탄하여 그곳[사바세계]의 보살
들로 하여금 공덕을 증익토록 하려는 것이다.'에서 이것은 둘째로 부처님의
답변이다.

사바는 번역하면 雜會인데, 또한 雜惡이라고 말한다.

『비화경』에서는 인토의 중생은 삼독을 忍受한다고 말한다.[1276] 그 국토에
깃들어 사는 사람이기 때문에 忍이라고 말한다.

彼菩薩言其人何如乃作是化德力無畏神足若斯. 第三重問. 前總問此土.

1275) (惡)ㅓ+世【原】【甲】
1276)『悲華經』卷5, (大正新脩大藏經3, p.199下) "此佛世界當名娑婆.
何因緣故, 名曰娑婆是諸衆生忍受三毒及諸煩惱, 是故彼界名曰忍土" 참조.

今別問淨名. 又欲顯居士之德. 發起衆[1277]來之情也.

'그곳의 보살들이 말했다. 그 사람은 어떻길래 이에 이처럼 화작보살을 만들고, 德力과 無畏와 神足이 이와 같습니까.'에서 이것은 셋째로 거듭 질문한 것이다. 위에서는 此土에 대하여 총체적으로 물었는데, 지금은 개별적으로 정명에게 묻는다.
또한 거사의 덕을 드러내려고 그 국토의 대중이 此土에 오려는 마음을 발기한다.

佛言甚大一切十方皆遣化往施作佛事饒益衆生. 第四佛重答.

'향적불이 말씀하셨다. (유마힐의 신통력은) 참으로 대단하다. 일체의 시방에 모두 화작보살을 보내 불사를 베풀어서 중생을 이롭게 해준다.'에서 이것은 넷째로 거듭 답변한 것이다.

於是香積如來以衆香鉢盛滿香飯與化菩薩. 第五佛正施食. 香積如來. 已利上方. 今次益下界. 故施食也.

'이에 향적여래께서 衆香國의 발우에다 香飯을 가득 담아서 화작보살에게 주었다.'에서 이것은 다섯째로 향적불이 바로 음식을 베풀어준 것이다.

1277) 衆來＝彼衆來此 ₁【甲】

향적여래는 이미 상방세계를 이롭게 하였는데, 지금은 이어서 하방세계를 이롭게 하는 까닭에 음식을 베풀어준다.

時彼九百萬菩薩俱發聲言我欲詣娑婆世界供養釋迦牟尼佛幷欲見維摩詰等諸菩薩衆. 第六彼衆欲來.

'그때 구백만 명의 보살이 함께 소리를 내어 다음과 같이 말했다. 저희들은 사바세계에 가서 석가모니불께 공양하고자 하며, 아울러 유마힐 등 제보살중을 만나보고자 합니다.'에서 이것은 여섯째로 그곳의 대중이 이곳에 오고자 하는 것이다.

問. 上方土勝化淳. 何故來此. 答. 菩薩德猶未滿. 欲遍從諸佛諮受未聞. 宿有因緣. 是故來也. 二彼土有諸淺行. 於此有緣. 但未能自往. 須大菩薩引道令來. 三此見彼來. 有深利益.

묻는다 : 상방국토는 뛰어나서 교화가 순박한데 무슨 까닭에 이곳에 오고자 하는 것입니까.
답한다 : (첫째는) 보살의 덕이 아직은 충만하지 못하여 아직 듣지 못한 것을 두루 제불로부터 諮受(질문하여 그 답변을 들음)하려는 것이다. 이런 까닭에 오는 것이다.
둘째는 그 국토에 있는 모든 淺行은 此土에 인연이 있다. 그런데 무릇 스스로 다녀갈 수가 없어서 반드시 대보살의 인도를 받아야 올

수가 있다.
셋째는 此土의 중생이 彼土에서 보살이 오는 것을 보면 깊은 이익이 있다.

佛言可往攝汝身香無令彼諸衆生起惑著心. 第七如來誡勅. 前誡其身. 次誡其心. 攝身香者. 敎門不同. 此聞生解. 彼聞起著. 故須攝之.

'향적불께서 말씀하셨다. 가는 것은 좋다. 그대들 몸의 향기를 거두어 그곳의 모든 대중들로 하여금 惑著心을 일으키지 않도록 하라.'에서 이것은 일곱째로 여래가 誡勅한 것이다.
위에서는 그 몸을 훈계하였는데, 지금은 그 마음을 훈계한 것이다.
'몸의 향기를 거둔다'는 것은 敎門마다 동일하지 않다. 此土에서 들으면 이해를 발생해도, 彼土에서 들으면 집착을 일으키기 때문에 반드시 그것을 거두어야 한다.

同[1278]. 若然者. 云何不攝飯香. 答. 佛神力故. 能杜其惑原. 發其道意. 故不攝也.

묻는다 : 만약 그렇다면 어째서 飯香은 거두지 않는 것입니까.
답한다 : 부처님의 신통력으로 그 미혹의 근원을 막고 그 道意를 발생하는

1278) 同=問【甲】

까닭에 거두지 않는다.

又當捨汝本形勿使彼國求菩薩者而自鄙恥. 此見欣求. 彼見自恥. 故令攝本形.

 '또한 그대들의 본래모습을 감추어 그곳의 국토에서 보살을 추구하는 사람으로 하여금 스스로 천박하고 부끄럽게[鄙恥] 만들지 말라.'에서 이곳에서 보면 기쁘게 추구하지만 저곳에서 보면 스스로 부끄러워하기 때문에 본래의 모습을 거두도록 한 것이다.

又汝於彼莫懷輕淺[1279]而作閡想所以者何十方國土皆如虛空. 第二誡心. 亦者[1280]兩句. 初擧法身土誡之. 淨穢俱空. 卽是實相. 平等之土. 諸佛法身之所同栖. 未嘗優劣. 故不應起高下心.

 '또한 그대들도 그들에 대하여 경천한 마음을 품어서 거리끼는 마음[礙想]을 짓지 말라. 왜냐하면 시방국토가 모두 허공과 같고'에서 이것은 둘째로 마음을 경계한 것이다. 여기에도 또한 兩句가 있다.
 첫째는 법신토를 들어서 그것을 경계한다. 淨과 穢가 모두 공인 즉 곧 실상이고, 평등한 국토는 제불법신이 함께 거주하는 곳이다. 그래서 일찍이

1279) 淺=賤【甲】
1280) 者=有【甲】

우열이 없는 까닭에 결코 高下의 마음을 일으켜서는 안된다는 것이다.

又諸佛爲欲化諸樂小法者不盡現其淸淨土耳. 第二擧應迹土誡之. 諸佛適時而現淨穢. 上方爲淨緣. 而隱穢. 下界爲穢緣. 而隱淨耳.

'또한 제불이 소승법을 좋아하는 모든 사람을 교화하려고 그 청정한 국토를 다 드러내지 않을 뿐이기 때문이다.'에서 이것은 둘째로 應迹을 들어서 그것을 경계한 것이다.
    제불은 적시에 淨과 穢를 드러내는데, 상방계는 淨緣을 만들어 穢를 숨기고, 하방계는 穢緣을 만들어 淨을 숨길 뿐이다.

時化菩薩旣受鉢飯與彼九百萬菩薩俱承佛威神及維摩詰力於彼世界忽然不現須臾之間至維摩詰舍. 第四化菩薩. 還歸本土. 就文又八. 第一從彼還此. 二淨名設座待賓. 三菩薩就坐. 四化人飯授居士. 五時衆雲集. 六淨名勸食. 七聲聞疑念. 八菩薩呵譏.

'그때 화작보살이 이미 발우에 담긴 공양을 받고, 그 구백만 명의 보살과 함께 부처님의 위신력과 유마힐의 신통력을 받들어 그 세계에서 홀연히 모습을 감추고 수유지간에 유마힐의 집에 도착하였다.'에서 이것은 넷째로 화작보살이 본토에 환귀한 것이다.
    경문에는 또한 여덟 부분이 있다.
    첫째는 그곳으로부터 이곳으로 돌아온다.

둘째는 정명이 자리를 시설하여 손님을 맞이한다.
셋째는 보살이 자리를 잡는다.
넷째는 화인이 거사에게 공양을 드린다.
다섯째는 시회대중이 운집한다.
여섯째는 정명이 공양을 권한다.
일곱째는 성문이 疑念한다.
여덟째는 화작보살이 충고한다.

時維摩詰卽化作九百萬師子之坐嚴好如前. 第二文也. 上明借坐<座?>. 今辨化成. 互現奇特. 諸菩薩皆坐其上. 第三就坐也.

'그때 유마힐이 곧 구백만 개의 사자좌를 화작하자, 嚴好가 예전과 같게 되자'에서 이것은 둘째의 경문(정명이 자리를 시설하여 손님을 맞이함)이다. 위에서는 자리를 빌린 것을 설명하였는데, 지금은 化成(신통력으로 만들어 놓음)하여 서로 드러낸 奇特을 변별한다.

諸菩薩皆坐其上. 第三就坐也.

'제보살이 모두 그 위에 앉았다.'에서 이것은 셋째로 자리를 잡는 것이다.

化菩薩以滿鉢香飯與維摩詰飯香普熏毘耶離城及三千大千世界. 第四授

食與淨名. 天香逆風四十里. 今是諸佛果報故. 並熏三千也.

'그 화작보살이 발우에 가득 담긴 香飯을 유마힐에게 드리자, 飯香이 비야리성과 삼천대천세계에 널리 스며들었다.'에서 이것은 넷째로 (화인이) 정명에게 공양을 드린 것이다.
　천향이 바람을 거슬러 사십 리에 이르는데, 지금 이것은 제불의 과보이기 때문에 아울러 삼천대천세계까지 스며든 것이다.

時毘耶離婆羅門居士等聞是香飯氣身意快然歎未曾有於是長者主月蓋從八萬四千人來入維摩詰舍見其室內菩薩甚多諸師子坐高廣嚴好皆大歡喜禮衆菩薩及大弟子却住一面. 第五時衆雲集. 前明顯衆. 次辨幽衆. 長者主月蓋者. 彼國無王. 唯五百長者. 共治國政. 月蓋. 衆所推重. 故種爲主.

'그때 비야리성의 바라문과 거사 등이 그 향기를 맡고 몸과 마음이 상쾌해지자, 미증유한 일이라고 찬탄하였다. 이에 長者의 主인 月蓋가 팔만 사천 명을 거느리고 유마힐의 집에 찾아왔다. 유마힐의 방 가운데 보살이 대단히 많고 모든 사자좌가 높고 넓으며 엄식되어 있는 것을 보고 모두 크게 환희하며 대중의 보살과 대제자에게 예배를 드리고 한쪽에 물러가 머물렀다.'에서 이것은 다섯째로 시회중이 운집한 것이다.
　위에서는 顯衆에 대하여 설명하였는데, 지금은 幽衆에 대하여 변별한다.
　'長者의 主인 月蓋'는 그 국토에는 왕이 없고 오직 오백 명의 장자가 함께 국정을 다스린다. 그런데 월개가 대중으로부터 推重되기 때문에 그 종족으로서 主가 되었다.

諸地神虛空神及欲色界諸天聞此香氣亦皆來入維摩詰舍. 此幽衆集. 小乘云. 色界無鼻識. 何由聞香. 又云. 借識故得聞者. 若前不聞. 亦無因而借. 又大乘明義. 無微不察. 故得聞香而至.

'모든 지신·허공신 및 욕계·색계의 제천들도 그 향기를 맡고서 또한 다 유마힐의 집으로 찾아왔다.'에서 이것은 幽衆의 집회이다. 소승에서는 색계에는 鼻識이 없다고 말하는데, 무엇을 말미암아 향기를 맡는 것인가.

또한 (鼻)識을 빌려야만 향기를 맡을 수가 있다고 말하는데, 그것은 이전에 맡아본 적이 없다는 것과 같아서 또한 無因으로 빌린다는 것이다.

또한 대승에서 설명하는 뜻으로는 미세하지만 살피지 않는 것이 없는 까닭에 향기를 맡고 찾아올 수가 있다.

時維摩詰語舍利弗等諸大聲聞仁者可食如來甘露味飯. 第六淨名勸食. 前借堅[1281]. 通勸大小. 請飯. 獨命聲聞者. 互現其意也. 又聲聞局劣. 謂飯少衆多. 心[1282]不敢食. 故偏命大聲聞. 天食須純[1283]. 稱爲甘露. 淨土之飯. 超勝人天. 眞甘露也. 又涅槃名爲甘露. 食此飯者. 必當得之故. 因内說果.

'그때 유마힐이 사리불 등 모든 대성문에게 말했다. 그대여. 어서 드십시오. 여래의 감로 맛이 나는 공양은'에서 이것은 여섯째로 정명이 공양을 권한

1281) 堅=坐【甲】
1282) 心=必【甲】
1283) 純=陀ィ【甲】

것이다. 위에서 자리는 빌린 것은 대승과 소승에 공통으로 권한 것이지만, 음식을 청한 것은 홀로 성문에게만 명한 것으로 서로 그 뜻이 드러나 있다.

또한 성문은 劣에 국한되므로 소위 음식은 적고 대중은 많아서 반드시 감히 공양할 수가 없기 때문에 대성문에게만 偏命한 것이다. 천상(향적세계)의 음식인 須陀는 감로를 일컫는데, 청정국토의 음식으로 人天의 뛰어남을 초월한 眞甘露이다.

또한 『열반경』에서는 감로라고 말하는데, 이 음식을 먹은 사람은 반드시 그것만 찾기 때문에 因 가운데서 果를 설한다.

大悲所熏無以限意食之使不消也. 此飯是大悲之果. 又從大悲起. 及慈眼所視. 名大悲所熏也. 謂少不包[1284]多. 稱爲限意. 由[1285]不稱施主. 故云不消. 此示其受食法也.

'대비로써 익힌 것입니다. 그래서 限意[1286]로써 그것을 공양해서는 안되는데, 소화시킬 수가 없기 때문입니다.'에서 이 음식은 곧 대비의 果이다.
또한 대비로부터 일어나고 또한 慈眼으로 보는 것을 대비로써 익힌 것이라고 말한다.
적어서 많은 사람을 충족시킬 수 없는 것을 限意라고 일컫는다. 施主라고 일컬을 수 없는 것을 말미암기 때문에 소화시키지 못한다[不消]고 말한다.

1284) 包＝充【甲】
1285) 由＝因【甲】
1286) 限意는 평등심이 아닌 限量心을 가리킨다.

이것은 공양을 받는 법을 내보인 것이다.

有異聲聞念是飯少而是大衆人人當食. 第七聲聞疑念. 異聲聞者. 異身子等大聲聞也. 身子雖是小乘. 智慧勝故. 敢量菩薩神德故. 不生此念.

'어떤 다른 성문이〈이 공양은 적은데 여기 대중의 모든 사람들이 먹을 수 있을까.〉라고 생각하였다.'에서 이것은 일곱째로 성문이 疑念한 것이다.

'다른 성문'이란 사리불 등과 다른 대성문이다. 사리불은 비록 소승이지만 지혜가 뛰어나기 때문에 감히 보살의 위신력의 덕[神德]을 헤아리기 때문에 이와 같은 의념을 발생하지 않는다.

化菩薩曰勿以聲聞小德小智稱量如來無量福慧. 第八菩薩譏呵. 小德者. 福德莊嚴小也. 小智者. 智慧莊嚴小也. 豈可以小限量於大.

'화작보살이 말했다. 성문의 小德과 小智로써 여래의 무량한 복덕과 지혜를 칭량하지 마십시오.'에서 이것은 여덟째로 화작보살이 충고한 것이다.

小德은 복덕의 장엄이 작은 것이고, 小智는 지혜의 장엄이 작은 것이다. 그런데 어찌 소승의 한계로써 대승을 헤아리겠는가.

四海有竭此飯無盡使一切人食揣若須彌乃至一劫猶不能盡所以者何無盡

戒定智慧解脫[1287]智[1288] 見功德具足者所食之餘終不可盡. 一切人食. 時人
多也. 揣食若須彌. 所食大也. 一劫明時久也. 而猶不盡. 況此會乎. 次擧
五身釋之. 五身五[1289]爲正果. 香飯爲依報. 以正果無盡故. 依果無盡. 又
五身爲本. 香飯爲迹. 本旣無盡故. 應迹非窮.

'사해가 말라도 이 공양은 다함이 없습니다. 일체의 사람들이 공양해도 마
치 수미산을 헤아리는 것과 같습니다. 이에 일 겁이 걸려도 다 헤아릴 수가
없습니다. 왜냐하면 다함이 없는 戒·定·智慧·解脫·解脫知見의 공덕이
구족되어 있어서 공양하고 남은 것마저 끝내 다함이 없습니다.'에서 일체인
의 음식이란 당시의 사람이 많은 것을 나타낸다.
  음식을 헤아리자면 수미산과 같으므로 먹는 음식이 많다.[大]
  일겁은 時가 久遠한 것으로 그것도 다 헤아릴 수가 없음을 설명한 것인데,
하물며 이 법회이겠는가.
  다음으로 五身을 들어서 그것을 해석한다. 五身은 正果이고, 香飯은 依
報이다. 정과가 다함이 없기 때문에 依果도 다함이 없다.
  또한 오신은 本이고, 향반은 迹이다. 本이 이미 다함이 없기 때문에 마땅
히 迹도 끝이 없다.

於是鉢飯悉飽衆會猶故不賜其諸菩薩聲聞天人食此飯者身安快樂譬如一

1287) 脫+(解脫)ィ【甲】
1288) 智=知【甲】
1289) 〔五〕-力【原】,〔五〕-【甲】

切樂莊嚴國諸菩薩也又諸毛孔皆出妙香亦如衆香國土諸樹之香. 淨土果
有三. 一念食. 二施食. 三受食. 二章竟前. 此第三也.

'이에 발우의 공양은 衆會를 모두 배부르게 공양시키고도 전후와 같아서 다함이 없었다. 그 모든 菩薩·聲聞·天·人으로 그것을 공양한 사람은 몸이 安·快·樂했다. 비유하면 마치 일체의 즐거움이 장엄된 국토의 보살과 같았다. 또한 모든 털구멍에서는 다 묘향을 내었는데 또한 마치 衆香國의 모든 나무에서 나는 향기와 같았다.'에서 청정국토의 果에 세 가지가 있다.
첫째는 念食이다.
둘째는 施食이다.
셋째는 受食이다.
첫째와 둘째에 대해서는 위에서 마쳤고, 지금의 대목은 셋째에 해당한다.

爾時維摩詰問衆香菩薩香積如來以何說法彼菩薩曰我土如來無文字說位[1290]以衆香令諸天人得入律行菩薩各各坐香樹下聞斯妙香卽獲一切德藏三昧得是三昧者菩薩所有功德皆悉具足. 自上已來. 明香飯爲佛事. 此下第二辨兩國化儀. 初明淨土之敎. 次辨穢土法門.

'그때 유마힐이 衆香國의 보살들에게 말했다. 향적여래께서는 어떤 설법을 하십니까. 그 보살들이 말했다. 저희 중향국토의 여래께서는 문자로 설법하지 않습니다. 무릇 갖가지 향으로써 諸天·人으로 하여금 律行에 들어

1290) 位=但【甲】

가도록 합니다. 보살들이 각각 향나무 아래 앉아서 그 묘향을 맡으면 곧 一切德藏三昧를 터득합니다. 그 삼매를 터득한 사람은 보살이 소유한 공덕을 모두 다 구족하게 됩니다.'에서 이상에서는 香飯이 불사임을 설명하다. 이하는 둘째로 彼土와 此土에서 교화하는 모습을 변별한다.

첫째는 청정국토의 가르침을 설명한다.

둘째는 예토의 법문을 변별한다.

問. 上云香積佛爲衆說法. 何故今言無文字耶. 答. 彼土非都無言. 正用香爲佛事. 如此土雖用音聲. 亦有藉神通等入道. 皆是從多爲論耳. 又云. 說法亦不必有言. 卽香能通達. 亦名說法.

묻는다 : 위에서는 향적불이 중생을 위하여 설법하였다고 말했는데, 무슨 까닭에 지금은 문자가 없다고 말하는 것입니까.

답한다 : 彼土라고해서 전혀 無言인 것은 아니다. 바로 향기를 활용하여 불사를 삼는다. 마치 此土에서 비록 음성을 활용하지만 또한 신통력 등에 의지해서 入道하는 경우와 같다. 이것은 모두 여러 측면에서 논했을 뿐이다.

또 설법이라고해서 또한 꼭 有言인 것은 아니다. 향기에 즉하여 통달하면 역시 설법이라고 말한다.

彼諸菩薩問維摩詰今世尊釋迦牟尼以何說法. 此第二明此土法門. 爲四. 一問. 二答. 三歎. 四述. 此初問也.

'그 중향국의 제보살이 유마힐에게 물었다. 지금 세존이신 석가모니께서는 어떤 설법을 하십니까.'에서 이것은 둘째로 此土의 법문을 설명한 것이다.

경문에 네 부분이 있다.

첫째는 질문이다.

둘째는 답변이다.

셋째는 찬탄이다.

넷째는 서술이다.

이 대목은 첫째로 질문이다.

維摩詰曰此土衆生剛强難化故佛爲說剛强之語以調伏之. 此第二答. 爲三. 謂法譬合. 法說又三. 標釋結. 此初標也. 大明佛化. 凡有三門. 一軟語. 二剛言. 三雜說. 雜說者. 讚善毀惡也.

'유마힐이 말했다. 이 국토의 중생은 剛强하여 교화하기가 어렵습니다. 때문에 부처님께서 剛强한 법어를 설함으로써 그들을 다스립니다.'에서 이것은 둘째로 답변이다.

경문에 세 부분이 있는데, 말하자면 法과 譬와 合이다.

法說에도 또한 세 부분이 있는데, 말하자면 標와 釋과 結이다.

이 대목은 첫째의 標이다.

대략 佛의 교화를 설명하자면 무릇 삼문이 있다.

첫째는 軟語이다.

둘째는 剛言이다.

셋째는 雜說이다.
잡설이란 善은 찬탄하고 惡은 비방하는 것이다.

言是地獄是畜生是餓鬼是諸難處. 此第二釋調伏也. 難處者. 前明三塗爲三. 今說五難. 名爲難處也.

'말하자면 그런 지옥 · 그런 축생 · 그런 아귀 · 그런 모든 험난한 곳'에서 이것은 둘째로 조복을 해석한 것이다.
험난한 곳[難處]이란 위에서 三途를 세 가지라고 설명하였는데, 지금은 五難을 설하여 험난한 곳[難處]이라고 말한다.

是愚人生處. 外道生處. 謂愚人生處[1291]. 如生無想天. 定壽五百劫. 謂是涅槃. 後命盡時. 起於邪見. 撥無聖道. 墮無間地獄. 以聖人不生彼處故. 名愚人生處也.

'그런 어리석은 사람이 태어나는 곳'에서 이것은 외도가 태어나는 곳인데 곧 어리석은 사람이 태어나는 곳을 말한다. 저 無想天에 태어나는 경우 정해진 수명이 오백 겁이다. 이것은 열반을 말한 것으로 이후 수명이 다했을 때 사견이 일어나 聖道를 撥無하여 무간지옥에 떨어짐으로써 성인이 그 곳에 태어나지 않는다. 때문에 어리석은 사람이 태어나는 곳이라고 말한다.

1291) 〔愚人生處〕-力【甲】

是身邪行是身邪行報是口邪行是口邪行報是意邪行是意邪行報是殺生是殺生報是不與取是不與取報是邪婬是邪婬報是妄語是妄語報是兩舌是兩舌報是惡口是惡口報是無義語是無義語報是貪嫉是貪嫉報是瞋惱是瞋惱報是邪見是邪見報. 前明八難果. 今具說十惡因果也.

'그런 몸의 邪行·그런 몸의 사행의 과보, 그런 입의 邪行·그런 입의 사행의 과보, 그런 생각의 邪行·그런 생각의 사행의 과보, 그런 살생·그런 살생의 과보, 그런 주지 않은 것을 취함·그런 주지 않는 것을 취한 과보, 그런 사음·그런 사음의 과보, 그런 망어·그런 망어의 과보, 그런 양설·그런 양설의 과보, 그런 악구·그런 악구의 과보, 그런 옳지 않는 말·그런 옳지 않는 말의 과보, 그런 貪嫉·그런 탐질의 과보, 그런 邪見·그런 사견의 과보'에서 위에서는 팔난의 과를 성하였는데, 지금은 십악의 인과를 갖추어 설한 것이다.

是慳悋是慳悋報是毀戒是毀戒報是瞋恚是瞋恚報是懈怠是懈怠報是亂意是亂意報是愚癡是愚癡報. 此說六弊因果. 十惡世間障. 此出世間障也.

'그런 慳悋·그런 간인의 과보, 그런 毀戒·그런 훼계의 과보, 그런 瞋恚·그런 진에의 과보, 그런 懈怠·그런 해태의 과보, 그런 亂意·그런 란의의 과보, 그런 愚癡·그런 우치의 과보'에서 이것은 六弊의 인과를 설한 것이다.

十惡은 세간의 장애이고, 이 육폐는 출세간의 장애이다.

是結戒是持戒是化[1292)]戒是應作是不應作是障閡是不障閡是得罪是離罪是淨是垢是有漏是無漏是耶[1293)]道是正道是有爲是無爲是世間是涅槃. 前說八難. 十惡. 六弊. 此之三科. 但明所離. 此文已去. 變[1294)]示取捨也. 犯不犯. 據止義也. 應作不應作. 約行義也. 障閡者. 犯於止戒. 不作行善. 障聖道也. 是[1295)]罪者. 前二爲罪也. 離罪者. 持止作行也.

'그런 結戒 · 그런 持戒 · 그런 犯戒, 그런 應作, 그런 障礙 · 그런 不障礙, 그런 得罪 · 그런 離罪, 그런 淨 · 그런 垢, 그런 유루 · 그런 무루, 그런 邪道 · 그런 正道, 그런 유위 · 그런 무위, 그런 세간 · 그런 열반 등이다.'에서 위에서는 팔난과 십악과 육폐를 설하였는데 이들 三科는 단지 벗어나야 할 것[所離]에 대해서만 설하였는데, 지금 이 대목 이후는 取와 捨를 쌍으로 내보인 것이다.

犯과 不犯은 止의 뜻에 의거한 것이고, 應作과 不應作은 行의 뜻에 의거한 것이다. 障閡는 止戒를 범한 것이고, 行善을 짓지 않는 것은 聖道를 장애하는 것으로서 이것은 得罪이다. 앞의 둘은 罪가 되는데, 罪를 벗어난 사람은 그쳐야 할 것을 지녀서[持止] 선행을 지은 것이다.[作行]

以難化之人心如猿猴故以若干種法制御其心乃可調伏譬如象馬悷不調

1292) 化＝犯【甲】
1293) 耶＝邪【甲】
1294) 變＝雙【甲】
1295) 是＋(得)﹤【原】【甲】

如諸楚毒乃至微[1296]骨然後調伏. 此第二譬說. 什公云. 馬有五種. 第一見鞭影卽得[1297]調伏. 第二得鞭乃伏. 第三以利錐刺皮乃伏. 第四穿肉乃伏. 第五徹骨乃伏. 衆生利鈍. 亦有五品. 第一但見他無常. 其心便悟. 第二見知識無常. 其心乃悟. 第三見兄弟親戚無常. 其心乃悟. 第四見父母無常. 其心乃悟. 第五自身無常. 極受苦惱. 加以苦言. 然後[1298]悟也.

'교화하기 어려운 사람은 마음이 마치 원숭이와 같습니다. 때문에 若干種의 법으로써 그 마음을 제어해야 다스릴 수가 있습니다. 비유하면 마치 코끼리와 말이 사납거나 소침하여 다스릴 수가 없는 경우에는 모든 맷독[楚毒]을 가하여 이에 뼛속까지 스며들게 한 연후에 다스리는 것과 같습니다.'에서 이것은 둘째로 譬說이다.

나집공은 다음과 같이 말한다.

'말[馬]에 다섯 가지가 있다고 말한다. 첫째는 채찍의 그림자만 보면 즉시 조복한다. 둘째는 채찍을 맞으면 조복한다. 셋째는 날카로운 송곳이 피부를 찌르면 조복한다. 넷째는 (날카로운 송곳에) 살이 뚫리면 조복한다. 다섯째는 (날카로운 송곳에) 뼈가 꿰뚫리면 조복한다.'

중생의 利鈍에도 또한 오품이 있다.

첫째는 단지 남의 무상(죽음)만 보고도 그 마음을 곧 깨친다.

둘째는 선지식의 무상(죽음)을 보아야 이에 그 마음을 깨친다.

셋째는 형제 및 친척의 무상(죽음)을 보아야 이에 그 마음을 깨친다.

1296) 微=徹【甲】
1297) 得=時ィ【甲】
1298) 後+(乃)【甲】

넷째는 부모의 무상(죽음)을 보아야 이에 그 마음을 깨친다.

다섯째는 자신이 무상(죽음)에 이르러 극도의 고뇌를 받아 고통의 소리를 내지른 연후에 이에 깨친다.

如是剛强難化衆生故以一切苦切之言乃可入律也. 此第三合譬. 非鉤捶無以調象1299)馬. 非苦言無以伏難化.

'이와 같이 강강하여 교화하기 어려운 중생이기 때문에 일체의 쓴소리[苦切]의 법어를 활용해야 이에 율에 들어가게 할 수가 있습니다.'에서 이것은 셋째로 合譬說이다.

창으로 종아리를 치지[鉤捶] 않으면 말을 길들일 수가 없고, 苦言이 아니면 교화하기 어려운 사람을 조복할 수가 없다.

彼諸菩薩聞說是已皆曰未曾有也如世尊釋迦牟尼佛隱其無量自在之力乃以貧所樂法度脫衆生斯諸菩薩亦能勞謙以無量大悲生是佛土. 此第三彼菩薩嘆. 初嘆佛. 次嘆菩薩. 貧所樂法者. 此土衆生. 無大乘法財. 爲貧. 但有小機. 稱樂. 佛隱大德. 用小法化人. 如法華云. 脫珍御服. 著弊垢衣. 以化窮子. 敢1300)同其貧隨1301). 順其所樂. 而濟度之.

1299) 〔象〕-【甲】
1300) 敢＝故【甲】
1301) 隨＝陋【甲】

'그 중향국의 제보살은 그 말을 듣고나서 모두가 말했다. 미증유입니다. 저 세존 석가모니불께서는 그 무량한 자재력을 감추고 이에 가난한 사람이 좋아하는 법으로써 중생을 도탈시켜줍니다. 그리고 그 제보살도 또한 큰 수행력이 있으면서도 겸손하여 무량한 대비로써 그 불국토에 태어난 것입니다.'에서 이것은 셋째로 그 보살을 찬탄한 것이다.

첫째는 먼저 佛을 찬탄한다.

둘째는 이어서 보살을 찬탄한다.

'가난한 사람이 좋아하는 법'이란 차토의 중생은 대승의 법재가 없는 것을 가난하다고 한다. 그러나 무릇 소승의 근기가 있으면 樂을 칭탄하면서 佛은 큰 덕을 감추고 소승법을 활용하여 사람을 교화한다. 그래서 저 『법화경』에서는 珍御服을 벗어버리고 弊垢衣를 걸침으로써 궁자를 교화한다. 때문에 궁자와 貧陋를 함께 하고 궁자가 좋아하는 것을 따르면서 그를 제도해준다.

維摩詰言此土菩薩於諸衆生大悲堅固誠如所言然其一世饒益衆生多於彼國百千劫行所以者何此娑婆世界有十事善法諸餘淨土之所無有何等爲十以布施攝貧窮以淨戒攝毁禁以忍辱攝瞋恚以精進攝懈怠以禪定攝亂意以智慧攝愚癡. 第四淨名述成仍歎此土之教.

'유마힐이 말했다. 이 국토의 보살이 모든 중생에 대하여 대비심이 견고한 것은 진실로 말한 바와 같습니다. 그러나 그 一世에 요익중생한 것은 그 중향국토에서 백천 겁 동안 수행한 것보다 더 많습니다. 왜냐하면 이 사바세계에는 十事의 선법이 있지만 그 밖의 모든 청정국토에는 없기 때문입니다. 그 十事는 다음과 같습니다. 布施로써 빈궁한 사람을 섭수해주고, 淨

戒로써 훼금한 사람을 섭수해주며, 忍辱으로 진에한 사람을 섭수해주고, 精進으로 해태한 사람을 섭수해주며, 禪定으로 난의한 사람을 섭수해주고, 智慧로써 우치한 사람을 섭수해주며'에서 이것은 넷째로 정명이 서술[述成]한 것으로 이에 차토의 가르침을 찬탄한 것이다.

問. 淨土無貧. 可不須施. 若無癡者. 何用化之. 答. 癡有二種. 一者於一切法不了. 故名爲癡. 二者唯於諸佛甚深之法未悟. 名之爲癡. 穢土具二種癡. 淨國有後一. 今就前門也.

묻는다 : 청정국토에는 가난한 사람이 없어서 가히 반드시 보시할 필요가 없습니다. 그리고 어리석은 사람도 없을 것인데, 무엇을 활용하여 그들을 교화하는 것입니까.

답한다 : 어리석음에 두 가지가 있다.
첫째는 일체법에 대하여 요해하지 못하기 때문에 어리석다고 말한다. 둘째는 오직 제불의 심심한 법에 대해서만 깨치지 못한 것을 어리석다고 말한다.
예토에는 二種의 어리석음이 갖추어져 있지만, 청정국토에는 둘째의 한 가지만 있다.
지금 이 대목은 첫째에 대한 것이다.

說除難法度八難者以大乘法度樂小乘者以諸善根濟無德者常以四攝成就衆生是爲十. 說除難法. 謂以小乘法化衆生也. 以大乘法度樂小乘者. 謂

以大乘法化小也. 以諸善根濟無德者. 謂以人天乘. 用化於物. 備五乘也.

'除難法을 설하여 八難을 제도해주고, 大乘法으로 소승법 즐김 제도해주며, 모든 善根으로 無德者를 제도해주고, 항상 四攝法으로 중생을 성취해준다, 이것을 가리켜서 십사라고 말합니다'에서 이것은 소위 대승법으로 소승을 교화한 것이다.

'모든 善根으로 無德者를 제도해준다'는 것은 소위 인천의 가르침[乘]을 활용함으로써 중생을 교화하는 것으로 五乘이 갖추어진다.

問. 行[1302]此行[1303]十事. 云何勝彼土修行. 答. 此土有十惡法. 故十德增長. 彼土淳善. 施德無地. 如多病處. 醫有遍救之土[1304]. 無疾之所. 醫無施用. 故百千劫行. 不如一世也.

묻는다 : 여기에서 행하는 十事가 어째서 彼土의 수행보다 뛰어나다는 것입니까.
답한다 : 此土에는 십악법이 있기 때문에 십덕이 증장한다. 그러나 彼土에는 淳善으로서 덕을 베풀어줄 여지가 없다. 마치 병이 많은 곳에는 의원이 널리 그것을 구원하는 공이 있지만, 병이 없는 곳에는 의원이 베풀어줄 필요[用]가 없다. 때문에 백천 겁의 수행이 一世만 못하다.

1302) 行=於カ【原】
1303) 〔行〕-カ【甲】
1304) 土=エ【甲】

彼菩薩曰菩薩成就幾法於此世界行無瘡疣生于淨土. 自上已來. 明淨土
果竟. 從此已後. 辨淨土因. 明淨土果. 使其現益. 辨淨土因. 令來世往生.
前問. 次答. 問意. 從淨名嘆此土. 菩薩一世修行. 勝他方百十[1305]劫. 若然
者. 深行之人. 可有濟物之功. 淺行之者. 欲住穢土化人. 恐自不能救. 亦
不能益物. 如小湯投氷. 反助成結. 故問. 以何法而能自無患累. 復能益他.
令自之與他. 俱生淨土.

'그 중향국토의 보살들이 말했다. 보살이 어떤 법을 성취해야만 이 세계
에서 흠집이 없는 보살행을 하여 청정국토에 태어나는 것입니까.'에서 이상
에서는 청정국토의 果에 대한 설명을 마치고, 지금부터 이후로는 청정국토
의 因에 대하여 변별한다.

청정국토의 果를 설명하여 그들로 하여금 현세에는 이익을 주고, 청정국
토의 因을 변별하여 내세에는 왕생하도록 해준다.

먼저 질문을 하고, 이어서 답변을 한다.

질문한 뜻은 정명이 차토보살의 일세수행이 타방의 백천 겁보다 뛰어나
다고 찬탄함으로부터 시작된다. 만약 그렇다면 深行人의 경우에는 가히 중
생을 제도하는 공이 있겠지만, 淺行者의 경우에는 예토에 머물면서 사람을
제도하려는 것이므로 스스로 구원하지 못할 것을 염려하고 또한 중생을 이
롭게 하지도 못할 것이다. 마치 작은 湯에 얼음을 넣으면 도리어 결빙되어
버리는 것과 같다. 때문에 어떤 법으로써 자신의 患累를 없애고 다시 남을
이롭게 함으로써 자기와 남으로 하여금 모두 청정국토에 태어나는가를 묻
는다.

1305) 十=千【甲】

維摩詰言菩薩成就八法於此世界行無瘡疣生于淨土. 此第二淨名答. 爲三. 標釋結. 此初標也.

'유마힐이 말했다. 보살이 여덟 가지 법을 성취해야 이 세계에서 흠집이 없는 보살행을 하여 청정국토에 태어날 수 있습니다.'에서 이것은 둘째로 정명의 답변이다.
경문에 세 부분이 있는데, 標와 釋과 結이다.
이 대목은 첫째의 標에 해당한다.

何等爲八饒益衆生而不望報代一切衆生受諸苦惱所作功德盡以施之[1306]. 此第二別釋八法. 八法前四化他. 後四自行. 前四卽慈悲喜捨. 饒益衆生而不望報. 此慈心也. 慈心與樂故不望報. 代衆生受苦者. 此明悲心.

'여덟 가지 법은 다음과 같습니다. 중생을 이롭게 하지만 어떤 과보도 바라지 않고, 일체중생을 대신하여 모든 고뇌를 받고 지은 공덕은 모두 남에게 돌려주며'에서 이것은 둘째로 개별적으로 八法을 해석한 것이다.
팔법 가운데 앞의 넷은 남을 교화하는 것이고, 뒤의 넷은 주신의 수행이다. 앞의 넷은 곧 자·비·희·사로서 중생을 이롭게 하면서도 과보를 바라지 않는 것인데, 이것이 慈心이다. 자심은 즐거움을 주는 것이기 때문에 과보를 바라지 않는다.
'중생을 대신하여 고통을 받는다'는 이것은 悲心을 설명한 것이다.

1306) 之＋(等心衆生謙下無閡)八字【甲】

問. 衆生受苦. 是前業果報. 云何可代. 答. 教化令起善滅惡. 便離若[1307]得樂. 故名爲代也. 所作[1308]功德盡以施之. 明喜也. 以喜除嫉. 故能盡施.

묻는다 : 중생이 받는 고통은 곧 전세업의 과보인데, 어떻게 대신할 수 있는 것입니까.
답한다 : 교화해서 선을 일으키고 악을 소멸토록 하면 곧 離苦得樂하기 때문에 대신한다[代]고 말한다. 그리고 지은 공덕은 모두 중생에게 보시하는 것은 喜心을 설명한 것이다. 희심으로써 질투를 제거하기 때문에 모든 것을 보시할 수가 있다.

等心衆生謙下無礙. 此明捨心. 捨治愛憎故. 其心平等. 旣以等心. 復能卑己尊人. 謂嫌下也. 以等心謙下. 於怨親之間. 無復隔閡.

'중생과 평등한 마음으로 겸하하여 장애가 없고'에서 이것은 捨心을 설명한 것이다. 捨는 애증을 다스리기 때문에 그 마음이 평등하다. 이미 평등한 마음으로써 다시 자신을 낮추고 남을 높여주는 것을 겸하라고 말한다. 평등심으로써 겸하하여 怨親 사이에 다시는 隔閡가 없다.

1307) 若=苦【甲】
1308) 所作=作所【甲】

於諸菩薩現[1309]之如佛所未聞法[1310]聞之不癡[1311]. 初句敬人. 次不疑法. 菩薩是四生之橋梁. 三寶之繼嗣. 視之如佛則[1312]已功德. 故須敬人. 佛所說經. 聞卽信受. 不以未聞而生疑惑. 故須信法.

'모든 보살을 부처님처럼 간주하며, 아직 묻지 못한 경전은 그것을 듣고도 의심하지 않고'에서 初句[팔구 가운데 제사구]는 남을 공경하고, 次句[제오구]는 법을 의심하지 않는 것이다.

보살은 곧 사생의 교량이고, 삼보를 繼嗣하여 남을 부처님처럼 간주한 즉 자기의 공덕을 증장하는 것이기 때문에 반드시 남을 공경한다. 부처님이 설한 경전을 들으면 즉 믿고 받아들이지만, 아직 듣지 못함으로써 의혹이 발생되기 때문에 반드시 법을 믿어야 한다.

不與聲聞而相違背. 上尊人重法. 是自學處. 爲第五句也. 此於何學處. 不起恚閡. 爲第六句也. 三乘雖殊. 歸宗不二. 故無但違也.

'성문과 더불어 서로 위배하지 않아'에서 위에서는 人을 존숭하고[제사구], 法을 존중하는 것은 곧 자기가 닦아야 할 도리[自學處]라는 것은 제오구였다. 여기에서는 어떤 도리를 닦기에[學處] 恚閡를 일으키지 않는 제육구가 되었는가. 삼승이 비록 다를지라도 종지는 不二로 돌아가기 때문에 무릇 어그러짐이 없다.

1309) 現=視【甲】
1310) 法=經ィ【甲】
1311) 癡=疑【甲】
1312) 則+(增)【甲】

不嫉彼供不高己利而於其中調伏其心. 此第七句. 於受用事. 不起煩惱. 他種他獲. 故不生嫉. 已種已得. 何爲自高. 於是二處. 善自調伏.

'그들이 공양받는 것을 질투하지 않으며, 자기의 이익을 고양함이 없이 그 가운데서 그 마음을 다스리고'에서 이것은 제칠구로서 수용하는 수행[受用事]에서 번뇌를 일으키지 않는다. 저것을 심으면 저것을 획득하기 때문에 질투를 발생하지 않고, 종자를 심으면 결과를 얻는데 어찌 스스로 自高가 되겠는가. 이런 두 가지 도리에서 자신을 잘 조복한다.

常省己過不訟彼短恒以一心求諸功德. 此第八句. 於修行處. 能離過集善. 省己過則自過消. 訟彼短則短在己. 此二離過也. 衆惡易增. 功德難具. 非一心專求. 無以剋成. 此集善也.

'항상 자기의 허물을 반성하고 남의 단점을 가지고 따지지 않으며 항상 일심으로 모든 공덕을 추구하는 것'에서 이것은 제팔구로서 수행의 도리에서 過를 벗어나고 善을 모으는데 자기의 허물을 반성한 즉 허물이 저절로 소멸되고, 남의 단점을 송사한 즉 단점이 자기에게 있는데, 이들 두 가지는 허물을 벗어난 것이다. 衆惡은 쉽게 증장하고, 功德은 갖추기 어렵다. 그러므로 일심으로 오로지 추구하지 않으면 剋成할 수가 없는데 이것이 바로 善을 모으는 것이다.

是爲八. 上標釋已竟. 今總結也.

'이것이 여덟 가지 법입니다.'에서 위에서 標와 釋을 이미 마쳤고, 지금은 총결이다.

維摩詰文殊師利於大眾中說是法時百千天人皆發阿耨多羅三藐三菩提心十千菩薩得諸[1313)]法忍. 上說淨土因果. 今第二時眾蒙益.

'유마힐과 문수사리가 대중 가운데서 이 법을 설했을 때, 백천 명의 天·人들이 모두 아뇩다라삼먁삼보리심을 발생하였고, 십천 명의 보살들이 무생법인을 터득하였다.'에서 위에서는 청정국토의 인과를 설하였는데, 지금은 둘째로 시회대중이 얻은 이익이다.

1313) 諸=無生 ₁【甲】

菩薩行品第十一
제십일 보살행품

此第四會. 重集菴園. 序其來意. 有五因緣. 一者上所說法. 須佛印定. 方得成經. 然後乃可遠流遐代. 二者淨名所現不思議事. 方丈之衆已見. 菴薗之緣未覩. 爲化未周. 故須此集. 三者衆香菩薩. 來意有二. 一欲見淨名. 二禮覲於佛. 今欲遂其本心. 故須此會. 四者. 上品但明香飯. 以爲佛事. 今欲廣陳佛事. 有無量法門. 五者上借坐<座?>請飯. 略現神通. 今掌持會衆. 手接大千. 廣示難思之道. 菩薩行品者. 凡夫行於生死. 二乘心遊涅槃. 並隨[1314]二邊. 非履道行. 今衆香大士. 將還本土. 請爲說菩薩正行. 故以目品. 品開爲二. 第一緣起. 第二正說. 緣起十句. 一將欲來前現瑞相. 二問瑞所由. 三答瑞意. 四要文殊往. 五文殊許來. 六淨名掌擎大衆. 七衆到已稽首. 八如來慰問. 九命令就坐. 十受命而坐.

이것은 네 번째 법회로서 거듭 암라원에 모인 것이다. 먼저 이것이 여기에 온 뜻에는 다섯 가지 인연이 있다.

첫째는 위에서 설한 법에는 반드시 부처님이 印定해야 바야흐로 경전이 성취된다. 연후에 이에 가히 먼 후대까지 멀리 유전한다.

둘째는 정명이 드러낸 不思議事를 방장에 있던 대중은 이미 보았지만 암라원의 인연은 아직 보지 못하였기에 교화가 골고루 미치지 못하였다. 때문

1314) 隨=墮【甲】

에 반드시 이 집회가 필요하다.

셋째는 衆香菩薩이 찾아온 뜻에는 두 가지가 있다.

하나는 정명을 친견하려는 것이고, 둘은 부처님을 禮覲하려는 것이다.

넷째는 위의 품에서는 무릇 香飯을 설명함으로써 불사를 삼았는데, 지금은 불사에 무량한 법문이 있음을 자세하게 진술하려는 것이다.

다섯째는 위에서는 자리를 빌려서 공양을 청하고 간략하게 신통력을 드러냈는데, 지금은 손 안에 회중을 지니고 손으로 대천세계를 어루만지면서 널리 難思의 道를 내보인다.

[보살행품]이란 범부는 생사를 유행하고, 이승은 마음으로 열반을 유희하지만 모두 二邊에 떨어져 도행을 履歷하지 못한다. 지금은 중향대사가 장차 본토로 돌아와서 菩薩正行을 설해줄 것을 청한다. 때문에 [보살행품]이라고 제목한다. [보살행품]을 열어보면 두 부분이 있다.

첫째는 연기이다.

둘째는 정설이다.

첫째의 연기에는 십구가 있다.

첫째는 장차 앞에 찾아와서 서상을 드러내려는 것이다.

둘째는 서상의 所由를 질문한다.

셋째는 서상의 뜻에 답변한다.

넷째는 문수에게 함께 갈 것을 요청한다.

다섯째는 문수가 허락한다.

여섯째는 정명이 대중을 손바닥에 올려놓는다.

일곱째는 대중이 도착하여 계수한다.

여덟째는 여래가 위문한다.

아홉째는 앉으라고 명령한다.

열째는 명을 받들어 앉는다.

是時佛說法於菴羅樹園其地忽然廣博嚴事一切衆會皆作金色. 此初現瑞者. 凡有三義. 一爲他方客來故. 莊嚴處所. 二發起菴薗衆會敬仰之誠也. 三表備開法門. 他[1315]人悟道.

'그때 부처님께서 암라수원에서 설법하시자, 그 땅이 홀연히 廣博해져 불사를 장엄하였고, 일체중회가 모두 금색이 되었다.'에서 이것은 첫째로 상서를 드러낸 것인데, 무릇 세 가지 뜻이 있다.
첫째는 타방에서 찾아온 손님을 위한 까닭에 처소를 장엄한다.
둘째는 암라원의 衆會를 경앙하는 정성을 발기한다.
셋째는 법문으로 많은 사람의 오도를 열어주는 준비를 나타낸다.

阿難白佛言世尊以何因緣有此瑞應是處忽然廣博嚴事一切衆會皆作金色. 第二問瑞所由. 大士所爲. 非小道能測. 又令時衆. 知淨名來. 預生欣仰. 有二因緣所以問.

'아난이 부처님께 사뢰어 말했다. 세존이시여. 어떤 인연으로 이와 같은 상서가 상응하여 이곳이 광박하게 불사가 장엄되고 일체중회가 모두 금색으로 된 것입니까.'에서 이것은 둘째로 서상의 所由를 질문한 것이다. 대사

1315) 他＝多ィ【甲】

의 행위는 소승도로써 헤아릴 수 있는 것이 아니다.

　또한 시회대중으로 하여금 정명이 찾아오는 것을 알려서 미리 欣仰을 발생한다. 두 가지 인연이 있는 까닭에 질문한다.

佛告阿難是維摩詰文殊師利與諸大衆恭敬圍[1316]遶發意欲來故先指[1317]此瑞應. 第三答瑞所由也.

　'부처님께서 아난에게 말씀하셨다. 이것은 유마힐과 문수사리가 제대중과 함께 공경스럽게 위요하여 마음[意]을 발생하여 여기에 찾아오려는 까닭에 이와 같은 상서가 상응한 것이다.'에서 이것은 셋째로 서상의 소유에 대한 답변이다.

於是維摩詰語文殊師利可共見佛與諸菩薩禮事供養. 第四要文殊師利來. 凡有三義. 一欲印定成經. 二今[1318]衆香菩薩. 見佛聞法. 三欲明佛事. 有無量門. 非止香飯.

　'이에 유마힐이 문수사리에게 말했다. 함께 부처님을 친견하고 제보살과 더불어 禮事하고 공양합시다.'에서 이것은 넷째로 요컨대 문수사리가 찾아

1316) 園=圍【甲】【CB】
1317) 指=爲【甲】
1318) 今=令【甲】

온 것이다.

　경문에는 무릇 세 가지 뜻이 있다.

　첫째는 印定을 받아 경전을 성취하려는 것이다.

　둘째는 중향보살로 하여금 부처님을 친견하고 법을 듣는다.

　셋째는 불사에는 무량한 문이 있어 香飯에 그치지 않음을 설명하려는 것이다.

文殊師利言善哉行矣今正是時. 第五文殊嘆許. 是時者. 謂弘道益物之時. 會上三義也.

　'문수사리가 말했다. 좋습니다. 갑시다. 지금이 바로 적시입니다.'에서 이것은 다섯째로 문수의 찬탄과 허락이다. 소위 弘道하여 중생을 이롭게 하는 때로서, 회상에 세 가지 뜻이 있다.

維摩詰卽以神力持諸大衆幷師子座置其右掌往詣佛所到已著地. 第六淨名現通. 卽是重明不思議事. 掌不大而能持. 衆不小而被蓮[1319]. 又世之待賓. 給以車馬. 大士迎送. 運以神通.

　'유마힐이 곧 신통력으로 제대중과 사자좌를 가지고 오른손에 올려놓고 부처님 처소에 나아갔다. 그곳에 도착하여'에서 이것은 여섯째로 정명이 신

1319) 蓮＝運【甲】

통력을 드러낸 것이다. 곧 이것은 거듭 부사의사를 설명한 것이다. 손바닥이 넓지 않지만 能持하여 대중이 적이 않지만 옮긴다.

또한 세간에서 손님의 접대에 거마를 공급하듯이 대사는 환송에 신통력을 부린다.

稽首佛足右遶七匝一心合掌在一面立其諸菩薩卽皆避坐稽首佛足亦遶七匝於一面立諸大弟子釋梵四天王等亦皆避坐稽首佛足在一面立. 第七到已修敬.

'부처님 발에 계수하고 右遶七匝하며 일심으로 합장하고 한쪽에 섰다. 그 제보살이 곧 모두 자리를 피하여 부처님 발에 계수하고 또한 繞七匝하여 한쪽에 섰다. 제대제자·석·범·사천왕 등도 또한 모두 자리를 피하여 부처님 발에 계수하고 한쪽에 섰다.'에서 이것을 일곱째로 도착하여 예경한 것이다.

於是世尊如法慰問諸菩薩已. 第八如來慰問.

'이에 세존께서 여법하게 제보살을 안부를 묻고나서'에서 이것은 여덟째로 여래가 안부를 물은 것이다.

各令復坐. 第九命令就坐<座?>.

'각자 제자리로 돌아가서'에서 이것은 아홉째로 자리에 앉으라고 명한 것이다.

卽皆受敎. 第十受旨而坐.

'곧 모두 가르침을 받도록 하였다.'에서 이것은 열째로 말씀을 받들어 앉는 것이다.

衆坐已定佛語舍利弗汝見菩薩大士自在神力之所爲乎. 此第二次明正說. 就文爲兩. 第一印成[1320]. 前說明佛事不同. 二辨菩薩行. 初又二. 第一別明香飯之德. 第二辨佛事不同. 所以前問身子[1321]. 凡有二義. 一欲印定成經. 二以大機[1322]小.

'대중이 앉아서 선정에 들어갔다. 부처님께서 사리불에게 말씀하셨다. 그대는 보살과 대사[1323]가 자재한 신통력으로 했던 행위를 보았는가.'에서 이

1320) 成=定【甲】
1321) 子+(者)ㅓ【甲】
1322) 機=譏力【原】, =譏ㅓ【甲】
1323) 菩薩大士에서 보살을 의역하면 大士로서 동어반복이다. 그러나 여기에서는 보살은 문수사리보살이고 대사는 유마를 존칭하는 말로 사용되었다.

것은 둘째로 이어서 正說을 설명한 것이다.

경문에는 두 부분이 있다.

첫째는 印定한 것인데, 먼저 불사가 동일하지 않음을 설명한다.

둘째는 보살행을 변별한다.

첫째에는 또한 두 부분이 있다.

첫째로 향반의 덕을 개별적으로 설명한다.

둘째로 불사가 동일하지 않음을 변별한다.

때문에 먼저 사리불에게 묻는데, 무릇 두 가지 뜻이 있다.

첫째는 印定을 받아 경전을 성취하려는 것이다.

둘째는 대승으로써 소승을 충고한다.

唯然已見於汝意云何世尊我觀其爲不可思議非意所圖非度所測. 不思議名. 正顯於此. 良以二乘不能測度. 名不思議.

'예. 보았습니다. 어떻게 생각하는가. 세존이시여. 제가 그것을 보았지만 불가사의하여 마음[意]으로 도모할 수가 없고 헤아려서 재볼 수도 없었습니다.'에서 부사의라는 명칭을 여기에서 바로 드러냈는데, 진실로 이승은 헤아릴 수가 없기에 부사의라고 말한다.

爾時阿難白佛言世尊今所聞香自昔未有是爲何香. 問. 上云. 香氣普薰三

千. 方丈菴園. 相去數里. 云何不聞[1324]. 答. 以非分故. 近而不聞. 今將印定成經. 及其明佛事. 故得聞也.

'그때 아난이 부처님께 사뢰어 말씀드렸다. 세존이시여. 지금 맡고 있는 향기는 제가 예전에 맡아본 적이 없는데, 이것은 어떤 향기입니까.'에 대하여 묻는다 : 위에서는 향기가 삼천대천세계까지 퍼진다고 하였습니다. 그런데 방장과 암라원의 거리는 몇 리에 불과한데 어째서 (향기를) 맡지 못하는 것입니까.

답한다 : 그럴 능력이 안되는[非分] 까닭에 가깝지만 맡지 못한다. 지금은 장차 印定을 받아서 경전을 성취하고 또한 그것으로 불사를 설명하려는 까닭에 (향기를) 맡는다.

佛告阿難是彼菩薩毛孔之香. 獨言彼菩薩香者. 示根本故也. 又欲令[1325] 身子自顯是食之香.

'부처님께서 아난에게 말씀하셨다. 이것은 저 중향국 보살들의 털구멍에서 풍기는 향기이다.'에서 오직 저 (중향국) 보살들이 향기에 대해서만 말한 것은 근본을 보여주기 때문이다.
또한 사리불로 하여금 스스로 그 음식의 향기를 드러내도록 하려는 것이다.

1324) 聞=問【甲】. =聞ィ【甲】
1325) 今=令【甲】

於是舍利弗語阿難言我等毛孔亦出是香阿難言此所從來曰是長者維摩詰從衆香國取佛餘飯於舍長[1326]者一切毛孔皆香若此阿難問維摩詰是香氣住當久如維摩詰言至此飯消曰此飯久如當消曰此飯勢力至于七日然後乃消. 什公云. 有人食香飯. 飯不時消. 心必厭捨. 故不令久也. 亦云應得道者. 飯氣時熏. 不過七日. 必成聖道. 如七步蛇嚙. 勢不過七日. 事不須久. 故不令過七也. 釋僧肇云. 七日勢消. 飯之常力也. 若應因飯而階道者. 要得其[1327]所應得. 然後[1328]消也. 吉藏謂. 飯有三. 凡夫感薄. 但得七日. 所謂下也. 二乘小深. 故得初果. 正位羅漢心. 然後乃消. 所謂次也. 大乘發心. 乃至補處. 然後乃消. 所謂上也. 以應三品衆生故. 初云七日.

'이에 사리불이 아난에게 말했다. 저희들의 털구멍에서도 또한 그 향기가 풍깁니다. 아난이 말했다. 그 향기는 어디에서 온 것입니까. 사리불이 말했다. 이것은 장자 유마힐이 중향국으로부터 부처님께서 남겨주신 공양을 가져다 집에서 공양한 것인데, 일체의 털구멍에서 모두 이러한 향기가 풍깁니다. 아난이 유마힐에게 물었다. 이 향기는 장차 얼마나 오랫동안 풍깁니까. 유마힐이 말했다. 이 공양이 소화될 때까지 풍깁니다. 아난이 말했다. 이 공양은 장차 소화되기까지 얼마나 오래 걸립니까. 유마힐이 말했다. 이 공양의 세력은 이레가 되면 연후에 소화됩니다.'에 대하여 나집공은 다음과 같이 말한다.

'어떤 사람이 향반을 먹으면 그 음식이 소화될 시일이 없어서 마음이 반드

1326) 長=食【甲】
1327) 〔其〕-【甲】
1328) 後+(乃)【甲】

시 厭捨하게 된다. 때문에 오래가지 못하게끔 한다.'

또 다음과 같이 말한다.

'마땅히 得道할 사람은 음식의 기운이 풍기는 시일이 이레를 넘기지 않고 반드시 聖道를 성취한다. 마치 七步蛇(물리면 일곱 걸음을 떼기 전에 죽는다는 독뱀)에게 물리면 勢가 이레를 넘기지 못하는 경우처럼 풍기는 향기[事]가 결코 오래가지 못한다. 때문에 이레를 넘기지 않게끔 한다.'

석승조는 다음과 같이 말한다.

'이레가 되면 勢가 소멸한다. 그러나 그 음식은 항상 力을 지니고 있다. 그래서 만약 마땅히 음식을 인하여 道를 품계하는 사람이라면 요컨대 상응되는 경지[所應得]를 얻은 연후에 소화가 된다.'

나 길장은 말한다.

'음식에 세 가지가 있다. 범부는 감응하는 것이 얕아서 단지 이레만 얻는다. 소위 하급이다. 이승은 약간 깊기 때문에 初果를 얻고 正位에 든 나한심을 얻은 연후에 이에 소화된다. 소위 중급이다. 대승은 발심하여 내지 보처에 이른 연후에 이에 소화된다. 소위 상급이다. 이처럼 응당 삼품중생이기 때문에 먼저 이레라고 말한다.'

又阿難若聲聞人未入正位食此飯者得入正位然後乃消已入正位食此飯者得心解脫然後乃消若未發大乘意食此飯者至發意乃消已發意食此飯者得無生忍然後乃消已得無生忍食此飯者至一生補處然後乃消此飯如是滅除一切諸煩惱毒然後乃消. 有人言. 飯是法門. 非是飯食. 故能令人得道. 今諸佛卽飯爲法門. 現此一用. 令人入道. 如有經云. 菩薩有照法性天冠. 著此冠時. 一切法性. 悉來現心.

'또한 아난이여. 만약 성문인으로서 아직 正位에 들어가지 못한 사람은 이 공양을 하고 정위에 들어간 연후에 소화됩니다. 이미 정위에 들어가서 이 공양을 한 사람은 심해탈을 터득한 연후에 소화됩니다. 만약 아직 大乘意를 발생하지 못하고 이 공양을 한 사람이라면 發意하고나서 소화됩니다. 이미 發意하여 이 공양을 한 사람은 무생법인을 터득한 연후에 소화됩니다. 이미 무생법인을 터득하여 이 공양을 한 사람은 일생보처에 다다른 연후에 소화됩니다. 비유하면 마치 上味라는 이름을 가진 약이 있는데 그것을 복용한 사람이 몸의 諸毒을 소멸한 연후에 소화되는 것과 같습니다. 이 공양도 그와 같아서 일체의 제번뇌라는 독을 멸제한 연후에 소화됩니다.'에 대하여 어떤 사람은 '음식은 곧 법문이기에 밥으로 먹는 것이 아니다. 때문에 사람들로 하여금 득도하게 해준다.'고 말한다.

지금은 제불이 즉 음식으로서 법문이다. 그래서 그 하나의 작용을 드러내어 사람들로 하여금 입도하게 해준다. 『華手經』에서 '보살에게는 法性을 비추어보는 天冠이 있다. 그 관을 쓰면 일체의 법성이 모두 현재심으로 다가온다.'고 말한다.

問. 食香飯. 云何令人得道. 答. 諸佛有善巧之言. 亦有善巧之食. 故聽言散[1329]味. 皆得道也. 又世治身病. 旣其有藥. 今治心病. 亦應有藥. 卽香飯是矣. 什公云. 食此飯時. 體安心靜[1330]. 發未曾有意. 飯尙如此. 何況道

1329) 散=嗽力【原】, =嗽【甲】
1330) 靜=淨₁【甲】

耶. 有此妙果. 必有妙因. 極大信樂. 深遠[1331]因果. 達因果卽解緣起. 解緣起則見實相. 是故得道.

묻는다 : 향반을 공양해서 어떻게 사람들로 하여금 득도하게 해주는 것입니까.
답한다 : 제불에게는 善巧의 말씀이 있고, 또한 善巧의 음식이 있다. 때문에 말씀을 듣고 맛을 보면 모두 득도한다.
또한 세간에서는 몸의 병을 치유하는 데에는 이미 거기에 약이 있다. 지금 마음의 병을 치유하는 데에는 또한 거기에 상응하는 약이 있는데 그것이 바로 향반이다.
나집공은 다음과 같이 말한다.
'그 음식을 먹을 경우에 몸이 편안하고 마음이 청정해져 미증유한 마음[意]이 일어난다.'
음식의 경우만 해도 이러한데, 하물며 道이겠는가. 이러한 妙果가 있으면 반드시 妙因이 있다. 이에 극대하게 信樂하여 깊이 인과에 통달한다. 인과에 통달한 즉 연기를 이해한다. 연기를 이해한 즉 실상을 본다. 이런 까닭에 得道한다.

阿難白佛言未曾有也世尊如是香飯能作佛事. 此下第二具明佛事不同. 就文爲兩. 第一正明佛事多門. 二解悟入此門. 有大利益. 阿難嘆者. 飯本益身. 遂令得道. 故稱未曾有也. 佛事者. 敎化衆生. 令得悟道. 蓋是諸

1331) 遠=達力【甲】

佛之事也.

'아난이 부처님께 사뢰어 말씀드렸다. 미증유입니다. 세존이시여. 이 향반(香飯)도 불사가 될 수 있겠습니까.'에서 이것은 둘째로 불사가 동일하지 않음을 갖추어 설명한 것이다.

경문에는 두 부분이 있다.

첫째는 불사의 많은 문을 그대로 설명한다.

둘째는 해오하여 그 문에 들어가면 큰 이익이 있다.

아난이 찬탄한 것은 음식은 본래 몸을 이롭게 하는 것인데 마침내 得道게끔 해주기 때문에 미증유라고 찬탄한 것이다.

불사란 중생을 교화하여 悟道하도록 해주는 것이다. 무릇 이것이야말로 제불의 본분[事]이다.

佛言如是如是阿難或有佛土以佛光明而作佛事有以諸菩薩而作佛事. 如華嚴經如來默然. 菩薩說法. 又卽此經. 釋迦無言. 而淨名弘道.

'부처님께서 말씀하셨다. 그렇다. 바로 그렇다. 아난이여. 혹 어떤 불국토는 부처님 광명이 불사가 되고, 어떤 불국토는 제보살이 불사가 되며'에서 저 『화엄경』에서 여래는 침묵하고 보살이 설법한다. 또한 이 경에 즉해보면 석가는 무언이고 정명이 홍도한다.

有以佛所化人而作佛事. 如須扇多佛. 眞形滅度. 留化佛. 利益衆生.

'어떤 불국토는 부처님이 교화한 사람이 불사가 되고'에서 수선다불의 경우처럼 眞形은 멸도하고 化佛로 머물면서 중생을 이롭게 해주는 것이다.

有以菩提樹而作佛事. 佛在樹下得菩提. 名菩[1332)]樹. 此樹隨所見聞. 而出形聲. 並得悟道. 故以樹爲佛事.

'어떤 불국토는 보리수가 불사가 되며'에서 부처님이 나무 아래서 보리를 터득하였기에 보리수라고 말한다. 이 나무는 見과 聞을 따라서 形과 聲을 내어 모두 오도하도록 해준다. 때문에 나무가 불사가 된다.

所[1333)]以佛衣服臥具而作佛事. 昔閻浮提王. 得佛大衣. 時世疾疫. 王以衣著標上. 以示衆人. 衆人歸命. 病皆得愈. 信敬益深. 因是解脫.

'어떤 불국토는 부처님의 의복 및 와구가 불사가 되고'에서 옛적에 염부제왕이 부처님의 大衣(僧伽黎)를 얻었는데, 그때 세간에 疾疫이 나타났다. 왕이 대의를 푯대 꼭대기에 걸쳐 대중에게 내보이니 대중이 귀명하자 질병이 모두 치유되고 믿음과 공경이 더욱 깊어져 그로 인하여 해탈하였다.

1332) 菩+(提)力【原】 =提【甲】
1333) 所=有【甲】

有以飮食而作佛事有以園林臺觀而作佛事. 衆香國土. 以香爲地苑園. 令人悟道. 卽其事也.

'어떤 불국토는 飯食이 불사가 되며, 어떤 불국토는 園林臺觀이 불사가 되고'에서 衆香國土는 향기로써 地苑園을 삼아서 사람들로 하여금 오도시켜 주는데 곧 그것을 가리킨다.

有以三十二相八十種[1334]好而作佛事有以佛身而作佛事. 或示眞形相好而得道. 又如洴沙王. 以佛像與弗迦沙王. 因是得悟也. 佛身者. 令現[1335]身也.

'어떤 불국토는 삼십이상 및 팔십수형호가 불사가 되며, 어떤 불국토는 부처님 몸이 불사가 되고'에서 이것은 혹 眞形의 相好를 내보여 득도시키는 것을 말한다.
또한 洴沙王이 불상을 弗迦沙王에게 주자 그로 인하여 득오한 경우와 같다. 부처님 몸[佛身]이란 全身을 드러낸 것이다.

有以虛空而作[1336]事衆生應以此緣得入律行. 衆生根性不同. 好有者. 存

1334) 種＝隨形ィ【甲】
1335) 令現＝現全ィ【甲】
1336) 作＋(佛)【甲】

身以示有. 樂空者. 滅身以示無. 如文殊師利. 滅衆色像. 現虛空相. 以化
阿闍世王. 如密迹經說.

'어떤 불국토는 허공이 불사가 된다. 중생은 반드시 이 인연으로써 律行에
들어가야 한다'에서 중생의 근성은 동일하지 않다.
　有를 좋아하는 사람에게는 存身으로써 有를 내보이고, 공을 좋아하는 사
람에게는 滅身으로써 無를 내보인다. 저 문수사리의 경우는 갖가지 色像을
소멸시킴으로써 阿闍世王를 교화하였는데, 그것은 『密迹經』의 설과 같다.

有以夢幻影響鏡中像水中月熱時炎如是等喩而作佛事. 自有衆生. 令其感
夢. 而得悟道. 或有現幻炎不眞形色而得益者.

'어떤 불국토는 夢・幻・影・響・鏡中像・水中月・熱時炎의 이와 같은
것들의 비유가 불사가 된다.'에서 어떤 중생에게는 감몽으로써 득도하도록
해준다. 혹 幻・炎・不眞의 形色을 드러내어 이익을 준다.

或有以者[1337]聲語言文字而作佛事或有淸淨佛土寂漠[1338]無言無說無示
無識無作無爲而作佛事如是阿難諸佛威儀進止諸所施爲無非佛事. 有眞

1337) 者＝音【甲】
1338) 漠＝莫【甲】

佛[1339]土. 皆法身菩薩. 外無言說. 內無識慮. 而超悟於事表. 正觀實相. 而得道也.

'어떤 불국토는 音聲·語言·文字가 불사가 된다. 어떤 청정한 불국토는 寂寞하여 無言·無說·無示·無識·無作·無爲가 불사가 된다. 이와 같이 아난이여. 제불의 威儀와 進止와 베풀어주는 모든 행위가 불사 아님이 없다.'에서 진정한 청정국토에서는 모두 법신보살이 밖으로는 言說이 없고 안으로는 분별[識慮]이 없어 事表를 超悟하고 실상을 正觀하여 득도한다.

阿難有此四魔八萬四千諸煩惱門而諸衆生爲之疲勞諸佛卽以此法而作佛事. 什公云. 佛事有三. 一以善爲佛事. 謂說法放光等. 二以無記爲佛事. 卽虛空等. 三以不善爲佛事. 謂示諸煩惱. 醫有三品. 下品之流. 藥成非藥. 次品之者. 能以藥爲藥. 上品良醫. 用非藥爲藥也. 八萬四千者. 三毒等分. 此四是諸煩惱根. 從一一根. 出二萬一千. 合八萬四千. 從八萬四千. 出支流無量. 故名爲[1340]. 八萬四千法門者. 賢劫經. 有菩薩思惟. 行何三昧. 疾得八萬四千諸度. 因以問佛. 佛答. 有三昧名了法本. 菩薩行之. 疾得八萬四千諸度. 諸度者. 佛功德有三百五十種門. 一一皆以六度爲因. 便有二千一百諸度. 用此對治四大六衰之患. 四大成衆生身. 修諸度得淨法身. 故治四大也. 六衰者. 六塵惡賊. 令人善法衰滅. 修行諸度. 起[1341]入

1339) 佛＝淨ィ【甲】
1340) 爲＋(門)ィ【甲】
1341) 起＝超ヵ【甲】

佛境. 不畏六塵. 故治之也. 四大爲內. 六衰爲外. 此之內外. 由煩惱起. 故
治三毒等分. 各有二萬一千. 合八萬四千.

'아난이여. 이 四魔와 팔만사천의 모든 번뇌문 때문에 모든 중생이 疲勞하면 제불이 곧 이러한 법[1342)으로 불사를 짓는데'에 대하여 나집공은 다음과 같이 말한다.
'불사에 세 가지가 있다. 첫째는 善으로써 불사를 짓는데 소위 설법 및 방광 등이다. 둘째는 無記로써 불사를 짓는데 즉 허공 등과 같다. 셋째는 不善으로써 불사를 짓는데 소위 제번뇌를 내보이는 것이다.'
의원[醫]에 삼품이 있다.
하품의 무리는 약으로도 약을 삼지 못한다.
중품의 사람은 약으로써만 약을 삼는다.
상품의 良醫는 약이 아닌 것으로도 약을 삼는다.
팔만사천(번뇌)이란 탐 · 진 · 치[三毒]와 等分이다. 이들 넷[四根]은 제번뇌의 근본이다. 낱낱의 根마다 이만 천 가지가 출현하여 도합 팔만 사천 가지가 된다. 팔만 사천 가지로부터 출현하는 지류는 무량하다. 때문에 (煩惱)門이라고 말한다.
팔만사천법문이란『현겁경』에는 다음과 같이 말한다.
'어떤 보살이 어떤 삼매를 실천해야 팔만사천의 모든 바라밀을 곧장 터득할 수 있는 것인가를 사유한다. 그로 인하여 佛에게 질문한다. 佛은 답한다. 삼매가 있는데 了法本이라고 말한다. 보살이 그 삼매를 실천하면 팔만사천의 모든 바라밀을 곧장 터득한다.'

1342) 이러한 법[此法]은 위에서 언급한 갖가지 불사가 되는 것을 가리킨다.

모든 바라밀이란 불공덕에 삼백오십 가지의 문이 있다. 낱낱이 모두 육바라밀로써 因을 삼아서 곧 이천 백 가지 바라밀이 있다. 그것으로 四大 및 六衰(六塵)의 근심[患]을 대치하는 것으로 활용한다.(이에 이만 천 가지가 된다)

六衰란 六塵이라는 惡賊인데 사람들의 선법을 쇠멸시킨다. 그러나 모든 바라밀을 수행하여 불경계에 超入하면 육진을 두려워하지 않기 때문에 그것[육쇠]을 다스린다. 四大는 內이고 六衰는 外인데, 이 內와 外는 번뇌를 말미암아 일어난다. 때문에 삼독과 등분에 각각 이만 천 가지가 있어서 도합 팔만 사천 가지를 다스린다.

是名入一切諸佛法門菩薩入此門者若見一切淨好佛土不以爲喜不貪不高若見一切不淨佛土不以爲憂不礙不沒但於諸佛土生淸淨心歡喜恭敬未曾有也諸佛如來功德平等爲敎化衆生故而現佛土不同阿難汝[1343]見諸佛國土地有若干而虛空無若干也如是見諸佛色身有若干耳其無閡慧無若干也. 此第二明深入此門. 使[1344]得利益. 就文爲三. 初明德同. 次辨號等. 三小乘不測. 德同爲二. 初明佛慧等. 次辨餘功德等. 佛慧等者. 旣入此門. 則知佛土本是應物. 而能應之慧. 豈有異哉. 故於淨穢. 不生憂喜.

'이것을 入一切諸佛法門이라고 말한다. 이 일체제불법문에 들어가는 보살은 혹 일체의 청정하고 좋은 불국토를 보아도 기뻐하지 않고 탐내거나 貢高하지 않으며, 혹 일체의 부정한 불국토를 보아도 근심하지 않고 장애받거

1343) 汝+(始)【甲】, (如)ㅓ【甲】
1344) 使=便【甲】

나 없애지 않는다. 그리고 무릇 제불에 대하여 청정심을 발생하여 미증유라고 환희하고 공경한다. 제불여래의 공덕은 평등하지만 중생을 교화하려는 까닭에 불국토를 차별[不同]을 드러낸다. 아난이여. 그대가 제불국토를 보면 땅에는 약간의 차별이 있지만 허공에는 약간의 차별도 없다. 이와 같이 제불의 색신에는 약간의 차별이 있음을 보지만 그 無礙慧에는 약간의 차별도 없다.'에서 이것은 둘째로 그 문에 깊이 들어가서 곧장 얻는 이익을 설명한다.

경문은 세 부분이 있다.

첫째는 덕이 동일함을 설명한다.

둘째는 명호 등을 변별한다.

셋째는 소승은 헤아리지 못한다.

(첫째의) 덕에도 또한 두 가지가 있다.

첫째로 佛의 지혜 등을 설명한다.

둘째로 그 밖의 공덕 등을 변별한다.

'佛의 지혜 등'이란 이미 이 문에 들어간 즉 불국토가 본래 중생에 상응되어 있어서 중생에 상응하는 지혜를 알고 있는데 어찌 다르겠는가. 때문에 淨과 穢에 대하여 憂와 喜를 발생하지 않는다.

阿難諸佛色身威相種性戒定智慧解脫知[1345]見力無所畏不共之法大慈大悲威儀所行及其壽命說法敎化成就衆生淨佛國土具諸佛法悉皆同等. 上明慧等. 今辨餘德悉同.

1345) (解脫)ㆍ+知【原】【甲】

'아난이여. 제불은 色身·威相·種性과 戒·定·智慧·解脫·解脫知見과 十力·四無所畏·十八不共之法·大慈·大悲와 威儀와 所行 및 그 壽命으로 설법하고 교화하여 중생을 성취하고 불국토를 청정케 하며 제불법을 갖추고 모두 다 동등하게 해준다.'에서 위에서는 慧 등을 설명하였는데, 지금은 그 밖의 덕도 모두 동일함을 변별한 것이다.

問. 諸佛化儀各異. 云何同等. 答. 諸佛同具一切方便. 是故等也.

묻는다 : 제불이 교화하는 모습은 각각 다른데, 어찌 동등하다는 것입니까.
답한다 : 제불은 똑같이 일체방편을 갖추고 있다. 이런 까닭에 동등하다.

是故名爲三藐三佛陀. 前明德同. 此明號等. 但號有多門. 略說有三. 次則爲十. 具陳無量. 今略說也. 此初. 正遍知號. 解無顚倒爲正. 智無不周. 稱爲遍. 決定法相. 謂之知.

'이런 까닭에 三藐三佛陀라고 말하고'에서 위에서는 덕이 동일함을 설명하였다. 지금 여기에서는 명호 등에 대하여 설명한다.
무릇 명호에는 多門이 있지만 간략하게 설하면 세 가지가 있고, 이어서 열 가지가 되는데, 자세하게 진술하자면 무량하다. 그러나 지금은 약설한 것이다.
여기에서 먼저 正遍知라는 명호를 살펴보자면, 解에 顚倒가 없는 것은 正이고, 智가 골고루 미치지 않음이 없는 것은 遍이며, 결정적인 法相 그것을 知라고 말한다.

名爲多陀[1346]阿伽度. 此云如來. 亦名如去. 體如而來. 名爲如來. 體如而去. 名爲如去. 又如諸佛來. 故名如來. 如諸佛同入涅槃去. 名爲如去.

'多陀阿伽度라고 말하며'에서 이것을 번역하면 如來인데 또한 如去라고도 말한다. 본체에서 여법하게 오는 것을 여래라고 말하고, 본체에서 여법하게 가는 것을 여거라고 말한다.
또한 제불처럼 오기 때문에 여래라고 말한다. 제불처럼 똑같이 열반에 들어가기 때문에 여거라고 말한다.

名爲佛馱. 此翻爲覺. 覺有二種. 一於煩惱障眠. 而得覺悟. 與二乘同. 二於智障眠. 而得覺悟. 與二乘異. 煩惱障. 四住煩惱也. 智障者. 障如來一切智. 卽無明住地惑.

'佛陀라고 말한다'에서 이것은 번역하면 覺이다.
각에 두 가지가 있다.
첫째는 煩惱障眠에서 覺悟를 터득하는 것인데 이승과 더불어 동일하다.
둘째는 智障眠에서 覺悟를 터득하는 것인데 이승과 더불어 다르다.
번뇌장은 四住의 煩惱이고, 지장은 여래의 일체지를 장애한 즉 無明住地惑이다.

1346) 陀=他【甲】

阿難若我廣說此三句義汝以劫壽不能盡受正使三千大千世界滿中衆生皆
如阿難多聞第一得念總持此諸人等以劫之壽亦不能受如是阿難諸佛阿耨
多羅三藐三菩提無有限量智慧辯才不可思議阿難白佛言我從今已往不敢
自謂以爲多聞佛告阿難勿起退意所以者何我說汝於聲聞中爲最多聞非謂
菩薩且止阿難其有智者不應限度諸菩薩也一切海淵尚可測量菩薩神[1347]
足智慧辯才總持一切功德不可量也阿難汝等捨置菩薩所行是維摩詰一時
所現神通之力一切聲聞辟支佛於百千劫盡力變化所不能作. 第三若德若
名. 非小乘能測. 即是總顯諸佛不可思議也.

'아난이여. 만약 나 여래가 이 三句[1348]의 뜻을 자세하게 설한다면 그대는 劫壽를 가지고도 다 받아들이지 못한다. 가령 삼천대천세계에 가득한 중생이 모두 아난처럼 다문제일로서 念總持를 터득하여 그 모든 사람들이 劫壽를 가진다고 할지라도 또한 받아들이지 못한다. 이와 같이 아난이여. 제불의 아뇩다라삼먁삼보리는 한량이 없고 지혜와 변재는 불가사의하다. 아난이 부처님께 사뢰어 말씀드렸다. 저는 과거부터 지금까지 감히 多聞이라고 말한 적이 없습니다. 부처님께서 아난에게 말씀하셨다. 退意를 일으키지 말라. 왜냐하면 나 여래는 그대에게 성문 가운데 最多聞이라고 설한 것이지 보살을 두고 말한 것이 아니기 때문이다. 그리고 그만 두라.[1349] 아난이여. 지혜가 있는 사람은 결코 제보살을 한정하여 헤아리지[限度] 않는다. 일체의 海淵은 오히려 헤아릴 수가 있어도 보살의 禪定·智慧·總持·辯才가 지니

1347) 神足＝禪定 ↑【甲】
1348) 三藐三佛陀와 多陀阿伽度와 佛陀를 가리킨다.
1349) 그만 두라[止]는 것은 退意를 일으키는 그런 마음을 갖지 말라는 것이다.

고 있는 일체공덕은 헤아릴 수가 없다. 아난이여. 그대들은 보살의 소행을 접어두었기에[捨置] 저 유마힐이 한때 드러낸 신통력을 일체의 성문과 벽지불이 백천 겁 동안 진력하여 변화시키려고 해도 그렇게 할 수가 없다.'에서 이것은 셋째로 德과 名은 소승이 헤아리지 못한다는 것이다. 즉 이것은 제불의 불가사의를 총체적으로 드러낸 것이다.

爾時衆香世界菩薩來者合掌白佛言世尊我等初見此土生下劣想今自悔責捨離是心所以者何諸佛方便不可思議爲度衆生故隨其所應現佛國異. 此第二衆香菩薩. 諸¹³⁵⁰⁾法還土. 就文爲三. 一請. 二說. 三領悟. 初有二句. 一自悔過. 二請法. 自悔過者. 明發彼土. 雖奉聖敎. 及見此土不淨. 劣想自生. 謂佛菩薩. 亦有優降. 旣聞此佛事. 方自悔責.

'그때 중향세계의 보살들이 도래하여 합장하고 부처님께 사뢰어 말씀드렸다. 세존이시여. 저희들은 처음에 이 국토를 보고 하열하다는 생각을 발생하였는데 지금은 스스로 悔責하며 그런 마음을 버리겠습니다. 왜냐하면 제불의 방편은 불가사의하지만 중생을 제도하기 위한 까닭에 그에 상응하는 것을 따라서 불국토의 다른 모습을 드러냈기 때문입니다.'에서 이것은 둘째로 중향세계의 보살이 청법하러 此土에 돌아온 것이다.

경문에 세 부분이 있다.
첫째는 청한다.
둘째는 설한다.

1350) 諸=講【甲】* [* 1]

셋째는 깨우쳐주는 것이다.[領悟]

첫째에는 이구가 있다.

첫째는 悔過이고, 둘째는 請法이다.

스스로 悔過하는 사람이 彼土를 출발한다. 비록 聖敎를 받들고 차토가 부정함을 볼지라도 스스로 하열하다는 생각을 발생한 것인데, 소위 불보살에게도 또한 우열[優降]이 있은 즉 이미 이 불사를 듣고서야 바야흐로 스스로 悔責한다.

唯然世尊願賜小法還於彼土當念如來. 第二[*]諸法. 有五因緣. 一者此雖文字. 而須彼法. 彼雖無言. 亦須此法. 二國化流. 彼此交利. 二者旣爲菩薩. 必須遍化十方. 故請文字. 誨誘餘土. 三者衆香世界. 復有不來之人. 必問其正要. 故須稟異說有若傳燈. 四者令彼菩薩果知佛恩. 旣但食香飯. 自然悟道. 聞此苦行等乃登聖. 則知佛恩深. 自勵修德. 五者雖囑言在彼. 而意實爲此.

'그렇습니다. 세존이시여. 바라건대 작은 법이라도 설하여 저 중향국에 돌아가면 장차 여래를 억념할 수 있게 해주십시오.'에서 이것은 둘째로 청법인데, 여기에 다섯 가지 인연이 있다.

첫째는 차토에서는 비록 문자이지만 반드시 피토에서는 법이고, 피토에서는 비록 무언이지만 또한 반드시 차토에서는 법으로서 차토와 피토에서 교화하는 무리에게 피차가 서로 이롭다.

둘째는 이미 보살로서 반드시 시방을 널리 교화하려는 까닭에 문자를 청하여 그 밖의 국토를 일깨워준다.

셋째는 중향세계에는 또한 오지 않는 사람이 남아있는데 반드시 그 확실한 이유[正要]를 물어야 한다. 때문에 반드시 이설에 있는 전등과 같은 것을 받아들여야 한다.

넷째는 피토의 보살로 하여금 끝내 佛恩을 알도록 해주려는 것이다. 이미 향반만 먹어도 자연히 오도하는데, 이 고행 등을 들어서 이에 성위에 오른즉 불은을 아는 것이 심화되어 스스로 修德에 힘쓰게 된다.

다섯째는 비록 부촉하는 말씀이 피토에 있을지라도 그 의도는 실로 차토에 있다.

佛告諸菩薩有盡不[1351]盡解脫法門汝等當學. 第二佛若[1352]爲三. 初標二門以勸學. 次釋二門以釋勸. 三結二門以結勸. 此初標也.

'부처님께서 제보살에게 말씀하셨다. 有盡 및 無盡의 해탈법문이 있는데 그대들은 반드시 닦아야 한다.'에서 이것은 둘째로 부처님의 답변인데 세 가지가 있다.

첫째는 二門으로써 勸學을 標한다.

둘째는 이문으로써 釋權을 해석한다.

셋째는 이문으로써 結勸을 맺는다.

이 대목은 첫째의 標에 해당한다.

1351) 不盡＝無閡ィ【原】, ＝無盡ィ【甲】
1352) 若＝說ヵ【原】, ＝答【甲】

何謂爲盡謂有爲法何謂無盡謂無爲法. 此釋二門. 有爲虛妄. 必歸磨滅. 故稱有爲. 無爲眞實. 不可磨滅. 故名無爲. 先[1353]此二句. 標所學之法也.

'무엇을 有盡이라 하는가. 유위법을 말한다. 무엇을 無盡이라 하는가. 무위법을 말한다.'에서 이것은 이문을 해석한 것이다.

유위법은 허망하여 반드시 마멸로 돌아가기 때문에 유위라고 말한다. 무위법은 진실하여 마멸되지 않기 때문에 무위라고 말한다. 이 二句는 所學의 法을 標한다.

如菩薩者不盡有爲不住無爲. 此下明能學二門. 復有三句. 前總標二行. 次別釋二行. 三合解二行. 然不盡有爲不住無爲. 凡有二門. 一者不盡有爲. 入無[1354]爲以化物也. 不住無爲. 是方便不證空也. 此是捨無爲入有爲. 用斥聲聞住無爲捨有爲也. 二者穢土有苦. 故名有爲. 淨國無苦. 名曰無爲也. 衆香菩薩. 樂於淨土. 棄於穢國. 卽是捨有爲. 而住無爲. 今對呵之. 故明不住無爲不捨有爲. 先斥聲聞. 此呵菩薩也. 然淨土之人. 實無斯過. 蓋是寄彼. 爲斥此也.

'보살이라면 유위법을 다하지도 않고 무위법에 주하지도 않는다.'에서 이하는 能學의 二門에도 다시 삼구가 있음을 설명한다.

첫째는 이행(不盡과 不住)을 총체적으로 標한다.

1353) 〔先〕-【甲】
1354) 無=有 ㇴ【原】, =有【甲】

둘째는 이행을 개별적으로 釋한다.

셋째는 이행을 합쳐서 解한다.

그런데 '유위법을 다하지도 않고 무위법에 주하지도 않는 것'에 무릇 이문이 있다.

첫째는 유위법을 다하지 않는다는 것은 유위에 들어가서 중생을 교화하는 것이다. 무위법에 주하지 않는다는 것은 이것이 방편이므로 공을 증득하지 않는다. 이것은 곧 무위를 버리고 유위에 들어가는 것인데, 성문이 무위에 주하고 유위를 버리는 것을 배척하는 것으로 활용한다.

둘째는 예토에는 苦가 있기 때문에 유위라고 말한다. 청정국토에는 苦가 없기 때문에 무위라고 말한다. 중향보살이 청정국토를 좋아하고 예토[穢國]를 버린 즉 그것이 유위를 버리고 무위에 주하는 것이다.

지금의 이 대목에서는 그것을 꾸짖는 까닭에 무위에 주하지 않고 유위를 버리지 않음을 설명한다. 먼저 성문을 배척하는데 이것은 보살을 꾸짖은 것이다. 그러나 청정국토의 사람은 실로 이것을 간과하지 않는다. 무릇 이것이 피토에 주하는 것으로서 차토를 배척하는 것이다.

何謂不盡有爲謂不離大慈不捨大悲. 此別釋二門. 卽爲二意. 今先解不盡有爲. 大士者. 以濟物爲懷. 今入有化物. 是菩薩本懷. 故前明不盡有爲也. 慈悲是入道[1355]之基. 樹德之本. 故發軫明之. 聲聞無之. 故住無盡有[1356]爲.

1355) 道=有ィ【原】【甲】
1356) 有+(乃)カ【原】

'유위법을 다하지도 않는다는 것은 무엇을 말하는가. 말하자면 대자를 떠나지 않고 대비를 버리지 않는다.'에서 이것은 이문은 곧 두 가지 뜻이 됨을 개별적으로 해석한 것이다. 지금은 먼저 유위법을 다하지 않음[不盡有爲]을 해석한다.

대사는 중생의 제도를 생각한다.[懷] 지금 유위에 들어가서 중생을 교화하는 것은 곧 보살의 본래부터 지닌 생각[本懷]이다. 때문에 먼저 '유위법을 다하지 않는다'는 것을 설명하였다.

자비는 곧 도에 들어가는[入道] 기본이고 덕을 세우는[樹德] 근본이다. 때문에 그것을 발진하여 그것[자비]을 설명한다. 그러나 성문은 그것[자비]가 없기 때문에 유위법을 다함이 없음에 주한다.

深發一切智心而不忽忘. 前是度衆生心. 今是求佛道心. 亦大願心. 又是菩提心. 樹心深固. 難可傾秡. 故歷劫逾明. 而無廢妄.

'깊이 一切智心을 발생하여 홀연히 잊지 않는다.'에서 위에서는 곧 중생심을 제도해주는 것이었는데, 지금은 불도심 추구한 것으로 또한 대원심이기도 하다.

또한 이것은 보리심으로서 마음을 깊고 굳게 세워 뒤집거나 뽑아내지 못한다. 때문에 역겁동안 더욱더 밝아져서 廢妄함이 없다.

敎化衆生終不厭倦於四攝法常念順行護持正法不惜軀命種諸善根無有疲厭. 下濟衆生. 上求佛道. 此二爲衆德之根. 然敎化衆生行四攝. 此二句成

前下濟. 護正法種善根. 此二成前上求. 以此衆德. 茂其枝條. 道樹日滋.
不盡有爲義也. 下諸願行枝葉之流. 皆可滋茂. 以成不盡之旨.

'중생을 교화하되 끝내 싫어하거나 피곤하지 않는다. 사섭법으로 항상 수순행을 기억한다. 정법을 호지하되 軀命을 아끼지 않는다. 제선근을 심되 싫어하거나 피곤하지 않는다.'에서 아래로 중생을 제도하고 위로 불도를 추구하는 이 둘은 衆德의 근본이다. 그리고 중생을 교화하는 것과 사섭법을 실천하는 이 二句는 위의 말 곧 아래로 중생을 제도함[下濟]을 성취한다. 정법을 호지하는 것과 선근을 심는 이 二句는 위의 말 곧 위로 불도를 추구함[上求]을 성취한다. 이처럼 중덕으로써 그 枝條가 무성하면 보리수[道樹]가 날로 자라는데 이것이 유위법을 다하지 않는다[不盡有爲]는 뜻이다. 이후에 諸願行의 枝葉의 부류가 모두 점점 무성하게 됨으로써 다함이 없다[不盡]는 뜻[旨]이 성취된다.

志常安住方便迴向. 行善無定. 隨意所成. 若有善巧方便. 及迴向[1357]道則不隨三有二乘. 速成正覺. 故須心常安住.

'마음[志]을 항상 편안하게 지니고 방편으로 회향한다.'에서 선을 실천하는 것은 정해져 있지 않아서 생각하는 대로[隨意] 성취된다. 만약 선교방편이 있다면 불도로 회향하게 된 즉 三有와 二乘이 따르게 않게 되어 속히 정각이 성취된다. 때문에 반드시 마음을 항상 편안하게 지녀야 한다.

1357) 向+(佛)【甲】

求法不懈說法無悋勤[1358]供養諸佛故入生死而無所畏於諸榮辱心無憂喜不輕未學敬學如佛隨[1359]煩惱者令發正念於遠離樂不以爲貴不著己樂慶於彼樂. 凡夫見他樂則生厭. 見[1360]他苦則心安. 自樂則生著. 自苦則心厭. 菩薩見他樂則歡喜[1361]. 他苦則起悲. 自樂則不著. 自苦則心安.

'구법에 게으르지 않고 설법을 아끼지 않는다. 제불께 부지런히 공양하는 까닭에 생사에 들어가도 두려움이 없다. 모든 영욕에 대해서도 마음에 근심과 기쁨이 없다. 未學을 가벼이 여기지 않고 已學을 부처님처럼 공경한다. 번뇌에 빠진 사람에게 정념을 발생시켜준다. 樂을 멀리 벗어나는 것을 귀하게 간주하지 않는다. 자기의 樂에 집착하지 않고 남의 樂을 기뻐해준다.'에서 범부는 남의 樂을 본 즉 싫어함을 발생하고, 남의 苦를 본 즉 마음이 편안하다. 그리고 자기의 樂에 대해서는 즉 집착을 발생하고 자기의 苦에 대해서는 즉 마음으로 싫어한다.

그러나 보살은 남의 樂을 본 즉 환희하고 남의 苦를 본 즉 悲를 일으킨다. 그리고 자기의 樂에 대해서는 즉 집착하지 않고 자기의 苦에 대해서는 즉 마음이 편안하다.

在諸禪定如地獄想. 禪有三種. 一大乘. 二小乘. 三凡夫. 凡夫禪多生我慢.

1358) 〔勤〕-【甲】
1359) 隨=墮ィ【甲】
1360) 〔見〕ィ-【甲】
1361) 喜+(見)ヵ【原】, (見)【甲】

二乘禪則獨善. 善^1362)燒善根. 壞^1363)於佛樹. 故觀如地獄.

'모든 선정에 있되 마치 지옥과 같다고 생각한다.'에서 선에 세 가지가 있다.
첫째는 대승선이다.
둘째는 소승선이다.
셋째는 범부선이다.
첫째의 범부선은 대부분 아만을 발생하고, 둘째의 이승선은 즉 독선으로서 善根을 불태우고 佛樹를 파괴하기 때문에 지옥과 같다는 관찰을 한다.

於生死中如園觀想. 生死雖苦. 大道所因. 菩薩好遊. 想如園觀.

'생사 가운데서도 원림과 같다고 생각한다.'에서 (셋째의 대승선은) 생사가 비록 苦일지라도 대도의 所因이므로 보살이 즐겨 노닐기 때문에 園觀과 같다는 생각을 한다.

見來求者如善師想. 求者雖欲自益. 而實益我. 故想爲善師.

'찾아와서 가르침을 추구하는 사람을 좋은 스승이라고 생각한다.'에서 추

1362) 善＝能力【原】, ＝能【甲】
1363) 壞＝懷【甲】, ＝壞ㅓ【甲】

구하는 사람이 비록 자기의 이익을 바랄지라도 실제로 나를 이롭게 해주기 때문에 善師라는 생각을 한다.

捨諸所有具一切智想見毀戒人起救護想諸波羅蜜爲父母想. 初句明施. 謂捨身命賊[1364]. 必能具一切智. 次句辨戒. 戒爲人護. 毀戒則無護. 菩薩自己有護故. 是護無護者. 後句取四波羅蜜. 爲行轉深. 法身之所由生故. 想爲父母.

'모든 소유를 버리고 一切智라는 생각을 갖춘다. 毀戒하는 사람을 보면 구호해주려는 생각을 일으킨다. 모든 바라밀을 부모라고 생각한다.'에서 初句는 보시를 설명한 것인데, 소위 身과 命과 財를 버려서 반드시 일체지를 갖추는 것이다.

次句는 계를 변별한 것인데, 계는 사람을 구호해주는 것이다. 그래서 계를 무너뜨린 즉 구호가 없다. 보살은 자기에게 구호가 있기 때문에 구호가 없는 사람을 구호해준다.

後句는 사바라밀(인욕 · 정진 · 선정 · 반야)을 취하여 행위가 점차 깊어지므로 법신의 所由가 발생하기 때문에 부모와 같다는 생각을 한다.

道品之法爲眷屬想. 助益我者. 三十七品. 如人有眷屬相助成也.

1364) 賊=財力【原】

'도품법을 권속이라고 생각한다.'에서 나를 助益하는 것이 삼십칠품이다. 마치 사람에게 권속이 있으면 서로 도와서 성취하는 것과 같다.

發行善根無有齊限以諸淨國嚴飾之事成已佛土行不限施¹³⁶⁵⁾具足相好除一切惡淨身口意. 故¹³⁶⁶⁾或則¹³⁶⁷⁾少而心足. 或財足而心少. 今二事兼具. 故能開門大施. 此施. 是相好之因. 行此施時. 必須淨於三業. 在因旣淨. 妙報必隨也¹³⁶⁸⁾.

'선근의 발행에 완벽[齊] 내지 한계성[限]을 두지 않는다. 모든 청정국토의 엄식하는 것으로써 자기의 불국토를 성취한다. 무한한 보시를 실천하여 상호를 구족한다. 일체악을 단제하고 身·口·意를 청정케 한다.'에서 혹 재물이 적어도 마음은 만족하고, 혹 재물이 충족되어도 마음은 부족해한다.
　지금은 이러한 二事(재물과 마음)를 다 구족한 까닭에 창고의 문을 크게 열어서 대보시를 한다. 여기에서 보시는 곧 상호의 因이다. 이 보시를 실천할 때는 반드시 삼업이 청정해진다. 因이 이미 청정하면 반드시 妙報가 그것[因]을 따른다.

生死無數劫意而有勇聞佛無量德志而不倦以智慧劒破煩惱賊出陰界入荷

1365) 行不限施=開門大施ㄱ【原】
1366) 〔故〕ㄱ－【甲】
1367) 則=財【甲】
1368) 也=之力【甲】

負衆生永使解脫以大精進摧伏魔軍常求無念實相智慧. 不起有無四句邪念. 是眞智慧也.

'생사의 無數劫에도 마음[意]에 용기를 갖는다. 부처님의 무량한 덕을 듣고도 마음[志]에 권태를 내지 않는다. 지혜의 검으로 번뇌의 도적을 타파한다. 陰·界·入을 벗어나 중생을 감당하여 영원히 해탈시켜준다. 대정진으로써 마군을 최복하고 항상 무념·실상의 지혜행을 추구한다.'에서 有無의 四句에서 邪念을 일으키지 않는 그것이 진정한 지혜이다.

行少欲知足而不捨世法不壞威儀而能隨俗. 不壞道儀. 而能隨俗. 俯仰天下. 皆謂我同. 我獨異人也.

'세간법에 대하여 욕심을 줄이고 만족을 안다. 출세간을 추구하되 싫어함이 없고 세간법을 버리지 않는다. 위의법을 파괴하지 않고 세속을 수순한다.'에서 道의 위의[儀]를 그만두지 않고, 세속을 따르며, 천하를 부앙하는 그 모든 것을 我同(내가 사람들과 함께 함)이라고 말하는데, 我獨은 (내가) 사람들과 달리하는 것이다.

起神通慧引導衆生得念總持所聞不忘善別諸根斷衆生疑以樂說辯演法無閡淨十善道受天人福修四無量開梵天道勸請說法隨喜讚善得佛音聲身口

意善得佛威儀深修善法所行轉勝以大乘敎故[1369]成菩薩僧心無放逸不失
衆善本[1370]行如此法是名菩薩不盡有爲. 能如上自行化他. 則功德日增.
不盡有爲也.

'신통과 지혜를 일으켜서 중생을 인도한다. 念總持를 터득하여 들은 것을
잊지 않는다. 제근을 잘 분별하고 중생의 의심을 단제한다. 설법과 변재를
즐겨 법을 펼치는데 걸림이 없다. 청정한 십선도로써 天·人의 복을 받는
다. 사무량심을 닦아서 梵天道를 연다. 설법을 권청하고 수희하며 善을 찬
탄하고 부처님의 음성을 터득한다. 身·口·意를 잘 단속하여 부처님의 위
의를 터득한다. 깊이 선법을 닦아서 소행이 점점 훌륭해진다. 대승의 가르
침으로써 보살승을 성취한다. 마음에 방일을 없애어 衆善을 상실하지 않는
다. 이와 같은 법을 실천하면 그것을 보살이 유위법을 다하지도 않는다고
말한다.'에서 이와 같은 것들은 스스로 化他(중생교화)를 실천하는 것인 즉
공덕이 날로 증장하는 것으로 유위법을 다하지 않는 것이다

何謂菩薩不住無爲謂修學空不以空爲證修學無相無作不以無相無作爲
證. 此釋不住無爲. 以方便智. 觀空不證. 名不住無爲.

'무위법에 주하지도 않는다는 것은 무엇을 말하는가. 말하자면 空을 수학
하되 공으로써 증득하지 않는다. 無相·無作을 수학하되 무상·무작으로써

1369) 〔故〕-【甲】
1370) 〔本〕ㆍ-【甲】

증득하지 않는다.'에서 이것은 무위법에 주하지 않음을 해석한 것이다. 방편지로써 공을 관찰하되 증득하지 않는 것을 무위법에 주함이라고 말한다.

問. 大小二乘. 俱辨三空. 有何異耶. 答. 二乘空觀. 唯空於我. 大乘空觀. 無法不空. 旣無法不空. 卽空法亦空. 空法旣亦空故. 能不證空. 小乘無相. 唯有盡諦. 大乘無一切相. 小乘無作. 不造生死. 大乘無作. 萬法不造.

묻는다 : 대승과 소승[二乘]은 모두 삼공(공·무상·무작)을 변별하는데 어떻게 다른 것입니까.
답한다 : 二乘(성문과 연각)의 공관은 오직 我에 대해서만 공이지만, 대승의 공관은 法에 대해서도 공 아님이 없다. 이미 法에 대해서도 공 아님이 없은 즉 空法도 또한 공이다. 空法이 이미 또한 공이기 때문에 공을 증득하지 않는다. 소승의 無相은 오직 盡諦만 있지만, 대승은 일체상이 없다. 소승의 無作은 생사를 짓지 않지만, 대승의 무작은 만법을 짓지 않는다.

修學無起不以無起爲證. 僧肇云. 諸法緣會而有. 緣散而無. 何法先有. 待緣而起乎. 此空觀之別門也. 有人言. 諸法體空爲空. 無空相可取爲無相. 無果所造爲無作. 無因可生爲無起.

'無起를 수학하되 무기로써 증득하지 않는다.'에 대하여 승조는 다음과 같이 말한다.

'제법의 연이 모이면 有이고 연이 흩어지면 無이다. 어떤 법이 먼저 있다가 연을 기다려 일어나는 것인가. 이것은 공관의 別門이다.'

어떤 사람은 다음과 같이 말한다.

'제법은 체가 공이므로 공이다. 공은 相으로 취할 수가 없으므로 無相이다. 所造의 果가 없으므로 無作이다. 발생할 因이 없으므로 無起이다.'

觀於無常而不厭善本. 觀無常. 爲治常耳. 豈使[1371]斷滅不行善本耶.

'無常을 관찰하되 선법의 근본을 싫어하지 않는다.'에서 無常을 관찰하는 것은 常을 다스릴 뿐이다. 그런데 어찌 단멸의 측면만 사용하여 선의 근본을 실천하지 않겠는가.

觀世間苦而不惡生死觀於無我而誨人不倦. 觀於無我. 謂人空也. 雖空而有. 故誨人不倦.

'世間苦를 관찰하되 생사를 싫어하지 않는다. 無我를 관찰하되 남을 깨우쳐주는데 권태를 느끼지 않는다.'에서 무아를 관찰하는 것을 인공이라고 말한다. 비록 공일지라도 유이기 때문에 남을 가르치는데 피권을 느끼지 않는다.

1371) 使=便ィ【甲】

觀於寂滅而不永寂滅觀於遠離而身心修善. 遠離有三. 一離五欲. 二離煩惱. 三諸法性空遠離. 遠離是無爲之別名. 雖見無爲遠離之安[1372]. 而身心不離有爲善也.

'寂滅을 관찰하되 영원히 소멸하지 않는다. 遠離를 관찰하되 몸과 마음으로 선법을 닦는다.'에서 遠離에 세 가지가 있다.
 첫째는 오욕을 원리하는 것이다.
 둘째는 번뇌를 원리하는 것이다.
 셋째는 제법성이 공이므로 그것이 바로 원리이다.
 원리는 곧 무위의 별명이다. 비록 무위를 원리의 要라고 볼지라도 身과 心은 유위의 선을 벗어나지 못한다.

觀無所歸而歸趣善法. 諸法始無所來. 終無所歸. 雖知無歸. 而常歸善法.

'돌아갈 곳이 없음을 관찰하되 善法으로 歸趣한다.[1373]'에서 제법은 처음부터 오는 것이 없고 끝내 돌아가는 곳이 없다. 비록 돌아갈 곳이 없음을 알지라도 항상 선법으로 돌아간다.

1372) 安=要 ₁【甲】
1373) 일체에 돌아갈 곳이 없음을 관찰하되 갖가지 善을 돌아갈 곳으로 삼는 것을 말한다.

觀於無生而以生法荷負一切觀於無漏而不斷諸漏. 觀於無漏. 異凡夫也. 示現行漏. 故言不斷. 異二乘也.

'無生을 관찰하되 중생법으로써 일체를 감당한다. 無漏를 관찰하되 제유루를 단제하지 않는다.'에서 무루를 관찰하기 때문에 범부와 다르다. 유루의 실천을 시현하기 때문에 不斷은 이승과 다르다고 말한다.

觀無所行而以行法教化衆生觀於空無而不捨大悲觀正法位而不隨小乘觀諸法虛妄無牢無人無生[1374]無相本願未滿而不虛福德禪定智慧. 然雖知諸法無我無主. 不以功德虛假而不修之.

'無所行을 관찰하되 보살행법으로 중생을 교화한다. 空無를 관찰하되 대비를 저버리지 않는다. 正法位를 관찰하되 소승법에 떨어지지 않는다. 諸法이 허망하여 견고함이 없고 人[1375]도 없으며 주재자가 없고 고정된 형상도 없고 本願이 만족되지 못함을 관찰하되 福德·禪定·智慧를 허망하게 여기지 않는다.'에서 비록 제법이 無我이고 無主임을 알지라도 공덕이 虛假가 아니라고 해서 그것을 닦는 것은 아니다.

修如此法是名菩薩不住無爲. 總結不住無爲也

1374) 生＝主【甲】
1375) 人은 개체(補特伽羅 pudgala)를 가리킨다.

'이와 같은 법을 닦으면 그것을 보살이 무위법에 주하지도 않는다고 말한다.'에서 무위법에 주하지 않음을 총결한 것이다.

又具福德故不住無爲具智慧故不盡有爲. 下此第三合解二行. 上雖明不盡不住. 今則合釋之也. 修福德. 必涉於有. 若住無爲. 則福德不具也. 具智慧故. 知有爲如幻. 不使染著故. 不盡有爲. 又智之爲性. 必遍照諸法. 若癈捨有爲. 則智慧不具.

'또한 복덕을 구족한 까닭에 무위법에 주하지도 않고, 지혜를 구족한 까닭에 유위법을 다하지도 않는다.'에서 이하는 셋째로 二行을 합쳐서 解한 것이다. 위에서는 비록 (유위법이) 다함이 없음[不盡]과 (무위법에) 주함이 없음을 설명하였는데, 지금은 그것을 합쳐서 釋한 것이다.

복덕을 닦는 데에는 반드시 有를 거쳐야 한다. 만약 무위법에 주한 즉 복덕은 갖출 수가 없다.

지혜를 갖추기 때문에 유위가 幻과 같은 줄[如幻] 안다. 그래서 염착되지 않기 때문에 유위법에 다함이 없다.

또한 지혜[智]를 性으로 삼으면 반드시 제법을 遍照한다. 그래서 만약 유위를 癈捨한 즉 지혜를 갖출 수가 없다.

大慈悲故不住無爲此[1376]下. 初福慧一對爲總. 亦是自利. 此下三對爲別.

1376) 〔此〕-【甲】

復利他. 慈悲與本願. 偏[1377]開福門. 福門有願行[1378]. 慈悲爲德[1379]. 下句爲願. 修慈以反無入有.

'대자비인 까닭에 무위법에 주하지도 않고'에서 이것은 먼저 복덕과 지혜를 한 가지를 상대로 내세운 것은 總인데, 또한 이것은 自利이다. 이하 세 가지를 상대로 내세운 것은 別인데, 이것은 또한 利他이다.
　자비와 본원은 널리 福門을 열어준다. 福門의 수행에는 願이 있는데, 자비는 德이고, 이하의 句들은 願이다. 慈를 닦음으로써 無를 뒤집어 有에 들어간다.

以願滿故不住不盡＜滿本願故不盡有爲?＞集法藥故不住無爲隨授藥故不盡有爲. 此下兩對開智慧門也. 初對集藥. 後對約知病. 然集藥必是從師故. 不住無爲. 癈捨有爲. 則令群生隔絶. 何能授藥. 故不盡有爲.

'본원이 만족된 까닭에 유위법을 다하지도 않는다. 法藥을 모은 까닭에 무위법에 주하지도 않고, 병을 따라 약을 수여하는 까닭에 유위법을 다하지도 않는다.'에서 이하의 두 가지 상대는 지혜문을 연 것이다.
　첫째의 상대는 약을 모으는 것이다.
　둘째의 상대는 병을 아는 것에 의거한 것이다.

1377) 偏＝徧【甲】
1378) 有願行＝行有願ィ【甲】
1379) 德＝行ィ【原】

그러나 약을 모으는 것은 반드시 스승을 따라야 한다. 때문에 무위법에 주하지 않고 유위법을 癈捨한 즉 군생과 隔絕토록 하는 것인데 어떻게 약을 줄 수가 있겠는가. 때문에 유위법을 다하지 않는다.

知衆生病故不住無爲滅衆生病故不盡有爲. 知衆生病. 必是照有. 故不住無爲. 滅衆生病. 須入有故. 不盡有爲.

'중생병을 아는 까닭에 무위법에 주하지도 않고, 중생병을 소멸한 까닭에 유위법을 다하지도 않는다.'에서 중생병을 알려면 반드시 有를 비추어보아야 한다. 때문에 무위법에 주하지 않는다. 중생병을 소멸하려면 반드시 有에 들어가야 한다. 때문에 유위법을 다하지 않는다.

諸正士菩薩已修此法不盡有爲不住無爲是名盡不盡無閡法門汝等當學. 下此第三總結二門. 以勸學盡不盡. 結所學之法體. 無閡法門. 結能學之行. 不盡有爲. 無闕德之累[1380]. 不住無爲. 無獨善之閡. 故云無礙.

'모든 正士와 보살이 이 법을 닦음으로써 유위법을 다하지도 않고 무위법에 주하지도 않는데, 그것을 有盡 및 無盡의 해탈법문이라 말한다. 그러므로 그대들은 반드시 닦아야 한다.'에서 이하는 셋째로 二門을 총결한 것이다.

1380) 累=礙ィ【原】【甲】

盡과 不盡을 勸學함으로써 所學의 法體를 결론짓고, 無閡의 法門으로 能學의 행을 결론짓는다. 유위법을 다하지 않는 것은 궐덕의 累가 없고 무위법에 주함이 않는 것은 독선의 閡가 없다. 때문에 무애라고 말한다.

問. 不盡有爲. 復有盡義以[1381]不住無爲. 復有住義以不. 答. 菩薩捨二生死. 則[1382]盡於有爲. 證大涅槃. 則是住於無爲. 前云不盡者. 令入有化物. 不住者. 不同二乘取證耳.

묻는다 : 유위법을 다하지 않는다면[不盡] 또한 다한다[盡]는 뜻도 있습니까. 무위법에 주하지 않는다면[不住] 다시 주한다는[住] 뜻도 있습니까.
답한다 : 보살이 두 가지 생과 사를 버린 즉 그것이 유위법을 다하는 것이다. 대열반을 증득한 즉 그것이 무위법에 주하는 것이다. 위에서 말한 다하지 않는다[不盡]는 것은 有에 들어가서 중생을 교화토록 하는 것이고, 주하지 않는다는 것은 이승이 증득을 취하는 것과 같지 않다는 것이다.

爾時彼諸菩薩聞說是法皆大歡喜以衆妙華若干種色若干衆香散遍三千大千世界供養於佛及此經法幷諸菩薩已稽首佛足嘆未曾有言釋迦牟尼佛乃

1381) 以+(不)【甲】
1382) 則+(是)【甲】

能於此善行方便言已忽然不現還到彼國. 第三領解. 歡喜[1383]稱嘆. 還歸本土耳.

'그때 저 중향국의 제보살은 그 설법을 듣고 모두 대환희하여 온갖 妙華와 약간종의 색상과 약간종의 향기를 삼천대천세계에 흩뿌려서 부처님 및 이 경법 그리고 제보살에게 공양하고나서 부처님 발에 계수하여 〈미증유입니다.〉라고 찬탄하고 다음과 같이 말했다. 석가모니불께서는 이에 이 선행과 방편에 뛰어나십니다. 말을 마치고 홀연히 모습을 감추어 다시 그 중향국으로 돌아갔다.'에서 이것은 셋째로 깨우쳐주는 것이다.

환희하고 공양하며 칭탄하고나서 다시 본토로 돌아간 것이다.

1383) 喜＋(供養) ィ【甲】

見阿閦佛品第十二
제십이 견아촉불품

阿閦此云無動. 亦名無怒. 前以法立名. 今從人受稱. 又上是因名. 今爲果因[1384]. 又前人法合擧. 菩薩爲人. 行卽是法. 今境智雙具題. 見謂能觀之智. 阿閦爲所觀之境也.

아촉은 번역하면 無動인데, 또한 無怒라고도 말한다. 위에서는 法으로써 품의 명칭[보살행품]을 내세웠는데, 지금은 人으로 품의 명칭[견아촉불품]을 얻었다.[受]

또한 위에서는 因으로 명칭을 삼았는데, 지금은 果로 제목을 삼았다.

또한 위에서는 人과 法을 합쳐서 언급하였는데, (보살행품에서) 菩薩은 人이고 行은 곧 법이다. 그런데 지금은 境과 智의 둘을 갖추어 품명을 제명하였다. (견아촉불품에서) 見은 소위 能觀의 智이고, 아촉은 所觀의 境이다.

問. 何故有此品耶. 答. 凡有四義. 一者前爲彼土說此敎. 今爲此緣觀彼佛. 良以受悟不同. 化門不一也. 二上菩薩行品辨修行. 今明行成故能見佛.

묻는다 : 무슨 까닭에 이 [견아촉불품]이 있습니까.

1384) 因=目【甲】

답한다 : 무릇 네 가지 뜻이 있다.

첫째는 위에서는 彼土(향적국토)를 위하여 此敎(此土의 가르침)를 설하였는데, 지금은 此緣(此土의 연)을 위하여 彼佛(향적불)을 관찰한다. 진실로 깨달음을 얻는데 동일하지 않고, 교화문도 동일하지 않다. 둘째는 위의 [보살행품]에서는 수행을 판별하였는데, 지금은 수행을 성취하는 까닭에 견불함을 설명한다.

問. 二乘亦見於彼佛. 應修佛行. 答. 乃見二乘佛耳. 非眞佛也. 故五百聲聞. 在華嚴坐. 但見丈六. 與二乘身同修別異善根. 不覩大乘眞法身也.

묻는다 : 이승의 경우도 또한 彼佛(향적불)을 친견하고 마땅히 佛行을 닦는 것입니까.

답한다 : 이승은 佛을 친견할 뿐인데 그것은 진불이 아니다. 때문에 오백성문은 화엄좌에 앉아서 단지 丈六尊像만 볼 뿐이다. 이승과 마찬가지로 몸은 같지만 수행이 별도로서[身同修別] 선근이 다르므로 대승의 진법신을 보지 못한다.

三者上說因門合[1385]. 今明果法. 四者自經初已來. 略辨不思議. 此文已去. 廣明本迹難測. 觀身實相觀佛亦然. 謂本不思議. 次釋移妙喜來入此土. 謂迹不思議.

1385) 〔合〕ㆍ-【甲】

셋째는 위에서는 因門을 설하였는데, 지금은 果法을 설명한다.

넷째는 경전의 처음부터 이래로 간략하게 부사의를 설명하였는데, 이 대목의 경문 이후로는 本과 迹은 헤아리기 어렵다는 것을 자세하게 설명한다.

몸의 실상을 관찰하는 것처럼 부처님을 관찰하는 것도 또한 그렇다는 것은 소위 本不思議이다. 다음으로 묘희국을 떠나서 차토에 들어옴을 해석한 것은 소위 迹不思議이다.

問. 上已明不思議. 與今何異. 答. 總判始終. 凡有四句. 一大入小不思議. 如借座燈王. 二小充大不思議. 如請飯香土. 三以大入大不思議. 運彼妙喜. 入斯忍界. 二土共處. 而無增減. 謂不思議[1386]. 但[1387]此事易明. 不待說也. 品開三. 一明法身之本. 二辨無動之迹. 三歎法美人. 初父[1388]前問. 次答.

묻는다 : 위에서 이미 부사의를 설명하였는데 그것은 지금의 경우와 어떻게 다릅니까.

답한다 : 총체적으로 시종을 판별해보면 무릇 四句가 있다.

첫째는 大가 小의 不思議에 들어간다. 마치 수미등왕여래로부터 자리를 빌리는 경우와 같다.

둘째는 小가 大의 부사의를 충당한다. 마치 향적국토에서 음식을

[1386] 議+(四以小入小)カ五字【原】, (四以小入小)五字【甲】
[1387] (不思誰)イ+但【甲】
[1388] 父=文【甲】

청하는 경우와 같다.

셋째는 大로써 大의 不思議에 들어간다. 저 묘희세계를 운반하여 이 사바세계[忍界]에 들여놓아 두 국토가 같은 곳에 있는데도 증감이 없는 것으로 소위 不思議이다.

넷째는 小로써 小의 不思議에 들어간다. 이 경우는 설명하기 쉬우므로 더 이상 설명하지 않는다.

[견아촉불품]을 열어보면 세 부분이 있다.

첫째는 법신의 근본을 설명한다.

둘째는 無動如來의 迹을 변별한다.

셋째는 法을 찬탄하고 人은 찬미한다.

첫째에 해당하는 경문에서 첫째는 질문을 하고 둘째는 답변을 한다.

爾時世尊問維摩詰汝欲見如來爲以何等觀如來乎下. 佛問淨名. 凡有三義. 一者經初已來. 佛身光耀音時[1389]. 時衆但取人相. 不見法身. 故問淨名令觀眞佛. 二者上淨名云可[1390]見諸佛. 時衆謂佛可見有人能見. 若爾還是佛見. 非見佛也. 故今明. 法身息彼二觀.

'그때 세존께서 유마힐에게 물으셨다. 그대는 여래를 친견하고자 할 때 어떤 방법으로 여래를 관찰하는가.'에서 이것은 佛이 정명에게 질문한 것인데, 무릇 세 가지 뜻이 있다.

1389) 音時＝奇特 ィ【甲】. ＝音聲殊時 カ【原】
1390) 可＝何 ィ【甲】

첫째는 경전의 처음 이후로 佛身에서 광명이 나오고 음성이 뛰어났을 때에도 시회대중은 단지 사람의 형상[人相]만 취하였지 法身을 보지 못하였다. 때문에 정명에게 질문하여 진불을 보게끔 한다.

둘째는 위에서 정명은 어떻게 제불을 친견하였길래 시회대중이 〈佛을 친견한다면 어떤 사람이 친견하는가〉를 묻는다. 만약 그렇다면 그렇게 佛을 친견하는 것은 진불을 친견하는 것이 아니다. 때문에 지금은 법신을 친견할 경우에 그 二觀을 그쳐야 함을 설명한다.

問. 衆香菩薩. 來見於佛. 亦起惑著. 何不破之. 答. 彼乃起劣想. 豈生染耶. 故待去乃說.

묻는다 : 衆香國의 보살도 도래하여 佛을 친견할 경우에 또한 미혹과 집착[惑著]을 일으키는데 어째서 그것을 타파하지 않는 것입니까.
답한다 : 그 중향국의 보살은 이에 劣想을 일으키는데 어찌 染이 발생하지 않는 것인가. 때문에 그들이 떠나간 후에 설한다.

三者將欲明無尊卑. 無動佛來並釋迦. 恐有尊卑二心. 故預明法身一觀. 所以問也.

셋째는 장차 높고 낮음[尊卑]이 없음을 설명한다. 무동불이 도래하여 석가와 함께 하는데, 거기에 尊卑의 二心이 남아있을 것을 염려하는 까닭에 미리 법신의 일관에 대하여 설명한다. 때문에 질문을 한다.

維摩詰言如自觀身實相觀佛亦然下. 答.

'유마힐이 말씀드렸다. 스스로 몸의 실상을 관찰하는 것처럼 부처님을 관찰하는 것도 또한 그렇습니다.'에서 이것은 답변이다.

問. 此經四會三處辨法身. 有何異耶. 答. 方便品. 對生死過患. 歎法身功德. 弟子品. 開本迹不同. 法身則無漏無爲. 應迹有生有滅. 此品偏<遍?>明法身體絶百非. 形備萬德.

묻는다 : 이 경전은 四會三處에서 법신을 변별합니다. 거기에는 어떤 차이가 있는 것입니까.
답한다 : [방편품]에서는 생사의 과환을 대치하여 법신의 공덕을 찬탄하였다. [제자품]에서는 本迹이 동일하지 않았다. 法身은 즉 無漏이고 無爲였고, 應迹에는 생도 있고 멸도 있었다. 그런데 이 [견아촉불]에서는 법신의 경우에 體는 百非를 단절하고 形은 萬德을 갖추었음을 널리 설명한다.

問. 何故辨此三門. 答要備三門. 佛身方顯. 前須對生死過患. 歎法身功德. 令厭茲生死. 欣求佛身. 疑者今見佛身. 猶是有爲. 未免[1391]諸漏. 何足

1391) 免＝勉【甲】

欣哉. 故第二章開於本迹. 有爲有漏. 此是應迹. 無漏無爲. 方是法身. 或[1392]
者聞法身累無不盡. 德無不圓. 便謂與衆生異. 是故此章明觀身實相. 觀
佛亦然. 衆生與佛無二也. 具此三門. 於義乃備. 非止近通此部. 遠貫衆經
也. 又初破凡夫. 次斥二乘. 後敎菩薩. 初對凡夫者. 方便品凡夫問疾故.
爲說生死過患法身功德. 次弟子品. 正呵聲聞. 謂佛身與二乘同. 故開本
迹之異. 菩薩便佛身謂常住. 衆生自在[1393]起滅. 故今現[1394]身實相. 觀佛
亦然. 泯二見也. 什公云. 觀佛有三. 一觀色形[1395]. 二觀法身. 三觀性空.
三種觀門. 淨名用性空門答. 故云觀身實相觀佛亦然. 今謂. 此章正明法
身絕四句百非性空義也.

묻는다 : 무슨 까닭에 이처럼 삼문으로 변별하는 것입니까.

답한다 : 요컨대 삼문을 갖추어야 바야흐로 佛身이 현현한다. 위에서는 반드시 생사의 과환을 대치하고 법신의 공덕을 찬탄하여 이 생사를 싫어하고 佛身을 기쁘게 추구하도록 하였다. 그러나 의심하는 사람은 지금 佛身을 친견하고도 오히려 有爲라고 하여 諸漏를 벗어나지도 못하는데 어떻게 기쁨을 충족하겠는가. 때문에 둘째로[第二章] 本과 迹을 열어준다.

유위와 유루는 곧 應迹이고, 무루와 무위는 바야흐로 곧 법신이다. 그러나 미혹한 사람은 법신의 경우에 累를 다하지 않음이 없고 덕이 원만하지 않음이 없다는 것을 듣고서도 곧 (佛은) 중생과 다르다

1392) 或=惑【甲】
1393) 在=有ィ【甲】
1394) 現=觀【甲】
1395) 形=相ィ【甲】

고 말한다. 이런 까닭에 이 대목[此章]에서는 몸의 실상을 관찰하는 것처럼 부처님을 관찰하는 것도 또한 그러하여 중생과 佛이 無二임을 설명한다. 이 삼문이 온전하여 그 뜻[義]이 갖추어지면 가까이로는 이 경전[此部]에 그치는 것이 아니라 멀리로는 衆經을 관통한다. 또한 첫째는 범부를 타파한다.

둘째는 이승을 배척한다.

셋째는 보살을 가르친다.

첫째로 범부에 대한 것은 [방편품]에서 범부가 문병한 까닭은 생사의 과환으로 법신의 공덕을 설하기 위한 것이었다.

둘째로 [제자품]에서 바로 성문을 가책한 것은 佛身과 이승이 동일함을 말한 것이었다. 때문에 本과 迹의 차이를 열어주었다. 보살은 곧 佛身은 상주이지만 중생은 본래 기멸이 있다고 말한다. 때문에 지금 이 대목에서는 몸의 실상을 관찰하는 것처럼 佛을 관찰하는 것도 또한 그렇다고 하여 (법신과 중생이 다르다는) 二見을 소멸시켜준다.

나집공은 다음과 같이 말한다.

'佛을 관찰하는 것에 세 가지가 있다. 첫째는 색형을 관찰한다. 둘째는 법신을 관찰한다. 셋째는 자성이 공임을 관찰한다. 세 가지 觀門 가운데 정명은 (셋째의) 자성이 공임을 활용하여 문답한다. 때문에 〈몸의 실상을 관찰하는 것처럼 부처님을 관찰하는 것도 또한 그러하다〉고 말한다.'

이제 말하자면, 이 대목[此章]은 바로 법신의 경우에 四句와 百非를 단절하여 자성이 공의 뜻임을 설명한 것이다.

問. 實相云何卽是佛身. 答. 佛身絶四句. 衆生實相亦絶四句. 是以實相卽是法身. 故大品云. 如無有來去. 如卽是佛.

묻는다 : 실상이 어째서 즉 그 佛身이란 말입니까.
답한다 : 불신은 사구를 단절하는데 중생의 실상도 또한 사구를 단절한다. 그래서 실상은 법신이다. 때문에 [대품]에서 '진여는 오는 것도 없고 가는 것도 없다. 진여가 곧 佛이다.'고 말한다.

問. 如及實相. 蓋是眞諦觀[1396]境. 云何是佛靈智. 答. 設此問者. 蓋是人師自心. 非經論之語. 華嚴云. 心佛及衆生. 是三無差別. 正觀論云. 亦名如法性涅槃. 可言涅槃亦無知乎. 故法身無知. 無所不知. 如義亦爾.

묻는다 : 진여과 실상은 무릇 진제관의 경계인데 어떻게 그것이 佛靈智입니까.
답한다 : 이러한 질문을 시설한 것은 무릇 그 사람 자신의 마음일 뿐이지 경론의 말씀이 아니다. 『화엄경』에서 '心과 佛과 衆生의 셋은 차별이 없다.'고 말한다. 『정관론』에서 '또한 진여, 법성, 열반이라고도 말한다.'[1397]고 말하는데, 열반 또한 無知라고 말할 수 있겠는가. 때문에 법신은 無知이지만 無所不知인데, 진여의 뜻[義]도 또한 그렇다.

1396) 觀＝頑ㅓ【甲】
1397) 『法華統略』卷2, (卍新續藏27, p.493下)

問. 觀身實相觀佛亦然. 云何名見佛耶. 答. 謂佛與身異. 則是二見. 非見佛也. 得無二觀. 乃名見佛.

묻는다 : 몸의 실상을 관찰하는 것처럼 부처님을 관찰하는 것도 또한 그렇다면 어찌 見佛이라고 말할 수 있겠습니까.
답한다 : 佛과 身을 다르다고 말한 즉 그것은 二見이지 견불이 아니다. 無二觀을 터득해야 이에 견불이라고 말한다.

我觀如來前際不來後際不去今則不住下. 此具釋法身. 體絶百非. 形備萬德. 此初句明非三世者. 欲辨法身非有爲也. 凡夫[1398]有爲. 必墮三世. 旣非三世. 故非有爲.

'제가 여래를 관찰해보니 과거[前際]에서 오신 것도 아니고 미래[後際]로 가시는 것도 아니며 현재[今]에도 곧 머물지 않습니다.'에서 이것은 법신의 경우에 體는 百非를 단절하였고 形은 萬德을 갖추었음을 자세하게 해석한[具釋] 것이다.
 이 대목은 초구로서 삼세가 없음을 설명한 것이다. 법신은 유위가 아님을 변별하려는 것이다. 무릇 유위는 반드시 삼세에 떨어지는데, 이미 삼세가 없기 때문에 유위가 아니다.

1398) 夫＝是 1【甲】

不觀色不觀色如不觀色性不觀受想行識不觀識如不觀識色[1399]性下. 五陰 亦是有爲故. 次就五陰. 明非法身. 於一一陰. 具三種觀門. 一不觀色. 非 有觀也. 二不觀色如. 非空觀也. 三不觀色性. 遣非有非無也. 以法身超於 四句故. 亦不觀非有非無.

'色을 통해서 관찰할 수도 없고, 色如를 통해서 관찰할 수도 없으며, 色 性을 통해서 관찰할 수도 없습니다. 受・想・行・識을 통해서 관찰할 수도 없고, 識如를 통해서 관찰할 수도 없으며, 識性을 통해서 관찰할 수도 없고' 에서 오음도 또한 유위이기 때문에 이어서 오음에 나아가서 그것은 법신이 아님을 설명한다.

낱낱의 陰에 삼종의 관문이 갖추어져 있다.

첫째는 色을 통해서 관찰할 수 없다는 것은 有觀이 아니라는 것이다.

둘째는 色如를 통해서 관찰할 수 없다는 것은 空觀이 아니라는 것이다.

셋째는 色性을 통해서 관찰할 수 없다는 것은 非有非無를 벗어나 있다는 것 이다. 법신은 사구를 초월한 까닭에 또한 비유비무라고도 관찰할 수가 없다.

非四大起同於虛空下. 五陰爲果. 四大爲因. 果旣非佛. 因亦然矣. 非因非 果. 故同於虛空. 六入無積. 下法身旣非因果. 亦超內外. 以非外內故.

'사대로부터 일어나지 않으니 허공과 같습니다.'에서 오음은 果이고 사대 는 因으로서 과는 이미 佛이 아니고 인도 또한 그렇다는 것이다. 인도 아니

1399) 〔色〕-【甲】

고 과도 아니기 때문에 허공과 동일하여 육입이 축적되지 않는다.
이하 법신은 이미 인과가 아니고 또한 내외를 초월한 까닭에 내외가 아니다.

不可積聚六入卽[1400]成佛也.

'六入도 축적됨이 없다'는 것은 성불이다.

眼耳鼻舌身心已過下. 前明非外入. 此辨過內性.

'眼·耳·鼻·舌·身·心은 이미 지나가버렸습니다.'에서 위에서는 밖으로 入이 없음을 설명하였는데, 지금은 안으로 性을 초과했음을 변별한 것이다.

不在三界下. 上六入過. 容謂不在有六入處. 或謂應在無六入處. 故復云不在三界.

'삼계에도 없고'에서 위에서 육입을 초과했다는 것은 소위 有가 육입처에 부재함과 혹 소위 無가 육입처에 應在함을 수용한 것이다. 때문에 거듭하여 삼계에는 부재함을 말한다.

1400) 卽=而 ィ【甲】

三垢已離下. 上明無三界果. 此辨無三界因. 以無三垢故. 不在三界. 自上六門. 明如來離諸惑相.

'三垢[1401]는 이미 벗어났습니다.'에서 위에서는 삼계에 과가 없음을 설명하였는데, 이 대목은 삼계에 인이 없음을 변별한 것이다.
　三垢가 없기 때문에 삼계에 부재한다. 위의 육문부터는 여래가 모든 미혹의 모습[惑相]을 떠남을 설명한 것이다.

順三脫門下. 此明法身具於衆德. 以順三脫門故離三垢.

'삼해탈문을 따른다'에서 이것은 법신에 衆德을 갖추고 있음을 설명한 것이다. 삼해탈문을 갖춘 까닭에 三垢를 떠나 있다.

三明無明等下. 三明有二. 一天眼宿命漏盡三也. 二依涅槃經. 一菩薩明. 謂波若也. 二諸佛眼[1402]. 卽佛眼也. 三無明明. 謂畢竟空. 畢竟空者. 體非慧性故非明. 能生實慧故云明也. 如五塵生五欲. 亦名爲欲. 以順三<解+?>脫門故. 能明無明等. 又或者謂. 三脫門是明. 故次泯之. 所以之[1403] 明無明等.

1401) 三垢는 탐·진·치를 가리킨다.
1402) 眼＝明【甲】
1403) 〔之〕カ－【原】. 之＝云【甲】

'三明을 구족하였지만 무명과 함께 평등합니다.'에서 삼명에 두 가지가 있다.

첫째는 천안통과 숙명통과 누진통의 세 가지이다.

둘째는 『열반경』에 의거하면 다음과 같다.

첫째로 菩薩明인데 소위 반야[波若]이다.

둘째로 諸佛明인데 즉 佛眼이다.

셋째로 無明明인데 소위 필경공이다.

필경공이란 體는 慧性이 없기 때문에 明이 아니지만[非明] 實慧를 발생하기 때문에 明이라고 말한다. 五塵이 五欲을 발생하는 것과 같아서 또한 欲이라고도 말한다. 그리고 삼해탈문을 따르기 때문에 無明 등을 밝힌다.[明]

또한 혹자는 삼해탈문을 明이라고도 말하는데, 이런 까닭에 이어서 그것을 없애준다. 때문에 '明을 구족하였지만 무명과 함께 평등하다'고 말한다.

不一相不異相下. 僧肇公云. 無象不象. 故不可爲一. 象而不象. 故不可爲異. 接上生者. 明無明等. 便謂爲一. 如其非一. 便隨1404)異相. 是故今明不一不異.

'一相에도 없고, 異相에도 없으며'에서 승조공은 다음과 같이 말한다.

'象과 不象이 없기 때문에 一이라고 할 수가 없다. 그러나 象이면서 不象이기 때문에 異라고 할 수가 없다.'

위의 설명과 관련시켜보면 '明을 구족하였지만 무명과 함께 평등하다'는 것은 곧 一이라고 말할 수 있겠지만 진여는 一이 아니므로[非一] 곧 異相에

1404) 隨=墮【甲】

떨어지고 만다. 이런 까닭에 지금 이 대목에서 不一不異를 설명한다.

不自相不他相下. 應身由物感故不自法身體寂故不他. 僧肇云. 不自而同自. 故自而不自. 不他而同他. 故他而不他. 無相之身. 豈可以自他而觀其體耶

'自相에도 없고, 他相에도 없으며'에서 응신은 중생의 미혹을 말미암은 까닭에 不自(相)이고, 체가 적연하기 때문에 不他(相)이다.
승조는 다음과 같이 말한다.
'自가 아니지만 自와 동일하기 때문에 自이지만 自가 아니다. 他가 아니지만 他와 동일하기 때문에 他이지만 他가 아니다. 그러니 無相의 몸을 어찌 자타로써 그 체를 관찰할 수 있겠는가.'

非無相非取相下. 隨他施爲. 故非無相. 而德體常寂. 無有分別. 故非取相. 此就合[1405]二身釋. 僧肇云. 非無物之相. 非可取之相. 但就法身釋也.

'無相에도 없고, 取相에도 없습니다.'에서 남의 施爲를 따르기 때문에 無相이 아니지만 德體가 常寂하고 분별이 없기 때문에 取相이 아니다. 이것은 二身을 합쳐서 해석한 것이다. 승조는 다음과 같이 말한다.
'중생 아닌 相도 없다. 취할 수 있는 相도 없다.'

1405) 就合＝合就 ィ【甲】

이것은 단지 법신에 대해서만 해석한 것이다.

不此岸不彼岸不中流下. 生死本無故非此岸. 涅槃今不有故非彼岸. 旣無彼此. 何有八正中流. 又常在生死故不彼. 不捨涅槃故不此. 雙行二行. 無所偏著. 故不中流.

'此岸에도 없고, 彼岸에도 없으며, 中流에도 없지만'에서 생사가 本無이기 때문에 차안이 없고, 열반은 지금 不有이기 때문에 피안이 없다. 이미 피차가 없거늘 어찌 八正道인들 中流가 있겠는가.
또한 항상 생사에 있기 때문에 피안이 아니고, 열반을 저버리지 않기 때문에 차안이 아니다. 二行(생사행과 열반행)을 쌍으로 실천하되 偏著됨이 없기 때문에 중류가 아니다.

而化衆生下. 向云不三. 則似息化故. 今云雖復不三. 而常敎化. 令悟不三.

'중생을 교화합니다'에서 위에서 不三(不自相不他相·非無相非取相·不此岸不彼岸不中流)을 말한 것은 즉 교화를 그치는 것과 비슷하였다. 그렇기 때문에 지금 여기에서 비록 다시 不三을 말할지라도 그것은 항상 교화하여 不三을 깨닫도록 해주려는 것이다.

觀於寂滅亦不永滅下. 旣云化衆生. 似見有衆生. 則非寂滅. 故今明雖化

常寂. 所以云觀於寂滅. 雖復寂滅. 而常敎化. 故非永滅

'적멸했는가 하고 관찰해보면 또한 영원한 적멸도 없습니다.'에서 이미 중생을 교화한다고 말한 것은 중생이 있다고 본다는 것과 비슷하다. 그런즉 적멸이 아니다. 때문에 지금 교화가 常寂하다고 설명하면서도 그 때문에 다시 적멸을 관찰한다고 말한다. 비록 다시 적멸이지만 항상 교화하는 까닭에 영원한 적멸이 아니다.

不此不彼下. 旣化衆生. 則在於彼此. 法身無相. 故不在彼此. 又國土皆如. 無此可在. 名爲不此. 無彼可在. 故云不彼.

'차안도 없고 피안도 없어서'에서 이미 중생을 교화한 즉 피차가 있다. 그러나 법신은 無相이기 때문에 피차가 없다.
또한 국토는 모두 진여로서 여기에 可在할 수 없는 것을 不此라고 말하고, 저기에 可在할 수 없기 때문에 不彼라고 말한다.

不以此不以彼下. 不此而同此. 故此而不此. 不彼而同彼. 故彼而不彼. 豈復以此而同此. 以彼而同彼乎. 蓋明聖心. 無有心[1406]以而同[*]心也.

'차안에서도 관찰할 수가 없고 피안에서도 관찰할 수가 없습니다.'에서 차

1406) 〔心〕ㅓ-【甲】* [＊1]

안이 아니지만 차안과 동일하기 때문에 차안이지만 차안이 아니고, 피안이 아니지만 피안과 동일하기 때문에 피안이지만 피안이 아니다. 그렇다면 어찌 또 차안이 차안과 같겠고, 피안이 피안과 같겠는가. 무릇 부처님의 마음[聖心]을 설명하자면 마음이 없지만 마음과 동일하다.

不可以智知不可以識識下. 聖人十智不知. 凡夫六識不識. 凡智識之生. 生於相內. 法身無相. 故智識不及.

 '지혜로 알 수도[知] 없고 識으로 분별할 수도[識] 없습니다.'에서 부처님[聖人]의 十智도 알 수가 없고,[不知] 범부의 六識도 알 수가 없다.[不識] 무릇 智와 識의 발생은 相의 內에서 발생하는 것으로 법신은 無相이다. 때문에 智와 識으로는 미치지 못한다.

無晦無明下. 法身無知故非明. 無所不知故非晦

 '어둠에도 없고 밝음에도 없으며'에서 법신은 알지 못하기 때문에 明이 아니고, 알지 못하는 것이 없기 때문에 晦가 아니다.

無名無相下. 不可以名名. 不可以相相. 故方圓不能寫. 題目不能傳.

 '명칭에도 없고 형상에도 없으며'에서 명칭으로 이름붙일 수도 없고, 형상으로 모양그릴 수도 없기 때문에 方圓으로 모사할 수가 없는데,[不能寫] 그 것을 제목하여 전승할 수가 없다[不能傳]고 한다.

無強無弱下. 至柔無逆故. 不剛. 剛無不伏. 故不弱. 又運動天地而不剛. 應盡無常而不弱.

'강함에도 없고 약함에도 없으며'에서 지극히 부드러운 것은 거스를 수가 없기 때문에 剛이라고 할 수도 없고[不剛], 剛은 꺾을 수가 없기 때문에 약이 라고 할 수도 없다.[不弱]
또한 천지에서 운동하지만 剛이라 할 수가 없고, 無常에 모두 상응하지만 弱이라고 할 수가 없다.

非淨非穢下. 垢無不盡故非穢. 果無不入故非淨. 又相好嚴身. 非其淨也. 金鏘馬麥. 亦非穢也.

'청정함도 없고 더러움에도 없습니다.'에서 垢를 다하지 않음이 없은 즉 穢가 아니고, 果에 들어가지 못함이 없기 때문에 淨이 아니다.
또한 상호로 장엄된 몸이라고 해서 淨인 것이 아니고, 金鏘馬麥[1407]이라고 해서 또한 穢인 것이 아니다.

1407) 佛의 九難 가운데 언급되는 것으로서 걸식을 하다가 쇠꼬챙이에 발이 찔린 것과 바라문한테서 馬麥을 받은 것을 가리킨다.

不在方不離方下. 妙非三界. 故不在方. 惑[1408]無不應. 故不離方.

'在方에도 없고 離方에도 없으며'에서 妙는 삼계가 아니기 때문에 在方에 없고, 感은 응하지 않음이 없기 때문에 離方이 아니다.

非有爲非無爲下. 相不能遷. 故非有爲. 妙用無窮. 故非無爲.

'유위에도 없고 무위에도 없으며'에서 相은 변천할 수 없기 때문에 유위가 아니고, 妙는 무궁하게 활용하기 때문에 무위가 아니다.

無示無說下. 六情可[1409]不及. 豈可說以示人. 將言對人爲示. 以言因[1410]法爲說. 又應見者爲示. 應聞者爲說. 而佛不可見聞. 故無說無示.

'示에도 없고 說에도 없습니다.'에서 六情으로도 미치지 못하는데 어찌 그것을 설하여 사람에게 내보일 수 있겠는가. 그렇지만 장차 언설을 가지고 사람을 상대하여 보여주기 위해서 언설로써 법을 因하여 설한다.
또한 마땅히 보아야 할 사람에게는 보여주고, 마땅히 들어야 할 사람에게는 설해주지만 佛에 대해서 볼 수 있거나 들을 수가 없기 때문에 설함도 없

1408) 惑=感【甲】
1409) 可=所【甲】
1410) 因=目【甲】

고 보여줌도 없다.[無說無示]

不施不慳不戒不犯不忍不恚不進不怠不定不亂不智不愚下. 以六度爲體. 故能如響之應耳. 而言所應度者. 則不度色[1411]. 無度無不度. 然後度耳.

'보시에도 없고 인색에도 없으며, 지계에도 없고 범계에도 없으며, 인욕에도 없고 진에에도 없으며, 정진에도 없고 해태에도 없으며, 선정에도 없고 산란에도 없으며, 지혜에도 없고 우치에도 없으며'에서 이것은 육바라밀로써 체를 삼은 것이다. 때문에 마치 메아리가 귀에 상응하는 것과 같다. 그래서 응당 제도되는 것[所應度]이라고 말한 즉 제도[度]가 아니다. 곧 제도[度]도 없고 제도 아님[不度]도 없어진 연후에 제도[度]되는 것이다.

不誠不欺下. 誠實也. 欺詿也. 不可以善善. 故不誠. 不可以惡惡. 故不欺. 又虛捐[1412]三事[1413]故不誠. 終今<令?>得一故不欺.

'성실에도 없고 사기에도 없으며'에서 이것은 誠實과 欺詿에 대한 것이다. 善이라 해도 善이라 할 수가 없기 때문에 誠이 아니고, 惡이라 해도 惡이라 할 수가 없기 때문에 欺가 아니다.

1411) 色=也【甲】
1412) 捐=指ㅓ【甲】
1413) 事=車力【甲】

또한 헛되게 삼승[三車]을 가리키기 때문에 誑이 아니고, 마침내 일승[一]을 터득하게끔 해주기 때문에 欺가 아니다.

不來不去不出不入下. 乘如實道爲來. 善逝入滅爲去. 驚赴火宅爲入. 在門外立爲出. 而法身實無也. 一切言語道斷. 下總結上來諸句. 辨不可言也.

'來에도 없고 去에도 없으며, 出에도 없고 入에도 없어서 일체의 언어로 말할 수가 없습니다.'에서 여실한 道에 오르는 것은 來이고, 善逝의 入滅은 去이며, 놀라서 火宅에 다다르는 것은 入이고, 문 밖에 서 있는 것은 出이다. 그래서 법신은 실로 없다.
 '일체의 언어로도 말할 수가 없다'는 것은 위의 諸句를 총결한 것으로 不可言이라고 변별한 것이다.

非福田非不福田非應供養非不應供養下. 慢之得罪故. 非福田. 敬之得福故. 非不福田. 非不福田. 卽應供養. 非福田. 卽不應供養. 有人言. 法身無所受故非福田. 應物受供故非不福田. 又不同善人故非福田. 不同罪人故非不福田.

'福田에도 없고 不福田에도 없습니다. 應供養에도 없고 不應供養에도 없습니다.'에서 아만으로 죄를 얻기 때문에 福田이 아니고, 공경하여 복을 얻기 때문에 不福田이 아니다. 不福田이 아닌 즉 應供養이고 福田이 아닌 즉 不應供養이다.

어떤 사람은 다음과 같이 말한다.

'법신은 所受가 없기 때문에 福田이 아니고, 응당 중생으로부터 공양을 받기 때문에 不福田이 아니다.'

또한 善人과 동일하지 않기 때문에 福田이 아니고, 罪人과 동일하지 않기 때문에 不福田이 아니다.

非取非捨. 非福[1414)故非取. 非不福田故非捨.

'取에도 없고 捨에도 없습니다.'에서 福田이 아니기 때문에 取가 아니고, 不福田이 아니기 때문에 捨가 아니다.

非有相非無相下. 寂漠無形故非[1415)相. 三十二相故非無相.

'有相에도 없고 無相에도 없습니다.'에서 적막하고 形이 없기 때문에 有相이 아니고, 삼십이상이기 때문에 無相도 아니다.

同眞際等法性下. 法身無相. 則是眞際. 或者謂佛爲異. 故言同耳.

1414) 福+(田)ㆍ【甲】
1415) 非+(有)ㆍ【原】【甲】

'그래서 眞際와 같고 法性과 평등합니다.'에서 법신이 무상인 즉 그것이 진제이다.

혹자는 佛은 특이하기 때문에 평등하다고 말한다.

不可稱不可量過諸稱量下. 體非輕重. 故不可稱. 邊表莫測. 故不可量.

'不可稱이고 不可量이며, 모든 稱量을 초월하였습니다.'에서 體에는 경중이 없기 때문에 불가칭이고, 邊表는 헤아릴 수가 없기 때문에 불가량이다.

非大非小下. 大於天地. 不可爲小. 細入無間. 不可爲大. 能大小者. 其無大小也.

'그래서 大도 아니고 小도 아니며'에서 천지보다 크므로 작다고 할 수가 없고, 세밀하여 無間에 들어가기 때문에 크다고 할 수가 없다. 能大이고 能小이므로 거기에는 大小가 없다.

非見非聞非覺非知下. 非色故非見. 非聲故非聞. 非香味觸故. 非三情所覺. 非法故非意所知.

'볼 수도 없고 들을 수도 없으며, 느낄 수도 없고 알 수도 없으며'에서 색이 아니기 때문에 볼 수가 없고, 소리가 아니기 때문에 들을 수가 없으며,

향기와 맛과 촉이 아니기 때문에 향기와 맛과 촉으로 느낄 수 있는 것이 아니다. 법이 아니기 때문에 뜻[意]으로 알 수 있는 것이 아니다.

離衆結縛. 旣非見聞覺知. 於何生結縛耶.

'모든 결박 등을 벗어나 있습니다.'에서 이미 보거나 듣거나 느끼거나 아는 것이 아닌데 어찌 결박이 발생하겠는가.

等諸智同衆生於諸法無分別下. 智同群智之智. 人同衆人之人. 以如斯觀. 故無分別. 又同衆人之智. 故云等諸智. 亦無大聖之佛殊彼衆生. 故云同衆生. 人法齊觀. 則息想念. 故於諸法無分別也.

'모든 智者와 평등하고 衆生과 동일하여 제법에 대하여 분별이 없습니다.'에서 智는 群智의 智와 동일하고, 人은 衆人의 人과 동일하다. 그럼으로써 이처럼 관찰하기 때문에 분별이 없다.

또한 衆人의 智와 동일하기 때문에 '모든 지자와 평등하다'고 말하고, 또한 대성인인 佛이 저 중생과 다르지 않기 때문에 '중생과 동일하다'고 말한다. 人과 法을 균등하게 관찰한[齊觀] 즉 想念이 없기 때문에 제법에 분별이 없다.

一切[1416]無失無濁無惱下. 三業離過故. 一切無失. 無失故無濁. 無濁則無惱.

'일체를 얻음도 없고 잃음도 없으며, 혼탁도 없고 번뇌도 없으며'에서 삼업이 過를 떠난 까닭에 일체에 잃음이 없다. 잃음이 없기 때문에 혼탁이 없다. 혼탁이 없은 즉 번뇌가 없다.

無作無起無生無滅下. 法身無爲. 絶於施造. 孰能作之令起. 生之使滅乎.

'作도 없고 起도 없으며, 생도 없고 멸도 없으며'에서 법신은 무위로서 행위와 조작[施造]을 단절해 있는데, 무엇이 그것을 지어 일어나게 하고 발생토록 하며 소멸토록 한단 말인가.

無畏無憂無喜無厭無著[1417]. 若有生滅. 是可畏法. 便欣生而憂滅矣. 欣憂旣生. 故可厭著也. 而法身並無.

'두려움도 없고 근심도 없으며 기뻐함도 없고 싫어함도 없으며 집착도 없습니다.'에서 만약 생멸이 있다면 그것은 두려워할 법이다. 그러나 문득 기쁨이 발생하면 근심이 소멸한다. 기쁨과 근심이 이미 발생하기 때문에 가히

1416) 切+(無得)【甲】
1417) 〔著〕亻-〔原〕

염착한다. 그러나 법신에는 그것[기쁨과 근심]이 모두 없다.

無已有無當有無今有不可以一切言說分別顯示世尊如來身爲若此作如是觀以斯觀者名爲正觀若他觀者名爲邪觀. 總結佛身. 勸觀察也.

'已有도 없고 當有도 없으며 今有도 없어서 일체의 언설로 분별하여 현시할 수가 없습니다. 세존이시여. 여래의 몸은 그와 같으므로 이와 같이 관찰해야 합니다. 이렇게 관찰하는 것을 正觀이라 말합니다. 만약 이렇게 관찰하지 않으면 邪觀이라 말합니다.'에서 이것은 佛身을 총결하여 관찰을 권장한 것이다.

爾時舍利弗問維摩詰汝於何沒而來生此下. 第二次明迹不思議. 就文爲二. 初辨淨名生無生義. 次現無動佛土. 身子致問. 有三因緣. 一者見其神德奇妙. 來處必美. 故問取[1418]從也. 二者上云如自觀身實相. 實相無生. 而今現有生. 將成自觀之義. 故以沒生問也. 三者上已顯法身. 今次開迹用. 是故問之.

'그때 사리불이 유마힐에게 물었다. 그대는 어느 세계에서 죽었다가 이 세계에 태어났습니까.'에서 이것은 둘째로 迹의 不思議를 설명한 것이다.
경문에는 두 부분이 있다.

1418) 取=所【原】

첫째는 정명이 발생한 無生義를 변별한다.

둘째는 무동여래의 불국토를 드러낸다.

사리불의 질문에 세 가지 인연이 있다.

첫째는 그 神德이 기묘함을 보고 來處를 반드시 찬미한다. 때문에 온 곳을 묻는다.

둘째는 위에서는 스스로 몸의 실상을 관찰해보니 실상은 무생이라고 말했는데, 지금은 유생을 드러내어 장차 스스로 관찰한 뜻[義]을 성취한다. 때문에 나고 죽음[沒生]을 가지고 묻는다.

셋째는 위에서는 이미 법신을 드러냈는데, 지금은 이어서 迹의 用을 열어준다. 때문에 그것을 묻는다.

維摩詰言汝所得法有沒生乎舍利弗言無沒生也若諸法無沒生相云何問言汝於何沒而來生此於意云何譬如幻師幻作男女寧有沒生耶舍利弗言無沒生也汝豈不聞佛說諸法如幻相乎答曰如是若一切法如幻相者云何問言汝於何沒而來生此舍利弗沒者爲虛誑法敗之相生者爲虛誑法相續之相菩薩雖沒不盡善本雖生不長諸惡下. 然善惡者. 皆是虛誑相續[1419]敗壞法耳. 然凡夫. 生則長惡. 沒則盡善. 菩薩生則長善. 沒則盡惡. 雖有沒生[1420]同. 長盡不一. 然俱是虛誑敗壞之相. 何異幻化耶.

'유마힐이 말했다. 그대가 터득한 법에는 나고 죽음이 있습니까. 사리불

1419) 續+(之相) ⼄【原】【甲】
1420) 雖有沒生＝沒生雖【甲】

이 말했다. 나고 죽음이 없습니다. (유마힐이 말했다) 만약 제법에 나고 죽는 모습이 없다면 어째서 〈그대는 어느 세계에서 죽었다가 이 세계에 태어났습니까〉라고 묻는 것입니까. 어떻게 생각하십니까. 비유하면 마치 幻師가 幻으로 남자와 여자를 만들어내는 것과 같다면 어찌 나고 죽음이 있겠습니까. [사리불이 말했다. 나고 죽음이 없습니다. (유마힐이 말했다) 그대는 어찌 부처님께서 제법이 幻相과 같다고 설한 것을 듣지 못했습니까. (사리불이) 답하여 말했다. 들었습니다. (유마힐이 말했다) 만약 일체법이 幻相과 같다면 어째서 〈그대는 어느 세계에서 죽었다가 이 세계에 태어났습니까〉라는 질문을 말하는 것입니까. 사리불이여. 죽는다는 것은 虛誑의 法으로 敗壞의 相이고, 태어난다는 것은 虛誑의 法으로 相續의 相입니다. 그러나 보살은 비록 죽는다고 해도 善本이 다하지 않고, 비록 태어난다고 해도 諸惡이 증장하지 않습니다.]1421)'에서 선악은 모두 허광이 상속하는 모습이기 때문에 패괴의 법이다.

그런데 범부는 태어난 즉 악이 증장하고 죽은 즉 선이 다한다. 그러나 보살은 태어난 즉 선이 증장하고 죽은 즉 악이 다한다. 비록 죽고 태어나는 것은 동일하지만 증장하고 다함은 동일하지 않다. 그런즉 그것은 모두 허광하고 패괴의 모습이므로 어찌 幻化와 다르겠는가.

是時佛告舍利弗有國名妙喜佛號無動是維摩詰於彼國沒而來生此舍利弗言未曾有也世尊是人乃能捨淸淨土而來樂此多怒害處維摩詰言舍利弗於意云何日光出時與冥合乎答曰不也日光出時則無衆冥維摩詰言夫日何故行閻浮提答曰欲以明照爲之除冥維摩詰曰菩薩如是雖生不淨佛

1421) [ ] 대목은 역자가 문답의 주체에 대하여 경문을 재배치하여 번역하였다.

土爲化衆生. 不與愚闇而共合也但滅衆生煩惱闇耳下. 前辨無生. 此出生處. 應物而唱. 來始非益. 無生卽是法身. 生謂應迹. 又諸佛說法. 常依二諦. 無生就眞. 生則約俗.

'그때 부처님께서 사리불에게 말씀하셨다. 국토명은 妙喜이고 불호는 無動이 있다. 이 유마힐은 그 국토에서 죽어서 여기에 와서 태어난 것이다. 사리불이 말씀드렸다. 미증유입니다. 세존이시여. 이 사람이야말로 이에 청정한 국토를 버리고 기꺼이 여기 怒害가 많은 곳에 온 것입니다. 유마힐이 사리불에게 말했다. 어떻게 생각하십니까. 햇볕이 날 때에 어둠과 함께 합치되는 것입니까. 답하여 말했다. 아닙니다. 햇볕이 날 때는 곧 온갖 어둠이 없습니다. 유마힐이 말했다. 대저 해는 무슨 까닭에 염부제에 뜨는 것입니까. 답하여 말했다. 밝은 빛으로 어둠을 없애려는 것입니다. 유마힐이 말했다. 보살도 그와 같습니다. 비록 不淨한 불국토에 태어났을지라도 중생을 교화하기 위한 까닭에 몽매와 더불어 함께하지 않습니다. 단지 중생의 煩惱闇만 소멸할 뿐입니다.'에서 위에서는 무생을 변별하였는데, 여기에서는 태어난 곳을 드러낸 것이다.

중생에 상응하여 주창하였지만 도래한 시초에는 이익이 없었다. 무생은 즉 법신이고, 생은 소위 迹에 상응한 것[應迹]이다. 또한 제불의 설법은 항상 이제에 의거하는데, 무생은 眞에 나아가고 생은 즉 俗에 의거한다.

是時大衆渴仰欲見妙喜世界無動如來及其菩薩聲聞之衆佛知一切衆會所

念告維摩詰言善男子爲此衆會現妙喜國無動如來及諸菩薩聲聞之[1422]衆皆欲見下. 此文第二. 明現無動國所以. 現有三因緣. 一者欲令此會修淨土行. 故得往生. 二者欲顯淨名不思議德. 三者將還妙喜身本生處. 捨玆淨土. 入斯穢國. 明大士慈悲之緣也. 文有四句. 一大衆欲見. 二淨名現土. 三時衆得益. 四還歸本處. 此初文也.

'그때 대중이 갈앙하여 묘희세계의 무동여래 및 그 보살·성문의 대중을 친견하고자 하였다. 부처님께서 一切衆會가 생각하는 것을 아시고 유마힐에게 말씀하셨다. 선남자여. 이 衆會를 위하여 묘희국의 무동여래 및 보살·성문의 대중을 드러내주라. 대중이 모두 보고자 한다.'에서 이 경문은 둘째로 無動國이 출현한 까닭을 설명한다.

　출현에는 세 가지 인연이 있다.

　첫째는 此會로 하여금 정토행을 닦은 까닭에 왕생을 얻게 하려는 것이다.

　둘째는 정명의 부사의한 덕을 드러내려는 것이다.

　셋째는 장차 묘희국으로 돌아가더라도 몸은 본생처에 있으면서 이 청정국토를 버리고 이 穢國에 들어가는데 이것은 대사의 자비연을 설명한 것이다.

　경문에는 四句가 있다.

　첫째는 대중이 보고자 한다.

　둘째는 정명이 국토를 드러낸다.

　셋째는 시회대중이 이익을 얻는다.

　넷째는 본처로 돌아온다.

　이 대목은 첫째에 해당한다.

[1422] 之+(衆)【甲】

於是維摩詰心念吾當不起于座接妙喜國土鐵圍山川溪谷江河大海泉源須彌諸山及日月星宿天龍鬼神梵天等宮殿幷諸菩薩聲聞之衆城邑聚落男女大小乃至無動如來及菩提樹諸妙蓮華能於十方作佛事者三道寶階從閻浮提至忉利天以此寶階諸天來下悉爲禮敬無動如來聽受經法閻浮提人亦登其階上昇忉利見彼諸天妙喜世界成就如是無量功德上至阿迦膩吒天下至水際以右手斷取如陶家輪下. 第二明現土也. 就文爲二. 初念欲現土. 次正示現土. 羅什曰. 胡本云如斷泥. 今言如陶家輪. 明就中央斷取. 如陶家輪. 下不著地. 四邊相絶.

'이에 유마힐이 마음속으로 생각하였다. 〈내가 장차 자리에서 일어나지 않은 채 묘희국의 鐵圍山·川·溪谷·江·河·大海·泉·源·須彌諸山 및 일·월·성수·천룡·귀신·범천 등의 궁전, 그리고 제보살·성문의 대중, 성읍·취락, 남·여·대·소 내지 무동여래 및 보리수, 모든 묘련화를 가져다가 시방에다 불사를 지어야겠다. 三道의 보배계단을 염부제로부터 도리천에 이르게 놓는다. 그 보배계단을 통해서 제천이 내려와 모두 무동여래에게 예배하고 經法을 聽受한다. 염부제의 사람들도 또한 그 계단에 올라서 도리천으로 올라가서 그 제천을 친견한다. 묘희세계는 이와 같이 무량한 공덕이 성취되어 위로는 阿迦膩吒天에 이르고 아래로는 水際에 이르는데 오른손으로 떼어내서 陶家의 바퀴처럼'에서 이것은 둘째로 묘희국토를 드러냄을 설명한 것이다.

경문에는 두 부분이 있다.
첫째는 묘희국토를 드러내려는 생각을 한다.
둘째는 바로 묘희국토를 드러냄을 보여준다.
나집은 다음과 같이 말한다.

'胡本에서는 斷泥와 같다고 말한다. 그러나 지금 陶家輪과 같다고 말한 것은 중앙을 잘라내어 마치 陶家의 바퀴와 같은데 아래는 땅에 닿지 않고 사변이 서로 단절되어 있음을 설명한 것이다.'[1423]

入此世界猶持華鬘示一切衆. 顯菩薩示之不難其行. 此喩也.

'이 세계에 들여와서 마치 華鬘을 든 것처럼 일체대중에게 보여주리라.〉에서 이것은 보살이 그것을 보여줌에 그 행위가 어렵지 않음을 드러낸 것이다. 이것은 비유이다.

作此念已入於三昧現神通力以其右掌斷取妙喜世界下. 此第二正明現土. 凡有四句. 一正現土. 二釋迦勸觀. 三大衆覩見. 四勸修淨土因. 羅什曰. 斷取明不盡來也置於此土.

'이와 같이 생각하고나서 삼매에 들어가 신통력을 나타내 오른손으로 묘희세계를 떼어내어 이 국토에 옮겨놓았다.'에서 이것은 둘째로 바로 묘희국토를 드러냄을 설명한 것이다.
 여기에 무릇 四句가 있다.
 첫째는 바로 국토를 드러낸다.
 둘째는 석가모니부처님이 관찰할 것을 권장한다.

1423) 『注維摩詰經』 卷9, (大正新脩大藏經38, p.413上)

셋째는 대중이 관찰한다.
넷째는 청정국토의 因을 닦을 것을 권장한다.

彼得神通菩薩及聲聞衆幷餘天人俱發聲言唯然世尊誰取我去願見救護
無動佛言非我所爲是維摩詰神力所作其餘未得神通者不覺不知已之所
往妙喜世界雖入此土而不增減於是世界亦不迫隘如本無異爾時釋迦牟
尼佛告諸大衆汝等且觀妙喜世界無動如來其國嚴飾菩薩行淨弟子淸白.
此勸衆觀察也

'그들 신통력을 터득한 보살 및 성문중 그리고 그 밖의 天・人이 모두 소리를 내어 말했다. 그렇습니다. 세존이시여. 누가 우리를 데려갑니다. 바라건대 살펴보시고 구호해주십시오. 무동여래가 말씀하셨다. 내가 한 것이 아니다. 이것은 유마힐이 신통력으로 한 것이다. 그밖에 신통력을 터득하지 못한 보살들은 자기들이 옮겨가고 있다는 것도 느끼지도 못하고 알지도 못하였다. 묘희세계를 비록 이 국토에 들여놓았지만 증감이 없었고, 이 세계도 또한 좁아지지 않고 본래처럼 다름이 없었다. 그때 석가모니부처님께서 모든 대중에게 말씀하셨다. 그대들은 또한 묘희세계의 무동여래・그 국토의 엄식・보살행의 청정함・제자들의 청백함을 관찰해 보라.'에서 이것은 대중에게 관찰할 것을 권장한 것이다.

皆曰唯然已見. 此明大衆觀見也

'모두가 말했다. 그렇습니다. 이미 관찰해보았습니다.'에서 이것은 (셋째로) 대중이 관찰하여 본 것을 설명한 것이다.

佛言若菩薩欲得如是淸淨佛土當學無動如來所行之道下. 旣現妙果. 勸修淨因也.

'부처님께서 말씀하셨다. 만약 보살이 이와 같은 청정한 불국토를 터득하고자 하면 반드시 무동여래가 실천한 道를 닦아야 한다.'에서 이것은 (넷째로) 이미 묘과를 드러내어 청정국토의 인을 닦을 것을 권장한 것이다.

現此妙喜國時娑婆世界十四那由他人發阿耨多羅三藐三菩提心皆願生於妙喜佛土釋迦牟尼佛卽記之曰當生彼國下. 第三時衆得益. 肇公云. 千萬爲一那由他.

'그 묘희국토가 나타났을 때 사바세계의 십사 나유타 사람들이 아뇩다라삼먁삼보리심을 발생하고 모두가 묘희불국토에 태어나기를 원하였다. 석가모니부처님께서 곧 그들에게 수기하며 말했다. 장차 그 국토에서 태어날 것이다.'에서 이것은 셋째로 시회대중이 얻은 이익이다.
   조공은 '천만이 일나유타이다.'고 말한다.

時妙喜世界於此國土所應饒益其事訖已還其本處擧衆皆見下. 第四還

歸本處.

'그때 묘희세계가 이 국토에 상응한 이익을 주고, 그 사업을 마치고는 다시 본래의 처소로 돌아가는 것을 모든 대중이 다 보았다.'에서 이것은 넷째로 본래의 처소로 돌아간 것이다.

佛告舍利弗汝見此妙喜世界及無動佛不下. 此第三明歎人美法. 以聖集難遇. 經法難聞. 故問汝見之不.

'부처님께서 사리불에게 말씀하셨다. 그대는 그 묘희세계와 무동여래를 친견하였는가.'에서 이것은 셋째로 人을 찬탄하고 法을 찬미한 것이다.
聖集은 만나기가 어렵고 經法은 듣기가 어렵다. 때문에 '그대는 친견하였는가'라고 묻는다.

唯然已見世尊願使一切衆生得淸淨土如無動佛獲神通力如維摩詰世尊我等快得善利得見是人親近供養下. 以身子因其所見. 發願歎人也.

'그렇습니다. 이미 보았습니다. 세존이시여. 바라건대 일체중생으로 하여금 청정한 국토를 얻고 무동불처럼 되며 신통력을 획득하고 유마힐처럼 되게 해주십시오. 세존이시여. 저희들은 참으로 善利를 얻어서 그 사람을 친근하고 공양할 수 있게 되었습니다.'에서 이것은 사리불이 그가 본 것을 인하여 발원하고 人을 찬탄한 것이다.

其諸衆生若今現在若佛滅後聞此經者亦得善利況復聞已信解受持讀誦解說如法修行若有乎[1424]得是經典者便爲已得法寶之藏. 此歎法也. 手得經卷. 雖未誦待[1425]. 如人已得寶藏. 但未用耳.

'그 모든 중생이 만약 지금 현재이거나 만약 부처님이 입멸하신 후에 이 경전을 듣는 사람도 또한 좋은 이익을 얻을 것인데, 하물며 다시 듣고나서 이미 믿고 이해하며 받고 지니며 읽고 외우며 해설하고 여법하게 수행하는 것이겠는가. 만약 이 경전을 손에 얻은 자는 곧 이미 보배창고를 얻는 셈입니다.'에서 이것은 법을 찬탄한 것이다.

수중에 경권을 얻으면 비록 읽지 않더라도 어떤 사람이 이미 寶藏을 얻었지만 아직 활용하지 않고 있는 것과 같다.

若有讀誦解釋[1426]其義如說修行則爲諸佛之所護念下. 行應於內. 護念於外. 理數[1427]冥感. 自然之安[1428]也. 其有供養.

'만약 읽고 외우며 그 뜻을 해석하고 여설하게 수행한다면 곧 제불의 호념을 받는 셈입니다.'에서 이것은 안으로는 수행에 상응하고 밖으로는 호념을 받는 것이다.

1424) 乎=手【甲】
1425) 待=持【甲】
1426) 釋=說ㅓ【原】
1427) 數=會ㅓ【原】【甲】
1428) 安=數ㅓ【原】【甲】

이해[理會]가 그윽하게 감응되면[冥感] 자연히 운수가 트이는데 거기에 공양이 있다.

如是人者當知則爲供養於佛其有書持此經卷者當知是室則有如來若聞是經能隨喜者斯人則爲取一切智若能信解此經乃至一四句偈爲他人說者當知是人卽受阿耨多羅三藐三菩提記下. 此經正明菩薩之行. 故聞經能隨義而喜. 必得種智. 信解此經一四句偈. 爲他人說. 則知菩薩道高. 二乘鄙劣. 故永不退大心必當成佛. 故爲佛可記.

'이와 같은 사람에게 공양하는 사람은 곧 부처님께 공양하는 셈이 되는 줄 반드시 알아야 합니다. 이 경권을 쓰고 지니는 사람은 그 방이 곧 여래가 계시는 곳인 줄 알아야 합니다. 만약 이 경전을 듣고 隨喜하게 되면 그 사람은 곧 일체지를 얻은 셈이 됩니다. 만약 이 경전을 믿고 이해하며 내지 하나의 사구게라도 남에게 설해준다면 그 사람은 곧 아뇩다라삼먁삼보리의 수기를 받은 것임을 반드시 알아야 합니다.'에서 이 경문은 바로 보살행을 설명한 것이다.

때문에 경전을 듣고 뜻[義]을 따라서 기뻐하면 반드시 種智를 터득한다. 이 경전의 일사구게라도 신해하여 타인에게 연설해주면 즉 보살의 도는 높고 이승은 鄙劣한 줄을 알게 된다. 때문에 영원히 대승심에서 물러나지 않고 반드시 장차 성불한다. 이런 까닭에 부처님에게 수기를 받는다.

法供養品第十三
제십삼 법공양품

經有三分. 序正已說[1429]. 命[1430]次辨流通. 流通有二. 一者讚歎. 二者付囑. 卽兩品文也. 法供養品者. 法謂大乘了義. 究竟之法也. 如說而行自養法身. 如行而說. 養他法身. 此二並以稱會佛心. 卽是供養於佛. 名法供養. 品開爲二. 一天帝歎法美人. 二如來印述. 初有三句. 一歎所聞法. 二美能聞之人. 三結誓弘護.

경전에 삼분이 있는데, 서분과 정종분은 이미 마쳤다. 이제 그 다음으로 유통분을 변별한다.

유통분에 두 부분이 있다.

첫째는 찬탄한다.

둘째는 부촉한다.

이것이 [법공양품]과 [촉루품]의 양품의 경문이다. [법공양품]에서 법은 大乘了義로서 구경의 법을 말한다. 여법한 설법[如說]을 수행하여 자신의 법신을 자양하고, 여법한 수행[如行]을 설하여 타인의 법신을 자양한다. 이 둘은 모두 법회의 부처님 마음에 칭합된 것인데, 즉 이것은 부처님께 공양하기에 [법공양품]이라고 말한다. [법공양품]을 열어보면 두 부분이 있다.

1429) 說=訖【甲】
1430) 命=今【甲】

첫째는 천제가 法을 찬탄하고 人을 찬미한다.
둘째는 여래가 인정하여 서술한다.
첫째에는 삼구가 있다.
첫째는 所聞의 法을 찬탄한다.
둘째는 能聞의 人을 찬미한다.
셋째는 널리 수호하겠다는 서원을 결론짓는다.

爾時釋提桓因於大衆中白佛言世尊我雖從佛及文殊師利聞百千經未曾聞此不可思議自在神通決定實相經典下. 此初句歎法也. 大品等廣故難尋. 此簡其略故. 歎未曾有也. 智度論云. 說智慧多. 對出家人. 明福德多. 對在家人. 今旣明功德. 是以天主. 稱歎勸修福.

'그때 석제환인이 대중 가운데 있다가 부처님께 사뢰어 말씀드렸다. 세존이시여. 저는 비록 부처님과 문수사리로부터 백천 가지 경전을 들었지만 일찍이 이처럼 불가사의하고 자재하게 신통하며 결정적인 실상의 경전을 들어본 적이 없습니다.'에서 이것은 초구로서 법을 찬탄한 것이다.

『대품』등에 광대하기 때문에 (이에 딱히 들어맞는 것을) 찾아보기 어렵다. 여기에서는 간추려서 그것을 생략한 까닭에 '미증유'라고 찬탄한다.

『대지도론』에서 다음과 같이 말한다.

'지혜가 많다고 설하는 것은 출가자에 대한 것이고, 복덕이 많다고 설명하는 것은 재가인에 대한 것이다.'

지금은 이미 공덕을 설명한 것은 천주로서 칭탄하고 복덕을 닦을 것을 권장한 것이다.

如我解佛所說義趣若有衆生聞是經法信解受行[1431]讀誦之者必得是法不疑何況如說修行斯人則爲閉衆惡趣開諸善門常爲諸佛之所護念降伏外學摧滅魔怨修治菩提安處道場履踐如來所行之跡下. 此第二次歎人也.

'제가 부처님께서 설하신 義趣를 이해하기로 만약 어떤 중생이 이 경법을 듣고서 믿고 이해하며 받고 지니며 읽고 외우는 사람은 반드시 그 법에 의심이 없음을 터득할 것인데, 하물며 여설하게 수행하는 것이겠습니까. 그 사람은 곧 衆惡趣를 닫고 諸善門을 열어서 항상 제불의 호념을 받고, 外學을 다스리고 魔怨을 摧滅하며, 보리를 修治하고 도량에 편안하게 처하며, 여래 소행의 자취를 따라서 실천할 것입니다.'에서 이것은 둘째로 이어서 人을 찬탄한 것이다.

世尊若有受持讀誦如說修行行者我當與諸眷屬供養恭給[1432]給所在聚落城邑山林曠野有是經處我亦與諸眷屬聽受法故共到其所其未信者當令生信其已信者當爲作護. 此第三結誓弘護.

'세존이시여. 만약 받고 지니며 읽고 외우며 여설하게 수행하는 사람이 있으면 제가 반드시 모든 권속과 더불어 공양하고 급사하며, 소재하는 취락과 성읍·산림과 광야에 이 경전이 있는 곳이라면 제가 또한 모든 권속과 더불어 그 법을 청수하기 위하여 함께 그곳에 도착하며, 경전을 믿지 않는 사람

1431) 行=持【甲】
1432) 恭給=給事ィ【甲】

에게는 반드시 믿음을 발생하도록 하고, 이미 믿음을 일으킨 사람은 반드시 보호해줄 것입니다.'에서 이것은 셋째로 널리 수호하겠다는 서원을 결론지은 것이다.

佛言善哉善哉天帝如汝所說吾助汝喜此經廣說過去未來現在諸佛不可思議阿耨多羅三藐三菩提. 故[1433] 此第二明佛述成. 成上三章. 卽爲三意. 此初第一述歎法也.

'부처님께서 말씀하셨다. 훌륭하다. 참으로 훌륭하다. 천제여. 그대의 말처럼 나 여래는 그대의 조력을 기뻐한다. 이 경에는 과거·미래·현재 제불의 불가사의한 아뇩다라삼먁삼보리가 자세하게 설해져 있다.'에서 이것은 둘째로 부처님의 서술이 성취됨을 설명한 것이다. 위에서 삼장이 성취되었는데, 즉 거기에 세 가지 뜻[意]이 있다.
  이것은 첫째로서 法을 찬탄함을 서술한 것이다.

天帝[1434]若善男子善女人受持讀誦供養是經者則爲供養去來今佛下. 此第二述其歎人. 初正述歎. 次須格量. 此初文也.

  '이런 까닭에 만약 선남자·선여인이 이 경전을 받고 지니며 읽고 외우며

1433) 〔故〕-【甲】
1434) (是故) ㆍ +天帝【甲】

공양하면 곧 과거·미래·현재의 부처님께 공양하는 셈이다.'에서 이것은 둘째로 그 찬탄한 사람을 서술한 것이다.

天帝. 正使三千大千世界如來滿中譬如甘蔗竹葦稻麻叢林若有善男子善女人或一劫或減一劫恭敬尊重讚歎供養奉諸所安乃至諸佛滅後以一一全身舍利起七寶塔縱廣一四天下高至梵天表刹莊嚴. 以一切華香瓔珞幢幡伎樂微妙第一若一劫若減[1435)]一劫而供養之於天帝意云何其人殖福寧爲多不. 釋提桓因言多矣世尊彼之福德若以百千億劫說不[1436)]盡佛告天帝當知是善男子善女人聞是不可思議解脫經典信解受持讀誦修行福多於彼所以者何諸佛菩提皆從是生善[1437)]提之相不可限量以是因緣福不可量. 此第二須辨相[1438)]量.

'천제여. 바로 삼천대천세계에는 여래가 충만한데, 비유하면 마치 甘蔗·竹·稻麻·叢林과 같다. 만약 어떤 선남자·선여인이 혹 一劫 동안 혹 減一劫 동안 공경하고 존중하며 찬탄하고 공양하며 제여래를 편안하게 받들고, 제불이 입멸한 이후에 이르러서도 낱낱의 전신사리로써 칠보탑을 건립하되 세로와 가로가 一四天下이고 높이가 범천에 이르게 찰토를 장엄하여 드러내며, 일체의 華香·瓔珞·幢幡·伎樂이 미묘하고 제일가는 것으로써 혹 一劫 혹 減一劫 동안 제불에게 공양한다고 하자. 천제의 생각을 어떠한가.

1435) 滅=減【甲】【CB】
1436) 不+(能)【甲】
1437) 善=菩【甲】
1438) 相=格【甲】

그 사람이 심은 복은 얼마나 많겠는가. 석제환인이 말씀드렸다. 많습니다. 세존이시여. 그 사람의 복덕은 설령 백천억 겁 동안 설해도 다함이 없을 것입니다. 부처님께서 천제에게 말씀하셨다. 반드시 알아야 한다. 그 선남자·선여인이 이 불가사의해탈의 경전을 듣고서 믿고 이해하며 받고 지니며 읽고 외우며 수행하면 이 복덕이 저 복덕보다 많다. 왜냐하면 제불의 깨침[菩提]이 모두 이 경전에서 발생하였는데, 깨침의 相은 不可限量하여 이러한 인연으로써 복이 불가량하다.'에서 이것은 둘째로 반드시 격량해야 함을 변별한 것이다.

佛告天帝. 過去無量阿僧祇劫時世有佛號藥王如來應供正遍知明行足善逝世間解無上士調御丈夫天人師佛世尊世界名曰大莊嚴劫名莊嚴佛壽二十小劫其聲聞僧六[1439]十六億那由他菩薩僧有十二億天帝是時轉輪聖王名曰寶蓋七寶具足主四天下王有千子端正勇健能伏怨敵爾時寶蓋與其眷屬供養藥王如來施諸所安至滿五劫過五劫已告其千子汝等亦當如我皆以深心供養於佛於是千子受父王命供養藥王如來復滿五劫一切施安下. 此第三引往古事. 述成天帝結誓弘護. 就文爲五. 一明法供緣起. 二正明法供. 三聞法供得益. 四會古今. 五總結也. 此卽初文.

'부처님께서 천제에게 말씀하셨다. 과거의 무량아승지겁 시대에 세간에 부처님이 계셨는데 명호가 藥王如來·應供·正遍知·明行足·善逝·世間解·無上士·調御丈夫·天人師·佛·世尊이고, 세계의 이름은 大莊嚴이

1439) 六=三【甲】

며, 劫은 莊嚴이고, 佛壽는 이십 소겁이었다. 그 성문승은 삼십육억 나유타 명이 있었고, 보살승은 십이억 명이 있었다. 천제여. 그때 전륜성왕이 있었는데 이름이 寶蓋였다. 칠보를 구족하고 사천하의 주재자였다. 왕에게는 천 명의 아들이 있었는데 端正하고 勇健하여 怨敵을 다스렸다. 그때 寶蓋와 그 권속이 약왕여래에게 공양하였는데 모든 편의를 오 겁이 차도록 보시하였다. 五劫이 지나자 그 천 명의 아들에게 말했다. 〈그대들도 또한 반드시 나처럼 深心으로써 부처님께 공양해야 한다.〉 이에 천 명의 아들이 부왕의 명을 받아 약왕여래에게 또한 오 겁이 차도록 일체의 편의를 공양하였다.'에서 이것은 셋째로 往古事를 인용하여 천제의 널리 수호하겠다는 서원을 결론지은 것이다.

경문에는 다섯 부분이 있다.

첫째는 법공양의 연기를 설명한다.

둘째는 바로 법공양을 설명한다.

셋째는 법공양으로 얻는 이익을 듣는다.

넷째는 古今을 회통한다.

다섯째는 총결이다.

이 대목은 곧 첫째에 해당한다.

其王一子名曰月蓋獨坐思惟寧有供養殊過此者以佛神力空中有天曰善男子法之供養勝[1440]供養卽問何謂法之供養天曰汝可往問藥王如來當廣爲汝說法之供養卽時月蓋王子行詣藥王如來稽首佛足却住一面白佛言世尊

1440) 勝+(諸)【甲】

諸供養中法供養勝云何名爲法之供養佛言善男子法供養者諸佛所說深經
下. 此第二正明法供養. 深經者. 謂方等了義. 究竟之經也.

'그 왕의 한 아들은 이름이 月蓋였다. 홀로 앉아서 〈이것을 능가하는 공양은 무엇이 있을까.〉라고 사유하였다. 부처님께서 신통력으로 허공에서 어떤 天이 말했다. 〈선남자여. 법공양이 어떤 공양보다 뛰어납니다.〉 그러자 곧 물었다. 〈법공양이란 무엇입니까.〉 天이 말했다. 〈그대가 약왕여래에게 가서 물으면 장차 그대한테 자세하게 설법해줄 것입니다.〉 즉시 월개왕자는 약왕여래에게 나아가서 부처님 발에 계수하고 물러나 한쪽에 머물러서 부처님께 사뢰어 말씀드렸다. 〈세존이시여. 모든 공양 가운데서 법공양이 뛰어납니다. 법공양이란 무엇입니까.〉 약왕부처님께서 말씀하셨다. 〈선남자여. 법공양은 제불이 설한 깊은 경전으로'에서 이것은 바로 법공양을 설명한 것이다.
'깊은 경전'은 方等了義로서 究竟의 경전을 말한다.

一切世間難信難受微妙難見淸淨無染非但分別思惟之所能得下. 非但分別者. 謂非智慧分別之所能得也. 思惟之所得者. 要由禪定. 方乃得也. 又要由正觀. 然後能得耳. 非分別取相. 思惟之所得也.

'일체세간에서 믿기 어렵고 받기 어려우며 미묘하여 보기 어렵고 청정하여 염오되지 않아서 무릇 분별사유로 터득할 수 있는 것이 아니다.'에서 '무릇 분별로 …이 아니다'는 것은 지혜분별로 얻을 수 있는 것이 아님을 말한 것이다. '사유로 터득(할 수 있는 것이 아니다)'는 것은 요컨대 선정을 말미암아야 바야흐로 터득되는 것이다.

또한 요컨대 正觀을 말미암은 연후에 터득할 수 있는 것이지, 분별취상이나 사유로 터득되는 것이 아니다.

菩薩法藏所攝. 大明佛法. 凡有二藏. 爲小乘人說. 名聲聞藏. 爲大乘人說. 名菩薩藏.

'보살법장에 들어 있는'에서 이것은 대략 불법을 설명한 것인데, 무릇 二藏이 있다. 소승인을 위해 설한 것을 성문장이라고 말하고, 대승인을 위해 설한 것을 보살장이라고 말한다.

陀羅尼印印之下. 陀羅尼是行. 以念智爲體. 記法不忘爲念也. 知生[1441]法不生是智也. 一者聞持. 持教不忘. 二者思議[1442]. 持義不失. 持義不失故. 不可改. 所以爲印. 又釋. 持有多門. 此是實相總持. 以實相對[1443]印此經. 名深經也.

'다라니인으로 그것을 도장찍은 것이다.'에서 다라니는 수행으로서 念과 智로써 체를 삼는다. 법을 기억하여 잊지 않는 것이 念이고, 법이 불생임을

1441) 〔生〕ㅓ-【甲】
1442) 議=義ㄱ【原】【甲】
1443) 對=封ㅓ【原】, =封【甲】, =對ㅓ【甲】

아는 것이 智이다.

　첫째는 聞持陀羅尼인데 敎를 持하여 잊지 않는 것이다.
　둘째는 思義陀羅尼인데 義를 持하여 잃지 않는 것이다.
　개변할 수 없는 까닭에 印이다.
　또 해석하자면 持에도 多門이 있다. 이 대목은 실상총지이다. 실상으로써 이 경전을 봉인한 것이므로 '깊은 경전'이라고 말한다.

至不退轉. 行深經. 必得不退也.

'불퇴전에 이르러'에서 이것은 깊은 경전을 실천하면 반드시 不退轉의 경지를 얻는다.

成就六度善分別義順菩提法衆經之上入大慈悲下. 由慈悲故. 能知深經. 知深經. 必入慈悲. 以此經. 敎菩薩. 化益衆生. 故可入慈悲也.

'육바라밀을 성취하고, 뜻을 잘 분별하여 보리법에 수순하는 것으로 온갖 경전 가운데 최상이다. 대자비에 들어가서'에서 자비를 말미암은 까닭에 깊은 경전을 안다. 깊은 경전을 알면 반드시 자비에 들어가서 이 경전으로써 보살을 가르치고 중생을 化益하기 때문에 가히 자비에 들어가는 것이다.

離衆魔事及諸邪見順因緣法下. 深經所說因緣. 非定有無. 故順因緣也.

'衆魔事 및 諸邪見을 다스리는 것이다. 인연법'에서 깊은 경전에 설해진 인연은 有無가 정해져 있지 않기 때문에 인연을 따른다.

無我無人無衆生無壽命空無相無作無起能令衆生坐於道場. 先坐道場. 正是入金剛三昧. 若通論萬行. 悉能起道. 名爲道場. 此深經. 能令坐此二道場也.

'무아·무인·무중생·무수명 그리고 空·無相·無作·無起에 수순하여 중생으로 하여금 도량에 앉아서'에서 이것은 (첫째로) 먼저 도량에 앉는데 바로 이것이 금강삼매에 들어가는 것이다. (둘째로) 만약 만행을 통론하자면 모두가 도를 일으키기 때문에 도량이라고 말한다. 이 깊은 경전은 이들 두 가지 도량에 앉게끔 해준다.

而轉法輪諸天龍鬼乾闥婆等所共歎譽能令衆生入佛法藏攝諸賢聖一切智慧說衆菩薩所行之道依於諸法實相之義明宣無常苦空無我寂滅之法下. 不依實相. 而解無常者. 則破常而著無常. 若依實相. 而說無常. 則破常<而+?>不著無常. 謂明宣之義也.

'법륜을 굴리도록 하고, 諸天·龍神·乾闥婆 등이 함께 찬탄하고 칭송[歎譽]하도록 하며, 중생으로 하여금 佛法藏에 들어가서 제현성의 일체지혜를 섭수토록 하고, 衆菩薩이 실천하는 道를 설하여 제법실상의 뜻에 의지하도록 하는 것이며, 무상·고·공·무아·적멸의 법을 분명하게 펼쳐서'에서 이것은 실상에 의거하지 않고 무상을 이해한 즉 常을 타파하고 無常에 집착하게 된다.

그러나 만약 실상에 의거하여 무상을 설한 즉 상을 타파하고 무상에 집착하지 않게 되는데 소위 (설법을) 펼치는 뜻을 설명한 것이다.

能救一切毀禁衆生下. 四重五逆. 小乘不能救之. 大乘無所不濟也.

'일체의 毀禁衆生을 구해주는 것이고'에서 이것은 四重罪와 五逆罪이다. 소승으로는 그것을 구원할 수가 없지만, 대승으로는 구제하지 못할 것이 없다.

諸魔外道及貪著者則[1444]能使怖畏下. 外道爲見. 貪著是愛. 深經能轉其愛見. 則於愛見生怖畏也.

'諸魔와 外道 및 貪著하는 사람으로 하여금 怖畏를 느끼도록 하여'에서 외도는 見이고 탐착은 愛이다. 깊은 경전으로 그 愛와 見을 굴린 즉 愛와 見에 대하여 怖畏가 발생한다.

諸佛賢聖所共所[1445]歎背生死苦示涅槃樂十方三世諸佛所說下. 自上已

1444) 〔則〕-【甲】
1445) 所=稱【甲】

來. 正明法也.

'제불과 현성이 함께 칭탄하도록 하는 것이며, 생사고를 등지고 열반락을 보여주는 것은 시방과 삼세의 제불이 설한 것이므로'에서 이상에서는 바로 法을 설명하였다.

若聞如是等經信解受持讀誦. 此明如法修行. 稱會佛心. 謂供養也.

'만약 이와 같은 경전을 듣고 믿고 이해하며 받고 지니며 읽고 외워서'에서 이것은 여법한 수행을 설명한 것이다.
법회의 부처님 마음에 칭합된 것으로 공양을 말한다.

以方便力爲諸衆生分別解說顯示分明[1446]守護法故是名爲供[1447]之供養下. 此明如行而說. 令諸人悟[1448]道法. 是又便[1449]前人. 資養法身. 並稱順佛心. 名法供養.

'방편력으로써 모든 중생을 위해 분별하고 해설하여 분명하게 현시해준다면 법을 수호하는 것이기 때문에 그것을 법공양이라고 말한다.'에서 이것은

1446) 明＝別 ｲ【原】
1447) 供＝法【甲】
1448) 悟＝悟【甲】
1449) 便＝彰【原】, ＝使【甲】, ＝彰 ｲ【甲】

여법한 수행[如行]을 설하여 모든 사람으로 하여금 道法을 깨닫도록 해준 것이다.

이것은 또한 앞의 사람이 법신을 자양함을 드러낸[彰] 것이고 또한 佛心을 稱順한 것이므로 법공양이라고 말한다.

又於諸法如說修行隨順十二因緣離諸邪見得無生忍決定無我無衆生而於因緣果報無違無諍離諸我所下. 此重明如說修行. 爲供養也.

'또한 제법에 대하여 여법한 설법[如說]을 수행하고 십이인연을 수순하여 모든 사견을 벗어나서 무생법인을 터득하고, 결정적으로 我가 없고 衆生이 없어서 인연의 과보에 대하여 無違하고 無諍하여 모든 아소를 떠나 있으며'에서 이것은 거듭 여법한 설법[如說]을 수행하는 것이 법공양임을 설명한 것이다.

依於義不依語. 語爲敎. 義爲理. 本以敎詮於理. 如因指示月. 故須依理. 不得依敎.

'義에 의지하고 語에 의지하지 않으며'에서 語는 敎이고, 義는 理이다. 본래 敎로써 理를 설명하는데 마치 손가락을 인하여 달을 보여주는 것과 같기 때문에 반드시 理에 의지해야지 敎에 의지해서는 안된다.

依於智不依識. 識以執著爲情. 智以達理爲用. 故依智不依識也.

'智에 의지하고 識에 의지하지 않으며'에서 識으로써 집착하는 것은 情이고, 智로써 이치에 통달하는 것은 用이기 때문에 智에 의지해야지 識에 의지해서는 안된다.

依了義經不依不了義經. 智所知義. 有了不了. 故須依了義經. 不依不了義.

'了義經에 의지하고 不了義經에 의지하지 않으며'에서 智로써 義를 아는 것에는 了와 不了가 있기 때문에 반드시 요의경에 의지해야지 불요의경에 의지해서는 안된다.

依於法不依人. 法雖人弘. 人不必盡能依法. 法有定楷. 人無常則. 是故依法不依於人法[1450]. 又一種次第. 初依法不依人. 如向釋. 二依了義經. 不依不了義. 向雖去人取法. 但法有了不了. 故次簡於不了. 令取了也. 三依義不依語. 就了義經. 有理有敎. 故須依理. 不依於敎. 四依智不依識. 識所知理. 不足可依. 智所知理. 方乃可依. 故須依智不依識也.

'法에 의지하고 人에 의지하지 않으며'에서 법은 비록 사람이 홍포할지라

1450) 〔法〕-【甲】

도 사람은 반드시 모두 법에 의지하는 것은 아니다. 법에는 定楷가 있지만 사람에는 常則이 없다. 이런 까닭에 법에 의지하고 사람에 의지해서는 안된다.

또한 첫째는 종류의 차제인데, 먼저 法에 의지하고 人에 의지해서는 안된다는 것이다. 이것은 위의 해석과 같다.

둘째는 요의경에 의지하고 불요의경에 의지해서는 안된다는 것이다. 위에서는 비록 人을 떠나고 法을 취하였지만 무릇 법에도 了와 不了가 있다. 때문에 이어서 不了를 간별하여 了를 취하도록 한 것이다.

셋째는 義에 의지하고 語에 의지해서는 안된다는 것이다. 理가 있고 敎가 있기 때문에 반드시 理에 의지해야지 敎에 의지해서는 안된다는 것이다.

넷째는 智에 의지해야지 識에 의지해서는 안된다. 識으로 所知하는 理는 가히 의지할 것이 못되지만, 智로 所知되는 理는 바야흐로 가히 의지할 수가 있다. 때문에 반드시 智에 의지해야지 識에 의지해서는 안된다는 것이다.

隨順法相[1451]無所入無所歸無明畢竟滅故諸行亦畢竟滅乃至生畢竟滅故老死亦畢竟滅作如是觀十二因緣無有盡相. 問. 滅卽是盡. 今旣云無盡. 上何得云畢竟滅耶. 答. 前對虛妄謂有生. 故畢竟滅耳. 然十二因緣. 本自不生. 故今無滅. 無滅故言無盡. 亦上云畢竟滅. 破凡夫有生. 今稱無盡. 斥二乘有滅. 是以後句云不復起見. 不復起見者. 上離凡夫生見. 今不起二乘滅見.

'法相에 수순하여 들어갈 곳도 없고 돌아갈 곳도 없으며, 무명은 필경에

[1451] 相=想【甲】

소멸하기 때문에 제행도 또한 필경에 소멸하고, 내지 필경에 소멸이 발생하기 때문에 老死도 또한 필경에 소멸한다고 이와 같이 관찰하면 십이인연은 더 이상 盡相이 없어서'에서 다음과 같이 묻는다 : 滅은 곧 盡인데 지금 無盡이라고 말하였습니다. 그렇다면 위에서는 어떻게 畢竟滅이라고 말한 것입니까.

답한다 : 위에서는 허망에 상대하여 유생이라고 말했기 때문에 필경멸이었다. 그러나 십이인연은 본래 불생이기 때문에 지금은 無滅이다. 무멸이기 때문에 無盡이라고 말한다.
또한 위에서 말한 필경멸은 범부의 有生을 타파하였는데, 지금 無盡이라고 일컬은 것은 이승의 有滅을 배척한 것이다. 이 때문에 後句에서는 다시는 견을 일으키지 않는다[不復起見]고 말한다. 다시는 견을 일으키지 않는다는 것은 위에서는 범부의 유생이라는 견해[生見]를 떠났지만, 지금은 이승의 소멸이라는 견해[滅見]을 일으키지 않는다.

不復起見是名最上法之供養. 結法供養. 爲最上也. 簡法供養有二. 若於法起見. 非最上法供養. 若不於法起見. 名最上法供養[1452]也.

'다시는 見이 일어나지 않게 되는데, 그것을 최상의 법공양이라고 말한다.'에서 이것은 법공양이 최상임을 결론지은 것이다.

1452) 〔養〕-【甲】

법공양을 간별하는 것에 두 가지가 있다.

(첫째는) 만약 법에 대하여 見을 일으킨다면 그것은 최상의 법공양이 아니다.

(둘째는) 만약 법에 대하여 見을 일으키지 않는다면 그것을 최상의 법공양이라고 말한다.

佛告天帝王子月蓋從藥王佛聞如是法得柔順[1453]忍. 第三聞法供養得利益也. 心柔智順. 堪受實相. 未及無生. 名柔順忍位. 順忍有二. 一在地前三十心位. 二在六地已下也. 無生亦兩. 一在初地. 二居七地

'부처님께서 천제에게 말씀하셨다. 왕자 월개가 약왕불로부터 이와 같은 설법을 듣고 柔順忍을 터득하여'에서 이것은 셋째로 법공양을 듣고 이익을 얻은 것이다. 心이 부드러워지고 智가 수순해져서[心柔智順] 실상을 堪受하지만 아직 무생에는 이르지 못한 것을 柔順忍位라고 말한다.

順忍에 두 가지가 있다.

첫째는 地前의 삼십심위(십주 · 십행 · 십회향)에 있는 경우이다.

둘째는 제육지 이하(환희지 · 이구지 · 발광지 · 염혜지 · 난승지 · 현전지)에 있는 경우이다.

무생의 경우에도 또한 두 가지가 있다.

첫째는 초지에 있는 경우이다.

둘째는 제칠지에 居하는 경우이다.

1453) 順=頓【甲】

卽解寶衣嚴身之具以供養佛白佛言世尊如來滅後我當行法供養守護正法願以威神力[1454]哀建立令我得降魔怨修菩薩行佛知其深心所念而記之曰汝於未[1455]後守護法城天帝時王子月蓋見法清淨聞佛授記以信出家修集善法精進不久得五神通具菩薩道得陀羅尼無斷辨才於佛滅後以其所得神通總持辨才之力滿十小劫藥王如來所轉法輪隨而分布月蓋比丘以護持法懃行精進卽於此身化百萬億人於阿耨多羅三藐三菩提立不退轉十四那由他人深發聲聞辟支[1456]佛心無量衆生得生天上. 上明得柔順忍. 今云獲五神通. 謂無生忍也. 以具得二忍. 卽如說修行. 名法供養. 復能如行而說. 令多人悟道. 亦名法之供養也.

'곧 보배 옷과 장신구를 풀어서 부처님께 공양하고, 부처님께 사뢰어 말씀드렸다.〈세존이시여. 여래께서 입멸하신 이후에 저는 장차 법공양을 실천하여 정법을 수호하겠습니다. 바라건대 위신력으로써 자비의 건립을 더하여 저로 하여금 降魔怨을 얻게 하시고 보살행을 닦도록 해주십시오.〉부처님께서 그 深心으로 월개의 생각을 아시고 그에게 수기하며 말씀하셨다.〈그대는 말후에 法城을 수호하라.〉천제여. 그때 왕자 월개는 법의 청정함을 보고 부처님의 수기를 듣고서 믿음으로써 출가하여 선법을 修集하였다. 정진한 지 오래지 않아 오신통을 터득하고 보살도에 이르며 다라니와 끊임없는 변재를 터득하였다. 부처님께서 입멸하신 이후에 그가 터득한 신통력・총지력・변재력으로써 십소겁이 차도록 약왕여래께서 굴린 법륜을 따

1454) 力=加【甲】
1455) 未=末【甲】
1456) 支=尸【甲】

라서 분포시켰다. 월개비구는 법을 수호하고 근행하고 정진함으로써 곧 그 몸으로써 백만억 명의 사람을 교화하여 아뇩다라삼먁삼보리에 들어서서 불퇴전하게 하였다. 그리고 십사나유타 명의 사람을 성문심·벽지불심을 깊이 발생하였고, 무량한 중생이 천상에 태어났다.'에서 위에서는 柔順忍을 얻음을 설명하였는데, 지금은 오신통을 획득함을 말한 것인데 소위 無生忍이다.

이로써 二忍을 갖춘 즉 여법한 설법을 수행하는데 이것을 법공양이라고 말한다. 다시 여법한 수행[如行]을 설하여 많은 사람들에게 悟道하도록 해주는데 이 또한 법공양이라고 말한다.

天帝時王寶蓋豈異人乎今現得佛號寶炎如來其王千子卽賢劫中千佛是也從迦羅鳩孫大¹⁴⁵⁷⁾爲始得佛最後如來號曰樓至月蓋比丘則我身是. 第四會古今. 賢劫者. 淨居天. 見劫初來時. 水內有千寶蓮華. 卽知有千佛出世. 故名此劫. 以爲善劫. 賢卽善也. 樓至翻爲啼泣. 事出他經.

'천제여. 그때 왕인 보개가 어찌 다른 사람이겠는가. 지금 부처님이 되어 출현하였는데 명호가 보염여래이고, 그 왕의 천명의 아들은 곧 賢劫의 千佛이 그들이다. 迦羅鳩孫馱를 비롯하여 처음으로 佛이 되었고, 최후의 여래 명호는 樓至이다. 월개비구는 곧 내 몸이 그였다.'에서 이것은 넷째로 古今을 회통한 것이다.

賢劫이란 淨居天이 겁초에 도래했을 때 보니 물 안에 千寶蓮華가 있은 즉

1457) 大=馱【甲】

千佛出世가 있음을 알았기 때문에 그 劫을 善劫이라고 말하였는데 賢이 즉 善이다.

樓至는 번역하면 啼泣이 된다. 이 내용은 다른 경전에 나온다.

如是天帝當知此要以法供養於諸供養爲上爲最第一無比是故天帝當以法之供養供養於佛下. 第五總結法供爲勝也.

'이와 같이 천제여. 반드시 알아야 한다. 중요한 것은 법공양이 모든 공양 가운데 최상이고 최고이며 제일로서 비교할 것이 없다. 이런 까닭에 천제여. 반드시 법공양으로써 부처님께 공양해야 한다.'에서 이것은 다섯째로 법공양이 뛰어남을 총결한 것이다.

囑累品第十四
제십사 촉루품

流通有二. 讚歎竟前. 今是第二次明囑累[1458]. 謂付囑. 累是憑累. 付囑憑累. 使法流末葉. 群生信解. 故云囑累. 品開五段. 一付囑彌勒. 二諸菩薩發願弘宣. 第三四王自誓擁護. 四命持[1459]者受持. 五大衆聞法歡喜. 信受奉行. 初文又三. 一付彌勒. 二彌勒受. 三佛述歎.

유통분에 두 부분이 있다.

(첫째로) 찬탄하는 부분은 위에서 마쳤다.

지금은 둘째로 이어서 촉루를 설명한다.

囑은 말하자면 付囑이고, 累는 곧 憑累이다. 付囑하고 憑累하여 법이 末葉까지 유통하여 군생이 신해하도록 해주는 것이기 때문에 촉루라고 말한다.

[촉루품]을 열어보면 다섯 단락이 있다.

첫째는 미륵에게 부촉한다.

둘째는 제보살이 弘宣할 것을 발원한다.

셋째는 사왕천이 옹호해줄 것을 스스로 서원한다.

넷째는 시자에게 수지할 것을 명한다.

다섯째는 대중이 설법을 듣고 歡喜信受奉行한다.

1458) 累+(囑)カ【原】, (囑)【甲】
1459) 持=侍【甲】

첫째의 경문에도 다시 세 부분이 있다.
첫째는 미륵에게 부촉한다.
둘째는 미륵이 부촉을 받는다.
셋째는 부처님이 찬탄을 서술한다.

於是佛告彌勒菩薩言彌勒我今以是無量億阿僧祇劫所集阿耨多羅三藐
三菩提法付囑於汝下. 不付阿難者. 以其無有神力. 不能弘宣故也. 維摩
非此土菩薩. 故不付囑也. 文殊遊無定方. 故亦不付也. 彌勒者以於此成
佛故. 以神力宣通. 欲成彌勒功業故也.

'이에 부처님께서 미륵보살에게 말씀하셨다. 미륵이여. 나 여래는 지금 그 무량억아승지 겁 동안 쌓은 아뇩다라삼먁삼보리법으로써 그대한테 부촉한다.'에서 아난에게 부촉하지 않은 것은 아난에게는 신통력이 없어서 弘宣할 수가 없기 때문이다.
그리고 유마는 차토의 보살이기 때문에 (그에게) 부촉하지 않는다. 그리고 문수는 유행하여 정해진 방소가 없기 때문에 또한 부촉하지 않는다. 그러나 미륵은 여기에서 성불한 까닭에 신통력이 널리 통함으로써 미륵에게 功業을 성취시키려는 것이다.

問. 智度論云. 法華經. 是初[1460]密法故. 付囑菩薩. 波若非祕密法故. 付囑

1460) 初=祕【甲】

聲聞. 此經未明聲聞受記成佛. 則非祕密法. 何付囑菩薩. 答. 波若有二種. 一者與三乘共. 二者獨爲菩薩說. 尋大品旣是三乘共波若. 故付囑聲聞. 此經雖非祕密. 而獨明菩薩不思議法門. 非下位所知. 豈是二乘能測. 故付囑菩薩. 不憑累聲聞也.

묻는다 : 『대지도론』에서는 '법화경은 곧 비밀법이기 때문에 보살에게 부촉합니다. 반야경[波若]은 비밀법이 아니기 때문에 성문에게 부촉한다.'고 말합니다. 이 『유마경』은 아직 성문이 수기하여 성불함을 설명하지 않은 즉 비밀법이 아닙니다. 그런데 어찌 보살에게 부촉하는 것입니까.

답한다 : 『반야경[波若]』에 두 종류가 있다.

첫째는 삼승과 더불어 공통한 것이다.

둘째는 유독 보살만을 위한 것이다.

『대품』을 살펴보면 곧 삼승과 『반야경』을 함께 한다. 때문에 성문에게 부촉한다. 그런데 이 『유마경』은 비록 비밀법은 아닐지라도 유독 보살의 부사의법문을 설명할 뿐으로 下位菩薩이 알 수 있는 것이 아니다. 그런데 어찌 이승인들 헤아릴 수 있겠는가. 때문에 보살에게 부촉하고 성문에게 憑累하지 않는다.

如是輩經於佛滅後末世之中汝等當以神力廣宣流布於閻浮提無令斷絶所以者何未來世中當有善男子善女人及天龍鬼神乾闥婆羅刹等發阿耨

多羅三藐三菩提心樂于大法若便[1461]不聞如是等經則失善利如此輩人聞
是等經必多信樂發希有心當以項[1462]受隨諸衆生所應得利而爲廣說下.
前句正付囑彌勒. 此章謂勸彌勒宣也.

'이와 같은 무리의 경전을 부처님께서 입멸하신 이후 말세에서 그대들은
장차 신통력으로써 염부제에 널리 펴서 유포하여 단절되지 않도록 하라. 왜
냐하면 미래세에 장차 어떤 선남자·선여인 그리고·천·용·귀신·건달
바·나찰 등이 아뇩다라삼먁삼보리심을 발생하여 대승법을 좋아하더라도,
만약 이와 같은 무리의 경전을 듣지 못하게 되면 곧 善利를 상실하기 때문
이다. 그러므로 이와 같은 무리의 사람들이 이러한 경전을 들으면 반드시
信樂心이 증장하고 希有心이 발생하므로 장차 頂受하여 모든 중생을 따라
서 상응하는 이익을 얻도록 널리 설해야 한다.'에서 前句에서는 바로 미륵
에게 부촉하였는데, 이 대목[此章]은 미륵이 弘宣해줄 것을 관찰한 것이다.

彌勒當知菩薩有二相何謂爲二一者好於雜句文飾之事二者不畏深義如實
能入若好雜句文飾事者當知是爲新學菩薩若於如是無染無著甚深經典
無有恐畏能入其中聞已心淨受持讀誦如說修行當知是爲久修道行下. 前
之二句. 明付囑弘宣. 今次. 明通法儀軌. 以爲誡勸. 凡有三雙. 初通明淺
深二人. 二須雙辨受法人兩過. 三雙明說法者二失. 初明淺深二人者. 若
樂雜句. 則應授之以文. 若樂深法. 則應敎之以義. 文者卽妙旨之筌蹄. 而

1461) 便=便【甲】
1462) 項=頂【甲】

新學智淺. 未能忘言取理. 唯文飾是好. 義者妙旨甚深. 言忘慮絶. 自非智勇. 孰能受之. 故緣文義. 辨深淺二人.

'미륵이여. 반드시 알아야 한다. 보살에게 두 가지 모습이 있다. 두 가지 모습은 다음과 같다. 첫째는 갖가지 언구와 글로써 꾸미는 것을 좋아하는 것이다. 둘째는 깊은 뜻에 대하여 두려워하지 않고 여실하게 能入하는 것이다. 만약 갖가지 언구와 글로써 꾸미는 것을 좋아하는 사람이라면 그는 바로 新學菩薩인 줄을 반드시 알아야 한다. 만약 이와 같이 심심한 경전에 대하여 염오되지 않고 집착하지 않으며 공포와 두려움이 없이 그 가운데 能入하여 듣고나서 마음이 청정하여 받고 지니며 읽고 외우며 여설하게 수행한다면 그는 바로 久修道行인 줄을 반드시 알아야 한다.'에서 위의 二句는 홍선해줄 것을 부촉한 것이었는데, 지금은 이어서 법의 의궤에 통달함으로써 誡勸할 것을 설명한 것이다.

여기에는 무릇 세 가지 雙이 있다.

첫째는 淺과 深의 두 사람을 통체적으로 설명한 것이다.

둘째는 반드시 법을 받아들이는 사람에게 두 가지 허물이 있음을 쌍으로 변별한 것이다.

셋째는 설법하는 사람에게 두 가지 과실이 있음을 쌍으로 설명한 것이다.

첫째로 淺과 深의 두 사람이란 만약 雜句를 좋아한 즉 마땅히 그에게 文을 주고, 만약 深法을 좋아한 즉 마땅히 그에게 義를 주는 것이다. 文이란 곧 妙旨의 筌蹄이지만, 新學으로서 智가 미천한 사람은 언설을 잊고 이치를 취하는[忘言取理] 것이 불가능하기 때문에 오직 文飾만 좋아한다. 義란 妙旨는 甚深하여 언설을 잊고 사려를 단절되어[言忘慮絶] 있어서 스스로 智勇이 없다면 누가 그것을 받을 수 있겠는가. 때문에 文과 義를 인연하여 深과 淺의 두 사람을 변별한다.

彌勒復有二法名新學者不能決定於甚深法何等爲二一者所未聞深經聞之驚怖生疑不能隨順毀謗不信而作是言我初不聞從何所來二者若有護持解說如是深經者不肯親近供養恭敬或時於中流[1463]其過惡有此二法當知是新學菩薩爲自毀傷不能於深法中調伏其心下. 此第二雙明受法人兩過. 初則毀法. 次則謗人. 故誡之也. 始聞爲驚. 尋之則疑. 終復起謗. 蓋是毀法過也. 謗人者. 不能諮近敬養. 乃說其人過失也.

'미륵이여. 다시 두 가지 법이 있는데, 그것은 新學者가 심심한 법을 결정하지 못한다고 말한 것이다. 두 가지는 다음과 같다. 첫째는 아직 들어본 적이 없는 심심한 경전에 대하여 그것을 듣고 놀라고 두려워서 의심을 내고 수순하지 못하며 훼방하며 믿지 못하여 다음과 같이 말한다. 〈나는 처음부터 듣지 못했다. 어디에서 온 것인가.〉 둘째는 만약 이와 같은 심심한 경전을 호지하고 해설하는 사람에 대하여 친근·공양·공경하는 것을 긍정하지 못하고, 어떤 때는 그 過惡[1464]을 설하기도 한다. 이 두 가지 법에 대하여 그 사람은 신학보살로서 스스로 毀傷하기 때문에 심심한 법으로도 그 마음을 다스릴 수 없다는 것을 반드시 알아야 한다.'에서 이것은 둘째로 법을 받아들이는 사람에게 두 가지 허물이 있음을 쌍으로 설명한 것이다.

1463) 流=說【甲】
1464) 過惡은 일반적으로 허물이 되는 나쁜 짓을 가리키지만, 여기에서는 예전에 저지른 악한 행위를 가리킨다.

첫째는 법을 훼손하는 것이다.

둘째는 사람을 비방하는 것이다.

때문에 그것을 경계한다.

(첫째로) 처음 듣고서 놀라게 되고 그것을 찾아본 즉 의심하게 되며 끝내 다시 비방을 일으킨다. 무릇 이것이 법을 훼방하는 허물이다.

(둘째로) 사람을 비방한다는 것은 묻고 친근하며 공경하고 봉양하지 못하여 이에 그 사람의 과실을 설하는 것이다.

彌勒復有二法菩薩雖信解深法猶自毀傷而不能得無生法忍何等爲二一者輕慢新學菩薩而不敎誨二者雖信解深法而取相分別是爲二法下. 此第三雙相[1465]說法人二失. 一明外失. 雖有深解. 未爲心用. 尊己慢人. 不能誨導聽人. 二明內失. 雖得於深法. 作有所得解. 故取相分別.

'미륵이여. 다시 두 가지 법이 있는데, 보살이 비록 심심한 법을 믿고 이해할지라도 스스로 毀傷하여 무생법인을 터득하지 못하는 경우이다. 그 두 가지는 다음과 같다. 첫째는 신학보살을 경만하여 가르쳐주지 않는 경우이다. 둘째는 비록 심심한 법을 이해할지라도 取相分別[1466]하는 것이다. 이것이 두 가지 법이다.'에서 이것은 셋째로 설법하는 사람에게 두 가지 과실이 있음을 쌍으로 설명한 것이다.

첫째는 外失을 설명한다. 비록 깊은 이해가 있을 지라도 아직 마음으로 작

1465) 相=明【甲】
1466) 取相分別은 相을 취하여 분별하는 것이다.

용하지 못하여 자기를 높이고 남에게 아만을 부림으로써 聽人을 誨導하지 못하는 것이다.
　둘째는 內失을 설명한다. 비록 깊은 법을 얻었을지라도 유소득의 이해를 짓기 때문에 取相分別하는 것이다.

彌勒菩薩聞說是已白佛言世尊未曾有也如佛所說我當遠離如斯之惡奉持如來無數阿僧祇劫所集阿耨多羅三藐三菩提法若未來世善男子善妙[1467) 人求大乘者當令手得如是等經與其念力使受持讀誦爲他廣說世尊若後末世有能受持讀誦爲他說者當知是彌勒神力之所建立下. 此第二彌勒受旨. 與其念力者. 令所聞不忘也.

'미륵보살이 그 설법을 듣고나서 부처님께 사뢰어 말씀드렸다. 세존이시여. 미증유입니다. 부처님께서 설하신 것처럼 저는 장차 그와 같은 악을 멀리 떠나서 여래께서 무수아승지 겁 동안 쌓은 아뇩다라삼먁삼보리법을 奉持하겠습니다. 만약 미래세에 선남자·선여인으로서 대승을 추구하는 사람에게는 반드시 이와 같은 경전을 손에 쥐게 하고 그에게 염력을 주어 받고 지니며 읽고 외우며 남에게 연설하도록 하겠습니다. 세존이시여. 만약 後末世에 받고 지니며 읽고 외우며 남에게 설하는 사람이 있다면 모두 그것은 미륵의 신통력으로 건립된 것임을 반드시 알 것입니다.'에서 이것은 둘째로 미륵이 (부처님의) 旨를 받아들인 것이다.
　'염력을 준다'는 것은 들은 법을 잊지 않도록 해주는 것이다.

1467) 妙=女【甲】

佛言善哉善哉彌勒如汝所說佛助汝喜下. 第三如來述歎.

'부처님께서 말씀하셨다. 훌륭하다. 참으로 훌륭하다. 미륵이여. 그대가 말한 것처럼 나 여래[佛]는 그대의 조력을 기뻐한다.'에서 이것은 셋째로 여래의 찬탄을 서술한 것이다.

於是一切菩薩合掌白佛言我等亦於如來滅後十方國土廣宣流布阿耨多羅三藐三菩提復當開導[1468]說法者令得是經下. 此第二諸菩薩. 自誓弘宣. 彌勒於此土流布. 諸菩薩於十方闡揚.

'이에 일체보살이 합장하고 부처님께 사뢰었다. 저희들도 또한 여래께서 입멸하신 이후에 시방국토에 아뇩다라삼먁삼보리법을 널리 펴서 유행시키고, 또한 장차 모든 설법하는 사람으로 하여금 이 경전을 얻도록 개도하겠습니다.'에서 이것은 둘째로 제보살이 弘宣할 것을 발원한 것이다. 미륵은 차토에서 유포하고, 제보살은 시방에 천양한다.

爾時四天王白佛言世尊在在處處城邑聚落山林曠野有是經典讀誦解說者我當率諸官屬爲聽法故往詣其所擁護其人面百由旬令無伺求得其便者下. 第三四王發誓擁護.

1468) 導+(諸)【甲】

'그때 사천왕이 부처님께 사뢰어 말씀드렸다. 세존이시여. 어느 곳이든지 성읍·취락·산림·광야에 이 경권을 읽고 외우며 해설하는 사람이 있으면 제가 반드시 모든 권속을 거느리고 청법하기 위하여 그곳에 나아가서 그 사람을 사면으로 백 유순을 옹호하여 엿보지 못하도록 그 편의를 제공하겠습니다.'에서 이것은 셋째로 사왕천이 옹호해줄 것을 스스로 서원한 것이다.

是時佛告阿難受持是經廣宣流布阿難言唯然我已受待[1469]要者世尊當何名斯經佛告阿難是經名維摩詰所說經亦名不思議解脫法門如是受持下. 第四命侍者受持. 前命. 次頂受旨. 三問名. 四答題.

'그때 부처님께서 아난에게 말씀하셨다. 이 경전을 받고 지녀서 널리 베풀고 유포하라. 아난이 말씀드렸다. 그러겠습니다. 저는 이미 중요한 점을 받고 지녔습니다. 세존이시여. 장차 이 경전의 제명을 무엇이라 불러야 합니까. 부처님께서 말씀하셨다. 아난이여. 이 경전의 제명은 〈유마힐소설〉이고, 또한 〈불가사의해탈법문〉이라고도 말한다. 이와 같이 받고 지녀라.'에서 이것은 시자에게 수지할 것을 명한 것이다.

  (첫째로) 먼저 명한다.
  (둘째로) 이어서 명한 뜻[旨]을 頂受한다.
  셋째로 (경전의) 제명을 묻는다.
  넷째로 제명을 답한다.

1469) 待=持【甲】

佛說是經已長者維摩詰文殊師利舍利弗阿難等及諸天人阿修羅一切大衆
聞佛所說皆大歡喜下. 第五時衆歡喜. 信受奉行.

'부처님께서 이 경전의 설법을 마치자 장자 유마힐 · 문수사리 · 사리불 · 아난 등, 그리고 제천 · 인 · 아수라의 일체대중이 부처님의 설법을 듣고 모두 크게 환희하였다.'에서 이것은 다섯째로 대중이 설법을 듣고 즐거워하고 기뻐하며 믿고 받아들이며 받들고 실천하는 것이다.

維摩經義疏卷第六[1470]
유마경의소 제육권

1470) 六+(終)【甲】

〈해제〉

1. 『유마경』의 한역

『維摩經』의 완전한 명칭인 『維摩詰所說經』은 달리 『不可思議解脫經』·『維摩詰經』·『淨名經』·『佛法普入道門三昧經』·『說無垢稱經』이라고도 하는데, 반야부 계통 경전 이후에 성립된 경전으로서 般若皆空의 사상에 의거하여 대승보살의 실천을 보여준다.

비야리성의 장자인 維摩詰(Vimalakīrti)이 소승의 견해를 지니고 있는 불제자들을 일깨워 대승에 눈뜨게 하려고 방편으로 병을 보이고 문병을 유도하여 찾아온 그들에게 대승의 이념에 바탕한 보살행에 대하여 설법한다. 후대에 화엄종·삼론종·천태종·선종 등에서도 널리 유통되었다.

後秦의 鳩摩羅什(Kumārajīva)이 406년에 長安의 逍遙園에서 번역하였는데 3권 14품이다. 현존의 한역이역본으로 吳의 支謙이 번역한 『佛說維摩詰經』(維摩詰所說不思議法門之稱一名佛法普入道門三昧經) 2권본 14품, 唐의 玄奘이 번역한 『說無垢稱經』 6권본 14품 등이 있다. 한역의 7부 가운데 현재는 3부가 전한다.

① 後漢 靈帝 中平 5년(188) 嚴佛調 古維摩
② 吳 黃武 2년(223)부터 建興 연간(252-253)에 걸쳐 30여 년 동안 支謙이 번역한 18부경 가운데 2번째로 維摩詰經 2권이 들어 있음. 〈현존〉
③ 西晉 惠帝 元康 원년(291)에 竺叔蘭이 毘摩詰經 3권

④ 竺法護 大安 2년(303) 維摩詰所說法門經[1471]

⑤ 東晉의 祇多密이 維摩詰經 4권

⑥ 後晉 弘始 8년(406) 常安大寺에서 사문 1200명 참여 維摩詰所說經 3권 번역〈현존〉

⑦ 唐 貞觀 연간(627-649) 당안 大慈恩寺 說無垢稱經 6권〈현존〉

2. 구성

1) 會處의 구성

二處四會이다. 2처란 첫째는 암라원처이고, 둘째는 방장처이다. 암라원은 곧 부처님의 소주처이고, 방장은 보살의 주처이다. 또한 암라원은 출가자가 머무는 곳이고, 방장은 재가인이 머무는 곳이다. 또한 암라녀가 동산을 부처님에게 보시하여 정사를 건립한 것은 他業으로 일어난 것이고, 八未曾有室은 정명 자신이 법회를 엮어 일으킨 곳이다. 암라원은 성 밖에 있고, 방장은 성 안에 있다. 『법현전』에서는 그 거리가 3리인데 성의 남쪽에 있다고 말한다.

4회란 첫째는 암라원회이고, 둘째는 방장회이며, 셋째는 방장에 重集한 것이고, 넷째는 암라원에 再會한 것이다. 또한 비록 四會가 있지만 三時를 벗어나지 않는다.

첫째는 처음부터 [불이법문품]의 끝까지 食前의 說法을 설명한다. 둘째는 [향적불품]의 일품은 食時의 演敎이다. 셋째는 [보살행품]부터 [견아촉불품] 끝까지는 소위 食後의 敷經이다.

1471) 支敏度가 지겸과 축숙란과 축법호의 3본(전 5권)을 合綴하여 合維摩詰經

또한 비록 四會가 있지만 處에 의거하면 무릇 三章이 있다.

첫째는 처음부터 [보살품] 끝까지 소위 실외의 설법이다. 둘째는 [문수사리문질품] 이후 [향적불품]에 이르기까지 실내의 敷經이다. 셋째는 [보살행품]부터 이후에 다시 실외의 설법으로 돌아간다.

2) 내용에 따른 三門의 구성

三門에 대하여 법문의 성격을 보면 세 가지 차별이 있다.

첫째, 삼종병을 타파하는 문에 삼단이 있다.

하나는 처음의 두 품([불국품]과 [방편품])은 범부의 병을 타파한다. 둘은 [제자품]은 이승의 병을 타파한다. 셋은 [보살품]은 보살의 병을 타파한다.

둘째, 수행문에 삼단이 있다.

하나는 [문수사리문질품]부터 [불도품]에 이르기까지는 바로 보살의 실혜와 방편의 二行을 설명한다. 둘은 [불이법문품]에서는 二慧(실혜와 방편혜)가 不二의 이치를 말미암아 성취됨을 설명한다. 셋은 [향적불품]에서는 不二로부터 두 가지 작용[二用]을 일으킴을 변별한다.

셋째, 수행을 성취하여 덕을 건립하는 문에 삼단이 있다.

하나는 [보살행품]은 佛事가 같지 않음을 설명하고, 무애행이 성취됨을 변별한다. 둘은 不盡의 不住부터는 善巧行의 성립에 대하여 설명한다. 셋은 [견아촉불품]에서는 本과 迹의 二身을 설명하는데 소위 과덕의 구경이다.

3) 十四品의 구성

현존하는 구마라집 번역본과 지겸 번역본과 현장 번역본은 모두 14품이다. 대승의 거사 유마가 편협한 소승적 견해에 국집된 불제자를 일깨워 속히 豁然無碍한 대승적인 의식을 각성시켜주기 위하여 소위 선교방편으로

假病을 보여서 불제자들을 유도하여 심원한 대승의 지극한 이치를 설한 것이다.

제일 불국품은 경이 설해지게 된 배경이 제시되어 있다. 최초 암라수원에서 보적장자의 아들이 오백장자의 아들과 함께 등장하여 경건한 마음으로 각자 지니고 있는 칠보의 일산을 헌납하고 각자 품고 있는 문제를 술회하고 부처님께 법을 청한다. 일산을 받은 부처님은 오백 개의 일산을 합쳐서 하나의 큰 일산으로 만들어서 만유의 諸象을 다 덮는다. 이것은 오백장자 개개인이 품고 있는 문제를 해결하는 근거야말로 오직 자기가 무엇인가를 바르게 이해하는 것임을 상징한다. 따라서 부처님이 하나의 큰 일산 안에 불국토의 청정한 모습을 드러내자, 장자의 아들 보적은 게송으로 불덕을 찬탄하고 불국토가 청정한 까닭을 청문한다. 이에 부처님은 마음이 청정함을 따라서 불국토가 청정하다고 설한다. 그러자 사리불은 그렇다면 무슨 까닭에 此土는 사바세계인지 의아해하자, 부처님은 盲人의 비유를 들어서 차토는 본래청정함을 설한다.

제이 방편품은 유마거사의 덕을 설하고, 거사가 선교방편을 활용하여 병을 보여서 찾아온 사람들에게 세간이 무상함을 설한다.

제삼 제자품은 부처님은 유마가 병상에 있음을 듣고 제자들을 보내서 위문토록 한다. 먼저 사리불로부터 목련과 가섭과 수보리 등 성문제자들에게 명하지만 각자 이유를 들어서 사양한다.

제사 보살품은 다시 미륵과 광엄 등 보살들에게 명하여 명하지만 마찬가지로 각자 이유를 들어서 사양한다.

제오 문수사리분질품은 마침내 문수보살이 유마를 위문한다. 장소는 제이회 방장실이다. 이들 문답이 어떻게 전개될 것인가 궁금하여 제자 및 보살들이 모두 문수를 따라서 유마의 집으로 간다. 유마는 방장실을 비워두고

不來不去의 문제를 제기하여 병의 원인을 제거할 것을 말한다. 곧 보살의 병은 대자비로부터 일어난 것인데 중생을 위한 까닭에 보살의 병이 발생함을 설한다.

제육 부사의품은 본 경전의 本旨가 불가사의해탈경계임을 설한다. 우선 사리불이 방장이 텅 비어서 보살과 성문들이 앉을 평상이 없음을 의아해하자 유마가 법을 위해 왔는지 평상을 위해서 왔는지를 제시하여 한방 먹인다. 그리고 수미등왕여래한테 높이가 팔만사천 유순인 보좌 삼만이천 개를 빌려서 방장실에 들여놓지만 작은 방이 조금도 장애가 없다. 이것이 곧 불가사의해탈의 실현이다. 거사가 다시 수미의 대산이 겨자 속에 들어가고 대해의 물이 하나의 터럭 속에 들어감을 설하여 희유하고 기묘하며 불가사의한 모습을 보여준다.

제칠 관중생품은 보살이 중생을 관찰할 때 幻人을 보듯이 하여 중생의 실체에 집착하지 말 것을 설한다. 그러자 홀연히 한 천녀가 출현하여 天華를 비내리지만 보살의 몸에 달라붙지 않자, 그것이 不如法이라고 집착하는 성문의 옷에만 달라붙는다. 사리불이 옷에 붙은 천화를 떼어내지 못하자, 천녀는 분별차별의 結習이 곧 불여법임을 갈파한다.

제팔 불도품은 非道를 실천할지라도 佛道를 상실해서는 안됨을 설한다. 그리고 유마의 권속도 곧 반야이고 방편임을 설한다.

제구 입불이법문품은 모든 보살에 유마에게 不二의 절대경지에 대하여 설하였지만, 오직 문수만큼은 無言이고 無說이며 無示이고 無識이라고 설하여 언어도단임을 말한다. 최후로 유마는 단지 묵연하여 말이 없었는데 그 一默이야말로 뇌성과 같아서 불이의 妙理임을 全現시켜준다.

제십 향적불품은 향적불이 衆香國으로부터 香飯을 가져다 회중에게 베풀어 妙香攝化의 불가사의함을 관찰토록 한다.

제십일 보살행품은 장소가 다시 암라수원이다. 유마와 문수가 함께 부처님 계신 곳으로 나아가자, 아난이 중향국보살의 몸에서 나는 향기를 느끼고 질문하자 부처님이 설법한다. 곧 일체제불의 법문과 盡·無盡의 무애법문에 나아가서 널리 보살의 因行을 설명한다.

제십이 견아촉불품은 부처님과 유마가 佛身에 대하여 문답하여 여래의 몸은 일체를 초월한 眞身임을 설한다. 이후 사리불의 질문에 의하여 유마가 本地를 드러내는데, 유마는 아촉불의 정토인 묘희국으로부터 와서 그 迹을 차토에 보였음을 설한다.

제십삼 법공양품은 天帝釋에 대하여 이 경전을 수지하고 독송하는 공양의 大利에 대하여 설하고, 약왕여래와 월개왕의 舊緣을 설하여 深經을 了解하는 것이야말로 공양의 법공양임을 勸說한다.

제십사 촉루품은 부처님이 미륵에게 이 경전의 유포를 부촉하고, 다시 아난에게 명하여 경전을 受持하고 流傳할 것을 설한다.

권수로 보면 상권은 제1 [불국품]에서 제4 [보살품]까지이다. 중권은 제5 [문수사리문질품]부터 제9 [입불이법문품]까지이다. 하권은 제10 [향적불품]에서 제14 [촉루품]까지이다.

4) 형식에 따른 三分의 구성

三分으로 보면 서분은 제1 [불국품]에서부터 제4 [보살품]까지로 실외에서 설한 것이다. 정종분은 제5 [문수사리문질품]부터 제10 [향적불품]까지로 실내에서 설한 것이다. 유통분은 제11 [보살행품]부터 제14 [촉루품]까지로 실외에서 설한 것이다.

서분과 유통분에는 다시 두 부분이 있고, 정설분에는 세 부분이 있다.

서분은 如是 등 六事인데 소위 遺敎序와 證信序이다. 보적이 일산을 바치고 正宗을 발기하는 것을 發起序라고 말한다.

정설분의 세 부분은 다음과 같다.

첫째는 보적의 질문으로부터 [불도품]에 이르기까지는 二法門을 설명한다. 둘째는 [불이법문품]은 不二法門을 설명한다. 셋째는 [향적불품]부터 [견아촉불품]의 끝까지는 다시 二法門을 설명한다.

유통분의 두 부분이라는 것은 [법공양품]인데 소위 찬탄의 유통이고, [촉루품]의 일품은 부촉의 유통을 설명한 것이다.

가상대사 길장의 과분은 다음과 같다.

① 서설 · 처음부터 보적의 게송(불국품)
② 정종분 · 보적의 게송 이후 장행부터 – 불국품 · 방편품 · 제자품 · 보살품 · 문수사리문질품 · 부사의품 · 관중생품 · 불도품 · 입불이법문품 · 향적불품 · 보살행품 · 견아촉불품

　첫째, 보적의 질문(불국품)부터 – 불도품 : 二法門을 설명

　둘째, 불이법문품 : 不二法門을 설명

　셋째, 향적불품 · 아촉불품 · 견아촉불품 : 거듭 二法門을 설명

③ 유통분 · 법공양품 · 촉루품

기타 諸家의 科段은 다음과 같다.

〈開善寺 智藏〉

① 序分 : 4개 품(불국품 · 방편품 · 제자품 · 보살품)
② 正宗分 : 6개품(문수사리문질품 · 부사의품 · 관중생품 · 불도품 · 입불이법문품 · 향적불품)
③ 證誠분 : 2개 품(보살행품 · 견아촉불품)
④ 流通分 : 2개 품(법공양품 · 촉루품)

〈莊嚴寺 僧旻 및 光宅寺 法雲〉
① 서분 : 4개 품(불국품 · 방편품 · 제자품 · 보살품)
② 정종분 : 6개 품(문수사리문질품 · 부사의품 · 관중생품 · 불도품 · 입불이법문품 · 향적불품)
③ 유통분 : 4개 품(보살행품 · 견아촉불품 · 법공양품 · 촉루품)

〈北地의 諸師〉
① 서분 – 불국품
② 정종분 – 11개 품(방편품 · 제자품 · 보살품 · 문수사리문질품 · 부사의품 · 관중생품 · 불도품 · 입불이법문품 · 향적불품)
③ 유통분 : 2개 품(법공양품 · 촉루품)

〈天台智顗〉
① 서분 – 불국품의 보적 게송(불국품)
② 정종분 – 보적의 게송 이하(불국품) · 11개 품(방편품 · 제자품 · 보살품 · 문수사리문질품 · 부사의품 · 관중생품 · 불도품 · 입불이법문품 · 향적불품 · 보살행품 · 견아촉불품)
③ 유통분 – 2개 품(법공양품 · 촉루품)

〈聖德太子〉
一經三段 :
① 序說 – (菴羅會) – 1)通序 — 불국품1
　　　　　　　　　– 2)別序 (1)原起序 — (불국품1)
　　　　　　　　　　　　　　(2)述德序 — 방편품2

                    (3)顯德序 ── 제자품3·보살품4
② 正說 -(方丈會)- 1) ─ 化上根人 - 문수사리문질품5·부사의품6
                    2) ─ 化中根人 - 관중생품7·불도품8
                    3) ─ 化下根人 - 입불이법문품9·향적불품10
          (菴羅會) 1) ─ 維摩來詣 - 보살행품11
                    2) ─ 維摩示本 - 견아촉불품12
③ 流通說 -(菴羅會)1) ─ 流通緣由 - (견아촉불품12)·법공양품13
                    2) ─ 正勸流通 - 촉루품14

3. 내용

1) 제명의 근본

『유마경의소』를 통해서 길장이 제시해주고 있는 내용을 제명과 명칭과 종지로 나누어 살펴보면 다음과 같다.

題名의 근본은 不二法門이다. 一道가 청정하기 때문에 '不二'라 말한다. 眞極으로 통하는 궤도이기 때문에 '法'이라 말하고, 지극히 오묘하여 허공까지 통하기 때문에 '門'이라 칭한다.

不二에도 무릇 삼단계가 있다.

첫째는 衆人이 不二라 말하지만 不二가 無言인 줄을 모르는 것으로 소위 下의 단계이다. 둘째는 문수의 경우에 비록 不二가 無言인 줄 알았지만 無言이라는 말이 남아 있는 것으로 소위 中의 단계이다. 셋째는 정명의 경우에 不二가 無言인 줄 비추어보아 不二라는 말조차도 없는 것으로 소위 上의 단계이다.

삼단계의 설명은 이치의 심천을 설명한 것이지 중생에 대응하는 가르침을 변별한 것이 아니다. 不二의 이치는 말하자면 부사의의 本門이고, 중생에 대응하는 가르침은 말하자면 부사의의 迹門이다. 본문이 없으면 수적이 있을 수가 없기 때문에 이치를 인하여 敎를 시설한 것이다. 그리고 적문이 없으면 본문을 드러낼 수가 없기 때문에 교에 의거하여 이치에 통하는 것이다. 문수는 곧 이치를 설했지만 언설이 없었기에 그 언설은 지극한 이치이건만 또한 이치라 칭할 수가 없고, 정명은 이치를 비추어보았지만 언설이 없었기에 그 이치에는 언설이 없어서 비로소 이치에 나아갈 수가 있었다. 이치에 계합된 무언이기 때문에 無言으로 말할 수가 있었고, 이치에 계합된 형상이기 때문에 無像으로 형상을 드러낼 수가 있었다.

衆人은 이치에 계합된 無言이 불가능한데 어찌 無言으로 말할 수가 있겠으며, 이치에 계합된 無像이 불가능한데 어찌 無像으로 형상을 드러낼 수가 있겠는가. 때문에 문수의 언설은 얕고 정명의 침묵은 심오하다는 세 단계로 논한 뜻이 여기에 있다.

2) 명칭의 해석

(1) 維摩詰

이 경전이 내세우고 있는 제목에는 삼업이 불가사의함이 구족되어 있다. '維摩詰'이라고 標한 것은 能說人을 든 것으로 意業을 변별한 것이다. 다음으로 '所說經'이라 말한 것은 그 口業을 설명한 것이다. 다음으로 '不可思議解脫'이라 설명한 것은 그 身業을 序한 것이다. 이들 삼업은 곧 차제인데, 위에서 의업으로 근기를 살펴봄을 설명하고, 다음 구업으로 설법을 하며, 그 다음 신업으로 신통을 드러내었다.

외국어로 일컬은 毘摩羅詰에 대하여 첫째로 羅什과 僧肇는 淨名이라고 번역하였다. 둘째로 道生과 曇影은 無垢稱이라고 번역하였다. 셋째로 眞諦三

藏은 '완전한 범본대로라면 마땅히 毘摩羅詰利帝라고 말해야 한다. '毘'는 말하자면 滅이 되고, '摩羅'는 垢가 되며, 吉(詰=)利帝는 鳴〈名〉이 되어 이들을 합쳐서 말하면 소위 滅垢鳴이다.'고 말한다.

羅什과 僧肇의 경우처럼 첫째는 所得을 따라서 이름으로 삼은 것이다. 다음으로 道生과 曇影의 경우처럼 둘째는 所離를 따라서 제목을 삼는다. 滅垢는 곧 所離와 같은데 명성이 천하에 소문나기 때문에 일컫자면 鳴이 된다.

정명의 성은 王(玉)씨이다. 별전에서는 성을 雷(雪)씨라고 말한다. 조부의 명칭은 大仙이고, 父는 娜(那)提인데 번역하면 智慕(纂)이고, 어머니의 성씨는 釋씨인데 字는 喜(憙)로서 19세 때 결혼하였다. 그때 아버지의 나이는 23세였는데, 27세 때 提婆羅城에서 정명을 낳았다. 정명에게는 아들이 있는데 字가 善思로서 그 아버지의 풍모를 많이 닮았다. 여래가 미래에 작불할 것이라는 수기를 주었다.

(2) 所說經

다음으로 '所說經'의 용어를 해석한다. 정명은 묘덕이 안으로 충만하여 병에 의탁하여 敎를 일으킨다. 때문에 '說'이라 말한다. '經'은 범본의 명칭에서는 '修多羅'인데, 무릇 다섯 가지 뜻이 있다.

첫째는 涌泉인데 義와 味가 무진하다. 둘째는 顯示인데 法과 人을 현시한다. 셋째는 出生인데 모든 뜻을 생출한다. 넷째는 繩墨인데 邪를 잘라내고 正을 취한다. 다섯째는 結鬘인데 제법을 貫穿한다.

이 땅에서는 옛날 번역에서 그것을 가리켜서 '綖'이라 하였다. 실[綖]은 사물을 能持하고 敎는 이치를 能詮한다. 또한 번역하면 '經'이다. 經은 法을 가르치고 常道를 가르친다. 그래서 제대로 그 뜻을 말미암아 해석하자면 몸[體]은 '法'으로써 모범을 삼고, 사물[物]은 개변되지 않는 것을 '常'이라 한다.

글[文]을 말미암아 이치를 깨치기 때문에 '由'라 일컫는다.

(3) 不思議解脫

다음으로 '부사의해탈'을 해석한다. 부사의해탈이라는 명칭에는 세 가지 뜻이 있다.

첫째는 불이법문이다. 무릇 이것은 실상의 이치이다. 마음의 작용[心行]이 이미 단제되고 생각[意]으로도 사유[思]할 수가 없으며, 언설[言]도 또한 단멸된 즉 입으로 논의[議]할 수가 없는 것을 부사의라고 말한다.

둘째는 體가 불이의 이치를 말미암기 때문에 無二의 智가 있다. 無二의 智를 말미암기 때문에 適化에 無方할 수가 있다. 이미 道와 觀이 雙流한 즉 마음에 무공용이기 때문에 不思이면서 形을 드러낼 수가 있고 不議이면서 교를 연설하는 것을 부사의라고 말하고, 縱任해도 걸림이 없고 功用해도 구속됨이 없는 것을 해탈이라 일컫는다.

셋째는 안으로는 權實의 本이 있고 밖으로는 形言의 迹을 내보이며, 또한 하위보살과 이승과 범부가 측량할 수 없는 것을 부사의라고 말한다. 안팎으로[內外] 礙에 대하여 자재하고 해탈하는 것을 해탈이라고 일컫는다. 不思議의 體에는 단지 理만 있지만, 智와 敎는 體에 의거하여 立名한 것이다.

3) 宗旨

종지에는 무릇 네 가지 설이 있다.

① 어떤 사람은 말한다. 이 경전을 '부사의해탈'이라고 말한 것은 곧 부사의해탈을 가지고 종지로 삼기 때문이다. 그것은 마치 반야교학에서는 반야로써 종지를 삼고, 열반의 부류에서는 萬類를 다 그렇게 삼은 경우와 같다.

② 어떤 사람은 말한다. 이 경전은 二行을 가지고 종지로 삼는다. 二行이란 첫째는 성취중생이고, 둘째는 정불국토이다. 이 경전은 처음에 청정불국토에 대하여 설명하고, 나중에 성취중생에 대하여 변별한다. 이 경전[一部]은 처음부터 끝까지 모두 이 二行에 대하여 설명한다. 때문에 二行으로써 종지를 삼는다.

③ 어떤 사람은 말한다. 이 경전은 因果로써 종지를 삼는다. 무릇 인과에는 두 가지가 있다. 첫째는 정토인과이고, 둘째는 법신인과이다. 저 [불국품]에서는 청정국토의 인과를 설명하고, 저 [방편품] 등에서는 법신의 인과를 변별한다. 이 경전은 처음부터 끝까지 이 인과법에 대하여 왕성하게 담론한다. 때문에 인과로써 종지를 삼는다.

④ 길장은 말한다. 上來의 諸義는 그러한 주장이 없는 것은 아니지만 다만 사자상승일 뿐이다. 權實의 二智를 가지고 이 경전의 종지를 삼는다. 저 [법공양품]에서 '天帝가 부처님께 사뢰어 말씀드렸다. 저는 비록 부처님과 문수사리로부터 백천 가지 경전을 들었지만 일찍이 이처럼 불가사의하고 자재하게 신통하며 결정적인 실상의 경전을 들어본 적이 없습니다.'라고 말했다. 여기에서 실상이라는 명칭에 비추어보면 實慧이고, 신통을 드러낸 것은 方便慧라 말할 수가 있다. 때문에 二慧를 가지고 이 경전의 종지를 삼는다.

유마경의소(維摩經義疏)

2018년 9월 3일 초판 인쇄
2018년 9월 12일 초판 발행

번역인 | 김호귀
발행인 | 신원식

펴낸곳 | 도서출판 중도
　　　　서울 종로구 삼봉로81 두산위브파빌리온 431호
등　록 | 2007. 2. 7. 제2-4556호
전　화 | 02-2278-2240

값 : 32,000원

ISBN 979-11-85175-27-0-93220

이 도서의 국립중앙도서관 출판예정도서목록(CIP)은 서지정보유통지원시스템 홈페이지(http://seoji.nl.go.kr)와 국가자료공동목록시스템(http://www.nl.go.kr/kolisnet)에서 이용하실 수 있습니다.(CIP제어번호: CIP2017005344)